HARDPRESS.NET
HOME OF HARD-TO-FIND BOOKS

Codex Litvrgicvs Ecclesiae Vniversae in
Epitomen Redactvs: Ecclesia Reformata Atque
Anglicana
by Hermann Adalbert Daniel

Address:
HardPress
8345 NW 66TH ST #2561
MIAMI FL 33166-2626
USA
Email: info@hardpress.net

CODEX LITVRGICVS

ECCLESIAE VNIVERSAE

IN EPITOMEN REDACTVS.

CVRAVIT

HERM. ADALB. DANIEL,

PHIL. DR. SOCIETATIS HISTORICO-THEOLOGICAE LIPSIENSIS SODALIS.

TOMUS III.

LIPSIAE,

T. O. WEIGEL.

MDCCCLI.

CODEX LITVRGICVS

ECCLESIAE REFORMATAE ATQUE ANGLICANAE

IN EPITOMEN REDACTVS.

CVRAVIT

HERM. ADALB. DANIEL,

PHIL. DR. SOCIETATIS HISTORICO-THEOLOGICAE LIPSIENSIS SODALIS.

LIPSIAE,

T. O. WEIGEL.

MDCCCLI.

I n d e x.

Liber Primus.

Liber Secundus.

Corollarium.

Conspectus Liturgiarum Reformatarum

Quarum in hoc volumine fit mentio et assidua commemoratio.

Bas. 1826. Agenda Basileensis anno 1826 edita. Ebrard. Reformirtes Kirchenbuch p. XXVI.

Bd. Catechismus oder kurzer Unterricht Christlicher Lehre, wie derselbe in Kirchen und Schulen der Churfürstlichen Pfalz getrieben wird sammt der Handlung des Heil. Abendmahls des Herrn, auch Morgen- und Abendsegen nebst schönen Communionsgebeten und andern auf eines jeden Zustand gerichteten Gebeten. Berlin, Rellstab 1764.

Berg. 769. Liturgia Bergensis. Solingen 1770.

Bern. 581. CAnte und Agendt Büchlein der Kilchen zu Bern MDLXXXI. Ebrard. l. c. p. XXIV.

Bn. 528. Berner Reformation 1528 apud Richterum.

Br. Bremer Kirchenordnung. Gedruckt zu Bremen bey Bernhard Peterss 1592.

Bs. Basler Reformation 1529, apud Richterum.

E. Emdensche Kirchenordnung 1571, apud Richterum.

C. Genfer Kirchenordnung 1541, apud Richterum.

Gall. Le Nouveau Testament c'est à dire la Nouvelle Alliance de nostre Seigneur Jesus Christ. Charenton MDCLXVIII. Adiecti sunt Psalmi et „*La Forme des Prières Ecclesiastiques.*"

Hugues.   Entwurf einer vollständigen gottesdienstlichen Ordnung für evangelisch-reformirte Gemeinden. Zunächst den conföderirten reformirten Gemeinden in Niedersachsen gewidmet und von einem Gutachten der Theologischen Facultät zu Marburg begleitet, der Synode dieser Conföderation vorgelegt von Th. Hugues. Celle 1846.

Nb.   La Liturgie ou la manière de celebrer le Service divin: Qui est établie dans les Eglises de la Principauté de Neufchatel et Vallangin. A Basle chez Jean Pistorius MDCCXIII. Ebrard. p. XXVII.

Ns.   Nassauische Kirchenordnung 1586, apud Richterum.

P.   Forma ac ratio tota ecclesiastici Ministerii in peregrinorum, potissimum vero Germanorum Ecclesia instituta Londini in Anglia, per Pientissimum Principem Angliae, Regem Eduardum eius nominis sextum. Auctore Jo. a Lasco, Poloniae Barone. Lond. 1550. Francof. ad M. 1555.

Kirchenordnung, Wie die vnter dem Christlichen König auss Engelland, Edward dem VI. in der Statt London, in der Niderlendischen Gemeine Christi, Durch Kön. Maiest. mandat geordnet vnd gehalten worden, mit der Kirchendiener vnd Eltesten bewilligung, Durch Herrn Johann von Lasco, Freiherren in Polen, Superintendenten derselbigen Kirchen in Engelland in Lateinischer sprach weitleufftiger beschrieben, Aber durch Martinum Micronium in eine kurtze Summ verfasset, Vnd jetzund verdeutschet. Gedruckt in der Churf. Statt Heidelberg. Durch Joh. Mayer. 1565. 17 B. kl. 8. Richter p. 99. Ebrard. p. XXVIII sq.

Pf. 1. 1567.   Kirchenordnung Wie es mit der Christlichen Lehre, heiligen Sacramenten und Ceremonien in der Chur- und Fürstlichen Pfalz bei Rhein gehalten wird: Mit eynverleibten kleinem Catechismo. Heydelberg 1567. Apud Richterum.

Pf. 587.   Eiusdem libri editio „von newen ubersehen und in Druck gefertigt." Gedruckt in der Churfürstlichen Statt Heydelberg, durch Jacob Müller. MDLXXXV. 100 foll. Ebrard p. XXIX.

San. Gall. 738.   Kirchen-Ordnung der Christlichen Gemeind der Stadt Sanct Gallen. Getruckt in St. Gallen, Bey Ruprecht Weniger MDCCCXXXVIII. Ebrard p. XXIV.

Schaffh. 592.   Christliche Ordnung vnd breuch der Kirchen zu Schaffhausen in der Eydgnossschafft, wie sie allda, vnd in der Landschafft geübt vnd gebraucht werdend, hin vnd wider mit schönen

Christlichen Trostgebätten, geschmücket vnd gezieret. Sampt den Historien vnd Geschichten dess Passions, oder bitteren Leydens, Tods vnd Sterbens, auch der Sygreichen fröllichen Aufferstendnuss, vnd herrlichen Himelfarth vnsers Herren Jesu Christi, auss den vier Evangelisten zusamen gezogen, wie die selbigen Järlich daselbst geprediget vnd erklert werdend. Auch die Sendung dess Heiligen Geistes, auss der Apostel Geschicht am 2. cap. Jetzt newlich vnd zum aller ersten zu trost, vnderrichtung, nutz vnd gutem gemeiner Burgerschafft, auch dem Landvolck, vnd allen Göttlichs Worts Liebhabern, in den Truck verfertiget vnd aussgangen. Inhalt dises Büchleius, findet man am nechstvolgenden Blat. Getruckt zu Schaffhausen, durch Conrad Waldkirch. Anno M. D. XCII. Ebrard p. XXII.

T.   Tecklenburger Kirchenordnung 1588, apud Richterum.

W.   Acta Synodi Wesaliensis 1568, apud Richterum.

Zr. P.   Züricher Prädicantenordnung 1532, apad Richterum.

Zür. 525.   Ordnung der Christenlichenn Kilchenn zü Zürich. Kinder zetouffen. Die Ee zebestäten. Die Predig anzefahen vnd zü enden. Gedächtnus der abgestorbenen. Das Nachtmal Christi zü begon. Getruckt zü Zürich durch Christoffel Froschouer.

Zür. 535.   Christennlich ordnung und brüch der kilchen Zürich. 1 Corinth. 24. Alle ding söllend erberlich mit zucht und ordnung beschähen. MDXXXV.

Zür. 675.   Christliche Ordnungen und Gebräuche, Die bey verrichtung des Gottesdiensts in den Kilchen der Statt und Landschaft Zürich in übung sind. Getruckt zu Zürich, Bey Johann Jakob Bodmer. MDCLXXV.

Rituale Anglicanum, Codici nostro insertum, conspirat cum novissima et omnium accuratissima editione, ecclesiastico-historicae Societatis (Ecclesiastical History Society) auspiciis atque impensis typis exscriptae, quod sciam, Sosiorum manibus nondum tradita: *The Book of Common Payer* &c. The Text taken from the sealed Book for the Chancery and collated with the sealed books for the Kings-Bench — Common Pleas — Exchequer — Saint-Pauls — Christ Church — Ely — et the Tower and with the Manuscript book originally annexed to Stat. 17 et 18 Car. II. c. 6. (Ir.) and now preserved in the Rolls Office, Dublin. With. Notes, Legal and Historical by *Archibald John Stephens*, Barrister at law. In three Volumes.

Vol. I. London. 1849. Vol. II. 1850. Volumen tertium, quod comprehendit omnia quae excipiunt Baptismum Adultorum, circa finem anni 1851 vel 1852 prodibit in lucem *).

Haec pretiosissima Liturgiae Anglicanae editio, quam et Anglicae in ecclesiam matrem pietatis et liberalitatis praeclarissimum dicimus fructum, vetusti libri literas atque apices, lineamenta et formas, adeo emendantis calami tractus tam accurate, tam nativis repraesentat coloribus, ut non typographi sed Daguerrii artem, ut ita dicam, adspicias. Nostrum erat servare antiqui libri scripturam, missa orthographiae varietate, ab operis nostri ingenio aliena. Offendimur tamen singulis maculis, quas fudit incuria. P. 347 elimines verba *kept in memory*. P. 352 et 361 lege: in order as they be appointed — likewise in the end. P. 377 Sovereign and his kingdoms. P. 419 — given of the Communion and the banns of Matrimony published ad Briefs &c.

---

*) Iam absolutus est Codex Hibernicus. *The Book of Common Prayer* printed from the manuscript originally annexed to stat. 17 et 18 Car. II. (Ir.) and now preserved in the Rolls Office, London. By *Archibald John Stephens* &c. Vol. I. 1849. Vol. II. 1849. Vol. III. 1850.

LIBER PRIMUS.

DE

CULTU DIVINO
IN REFORMATIS ECCLESIIS

USITATO.

PROLEGOMENA.

§. 1.

Quamquam multi huius aetatis theologi huc remis velisque festinant, ut quod inter Lutheranos et Reformatos controversum est, in levi habeatur: sincerum et subtile iudicium agnoscit atque agnoscet magnam differentiam et dissimilitudinem, eamque maiorem, quam ut occultari vel ingeniosis doctarum dispatationum artificiis obduci possit tenebris. At vero cum non nostri sit muneris demonstrare, quam diversa sentiant, quas commemoramus ecclesiae in doctrina, neque ad nos pertineat invicta sententia utramque haud mediocriter dissidere in ecclesiastici regiminis ratione, reliquum est ut dicamus de cultu divino ac ritibus. Quodsi in aliis conspici potest Vitebergensium cum Helvetis pugna, in hoc capite oculos in acie perstringit, ita ut in ritus potissimum et caeremonias cadat Marburgense illud Lutheri iudicium: *Ihr habt einen andern Geist als wir.*

Ante omnia videamus necesse est, quid bene, quid male senserint diversarum ecclesiarum patres atque auctores de caerimoniis Romanis. Neque sub aspectum cadere videtur dissidium. Nam Lutherus Papicolarum ritus humanis fabulis ac traditionibus corruptos, vanos ducit atque ineptos, immo ab ipso Satana inventos. Similia placent Reformatis. Omnia quae Romana ecclesia in coetibus sacris peragit, idololatriam sapiunt Antichristi: stat in loco sancto abominatio desolationis, omnis Pontificiorum religio cultu Molochi ac Baalis continetur molli et delicato: verum Dei cultum cohors sacrificulorum, paganismi erroribus miserabiliter capta, profanat atque deturpat. Ipsam Missam (quae ipsis puppis et prora est ludibrii) Daniel propheta idoli Maozim nomine significatam praesensit et perhorruit. [1]) Sed

---

1) Br.: — „Der Papst hat solches nur darumb gethan, damit die Geheimnussen und rechte Nutz des Sacraments aus den Augen gesetzt, Und seine erdichte Irrthumb und Abgötterei gesterckt und der neue Abgott oder Deus Maozim (von welchem Daniel zuvor geweissagt) in der Kirchen Gottes möchte angebetet werden.“ Et sic saepius.

1 *

quae Lutherus, effervescens in dicendo, stomacho saepe iracundiaque vehementius ebulliit; in Cinglio ac Calvino circumspectio et accurata consideratio excogitavit, subtilis et frigida argumentatio probavit, peracre iudicium pronuntiavit. [1]) Quibus causis factum est, ut Lutherus cultum Romanum longa consuetudine corruptum et depravatum reformare studeret et corrigere, Reformati abolere gestirent et obliterare, ne odor quidem eius relinqueretur. Hanc horrendam idolorum pompam, ut omnia omnium prophetarum fulmina, tonitrua et ignes perimerent atque delerent, in omnium bonorum erat desiderio. His fontibus illi tumultus extiterunt, quibus permultae regiones saeculo decimo sexto concussae ac vastatae sunt. [2])

Ex hac quam significavimus sententiarum diversitate alia varietatis ratio nascitur eaque gravissima. Iam alia operis nostri pagina summis laudibus extulit verba Lutheri, formulae Missae (1523) praemissa: „*Nihil vi aut imperio tentavi, nec vetera novis mutavi, semper cunctabundus et formidabundus, tum propter imbecilles in fide animos, quibus subito eximi non potuit tam vetus et insolita, nec inseri tam recens et consueta ratio colendi Dei, tum maxime, propter leves illos et fastidiosos spiritus, qui ceu sues immundae sine fide, sine mente irruunt et sola novitate gaudent atque statim ut novitas esse desint, nauseant.*" Et bene cum his quae scripsit conveniunt quae vir summus egit. Simulac primum in ecclesiam Vitebergensem Iconoclastarum fanatismus atque Enthusiastarum perversitas pedem intulit, Lutherus „surrexit quasi ignis et verbum ipsius sicut facula ardebat." Prudentissimis et laudatissimis sermonibus improbi-

---

1) Non a re est, in memoriam vocare utriusque ecclesiae catechismos. Catechismus Lutheri minor, placido ac vere christiano calamo conscriptus, cum omnino adversarios minime perstringit et lacessit, tum ritus Romanos ne commemorat quidem. Secus videtur Catechismo Palatino nec praetereunda est in hoc capite quaestio famosa illa octogesima: „Quid interest inter coenam Domini et Missam Papisticam? — — ipsum Missae fundamentum nihil aliud est, quam abnegatio unici illius sacrificii et passionis Iesu Christi et execranda idololatria." Adde Calvinum: Missa nihil aliud est quam mera simiae aemulatio et actio histrionica.

2) Haud male Gfrörer Gust. Adolph. ed. 2. p. 460: „Zieht man noch in Betracht, dass die reformirte Partei geistliche Nahrung viel weniger in dem neuen als in dem alten Testament, und namentlich in jenen glühenden Capiteln suchte, wo die Seher Israels ihr gekränktes Nationalgefühl in Verwünschungen gegen Assur, Babel und Edom ausströmen und das Volk Gottes zum Hasse gegen diese Gegner entflammen, so wird die Kampflust und der Soldatengeist begreiflich, der von Anfang an die Calvinistengemeinden durchglühte. Denn Alles kam hier zusammen, was menschliche Leidenschaft entzünden mag; Rom war ihnen Babel, Assur, Edom, Todfeindin der Vernunft, der Freiheit, der wahren Religion."

tatem illam restinxit, saltem exterminavit. [1]) Itaque ecclesia Lutheri non properanter ac praecipiti cursu, sed pedetentim ad sacra immutata accessit ea ratione, ut, si pauca excipias, semper et utique temperatum sit a manibus. Contra apud Helvetos, Belgos, Scotos paucorum annorum spatio interposito caerimoniae Romanae radicitus exstirpatae sunt, adeo proscriptae ut in nonnullis provinciis ad supplicium raperetur qui Missarum sollemniis adesse ausus sit. Etsi multi alia suadere viderentur [2]), saepissime ferro, non rationibus decertabatur omniaque ad vim et arma spectabant.

---

1) „Mit solchen Stürmen und Gewalt werdet ihr's nicht hinausführen, das werdet ihr sehen. Und wo ihr also verharret und wollet euch nicht lenken lassen, so wisset, dass ich nicht will bei euch stehen; ich will's euch dürre abgesagt haben. Die Liebe erfoderte, dass du Mitleid mit den Schwachen hast, bis sie auch im Glauben stärker werden. Also haben alle Apostel gethan. Summa Summarum: predigen will ich's, sagen will ich's, schreiben will ich's, aber zwingen, dringen mit Gewalt will ich Niemand; denn der Glaube will willig, ungenöthiget angezogen werden. Nehmet ein Exempel von mir. Ich bin dem Ablass und allen Papisten entgegen gewesen, aber mit keiner Gewalt. Ich habe allein Gottes Wort getrieben, geprediget und geschrieben, sonst habe ich Nichts gethan. — — Das Wort hat es Alles gehandelt und ausgerichtet."

2) Cinglius in Ratione fidei: „Credo caerimonias, quae neque per superstitionem fidei, neque verbo Dei contrariae sunt (quamquam hujusmodi nesciam an quae inveniantur) per charitatem tolerari, donec lucifer magis ac magis allucescat, posse. Sed simul credo, eadem charitate magistra, cum citra magnam offensionem fieri potest, caerimonias abolendas esse, quantumvis reclament qui perfido sunt animo." Tamen ipsa urbs Turicensis, ad Cinglii nutus expedita, vi rem gerebat. Bulling. Hist. Ref. I. 264: „Es waren aber ettliche Burger Zürychs, die wol an der mess und allem Papsthum warend, die vermeintend, diewyl man zum glouben Niemand zwingen soll, dass man inen dann die Wasserkylchen oder sunst ein kylchen zugäben sollt, in deren sy Mess läsen un hören möchtind. Dass ward aber inen uss vilen ursachen abgeschlagen: Doch um Fridens willen nachgelassen, dass sy an orten und Enden zü der Mess und zü dem Sacrament gan möchtind — —. Aber nach der Berner Disputation, wie volgen wirt, ward mencklichem verbotten zü der Mess zu gand." P. 361: Andere Chorherren, Caplanen und Münch waren gar widerspenstig, gingent nitt nu nitt zur Predig oder Letzgen, sunder hassetend die (alls sy sagtend) nüwerung, werent ouch nitt gewhon der oberkeit, die sy wältlich namptent, gehorsam zü sin. Dann sy bisbar selbe Herren ires eignen gwaltes und mutwillens gewesen. Dess wart ein radt Zürych bewegt, die Satzung zü machen, dass alle Chorherren, Caplanen zur predig und Letzgen gan sollend. Und so manche letztgen oder predig einer versumpt, so manch fierteyl kenen söllte imm an seinem ynkummen abzogen werden." Et sic saepe. Nosti, in Scotia Knoxium, virum magnae indolis ceterum animo truculento ac silice duriorem, reginae ne in capella privata quidem missam suam concessisse.

Habes quid in caerimoniis Romanis improbandis significaverint Reformatores: nunc quid affirmando de cultu divino statuerint audiendum. Lutheranis persuasum est, ut nihil tolerandum sit quod aperte pugnet cum sacra scriptura: ceterum accipiunt traditionem ritualem, neque nisi trahat necessitas, a maiorum consuetudine recedunt. E contraria parte Reformatis ad liturgiam condendam summa et caput est, rivulos e scriptura deducere atque accersere, non solum doctrinae sed liturgiae etiam lucidissimo fonte. Nihil itaque locum meretur in officiis ecclesiasticis praeterquam quid apte concordet cum sacrae scripturae paginis et literis. At vero cum libri Novi Foederis eo tempore conscripti sint, quo ecclesia quantum ad mores externos ex synagogae disciplina nondum emerserat, haud prorsus evitari potuit Iudaismi nota, Reformatis ritibus impressa. Accedit angusta quaedam rerum sacrarum pauperies: quippe quoniam liber divinus ritus sacros rarius commemorat, quam ut inde elici possit ac conformari liturgia Christiana.

Sane vero quod imputavimus sacris Reformatis ingenium Iudaicum, minime conspicitur in largitate sed in parsimonia. Nam caerimonias, Vetusto Foederi acceptas, ut paedagogos ipsa Christi in terris conversatione et sacrificio in cruce oblato, sublatos esse, recte docent doctores Reformati: neque vero huius sententiae finibus cultus externi fastidium includitur. Quantum ex humana imbecillitate fieri potest omnes caerimoniae vitandae vel abolendae. Vera Christi ecclesia, quae Deum colit ἐν πνεύματι καὶ ἀληθείᾳ, quoad πνευματικῆς λατρείας vestimentum sectatur egentem Irum, spernit Croesum luxuria diffluentem. Conf. Helv. II. Niem. p. 530: *Veteri populo traditae sunt quaedam caerimoniae, ut paedagogia quaedam iis qui sub lege velut paedagogo et tutore quodam custodiebantur, sed adveniente Christo liberatore, legeque sublata, fideles sub lege amplius non sumus disparueruntque caerimoniae: quas in ecclesia Christi adeo retinere aut reparare noluerunt Apostoli, ut aperte sint testati, se nullum onus velle imponere ecclesiae. Proinde Iudaismum videremur reducere aut restituere, si in ecclesia Christi ad morem veteris ecclesiae caerimonias ritusve multiplicaremus. Ideoque minime approbamus eorum sententiam, quibus visum est ecclesiam Christi cohiberi oportere ceu paedagogia quadam multis variisque ritibus. Nam si populo Christiano Apostoli caerimonias vel ritus divinitus traditos imponere noluerunt, quis oro sanae mentis obtrudit illi adinventiones adinventas humanitus. Quanto magis accedit cumulo rituum in ecclesia, tanto magis detrahitur non tantum libertati Christianae, sed et Christo et eius fidei: dum vulgus ea quaerit in ritibus, quae quaereret in solo Dei filio Iesu Christo. Sufficiunt itaque piis pauci, moderati, simplices nec alieni a Dei verbo ritus.* Acerbiora passim pro-tulit Cinglius, ut in Explanat. artic. p. 61: *Pius homo caerimonias et omnia externa quae ad poenam peccatorum et ad tempus duntaxat lata sunt lusus quosdam pueriles dicit* — vel Archet. p. 139: *Nunc primum discimus miseri mortales rem publicam Christianam sine caerimoniis constare non posse, quum melius nunquam constiterit quam eo tempore quo caerimoniarum quam minimum fuit.* Ne his immoremur, properamus ad sententiam Cinglii in hoc capite primariam, de qua reliquas uti ex fonte manare facile intelliges. *Quae sensibus nostris exposita sunt et quae oculis nostris haurimus, nos ab interno illo verbo abducere solent.* Utrum haec liturgiae reformatae norma conveniat cum hominis natura et indole, an minus accommodata sit ad mortalium usus diiudicent philosophi: nam de his accuratius disquirere magis ad Dialecticos pertinere videtur. Ego vero Lutherum propius ad verum accessisse crediderim. Tuetur libertatem christianam, abominatur ritus impios ac superstitiosos, castigat Pharisaicum tumorem, externa observantia gloriantem: ipsas tamen caerimonias probat et magni aestimat. Adde Codicis nostri tomo secundo (e. g. p. 125. e. a.) optimam viri summi sententiam: *Die Ceremonien in unserem Gottesdienste muss man auch gelten lassen. Wir sagen aber also: Wiewohl die Seligkeit und der Glaube oder das christliche Wesen nicht stehet in solchen äusserlichen Dingen, so kann es doch ohne solches nicht geschehen. Also mögen wir auch sagen: Kein äusserlich Ding fördert oder hilft uns vor Gott. Dennoch müssen wir äusserlich Ding mit Geberde halten. Es können die geistlichen Dinge, die da äusserlich sind, ohne äusserliche Ceremonien nicht verwaltet werden. Die fünf Sinne und der ganze Leib haben ihre Geberde und Weise, unter welcher der Leib, gleich als unter etlichen äusserlichen Larven, leben muss.*[1]) Optime in calce orationis sensit, id

---

1) Concedendum est ex libris symbolicis ecclesiae Reformatae singulos assidere Lutheranis. Repet. Anhalt. N. 637: Cum adiaphora sint caerimoniae seu ritus externi nullo verbi Dei mandati vel prohibiti, sed ut omnia fierent in ecclesia ornate et decenter, ab hominibus instituti; statuimus usum horum indifferentem ac liberum esse, salva tamen fide et caritate, quae solae huius libertatis moderatrices sunt. Conf. Bohem. N. 843. Sentimus et confitemur, quod tales ritus et caerimoniae in ecclesia Dei esse debeant, quae neque verbo Dei adversae neque superfluae sunt, sed gratae et utiles, cedentes ad honorem et laudem Dei, ad unitatem et aedificationem ecclesiae. — — Et quamquam nulli ritus et caerimoniae ecclesiasticae ab hominibus institutae, ut maxime sint splendidissimae, tales haberi debeant, quasi proprie in iis cultus Dei et salus hominum consistat et ecclesia ad easdem tanquam ad praecepta divina alligata sit, tamen quando ecclesia .. quid constituit, id non leviter et temere cum aliorum scandalo violari aut negligi debet.

nobis natura inditum esse, ut per externa rapiamur ad spiritualia, quae oculis conspici nequeunt et omnino sensus suffugiunt.

Porro his, quae modo paucis attigimus finitimum est aliud Reformatae ecclesiae praeceptum. Si a cogitationibus acerrimis et attentissimis, in Deum et res divinas collatis abducunt et revocant, quae oculis cernimus, quae auribus percipiuntur, consentaneum est artes expellere e Christianis ritibus. Etenim artium est intendere sensus ad percipiendum quod pulcrum, quod verum, quod divinum est. Itaque ea sententiae perpetuitate ac constantia, qua Reformatae ecclesiae patres insignes sunt, bonas artes non damnant quidem [1]), sed quominus cultus divinus artium ornatu contineatur, vetant et prohibent. Non eget ecclesia Reformati architectis, qui magnifico opere ecclesiarum moles exstruant: non curat encaustas tabulas vel opus musivum vel sculptorum artificia. Haud tenentur pictura oculi neque aures cantibus, qui arte quadam et organorum sonis percrepant. Ipsos poëtas, hymnos et carmina sacra afferentes, aversatur: sufficiunt enim, qui ex scriptura sacra depromuntur, psalmi Davidici. Haec igitur fraus est, qua nobile illud et praeclarum artium nomen invadunt Reformati, ut in officiis divinis artes hominum sensus quasi titillare, blanda suavitate mulcere, a Deo abducere contendant. Sed id vitii artibus non natura adiunctum, sed accersitum ac receptum prava consuetudine. Ingenuae artes, singulare illud numinis beneficium, ex omnium gentium consensu haud carent afflatu quodam coelesti et propemodum divino. [2]) Quaeris quo modo optime externis ritibus Deus colatur? Quid pulcherrimis artibus, a Deo datis aptius, quid accommodatius? Quid quod Christianas artes ille permeat et transit spiritus, quo tota Christianorum civitas gubernatur et illustratur? [3]) Ut summatim dicam: placet Lutheranum illud, hoc loco repe-

---

1) Cinglius Resp. ad Valent. p. 238: Venustis picturis et statuis artificiosis quam plurimum prae aliis soleo delectari. Calv. Inst. Chr. I. 11. 12. Neque tamen ea superstitione teneor, ut nullas prorsus imagines ferendas censeam, sed quia pictura et sculptura dona Dei sunt, purum et legitimum utriusque usum requiro.

2) Neque ab hac sententia discrepat scriptura. Exod. XXXI, 2 — 5. Ecce vocavi ex nomine Beseleel et implevi eum spiritu Dei, sapientia et intelligentia et scientia in omni opere, ad excogitandum quidquid fabrifieri potest ex auro et argento, et aere, marmore et gemmis et diversitate lignorum. III Reg. III, 15. Dixit Elisa: Nunc autem adducite psaltem. Cumque caneret psaltes, facta est super eum manus Domini.

3) Bene Tholuckius (Predigten über Texte der Leidensgeschichte I. p. 56): Etwas von dem Sauerteig ist in die Kunst gekommen; hat jemals sonst die innere Welt des Menschen in der Kunst einen solchen Ausdruck gefunden, als seit der Zeit, wo die heilige Geschichte des Evangeliums für das Lied der Dichter, für den Pinsel der Künstler das unerschöpfliche Thema geworden ist? Was ist der

tendum: *Auch dass ich nicht der Meinung bin, dass durch's Evange-
lium sollten alle Künste zu Boden geschlagen werden und vergehen,
wie etliche Abergeistliche fürgeben; sondern ich wollte alle Künste,
sonderlich die Musica, gern sehen im Dienste Dess, der sie gege-
ben hat.* [1])

Restat ut alia commemoretur utriusque ecclesiae discrepantia, in ipsa
cultus divini οἰκονομίᾳ conspicua. Ex Confessionis Augustanae lege ecclesia
est congregatio sanctorum in qua evangelium recte docetur et recte admi-
nistrantur sacramenta. Quam sententiam ita intellexit respublica Lutherana,
ut servata pervetusta et veneranda ecclesiae consuetudine praemissas ora-
tiones et cantica sacra et sermonem excipiat eucharistia, cuiuscunque officii
dominicalis ac festivi culmen et apex. Optat ecclesia, ut semper adsint,
qui accedere velint ad coenam Domini: sin minus plangit ac hortatur fideles,
ut ferventius panem et poculum vitae desiderent. Alia constituerunt et
decreverunt Reformati. Ut praetermittam quod minus verecunde et devote
de sacramento altaris sentiunt, caenam sacram rarius celebrandam esse di-
cunt. Itaque apud alios semel per mensem, apud plurimos ter vel quater
per annum officium divinum in coeleste convivium desinit: alias verbi divini
praedicatio et oratio publica cultum publicum ita efficiunt atque explent, ut
non accedat ad verbum sacramentum. Conf. Helv. 1. N. 121: Cultus sacros
sic peragendos esse censemus, ut ante omnia verbum Dei in publicum
plebi quotidie proponatur, scripturae abdita per idoneos ministros quotidie
eruantur edisserant018urque: sacra Euchristia celebranda piorum s u b i n d e fides
exerceatur, precationi pro omnibus omnium necessitatibus assidue instetur.

Quod disputavimus complectamur breviter et absolute. Nobis extra

---

Menschheit, was ist aber auch der Kunst allein dadurch gegeben, dass sie das
Bild eines gekreuzigten Christus hat — ein solches Urbild der Hoheit in der
Knechtsgestalt, in dessen widerstreitenden Zügen sich das Höchste vereint.

1) Aliud quid nobis commendat artes uti cultus divini ornatrices. Sunt
enim dona Dei tam praeclara, tam efficaces sunt ad mentes hominum sublime fe-
rendas ac saluberrima doctrina excolendas, ut profecto omnibus bonis optandum
sit, ne quis ab divino artium magisterio prohibeatur. Tamen cum magni sum-
ptus in artes insumendi sunt, paupercula plebs egestate et mendicitate sua vexata
summa inopia arcetur ab his laetis atque uberibus artium fructibus. Nihil apud
hos miseros homines lautum, nihil elegans, nihil exquisitum. Nunquam conspi-
ciunt ingeniosi pictoris tabulam, nec delectantur sonis musicis, magnifica et
sumptuosa arte compositis. Non admittuntur ad aulas principum, auro et gem-
mis ornatas, simulacris et picturis refertas, atque organorum sonitu strepentes.
At vero ecclesia, quae artes intrare passa est, valvis patefactis, cum omnes
vocat tum pauperes, Christi delicias invitat, ut videant, ut delectentur, ut in
voluptate ex artibus percipienda se divitibus intelligant pares. Exuunt enim ac
deponunt sordes, ad sublimia et grandia evocantur.

controversiam est, ecclesiae Reformatae virtutes peculiares haud agnosci in cultu et liturgia. Nimia emendationis severitate bona et laudabilia ex officiis divinis exterminavit, nimis ieiuno et angusto animo res sacras ita ordinavit et instituit, ut parum respexerit, quae cum humanae mentis indole conveniant vel animos ad humanitatem informent. Mihi omnino non placet liturgia, quae ieiunitatem et famem se malle quam ubertatem et copiam aperte confiteatur. Neque desunt qui mecum faciant. Immo Clausenio, viro alias Romanis ritibus parum amico, Turicensis ecclesiae memoria hanc exprimit et extorquet sententiam (Kirchenverfassung, Lehre und Ritus des Kathol. und Protestantism III. p. 879): *In Zürich war der Verfasser im Sommer* 1820 *bei der Hauptpredigt in der Hauptkirche zugegen. In der Kirche war weder Altar noch Orgel; der Prediger trug einen gewöhnlichen, kurzen schwarzen Rock und einen kleinen Mantel, und viele von den Zuhörern sassen da mit dem Hute auf dem Kopfe, gleichsam um sich mit aller Macht über jedes conventionelle Decorum hinweg zu setzen. So ungefähr dürfte eine Gottesverehrung für praktische Kantianer eingerichtet sein; wohl aber möchte die Wahl unter einem solchen Cultus und dem katholischen Manchem nicht leicht sein.* At tamen alii ita natura comparati sunt, ut illa rituum exilitas satisfaciat atque in laude sit, nimirum quae cum alia virtute coniuncta est. Nam fons et principium liturgiae Reformatae etsi in varias reprehensiones incurrit, nihilominus animum movet austera gravitas ac paene stoica severitas, quae constanti sententiae stabilitate omnia ad summam legem conformavit, omnia ad simplicitatis et paupertatis normam redegit.

Sed haec hactenus. Iam transeundum erit ad ea quae quantum a d l o c a a c t e m p o r a s a c r a apud Reformatos vel praecepta sunt vel venerunt in consuetudinem.

§. 2.

Simul ac Reformata doctrina Pontificiis superatis urbem quandam occupavit, valde imminutus est ecclesiarum numerus et multo magis quam in Lutheranis civitatibus. Nam ubi omnia reformantur ad utilitatem et commodum, omnino veniunt in diligentissimam computationem templorum spatium et incolarum multitudo. Bs. *Wir finden in den historiis, dass die überschwenklich vile der kilchen erst nach dem die Clöster angefangen, uffgericht, die aber nienders zu mer nütz gewesen, denn das da durch die gemeynen Christen von einanderen getheylet, die kilchen gebüw sampt deren müssiggengern mit schwerem kosten underhalten, darzu unter den Predicanten lychtleich uneynigkeit und spaltung erwachsen ist. Darumb stunde es viel bass, do nit so viel kilchen aber viel from-mer Christen waren, damit wir dann unser volk, so vil Gott gnad verlycht, dester mer zusamen ziehen, darzu die verkündigung des Gött-lichen wortes dester reiner und einiger behalten mögen haben wir ge-ordnet, dass nun hinfür in der inerern Stadt Basel nit mer dann dry Pfarren sin, in denen man dass Göttlich wort verkünden und die hei-ligen Sacramente des Touffs und dess Herrn Nachtmahls hantreichen solle, nemlich Unser lieben Frauen Münster, sant Lienhart und sant Peters kilchen. Die kleine Statt hat ein Pfarr zu sant Theodorn, darby wir es bliben lassen.* Itaque fere viginti millibus hominum quatuor satis-fecerunt templa: similia decreverunt in aliis oppidis Reformatorum ma-gistratus. (Amstelodami centum millibus duodecim ecclesiae satisfa-ciunt.) Fortasse miraris convenisse in templis olim Antichristi ludibriis dedicatis; saltem ab illis nefariis sceleris vestigiis expiata sunt et repur-gata. [1]) Conf. Helv. 11. 12. p. 524: *Sint autem loca in quibus coëunt fideles honesta et ecclesiae Dei per omnia commoda. Deligantur ergo aedes amplae et templa.* [2]) **Repurgentur** *tamen ab iis rebus omni-bus, quae ecclesiam non decent. Instruantur autem omnia pro decoro necessitate et honestate pia, ne quid desit, quod requiritur ad ritus et usus ecclesiae necessarios. Sicut autem credimus, Deum non habi-tare in templis manufactis, ita propter verbum Dei et usus sacros sci-mus loca Deo cultuique eius dedicata non esse prophana sed sacra,*

---

1) Iam coniectura assequeris ecclesias post sacrorum reformationem ex-structas longe alienas esse a magnificentia, ornatu atque traditione ecclesiae, ut hac voce utar, aedificatoria. Gemberg, Die schottische Nationalkirche p. 115: Die Kirchen sind höchst einfache, geräumige, mit Chören versehene Bethallen. — — Sie sind grösstentheils im Profanstil aufgeführt, ja manche durch Bau und Verzierungen so auffallend weltlich, dass man versucht wird zu glauben, der Gegensatz gegen die mystische Idee einer heiligen Baukunst habe im Bauherrn streng 'vorgeherrscht, so wie vielleicht auch bei der öftern Versetzung des dunklen Glockenthurms nach der Ostseite hin. Erst in der neuesten Zeit fängt man hie und da an, kirchlicher zu bauen nach englischen Mustern, mit zierlichen gothischen Thürmen, Fenstern und Eingängen, übrigens einfach und geschmack-voll. Eandem mutationem in melius observavit Fliednerus in Batavorum regno. Collectenreisen I. p. 42: Ich las in dem Haagschen Courant vom 27. oder 28. Juli 1827 eine Anzeige von der Kirchenbehörde im Haag, welche einen Preis von 50 Zehnguldenstücken für den aussetzte, welcher den passendsten Plan zur zweck-mässigen Verschönerung der grossen Kirche daselbst vorlegen würde.

2) Conf. Czenger. N. 548: Templa et loca conventus electorum remotis Idolis et Papisticis sordibus Idolorum, ararum et boanum recipimus: etiam in prius eis Baalaim abusi sunt: nulla enim creatura in terris est, qua impii abusi non sunt etc.

et qui in his versantur reverenter et modeste conversari debere, utpote qui sint in loco sacro, coram Dei conspectu et sanctorum angelorum eius. Longe igitur a templis et oratoriis Christianorum repellendus est *omnium vestium luxus, omnis superbia et omnia quae humilitatem, disciplinam et modestiam dedecent Christianam.* Ac verus templorum ornatus non constet ebore, auro et gemmis, sed frugalitate, pietate virtutibusque eorum qui versantur in templo.

Ergo contineat ecclesia, quod requiritur ad ritus et usus ecclesiae necessarios. Sed requiruntur perpauca, quoniam in ritibus sectatur ecclesia Diogenem, paucis contentum. Contra plurima sunt, quae ex templis removenda censentur et propellenda.

Dico primum altaria. Audias Bullingerum in Reformationis historia I. 367. primum eversionis exemplum ex simplicitate sua narrantem: *Als nüt disterminder die Alltär und Sacramenthüsli in den kylchen stündent, ward erkandt, das man sy abschlyssen söllte, das ouch beschach, damitt ouch die gedächtnuss der unseligen dingen abgienge. — — In Summa man brach in Zürich alle Sacramenthüslin, und Alltär in grund ab und vermuret die lucken. Und am 8. Iuly (1527) namm man die fronaltarstein (arae maioris) zu dem Frowenmünster, zu den predigern, Barfüssern und Augustinern und fürt sy zü dem grossen Münster. Da ward ein nüwe Cantzel us ermelten steinen gebuwen: und ward der Altarstein von den predigern, als der längist war, in mitten geleit, das er fürging, in die Cantzel, daruff ietzund der predicant stadt.* [1]) Mox Turicensium audaciam, velut laudatissimum exemplar, imitantur reliquae urbes: ubicunque demoliuntur aras, ecclesias ut opinantur a profano dedecore vindicant. Altarium loco ligneae ponuntur tabulae, ad coenam sacram administrandam idoneae: raro chorum ecclesiae occupant, sed in media aede collocantur vel sub oratoris pulpito. Ex multorum librorum in aras declamationibus sufficit disputatio Bremensis (Br.): *Nachdem wir Christen im neuen Testament, eigentlich zu reden, weder Altar noch Opfer haben, wie unter dem Gesetz Mosis Und die Papisten nur darum die Altar wiederumb aus dem alten Levitischen Priesterthum eingeführt, weil sie aus dem Abendmahl ein Messopfer gemacht — so sind bishero an etlichen Orten dieser Lande durch Bevelch der Obrigkeit solche gar Abgöttische Altar (darinnen man einen grossen Wust ertichten Heiligthumbs gefunden) hinweggethan Und werden an derselben statt bequeme Tische,*

---

1) Intelligit lector cordatus multa eaque gravissima hac historiuncula doceri. Sane vero, quod Reformatis proprium est, solum verbum maxime facere ac verbo posthabere, sacramentum, quasi lapidibus expressum vides.

so mit einem Tuch bedecket in der Kirchen stets gelassen und zur Communion gebraucht. An ettlichen Orthen sind die steinerne Altar auch den Tischen gleich gemacht worden. At illae tabulae nihil prosunt nisi ad eucharistiam celebrandam: inde colligunt alii illis tantummodo diebus in ecclesiis esse ponendas, qui communione sacra insignes sunt. Quem morem Scoti sequuntur et Batavi. [1])

Iam vero antecesserat altarium deturbationem i m a g i n u m statuarumque exilium. Visum est enim Reformatis, imagines, quas idolorum nomine („die Götzen") appellare consueverunt, non solum superstitiosae venerationi subtrahendas esse, sed ex ecclesiis prorsus exterminandas. Multus est Cinglius in disputationibus εἰκονομάχοις. Orthod. Sen. Tig. Resp. p. 225: *Humana sapientia sibi falso persuadet, quandam animi devotionem ex visibilis simulacri consideratione desumi posse, quoniam interna Dei cognitio et amor non aliunde quam a solo Deo proficiscatur.* Ad. Valent. p. 251: *Depictae imagines non quicquam aliud, quam per membrorum et corporis proportionem aliquod historiae specimen nobis tradunt.* Brevis in ev. dom. isag. p. 276: *Colligimus eas rerum formas, de quibus non aliquod periculum est, ne quando deorum et patronorum loco habeantur, quales sint florum, leonum et quaecumque hujus generis sunt figurae, divinis legibus prohibitas non esse.* [2]) — — *Haec communis omnium Papistarum est traditio, quod imagines laicorum et simplicium libros esse praedicent; sed dicite quaeso, ubinam ex his libris vos discere iussit Dominus? vel num fieri potest, ut quis per muti alicujus simulacri contemplationem citra omnem verbi divini doctrinam in veram Dei et Domini nostri Iesu Christi cognitionem perducatur?* Similia docet Calvinus in Instit. I. 11. 12: *Restat, ut ea sola pingantur et sculpantur, quorum sint capaces oculi; in eo genere partim*

---

1) Agenda Borussica altare ornari iubet imagine Crucifixi candelisque inter Liturgiam accendendis. Sed, paucis ecclesiis exceptis (e. g. Berolinensibus et Potsdamensibus), Reformati nuspiam illi praecepto obtemperarunt: pertinaciter retinuerunt tabulas suas. Et his quidem indulserunt summi rerum sacrarum moderatores: Lutheranos semper et ubique in verba libri liturgici adegerunt, non semper Lutherano ingenio accepta. Nunc maior libertas data est. — Candelas (quarum legitimus usus in eo consistit ut tenebras fugent) ita repellit Br.: Licht und kertzen bey haltung des Nachtmahls sind nur ein verkehrte nachfolge dessen, so im Alten Testament mit den Lüchtern und Lampen und in den ersten Kirchen umb der Verfolgung willen breuchlich gewesen.

2) Scis imperatores graecos iconoclastas ecclesiarum parietibus regionum villarumque ac rerum venaticarum picturas curasse imprimendas. Ceterum quae supra disputat Cinglius, tam atrocia sunt, ut omnem artem humanitatemque a mortalibus depellant.

*sunt historiae ac res gestae, partim imagines et formae corporum sine
ulla rerum gestarum notatione. Priores usum in docendo et admonendo
aliquem habent: secundae quid praeter oblectationem afferre possint
nescio.* Utriusque doctoris ingenium spirant Agendae et libri litugici. Bs.:
*Wir habend in unsern kilchen, zu Stadt und Land kein Bilder, in
ansehen, das die vonnahen viel anreitzung zu abgöttereien geben, da-
rumb sy auch Gott so hoch verbotten und alle die verflucht hat, die
Bilder machen. Desshalb wir fürhin mit Gottes hülff kein Bilder uff-
richten lassen, alls ernstlich nachgedenkens haben werden, wie wir
die armen dörfftigen, so die ware und lebendige bilder Gottes sind,
tröstlich versehen mögen.* Br.: *Letzlich sind auch aus dieser Lande
Kirchen durch die Christliche Obrigkeit die überbliebenen Götzen und
Bilder, sammt allerhand kreuzzen und Fahnen* [1]*), und was mehr zum
Geschmuck der Götzen übrig gewesen, abgeschaffet. — — Zu bekla-
gen aber ist es, dass aus unbedachtsamkeit ihr viel, die vom Bapst
wollen abgestanden sein, gleichwol umb die vertheidigung der bilder
sich so hart annehmen, dass sie auch schmehen und lestern dürfen
diejenigen, so mit gebürender Bescheidenheit aus Christlichem Eyfer
dieselben aus den Kirchen abschaffen. Damit nun jedermenniglich für
solchen Calumnien und Schmehungen so viel desto mehr gewahret sei,
ist zu bedenken, Dass wenn man die Bilder strafft und verwirft, man
nit von allen Bildern in gemein redet, gleich als wenn man auch in
seinem Hause oder sonsten gar kein Gemelde oder Bildnuss geistlicher
oder wellicher Historien haben dürffte, wie man schreibet von den
Türken, dass se gantz und gar keine Bilder haben.* [2]) Haec omnia, si

---

1) Neque toleravit Cinglius in ecclesiis signa atque tropaea. Bullinger I.
p. 265: Dises Iars that man uss der Wasserkylchen die fennli und panner, die
uffgehenkt und im Schwabenkrieg und ettlichen Meylendischen kriegen von Zu-
rychern gewonnen warent. — Man hat ouch vermeint Christenlicher früntlicher
und nachparlicher sin, die zeychen ab ougen thün, dann offentlich lassen hangen,
zur ernüwerung täglichen unwillens. Cf. C. L. T. I. p. 9. Cavendum est tamen
ne ex hac sollicitudine extinguatur amor patriae ac patriae historiae studium et
gloria.

2) Peracerbe Gfrörer Gust. Ad. ed. 2. p. 461: Einen in mancher Beziehung
ähnlichen Kampf hatte die katholische Kirche neun Jahrhunderte früher bestanden
zu der Zeit, da der jugendliche Islam seine, durch die Lehre von der unbedingten
Vorausbestimmung zur wilden Tapferkeit entflammten Streiter gegen die Christen
als vom Bibelwort abgefallene Götzendiener führte und im byzantinischen Reiche
den Bildersturm erregte. Obgleich in politischen Ansichten gänzlich verschie-
den, glichen sich die Moslemim und Calvins Anhänger darin, dass beide dem,
kräftigen Naturen von jeher geläufigen Begriffe des Schicksals huldigten, dass
sie allen äusserlichen Reiz des Cultus, namentlich die Verehrung der Bilder, ver-

minus placent, tamen ferenda essent, scilicet Reformatorum sententia ita comparata, ut locus de imaginibus habeatur in Adiaphoris nec dignus sit qui Christi fideles separet et reddat discordes. Sed tantum abest ut in his Reformatus fervor acquiescat, ut imaginum odium signum ac tessera existimetur verae ecclesiae, ut idem significet evangelium Christi propagare ac simulacra eiicere et comminuere. Bullinger II, 221: *Wie an vilen orten das Evangelium angenommen, alltäre und bilder gebrochen wurdent.* Et sic saepe. Adde Cinglium Rat. fid. N. 31: *Imagines quae ad cultum prostitutae sunt non censeo inter caerimonias, sed ex eorum esse numeris, quae verbo Dei ex diametro repugnant.* Conf. Helv. Post. N. 531: *At cavendum interim monemus, ne inter media deputentur, ut quidam solent Missam et usum imaginum in templis pro mediis reputare quae re vera non sunt media.* Itaque de controversia hac, non utique per se et ex momento seu dignitate materiae in causa religionis sed per accidens tantum et ex vitio hominum, de re in se et natura sua indifferenti quasi de aris et foris dimicarunt Reformati. Nec miror, simpliciores homines doctores suos (quamquam minime se ita intellectos voluerunt) ita intellexisse, ut profana illa et exsecranda idola vi et violentia execranda, erecta confringenda, immo igne concremanda putaverint. Contremuernnt igitur Helvetica, Belgica terra, Scotia tumultibus illis iconoclasticis, tam horrendis atque efferis ut nil possit supra. Praeivit aliis urbs Turicensis anno 1524. Bullinger l. c. I, 175: *Und innet 13 Tagen waren alle kylchen in der Statt gerumpt. Da fast kostliche werk der Malery und Bildschnitzery, insonders ein schöne kostliche taafel in der wasserkylchen und andere kostliche und schöne werck zerschlagen wurdent. Das die abergläubigen übel bedueret, die rächtgläubigen aber für ein grossen, frölichen gottesdienst kieltend.* Tamen Turici aliqua honestatis et moderationis species praebetur: apud alios omnia tumultuosa, nusquam non procellae, turbines reipublicae et tempestates pacis. Unum sufficiat exemplum Basileense Hottingers Geschichte der Eidg. zur Zeit der Kirchentrennung II. p. 129: *In Schaaren durchzogen die bewaffneten Bürger die Stadt. Von einem derselben ward am Münster ein Heiligenbild zerbrochen. Anwesende Altgläubige rügten dies mit harten Worten und riefen dadurch eine eben so übereilte als ruhmlose Wuth hervor. Die Thüren der Kirche wurden mit Gewalt erbrochen, die Altäre verletzt, die Bilder niedergerissen, zerschlagen. Umsonst gebot der Rath Stillstand. Bei St.*

---

dammten, dass sie endlich das Schwert zum letzten Beweismittel der Wahrheit und Rechtmässigkeit ihrer Kirchen erhoben. Man kann mit gutem Fug (?) die Calvinische Lehre den Islam des 16. Jahrhunderts nennen.

Ulrich, bei St. Alban, in den Klöstern geschah das Nämliche. An den Flammen, die auf allen Plätzen von brennenden Bildern emporloderten, wärmten sich die Wachen. Noch wilder wurden die Auftritte des folgenden Tages. Fünfhundert Mann, den Henker an ihrer Spitze, brachen auf's Neue in die Münsterkirche ein. Jetzt ward Nichts mehr verschont. Zertrümmert sanken alle Altäre; auch die letzten Bilder, ihre Behältnisse, die Gemälde wurden zerschlagen und von hier und aus allen andern Kirchen auf die Strasse geschleppt. Es war vorgeschlagen worden, das Holz unter die Armen zu vertheilen; doch Mehrere dieser, sich darum streitend, verwundeten einander selbst. Grösserem Unfrieden steuerte ein sofort angeordneter allgemeiner Brand. Interdum accesserunt ad saevitiam ioci rustici iique lascivi. Hottinger I. c. p. 68 unum offert exemplum e libro Tschudii: *Sy fürtend eyn gross marterbild von Sanct Sebastian gen schänniss an eynem seyl, damit sy vyl gespötts thrybend, und für andres schabetend sy ihm auch die brüne und suchtend ihm die wilden zähn.* Neque a crucibus et imaginibus Christi manus abstinebant, quoniam et ipsae ex doctorum sententia habebantur inutiles, ineptae, sacris repurgatis haud congruae. Sane quod Cinglius monet Brev. Isag. in Ev. doct. p. 249: *Quod Christum aliqua imagine aut similitudine exprimi non patimur hinc fit, quod verus Deus est et nos eum talem esse agnoscimus; Deus enim effingi non debet* — non prorsus alienum est a Monophysitarum opinionibus. Cautius Confess. Helvet. part. N. p. 472: *Tametsi Christus humanam assumpserit naturam, non ideo tamen assumpsit, ut typum praeferret statuariis et pictoribus. Negavit se venisse ad solvendum leges et prophetas. At lege et prophetis prohibitae sunt imagines. Negavit corporalem suam ecclesiae profuturam praesentiam: spiritu suo se nobis perpetuo affuturum promisit: quis ergo crederet umbram vel simulacrum corporis aliquam conferre piis utilitatem.* [1])

---

1) Quibus synoptica haec non sufficiunt quique pleniores crateras sitiunt, ad fontes remittimus, ex quibus sitim restinguere queant, ad rerum Helveticarum, Belgicarum, Scoticarum scriptores, qui in hac imaginum ruina ex instituto et data opera versati sunt. Sunt tamen qui mira lenitate et mansuetudine in his tumultibus enarrandis sumpserint calamum. Exemplo est Sackius: Die Kirche von Schottland I. p. 39: Da entstand in Perth, wo ein Priester zum Aergerniss der Menge alle Pracht des römischen Gottesdienstes entfalten wollte, ein Aufruhr, der mit stürmischer Abschaffung des römischen Gottesdienstes in den wichtigsten Städten des Königreiches endigte, in verhältnissmässig kurzer Zeit und ohne andere Gewaltthaten, als die Zerstörung von kirchlichen Gebäuden und Kunstwerken, deren Werth einem ungebildeten und heftigen Volke verdeckt war, wie ihr Gebrauch mit einer unschriftmässigen Anbe-

Iam vacua est ecclesia simulacris et imaginibus; nihil superest quod oculos decipiat atque a summi numinis meditatione deiiciat. Quod ad nares, vix opus est commemorare, has odorum delectamentis minime patere; sed restant aures, quae permulceri possint molli et delicata voluptate. Recte monet Quintilianus, organorum sonos, quamquam verba non exprimant, in alios tamen atque alios motus auditores ducere eorumque animos in diversum afficere habitum. Et profecto illa aetate musica sacra, effeminata et impudicis modis fracta, animos male irretitos et delinitos a rebus divinis ita avertit, ut ipsi pontifices de abolendis missis musicis cogitassent. Quid censes, egisse Cinglium rudis simplicitatis amantissimum atque in violentiam praecipitem? Non frenos adhibuit animo, quod ipse artis musicae bene peritus erat: [1] non amplius passus est in ecclesia dulces cantus et symphonias, tibiarum, fistularum tubarumque strepitus, adeo omnibus cantibus infestus erat. Apol. libr. de can. miss. p. 190: *Ferendae sunt aliquamdiu suaves istae lusciniae, quae a cantu temperare nequeunt, donec verbo Dei omnia perrumpere possimus; quod sicubi carminum tumultum deserere citra turbam datur, mittatur.* [2] Consentit Conf. Helv.

---

tungsweise und der Herrschaft einer ungeistlichen und hartherzigen Hierarchie vermengt war. Menschen sind bei diesen gewaltsamen Reformationen nicht umgekommen.

1) Bulling. l. c. I, 31: Die Musicam üpt er under wylen mitt gesang und Seytenspil, ouch pfiffen, doch mit bescheidenheit. Das ward imm aber von den missgünstigen Evangelii fast übel ausgelegt, ward deshalb der Luthenschlacher und evangelischer pfyffer genennet, dess er alles nüt achtet. Alls aber Faber imm 26 Jahr hernach, Zwingli die Musicam uffrupfft, antwortet ihm Z. also: — — uff der Luthen und gygen, ouch andern instrumenten lernet ich ettwas, das kumpt mir jetzt wohl, die kind zu schweigen (zum Schweigen zu bringen). Aber du bist dem schimppfen und dingen zu heilig. Dorum wüss, dass David gar ein güter harpffer gewesen, der dem Saul die tüfelsucht gestundet hat, also ouch du, verstündest dich du der Luthen des hymelischen hoffs, wurde dir die sucht der eeren, ja des gälts und blute vergan. Worum schilltest du, das du weist in den siben fryen künsten, deren du ein Meygister bist, eer und namen haben, ouch von allen frommen nie geschulten sin? Socrates der allt, hub erst an jungen, do er im Alter lernet harpffen. Nun hat doch dyn kylch nit allein die musick, sunder ouch gloggenlüthen für ein gottsdienst. Ich vererger mit miner musica nieman, Gott gäb was dir dine verdorbenen kunden von Züryoh unterschiebind. — Sane miror, campanarum sonos cladem evasisse et in ecclesiis toleratos esse.

2) Kliefoth, Gottesdienstordnung der Luth. Kirche p. 115: Von Zwingli aber geht die freilich neuerlich bestrittene Anekdote, dass er, um den Rath zu Zürich von dem Unpassenden des liturgischen Gesanges zu überzeugen, eine Bittschrift um Abschaffung desselben aufsetzte, sich damit in die Sitzung des Raths begab, allda dem Rath jene Bittschrift vorsang, und, als der Rath lächelte,

Post. N. 525: *Cantus quem Gregorianum nuncupant, plurima habet absurda: unde reiectus est merito a nostris et pluribus ecclesiis. Si ecclesiae sunt, quae orationem fidelem legitimamque habent, cantum autem nullum habent, condemnari non debent. Non enim canendi commoditatem omnes habent ecclesiae. Ac certum est ex testimoniis vetustatis, ut cantus usum fuisse vetustissimum in orientalibus ecclesiis, ita sero tandem receptum esse ab occidentalibus.* Iam non verendum est ne coniectura aberres, suspicando, o r g a n a (Orgeln) in Reformatis ecclesiis affecta esse exilio, quippe quum variis sonorum deliciis luxurient et animos audientium mirum in modum commoveant. Br.: *Die lateinischen Gesänge so wol als auch die Orgeln, welche Bapst Vitellianus umb das Jahr Christi 665 in die Kirchen zum ersten eingeführet, sind auch mehrertheils in den Kirchen dieser Lande abgeschaffet — — so kann auch die überflüssige und unnütze Unkosten, so auf die Orgeln gewendet wird, viel besser zu andern nothwendigen Sachen in underhaltung Kirchen und Schulen gerichtet werden.* Bullinger l. c. I. p. 418: *Die Orgelen in den kylchen sind nitt ein besonders allts werck, insonders in diesen Landen. Diewyl sy dann ouch nitt wol stimmend mit der apostolischen leer, 1 Corinth. 14 (vs. 7 sq.:), ward Zurych die orgelen in dem grossen Münster des 9 decembris in diesem 1527 Iar abgebrochen. D a n n m a n f ü r o h i n w e d e r d e s g e s a n g s n o c h o r g e l e n s i n d e r k y l c h e n w o l l t.* Similiter Bernae, simulac Reformata ecclesia posuit pedem, magnificentissimum organorum opus eversum est. Bull. l. c. I. p. 437: *Den 22 Ianuary was der tag S. Vicenty, welchen die Statt Bernn von allter har für ihren patronen gehept, Dorumm die Chorherren zü Bern, gar ein köstlich fest zu hallten angesähen hattend. Und sungend gar solemnitetisch des abends die Vesper. Und alls der Organist uff das Magnificat schlachen sollt, macht er das Lied: O du armer Iudas, was hast du gethan, dass du unsern Herren also verrathen hast: und was das das letste Lied, das uff der orgelen geschlagen ward. Dann bald hernach ward die orgelen abgebrochen.* Tamen ut nunc est, saltem in Germania vix reperitur ecclesia Reformata quae careat organis. Nam ut saepissime planximus in tomo Codicis liturgici secundo, Lutheranam ecclesiam Germaniae et in doctrina et in cultu publico a reformatis moribus esse occupatam, in his operis nostri paginis non tacendum est, Reformatos per Germaniam sparsos a nimia maiorum severitate aliquantulum recessisse et in nonnullis se accommodasse ad Lutheranorum ingenium. At apud Batavos et praesertim apud Scotos et Hel-

---

die Folgerung zog: also gefalle Gott ein gesungenes Gebet. Conferas Lutherum: „Einen Prediger, der nicht singen kann, sehe ich gar nicht an."

vetos pristina morositas et genus rituum exile locum suum obtinuit. Gemberg l. c. p. 99 sq.: *Das Volk protestirt nicht nur gegen die Orgel, sondern auch gegen eine kunstreiche Vocalmusik. — — Wie fest das Volk in seiner Meinung steht, beweist der Versuch eines Pfarrers, die Orgel wieder einzuführen. Er versuchte, ohne sich lange mit seiner zahlreichen Gemeinde zu berathen, auf seine eigene Hand und liess eine kleine artige Orgel nach der Kirche tragen. Aber seine Erwartung, die Hörer angenehm zu überraschen und dafür zu gewinnen, schlug dermassen fehl, dass die höchst unwillige Gemeine dem Presbytery Anzeige davon machte, mit der dringenden Vorstellung, sie gegen solch eine unbegehrte Wohlthat zu verwahren. Das Presb. decretirte 1807: „Da der Gebrauch der Orgel im öffentlichen Gottesdienst dem Gesetz des Landes und der Verfassung der Nationalkirche zuwider ist, so verbiete es denselben in allen Haupt- und Hülfskirchen innerhalb seiner Gränzen. — — Noch zeigt man ein Bild, welches den Einfall des Pfarrers verewigen sollte; unter der Bürde einer Handorgel zieht er dahin und spielt auf ihr eine beliebte altschottische Arie: I'll gang no more to you Town.* [1]) Accedit Fliednerus, ecclesiae Batavae aequissimus aestimator. Collectenreisen I. p. 69: *Die Liebe zum Kirchengesange wächst, und die Synode sucht durch Verordnungen und Empfehlungen denselben zu verbessern. So hat sie 1817 verordnet, dass in den Kirchen, wo Orgeln sind (in vielen sind aus alter Engherzigkeit noch keine), diese den Gesang begleiten sollen.* Vides, Batavis quoque Lutheranorum vicinitate mitiorem rituum externorum censuram esse commendatam. Immo inter omnes constat nonnullis Batavorum urbibus praestantissima esse organa. Finem capiti imponat aedis Reformatae imago, tripliciter delineata; paucula iuvat in margine appingere.

Ecclesiam Reformatam Germaniae describit Altius, Der Christliche Cultus p. 73 sq.: *In schmuckloser Einfachheit erscheint uns eine reformirte Kirche, und so unverkennbar sich auch das Streben nach einer gewissen behaglichen Eleganz ausspricht, so fern ist doch aller Prunk, alle Bilderpracht. Wir sehen dem Haupteingange gegenüber eine einfache Kanzel, unter ihr ein Katheder für den Lector, oder, da nicht in allen reformirten Kirchen ein solches Lectoren-Katheder ist, unmittelbar unter der Kanzel den frei dastehenden Altartisch; ihm gegenüber die Orgel mit dem Orgelchor, und mitten in der Kirche, bisweilen auch auf Seitenchören, die Plätze für die Zuhörer.*

Fliednero duce migramus ex Germania in Batavorum provincias. — —

---

1) Sack. l. c. I. p. 251: — Der Gottesdienst, der immer ohne Orgelbegleitung ist, vor der das schottische Volk eine sehr einseitige Furcht hat.

Die Menschen strömen eine halbe Stunde vor dem Anfange der Pre-
digt in die Kirche, freilich hauptsächlich in der Absicht, um Platz zu
bekommen, welchen ihnen eine Menge geschäftiger, in weisser linnener
Kleidung herumlaufender Kirchendiener und Kirchendienerinnen geben,
zugleich mit einer Bibel und einem daran gebundenen Gesangbuch,
wofür man 2 holländische Stüber geben muss. Solcher Bibeln hat jede
Kirche einen grossen Vorrath zu diesem Zweck, so wie eine Masse
von Feuerstübchen, welche Berge hoch in den Ecken der Kirchen
aufgethürmt sind, und deren die Frauen sowohl des Sommers als des
Winters, in welcher letztern Jahreszeit sie mit Torfkohlen erwärmt wer-
den, nicht entbehren können. [1]) *Die Kirchen selbst stammen meist noch*
aus der Zeit vor der Reformation und sind nicht sehr schön gebaut,
in der Regel länglicht, mit 2 grossen Nebenhallen, welche durch eine
Säulenreihe von dem mittleren Raume getrennt werden. Mitten in der
Kirche an einer Säule ist die Kanzel, über welcher ein grosser, flacher,
einfacher Schalldeckel von braun angestrichenem Holze hängt. An der
gegenüberstehenden Säule ist ein ähnlicher, aber niedrigerer Deckel,
unter welchem etwas erhöhete Stühle für die Obrigkeit sind. Den
grössten Theil des mittleren Raumes, unter und zu beiden Seiten der
Kanzel, nehmen die kleinen, kreuzweis zusammenlegbaren einzelnen
Frauenstühle ein. An und hinter den Säulen erheben sich terrassen-
förmig die langen Männerstühle, grossentheils vermiethet und zuge-
schlossen. Auch wer für sein Dübbelchen sich einen Sitz für den einen
Gottesdienst erkauft, wird in einen solchen Stuhl eingeschlossen und
dessen Thür erst nach geendigtem Gottesdienst geöffnet. Wer nicht
bezahlen kann oder will, muss in der Ferne bleiben, wo er schlecht
versteht, meist ohne Sitz. Emporbühnen giebt es in den Kirchen nicht. [2])

1) Bemerkungen über Holland aus dem Reisejournal einer Deutschen Frau.
Leipz. 1811. S. 178: — — Dass hier viel mehr Stühle als Bänke stehen, in allen
Kirchen, giebt ihnen noch mehr Alltägliches. Hier fand ich an der Kanzel hinauf
und in einigen andern Kirchen an den Wänden hinauf ganze Heere von Stövchen
aufgeschichtet, die nebst dem Stuhle bei jedem Gottesdienst vermiethet werden,
u. s. w.

2) Tetrum vulnus mercaturae profanae in loco sancto, quod iam deploravi-
mus Cod. Lit. II. p. 10 sq., ubi denuo tangitur, novum et acerbum commovet
dolorem. Neque silentio praetermittendum est, quod nuper comperimus: in
nonnullis regionibus subsellia ista (Kirchstühle) non solum elocari, sed subire sub
hastam ac vendi publica auctione. Haec enim legimus in Ephemeridibus Rhenano-
Guestphalicis d. l. 12. Mart. 1850: Folgende Kirchensitze wird der unterzeichnete
Notar am Sonntag den 16ten März d. J. Nachmittags 5 Uhr, im Hause des Wirths
Püttmann an der Herzogstrasse dahier öffentlich an den Meist- und Letztbieten-
den verkaufen: A. Sitze in der reformirten Kirche zu Elberfeld: 1 Frauensitz,

— — Der Vorleser tritt an sein Lesepult, denn weder Altar noch Altartisch ist in der Kirche. — — Während der Predigt streifen die Klingelbeutel durch die Kirche, zweimal Jeden ansprechend, für die Armen und für die Kirche, und werden, bei dem mühsamen Durchdrängen der Kirchendiener durch die eingeengten Menschenmassen, oft vor Ende der Predigt nicht fertig. [1])

Iamiam nos convertimus ad **Gembergium**, rerum Scoticarum laudatissimum scriptorem: *Die Kirchen sind höchst einfache, geräumige, mit Chören versehene Bethallen. Der Begriff von Gotteshäusern ist fremd, obwohl nicht der Ausdruck. Die Heiligkeit einer Stätte, wie der, wo die gottesfürchtigen Väter gelebt und des Herrn Nähe empfunden, und wo man die Weihe seiner Sacramente empfing, mag eine subjective Wahrheit für das Gemüth haben, der folgerichtige Verstand weist sie, wie jede äusserlich werdende Ehrerbietung, als idolatrisch ab und betrachtet die Stätte lediglich von Seiten ihrer praktischen Zweckmässigkeit. — — Die ganze innere Einrichtung der Kirche scheint auf den Nutzen berechnet und sorgfältig entfernt, was eine davon unabhängige symbolisch-ideelle Bedeutung in Anspruch nimmt. Dem Haupteingang gegenüber, in der Höhe des Chors (the first gallery) steht eine Art Kanzel (pulpit, d. i. ein erhöhtes hölzernes Stehpult für den Prediger) ohne alle Inschriften und sinnbildliche Ausschmückungen, mit einem grünen oder rothen Kissen belegt, darüber eine Art Baldachin als akustisches Hülfsmittel angebracht (Canopy oder Sounding-Board, Tonbrett). Auf beiden Seiten führen schmale, steinerne Wendeltreppen mit zierlichen Geländern hinauf, mit schöngewirkten Teppichen belegt. Nahe davor, in halber Erhöhung, steht das Pult des Vorsängers (Desk), um dasselbe her Sitze für die Geistlichen und die Aeltesten, der Kanzel gegenüber ein Chor für den Patron. Der reichliche Ertrag der Kirchensitze kommt hauptsächlich den Gemeinschulen und Armen zu gut. Das nächste Recht auf dieselben haben die Heritors und Glieder der Gemeine, doch kann sie Jedermann erwerben, nirgend herrscht ein Parochialzwang. Man sitzt familienweise zusammen, ohne weitere Absonderung der Stände und Geschlechter. Die Kirchen werden hier und da mit Gas erleuchtet und sind mit Oefen versehen, um dem fleissi-*

---

kurze Bank, südwärts (gepolstert), 1 Männersitz, unten vor'm Thurm, auf der Gallerie 6 Bank 2 Bank (hinter der Autoritätenbank) etc. etc.

1) Itaque heud prorsus verum est, quod narrat Altius l. c. p. 449: Den Klingelbeutel hat die evangelisch-lutherische Kirche mit der katholischen und griechischen gemein, während in der reformirten und englisch-bischöflichen die Beiträge in offnen Becken am Schluss des Gottesdienstes eingesammelt werden.

gen Hörer möglichst wenig seinen Comfort zu verkürzen. — *Zu beiden Seiten der Haupteingänge sind zwei grosse metallene Schüsseln (Plates) aufgestellt, worin der Eintretende sein Scherflein legt; dahinter stehen zwei Aelteste, welche nach eröffnetem Gottesdienste die reichliche, der Gemeinkasse zu gut kommende Sammlung nach einer Art Sakristei (Session-house) bringen. Ueber die äusserliche Ordnung wachen besondere Thürsteher (Doorkeepers); sie weisen Jedermann seinen Stuhl an, öffnen ihn auch wohl und weisen Fremde, die keinen Sitz in der Kirche haben, auch von keinem Gemeinglied eingeführt werden, wenn nicht zurück, auf besondere Plätze; nur wenn sie fernher kommen und sich als Foreigner ausgeben, wird ihnen gestattet, beliebig durch einen der Zwischengänge der Kanzel näher zu treten, wo sie aber sogleich in einen der nächsten Stühle hereingenöthigt werden. Das Stehen Einzelner scheint wider die Sitte. Was das Directory vorschreibt, würdig und geziemend zu erscheinen und Platz zu nehmen ohne Anbetung und Verbeugung gegen irgend eine Stätte geschieht pünktlich. Man neigt sich nicht einmal bei'm Kommen und Gehen, zum stillen Gebet, und hält das Verbeugen bei'm Namen Jesu für so abergläubisch, als das Zeichen des Kreuzes.* [1]) *Die alte, strengreformirte Sitte, mit dem Hut auf dem Kopf in der Kirche zu erscheinen, herrscht noch mehr, denn im fein gesitteten Genf, aber viel weniger, denn in Holland. Viele, besonders auf dem Lande, behalten ihn auf dem Kopfe, bis der Gottesdienst anfängt, sie müssten ihn denn aus Achtung für einen Bekannten, oder weil es ihnen behaglicher ist, früher abnehmen. Der Begriff einer geweihten Stätte ist ihnen fremd, wie die Consecration.* [2])

---

1) Recte Br.: Also soll es auch in Christlicher Freiheit stehen, Dass wenn man in öffentlichen Versamblungen, oder daheim sein Gebeth spricht, solches stehend, sitzend oder knieend geschehe.

2) Addit Gembergius in margine: Im reformirten Holland bleibt man bis zu Ende des Gottesdienstes bedeckt, selbst während der Bibellesung und Predigt; man entblösst sich nur während des Gesanges und Gebetes, wobei die meisten Männer aufstehen. Ob einzelne sammt den Frauen durch die wärmenden Stoves auf ihren Plätzen festgehalten werden, weiss ich nicht. Am meisten befremdete es mich, dass man vor und während des Gottesdienstes bei'm Begrüssen hier und da die Hüte abnahm und wieder aufsetzte, auch aus Achtung für die Diaconen sie anrührte, welche zweimal nach einander mit Klingelbeuteln umhergingen. — In Germania Reformata hic mos, quoad sciam, non invaluit. Si Quakeri, capita omnino non detegentes, pileum retinent in loco sacro, videtur consentaneum: at ridiculum est, homines capite nudato salutare, in domo Dei rusticitate quadam pileos comis imponere.

§. 3.

Ad Heortologiam Reformatam pergentibus hoc certe maximam movet admirationem, quod cum apud alios tum in Turicensium republica, quam alias audacem et rerum novarum admodum studiosam cognovimus, caute et pedetentim egerunt in diebus festis abrogandis vel diminuendis. Nam illo tempore, quo Cinglio suasore multa mutata apparent in doctrina atque externa templorum facie, Senatus Turicensis publico decreto celebrari iubet Dominicas per annum, Nativitatem, Circumcisionem, Resurrectionem (cum feria 2da) et Ascensionem Domini, Pentecosten (cum fer. 2.), Purificationem, Annunciationem, Assumptionem Mariae, festivitatem Apostolorum, S. Stephani, Omnium Sanctorum, S. Ioannis Baptistae, S. Mariae Magdalenae, S. Felicis et Regulae. [1]) Bullinger. l. c. I. p. 329: *Hient wurdet alle andre Bäptische Fyrteg, deren sunst noch durch das gantz Iar gar vil warend, aller dingen abgethan. Es ward ouch ermälte Ordnung nitt anders, dann uff wytere erlichterung angenommen. Darumm als hernach ouch andere Stett in der Eydgenoschaft das h. Evangelium annamend und reformiertend; und allein den Sonnentag und Feste Christi behieltend, alle fest der Creaturen abstalltend — — dardurch Zürych bewegt ward nachvolgend mandat von der Cantzel zü läsen und in all ihr Landschaft zu senden.* Itaque anno 1526 novus festivitatum catalogus promulgatus est, quo uti festa commendantur Nativitas Domini cum feria subsequente, Pascha cum feria secunda, item Pentecoste, denique Circumcisio et Ascensio Domini. Cave ne festivitates Sanctorum hoc edicto putes exstinctas; profecto non amplius celebrabantur ita ut feriaretur populus a negotiis, commemorabantur tamen in sacris hebdomadariis (Wochenpredigten). Bs.: *Vnd ob sich zun zyten zutragen, das man der gebenedieten junckfrawen Marie, der muter Jesu Christi, oder anderer vsserwelten Gottes heyligen, so yetzt in ewiger seligkeit sind, gedechtniss begon, do sollen die Predicanten solche fest dermassen halten, damit Gott in synen heyligen gebryst, die Göttliche ehr nit den creaturen, auch die gnad Gottes, so er sinen vsserwelten heyligen bewysen, den heyligen Gottes nit entzogen, sonder alle ding zu der ehre Gottes, vnd besserung vnserer nechsten gehandlet werden. — Aber die verdienst, hohe tugenden vnd seligkeit, der heyligen, ewigen jungfrawen Marie, der heyligen Apostelen, sant Johansen des Töuffers, vnnd der lieben Marterer Christi, diewyl man täglick frübet vnd tag predig haben würt, Sollen mit ernstlicher gedechtnüss (wie dauor in verkündung des Göttlichen worts beuolhen ist) begangen*

---

1) S. Felix et S. Regula Martyres, urbis Turicensis olim patroni.

werden, vnnd die tag jrer gedechnüss im kalender vnuerruckt bliben. Zr. P.: — — Das ouch nüt disterweniger in der Wochen zemol einist ein Predig vnd gemein Gebätt für alles Anligen der Kilchen Gottes gehalten werde. Dessglych die Tag der heyligen Apostlen vnd andere wie sy von vnsern Herren bestimpt; mit Predgen wie von Alter har versähen. [1])

Sane vero illae Sanctorum memoriae ab Reformatae ecclesiae ingenio, quod subinde clarius illuxit, tam aliena videbantur, ut mox radicitus sublata sint. At remansit ecclesiis reformatis, quae Germanico ore loquuntur, illud proprium, ut praeter Dominicas festivitates quasdam primarias celebrarent diebus profestis. Pf. 1. enumerat Nativitatem Domini cum subsequente feria, Circumcisionem ("den Iarstag") Feriam Paschatis et Pentecostes Secundam, Ascensionem Domini. Consentit T. ita tamen ut summis festivitatibus tres concedat ferias. Dreyhauptii aetate ecclesia Reformata urbis Halensis Germanica peragebat summas sollennitates tribus feriis praeterea, Circumcisionem, Epiphaniam, Feriam V in coena Domini, Parasceven, Ascensionem. Contra eiusdem civitatis ecclesiae Reformatae Gallicae satisfecerunt Pascha, Pentecoste, Nativitas, Circumcisio, Parasceve, Ascensio. [2])

Iam intelligis, ecclesias Reformatas Gallicas, omnino quae ex Calvino ducunt originem, parciores fuisse in festis celebrandis. Evaserunt tamen apud plurimas cladem Nativitas, Parasceve, Ascensio, Circumcisio vel Novi Anni Natale. [3])   At vero hae quoque sollennitates acuto gladio videbantur

---

1) Immo Declarat. Thorun. N. p. 678. facit in capite de festis cum Luthero: Quin et dies quosdam Sanctorum memoriae dicatos, ut Beatae Mariae Virginis, Michaelis Archangeli et Apostolorum, feriatos agimus non ad cultum religiosum ipsismet et proprie exhibendum, sed ut gratiam Dei illis aut per illos praestitam, grata commemoratione celebremus nosque ipsos ad eorundem imitationem excitemus.

2) Haud caret errore quod narrat Kliefothius l. c. p. 38: „Die ganze reformirte Kirche der Schweiz und Deutschlands bestimmen ausser den Sonntagen nur Weihnacht, Ostern, Himmelfahrt und Pfingsten. Nicht einmal Charfreitag. Die Casselsche hat nicht einmal Himmelfahrt. Dagegen kommt zwar Neujahr vor, aber nicht, wie in allen andern Kirchen, als das Fest der Beschneidung Christi, sondern als „Neujahr" oder als „Jahrstag". Auch wird für diese Feste nur eine eintägige Feier geordnet, weil Zwingli und Calvin eine solche für genügend hielten." Omnino Ns. „omnia feste Sanctorum et abusus feriarum abrogari iubet et solos dominicos dies ut festa Christi retineri" — at pendet ille liber ab ore Synodi Middelburgensis, itaque non mirum est, quod ab Germanorum recedit consuetudine. Adeas Conf. Helv. Post. N. p. 526.

3) Gemberg l. c. p. 117: Zu Calvins Zeit feierte die Genfer Kirche bloss den ersten Weihnachts- und Ostertag durch Communion; jetzt begeht sie das Weihnachtsfest mit 2, das Himmelfahrtsfest mit einem Gottesdienst — der Charfreitag bleibt unbeachtet. Nb. commemorat festivitates supra positas.

conficiendae ac iugulandae, ubi ecclesia recordata est praecepti sui: nihil tolerandum esse in cultu divino nisi quod probari possit scripturae sacrae auctoritate. Igitur cum in sacris paginis mentio iniecta sit *xvqιaxῆς ἡμέ ρας* tantum, placuit multis, imprimis Batavis ac Scotis, omnibus dissectis festivitatum ramis, niti omnium dierum festorum radicibus ac consistere in sola Dominica die religiosissime colenda. Batavos ab antiqua consuetudine descivisse docet Fliednerus l. c. p. 70: *Zu besondern Festtagen, welche durch Haltung wenigstens eines Gottesdienstes gefeiert werden, was früher theils gar nicht, theils nicht allgemein der Fall war, hat die Synode im Jahr 1817 den Charfreitag, den Neujahrstag und den letz- ten Jahrestag bestimmt, welcher letztere durch einem Abendgottesdienst zu feiern sei; im Jahre 1819 den 31. Oct. als Reformationsfest, wenn er auf einen Sonntag fällt, sonst den Sonntag nachher; im Jahr 1820 den jährlichen Dank- und Bettag und den 24. August, als des Königs Geburtstag.* Sed quos enumerat dies festi non celebrantur in foro neque aequiparant Dominicis, multis concionibus insignibus. Sed haec nihil ad rigidam Scotiae ecclesiae disciplinam. Etenim huic persuasissimum est, scripturam sacram festivitatibus ita esse inimicam, ut nullatenus possint ferri in ecclesia Christi recte conformata. Sack l. c. p. 254: *Am Uner- freulichsten tritt das einseitig Nationale auf in dem Mangel hoher Feste. Alle Fülle des erhöhten christlichen Gemeingefühls, alle bedeutungsvolle Zeittheilung, welche uns mit den 3 hohen Festen gegeben ist, indem sie uns mit der allgemeinen Kirche in vorübergehende, aber nachwir- kende gottesdienstliche Berührung setzt, zugleich uns die Jahreszeiten mit dem Charakter bestimmter christlicher Anschauungen und Anre- gungen bezeichnet — alles dies haben sie nicht und kennen sie nicht, ja sie ahnen es kaum und es ist noch glücklich, wenn sie nicht meinen, in der Verwerfung der Feste liege eine besondere Treue gegen die h. Schrift, weil diese Nichts von den Festen enthält. In einem etwas eintönigen Ablaufe der Wochen geht ihr Jahr dahin, und ein eigent- liches Kirchenjahr haben sie nicht.* Quod Scoti et Resurrectionem do- minicam et apostolos spiritu collustratos praetermittunt in ipsis Dominicis Paschatis ac Pentecostes, hoc aliis constantia esse videtur, mihi pertinacia. Gemberg l. c. p. 118: *Ich wohnte am ersten Pfingstfeste zwei Predig- ten bei: die eine handelte von der Unmöglichkeit der Erneuung zur Busse für abgefallene Bekenner Jesu nach Hebr. 6, 3—6, die andere vom Gebet als Bedürfniss des Gläubigen nach Ies. 26, 16; beide sehr erbaulich, aber weil sie den Gegenstand des Tages völlig ignoriren, liessen sie mich unbefriedigt.*

Iam vero ea ecclesia, quam quod ad festorum calendarium ipsa parsi- monia parciorem novimus, nimia est et tanquam prodiga in diebus supplicationis et et poenitentiae. Confer quae disputavimus Cod. Lit. II. p. 70 sq. Neque abhorret ab nostra sententia Kliefothius l. c. p. 38: *Dagegen ist wieder consequent, wenn nun die reformirte Kirche die Heimath der Buss- und Bettage ist, wenn sie statt des abgethanen Jahrs des Herrn in jeden Monat, ja in manchen Gebieten in jede Woche solche Buss- und Bettage ohne historischen Anknüpfungspunkt für die Aeusserung subjectiver christlicher Empfindungen hineinstellt, und wenn noch bis auf den heutigen Tag die Berner Landeskirche einen in den September fallenden Bettag als den ohne Vergleich höchsten Feiertag in grösseren Ehren hält, als wir selbst den Charfreitag. So hat die reformirte Kirche in ihrer Zurückstellung des Sacramentalen hinter dem Sacrificiellen das historische Jahr des Herrn mit seinen objectiven Facten und Worten über ihrem sacrificiellen Predigen, Gedenken und Beten verloren, und ist dadurch nur der dem Katholischen entgegengesetzten Irrung verfallen.* Id nimirum observamus, in nonnullis provinciis his supplicationibus non designatos esse dies statos: edicto publico fidelibus denuntiantur, praecipue si publica quaedam civitati inferatur seu ingruat calamitas. [1]) Accedere solet ieiunium. Confess. Helvet. Post. N. p. 527: *Celebrarunt olim ieiunia publica calamitosis temporibus rebusque ecclesiae afflictis. Abstinebant in universum a cibo ad vesperam usque. Totum autem hoc tempus impendebant precibus sacris, cultuique Dei et poenitentiae. Parum haec abfuerunt a luctu et frequens fit horum mentio in prophetis. Celebrari debet huiusmodi ieiunium etiam hodie in rebus ecclesiae difficilibus.*

§. 4.

Hactenus quae de locis ac temporibus sacris memoratu digna videbantur, brevissimo cursu percurrimus: nunc dicendum erit de singulis liturgiae Reformatae partibus. Constat autem canticis sacris, precibus, concionibus: nam eucharistiae sacramentum, ut probavimus pag. 9 sqq. haud pertinet ad cultum quotidianum sive dominicalem, sed ter vel quater per annum vel semel quocunque mense sacris extraordinariis peragitur. [2])

---

1) Ita in Scotia, Anglia etc. Fliedner. l. c. p. 70: Der jährliche Busstag, welcher vormals von der Regierung alljährlich durch einen sogenannten Buss- und Bettagsbrief ausgeschrieben wurde, ist seit Festsetzung des Dank- und Bettags abgeschafft. Dieser soll ein Surrogat für ihn sein, ersetzt ihn aber natürlich nicht. Auch wird er an vielen Orten durch Nichts, als durch die gottesdienstliche Dankstunde gefeiert, übrigens als Werktag behandelt.

2) Quamquam alia placebant Calvino: Nous auons aussi ordonné d'introduire les chants Ecclesiastiques tant deuant qu'apres le sermon, pour mieux inciter le

Cantilenas sacras multum conferre ad cultus divini excellentiam et praestantiam, nunquam non intellexerunt doctores Reformati. Monebant tamen, ne desideretur gravitas in canendo. N. *Populus accinit cum modestia et gravitate summa, ut ne quid voluptati aurium, sed serviant omnia reverentiae.* Haec omnino merentur laudem: mox admista sunt, quae minus accepta sunt sobrio ac liberali iudicio. Nam profecto non rumpitur sacri codicis reverentia canticis sacris, a poetis christianis confectis, sacrorum scriptorum luminibus distinctis, colore quodam et succo libri divini ornatis: contra quaestio contrahitur et adducitur in angustum hac quam modo proposuimus sententia ita intellecta, ut cantica ecclesiastica vel ad verbum ex bibliis depromenda vel saltem ex sacris eloquiis contexenda censeantur. Conf. Czenger. N. p. 548: *Cantilenas ex sacris literis compositas cum intellectu spiritu et mente canimus et reiicimus insanos, qui his contradicunt aut lingua non intellecta, in cantu discantizant aut reboant ad coelum usque ut Sacerdotes Baal.* [1]) Multi libri aequius iudicant, ut Ns.: *Cantiones vel ex meris textibus scripturae vernacula lingua canantur vel alioquin certam doctrinam contineant puram, classium et Synodorum iudicio.* Utcunque est, consona erant illa carmina, sacrarum literarum circumscriptione quadam comprehensa atque conclusa cum Reformatae ecclesiae indole, iam saepius a nobis ostensa: itaque dum Lutheranorum cultus uberrimo hymnorum sacrorum proventu in dies magis splendescere coeperat, Reformata acquieverat in P s a l m i s Veteris Testamenti. Maxime accommodatae videbantur ad angustias temporis fervidae psalmographorum orationes, lugubres lamentationes, immo maledicta in hostes Dei collata: accessit propria eaque praeclarissima illorum carminum virtus. C l e m e n s M a r o t u s, Gallorum sui temporis poetarum facile princeps, primo psalmum sextum Gallicis numeris expressit; dein anno 1536 triginta psalmos interpretatus est gallice, rege Henrico ac stirpe eius coeptis suis plaudentibus. Alt l. c. p. 309: *In ähnlicher Weise übersetzte ziemlich um dieselbe Zeit M a r o t, der Vater der neueren französischen Dichtkunst, von C a l v i n aufgefordert, zuerst 30 Psalmen; und da diese Uebersetzung allgemeinen Beifall fand, auch am Hofe, auf den*

---

peuple à louer et prier Dieu. Pour le commencement on apprendra les petits enfans, puis auec le temps toute l'Eglise pourra suiure. — Puisque la Cene a esté institué de nostre Seigneur pour nous estre en vsage plus frequent, et aussi qu'il a esté ainsi obseruée en l'Eglise ancienne iusqu'à ce que le Diable a tout renuersé, dressant la Messe au lieu d'icelle: C'est vn defaut qu'on doit corriger, que de la celebrer tant rarement. Toutesfois pour le present auons avisé et ordonné qu'elle soit administrée quatre fois l'année.

1) Cantica latina ecclesia Reformata nullo tempore in cultibus sacris adhiberi passa est.

Wunsch des Königs Franz I. noch 20 andere; die übrigen 100 hat auf Calvins Bitte Beza hinzugefügt. Diese Texte wurden nun, je nachdem es der Rhythmus und Strophenbau erlaubte, dieser oder jener weltlichen Melodie angepasst, und die Vorliebe des Dauphin Heinrich (der nachmals als Heinrich II. zur Regierung kam) für diesen Psalmengesang machte es bald zur allgemeinen Hofsitte, dass Jeder auf diese Weise sich einen Lieblingspsalm wählte; und so, wie der Dauphin Ps. 42 (,,Wie der Hirsch schreiet nach frischem Wasser" etc.) nach einer Jagdmelodie sang (welche in der Melodie: ,,Freu dich sehr, o meine Seele", vielleicht noch heute wiederklingt), so sang Diana von Poitiers, Herzogin von Valentinois, Ps. 130, Anton von Navarra Ps. 43, und die Königin Ps. 6 zu den Melodien beliebter Tanz- und Liebeslieder. Man nahm daran auch um so weniger Anstoss, je löblicher es schien, durch das Vertauschen der bisherigen frivolen Texte mit geistlichen und erbaulichen, jene unsittlichen und schmutzigen Lieder selbst in Vergessenheit zu bringen. At postea impendente persecutionis procella, Marotus ex tempestatum periculis profugit Genevam, ibique alios viginti psalmos fecit Gallicos. Praefatus est Calvinus L. Psalmis nunc (1543) in uno libro comprehensis, nec defuit coetuum reformatorum laus et adsentatio. Obiit Marotus anno 1544: flagitabat tamen fidelium desiderium ut inchoata Psalmorum interpretatio absolveretur. Instigante Calvino Theodorus Beza, magnum Reformatae ecclesiae lumen ac decus, hanc suscepit provinciam. Et tam assidue munere suo functus est, ut anno 1552 Psalterium Gallicum in lucem prodiret, abhinc in omnibus ecclesiis Reformatis Gallicis usu confirmatum. [1]) Modos omnibus Psalmis adaptavit Clau-

---

1) Subscribimus Psalmum primum ex Maroti interpretatione:

Qui au conseil des malins n'a esté
Qui n'est au train des pecheurs arresté,
Qui des moqueurs au banc place n'a prise
  Mais nuit et jour la loi contemple et prise
De l'Eternel et en est desireux,
Certainement celui-là est heureux.

Et semblera vn arbre grand et beau,
Planté au long d'vn clair courant ruisseau,
Et qui son fruict en sa saison apporte,
  Duquel aussi la feuille ne chet morte,
Si qu'vn tel homme et tout ce qu'il fera,
Toûjours heureux et prospere sera.

Mais les peruers n'auront telles vertus,
Ains ils seront semblables aux festus,

dius Gaudimelus (Claude Goudimel), vetustiorum canticorum modulos secu-

Et à la poudre au gré du vent chassée.
    Partant sera leur cause renuersée
En jugement, et tous ces reprouuez
Au rang des bons ne seront point trouuez.

Car l'Eternel les justes connoit bien,
Et est soigneux et d'eux et de leur bien :
Pourtant auront felicité qui dure.
    Quant aux meschans qui n'ont ni soin ni cure
De s'amender, le chemin qu'ils tiendront,
Eux et leurs faits en ruïne viendront.

Adiiciatur Beza carmen, Ps. CXLII :

    J'ai de ma voix a Dieu crié,
J'ai de ma voix mon Dieu prié,
J'épans tout mon coeur devant lui
Et lui declare mon ennui.

    Quoi qu'en moi de douleur épris
S'enuelopent tous mes esprits,
Tu sais l'endroit par où je doi
Sortir des lieux où je me voi.

    Par les chemins où j'ai passé
Leur trébuchet ils m'ont dressé:
Et quand ça et là j'ai tout veu,
Nul ami ne m'a reconnu.

    Bref, tout moyen me semble osté
D'échaper de quelque costé :
Et ne se peut vn seul trouuer
Qui ait souci de me sauuer.

    Seigneur, je t'adresse mon cri,
Tu es mon espoir, je le di:
En tout le monde il n'y a rien
Fors que roi où gise mon bien.

    Enten ma clameur, car je suis
Tant accablé que plus n'en puis:
Garde moi des malicieux
Qui sont sur moi victorieux.

    Tire moi de cette prison,
Afin que je chante ton Nom:
Et les bons m'enuironneront,
Quand en moi tes biens ils verront.

tus. [1]) Adeas Thuanum et laudis nuntium et dirae mortis praeconem
Lib. LII. p. 1084: *Honesti cives (Lugduni) e carcere educti et sicis iu-
gulati in Rhodanum proiiciuntur. Eandem fortunam expertus est C. G.,
excellens nostra aetate musicus, qui Psalmos Davidicos vernaculis ver-
sibus a Clemente Maroto et Theodoro Beza expressos ad varios et iu-
cundissimos modulationum numeros aptavit, quibus et hodie publice in
concionibus Protestantium et privatim decantantur.* Helvetis, imprimis
Losannensibus, alius exstitit Psalmorum auctor musicus, Guilielmus
Francus. Cf. Baum Theodor Beza p. 188.

Germanorum natio, utpote canticorum et sacrorum et profanorum anti-
quitus amantissima neque in Reformatis coetibus Helvetiae ac Germaniae
sibi temperare potuit, quo minus divino numini vernaculis hymnis caneret.
Prius quam Beza Psalmorum opus absolvit, Ioannes Zwickius et can-
tus ecclesiastici patrocinium suscepit, et ipse civibus Psalmos et cantica
attulit. (Gsangbüchle von vil schönen Psalmen und geistlichen Liedern.
Getruckt zu Zürych by Christoffel Froschauer — ut verosimile est 1536
s. 1537 — „Vorred zuo beschirm und erhaltung des ordenlichen kirchen-
gesangs.") Porro haud pauci exstiterunt Helvetiae ac Germaniae superioris
poëtae, antequam Wackernagelii curis huic quaestioni lux affulserit, paene
incogniti atque sepulti. Sed ineunte vere, cum multae in palmite gemmae
turgerent, maximum impendit frigus, quo omnia absumpta et mutata sunt
in pejus. Nimirum effecit Calvini et Bezae auctoritas ut, praetermissis

---

Ceterum facio cum Baumio Theodor Beza p. 190: Beza's Verdienst und Talent
als Uebersetzer ist schon von den Zeitgenossen verschiedenartig beurtheilt und
meistens unter das seines Vorgängers gesetzt worden.   Beide Uebersetzungen
aber, obgleich ihre Sprache viel Naives und Poetisches in der freieren Wendung
hat, welches die heutigen Romantiker mit wenig Glück wieder einführen wollen,
sind für unseren Geschmack nicht, und ihre Breite muss demjenigen, der nur
Luthers prosaische Uebertragung in ihrer gedrängten poetischen Kraft kennt,
geschweige denn, wenn er „Eine feste Burg ist unser Gott" singen kann, in
vielen Stücken als matt und unbeholfen erscheinen.

1) Altius l. c. p. 309: Um so eifriger aber führen die Calvinisten fort,
die Psalmen nach diesen, für sie gebräuchlich gewordenen Volksmelodien zu
singen, und Claude Goudimel, der 1562 sechszehn vierstimmig- und mo-
tettenartig bearbeitet Psalmen herausgab, bemerkt ausdrücklich, dass er die
Melodien en son entier beibehalten und die drei übrigen Stimmen nur angepasst
(adjousté) habe. In Psalterio Gallico, quod nobis ad manus est, XXI distinguun-
tur modi: „Pseaumes qui se chantent sur vn mesme chant. — Le
Pseaume 5. et 64. Le 14 et 53. Le 17. 63. et 70. Le 18. et 144. Le 24. 62. et 111.
Le 28. et 109. Le 30. 76. et 139. Le 31. et 71. Le 33. et 67. Le 36. et 68. Le
46. et 82. Le 51. et 69. Le 60. et 108. Le 65. et 72. Le 66. 98. et 118. Le 74.
et 116. Le 77. et 86. Le 78 et 90. Le 100. 131. et 142. Le 117. et 127. Le 140.
sur le chant des Commandemens."

Germanorum poëtarum carminibus, interpretatio Psalmorum Gallica Helvetis
quoque ac Germanis ecclesiis proponeretur, sit exemplar, omnibus imita-
bile. Sed nondum commemoravimus, quod nos afficit luctu. Typis excusus
est Lipsiae 1573 libellus, cui inscriptus est ,,Psalmen des königlichen
Propheten Davids in teutsche Reimen verständlich und deutlich gebracht
nach französischer Melodie und reimartig durch A m b r o s i u m L o b w a s -
s e r, der Rechten Doctor und fürstlichen Durchlauchtigkeit in Preussen
Rath''. († 15×5.) Et sane nomen auctoris in omen accipiendum est. Nam
vix est, qui refragetur Melisso, haec iudicanti: *Lobwasserus corrumpit*
in singulis paragraphis ultimos versus et melodiam deprimit, caesuras
negligit et hic et alibi passim in illius versione omnia sunt valde aquea
sine potius aquosa. ¹) Attamen nescio qui factum sit ut raucisoni Regio-
montani poetae versus, per longum temporis spatium in usum, in ora,
abierint Reformatorum, in Germania atque Helvetia. Sed prohibuit illa, quam
modo laudavimus, Germanicae gentis virtus, quin Lobwasseri poculo ex-
hausto omnis sitis depulsa sit atque expleta. Praecipue in festivitatibus,

---

1) **Psalmus 1. vs. 1:** Wer nicht mit den Gottlosen geht zu Rath Und nicht
tritt in sündlicher Leut Fusspfad, Der auch mit nicht sitzt auf der Spötter Bänken,
Sondern auf Gotts G'setz mit Fleiss thut denken, Und sich des Tag und Nacht
nimmt herzlich an, Fürwahr der ist vor Gott ein selig Mann. **2.** Denn er wird
gleich sein einem Baum, der fein Gepflanzet steht an einem Wässerlein, Der seine
Frucht zu seinen Zeiten träget, Dess Laub auch nimmer abzufallen pfleget; So
auch, was solcher Mensch thut und beginnt, Dasselb allzeit ein glücklich End
gewinnt. **3.** Dagegen die Gottlosen, mir das glaub, Sind nicht also, sondern
wie Spreu und Staub, Welchen der Wind auf von der Erde wehet, Darum ihr
keiner vor Gericht bestehet, Die Sünder auch in der Gerechten Rath Oder Ver-
sammlung finden keine Statt. **4.** Denn die Gerechten sind Gott wohl bekannt,
Und wie es ist um all' ihr Thun bewandt. Drum werden sie in Ewigkeit wohl
bleiben: Die aber hier ein gottlos Leben treiben, Derselben Thun mit nicht be-
stehen kann, Sie gehn zu Grund, Gott nimmt sich ihr nicht an. De modis mu-
sicis Altius p. 310: ,,Da L. die Melodien genau nach den vorliegenden Melodien
des französischen Psalters gerichtet hatte, so wurden in Zürich und Basel manche
Psalmmelodien bis in die neueren Zeiten in dieser Weise vierstimmig gesungen.
Da jedoch bei Goudimels Tonsatz die Melodie, der älteren Saagweise gemäss,
meist im Tenor lag und dies Vielen das Mitsingen erschwerte, so gab S a m.
M a r s c h a l l, Musicus und Organist der Stadt und Universität Basel, 1594 die
Psalmenmelodien in einer neuen Bearbeitung heraus, ,,mit 4 Stimmen zugericht,
also dass der Choral allzeit im Discant.'' Auf solche Weise bearbeitet erhielten
die Psalmen der Reformirten, wie die Gesänge der Lutheraner, mehr und mehr
die Form von eigentlichen Liedern, und wie man in der lutherischen Kirche manche
von den Psalmenmelodien entlehnte, so eignete man in der reformirten manchen
Psalmen lutherische Kirchenmelodien zu und sang z. B. Ps. 100, 131, 134, 142
nach der Mel.: Vom Himmel hoch, da komm ich her; — Ps. 117, 127 nach:
Vater unser im Himmelreich; — Ps. 6 nach: O Welt, ich muss dich lassen, etc.

in quas pauci tantummodo psalmi iique sensu typico et allegorico quadrabant, intravit animos paupertatis pudor [1]): ultro se oculis attulit hymnorum varietas atque ubertas apud Lutheranos. Ut brevi dicam, Reformati, qui Germanica lingua utuntur, Lobwassero paene exstincto iam dudum in libertatem vindicati sunt. Habent cantionalia, Lutheranis simillima, maxima ex parte Lutheranorum poetarum carminibus referta. Similia evenisse in provinciis Batavis auctor est Fliednerus p. 69: *Den von Petrus Dathenus holländisch gereimten Psalmen [2]), welche bis 1805 das einzige Gesangbuch waren, wurden damals von der Generalsynode 192 evangelische Gesänge beigefügt, welche theils von holländischen Verfassern, theils aus dem Deutschen, vorzüglich aus Gellerts Kirchenliedern übersetzt sind und im Allgemeinen jetzt mehr als die Psalmen gebraucht werden. Zwar giebt es noch manche engherzige Christen, welche durchaus nur aus den Psalmen singen wollen, weil die Einführung der evangelischen Gesänge Neuerung und der Inhalt nicht göttlichen Ursprungs, wie der der Psalmen sei.*

Expectamus Scotiam, ut maxima observantia retineat Psalmos: nec fallimur opinione nostra. Hodieque Davidica carmina modis fere quinquaginta

---

1) Hanc inopiam iam ecclesia Gallica levare studebat. Adiiecit psalmis alia quaedam cantica, ex scripturae sacrae versibus concinnata. Exemplo sit canticum in Nativitate Domini: Je vous annonce une grande joye, c'est qu'aujourd'huy dans la Ville de David, vous est né le Sauveur qui est Christ le Seigneur. — Gloire soit à Dieu dans les Lieux très-hauts; Pais sur la Terre, et bonne Volonté envers les hommes. L'Enfant nous est né, le Fils nous a été donné; l'Empire a été mis sur son épaule. On l'appellera l'Admirable, le Conseiller, le Dieu Fort et Puissant, le Pere d'Eternité, et le Prince de Paix. — Dieu s'est souvenu de son Alliance, et il a envoyé la Redemption à son Peuple. Quand l'accomplissement des temps a été venu, Dieu a envoyé son Fils fait de femme, et assujetti à la Loi, afin que nous reçûssions l'Adoption des Enfans. Israël a été sauvé par le Seigneur d'un Salut éternel. — Cela a été fait par le Seigneur, et est une chose merveilleuse à nos yeux. C'est icy la Journée que le Seigneur a faite; venez, réjoüïssons nous en elle. Voicy maintenant le Tems favorable, voicy maintenant le Jour du Salut. — Quon dise par toute la Terre, l'Eternel régne; que les Cieux se réjoüïssent, que la Terre s'égaye; car il jugera le Monde avec Justice, et les Peuples selon sa Verité. Benit soit celuy qui vient au Nom du Seigneur; et benit soit le Régne de David nôtre Pere! Hosanna aux Lieux trés-hauts!

2) Quod ad modos musicos, Batavi quoque illa aetate, qua e divino scripturae fonte Psalmorum haustus sumere coeperant, ut sine mora possint carmina sacra decantare, profanis sonis Psalmos accommodarunt. Ne desit exemplum in lucem prodiit Amstelodami 1540 Psalmorum libellus cura Guilielmi van Zuyten van Nyveld, e. g. Psalmo XXXIX hunc modum adsignans: Ich kam zu einem Tanze, wo manch schön Frauchen war.

aptati [1]), inserviunt sacris et publicis et privatis. [2] Adiuncta sunt tamen cantica quaedam (Translations and Paraphrases) aeque ex Scripturae sacrae contexta versibus, atque ea, quae apud Gallos rerum hymnicarum explent lacunam. Gembergius l. c. p. 97 sexaginta septem recenset „Translationes", hymnos septem.

Preces liturgicae, proprie sic dictae (quae a supplicationibus sermoni publico adnexis bene distinguuntur), cum locum solum sibi aptum requirant altare, remotis aris in ecclesiis Reformatis non amplius habent, unde fundi possint et pronunciari. Substitutae ac suppositae sunt preces et vota publica, vel ad tabulas a parochis vel a lectoribus in pulpitis facienda ante sermonem. Nec desunt libri rituales, qui his precibus materiam praebent, ecclesiae auctoritate sancitam vel ut rectius dicam, commendatam. Enimvero pugnat cum ecclesiae moribus, cervicibus imponere iugum. Cinglius de can. miss. Praef. pag. 176: „*Canonem novum orsi sumus, non quem ab omnibus recipi velimus, ita nos Chr. amat; nam quae est potestas nostra, ut hoc vel postulare vel praecipere possimus. — Ubi publice precandi mos recipietur, utetur quaelibet eccl. quibus placebit orationibus, modo sint ad regulam verbi Dei formatae.*" Calvinus Suppl. exhortat. pag. 127 b: „*Fatemur, tum omnes tum etiam singulas ecclesias hoc jus habere, ut leges et statuta sibi*

---

1) Gemberg. l. c. p. 97: „Was der schottischen Nationalmusik überhaupt nachgerühmt wird, erregende Kraft, Einfachheit und Melodie, gilt von den meisten ihrer heiligen Tunes. Ihrer mögen, wenigstens der jetzt gebräuchlichen, einige fünfzig sein; mehrere davon sind uralt, etliche von fremden Componisten.

2) Exempli causa ponatur Ps. CXXI:

1. I to the hills will lift mine eyes
   From whence doth come mine aid.

2. My safety comes from the Lord
   Who heav'n and earth hath made.

3. Thy foot he'll not let slide, nor will
   He slumber, that theee keeps —

4. Behold, he that keeps Israel,
   He slumbers not nor sleeps.

5. The Lord thee keeps, thy Lord thy shade
   On thy right hand doth stay:

6. The moon by night thee shall not smite
   Nor yet the sun by day.

7. The Lord shall keep thy soul, he shall
   Preserve thee from all ill.

8. Henceforth thy going out and in
   God keep for ever will.

candant ad politiam communem inter suos constituendam, quum omnia in domo Dei rite et ordine fieri oporteat .. modo ne conscientias adstringant, neque superstitio illic adhibeatur." N.: — *Hae sunt precationum in Liturgiis certae formulae, quas tamen sequitur minister suo arbitrio, ut tempus fert, et res postulat. Neque enim ulla praescriptione formularum alligandus est spiritus Dei ad eum uerborum numerum, cui non liceat subiicere uel supponere, si meliora suggerat. Sane Paulus iubet in Ecclesia tacere priorem, si cui ex sedentibus reuelatum sit. Hae formulae seruiunt tantum rudioribus: Nullius libertati praescribitur. Tantum ne ab ea ratione discedatur, quam nobis Iesus Christus praescripsit. Spiritus enim sanctus, qui alioqui tacentibus nobis, atque adeo ignorantibus quid orare nos oporteat, non desinit patrem interpellare gemitibus inenarrabilibus, cumque is apud tribunalia subministret, quae dicenda sint, non deerit nobis, cum uera fide coram Deo nos sistemus sensu orationis excitati.* Scoti, Reformatae disciplinae tenacissimi, omnem cultum divinum sacrorum rostrorum cancellis iubent circumscribi. Hinc denuntiat orator psalmos a fidelium coetu decantandos, praelegit sacri codicis capita, Deum precatur et supplicat, habet orationem, impertit denique populo benedictionem. Quod ad preces, spretis omnibus libris, quantum viribus enituntur oratores Scoti, ut non parati et meditati ab imo pectore et quasi divino quodam spiritu afflati preces faciant longas et omni pietate plenas. Quo in capite non possum, quin transscribam Gembergium, totam Scotorum liturgiam optime enarrantem p. 96 sqq.: *Hat ein Kirchendiener die schwere Kirchenbibel auf die Kanzel getragen, so erscheint der Prediger auf derselben im einfachen schwarzen Talar und schmalem weissen Kragen, zuweilen noch den runden Hut auf dem Kopfe oder einen Mantel um sich geschlagen, den ihm oben ein Diener abnimmt und herunter trägt. — Er verneigt sich nicht zum stillen Gebet, wohl aber hier und da zur Begrüssung der Gemeine und obrigkeitlichen Behörde. — satzt sich wohl noch einen Augenblick, steht dann auf und eröffnet den Gottesdienst mit den Worten: Let us worship God by singing the Psalm etc. Er nennt einen Psalm, den die Gemeine nachschlägt, bezeichnet die Verse, oft aus der Mitte oder am Schlusse desselben, welche gesungen werden sollen, und liest sie laut vor. Dann erhebt sich der Vorsänger (Praecentor) hinter einem vor der Kanzel befestigten Pulte und stimmt den Psalm nach einer der bekannten Melodien an, die Gemeine lässt ihn zuerst anheben und stimmt erst ein, wenn sie der Melodie gewiss ist, gewöhnlich bei der zweiten Zeile. — — Die Zwischenpausen zwischen den einzelnen Verszeichen fallen, wie alle Präludien, weg, so dass der Gesang kaum 10 Minuten währt. Darauf erhebt sich der Geistliche zum Gebet, die Gemeine hört es stehend an, eine liturgische Auszeichnung, welche keinem andern gottesdienstlichen Acte zu Theil wird, als am Schluss dem neutestamentlichen Segenswunsch. — — Keiner liest Gebete, weder fremde noch eigene, die Meisten halten sie aus dem Herzen. — — Nach dem Directory soll dem Gebet die Lesung von je einem Kapitel aus beiden Testamenten vorangehen, so dass beim folgenden Gottesdienst mit den nächsten Kapiteln fortgefahren wird, doch sieht man dies mehr als einen liturgischen Vorschlag an und geht seines eigenen Weges. In den meisten Kirchen wird gelesen, aber nach dem Gebet und etwa ein Kapitel. — Nach der Lesung lässt der Geistliche noch einmal singen; war der erste Gesang mehr einleitend, so ist dieser auf den Gegenstand der Predigt unmittelbarer vorbereitend. Er knüpft daran ein zweites, kürzeres Gebet, das specieller auf die Predigt hinweist, bittet auch wohl für die abwesenden Glieder der Gemeinde und um den Geist, das Wort mit rechtem Verstande auszulegen und in den Herzen zu erklären und fruchtbar zu machen. Manche sprechen das zweite Gebet nicht und verlesen den Text sogleich nach dem Hauptgebet, Andere sogleich nach dem zweiten Gesang. — — Man schliesst die Predigt oft mit den Worten: Gott segne diese Betrachtung zu unser aller Heil! Das Amen fehlt häufig hinter Predigten und Gebeten, als wolle man verhüten, dass kein abergläubischer Werth darauf gelegt werde. Es folgt das Schlussgebet mit den Fürbitten. — — Danksagungen für glückliche Entbindungen und Genesungen finden nicht statt.*

Iam ad id festinet oratio, quod caput et summa est Reformatis in cultu divino. Sane Confess. Helv. I. N. 121 cum censeat, coetus sacros sic peragendos esse, ut ante omnia verbum Dei in publicum plebi quotidie proponatur, scripturae abdita per idoneos ministros quotidie eruantur edisseranturque, prorsus concordare videtur cum Lutheranis. Neque tacendum est, nostrates, in permultis provinciis Reformato colore imbutos, sacras orationes non solum ea quae par est reverentia, aestimare, sed etiam plus iusto venerari vel habere pro unica officii divini parte: reliqua numerare in parergis, sine magno animarum detrimento negligendis. At certius est quam quod certissimum, nimiam illam verbi λατρείαν propriam sedem habere in ecclesia Reformata. Favent nobis quae narrat Fliednerus l. c. p. 42: *Auf dem gedruckten Predigtzettel heisst es: die Kirche fängt um zehn Uhr an, obgleich der Gottesdienst schon um halb zehn beginnt. Aber um zehn besteigt der Prediger die Kanzel, und die Predigt wird nicht bloss als der Haupttheil, sondern als der fast alleinige Theil des Gottesdienstes betrachtet.* Tota est igitur ecclesia Reformata in verbo divino fidelibus praedicando et explicando; nec mirum quod tota mente in hanc curam incumbit, ut permulti habeantur ser-

3 *

mones sacri. Ordo Basileensis 1529, cultus quotidiani patronus, quotidianos instituit sermones: *Diewyl die Christenlich seel, als wenig on das wort Gottes, als der lyb on die natürliche spyss leben mag, Habend wir verordnet, das alle Sontag, am morgen früe, by sant Peter, by sant Martin, by sant Alban, vnnd zu sant Elssbethen, vnd jhensyt Rhynss zu sant Claren, für die wandlenden vnnd das gesynd, frügebett gehalten. Vnnd darnach vmb die achte im Münster, by sant Peter, by sant Lienhart, vnnd by sant Theoder, die gewonlichen tagpredigen jren fürgang haben sollen. Nach mittag vmb die zwölffe soll man im Münster vnd zu den Barfussen, vnnd off den abent vmb die viere aber im Münster predigen. Am wercktag soll das früebett in der merern Statt Basel alle tag, wie bisshar gehalten, by den Barfussen vnnd zu sant Peter, Aber jhensyt Rhinss zu sant Claren volbracht. Darzu so bald man das erst zeychen im Rath verlüttet, ein predige für die Räth vnd Gerichts Herren ongeferlich ein halbe stund im Münster teglich gehalten werden. Die tag predige, so man bitzhar an den wercktagen in den Pfarren wann es achte geschlagen gehept, soll hynfür alle wercktag im Münster wann es Nüne schlecht gehalten werden. By diser predige sollend alle priester, so hie verpfründet sind, by einer peen zugegen sin, vnnd on eehafft vrsachen nit vssbliben. Wir habend auch geordnet, das alle wercktag, vmb die Dry nach mittag in dem Münster ein stund ongeferlich in heyliger schrifft ordinarie gelesen, vnd das nach endung der Lotzgen, die ordinarii Lectores, dem gemeynen volck, als bald das glöcklin darzu verordnet, verleutet, vngeuerlich off ein fierteil einer stund, da so gelesen summarie, mit kurtzer tröstlicher vermanung fürtragen, dar by auch die priester verpliben, vnnd by einer straff, bitz alle ding vollendet nitt abscheiden sollend.* Bn. feriam secundam, quartam, sextam sermonibus dedicat hebdomadariis ,,wo aber unmussenhalb, besonder Sommerszeyt, die Kirchgenossen nit mochten an die predigen gon, alsdann soll es an inen liegen den pfarrer heissen still zu stun." Libro Bernensi consentit Nb. P. feriam tertiam tantum et quintam designat etc. Scotis, ex parte Reformatis Germaniae, sacra profesta ex utilitatis ratione non venerunt in consuetudinem: nam vivit ac viget apud eos cultus domesticus, quem ego verum dixerim ac praecipuum ecclesiae Reformatae ornamentum.

De concionibus hebdomadariis habes [1]): nunc de dominicalibus reliquum est ut dicamus. Rarius pro fidelium desiderio duae satisfaciunt ora-

---

1) Restat ut paucis disseramus de officio hebdomadario prorsus singulari, cui nomen est Prophetiae (Prophezeih). Auctore Cinglio scriptura sacra in ecclesia Turicensi maiori non solum legebatur per hebdomadam sed etiam

tiones sacrae: plurimi ter ad verbum Dei audiendum conveniunt. Habetur sermo matutinus (Frühpredigt), sequitur oratio diei principalis (Hauptpredigt), finem facit concio pomeridiana (Nachmittagspredigt), fere ubique in Catechismi Palatini studio occupata. Apud Batavos ita comparatum est, ut sacris matutinis ac pomeridianis rite peractis, et in Reformatis et in Lutheranis ecclesiis luminibus accensis peragatur officium vespertinum fere semper in summa hominum frequentia. Niemeyer Beobachtungen auf einer Reise etc. p. 90: *Ganz in der Nähe des Gasthofs war eben eine Abendpredigt von 5—6 Uhr angegangen. Bei dem ersten Eintritt überraschte schon das herrliche Licht, welches eine grosse Menge von Kerzen auf glänzenden messingenen Kronleuchtern, die durch das ganze Gebäude vertheilt waren, verbreiteten. Dasselbe fand ich hernach in allen hiesigen Kirchen, da fast überall auch in späteren Abend-*

---

docte explicabatur, ut videre est apud Sal. Hess: Sammlung zur Beleuchtung der Kirchen - und Reform.-Geschichte p. 174—192. Quae consuetudo, etsi a maiorum curriculo paululum deflexerit, servata est in multis ecclesiis: N. ,,Es hat vnsere Gemeine darfür gehalten, dass diss die beste vnnd richtigste weise der Prophecey sey, inn welcher erwegt vnnd bekrefftiget wird (durch ein zusammen fügen der örter der heiligen Schrifft) alles was in der vergangnen wochen in den predigten sich hat lassen ansehen als wann es nit recht, oder dunckel, oder nit gnugsam von den Dienern des worts were erkläret wordem, oder so es auch sonst einigen zweiffel, in den hertzen der brüder gegeben hette. so wird derwegen die ordnung vnser Prophecey auff folgende weiss von vns gehalten. Des Donnerstags nach der predig, jhe der Psalm gesungen wird, sitzet der diener des Worts, mit seinen Mitdienern, im gesicht der Gemeine vnnd vermanet die Eltesten der Gemein, vnd die jenigen, so die fragen vorzustellen geordnet sind (welche auch samptlich im gesicht der Gemein auff einer banck sitzen) das jenige so sie haben, mit aller zucht, demut vnd zeitigem rath, zur besserung der Gemeine, in der forcht des Herren, ohne einigen ehrgeitz, vor zubringen. So dann jemand vnter ihnen ist, der etwas hat, der stellet seine fragen ordentlich vor, vnd die Diener geben auss dem Wort Gottes antwort vnd bescheid jrer lehre, die sie in der vergangnen Wochen geprediget haben. So auch von einem nicht gnugsam geantwortet were, so wird die sach von den andern beygesessenen Dienern weiter erkleret, biss dass endlich der Gemeine, nach dem Wort Gottes, gnug geschehen ist. Vnd auff dass alle ding in diesem handel ordentlich, bescheiden, vnd ohn ergernuss zugehen: auch das wir keines wegs durch solche prob der Lehre, jemand vrsach geben zu furwitzigen vnnd gefährlichen fragen: welche anders nichts denn zanck gebieren, vnnd die gemeine ergern vnnd bewegen, welches in der Schrifft verbotten ist, so wird nicht einem jedern zugelassen, die fragen inn der Prophezey vor zubringen; sonder es sind auss den Eltesten vnd Diaken: auch auss dem andren theil der Gemein, Gottesfürchtige vnd geschickte menner verordnet: von welchen man zeugnuss hat, dass sie anders nichts suchen dann die ehre Gottes, vnd die erbawung der Gemeine: denen ist allein geurlaubet, in der Prophecey etwas vorzubringen.''

stunden Gottesdienst gehalten wird. [1]) Denique Fliednerus pulcherrimum commemorat genus concionum, pauperum et mendicantium usibus accommodatum (Armenpredigten) *„welche für die ganz arme Klasse des Volkes, die wegen ihrer schlechten Kleidung sich schämt, in den gewöhnlichen Gottesdienst zu kommen, auch den zusammenhängenden systematischen Predigtvortrag nicht wohl fasst, in besondern Localen gehalten werden.*‟ Movet animum amor vere Christianus, in hac Batavae ecclesiae disciplina conspicuus: aperte tamen fateor mihi magis placere illam reipublicae Christianae conditionem, ex qua pauperrimus quisque, mendicus, mancus et membris omnibus captus et debilis, scabiosus, pannis coopertus, sine pudore ac contumelia assidet civitatis magistratibus ac proceribus coram facie Dei, qui est Rex regum et dominantium dominus.

At in his subsistendum erit. Est enim prooemii, prima lineamenta duntaxat tradere: iam ipsae picturae oculos tenebunt. Accedamus igitur ad rituales ecclesiae Reformatae formulas, hoc consilio selectas, ut diversa diversarum provinciarum facies appareat. [2])

---

1) Fliedner l. c. p. 47: Sie verdienen in Deutschland häufiger nachgeahmt zu werden, weil theils die Stille und Feierlichkeit der Nacht und das Anziehende der Beleuchtung in den kürzeren Tagen des Jahres einen unverkennbaren Eindruck auf das Gemüth des Predigers und der Zuhörer äussert, theils die Zeit für den grössten Theil des Publicums passender ist, als die Zeit des gewöhnlichen Nachmittagsgottesdienstes. Auch in England finden sie sehr häufig statt. In diesem Lande fällt in kleineren Gemeinden, wo des Sonntags nur zwei Gottesdienste sind, der Nachmittagsgottesdienst weg, dessen Stelle die Abendkirche vertritt.

2) Recte enim Ebrardus (Reformirtes Kirchenbuch p. VIII sq.) tres distinguit Liturgiarum Reformatarum familias. Prima est Cinglianarum vel Helveticarum, uno oculorum obtutu cognoscenda ex precibus prolixis orationi praemissis, item ex peccatorum confessione, sermonem subsequente. Porro commemorat Ebrardus „den liturgischen Charakter der Sacramentsfeier, der sich von dem doctrinellen Charakter in den Liturgien des Calvinischen Typus vortheilhaft unterscheidet; die Sitte, die Verstorbenen abzukündigen, und endlich das Vorhandensein von besondern Gebeten für die Festtage‟. Alia ex stirpe nascitur Calviniana sive Gallica liturgiarum soboles: affines sunt libri Batavi Scoticani. Tertius Agendarum ordo ab Ebrardo nomen accipit Melanthoniani s. Reformati-Germanici, cui proprium est: „die Trennung des liturgischen Theiles des Gottesdienstes vom homiletischen‟. Ego vero, cum Reformati Germaniae in nonnullis accesserint ad Lutheranae ecclesiae consuetudines, hos libros appellare malui Lutheranizantes (Kliefoth: Die Unirenden). Eam quam significavimus liturgiarum seriem servant subsequentes Codicis paginae.

CAPUT I.

Precum Ecclesiasticarum Formulae Diebus Dominicis Atque Profestis Consuetae.

A. EX LIBRO LEONIS IUDAE 1528.

Ein ermanung zu dem volk, so eins gestorben ist.

Ir andächtigen! diewyl wir hüt zu eeren und lob gottes christenlichen versammlet sind, söllend ir wüssen, daß unser lieber mitbruder N. von Gott, unserem himmelschen vater, us dem elend dieses Lebens und kerker des lybs zu ewiger ruw und seligkeit durch den tod beruft ist. Desshalb wir nit trurig syn söllend als die heiden, die der künftigen seligkeit kein hoffnung habend; sunder söllend uns fröwen mit unserem lieben fründ und mitbruder, dess lyb wir zu der Erden bestattet habend, dess seel, als wir gloubend und verhoffend, im frieden und christenlichem glouben zu gott, der sy beschaffen hat, widerkeert ist; zu welcher ruw und seligkeit wir ouch gewisslich verhoffend zu kummen. Und darum helfend mir gott ernstlich anrufen und bitten, dass er uns, die noch im leben sind, verlyhe in sinem wort und glouben zu verharren, uf dass wir durch die trübsal dises jammertals ungeletzet kummind zu dem versprochnen vaterland und immerwärender ruw. Amen.

Ein gemein gebet am sunntag.

Wir söllend anfänglich bitten, dass gott, unser himmelscher vater, ein gnädig ufsehen habe uf sin heilige christene kilch und versamlung aller gloubigen, die zu beschützen und zu beschirmen von allem unglouben und irrsal, und sy befeste

und vollkummen mache in sinem heiligen wort, in rechtem
glouben, in styfer hoffnung und ynbrünstiger, christenlicher
liebe. Wir söllend ouch gott, unseren himmelschen vater,
drungenlichen bitten, dass er alle verkünder sines wortes, alle
hirten und wächter siner christenlichen schäflinen durch sinen
heiligen geist erlüchten nnd in sinem wort stärken well, dass
sy wacker und umsichtig, ouch getrüw sygend, damit der
höllisch wolf die herd Christi nit überfall, verletze und zer-
ströw.

Ernstlich söllend wir ouch bitten für alle weltliche ober-
keit, denen von Gott das schwert die gerechtigkeit zu be-
schirmen, die laster zu strafen, in die hand gegeben ist, da-
mit wir mit inen in stiller ruw under einanderen leben mögind;
insunders für unsere gnädigen herren, ein burgermeister, einen
eersamen wysen rat dieser statt Zürich, und ein ganze ge-
meind, es sye in der statt oder uf dem land; ouch für ein
gemeine eidgnossschaft, dass sy alle also regirind, dass wit-
wen und waisen beschirmt, land und lüt beschützt, ein gmei-
ner frid und nutz gefürderet und gehandhebt werde, dass sy
ouch alle ire rathschläg und gesatz ordnind und richtind nach
dem wolgefälligen willen gottes.

Für alle, die in kummer, trübsal oder nöten sind, dass
sy gott tröste und stärke in sinem heiligen wort und verhar-
render geduld.

Für alle schwangeren frowen, dass inen gott verlych ein
fröliche geburt, der frucht einen waren glouben ') und chri-
stenlichen touf.

Für die frücht der erden, dass uns gott die welle behü-
ten und erschützen (erschiessen, gedeihen lassen) — zu unserer
notdurft.

Die seelen unserer forderen und aller abgestorbenen, die
im waren glouben und erkanntnuss Christi verscheiden, sind
nit tod, sunder sy schlafend und ruwend in Christo, dem her-
ren. Diss rede ich uns allen zu trost und ermanung, dass
wir, die noch im leben sind, als ire mitglieder ernst und flyss
ankeerind, gott zu bitten, dass wir ouch in christenlichem

---

1) De his verbis ambigere possunt interpretes. Vel insinuant sententiam
Lutheranae de fide infantium proximam, vel nihil significant nisi verae ecclesiae
coetum, cui ut infans aggregetur, optant fideles.

glouben von hinnen scheiden mögind zu der ruw der seligen und so die stund des todes kummt, wir dann unserem gespons und gemahl Christo frölich und mit brünnendem licht eines waren gloubens entgegen gangind, yngefürt von ihm in das rych, das uns von unserem himmelschen Vater bereitt ist. Amen. [1])

Die offen Schuld.

Wir söllend ouch alle demütiglich niderfallen vor gott, unserem himmelschen vater, und us grund unseres herzen sprechen:

O vater! ich hab gsündet in dem himmel und wider dich, und bin nit würdig din sun gnännt zu werden; bis gnädig mir armen Sünder!

B. EX LITURGIA TURICENSI 1529.

Ein form dess bittens nach der leer Pauli I. Thim. II., die man yetz Zürich brucht im anfang der predigen.

Lassend uns Gott ernstlich bitten, dass er sin heilig ewig Wort uns armen menschen gnädiglich offnen welle und in erkandtnuss sines willens ynfüren. Ouch alle so an sinem wort irrend wider an den rechten wäg wyse, damit wir nach sinem göttlichen willen läbind.

Demnach lassend uns gott bitten für alle Christenliche Regenten [2]), für ein Ersame Oberkeyt gemeyner Eydgnossenschaft: Insunders für die frommen Bürgermeister, Rädt und ganze gmeynd diser statt und lands Zürych, das sy Gott alle nach sinem willen wysen und leyten welle, das wir mit einander ein gottsförchtig fridsam und Christenlich läben füren mögind, und nach disem ellenden läben, ewige ruw besitzen.

Das er ouch allen denen so umb sines worts willen geengstigt und genötiget werdend, gnad und bstand verlyhen welle, das sy vest und styff in sinem verjähen blybind. Und

---

1) Altas radices agit in populi mentem defunctorum pia memoria: propterea auctor libri maiorum opinioni aliquid indulgens, orationi communi interserit preces pro mortuis, accommodatas tamen ad doctrinam Cinglii.

2) Non oblitus esse videtur Cinglius Imperii Romano-Germanici, cui foedus Helveticum illo tempore adnexum erat, ut ajunt, de iure.

uns uss siner barmherzigkeyt gnädigklich zu dienen welle alle
notturft zu lyb und seel. [1]) Sprechend, Vatter unser. [2])

Nach der predig, ist yeman die wuchen verscheiden, verkündet man
ine uff den sonntag, uff solche form:

Sidmals den menschen nüt vor sin selbs ermanet, dann
der tod, so ist gut, daß man die vor uns offne, die uss unser
gmeynd in warem Christenlichem glouben verscheiden sind,
damit wir uns allweg rüstind, und nach der warnung des herrn
allzeit wachind. Und sind diss die brüder und schwösteren,
die in diser wuchen von gott uss disem zyt berufft sind, namlich
N. Hie lassend uns Gott loben und dancken, das er dise un-
sere mitbrüder und schwösteren in waarem glouben und hoff-
nung uss diesem ellend genommen, alles jammern und arbeyt
entladen und in ewige froeud gesetzt hat. Damit bittend ouch
Gott, das er uns verlyh unser läben also zefüren, das auch
wir in warem glouben und siner gnad uss disem jamertal in
die ewigen gesellschaft siner usserwelten gefürt werdind, Amen.

Am end der Predigt, nach der Offnen Schuld, spricht der Predicant:

Allmächtiger, ewiger Gott, verzych uns unsere sünd unnd
für uns zum ewigen läben, durch Jesum Christum unsern Her-
ren, Amen. [3])

1) Permansit haec oratio in ecclesia Turicensi. Zür. 535 praemittit votum:
Gnad, frid unnd barmhertzigkeyt des allmechtigen Gottes sye zu allen zeyten
mit uns armen sünderen, Amen. Andächtigen in Gott l. uns Gott ernst-
lich anrufen. u. b. — — verjähen beharrind biss an das end. Das
er ouch alles anligen siner kilchen, dessglych alle not aller
verkümmerten vätterlichen bedenken. Zür. 675. demnach bitten
wir dich, o Gott, dass du. Verbis: alles anligen siner kilchen etc. in
margine atramento adscripta sunt: ,,Insonderheit deren auf den (französischen)
Galeeren, in gräulichen Banden, finsteren Gefängnissen und grausamen stenk-
löchern hartgehaltenen lieben glaubengenossen, so auch allen kranken etc.
2) Saepius in vetustioribus ecclesiae Reformatae libris more ecclesiae ger-
manicae antiquo et unice probabili prooemium orationis dominicae pronuntiatur,
ut Schaffh. 592. Bern. 581 etc. Quae sequuntur ita ab Helvetis proferuntur: —
der du bist in den Himmeln. Geheiliget werde dein Name. Zukomme dein Reich.
Dein Wille geschehe auf Erden wie im Himmel. Gieb uns heute unser tägliches
Brod. Und vergib uns unsere Schulden, wie auch wir vergeben unsern Schuldi-
gern. Und führe uns nicht in Versuchung, sondern erlöse uns von dem Bösen.
Denn dein ist das Reich und die Kraft und die Herrlichkeit in Ewigkeit. Amen.
3) Z. P. 532: Inn der Ordnung aber des Predgens, habend wir ouch das

C. FORM DIE PREDIGT ANZUHEBEN UND ZU BESCHLIESSEN.

Ex Liturgiis Helveticis. [1])

Facit Orator votum, ut: Gnade sei mit euch und Friede von Gott dem Vater und unserem Herrn Jesu Christo! vel simile.

Numerum appellat Psalmi vel Cantici. [2])

Sequitur Psalmus vel Canticum. Preces fundit Praedicator ante Sermonem.

Bern. 581. Lasset uns den Herrn mit einander von Herzen und ernstlich anrufen und bitten, dass er uns seinen heiligen und guten Geist in unsre Herzen sende, der dieselben erleuchte und in die Erkenntniss seines heiligen Wortes einführe, auf dass wir es christlich und mit Nutzen mögen handeln und hö-

---

einmütigklich angesähen, das alle vnd yede Pfarrer alle Sonntag inn jro Pfarren einist am Morgen Vormittag predgind: vnd vff die Predge die allgemein Form dess Gebätts, so vns Christus Jesus Mat. vj. geleert, vormeldint: daruff ouch den Decalogum, die Gebott Gottes vss dem ij. Buch Mosis xx. Cap. vnd xeletet die Artickel vnsers waaren Christlichen Gloubens vorsprächind. Damit dise drü Stuck, das Gebätt, die Gebott, vnd der Gloub, dem gemeinen Menschen wol ynbildint.

1) Ebrardum secuti, damus Liturgiae Helveticae conspectum, recentiorum temporum ratione habita.

2) Recte Ebrardus: Man lasse die unästhetische, mechanische Abkündigung der Verse weg. Man kann ja die Zahl und Nummer der zu singenden Verse (wie das in Deutschland allgemein geschieht) auf grosse Tafeln schreiben, dass ein Jeder sie bei'm Eingang und noch in der Kirche selbst lesen kann. Cf. Cod. L. II. p. 12. — Ceterum Helvetica ecclesia partium studio minime obcaecata, mox Lutheranorum hymnorum κειμήλιον in suos convertit usus: Iam anno 1672 Scafhusanus cantionum libellus, teste Ebrardo multas exhibet Lutheranae ecclesiae cantilenas: Nun komm der Heiden Heiland, Vom Himmel hoch da komm ich her, Ein Kindelein, so löbelich, Der Tag der ist so freudenreich, Gelobet seist du Jesu Christ, Ein Kind geboren zu Bethlehem, Sing du werthe Christenheit, Lass deinen Knecht nunmehr, Mein Seel erhebt den Herren mein, Nun wölle Gott, dass unser Gsang, O Mensch bewein dein Sünde gross, Christ lag in Todesbanden, Christ ist erstanden von dem Tod, Jesus Christus unser Heiland, Christ ist erstanden von der Marter alle, Erstanden ist der heilig Christ, Nun singet Gott zu Lob und Ehr, Auf diesen Tag bedenken wir, Ich glaub an Gott den Vater mein, Komm heiliger Geist, Herre Gott, Komm du Schöpfer heilger Geist, Nun bitten wir den heilgen Geist, Jauchz Erd und Himmel, dich ergäll, Nun freut euch lieben Christengmein, Allein Gott in der Höh sei Ehr, Nun hört des Herren Testament, O Gott Lob Dank sei dir geseit, Nun lasst uns Gott dem Herren.

ren, also dass es diene zu Lob, Ehr und Preis seinem heiligen
und göttlichen Namen, diene auch zu Auferbauung unser aller
im wahren Glauben und Gott wohlgefälligen Leben und zu
Trost und Heil unserer Seelen. Solches und alles Gute von
Gott dem Herrn zu erlangen, betet zu ihm von ganzem Her-
zen und sprechet mit Andacht: Vater Unser.

Zür. 675. O barmherziger Gott und Vater unsers lieben
Herrn und Heilandes Jesu Christi, dass wir abermals sechs
Tage (die vergangene Woche) haben arbeiten und schaffen kön-
nen alle unsere Werke, und jetzt auch theilhaftig werden dei-
nes, des wahren christlichen ungezweifelten Gottesdienstes,
dafür danken, ehren und preisen wir dich billig mit Mund und
Herzen, und bitten demüthig, dass wir auch diesen heutigen
Tag, welchen du so ernstlich vorbehalten, befreiet und gehei-
liget hast, mit ganzem Willen recht christlich feiern und hei-
ligen, dem Gottesdienst Morgens und Abends, im Anfang und
Ende andächtig beiwohnen, und morgen unsere Arbeit und Be-
rufsgeschäfte in deinem Namen fröhlich wieder antreten und
deines gnadenreichen Segens noch ferner geniessen mögen.

Wir bitten dich auch, o du Vater der Lichter, du wollest
unsere Hirten und Vorsteher noch weiter lehren, stärken, trö-
sten und schirmen, auch durch dein Wort und Geist unsere
Gemüther dermassen erleuchten, dass wir je länger je mehr
erkennen und ehren können dich, den wahren einzigen Gott,
und den, welchen du gesandt hast, Jesum Christum.

Dessgleichen bitten wir, o du Herrscher der Heerschaaren,
für aller Oberen Gewalt, für alle Könige, Potentaten und
Stände der ganzen Christenheit (für eine Obrigkeit gemeiner
Eidgenossenschaft); voraus aber für deinen Knecht unsern —,
für unsere gnädigen lieben Herren und Väter. Thue ihnen
Barmherzigkeit, dass sie dich wahrhaftig fürchten, dein Reich
mit Treue suchen und fördern, gut Gericht und Recht halten;
und dass auch wir alle ihnen von deinetwegen in allen Dingen
treu gewärtig und gehorsam seien. Insonderheit ziehe, o Herr,
bei diesen sehr misslichen und gefährlichen Zeiten unsere liebe
Obrigkeit an mit dem Geiste der Weisheit und des Verstandes
wider alle schweren und zweifelhaften Fälle; schmücke sie mit
dem Geiste der Tapferkeit und mit unerschrocknem Muthe wider
alle heimlichen und öffentlichen Feinde, dass ihre Rathschläge

jederzeit gesegnet bleiben zur Erhaltung des lieben Friedens und Wohlstandes innerhalb unserer Grenzen.

O Herr, o heiliger Gott, heilige uns in deiner Wahrheit, dass wir und deine ganze reformirte, evangelische, recht-katholische Kirche Eins sei in dir. Behüte uns vor falscher Lehre, vor Sekten und Trennungen, und denen, so an deinem Worte irren, lass aufgehen dein göttliches Licht.

Behüte unser allgemeines Vaterland vor allem Uebel, vor schädlichem Misstrauen, vor Zwietracht, vor Untreue, vor Krieg, vor Feuers- und Wassernoth, vor Ungewitter, vor schädlichem Erdbeben, vor Theuerung, vor Hunger und schweren Krankheiten.

Tröste und erlöse alle armen, kranken, angefochtenen, gefangenen, bekümmerten und verwaisten Menschen. Komm zu Hülfe allen bedrängten, vertriebenen, nothleidenden Glaubensgenossen. In allen Nöthen und Trübsalen erhalte ihnen und uns festen Glauben, lebendige Hoffnung und steife Geduld, an dir treu zu bleiben bis in den Tod. Bewirke in uns allezeit gottselige, gute und reine Gedanken. Entzünde uns in wahrer inbrünstiger Liebe. Schaffe in uns, dass wir gegen alle Menschen fromm, aufrichtig, friedsam und dienstbar seien; auch gegen den Armen, Fremden und Einheimischen des Mitleidens und Gutesthuns nimmer vergessen, und also auf den zukünftigen Richter alles Fleisches in wahrer Gottseligkeit, in steter Nüchternheit, in rechtem Wachen und Beten, alle Augenblicke bereit erfunden werden und endlich eingehen mögen zu deinem himmlischen und ewigen Sabbath, Alles durch unsern lieben Herrn und Heiland Jesum Christum, welcher uns also gelehrt hat beten: Unser Vater.

Bas. 826: Allmächtiger Gott, himmlischer Vater, Preis und Dank bringen wir Dir, dass du uns die Gnade verliehen hast, an diesem Tage vor Deinem heiligen Angesichte erscheinen zu dürfen. Schon von Anbeginn der Welt hast Du einen Tag zum Andenken an Dich, als den Schöpfer und Herrn aller Dinge geheiligt, damit wir nie vergessen sollten, dass alles durch Deine allmächtige Hand erschaffen ward, und dass Du alle Geschöpfe erhaltest und regierest mit unendlicher Macht, Weisheit und Güte. Lass uns denn auch heute diese grosse, ewige Wahrheit unserm Gemüthe tief einprägen!

Lehre uns in allem, was Himmel und Erde unserm Blicke

darstellen, Deine ewige Kraft und Gottheit erkennen, in allem, was du thust und zulässest, Deinen heiligen Willen verehren und Dir danken, dass du so gnädig bist und thust uns immerdar Gutes!

Und wie können wir Dich jemals würdig genug preisen, dass Du, o Vater der Barmherzigkeit, an einem Tage, wie der ist, den wir heute feiern, von den Todten ausgeführet hast den grossen Hirten der Schafe durch das Blut des ewigen Bundes, unsern Herrn Jesum Christum, und hast durch seine Auferstehung uns wiedergeboren zu einer lebendigen Hoffnung des ewigen Lebens!

O Du Gott aller Gnade! lass uns diesen feierlichen Tag zum Heile unsrer unsterblichen Seelen wohl benützen! Stärke unsern Geist, damit er frei von allen Sorgen und Zerstreuungen der Erde sich zu Dir erhebe, und wir mit ganzem Ernste trachten lernen nach dem, was droben ist.

Verleihe uns den Geist der Gnade und des Gebetes, dass wir hier in deiner Gemeinde und in unsern Häusern mit gläubigem Vertrauen zu Dir nahen und Dich im Geiste und in der Wahrheit anbeten! Lass auch den Mühseligen, Beladenen, Kranken und Sterbenden die Segnungen dieses Tages zu Theil werden (insonderheit —), welche wir Deiner Barmherzigkeit in christlicher Fürbitte empfehlen.

Rüste alle Deine Diener aus mit Licht und Kraft Deines heiligen Geistes, auch heute das Evangelium Jesu Christi rein, lauter und mit lebendiger Ueberzeugung zu verkündigen, und bereite die Herzen der Zuhörer, damit es sich an ihnen beweise als eine Kraft Gottes, die da selig macht alle, die daran glauben!

Gieb, dass diess insbesondere jetzt an uns geschehe, die wir hier vor Deinem Angesichte versammelt sind! Dein heiliges Wort, das uns jetzt soll verkündiget werden, erschalle desswegen nicht bloss in unsern Ohren, sondern es dringe tief in unsere Herzen und bringe reichliche Früchte der Busse, des Glaubens, des Trostes und der Heiligung, zum Preise Deiner herrlichen Gnade, Amen.

His praemissis [1]), recitantur verba scripturae, quibus innititur sermo.

---

1) Ebrard de libro San Gallensi 738: Die Form die Predigt anzuheben ist überaus lang und complicirt. Sie beginnt mit einer Ermahnung zu einer Bitte

Zür. 535: „Nach geschächnen gebätt verlaat der dienes ein ort uss alltem oder nüwen Testament dem nach er ein Evangelisten, Apostel oder Propheten vor im het zu erklären. Daruss leert, vermanet, strafft oder tröstet er dann nach gelägenheit der kilchen Gott zu eer und preyss und der kilchen zur besserung." [1]

---

um den heiligen Geist, darauf folgt ein schönes Sündenbekenntniss, dann eine Reihe sehr spezieller Bitten für alle Menschen, Obrigkeiten, Lehrer, Gläubige und Ungläubige, Nothleidende, Verfolgte, Schwangere, Kaufleute u. s. w., dann das Unser Vater, dann ein schönes, kurzes, eigentliches Gebet vor der Predigt, hierauf Proclamations- und Todtenabkündigungs-Formulare.

1) Nosti enim, ecclesiam Reformatam rejecisse Pericopas ecclesiasticas, Cod. Lit. II. p. 18 sq. (nonnullis tamen Germaniae Reformatae provinciis exceptis). Itaque, cum Pericoparum ordo arctissime cohaereat cum anno ecclesiastico, longe alia sentimus, atque Ebrardus l. c. p. IV.: „ — Man fürchte nicht, dass ich in das beliebte Gerede von der „Kahlheit und Nüchternheit" des ref. Cultus einstimmen werde! Niemand hat sich wohl mehr, als ich, diesem Gerede widersetzt, und zwar aus dem planen Grunde, weil, was einfach, darum noch nicht arm ist; weil es eine erhabene Einfachheit giebt; weil mir z. B. der Dom von Lausanne mit seiner schlichten architektonischen Schönheit einen viel erhabenern Eindruck macht, als eine Kirche gleichen Stiles, wo jeder Pilar mit Fähnchen und Figärchen, Ampeln und bunter Sinnenpracht behängt wäre. So besteht diejenige Fortentwicklung und Bereicherung des ref. Cultus, die ich wünsche, nicht in einer Nachahmung fremder und fremdartiger Cultusformen, sondern in einer konsequenten Entfaltung der in der ref. Kirche einmal gegebenen Elemente. Um hier nur beispielsweise eines zu erwähnen, so hat die ref. Kirche das Kirchenjahr mit seinem Festcyklus aufgenommen, und überdies nicht bloss in unwillkührlichem Beibehalten des alten, sondern nach Kämpfen und mit vollstem Bewusstsein; allein gerade hier ist der Cultus arm geblieben, indem man auf die Feste allein sich beschränkte, und die Zwischenzeiten von einem Feste zum andern vernachlässigte. Eine Fortbildung wäre es, wenn das Kirchenjahr nicht mehr wie bisher, in eine unterbrochene Reihe gewöhnlicher Sonntage, zwischen denen dann die Feste wie isolirte und unvermittelte Punkte hervorragten, sondern statt dessen in Festperioden (Adventszeit, Epiphaniaszeit, Passionszeit u. s. w.) zerfiele, deren jede den Uebergang von einem Feste zum andern bildete, und wenn diese Beziehung des Kirchenjahres auf den wirklichen ganzen Jahreslauf sich auch in dem Cultus ausspräche." Sane praeclara sunt, quae vir summus ecclesiae suae de meliori nota commendat, sed nihil aliud spectant, opinor, nisi ut Reformati hodierni temporis sacra sua ad ad anni ecclesiastici normam redigi patiantur. Num putat Ebrardus, sacrae et laudabili illi majorum consuetudini (quam ipse toto pectore adamat) jam satisfecisse ecclesiam Reformatam, celebratis Nativitatis, Resurrectionis, Pentecostes sollennitatibus? Quamquam Scotorum ecclesiam et his supersedere constat? Extra dubitationem positum est, anni sacri notionem, recte intellectam exposcere historiae sanctae filum, deductum per festivitatum κύκλους apte conformatos, per singulas Dominicas, ut dicam per singulos dies: postmodum velut margaritae hanc lineam exornant dierum festorum pericopae. Ut omnia uno complectar, flagitat anni ecclesiastici observantia

Annectitur ad sermonem Confessio Peccatorum: „Die offne Schuld".

Zür. 581:[1]) Ich armer sündiger Mensch bekenne vor dir, meinem Herrn, Gott und Schöpfer, dass ich leider viel gesündigt habe von meiner Jugend an bis auf diese gegenwärtige Stunde mit Sinnen, Gedanken, Worten und Werk, wie du ewiger Gott wohl weisst und wie ich es leider nicht genug erkennen kann. Das reuet mich und ist mir leid, und ich begehre deine Gnade! Allmächtiger, ewiger und barmherziger Gott, verzeihe uns unsere Sünden, und führe uns zum ewigen Leben durch Jesum Christum unsern Herrn, Amen.

San Gall. 738: Ich armer sündiger Mensch bekenne vor dir, meinem Herrn, Gott und Schöpfer, dass ich leider viel gesündiget habe, alle Tage meines Lebens, mit Worten, Werken und Gedanken, mit Versäumung des Guten und Uebung des Bösen, wie du, o Herzenskündiger, wohl weissest. Das ist mir leid, und ich begehre Gnade. O Herr, barmherziger Gott, vergieb mir meine Missethaten um des bittern Leidens und Sterbens deines lieben Sohnes willen, meines Herrn Jesu Christi, des einigen Mittlers vor deinem Angesicht! wie auch ich vergebe allen denen, die an mir gesündiget haben, mit herzlichem Begehren, du, o gütiger Gott, wollest ihnen, mir und allen reuigen Sündern verzeihen unsere Sünden, und uns alle durch deine Gnade leiten und führen aus diesem Elend in das ewige Leben! Amen.[2])

---

antiquae disciplinae curam et observantiam, nascitur ex traditione rituali, ab ecclesia accepta vel admissa. An haec congrua sint Reformatae ecclesiae ingenio, aliquantisper dubito.

1) Nonnulla admiscuit Ebrardus ex libro Bernensi 581. Zür. 675: „— — wohl weist. Ich bitte dich aber von Grund meines Herzens, verleihe mir und allen armen Sündern, aller unserer Sünden eine rechtschafne erkandtnuss, einen waren demütigen Reuen, gnädige Verzeihung und beständige besserung unseres Lebens."

2) Prorsus singularia sunt quae adiungit Zür. 535 Confessioni: „Wir söllend ouch indenk sin der menschwerdung Christi, die der Engel Gabriel der junckfrowen Marie verkundt unnd bald demnach vom heyl. Geist (durch Elizabeth) mit disen worten gepreyset und gelobt ist: Gegrüsst syest Maria du hochbegnadete, der Herr ist mit dir. Du bist die hochgelobt under den wyberen. Und hochgelobt ist die frucht dines lychnams Jesus Christus." Exstat igitur in Reformata ecclesia salutationis angelicae vestigium, ne in Lutherana quidem obvium. Omnino Cinglius non is erat, qui Mariae Virginis piam et honorificam memoriam e ecclesia exstirpare voluerit. Cf. „Predig von der reinen gottesgebärerin Maria." Opp. I. p. 86 — 104.

Eorum quae sequuntur Confessionem, apud alios alius est ordo et dispositio, neque omnia apud omnes recitantur. Quod adnotatum est cadit potissimum in Decalogum [1]) ac symbolum Apostolorum. [2])

Ut nunc est, apud plurimos desinit officium divinum in Preces, quibus bona deprecantur fideles Christianorum rei publicae etc. Ex vetustiorum librorum norma has preces sermonem antecedere, iam supra commemoravimus. [3])

Bas. 826: Heiliger Gott, barmherziger Vater! Wir danken dir von Herzen, dass du uns nach deiner väterlichen Fürsorge

---

1) Non est quod fusius disseramus de Decalogi partitione Reformata. Praec. I. Ich bin der Herr dein Gott, der dich aus Egyptenland aus dem Diensthause geführet hat; du sollst keine andern Götter neben mir haben. Praec. II.: Du sollst dir keine bildnuss noch irgend eine Gleichnuss machen, weder dess, das oben im Himmel, noch dess, das unden auf Erden, oder dess, das im Wasser under der Erden ist. Du sollst sie nicht anbetten, noch inen dienen, denn ich, der Herr dein Gott, bin ein starker und eifriger Gott, der die Missethat der Väter heimsucht an den Kindern bis ins dritte und vierte Glied, denen die mich hassen, und thue Barmherzigkeit an viel tausenden, die mich lieben und meine Gebote halten. Praec. IV.: Gedenke des Sabbathtages, dass du ihn heiligest. Sechs Tage sollst du arbeiten und alle deine Werke thun, aber am siebenten Tag ist der Sabbath des Herrn, deines Gottes, da sollst du keine Arbeit thun, noch dein Sohn, noch deine Tochter, noch dein Knecht, noch deine Magd, noch dein Vieh, noch dein Fremdling, der in deinen Thoren ist; denn in sechs Tagen hat der Herr Himmel und Erde gemacht und das Meer und Alles was darinnen ist und ruhete am siebenten Tage, darum segnete der Herr den Sabbathtag und heiligte ihn. Praec. V.: — auf dass du lange lebest im Lande, das dir der Herr dein Gott giebt. Praec. X.: Lass dich nit gelüsten deines Nechsten Haus. Lass dich nicht gelüsten deines Nechsten Weibs, noch seines Knechts, noch seiner Magd, noch seines Ochsen, noch seines Esels, noch alles das dein Nechster hat.

2) „Ich glaube in Gott Vater, den allmächtigen, Schöpfer Himmels und der Erden. Und in Jesum Christum, seinen eingebornen Sohn, unsern Herrn, der empfangen ist vom heil. Geist, geboren aus Maria der Jungfrauen, gelitten unter Pontio Pilato, gekreuziget, gestorben und begraben, abgestiegen zu der Höllen, am dritten Tag wieder auferstanden von den Todten, aufgefahren gen Himmel, sitzet zu der Rechten Gottes, des allmächtigen Vaters, von dannen er kommen wird zu richten die Lebendigen und die Todten. Ich glaube in den heiligen Geist, eine heilige allgemeine christliche Kirche, die Gemeinschaft der Heiligen, Vergebung der Sünden, Auferstehung des Fleisches, und ein ewiges Leben."

3) Ebrardus refert e libro San Gallensi 738: Die Form die Predigt zu schliessen beginnt nach dem zweiten Gesange mit der Verlesung der zehn Gebote, darauf folgt ein Gebet, wo nun wieder einige spezielle Fürbitten für Kranke und Sterbende, Früchte des Landes u. dgl. vorkommen, die aber ziemlich lose neben einander gestellt sind, so dass das Ganze zu sehr der Einheit ermangelt. Unser Vater, Symb. Apost. und Segen machen den Beschluss.

III.   4

auch diesen Tag hast erleben lassen, und bitten dich, du wollest uns verleihen, denselben nach deinem Willen wohl zuzubringen! Wir erkennen besonders dankbar, dass du uns dein heiliges Evangelium nach der Fülle deiner Erbarmung so lange Zeit in gutem Frieden und Wohlstande hast verkündigen lassen. Ach Herr! wir müssen bekennen, dass wir uns dieser Wohlthat durch vielfältige Sünden, insonderheit durch grossen Missbrauch deiner Langmuth unwürdig gemacht haben, und uns also nicht zu beschweren hätten, wenn du uns mit deinen Züchtigungen heimsuchen wolltest. Deine grosse Treue aber, welche durch unsere Untreue nicht aufgehoben wird, giebt uns Freudigkeit, vor deinen Gnadenthron zu treten und dich zu bitten: ach! gedenke in deinem heiligen Ernste Deiner unendlichen Barmherzigkeit um Jesu Christi deines geliebten Sohnes willen! vergieb uns unsere Sünden und nimm uns gnädig an!

[Erbarme dich, o Herr! über den theils beklagenswerthen, theils besorglichen Zustand deiner lieben Kirche hin und wieder, besonders auch in unserm Vaterlande! Siehe gnädig an die Mühe, welche unsere Glaubensgenossen da und dort getroffen hat!]

Verhüte, dass die geistlichen Finsternisse, aus welchen du unsre Vorältern ausgeführet, nicht wieder überhand nehmen, und wir in die Verderbniss dieser Welt, wenn wir durch Christum derselben entrissen worden, nicht wieder eingeflochten werden! Wehre dem Fürsten der Finsterniss! zernichte alle seine Anschläge gegen die Verbreitung deines Reiches! Zerbrich den Arm aller derjenigen, welche Lust haben zu unbilligen Kriegen! stärke mit deinem starken Arme diejenigen, welche sich deiner nothbedrängten Kirche in aller Treue annehmen! Sey du um uns und um dieselbe eine feurige Mauer, und lass uns deiner väterlichen Fürsorge in Gnaden anempfohlen seyn, zur Erhaltung deines Wortes und zur Rettung der Ehre deines heiligen Namens!

Verleihe, dass in allen Ständen: der Obrigkeit, des Predigtamtes, der Schulen und der Haushaltungen dein Reich und deine Gerechtigkeit gesucht und unsre Busse und Besserung befördert werde! Gieb auch, o Herr, dein Gedeihen zu der Arbeit jedes rechtmässigen Berufes!

Heile und tröste die Kranken und Schwermüthigen (besonders die unsrer Fürbitte Empfohlenen,) schütze und schirme die Verlassnen, welche ausser dir keinen Vater haben! Thue deine milde Hand auf, segne die Samen und Früchte des Landes, und gieb uns ein mitleidiges Herz gegen diejenigen, welche Hunger, Mangel und andere Trübsal leiden!

Dieses alles bitten wir dich durch Jesum Christum, deinen geliebten Sohn, in dessen heiligen Namen wir dich also demüthig anrufen: U. V.

Finem faciunt Ordini Turicensi hodierno Denuntiationes et Benedictio.

Folgende Personen, die in den Stand der heil. Ehe zu treten gesonnen sind, werden euerer christlichen Fürbitte empfohlen:

———   ———

Es sind aus unserer Gemeinde verschieden:

———   ———

Lasset auch uns bedenken, dass wir sterben müssen, kämpfen den Kampf des Glaubens, und wirken, so lange es Tag ist. Dem Herrn lasset uns leben, dass wir dem Herrn sterben. Selig sind die Todten, die im Herrn sterben, denn sie ruhen von ihrer Arbeit und ihre Werke folgen ihnen nach.

(Es ist der christlichen Gemeinde noch anzuzeigen, dass — —)

Lasset euch die Armen in euerm Almosen um Gottes willen anbefohlen sein.

Bittet Gott jederzeit für einander. Bittet Gott für uns, wir thun es auch für euch.

Empfanget zum Schluss den Segen des Herrn:

Der Herr segne euch und behüte euch!

Der Herr lasse sein Angesicht über euch leuchten, und sei euch gnädig!

Der Herr erhebe sein Angesicht auf euch, und gebe euch Frieden! Amen.

D. EX CATECHISMO GENEVENSI. [1]

Diebus quidem profestis Minister populum ad precandum, quibus ei visum fuerit verbis, adhortatur, suam nimirum exhortationem ad tempus et

———

[1] Conf. Niemeyerum in Prolegomenis p. XXXVII—XLI. ex more docte ac subtiliter demonstrantem, latinam celebratissimi Catechismi editionem non ante annum 1645 in lucem prodiisse. Liturgicae illae formulae, quas exscripsimus (ut aliae quas suo loco commemorabimus) appendicis instar Catechismi capita

ad argumentum concionis, quam habiturus est, accommodans; at Dominico
die mane haec ut plurimum adhibetur formula.

Adiutorium nostrum sit in nomine Domini qui fecit coelum
et terram, Amen.

excipiunt. Uti postea una cum Catechismo et Psalmis saepissime typis excusae
sunt. Nam Genevensis vel Calviniana liturgia, quae illis precibus continetur,
minime in Helvetiae finibus constitit: propagata est per Galliam Reformatam, ad
Batavos usque et Anglos ac Scotos progressa est. Et constitutus est nuper huic
liturgiae patronus luculentus, Ebrardus, qui ita de eius convenientia et con-
iunctione, de propria quadam virtute ac praestantia commemorat, ut unam ex-
cipiat sacrae coenae formulam l. c. p. IX sq.: „Der Cultus der calvinischen
Kirche trägt einen durchaus verschiedenen, einen consequenteren Charakter.
Man könnte sagen, Zwingli habe zu wenig abgeschafft, um Raum für etwas
Neues zu gewinnen. Er hat sich zu eng an die vorgefundenen Formen gehalten,
und dadurch, dass er die Abendmahlsfeier auf die hohen Feste beschränkte, be-
hielt er für die gewöhnlichen Sonntage eben nur die Predigt. Calvin dagegen
fand freien Raum zum Aufbau neuer Formen vor; das hatte er Farel zu danken.
Dieser hatte, noch bevor Calvin nach Genf kam, schon alles Alte mit Stumpf und
Stiel ausgereudet, und nur die Predigt, sie ganz allein, nackt und kahl, übrig
gelassen. Hier war für Calvins schöpferische Thätigkeit ein freies Feld. Er
führte nicht etwa Altes wieder ein, weder römische noch lutherische Formen;
sondern er schuf frei aus Einem Gusse, aus dem Mittelpunkte des evangelischen
Glaubens heraus, ein Neues. — Der calvinische Sonntagscultus ist nun ein Mei-
sterstück von grossartiger Einfachheit. Die Verkündigung des Evangeliums, die
Predigt über den Text, bildet den Mittelpunkt. Alles, was ihr vorangeht, leitet
auf sie hin und bildet den Uebergang vom profanen Leben zur evangelischen
Verkündigung; alles, was auf sie folgt, bildet wiederum den Uebergang von
der Verkündigung der Gnade zu dem zu heiligenden Leben. Nachdem nämlich
die Gemeinde sich gesammelt hat, tritt ihr das Gesetz entgegen in der Verle-
sung der 10 Gebote, welche — sehr fein — nicht vom Geistlichen, sondern
von einem Lector geschieht. Darauf betritt der Geistliche die Kanzel, und betet
mit der Gemeinde das Sündenbekenntniss, die offene Schuld; ein Stück,
welches sicherlich hier, und nicht nach der Predigt, wie bei Zwingli, seine
rechte, natürliche Stelle hat; denn das Bedürfniss nach Gnade ist doch wohl das
erste, was beim Eintritt in des heiligen Gottes Haus empfunden wird. Hierauf
folgt der Gesang der Gemeinde. Ein Gebet um Erleuchtung leitet über zu
Text und Predigt. Ein Gebet um Segen der Predigt, um Förderung
des Reiches Gottes bei den Einzelnen und im allgemeinen schliesst sich an; ein
Gesang und der Segen machen den Schluss. Die Gemeinde kam mit dem Be-
dürfniss nach Vergebung der Sünden, und nun hat sie den Trost der Gnade
empfangen, und wird vom Segen hinausbegleitet in ihre Wohnungen. — Die
Taufe schliesst sich auch hier an die Predigt, die Abendmahlsfeier, welche nach
Calvin's Forderung jeden Sonntag stattfinden soll, an den Segen. Das Abend-
mahlsformular ist nun ebenfalls sehr einfach, und steht an liturgischer Schönheit
dem zwinglinischen bei weitem nach; auch ist es zu doctrinell gehalten, während
jenes alle doctrinellen Auseinandersetzungen vermeidet, und sich meistens auf
Schriftworte beschränkt."

Fratres, unusquisque nostrum se Domino sistat suaque peccata confiteatur, ac me his verbis praeeuntem mente subsequatur. [1]

Domine Deus Pater aeterne et omnipotens, agnoscimus et ingenue profitemur [2] apud sanctam maiestatem tuam, nos miseros peccatores esse conceptos, et natos in iniquitate et pravitate, ad nequitiam proclives, ad omne autem bonum opus inutiles, nosque, ut vitiosi sumus, nullum transgrediendi sancta tua mandata finem facere. [3] Quo fit ut exitium a iusto iudicio tuo nobis accersamus. Attamen, Domine, anxie gemimus, quod te offenderimus, ac nos vitiaque nostra damnamus, cum vera poenitentia, optantes, ut gratia tua nostrae succurrat miseriae.

Tua igitur nos misericordia dignare, Deus et Pater clementissime ac summe misericors, in nomine Filii tui Iesu Christi, Domini nostri. Et vitia nostra delens omnesque sordes nostras abluens [4] in dies dona sancti tui Spiritus nobis adauge [5], ut corde intimo iniquitatem nostram agnoscentes magis ac magis nobis displiceamus atque ita ad veram poenitentiam stimulemur, haec autem nos cum omnibus peccatis mortificans fructus iustitiae et innocentiae tibi gratos producat, per illum ipsum Iesum Christum Dominum nostrum. [6]

His finitis, canitur a toto coetu Psalmus aliquis; deinde Minister ad preces revertitur, quibus a Domine gratiam sancti sui Spiritus petit, ut verbum eius fideliter ad nominis ipsius gloriam et ad Ecclesiae aedificationem exponatur, et quali decet submissione animi obedientiaque excipiatur. Praefationis autem formulam ad id aptam Minister sibi pro arbitrio deligit. [7] Absoluta concione is populum ad orandum hortatus ita incipit:

---

[1] Gall. avec confession de ses fautes et pechez en suivant de son coeur
ses paroles. Nb. pour lui faire une humble confession de ses pechez, en suivant de coeur m. p..

[2] Gall. reconnoissons sans feintise.

[3] Nb. incapables de nous mêmes d'aucun bien et que nous transgressons en diverses manières tes saints Commandements.

[4] Gall. et en effaçant nos vices et macules. Nb. et en nous pardonnant ... accorde.

[5] Gall. eslargi nous et augmente. N. accorde nous et nous augmente.

[6] Nb. —, notre iniustice nous soyons touchés d'une douleur sincère qui ... au peché et qui produise.

[7] Nb. propriam exhibet Orationem Sermoni praemittendam, quam cum precatione libri, concione finita dicendis iungemus Liturgiae Genevensi.

Deus omnipotens, Pater coelestis, te exauditurum preces quas tibi in nomine dilecti Filii tui Iesu Christi Domini nostri funderemus, nobis pollicitus es; et cum ab illo tum ab eius Apostolis, unum in locum nobis in eius nomine conveniendum esse[1]), edocti sumus, addita etiam promissione, fore eum nobis praesentem, ut apud te pro nobis intercedat, impetretque omnia quae unanimi consensu a te petierimus super terram.

Primo, pro iis, quos nobis dominatores et gubernatores praefecisti, precari nos iubes; deinde vero pro omnibus, quae populo tuo atque adeo cunctis mortalibus necessaria sunt, supplices ad te accedere. Tuis igitur sacrosanctis praeceptis promissionibusque freti, quandoquidem in conspectum tuum prodimus, in nomine Filii tui Domini nostri Iesu congregati, supplices et ex animo rogamus, Deus et Pater optime, in nomine eiusdem, qui Servator noster et Mediator unicus est, ut (quae tua est immensa clementia) nobis peccata nostra condonare atque ita cogitationes nostras ad te attrahere digneris[2]), ut ex intimis cordis penetralibus invocare te possimus, ea in re vota nostra ad obsequium tuae voluntatis formantes, quae sola rationi consentanea est.

Tibi igitur preces fundimus, Pater coelestis, pro omnibus principibus et magistratibus, quorum ministerio ad nos gubernandos uteris. Potissimum vero pro huius urbis Praefectis[3]), ut Spiritum tuum, qui solus bonus est et vere principalis, impertiri illis atque in dies augere digneris, adeo ut Iesum Christum Filium tuum, Dominum nostrum, Dominatorem dominatorum Regemque regum esse certo persuasum habentes, quemadmodum tu illum omni potestate in coelo et in terra donavisti, ita et ipsi in suo principatu cultum illius et regni eius amplificationem sibi ante omnia proponant[4]), suos subditos (qui sunt manuum tuarum opificia et pascuorum tuorum oves) pro tuo arbitrio gubernantes, ut et hic et in alia qualibet orbis terrarum parte pace stabili fruentes te cum omni santimonia et pu-

---

1) Gall. de nous assembler en son nom, avec promesse qu'il sera au milieu de nous.

2) Gall. et tellement attirer et élever à toi nos pensées et nos désirs.

3) Gall. pour tous Princes et Seigneurs tes serviteurs, auxquels tu as commis le regime de ta justice et singulièrement pour N. N.

4) Gall. ils tâchèrent de le servir et exalter son regne en leur domination.

ritate colamus, metuque hostium nostrorum liberati materiam celebrandae tuae laudis toto vitae nostrae tempore habeamus.

Deinde precibus nostris tibi commendamus, Pater verax et Servator, omnes quotquot fidelibus tuis pastores constituisti, quorum etiam tutelae animas commisisti, quos denique sacrosancti tui Evangelii dispensatores esse voluisti: ut eos sancto tuo Spiritu regas, quo probi fidelesque gloriae tuae ministri comperiantur, huc studium omne. conferentes conatusque suos dirigentes [1]), ut omnes miserae oves, quae adhuc sunt errabundae, recolligantur et ad Iesum Christum Dominum nostrum, praecipuum Pastorem et episcoporum Principem, reducantur, ut in dies maius iustitiae et sanctimoniae incrementum in eo accipiant. Interea autem omnes tuas Ecclesias e faucibus rapacium luporum eripere et ab omnibus mercenariis liberare digneris, qui gloriae tantum aut lucri cupiditate ducuntur, de tui nominis illustratione tuique gregis salute nihil plane solliciti.

Insuper tibi preces nostras offerimus, Deus clementissime et Pater summe misericors, pro omnibus in universum hominibus, ut, quemadmodum totius humani generis agnosci vis Servator per redemptionem a Iesu Christo Filio tuo praestitam, ita ii, qui adhuc ab illius notitia sunt alieni tenebrisque immersi et ab erroribus ac ignorantia tenentur captivi, affulgente illis sancto tuo Spiritu tuoque Evangelio auribus illorum insonante ad rectam salutis reducantur viam, quae in eo sita est ut agnoscamus te solum verum Deum et quem misisti Iesum Christum. Rogamus et ut ii, quos iam gratiae tuae favore dignatus es quorumque mentibus per cognitionem verbi tui illuxisti, quotidie in melius proficiant spiritualibus tuis benedictionibus ditati, ut simul omnes uno et corde et ore te adoremus, Christumque tuum, Dominum nostrum, Regem et Legislatorem, honore debito prosequamur ac iusto obsequio colamus.

Praeterea etiam, o Deus omnis consolationis auctor, commendamus tibi quoscunque variis modis castigas populos [2]), qui peste vel fame vel bello afflicti laborant, singulos etiam homines, qui vel paupertate vel carcere vel morbo exiliove aut alia ulla corporis sive animi aerumna premuntur, ut prudenter reputantes finem tibi esse propositum eos tuis ferulis in viam

---

1) Gall. ayans toujours ce but, que toutes.
2) Gall. tous ceux que tu visites et chasties par croix et tribulations.

revocandi, imbuti hoc paterni tui amoris sensu, sincero cordis affectu resipiscant [1]), ut toto animo ad te convertantur et conversi plenam consolationem reportent omnibusque malis liberentur.

Maiorem autem in modum tibi commendamus miseros fratres nostros, quotquot sub Antichristi tyrannide dispersi vivunt cibo vitae spiritualis destituti et libertate palam invocandi nominis tui privati, atque adeo qui aut in carcerem coniecti sunt aut alio quopiam modo ab hostibus Evangelii tui oppressi [2]), ut eos, o indulgentissime Pater, Spiritus tui robore fulcire digneris, ita ut nunquam animum despondeant, sed constanter in sancta tua vocatione permaneant; ut manum illis porrigere, prout id illis conducere nosti, consolari etiam adversis in rebus et in tuam tutelam receptos a luporum rabie defendere, omnibus denique Spiritus tui donis cumulare velis, quo eorum vita pariter et mors ad gloriam tuam spectent.

Postremo, o Deus et Pater, a nobis, qui hic in nomine Filii tui Iesu verbique eius [et sanctae eius Coenae] gratia congregati sumus, sine te hoc exorari [3]), ut, vere nobis conscii perditae nostrae originis, simul etiam reputemus, quantam damnationem mereamur et quanto cumulo in dies nobis impura et scelesta vita eam augeamus; ut, quum nos boni omnis vacuos esse carnemque nostram et sanguinem plane a cernenda regni tui haereditate abhorrere cognoverimus, ex intimo cordis sensu firmaque fiducia dilecto Filio tuo Iesu Christo, Domino nostro et Servatori ac Redemptori unico, nos dedamus; ut in nobis ipse habitans veterem illum nostrum Adamum extinguat ac in meliorem vitam renovet et instauret, per quam nomen tuum, prout sanctitate et dignitate pollet, omni in regione omnique in loco laudibus extollatur et gloriam sibi debitam consequatur. Simul etiam ut ius imperiumque in nos obtineas, utque in dies magis ac magis tuae maiestati nos submittere discamus, ita ut ubique locorum regnans domineris, populum tuum sceptro verbi tui Spiritusque tui potentia gubernans, tuorum autem hostium

---

1) Gall. que tu leur vueilles faire attendre ton affection paternelle, qui est de les chastier pour leur amendement, afin que de tout leur coeur ils se convertissent à toi.

2) Gall. ou persecuter par les ennemis de ton evangile.

3) Gall. octroye nous aussi — que nous reconnoissons.

conatus veritatis et iustitiae tuae robore pessundans. Atque ita
fiat, ut omnis potentia et celsitudo se gloriae tuae opponens in
dies destruatur atque aboleatur, donec regnum tuum suis omni-
bus numeris compleatur eiusque perfectio penitus stabiliatur,
quum videlicet iudex in persona Filii tui comparebis. Ut nos
una cum omnibus creaturis veram plenamque obedientiam tibi
praestemus, sicut coelestes Angeli tui exequendis mandatis tuis
toti sunt addicti. Atque ita voluntas tua nemine repugnante
obtineat, omnesque tibi obsequi teque colere studeant, propriae
voluntati omnibusque carnis suae cupiditatibus renunciantes. Ut
nos amorem timoremque tui in omnibus vitae nostrae actionibus
retinentes pro benignitate tua alas, ac nobis, quaecunque ad
vescendum quiete et tranquille pane nostro necessaria sunt,
sufficias: quo te nostri curam gerere videntes melius Patrem
nostrum agnoscamus, omniaque bona e manu tua expectemus,
nihil amplius spei et fiduciae in ulla creatura, sed totam in tua
bonitate collocantes. Iam vero quoniam in hac mortali vita
miseri peccatores sumus, tanta imbecillitate laborantes ut assi-
due diffluamus et a recta via declinemus, peccata nostra nobis
condonare digneris, quorum rei apud tuum iudicium sumus; et
per hanc condonationem nexu mortis aeternae, quoque obstricti
sumus, liberemur. Ne igitur eam, qua praediti sumus, nequi-
tiam nobis imputes; quemadmodum ipsi, mandato tuo parentes,
iniuriarum, quae nobis inferuntur, obliviscimur, ac tantum abest,
ut de ulciscendis hostibus cogitemus, ut etiam commoda eorum
procuremus. In posterum denique nos tua potentia fulcire digne-
ris, ne (quae est carnis nostrae infirmitas) excidamus. Ac,
quum tam sint imbecillae vires nostrae ut ne ad momentum
quidem temporis consistere possimus, praeterea etiam quum
assidue tot hostes nos circumdent et adoriantur, quum diabolus,
mundus, peccatum, caro nostra, nullum faciant nos oppugnandi
finem, sancto tuo Spiritu nos corrobora tuaeque gratiae donis
arma, ut constanter omnibus tentationibus resistere et hoc spi-
rituale praelium sustinere possimus, donec plena victoria potiti
tandem aliquando in tuo regno cum Imperatore et Protectore
nostro Iesu Christo, Domino nostro, triumphemus. Amen. [1]

---

[1] Non opus est, ut moneam in his, quae supra leguntur, exhibitam esse
Orationis dominicae paraphrasin.

Post haec recitatur Apostolorum Symbolum. [1]
Quo autem die celebratur Coena, haec praecedentibus adduntur. [2]

Ac quemadmodum Dominus noster Iesus, non contentus tibi semel corpus suum et sanguinem in cruce obtulisse pro remissione peccatorum nostrorum, nobis quoque in alimentum vitae aeternae destinavit: ita hoc nobis pro tua beneficentia largire, ut vera cordis sinceritate et ardenti desiderio tantum beneficium ab eo accipiamus; nimirum ut certa fide praediti corpore pariter et sanguine eius vel potius eo toto fruamur, sicut ipse, quum verus sit homo et Deus, vere est sanctus panis coelestis ad nos vivificandos; ut non amplius in nobis ipsis et ad nostrum ingenium, quod omnino depravatum est, vivamus, sed ipse in nobis vivat, ut ad sanctam vitam, beatam et in aeternum permanentem, nos deducat, atque ita novi et aeterni Testamenti vere participes fiamus, nimirum foederis gratiae, hoc persuasissimum habentes, te velle nobis in perpetuum Patrem propitium esse delicta nostra nobis non imputando, ac tanquam charis filiis et haeredibus omnia tam animae quam corpori necessaria suppeditare; ut te sine fine laudibus et gratiarum actione prosequamur, tuumque nomen tum dictis tum factis illustre reddamus. Effice igitur hodie nos hoc modo, Pater coelestis, celebrandae faustae Filii tui memoriae compotes; da etiam, ut nos in ea exerceamus ac mortis eius beneficium praedicemus, quo novum incrementum ac robur tam ad fidem quam ad aliud quodlibet bonum accipientes eo maiore fiducia nos tuos esse filios profiteamur et in te Patre gloriemur.

Peracta autem Coena haec gratiarum actio vel aliqua ei similis adhibetur. [3]

Laudem et gratiarum actione immortali te prosequimur, Pater coelestis, pro tanto, quod in nos miseros peccatores contu-

---

1) Desiderantur in libro Gallica. Nb. optime praefatur Symbolum: Seigneur, nous te rendons graces, de ce que tu nous as appellés à la connoissance et à la profession de la foi chretienne; nous te supplions de la conserver et de l'augmenter de plus en plus dans nos coeurs, afin que nous en fassions toujours une confession sincere en disant dans la communion de l'église universelle: Je croi en Dieu etc.

2) Omittuntur in libro Neoburgensi.

3) In ipsa sacrae coenae liturgia adhibet Nb. admodum similem vel eandem potius orationem, quam dabimus suo loco.

listi, beneficio, dum ad participationem Filii tui Iesu Christi nos adduxisti, quem pro nobis morti passus es tradi, et nunc in vitae aeternae alimentum impertiris. [1]) Iam vero tuam in nos prosequens beneficentiam, ne unquam haec a nobis oblivioni dari permittas, sed fac potius ut ea cordibus insculpta gerentes proficiamus et crescamus in fide, quae ad omne opus bonum sit efficax. Unde etiam fiat, ut reliquum vitae nostrae cursum propagationi gloriae tuae et aedificationi proximorum dedicemus: per illum ipsum Iesum Christum Filium tuum, qui in unitate sancti Spiritus vivit tecum et regnat in aeternum. Amen.

Benedictio quam Minister populo discessuro precatur, secundum divinae Legis praeceptum.

Benedicat vobis Dominus, vosque servet incolumes. Dominus vos splendore vultus sui illustret, vobisque sit propitius. Convertat Dominus faciem suam ad vos, et omnia prospera vobis largiatur. [2])

PRECES ECCLESIAE NEOBURGENSIS ANTE SERMONEM AC POST SERMONEM.

O Dieu Tout-puissant et nôtre Pere céleste; Nous sommes icy assemblés pour commencer la sanctification publique de ce

---

1) Gall. viande et nourriture de vie eternelle.

2) Ecclesia Gallico-Reformata, quae saeculo decimo septimo atque octavo Saxonum florebat, Dreyhauptio teste (Beschreibung des Saal-Creyses etc. I. p. 101) sacra sua peragebat hoc modo: Der öffentliche Gottesdienst fängt sich des Morgens um 9 an und wird also gehalten. Der Cantor und Lector fängt mit Vorlesung eines Capitels aus der Bibel an, welches dasjenige ist, woraus der Text, welchen sich der Prediger nach Belieben erwählet, genommen worden. Ferner wird ein Psalm gesungen, folgends die Abkündigungen, wann deren vorhanden, und dann die zehn Gebot verlesen. Hierauf gehet der Prediger auf die Cantzel, verlieset die allgemeine Beichte, lässt einen Psalm singen, dessen Zahl und Vers er benennet, thut hernach ein Gebet aus dem Hertzen, verlieset einen Text und prediget darüber. Nach Endigung der Predigt betet er das Kirchengebet, nebst dem Vater Unser und christlichem Glauben, lässt einige Verse aus einem Psalm singen und giebt der Gemeinde den Segen, womit der Gottesdienst allezeit geendiget wird.

Jour du Dimanche, pour te presenter nos Loüanges et nos Priéres, et pour écouter ta Parole: C'est pourquoy nous te supplions, que selon les promesses que tu nous as faites, de nous exaucer lors que nous t'invoquerions au Nom de ton Fils, il de plaise de nous regarder en ta Misericorde, et d'élever à Toy nos pensées et nos desirs, en sorte que nous te rendions aujourd'huy un Service qui te soit agréable. Grand Dieu, nous nous humilions devant Toy. Nous adorons ta Majesté et ta Puissance infinie, et nous te remercions de toutes les faveurs temporelles et spirituelles que nous recevons continuellement de ta Bonté. Mais nous te loüons particulierement avec tous les Chrétiens qui sont assemblés aujourd'huy, de ce que tu as envoyé ton Fils au Monde pour nous sauver, et de ce qu'il résuscita des morts en ce premier Jour de la semaine. Nous te rendons graces de ce que par cette glorieuse Resurrection tu nous as donné une si grande esperance de l'immortalité. O Dieu, ta Gloire est grande dans toutes tes Eglises, et la loüange de ton Nom retentit dans toutes les Assemblées de tes Saints. Que nos benedictions montent jusques devant ton Trône! Ren nous dignes d'avoir part un jour à la Resurrection des Justes, et à la Gloire du Royaume des cieux, où Jesus Christ est entré comme nôtre Avantcoureur; où il vit, où il régne, où il est adoré et glorifié avec Toi et le Saint Esprit, Dieu benit éternellement; Amen.

O Dieu, qui nous instruis par tes saintes Ecritures, puisque nous devons aujourd'huy les lire, les écouter et les mediter, éclaire nos esprits et purifie nos coeurs, afin que nous puissions comprendre et recevoir comme nous le devons les choses qui nous y sont revelées. Assiste tes Ministres en-sorte qu'ils annoncent ta Parole avec pureté, avec clarté, et avec simplicité. Ren leur prédication efficace par la vertu du saint Esprit, afin que cette sainte semence soit reçûe dans nos coeurs comme dans une terre bien préparée, et qu'elle y produise des fruits avec abondance. Que nous n'écoutions pas seulement ta Parole, mais que nous la gardions, vivant d'une manière conforme à ses divines instructions pendant tout le tems de nôtre sejour en ce monde, et que nous parvenions enfin au Salut éternel par Jesus Christ, qui nous a commandé de te prier en disant:

Notre Pere, qui es aux cieux etc.

Dans les Tems de Communion on ajoute ce qui suit.

Et puis, ô Dieu, que nous célebrons en ce tems, [aujour-
d'huy] la Memoire [de la Naissance,] [des Souffrances et de
la Mort,] [et de la Resurrection,] de ton Fils, [et de la De-
scente du Saint Esprit,] et que nous devons participer à la
Sainte Céne; Nous te supplions d'élever tellement nos coeurs
à Toi, que nous puissions annoncer avec Foi et avec joye la
Mort de Nôtre Redempteur, en attendant qu'il revienne au der-
nier Jour, et porter des fruits de pieté et de reconnoissance,
qui te soient agreables par le même Jesus Christ, qui nous a
commendé de te prier en disant:
Notre Pere, etc.

Après le Sermon.

O Seigneur Nôtre Dieu, qui nous as commandé de faire
des Prieres et des Supplications pour tous les hommes, nous
nous presentons devant Toi, pour t'adresser nos voeux en
faveur de toutes sortes de personnes, de quelque état et de
quelque condition qu'elles soient. Nous te prions, Seigneur,
qui es le Créateur et le Pere du genre humain, pour la Paix
de tout le monde, et pour le Salut de tous les hommes. Re-
tire les Payens, les Turcs, et tous les Infidèles de leur aveu-
glement; et vueille selon tes promesses procurer la conversion
des Juifs, afin que tous les Peuples te connoissent et t'adorent,
Toi qui es le seul vrai Dieu, et Jesus Christ que tu as en-
voyé. Roi des Rois, Seigneur des Seigneurs, nous te prions
pour tous les Rois, et pour tous ceux qui sont élevés en
dignité. Donne ta connoissance à ceux qui en sont privés, et
fai la grace à ceux qui te connoissent d'employer leur autorité
à l'avancement de ta Gloire. Nous te prions sur tout pour la
Personne Sacrée du Roi Nôtre Souverain Seigneur. Donne
luy une vie longue et heureuse, un Conseil fidéle, des Peuples
obéïssans, et un Etat sûr et tranquille. Nous te prions pour
N. N. et pour tous ceux qui sont établis pour gouverner cet
Etat, et pour y administrer la Justice et la Police. Donne leur
ton Esprit de sagesse et de force, et sur tout la piété et la
crainte de ton Nom, afin qu'ils fassent régner l'ordre, et que
nous puissions mener une vie paisible et tranquille, dans la
pieté et dans l'honnêteté.

Seigneur, nous te présentons nos Prières pour les nécessi-
tés de ta sainte Eglise, qui est répanduë par tout le Monde.
Vueille la proteger, l'augmenter, et la sanctifier de plus en plus.
Délivre les Eglises qui sont persecutées. Ote les erreurs, les
scandales, et les divisions qui désolent la Chrêtienté, et réüni
tous les Chrrêtiens par le lien de la Vérité, de la Pieté, et de
la Paix. Accorde particulierement tes graces aux Eglises de
cet Etat, et à l'Eglise de ce lieu; beni les familles et les per-
sonnes qui la composent; fais y fleurir la pieté, la concorde,
et toutes les Vertus Cbrêtiennes.

Nous te prions, ô Dieu, pour tous les Pasteurs de ton
Eglise, et en particulier pour ceux que tu as établis sur ce
Troupeau. Sanctifie les tous, et leur augmente les lumiéres et
les dons qui leur sont nécessaires pour procurer l'établissement
de ton Régne, et le Salut des ames que tu leur as confiées.
Suscite par tout, et principalement parmi nous, des Ministres
fidéles, zélés, humbles, et amateurs de la Vérité et de la Paix;
et donne pour cet effet ta grace et ta crainte à tous ceux qui
se destinent à te servir un jour dans le saint Ministére.

O Dieu de Misericorde, aye pitié des Peuples qui sont
affligés par la guerre, ou par quelqu'autre fleau, et des per-
sonnes qui sont dans la souffrance. Nous te recommandons les
veuves, les orphelins, les pauvres, les étrangers, ceux qui
sont en voyage, ceux qui souffrent persecution pour l'Evangile,
les personnes affligées en leur esprit, les infirmes, les malades,
les mourans, et particulierement nos freres qui sont membres
de cette Eglise, [et qui se recommendent à nos Prières.] As-
siste les tous dans leurs diverses nécessités tant du corps
que de l'ame, et donne leur une heureuse issuë de tous leurs
maux.

Seigneur, nous te prions pour tous tes Enfans, pour tou-
tes les personnes qui te cherchent en sincerité de coeur,
et qui travaillent à leur Salut et à celuy de leur freres;
pour ceux qui font des oeuvres de pieté, et qui forment
de saintes entreprises pour l'avancement de ton Régne. Af-
fermi ceux qui font foibles dans la Foi et dans la Pieté; et
pour ce qui est des pecheurs qui sont dans un état de condam-
nation, accorde leur à tous, et principalement à ceux qui nous
sont connus, la grace de la repentance et d'une veritable con-
version.

Regarde d'un oeil favorable cet Etat, cette Ville, et tous ses habitans. Donne nous toûjours ce qui est nécessaire pour nôtre subsistance, et accorde nous la grace de ne pas abuser de tes biens, mais plûtôt de nous en servir avec sobrieté, avec charité, et avec reconnoissance.

Eloigne de nous les dangers et les fleaux qui pourroient nous menacer. Délivre nous de nos pechés; preserve nous de toute mauvaise pensée, de l'impieté, de l'hypocrisie, et de tout ce qui est contraire à ta sainte volonté. Prévien nous toûjours par ta grace, Dieu misericordieux, et nous condui sans cesse par ton Esprit. Donne nous en tout tems de bonnes et de saintes pensées, des inclinations pures, douces et paisibles, une entiere résignation à ta Providence, un amour ardent pour Toi, et une charité sincére qui nous porte à nous aimer et à nous édifier les uns les autres. Détache nos coeurs de ce monde qui n'est que vanité, et nous fai la grace de les avoir toujours élevés au Ciel où est nôtre Trésor. Afin que veillant et priant sans cesse, et vivant dans la Temperance, dans la Justice, et dans la Pieté, nous passions nos jours dans la Paix, en attendant le retour glorieux de Nôtre Sauveur; et que lors qu'il viendra pour juger le monde, nous tous qui nous sommes ici en ta présence puissions paroître devant Toi sans confusion et sans crainte.

O Dieu, exauce tous ceux qui t'ont maintenant presenté leurs Prières; ne rejette pas les trés-humbles supplications de tes serviteurs, mais accorde nous les graces que nous t'avons demandés, et toutes les autres qui nous sont necessaires. Nous t'en prions au Nom de Jesus Christ, qui nous a commandé de t'invoquer en disant:

Notre Pere qui es aux cieux etc.

E. EX LITURGIA PEREGRINORUM FRANCOFORTENSI. 1554. [1])

Die dominico mane hora octava, cum iam adest populus, Praecentor incipit clara voce Leve Le Coeur ac populus accinit cum modestia et

---

[1) Cum haec Batavorum liturgia, ab Valerando Polano condita, diligen-

gravitate summa, ut ne quid voluptati aurium, sed serviant omnia reveren-
tiae Dei et aedificationi, tam canentium, quam audientium, si qui fortasse
adsint non canentes.

Cum absolverint, tum unus ex ministris e suggestu sic incipit:

Adiutorium nostrum etc.

Deinde clara et distincta voce populum admonet de confessione pec-
catorum, hisque verbis praeit:

Fratres cogitet nunc vestrum. — Cf. Fratres unusquisque
vestrum p. 53.

Domine Deus Pater aeterne et omnipotens, agnoscimus et
fatemur ingenue etc. Cf. Domine Deus Pater etc. p. 53.

Post haec minister ex scriptura sacra sententiam aliquam remissionis
peccatorum populo recitat. Ac toto hoc tempore populus magna cum re-
verentia vel astat, vel procumbit in genua, ut animus cuiusque tulerit.

Absolutione pronuntiata, Minister nomine Domini invocato, ut spiritu
sancto adiutus possit digna Deo atque salutaria ecclesiae eloqui, recitat
ex novo Testamento textum aliquem, pergens in eo libro, quem semel
erit aggressus exponere ecclesiae. Neque amplius recitat, quam interpre-
tari studuerit.

Concionem horae spatio absolvit [1]) ac subiecta precatione concludit. Ad-
monet autem prius ecclesiam, si qua sunt digna et necessaria. Nempe si

---

tissimae Genevensis officii exprimat imaginem, ea tantum transcripsimus, quae
ad opus nostrum facere videbantur. Ceterum collato Genevensi Catechismo anni
1545 luce meridiana clarius est, Polanum vel sua cura Franco-Gallicum librum
fecisse latinum, vel alio usum esse interprete.

1) Iam in Tomo Codicis secundo carpsimus sermones Lutheranae eccle-
siae longos et immoderatius excurrentes: sed hoc nihil est ad oratores Batavos.
Fliednerus l. c. p. 45: „Die Predigt dauert nie unter einer Stunde, gewöhnlich
1½ Stunde, oft 2 Stunden, aber die Aufmerksamkeit der Zuhörer bleibt bewun-
derungswürdig gespannt bis ans Ende. Der Prediger hat ein Glas Milch oder
Wasser auf der Kanzel zur Seite stehen, womit er bisweilen den trocknen Gau-
men erfrischt. Dauert die Predigt sehr lange, so lässt der Prediger am Ende
jeden Theiles etwas singen. Viele lesen ab, aber auch sehr Viele reden ganz
frei, dabei in der Regel langsam und feierlich, wie diess schon die Sprache mit
sich bringt. Er schliesst. Nun kommt der Küster die Kanzeltreppe herauf und
reicht ihm das Papier, worauf die Bekanntmachungen stehen. Nach deren Ver-
kündigung beginnt das Schlussgebet, das meistens gegen ½ Stunde dauert, mit
Fürbitte für alle mögliche Kranken, für Reisende zu Wasser und zu Land und
mit Danksagungen für Genesene, für Heimgekehrte, für solche, die eine Ope-
ration glücklich überstanden haben etc.“

sponsalia sint, si baptismus, si quis pauper, aut aegrotus se commendat precibus ecclesiae et caetera huiusmodi.

Interea Diaconi duo ad ostium a singulis eleemosynam postulant in pauperum usus.

Deus omnipotens pater coelestis, tu quidem promisisti etc. Cf. **Deus omnipotens, pater coelestis, te exauditurum etc.**

Huic precationi immediate Symbolum additur, quo recitato Praecentor statim Psalmum incipit, cui deinde populus accinit ad finem usque: quo decantato Pastor populum dimittit hac bona imprecatione:

Dominus vobis benedicat etc. Num. VI.

F.   EX LITURGIA PALATINA. 1567. [1])

Fur der Predig, insonderheit an den Son vnd Feiertagen morgens, vnd an Bettagen, soll diss nachfolgend Gebett dem Volck fürgesprochen werden, inn welchem die Christlich gemein des menschlichen elends aussträcklich erinnert vnnd die heilsame gnade Gottes begert wird, auff das die hertzen zur demut bereit werden, vnd das wort der gnaden desto begierlicher annemen.

Gnad, Fried, vnd barmhertzigkeit, etc.

Himmlischer vater, ewiger vnnd Barmhertziger Gott, wir bekennen vnnd verjehen für deiner Göttlichen Maiestet, das wir arme elende sünder seind, empfangen vnnd geboren in aller bossheit vnnd verderbnuss, geneigt zu allem bösen, vnnütz zu einigem guten: vnnd das wir mit vnserm sündlichen leben one vnterlass deine heilige gebott vbertretten, dardurch wir deinen zorn wider vns reitzen, vnnd nach deinem gerechten vrtheil auff vns laden die ewige verdamnuss. Aber O Herr wir tragen rew vnd leid, das wir dich erzürnet haben, vnd verklagen vns vnd vnsere laster, vnd begeren, das deine gnade zu hülff komme, vnserm elend vnd jammer. Wöllest dich derhalben vber vns erbarmen, O aller gütigster Gott vnd Vater, vnd vns verzeihen all vnsere Sünd durch das heilige leiden deines lieben Sohns vnsers Herrn Jesu Christi, vnnd wöllest vns hernachmals verleihen die gnad deines heiligen Geistes, der vns vnsere vngerechtigkeit von gantzem hertzen lehr erkennen, das

---

1) Collata est editio anno 1585 typis excusa.

III.   5

wir vns selbst missfallen, damit die sünde also in vns getödtet
werde, vnd wir in einem newen leben aufferstehen, in wel-
chem wir rechtschaffen frucht der heiligkeit vnd gerechtigkeit
mögen bringen, die dir umb Christi willen wolgefellig sey. [1])

Wollest vns auch dein heiliges wort nach deinem Göttlichen
willen zuuerstehen geben, auff das wir darauss lernen, all
vnser vertrawen auff dich allein setzen, vnd von allen Crea-
turen abziehen, das auch vnser alter Mensch mit allen seinen
begierden, von tag zu tag mehr gecreutziget werde, vnnd das
wir vnns dir auffopffern zum lebendigen opffer, zur ehre dei-
nes heiligen Namens, vnd aufferbawüng vnsers nechsten durch
vnsern Herrn Jesum Christum, welcher vns also hat gelehret
beten:

Vnser Vater, etc.

Am Sontag nach der Morgenpredig [2]), soll der Kirchendiener sprechen:

Ir geliebten inn dem Herrn, Dieweil wir in den gebotten
Gottes, gleich als in einem spiegel sehen, wie gross vnd viel-
fältig vnser sünden sind, durch welche wir zeitliche vnd ewige
straff verdienen, so last vns dieselbige von hertzen vnserm ge-
trewen Vater bekennen, sprecht derhalben mit mir also:

Ich armer Sünder bekenn für dir meinem Gott vnnd Schöpffer,
das ich leider schwerlich vnnd mannigfältig wider dich gesün-
diget hab, nit allein mit eusserlichen groben sünden, sonder
vil mehr mit jnnerlicher angeborner blintheit, vnglauben, zweiff-
felung, kleinmütigkeit, vngedult, hoffart, bösem geitz, heim-
lichen neid, hass, vnnd missuergunst, auch andern bösen dücken,
wie du mein Herr vnnd Gott an mir erkennest, vnd ich leider
nit gnugsam erkennen kan, die rewen mich vnd sind mir leid,

---

1) Cf. orationem Catechismi Genevensis: Domine Deus Pater aeterne etc.
p. 53.

2) Editio 567 in prooemio: „Es sollen auch die Pfarrherrn für sich selbst
kein Buch auss der heiligen Schrifft zuerklären fürnemen, ohne rath vnd für-
wissen jrer Superintendenten, welche denn ein auffsehens haben sollen, dass die
bücher des newen Testaments, die dem gemeinen mann am nutzlichsten, vnd der
Kirchen am erbäwlichsten seind, an den Sontägen fürnemlich fürgetragen vnnd
erkläret werden.“ Eadem leguntur in Edit. 585: Additur tamen, quod propius
accedit ad mores Lutheranos: „Sonst ingemein lässt man die Sontäglichen Evan-
gelia (wie man sie nennt) bleiben. Doch dass das Volck stäts erinnert werde,
was das Evangelium sey vnd wie dasselbig nicht weniger in Paulo, als bey den
Evangelisten zu finden.“

vnd beger von hertzen gnad, durch deinen lieben Sohn Jesum Christum.

Darauff soll er den gleubigen die vergebung der sünden vnnd den vnbussfertigen das vrtheil Gottes verkündigen, vnd also sprechen:

Nun höret an den gewissen trost der gnaden Gottes, welche er allen gleubigen in seinem Evangelio verheisset.

Also spricht der Herr Christus Joh..am 3.: Also hat Gott die welt geliebt, das er seinen eingebornen Sohn gab, auff das alle die an jn glauben, nit verloren werden, sonder das ewige leben haben.

Souiel nun ewer sein, die an jnen selbst, vnd an jren sünden ein missfallen haben, vnd vertrawen das sie jnen durch den verdienst Jesu Christi allein gantz vnd gar vergeben sind, vnd den fürsatz haben, je lenger je mehr von sünden abzustehen, vnd dem Herrn in warer heiligkeit vnd gerechtigkeit zu dienen, denselbigen (dieweil sie glauben inn den Sohn des lebendigen Gottes) verkündige ich auss dem befelch Gottes, das sie von allen jren sünden (wie er in seinem Heiligen Euangelio verheist) in dem Himmel entbunden seind, durch die vollkommene gnugthuung des aller heiligsten leidens vnd sterbens vnsers Herrn Jesu Christi, Amen.

Souiel aber vnter euch sind, die noch einen gefallen haben an jren sünden vnd schanden, oder in sünden wider ir gewissen beharren, denselben verkündige ich auss befelch Gottes, das der zorn vnd das vrteil Gottes vber jnen bleibt, vnd das alle jre sünden im Himel behalten sind, vnd sie von der ewigen verdamnuss nit entbunden mögen werden, biss das sie sich bekern. [1]

Nach dem wir nu nit zweifelen, wir vnd vnser Gebet seien durch das leiden Jesu Christi geheiliget, vnnd Gott angenem, so last vns jn von hertzen anruffen, vnd also sprechen:

Gebet am Sontag nach der Predigt.

Allmechtiger Gott, Schöpffer Himels vnnd der Erden, wir dancken dir auss grund vnsers hertzens, das du vns erschaffen, biss auff disen tag vns vnd vnsere kinder erhalten, gespeiset, vnd erneret hast, vnd noch hinfort erhalten vnnd regieren wilst,

---

1) Confessio peccatorum, post sermonem iterata, adiuncta Absolutione ac Retentionis formulis imprimit liturgiae Palatinae libri Lutheranizantis vestigia.

in sonderheit aber dancken wir dir, das du deinen Sohn Jesum
Christum, den du im Paradeiss verheissen hast, vns hast zu er-
kennen geben, vnnd vnsere sünden durch sein bitter leiden vnd
sterben vns verziben, Vnd bitten dich das du vns zum eben-
bild deines Sohns Jesu Christi, durch die predig deines worts,
vnd krafft deines heiligen Geistes ernewern wöllest, auff das
wir mit leib vnnd seel ewig mit dir leben, vnd dich preisen,
darzu wir anfenglich erschaffen seind, vnd wöllest dem Satan
wehren, das er vns dein heiliges wort, nit auss vnsern hertzen
reisse, wie er vnsern ersten Eltern, Adam vnd Euen gethan
hat. Dieweil du vns auch in disem leben, durch die hand vnser
Oberkeit deiner Diener wilst regieren, so bitten wir dich, der
du jre hertzen in deiner hand hast, wöllest ibnen allen, der
Keiserlichen vnd Königlichen Maiestet, allen Fürsten vnd Herrn,
insonderheit vnserm gnedigsten Chur vnnd Landtfürsten Hertzog
Friderichen Pfaltzgrauen, sampt jhrer Churfürstlichen gnaden
Ehegemahl, jungen Herrschafft, Rähten vnnd Amptleuten (auch
einem erbarn Raht diser Statt) gnad vnd einigkeit verleihen,
das sie jhre gantze regierung dahin richten, das vnser Herr
Jesus Christus, dem du allen gewalt im Himmel vnnd auff Er-
den gegeben hast, vber sie vnnd jre vnterthanen herrsche, auff
dass das arme Volck, die da seind Creaturen deiner Hend,
vnnd Schaff deiner Weide, für die auch der Herr Jesus sein
Blut vergossen hat, regieret werden in aller heiligkeit vnnd
gerechtigkeit, Dass auch wir vmb deinet willen jhnen alle ge-
bürliche ehr vnnd trew erzeigen, vnd vnter jnen ein erbar,
friedsams vnd Christlichs leben füren mögen. Gib auch deinen
segen vnnd benedeyung zu der frucht der Erden, auff das wir
dich dardurch als einen Vater vnd vrsprung aller Barmhertzig-
keit vnd güter erkennen: Wir bitten dich auch nicht allein für
vns, sonder auch für alle menschen der gantzen welt, wöllest
dich vber sie allesampt gnediglich erbarmen Insonderheit aber
die vnser mitglieder seind an dem leib Jesu Christi, vnnd vmb
deiner warheit willen vom Türcken vnd Pabst verfolgung lei-
den, Wöllest O Vater aller gnaden, solches wüten deiner feind,
die deinen Sohn Jesum in seinen gliedern verfolgen, zurück
halten, vnd die verfolgten mit vnüberwindtlicher standhafftigkeit,
vnnd krafft deines heiligen Geistes stercken, auff das sie solche
verfolgung von deiner hand mit dancksagung annemen, vnd in
jrem trübsal solche freud empfinden, welche vbertrifft allen ver-

stand, tröste vnd stercke alle armen, gefangen, krancken, wit-
wen vnd waisen schwangere weiber, vnd bekümmerte vnnd
angefochtene hertzen, vnnd gib jhnen deinen frieden, durch
vnsern lieben Herrn Jesum Christum, welcher vns diese gewisse
verheissung gethan hat: Fürwar, fürwar sage ich euch, was
jhr den Vater bitten werdet in meinem Namen, das wird er
euch geben, vnnd vns darauff hat befohlen, also zubeten:
Vnser Vater, etc.

Oder also:

Allmechtiger Gott, Himlischer Vater, der du hast vns ver-
heissen, was wir dich in dem Namen deines geliebten Sohns
Jesu Christi werden bitten, das wöllest du vns gewisslich ge-
ben: Wir bitten dich, das du durch deinen heiligen Geist inn
vns wöllest würcken, das wir dich recht erkennen, vnd dich
in allen deinen wercken, inn welchen leuchtet dein allmechtig-
keit, weissheit, güte, gerechtigkeit, barmhertzigkeit vnd war-
heit, heiligen, rhümen vnd preisen, Vnd das auch wir vnser
gantzes leben, gedancken, wort vnd werck dahin richten, das
dein Nam vmb vnsert willen nit gelestert, sonder geehret vnd
gepriesen werde. Auch regier vns also durch das Scepter dei-
nes Worts, vnd krafft deines heiligen Geistes, das wir vnd alle
Menschen vnns deiner Maiestet, von tag zu tag mehr vnter-
werffen vnd ergeben, Erhalt vnd mehre deine Kirch, vnnd zer-
stör alle Werck des Teuffels, vnd alle falsche vnd böse raht-
schläg, die wider dein heiliges wort erdacht werden, Mach
zuschanden deine feind, durch die macht deiner warheit vnd
gerechtigkeit, das also aller gewalt der sich wider deine ehr
erhebet, von tag zu tag mehr zerstöret vnnd vertilget werde,
biss die vollkommenheit deines Reichs herzu komme, wenn du
am Jüngsten gericht deine herrligkeit in vns offenbaren, vnd
in ewigkeit alles in allen sein wirst. Verleihe auch, das wir
vnd alle menschen, vnserm eignen willen vnd allen lüsten vn-
sers fleischs absagen, vnd deinem allein guten willen one alles
widersprechen gehorchen, das also jederman sein ampt vnd
beruff so willig vnd trewlich verrichte, wie die engel im himel.
Wöllest vns auch mit aller leiblichen notdurfft versorgen, vns
fried vnnd gut Regiment verleihen, auff das wir dardurch er-
kennen, das du der ewige vrsprung alles guten bist, vnnd ein
getrewer Vater, der da sorget für seine Kinder, das auch on

deinen segen, weder vnser sorgen vnd arbeit, noch deine gaben vns gedeien mögen, vnnd wir derhalben vnser vertrawen von allen Creaturen abziehen, vnd allein auff dich setzen. Wöllest auch vns armen sünderen alle vnser missethat vnd schulden, auch das böss so vnns noch jmmerdar anhanget, vmb dess Blutuergiessens Jesu Christi willen, nit zurechnen, wie auch wir diss zeugnuss deiner gnaden in vnsern hertzen befinden, das wir vnserm nechsten von hertzen verzeihen, vnd sein nutz begeren zu befürdern. Vnd dieweil wir ja auss vns selbst so schwach sein, das wir nit ein augenblick besteben können, Vnd darzu vnsere abgesagte feind der Teuffel die Welt, vnnd vnser eigen fleisch nicht auffhören vns anzufechten, so wöllest vns erhalten vnd stercken, durch die krafft deines heiligen Geistes, auff das wir jnen mögen festen widerstand thun, vnnd in diesem Geistlichen streit nit vnterligen, sondern bestendig bleiben, biss das wir endlich den sieg volkomlich erhalten, vnd in deinem reich mit deinem sohn vnserm Herren vnd beschirmer Jesu Christo ewig regieren, Welches alles wir von dir bitten, dass dadurch nit wir, sonder du ewig gepriesen werdest, vnnd das du solches thun kanst, als ein allmechtiger Gott, vnnd thun wilst wie ein getrewer Vater, so gewiss als wir dieses von hertzen an dich begeren, Durch vnsern Herrn Jesum Christum, Amen. [1])

Vnser Vater, etc.

Lobet den Herrn mit ewerm gesang.

Nach dem Gesang spreche der Diener: Der Herr segne Dich u. s. w.

G. EX AGENDA HASSIACA. 1748. [2])

1. Erstlich singen die Schüler und die ganze Gemeine, welche sich bei Zeiten in der Kirche einstellen sollen, mit gebogenen Knien: „Komm,

---

[1]) His precibus arctissima est affinitas cum supra scriptis Genevensis officii: Postremo o Deus et Pater. p. 56.

[2]) Kurtzer Auszug aus der Fürstl. Hessischen Kirchen-Agenden, welche der Durchleuchtige, Hochgeborne Fürst und Herr Herr Wilhelm, Landgraff zu Hessen etc. in Dero Fürstenthumen und Landen im Jahre 1657 publiciren lassen." Cassel. 1748. Haec Agenda, quae ex libris Reformatis proxime assidere videtur Lutheranis, mihi non ad manum erat. Quae peropportune ad hanc liturgiarum stirpem cognoscendam afferuntur, suppeditavit Altii diligentia l. p. 253 sq.

heil'ger Geist", damit die Hülfe und Beistand des heiligen Geistes zu Verrichtung des ganzen Kirchendienstes gebeten wird.

2. Darnach wird gesungen ein Psalm oder Gesang, der sich auf die Zeit schicket, oder es mag auch hier das Kyrie gesungen werden, wo es bräuchlich ist.

3. Nach diesem wird folgendes Gebet, und darauf die Epistola Dominicalis vor dem Tische des Herrn vorgelesen.

„O himmlischer Vater, ewiger und barmherziger Gott! wir arme Sünder erscheinen vor deiner göttlichen Majestät, und bekennen, wie die Wahrheit ist, dass wir nicht allein empfangen und geboren sind in aller Bosheit und Verderbniss und dahero geneigt zu allem Bösen, aber unnütz zu einigem Guten, sondern auch, dass wir mit unserm sündlichen Leben noch ohn Unterlass deine heiligen Gebote übertreten, dadurch wir deinen Zorn wider uns reizen, und nach deinem gerechten Urtheil auf uns laden zeitliche und ewige Strafen. Aber o Herr! wir tragen Reu und Leid, dass wir dich erzürnt haben; wir verklagen selbst uns und unsere Laster, und bitten von Grund unserer Herzen, dass deine Gnade zu Hülfe komme unserm Elend und Jammer. Wollest dich derohalben, o allergütigster Gott und Vater, über uns erbarmen, und uns verzeihen alle unsere Sünden, um des theuren Leidens und Sterbens willen Jesu Christi, deines Sohnes.

Und da wir in deinem Namen jetzo versammelt sind, dein Wort zu lernen, und unsere Noth dir vorzutragen, so wollest du uns beiwohnen mit der Gnade deines heiligen Geistes, dass wir dein Wort andächtig und heilsamlich hören, in einem feinen, guten Herzen bewahren, vielfältige und dir wohlgefällige Frucht bringen, und unser Gebet auch also zu dir verrichten, dass wir von dir erhöret, mit deiner mächtigen Hülfe erfreuet und verursachet werden, dir mit fröhlichem Herzen zu danken.

Ach Herr höre, ach Herr sei gnädig, ach Herr merke auf, und thue es, um dein selbst und um deines allerliebsten Sohnes Jesu Christi willen! Amen.

4. Nach der Epistel singt man den christlichen Glauben; das Gesänge aber soll am Sonntage, wie auch am Feiertage, nicht über eine halbe Stunde sich erstrecken, damit das Volk nicht aufgehalten, noch verdrossen werde, und darum darnach eingerichtet werden.

5. Darauf geschiehet die Predigt, welche nicht länger als ¾ oder zum höchsten 1 Stunde, bei grosser Versammlung, währen soll.

6. **Wann die Predigt geschlossen, wird gelesen die Beicht und Absolution, item ein Gebet, wie folget:**

„Geliebte im Herrn! demüthiget euch vor Gott, bekennet eure Sünde, und bittet um Vergebung im Namen des Herrn Jesu Christi, sprechet mir nach mit herzlichem Seufzen und Glauben zu Gott, dem ewigen Vater unsers Herrn Jesu Christi:

O allmächtiger, ewiger, barmherziger Gott, Vater unsers Herrn und Heilandes Jesu Christi, wir arme, sündhaftige Menschen erkennen, bekennen und klagen vor deiner göttlichen Majestät, dass wir in Sünden empfangen und geboren, und also von Natur Kinder des Zornes sind, dass wir in allem unserm Leben dich vielfältig erzürnet haben, mit Gedanken, Worten und Werken; dich unsern Schöpfer, Erlöser und Heiligmacher haben wir von ganzem Herzen, von ganzer Seele, von ganzem Gemüth und allen unsern Kräften nicht geliebet, auch nicht unsern Nächsten, wie uns selbst, wie du uns doch geboten und befohlen hast; geben uns derohalben schuldig deines Zornes und Gerichts, des ewigen Todes und der Verdammniss. Wir haben aber Zuflucht zu deiner grundlosen Barmherzigkeit, suchen und begehren Gnade und bitten dich von Grund unsers Herzens, du wollest dich unser erbarmen, und alle unsre Sünde gnädiglich verzeihen und wahrhaftige Besserung verleihen, um deines geliebten Sohnes, unsers Herrn und Heilandes, Jesu Christi, und um deines allerheiligsten Namens Ehre willen, Herr, sei uns armen Sündern gnädig!

Höret nun auch auf den Trost und Absolution!

Alle, die ihr wahrhaftig eure Sünden erkannt und bekannt, zu Gott mit rechtem Glauben von Grund eures Herzens um Gnade und Verzeihung gerufen habt, ihr sollet getrost sein und glauben, dass der allmächtige Gott und Vater unsers Herrn Jesu Christ will euch gnädig und barmherzig sein, und will euch alle eure Sünden vergeben, um desswillen, dass sein geliebter Sohn Jesus Christus dafür gelitten hat und gestorben ist; und im Namen desselbigen, unsers Herrn Jesu Christi, auf seinen Befehl und in Kraft seiner Worte, da er sagt: Welchen ihr die Sünde erlasset, denen sind sie erlassen, welchen ihr sie behaltet, denen sind sie behalten, spreche ich, als ein ordentlicher berufener Diener der Gemeine Jesu Christi, euch, die Bussfertigen und Gläubigen, aller Sünden frei, ledig und los, dass sie euch alle zumal sollen vergeben sein, so reichlich und vollkommen, als Jesus Christus dasselbige durch sein Leiden und Sterben verdienet und durchs Evangelium in alle Welt zu predigen befohlen hat. Dieser tröstlichen Zusage, so ich euch jetzt im Namen des Herrn Jesu Christi gethan, wollet euch tröstlich annehmen, eure Gewissen darauf zufrieden stellen, und vestiglich glauben, eure Sünden seien euch gewisslich vergeben im Namen des Vaters und des Sohnes und des heiligen Geistes.

Darentgegen aber sollen wissen alle Unbussfertigen und Ungläubigen, dass ihre Sünden ihnen vorbehalten sind, und will sie Gott ernstlich und gewisslich strafen, allhie zeitlich und dort ewiglich, wann sie nicht umkehren und Busse thuen, welches ich ihnen auch verkündige im Namen und aus Befehl unsern Herrn und Heilandes Jesu Christi, und vermahne sie an Gottes Statt, dass sie Busse thun, dem Evangelio glauben, und sich mit Gott versöhnen lassen.

N B. Diese Behaltung der Sünden soll allemal nächst der Absolution gleichfalls gesprochen, und nicht ausgelassen werden.

Hierauf folgt das allgemeine Kirchengebet, die Bekanntmachungen und das Vaterunser.

Alsdann verlässt der Prediger die Kanzel, lässt einen oder zwei Verse singen, und spricht vor dem Tisch stehend diess Gebet:

„O allmächtiger Gott, der du der Elenden Seufzen nicht verschmähest und der betrübten Herzen Verlangen nicht verachtest, siehe doch an unser Gebet, welches wir in unsrer Noth dir vortragen, und erhöre uns gnädiglich, dass Alles, so beide, vom Teufel und Menschen, wider uns strebet, zu nichte, und nach dem Rathe deiner Güte zertrennet werde, auf dass wir, von aller Anfechtung unversehrt, dir in deiner Gemeine danken, und dich allezeit loben, durch unsern Herrn Jesum Christum, deinen Sohn, der mit dir in Einigkeit des heiligen Geistes regieret und herrschet immer und ewiglich. Amen.

Hierauf entlässt er die Gemeine mit dem Segen.

———————

H. EX LIBRO TH. HUGUES.

Ordnung des Gottesdienstes an den gewöhnlichen Sonntagen.

Präludium

auf der Orgel, entsprechend der Melodie des von dem Geistlichen vorge-
schriebenen Anfangsliedes.

Der Gemeindegesang.

Das zu singende Lied ist von dem Geistlichen zu bestimmen. Sein
Inhalt wird ein allgemeiner sein und ist es keinesweges nöthig, dass er
schon eine bestimmte Beziehung auf die zu haltende Predigt habe. Beim
Beginn des letzten Verses tritt der Geistliche vor den Altartisch.

Apostolischer Gruss.

Unser Anfang und unsre Hülfe sei in dem Namen des
Herrn, der Himmel und Erde gemacht hat! Amen.

Oder: Gnade sei mit euch und Friede von Gott unserem
Vater und dem Herrn Jesu Christo. Amen!

[Sequuntur Salutationes, congruae tempori Adventus, Passionis, Pa-
schali.]

Gebet.

Geliebte in dem Herrn! Lasset uns unsere Herzen zu Gott
erheben und mit einander also beten:

Barmherziger, getreuer Gott, Du ewiger Vater unseres
Herrn Jesu Christi, der Du mit Deinem Sohne und heiligen
Geiste regierest in Ewigkeit! Wir sagen Dir Lob und Dank
für alle Deine Wohlthaten, die wir ohn Unterlass von Deiner
milden Güte empfangen und von denen unser ganzes Leben
Zeugniss giebt. Insonderheit aber danken wir, dass Du die
Finsterniss des Unglaubens und Aberglaubens vertrieben und
das helle Licht des Evangeliums unter uns hast aufgehen las-
sen, bei welchem wir Dich und Deinen Willen recht erkennen
und lernen können, wie wir christlich leben und selig sterben
sollen. Wir bitten Dich, gütiger Gott und Vater, Du wollest
solch Gnadenlicht Deines Evangeliums uns und unseren Nach-
kommen erhalten, und damit wir Dein angenehmes Volk sein
und bleiben, so vergieb uns alle unsere Sünde und Missethat,
um Deines lieben Sohnes, unseres Heilandes Jesu Christi wil-

len und heilige uns durch Deinen heiligen Geist, je länger je mehr, dass wir der Welt und allen weltlichen Lüsten von Herzen absagen und unsere Freude darin suchen, dass wir Dir dienen in Heiligkeit und Gerechtigkeit, die Dir wohlgefällig ist.

Da wir nun auf Deinen Befehl allhier bei einander sind, unseren christlichen Ruhetag zu feiern, so eröffne unsere Ohren und Herzen, dass wir Dein heiliges Wort mit Freuden hören, mit Fleiss erwägen und in reinem Herzen behalten, Dich getrost anrufen und nicht allein diesen Tag, sondern auch alle übrigen Tage unseres kurzen Lebens von allen bösen Werken lassen, bis dass wir endlich zu dem ewigen Sabbathtage gelangen, da wir mit Engel-Zungen und -Herzen Deine grossen Thaten mit allen Auserwählten, Engeln und Menschen rühmen und preisen werden in alle Ewigkeit! Amen.

Oder:

Heiliger Gott, barmherziger Vater unseres Herrn Jesu Christi! Wir sind vor Deinem heiligen Angesicht versammelt, um uns an unserem christlichen Ruhetage zum Heil unserer Seele aus Deinem göttlichen Worte zu erbauen. Wohne Du denn nach Deiner Verheissung auch in dieser Stunde unter uns! Segne Gesang und Gebet! Gieb Deinem Diener Muth und Weisheit, um Dein Wort in aller Freudigkeit zu verkündigen und mit rechtem Verstande auszulegen. Sammle unser aller Gemüther auf das eine Nothwendige und entferne alle störenden Gedanken, damit wir durch wahre Andacht uns und andere erbauen. Sei Du durch Deinen heiligen Geist wirksam, den Verstand zu erleuchten, den Willen zu heiligen und unser ganzes Verlangen auf Dich zu richten; ja thue Aller Herzen auf, damit Dein Wort in uns Wurzel fasse und viele Frucht bringe zum ewigen Leben. Erhöre uns um Jesu Christi willen, welchem sammt Dir und dem heiligen Geiste sei Lob und Ehre und Preis und Herrlichkeit, in Ewigkeit! Amen.

Verlesung der heiligen Schrift.

Die Abschnitte der h. Schrift zu diesen Vorlesungen sind entweder

α) Die bekannten evangelischen und epistolischen Perikopen, welche der Geistliche alsdann einleitet mit den Worten:

Das Evangelium des heutigen Sonntags lautet — Die Epistel des heutigen Sonntags lautet — Oder

β) angemessene Abschnitte aus den historischen und Lehrbüchern des N. T.

Apostolische Segnung.

Die Gnade unseres Herrn Jesu Christi sei mit Euch Allen!
— Heute, so ihr des Herrn Stimme höret, verstocket euere
Herzen nicht! — Herr, thue ab die Decke von unsern Herzen!

[Sequuntur formulae ad Adventum et Passionem Domini et tempus
Pentecostes accommodatae.]

Gemeindegesang.

Zwei oder drei Verse, deren Inhalt zur Predigt einleitet. Während
dieses Gesanges verlässt der Geistliche den Altartisch und besteigt die Kanzel.

Predigt

über einen der Wahl des Geistlichen überlassenen Text aus den canoni-
schen Büchern der h. Schrift.

α) Vorlesung des Textes. (Die Gemeinde hört ihn stehend an.)

β) Predigt und zwar aus einem Stücke bestehend, ohne Unterbrechung
durch Gesang.

Das Schlussgebet.

(Den Uebergang von der Predigt zu diesem Gebete kann eine Hinlei-
tung des Schlussgedankens der Predigt zu dem Anfangsgedanken des fol-
genden Gebets in wenigen freien Worten, aber schon in Gebetsform ge-
fasst, vermitteln.)

Gütiger Gott und Vater! Der Du uns durch Dein Wort zur
Weisheit und Seligkeit führen willst, mit dankbarer Seele prei-
sen wir Dich für die Belehrungen, Ermunterungen und Trö-
stungen, die Du uns auch heute in demselben finden liessest.
Hilf, dass wir Alles, was wir aus Deinem Worte vernommen
haben, uns durch stille, anhaltende Ueberlegung recht zu eigen
machen, es auf uns selbst, auf unser eigenes Herz und Ver-
halten anwenden und uns dadurch zu einem christlichen Sinn
und Wandel ermuntern und stärken lassen. Gieb, dass wir nicht
nur jetzt, da wir uns feierlicher an Deine Gegenwart erinnern,
sondern in jedem Augenblicke unseres Lebens so denken und
so handeln, wie es dem Unterrichte aus Deinem Worte und
den guten Vorsätzen, die wir hier fassen, gemäss ist. O Herr,
lass dazu Dein Wort an uns allen, lass es überall, wo es ver-
kündigt wird, an recht vielen Menschen gesegnet sein! Nimm
Dich des ganzen Menschengeschlechtes, wie bisher, so auch
ferner väterlich an. Lass das Evangelium von Jesu Christo

sich immer weiter verbreiten, den Sinn des wahrhaften Christenthums immer herrschender und Dein Reich auf der Erde immer mehr erweitert werden. Segne Du die christlichen Völker und verleihe Gnade und Einigkeit allen christlichen Obrigkeiten. Insonderheit flehen wir Dich an um Deinen Schutz und Deine helfende Nähe für den König, unsern Herrn, die Königin, den Kronprinzen, die Kronprinzessin, das ganze königliche Haus und Alle, die demselben anverwandt und zugethan sind. Lass es unter seinem Volke dastehen wie ein hohes Vorbild eines wahrhaft christlichen Wandels und darauf begründeten Wohlergehens. Lehre Du uns Alle in dem Stande der Erziehung und der Uebung, in welchen Du uns hier gesetzt hast, unserer Bestimmung immer näher kommen und Deine Absichten mit uns immer treuer erfüllen; das Gute, das Du uns darreichst, mit dankbarem Herzen geniessen und die Uebel, die Du über uns verhänget, mit Gelassenheit ertragen und zu unserer Heiligung anwenden. Stehe uns Allen bei mit Deiner Kraft und führe uns aus diesem zeitlichen Leben in ein ewiges herrliches Leben bei Dir, in der Herrlichkeit des Himmels, Amen.

(Specielle Danksagungen und Fürbitten, z. B. für Verlobte und Kindbetterinnen, sind hier an das Schlussgebet zu reihen und wird dann der Uebergang zum U. V. gemacht, mit den Worten:

Alles Uebrige und was ein Jeder von uns sonst noch auf dem Herzen trägt, fassen wir zusammen in dem Gebet des Herrn: Unser Vater etc.

Schlussgesang der Gemeinde

aus einem, höchstens zwei Versen bestehend, deren Inhalt entweder auf die gehaltene Predigt zurückweiset, oder mehr allgemein den Dank der Gemeinde für geistlichen Segen ausspricht. Während dieses Gesanges verlässt der Geistliche die Kanzel und tritt vor den Altartisch und spricht dann den Segen, den die Gemeinde stehend vernimmt:

Der Herr segne Dich etc.

Orgelspiel

zum Ausgang der Gemeinde aus der Kirche.

Der Gottesdienst an Festtagen unterscheidet sich nur darin von den sonntäglichen Gottesdiensten, dass der Gruss und die Segnung, das Anfangsgebet und die biblische Segnung, sowie der Text zur Predigt, in einer bestimmten und erkennbaren Beziehung zu der Thatsache und der Bedeutung des Festes stehen.

I. EX LITURGIA PALATINA. 1567.

Dieweil das alte Volck im Papstumb one Catechismus ist aufferzogen, vnd leichtlich der stück der Christlichen Religion vergisset, so ist für notwendig angesehen, dass an allen Son vnd Feiertagen in Dörffern vnd Flecken, dessgleichen auch inn den Städten, ehe man anhebt zu predigen, der Kirchendiener ein stück auss dem Catechismo klar vnd verstendlich dem Volck fürlese, also das er in neun Sontagen aussgelesen werde. Den ersten Sontag, biss auff den andern teil, Den zweiten biss auff den Artickel von Gott dem Sohn. Den dritten, biss an die frag von der Himelfart Christi. Den vierten, biss zur frag, Was hilfft es dich wenn du diss alles glaubest? Den fünfften, biss zum heiligen Abendmal. Den sechsten, biss zum dritten theil des Catechismi. Den siebenden, biss zur frag, Was wil Gott im fünfften gebott. Den achten, biss zum Gebet. Den neunden, biss zum end des Gebets. Am zehenden Sontag soll der Pfarrherr für der Predig die Sprüch, dårinn ein jeglicher seines beruffs errinnert wird, fürlesen, Wie die zu end des Catechismi gesetzt sein. [1]

Ferners, sol alle Sontag nach mittag zu der stund die einem jeden Ort gelegen ist, Catechismus Predigt also gehalten werden, dass der Kirchendiener fürs erst, nach dem Gesang, das Vater vnser bete, vnd Gott vmb rechten verstand seins worts anruffe, darnach die zehen gebot verstendlich dem volck für lese, Darauff soll er die angehenden, welche die fragen, so gepredigt werden, noch nit lernen kömmen verhören, vnd ordenlich, erstlich ein zeitlang auff die Text, darnach auch allgemach auff die fragstück anleiten. Nach diesem lasse er etliche vnter der jugend, ein gewisse anzal fragen im Catechismo (wie wir dann denselben vmb dieser vrsach willen in Sontage theilen haben lassen) so in vorgehenden, vnd sonderlich, in der nechsten Predigt erkläret worden, vnnd sie zuuor in der

---

1) Admodum prona est ecclesia Reformata in perpetuum Catechismi exercitium, quod magnopere laudant et omnibus Christianis commendant omnes boni. Cavendum est tamen ne ardens illa et intenta pietas in Catechismum, curis hominum absolutum, iniuriam aliquam inferat verbo divinitus perlato: itaque, sacrae scripturae eloquia totam liturgiam permeantibus, sufficiat Catechismo sermo pomeridianus. Accedit quod Catechismi doctrina, iterum iterumque repetita ecclesias commutare videtur in scholarum poetus et exercitationes.

Schul oder daheim gelernet, auffsagen, Vnd wann diese also in bey sein der gemein von etlichen auffgesagt worden, soll der Kirchendiener etliche folgende fragen einfeltig vnnd kürtzlich erklären vnd ausslegen, also das er den Catechismum zum wenigsten einmal alle jar ausspredige. [1]

Gebett nach der Predig des Catechismi.

O Allmechtiger, warhafftiger Gott, ewiger vnd einiger Vater vnsers Heilands Jesu Christi, sampt deinem eingebornen sohn vnd heiligen Geist, erschaffer Himels vnnd der Erden, der Engeln, menschen, vnd aller Creaturen, der du bist weiss, gütig, gerecht, warhafftig, rein, barmhertzig, vnd freiwillig, Ich bekenne, das ich leider ein armer sündiger Mensch bin, vnd ist mir hertzlich leid, das ich dich erzürnet habe. Ich bitte dich aber du wöllest mir gnediglich alle meine sünde vergeben, vnd mich gerecht machen vmb deines aller liebsten Sohns Jesu Christi willen, vnnd durch jn, Der für vnsere sünd ein opffer gewesen ist, vnd am Creutz gestorben, Vnd ist widerumb auss dem tode aufferstanden, vnd lebet in ewigkeit, Vnd ist auss vnaussssprechlicher weissheit vnnd barmhertzigkeit, zum Mittler, Versöner, Fürbitter für vns, vnd seligmacher geordnet. Vnd wöllest mich vmb seinet willen, vnd durch jn, mit dem heiligen Geist für vnd für heiligen, zum ewigen leben, vnd mich regieren, das ich dich warhafftigen Gott recht erkenne, vnnd in rechtem Glauben anruffe, Vnd das ich dir diene

---

1) G.: Que tous Citoyens et habitans ayent à mener ou enuoyer leurs enfans le dimanche à midi au Catechisme, du quel a esté cidessus parlé, pour les instruire sur le formulaire qui est composé à cest vsage: et qu'auec la doctrine qu'on leur donnera, qu'on les interrogue de ce qui aura esté dict, pour voir s'ils l'auront bien entendu et retenu. Fliednerus l. c. p. 46: „Die Nachmittagspredigten sind Predigten über den Heidelbergischen Catechismus, der jedes Jahr durchgepredigt wird. — — Diess ist eine der Hauptursachen der durch die Mittelklasse fast durchgängig verbreiteten, gründlichen Religionserkenntnis. Der Mittelstand liebt auch diese Predigten und besucht sie häufig, obgleich sie im Ganzen weniger als die Morgen- und Abendgottesdienste besucht sind. — Bei dem Anfang der Predigt müssen zwei oder drei Knaben, welche unter der Kanzel einander gegenüber stehen, die Fragen und Antworten, worüber gepredigt wird, laut hersagen. Neben den Katechismusfragen des sonntäglichen Abschnitts nimmt der Prediger noch einen biblischen Text, der sich hierauf bezieht, zum Leitfaden seines Vortrags.“ — Scholis Reformatae ecclesiae catecheticis inservit Catechismus Genevensis in quinquaginta quinque Dominicas dispertitus, vel Palatinus in quinquaginta duo capita dissectus.

in rechtem gehorsam, vnd nicht in jrrthumb oder sünden falle. Du wöllest auch für vnnd für inn diesem Land, dir ein rechte heilige kirche samlen, vnd gnediglich erhalten, vnnd [1]) selige Regiment vnd narung geben, vnd alle zeit vnser vnd vnserer armen kindlein leib vnd seel bewaren. Gib vnd vermehre jnen deine gnad, das sie an Christum deinen sohn, vnser gemeines haupt, immer wachssen, biss das sie sein [2]) volkomlich, mann-lich alter in aller weissheit, heiligkeit vnd gerechtigkeit er-reichen.

Dieses alles wöllest gnediglich thun, vmb deines lieben Sohns willen, der gewisslich vnser seufftzen höret, vnnd für vns bittet. Vnnd wir glauben, das vnser anruffung vmb seinet willen dir gefellig, vnd nit vergeblich sey, Vnnd sprechen mit dem armen Mann, Marcj 9. Ich glaub lieber Herr, komm zu hülff meinem vnglauben, Amen.

Von den Predigen so an wercktagen gehalten, Item vom Morgen vnd Abend Gebett.

An den wercktagen in der Wochen, sollen inn einer jeglichen Statt, zwo Predigen gehalten werden, nemlich, am Mitwoch vnd am Freitag, vnd teutsche Psalmen für vnd nach gesungen, vnd deren eine soll mit dem Ge-betlein: Herr allmechtiger Gott, lass deine heilige ehr vmb vnser Sünden willen nit geschmähet, etc. beschlossen werden. [3])

---

1) Ed. 585. auch selige.
2) Ed. 585. ihr vollkommlich.
3) „Herr allmächtiger Gott, lass deine heilige Ehr um unserer Sünde willen nicht geschmäht werden, denn wir sonst vielfältig wider Dich gesündigt haben, damit dass wir Deinem heiligen Wort nicht gehorsam sein und mit Unerkenntniss, Undankbarkeit und Murren Deinen Zorn täglich wider uns reizen, darum du uns so billig strafest. Aber o Herr, biss eingedenk Deiner grossen Barmherzigkeit und erbarme Dich unser, gieb uns Erkenntniss und Reue unserer Sünden und Besserung unseres Lebens. Stärcke Deinem Volk seine Diener und Oberkeiten, dass sie mit Treu und Standhaftigkeit Dein Wort predigen und das weltliche Schwert mit Gerechtigkeit und Billigkeit führen. Behüte uns vor allem Falsch und Untreu, zerstöre alle falsche und böse Rathschläge, wider Dein Wort und Kirchen erdacht. O Herr, entzeuch uns nicht Deinen Geist und Wort, sondern gieb uns wahren Glauben, Geduld und Beständigkeit. Komm Deiner Kirch zu Hülf und entlad sie alles Ueberdrangs, Spottes und Tyrannei. Stärck auch alle schwachen und betrübten Gemüther und sende uns Deinen Frieden durch Jesum Christum unser Herrn, welcher uns diese gewisse Verheissung gethan hat: Für-war, Fürwar sage ich euch, was ihr den Vater bitten werdet in meinem Namen, das wird er euch geben, und uns darauf also hat heissen beten: Unser Vater u. s. w.

Die andere Predig aber soll gehalten werden, mit dem gemeinen ge-
bott, darinn die not der gantzen Christenheit, Gott dem Herrn fürgetra-
gen wird.

In Dörffern aber sol eine wochenpredigt geschehen, sampt dem ge-
meinen gebet für alles anligen der Christlichen Kirchen, vnd da das volck
zum singen geschickt ist, soll ein Psalm so zur Buss dienstlich darzu ge-
sungen werden. Dann dieweil der zorn Gottes mit allerley schanden vnd
lastern in der gantzen welt angezündt wird, darumb er auch vns billich
strafft, Sollen wir als ware gleubigen vnsere sünd erkennen, damit wir vns
selber missfallen, vnnd wider zu dem Herrn kehren, mit warer demut jn
anruffen, auff das er vns vnsere sünden gnediglich verzeihe. Derhalben
soll alle wochen, auff einen sondern bestimpten tag, welcher an einem
jeden ort der gelegenest ist, ein Predig geschehen auss dem alten oder
newen Testament, die zu der erkantnuss der sünden vnnd des zorns Gottes
dienstlich ist, vnd für der Predig ein Teutscher Psalm gesungen werden,
darauff der Kirchendiener für der Predig das Gebet sprechen sol, wie am
Sontag, Vnd in der predigt sol er anzeigen die gegenwertige not, als da
sein Krieg, thewre zeit, etc. Es erfordert auch die noth, dass das Volck
offtermals an Sontagen, sich zum gemeinen Gebet inn der wochen zuuer-
fügen vermanet werde, wie auch die Propheten im alten, vnd die Apostel
im newen Testament beim Volck angehalten haben, ernstlich zu betten vnd
zu fasten, so offt ein schweres anligen der Christlichen Kirchen solches
erfordert, vnd dieweil es ein Bettag sein soll, an dem alle noth der Christ-
lichen Kirchen soll betracht werden, so soll die Predig desto kürtzer sein,
damit das gemeine Gebet, für alle stend vnd allerley not nach der Predigt
geschehen möge, wie folgt.

Gebett nach der Predig, für alle not vnd anligen der
Christenheit. [1]

Allmechtiger Barmhertziger Gott, wir erkennen bey vns
selbst, vnnd bekennen für dir, wie die warheit ist, das wir
nit werth sein, die augen gen Himel auff zuheben, vnd vnser
Gebet dir fürzutragen, so du woltest vnser verdienst vnd wir-
digkeit ansehen, denn vnser gewissen verklagt vns, vnd vnsere
sünde geben zeugnuss wider vns: so wissen wir auch, das du
ein gerechter Richter bist, der du straffest die sünde deren,
die deine Gebott vbertretten: Darumb O Herr Gott, wenn wir

[1] Si pauca excipias, conspirat haec oratio cum precibus poenitentiae a
Catechismo Genevensi exhibitis.

vberschlagen vnnd bedencken vnser gantzes leben: befinden
wir anders nichts inn vns denn eitel verdammnus. Aber O Herr,
dieweil du vns auss deiner vnausssprechlichen barmhertzigkeit
befohlen hast, dich allein in aller noth anzuruffen, hast vnns
auch verheissen, das du vnser Gebet wöllest erhören, nit von
wegen vnsers verdiensts, sonder von wegen des verdienets
vnsers Herrn Jesu Christi, welchen du vnns zum Mittler vnd
Fürsprecher hast fürgestellt: So sagen wir ab aller anderer
hülff, vnd haben alt vnser zuflucht allein zu deiner barm-
hertzigkeit.

Erstlich, O Herr, vber die vnzeliche wolthaten, die du in
gemein allen menschen auff erden erzeigest, hastu vns inson-
derheit so viel vnd grosse gnad bewiesen, das vns vnmüglich
ist, dieselbige auszzusprechen oder gnugsam zubedencken, Son-
derlich hat es dir gefallen vns zu beruffen zu der erkanntnuss
deines heiligen Euangelions, hast vns errettet auss dem jäm-
merlichen dienst des Teuffels darinn wir waren, vnd uns er-
löst von der verfluchten abgötterey des Bapsts, darinn wir wa-
ren ersoffen, vnnd hast vns gefürt zu dem liecht deiner warheit:
Vnd nicht desto weniger, haben wir durch vndanckbarkeit dei-
ner gutthaten vergessen, sein von dir abgewichen, vnnd vnsern
eigenen begierden gefolgt, haben dich nit geehret, wie wir
schuldig waren. Darumb haben wir gesündiget o Herr, vnnd
dich schwerlich erzürnet, vnd so du mit vns wöllest handlen
nach vnserm verdienst, köndten wir anders nit gewertig sein,
den des todts vnd der ewigen verdammnuss: Denn so wir vns
wolten entschüldigen, so ist vnser eigen gewissen da, Welches
vns verklagt, vnnd vnsere bossheit gibt zeugnuss wider vns.
Vnd zwar lieber Herre Gott, wir erkennen an den straffen, die
vns teglich begegnen, das du vnns billich mit deiner Ruten
heimsuchest. Denn weil du gerecht bist, straffest du niemand
one vrsach. Ja wir sehen auch jetzunder deine hand auffge-
haben vns zustraffen: Aber wenn du vns vil herter straffest,
denn du je bissher gethan hast, vnd das wir hundert straffen
für eine solten leiden, ja wenn auch alle die plagen auff vns
fielen, mit welchen du die sünden deines Volcks Israel hast
heimgesucht; So bekennen wir das du vns, O Herr, nit vnrecht
thetest, vnd reden nit darwider, als hetten wirs nit wol ver-
dient. aber doch o Herr, du bist vnser Gott, vnd wir sind
nur Erde vnd Staub: Du bist vnser schöpffer, vnnd wir seind

die werck deiner hend: Du bist vnser Hirt, vnnd wir seind
deine Herdt. Du bist vnser Erlöser, wir sein das Volck das
du erlöset hast: du bist vnser Vater, wir seind dein Erbgut.
Derhalben wöllest vnns nit straffen in deinem grimmigen zorn,
sondern züchtige vns gnediglich, erhalt viel mehr das werck
das du in vns angefangen hast durch deine gnad: auff dass die
gantze welt erkenne, dass du vnser gott bist, vnnd vnser Hei-
land. Dein volck Israel hat dich manichmal erzürnet mit sün-
den, vnd du hast es billich gestrafft: aber so sie sich wider
zu dir bekert, hastu sie allzeit zu gnaden angenommen, vnd
wie schwer auch jhre sünde gewest, so hastu doch deinen
zorn vnd vermaledeiung, so jhnen bereit war, abgewendt, von
wegen des Bunds, den du gemacht hast mit deinen Dienern
Abraham, Isaak vnd Jacob, also dass dass gebet deines volcks
nie ist von dir verstossen worden. Nun haben wir durch deine
gnad eben den selbigen bund, aber viel herrlicher vnd kreff-
tiger zwischen dir vnnd vns gemacht vnd auffgerichtet in der
hand Jesu Christi vnser Erlösers, welchen Bund du vns mit
seinem Blut verschrieben hast, vnnd mit seinem heiligen leiden
vnnd sterben bestetiget. Derhalben, o Herr, verleugnen wir
vnns selbst vnnd alle menschliche hoffnung, vnd haben alle
vnsere zuflucht zu disem seligen gnadenbund, durch welchen
vnser Herr Jesus Christus, inn dem er dir seinen leib einmal
am Creutz zum volkommenen opffer für vns dargegeben, vns
mit dir versönet hat in ewigkeit. Derhalben o Herr, siehe an
das angesicht deines gesalbten, vnd nicht vnsere sünde, auff
dass dein zorn durch seine fürbitt gestillet werde, vnnd das
dein angesicht vber vnns leuchte, zur freude vnd zur seligkeit.
Wollest vns auch hernachmals inn dein heiliges geleit, vnd
schutz nemen, vnd vns regieren mit deinem Heiligen Geist, der
vns ernewere zu einem bessern leben, in welchem wir deinen
Namen loben vnnd preisen.

Wiewol wir aber nit wirdig sind den mund auffzuthun, für
vns selbst zubitten: Jedoch, dieweil du vns befohlen hast, zu-
bitten für die gantze Christliche Kirchen vnd Oberkeit, ja auch
für alle menschen: so bitten wir dich für alle Kirchen vnd Kir-
chendiener, das du wöllest deinen Segen geben zu der Predigt
deines heiligen Euangelions, vnd getrewe diener in deine Ernde
senden, dargegen wollest aussrotten alle falsche Lehrer, reis-
sende Wölffe, vnnd miedlinge, dis jre eigene ehr vnd nutz su-

chen, vnnd nit die ehr deines heiligen namens allein vnnd der
armen seelen heil vnd seligkeit.

Wir bitten dich auch für alle Oberkeit der welt, für den
Römischen Keiser vnd König, auch alle andere König, Fürsten
vnd Herren, vnd insonderheit für vnsern gnedigsten Chur vnnd
Landsfürsten Hertzog Friderichen Pfaltzgrafen, sampt jhrer
Churfürstlichen gnaden Ehegemahl, jungen Herrschafft, Rähte
vnnd Amptleute, auch einen ehrsamen weisen Rath dieser
Statt [1]), Gib jhnen deine gnad, das sie jhre gantze regierung
dahin richten, dass der König aller Könige Jesus Christus, vber
sie vnd jre vnterthanen regiere, vnd dass das Reich des Teuf-
fels, welches ist das reich aller schanden vnd laster, je lenger
je mehr durch sie, als deine Diener, zerstöret werde, vnnd
wir vnter jhnen ein gerüwig vnd stilles leben führen mögen,
in aller Gottseligkeit vnd ehrbarkeit.

Ferner bitten wir dich für alle vnser mitbrüder, die vnter
der Tiranney des Bapsts vnd Türcken verfolgung leiden, wol-
lest sie mit deinem heiligen Geist trösten, vnd sie gnediglich
erretten. Gestalte nicht, o Herr, das deine Christenheit gar
verwüstet werde. Lass nit zu, das die gedechtnuss deines na-
mens auff Erden vertilget werde, vnd das der Antechrist vnd
Türcke sampt andern vngläubigen sich rühmen zu deiner schmach
vnd lesterung. So aber dein göttlicher will ist, dass deine
gläubigen mit jhrem todt, deiner warheit zeugnuss geben, vnd
deinen namen Preisen, so wollest jhnen standhafftigkeit ver-
leihen, biss zum letzten tropffen jres bluts. Wir bitten dich
auch für alle, denen du trübsal, armut, gefengnuss, kranckheit,
kindsnöte vnnd andere anfechtung zusendest, Tröste sie alle
nach dem du weist, das jre not erfordert, Gib das jnen diese
deine züchtigung zur erkantnuss jrer Sünden, vnnd zur besse-
rung diene, gib jnen bestand vnd gedult, lindere jnen jre trüb-
sal, vnd erlöse sie endtlich, dass sie sich deiner güte frewen,
vnd deinen namen ewig preisen. Endtlich erbarm dich vber
die, so noch in finsternuss vnd jrthumb stecken, vnd füre sie

---

1) Ed. 585: — „Für unsern Gnedigsten Fürsten und Herrn, Herrn Johann
Casimirn, Pfaltzgraven, der Churfürstlichen Pfalz Administratorn und sampt Iro
Fürstlichen Gnaden Ehegemahl, jungen Herrschaft, beiden Fräulein, dem gantzen
Fürstlichen Haus der Pfalzgrafen bei Rhein, dero Räthen und Amptleuten, auch
einem Ehrsamen Rath dieser Statt." In margine: „eine erbare Gemein dieses
Orts."

in das liecht deiner warheit, durch Jesum Christum vnsern Herrn.

Umb diese vnd alle andere noth, bitten wir dich, wie vnns vnser getrewer Herr vnd Heiland Jesus Christus selbst gelehret hat. Vnser Vater, etc.

An den andern wercktagen allesampt, soll in Stätten alle morgen one singen ein Capitel auss der heiligen Schrifft verstendlich fürgelesen, vnd dem volck die Summa des Capitels, vnnd fürnembste Lehr darauss, so zum trost, vermanung vnd erbawung am dienlichsten ist, kürtzlich vnd einfältig für gehalten, Vnnd daruff das Morgen gebet, mit dem Vater vnser vnnd Zehen gebotten fürgesprochen werden, Also das die Lection, vermanung vnnd Gebet sich nicht vber eine halbe stund erstrecke. [1])

Morgen gebet.

Geliebten in dem Herrn Jesu Christo, lasset vns vor dem angesicht Gottes niderknien, vnnd jhn auss grund vnsers hertzen also anruffen.

Barmhertziger ewiger gott vnnd Vater, wir dancken dir, das du vnns diese nacht so gnediglich behütet, vnnd den heutigen tag hast lassen erleben, vnd bitten dich du wollest vns auch diesen tag behüten, vnnd deine gnad erzeigen, das wir diesen gantzen tag inn deinem dienst zubringen: Also, das wir nichts gedencken [2]), reden noch thun, denn allein damit wir

---

1) Non possum quin transscribam praeclarissimum Ebrardi consilium l. c. p. XXXVII: „Solche eigentliche Betstunden thäten uns wohl recht Noth, theils für die Wochengottesdienste, theils für die Nachmittagsgottesdienste an zweiten Festtagen. An den Festen drängen sich doch wirklich, besonders wo nur Ein Geistlicher an einer Gemeinde steht, die Predigten bis auf eine unnatürliche Anzahl zusammen, und es ist nicht möglich, dass der Pfarrer für diese Anzahl von Predigten bis zur letzten seine Frische und Kraft bewahre. Entspricht denn wirklich dieser Mühe das Bedürfniss? Kann man sich gar keinen Gottesdienst ohne Predigt denken? Ist nicht gerade an Festen vielmehr das Bedürfniss vorhanden, einmal im Gotteshause zum Beten, zur stillen Versenkung und Anbetung sich zu versammeln, nachdem man schon zwei, drei, vier Predigten gehört hat? Können so gar viele Predigten in Einer Woche verdaut werden? Nimmt nicht die eine den Eindruck der andern wieder hinweg? Wären nicht etwas weniger Predigtgottesdienste, auf die der Prediger seine ganze Kraft concentriren könnte, nebst etlichen Betstunden, besser, als viele Predigten, bei denen Pfarrer und Zuhörer am Ende ermatten? Viele Fragen fürwahr, die aber wohl eine kleine Beherzigung verdienen möchten." At vereor, ne vana et magica superstitio, quae omnium fere animos oppressit atque hominum imbecillitatem occupavit, officiat omnibus, mutationem in melius molientibus.

2) Ed. 585: — und nichts gedencken.

deinem väterlichen willen gehorchen, vnd dir wolgefallen, auff das alle vnsere werck, zur ehre deines heiligen namens, vnnd aufferbauwung vnsers nechsten gereichen. Vnnd wie du jetzunder wunderbarlich deine Sonn auff den Erdboden scheinen läst, vnserem leib zu leuchten: also wollest auch durch die klarheit deines heiligen Geists vnsern verstand vnnd hertzen erleüchten, damit wir geführet werden auff denn rechten weg deiner gerechtigkeit: Also das wir in allen dingen, darzu wir vns begeben werden, diesen besondern vnd fürnembsten fürsatz haben, das wir wandlen in deiner forcht, dir dienen, vnd dich ehren, vnd all vnser gut vnd wolfart allein von deinem Göttlichen segen vnd benedeiung erwarten, auff dass wir vns nichts understehen zu thun, das dir nit wolgefällig sey. Darneben verleihe vnns auch dein gnad, das wir dermassen arbeiten für den leib vnd diss zeitlich leben, das wir doch allezeit am ersten trachten nach deinem Reich, vnd nach deiner gerechtigkeit, vnd nicht zweifeln, das ander alles werde vns auch zufallen. [Wollest vnns auch behüten an leib vnd seel, vnd stercken wider alle anfechtung des Teuffels, vnd vns erretten auss aller gefahr, die in dieser welt vns möcht begegnen.][1] Dieweil es aber nichts ist, einmal wol angefangen haben, so man nicht beharret: so bitten wir dich, das du vns nit allein diesen tag wollest in dein heiliges geleit vnnd schutz nemen[2], sondern auch all vnser lebenlang, wollest deine genad inn vns teglich bestetigen vnd vermehren, biss das du vnns wirst gebracht haben zu der volkommenen vereinigung mit deinem Sohn Jesu Christo vnserm Herrn, der da ist die warhafftige Sonn vnserer seelen, leuchtende tag vnd nacht, one aufhören vnd in ewigkeit. Gib auch deinen segen zu der Predigt deines heiligen Euangelions, zerstöre all werck des Teufels, stercke alle Kirchendiener vnd Oberkeit deines Volcks, Tröste alle verfolgte vnd betrübte hertzen. Damit wir aber solche vnd andere notdurfft von dir erlangen mögen, so wollest vns alle vnsere sünde verzeihen, vmb deines lieben Sohns Jesu Christi willen, welcher vns hat verheissen, das du vns alles, was wir dich

---

1) Ed. 685. quae uncis inclusa sunt, ponit infra post verba: sondern auch all unser Leben lang u. s. w.

2) Ed. 685: — du wollest uns nicht allein.

in soinem namen werden bitten, gewisslich geben werdest, vnnd derhalben vns also hat heissen betten:

Vnser Vater, etc.

Verleihe vns auch deine gnade, das wir nach deinem willen mögen leben, welchen du vnns in deinem Gesetz hast offenbaret, vnd in diesen zehen gebotten begriffen. Das erst. Ich bin der Herr dein Gott, etc.

Dessgleichen alle abendt soll der Kirchendiener zu gelegener stund abermals ein Capitel verstendlich fürlesen mit angehengter kurtzer lehr vnnd vermanung darauss, vnd das abendgebet sampt dem Vater vnser, vnd dem Glauben für sprechen.

Vnd wo mans auff den Dörffern an den Kirchendienern haben kan, soll man auch das morgen vnd Abendtgebet mit dem Capitel halten, am Dinstag, Mitwoch, Donnerstag.

Abendt gebet.

Gelibten in dem Herrn Jesu Christo, lasset vnns für dem angesicht Gottes niderknien, jn auss grund vnserer hertzen anruffen, vnd sprechen:

Herr Gott himlischer Vater, dieweil du nach deiner Göttlichen weissheit die nacht erschaffen hast, dem menschen zur ruhe, gleicher weiss wie du jhm den tag verordnet hast zur arbeit: So bitten wir dich, du wöllest vns deine gnad verleihen, das wir dermassen ruhen mit dem leib, das doch allezeit vnsere hertzen in deiner lieb wacker bleiben, vnnd das wir also alle weltliche sorge von vns ablegen, vnns zuerquicken nach notdurfft vnserer schwachheit, das wir doch deiner nimmermehr vergessen, sonder dass allezeit die betrachtung deiner güte vnd gnaden, in stehtem gedechtnuss bey vns bleibe. Das auch vnsere gewissen durch solche mittel, jre jnnerliche geistliche ruhe haben, wie der leib empfehet seine eusserliche ruhe. Darneben das vnser Schlaff nicht vnmässig sey zur faulheit vnsers fleisches. Sonder allein zu erhaltung vnserer schwachen natur, auff das wir desto geschickter sein dir zu dienen.

Wollest vns auch bewaren vnbefleckt, an Leib vnd Seel, Vnd vns behüten vor aller gefahr, das auch vnser schlaff zu deinen ehren gereichen möge. Vnd nach dem dieser tag nit ist fürüber gangen ohne vielfültige vbertrettung (sintemal wir arme elende Sünder sind) So bitten wir dich, gleich wie in der nacht alles verborgen ist durch die finsternuss, die du auff die

Erde sendest, Das du auch also wollest alle vnsere sünde ver-
graben, durch deine barmhertzigkeit auff das wir nicht von
deren wegen verstossen werden von deinem angesicht.

Gib auch ruhe vnnd trost allen Krancken, betrübten vnd
angefochtenen hertzen, durch vnsern Herren Jesum Christum,
welcher vns also hat gelehret beten:

Vnser Vater, etc.

Ich glaub in Gott, etc.

Am sambstag für dem Sontage, da man dass Nachtmal wird halten,
sol an statt des Abend gebets die fürbereitung geschehen, wie vorgemeld.

K. EX AGENDA NEOBURGENSI.

Pour le Catechisme.

On commence par le Chant d'une Pause du Psaume 119.

O Seigneur Nôtre Dieu, et Nôtre Pere, puisque nous
sommes venus dans ce saint Lieu pour continuer à sanctifier
ce Jour du Dimanche, et en particulier pour nous instruire
dans les principaux Points de la Réligion Chrêtienne; Nous
te rendons graces de ce que tu nous as éclairés par la Lu-
mière de ton Evangile, et de ce que tu nous as fait connoître
par Jesus-Christ ton Fils le chemin qui conduit à la Vie éter-
nelle.

Nous te supplions aussi de benir cet Exercice de Pieté,
et de donner à tout ce Peuple, mais principalement à la Jeu-
nesse de cette Eglise (et à ces Catéchuménes) la docilité né-
cessaire pour profiter de nos instructions. Tu as fait naître
ces Enfans dans ton Eglise; ils t'ont été consacrés par le Ba-
tême, tu es leur Pere et leur Dieu. O Seigneur, vueille leur
donner ta Benediction, pour l'Amour de ton Fils, qui benit
les Enfans qu'on luy présenta et qui pria pour eux. Fai leur
la Grace d'apprendre de bonne heure à t'aimer et à te craindre.
Que nos instructions ne servent pas seulement à éclairer leurs
esprits, mais qu'elles sanctifient leurs coeurs, et qu'elles soient
la règle de leur conduite; afin qu'ils entrent dés le commence-
ment de leur vie dans le chemin de la Pieté, et qu'ils par-
viennent par ce moyen à la Gloire du Royaume des cieux.

Fai la Grace aux Peres et aux Meres d'élever leurs Enfans sous ta Discipline. Béni toutes les familles de cette Eglise. Sanctifie les Jeunes gens. Donne ta connaissance et ta crainte aux Serviteurs, aux Servantes, et aux Domestiques. Fai aussi, Seigneur, que nous tous, Jeunes et Vieux, de quelque état ou condition que nous soyons, nous nous avancions dans la Foi et dans la Pieté, à mesure que nous avançons en âge. Ren nous tous des enfans en innocence et en humilité; et fai que la connoissance que tu nous as donnée, et la Gloire que nous attendons, nous porte à t'aimer, et à vivre dans les bonnes oeuvres, pour lesquelles tu nous as préparés, afin que nous marchions en elles. Exauce nous, ô Dieu Tout-puissant, pour l'Amour de Jesus-Christ, qui nous a enseigné de te prier ainsi:

Notre Pere, qui es aux cieux, etc.

Après le Catechisme les Enfans recitent ce qui est prescrit, et l'on donne ensuite la Benediction.

La Grace de Nôtre Seigneur Jesus Christ, l'Amour de Dieu, et la Communication du Saint Esprit, soit avec vous tous: Amen.

Le service du Dimanche au soir.

Nôtre aide soit au Nom de Dieu, qui a fait le Ciel et la Terre. Amen.

Mes Freres; que chacun de vous se présente etc. [1]

Après le chant du Psaume et avant le sermon on lit cette prière, dont on se sert aussi en quelques autres circonstances marquées cy-dessous.

O Seigneur, puisque nous sommes icy assemblés en ton Nom [2], pour écouter et pour méditer ta Parole que tu nous as donnée pour être une Lampe à nos pieds, et une Lumière à nos sentiers; Nous te supplions pour l'Amour de Jesus Christ qui est la Lumière du Monde, d'éclairer nos entendemens, et de nous donner ton Saint Esprit qui nous conduise dans la con-

---

1) Sequitur Confessio Catechismi Genevensis p. 53.

2) Le Jour de Noël au second Sermon; Pour continuer à sanctifier ce Jour qui est consacré à la Mémoire de la Naissance de Jesus Christ Nôtre Seigneur, et pour etc. Le Jour de l'Ascension au second Sermon; Pour continuer à sanctifier ce Jour de l'Ascension glorieuse de Jesus Christ Nôtre Seigneur; et pour etc.

noissance de la Vérité, et qui nous sanctifie. Fai nous la Grace d'écouter attentivement ta Parole, d'en bien comprendre le sens, et de conformer nôtre vie aux instructions qu'elle nous donne; afin que ce que nous entendrons tourne à la Gloire de ton Nom, à nôtre avancement dans la Pieté, à la Consolation et au Salut de nos ames par Jesus Christ Nôtre Seigneur, au Nom duquel nous te prions en disant:

Nôtre Pere, qui es aux cieux, etc.

Après le Sermon.

Grand Dieu, nous nous presentons encore devant Ta Majesté pour te remercier de ce que nous avons eu le bonheur de nous assembler en ce Jour du Dimanche dans ta Maison, pour te rendre le Service que nous te devons, et pour écouter ta Parole.

Nous reconnoissons que c'est ta grande Bonté qui nous fait joüir de ces précieux avantages dont tant de Peuples sont privés. Car nous avons peché contre Toi, nous t'avons offensé par nôtre ingratitude, et par l'abus que nous avons fait de la liberté que tu nous accordes de te servir publiquement; ensorte que nous n'aurions que trop merité que tu retirasses ton Chandelier du milieu de nous. O Dieu, nous adorons ta Misericorde et ton support, et nous te prions au Nom de Jesus Christ de ne pas retirer ta Grace de dessus nous, et de nous sanctifier de plus en plus, afin que nous te servions avec un nouveau zéle tout le tems de nôtre vie.

Exauce, Seigneur, les Prières qui t'ont été presentées aujourd'huy, pour le Salut de tous les hommes du Monde; pour les Rois, pour les Princes et pour les Magistrats; et en particulier pour la Personne Sacrée du Roi Nôtre Souverain Seigneur, pour N. N. et pour tous ceux qui sont élevez en Autorité dans cet Etat.

Reçoi les Supplications que nous t'avons adressées, et que nous t'adressons encore, pour la Paix et pour toutes les nécessités de ton Eglise, et sur tout pour l'Eglise dont nous sommes Membres; pour les Pasteurs et les Ministres de ta Parole, et pour l'entier établissement de ton Règne. Nous te demandons aussi la conversion des pecheurs, la perseverance des Justes, la délivrance de ceux qui sont persecutés à cause de la Verité ou de la Pieté, et le soulagement de toutes les personnes qui sont affligées en leur corps, en leur esprit, ou en quelqu'autre manière, et particulierement de celles qui sont Membres de cette Eglise.

Nous continuons à t'offrir nos voeux pour la prosperité de nôtre Patrie, et à te prier de nous garantir des dangers et des tentations qui pourroient nous menacer. Accorde nous toutes ces Graces, ô Pere misericordieux, et toutes les autres dont nous avons besoin. Agrée le Culte que nous sommes venus te rendre aujourd'huy. Exauce tous ceux qui t'ont invoqué et qui t'invoquent de tout leur coeur en quelque lieu que ce soit. O Dieu, beni les instructions de ta Parole, et les exhortations que tu nous as fait entendre en ce Jour par le Ministère de tes Serviteurs; afin qu'elles fléchissent nos coeurs à 'ton Amour et à ta Crainte; que nous te servions avec fidelité jusqu'à la mort; et qu'après avoir profité des moyens et des occasions que tu nous présentes pour nôtre Salut, pendant le cours de cette vie, nous soyons reçûs dans le Temple de ta Gloire, pour te loüer éternellement dans l'Assemblée de tous les Saints, par Jesus Christ Nôtre Seigneur, au Nom duquel nous te présentons la Prière qu'il nous a enseignée:

Nôtre Père, qui es aux cieux, etc.

Seigneur, nous te rendons graces etc. [1])

La Benediction que l'on donne, après le Chant du dernier Psaume.

Le Seigneur vous benisse et vous conserve; Le Seigneur fasse luire sa Face sur vous et vous soit propice; Le Seigneur tourne son Visage vers vous, et vous conserve en prosperité: Amen. Allez vous en en Paix, et souvenés vous des pauvres.

Le Service des Jours ouvriers, lors qu'il y a Sermon, savoir le Mardi, le Mecredi, et le Vendredi matin.

Nôtre aide soit au Nom de Dieu, qui a fait le Ciel et la Terre. Amen.

Mes très-chers Frères; Puisque nous sommes ici venus pour présenter au Seigneur Nôtre Dieu, nos Adorations, nos Loüanges et nos Prières, et pour écouter sa sainte Parole; que chacun de nous éleve son coeur à luy, et fasse une sincère Confession de ses pechez en disant:

---

1) Conf. pag. 55.

Seigneur Nôtre Dieu et Nôtre Père, nous reconnoissons tous en general et chacun de nous en particulier, que nous ne sommes pas dignes de paroître en ta Presence, ni de te demander aucune Grace. Nous n'avons pas obéï à tes Commandemens, mais nous les avons violés en plusieurs manières. O Seigneur, nous déplorons la grandeur et la multitude de nos fautes. Pardonne nous, ô Père très-bon; pardonne pour l'Amour de Jesus Christ à ceux qui se repentent et qui te demandent Grace. Sanctifie nous, et nous rens de nouvelles Créatures, afin que la Gloire de ta Misericorde soit celebrée à jamais, par Jesus Christ Nôtre Seigneur: Amen.

Adorons Nôtre Dieu, et luy rendons graces.

Il est juste et raisonnable que nous t'adorions, ô Dieu Toutpuissant, qui as creé le Ciel et la Terre et toutes choses qui y sont; et que nous te rendions de communes actions de graces pour toutes les faveurs que nous recevons sans cesse de ta main liberale. Nous te benissons de ce que tu nous as conservés jusques à présent, de ce qu'après nous avoir protegés durant la nuit tu nous as fait arriver heureusement au commencement de ce Jour, et de ce que nous pouvons en cette heure paroître en ce saint Lieu en ta Présence.

Seigneur, nous te loüons, nous desirons de te servir aujourd'huy et toute nôtre vie; nous nous consacrons à Toi, et nous nous soumettons entièrement à ta sainte et bonne Volonté. Qu'il te plaise de nous proteger et de nous conduire pendant ce jour, afin que nous le passions dans la Paix, dans la joye, et dans ta crainte, par Jesus Christ qui vit et qui règne avec Toi Dieu benit éternellement: Amen.

Après le Chant du Psaume, et avant le Sermon.

O Seigneur, puisque nous sommes icy assemblés en ton Nom, pour écouter et pour méditer ta Parole que tu nous as donnée pour être une Lampe à nos pieds, et une Lumière à nos sentiers; Nous te supplions de tout nôtre coeur et pour l'amour de Jesus Christ, qui est la Lumière du Monde, d'éclairer nos entendemens, et de nous donner ton Saint Esprit qui nous conduise dans la connoissance de la Verité, et qui nous sanctifie. Fai nous la Grace d'écouter attentivement ta Parole, d'en bien comprendre le sens, et de conformer nôtre vie aux instructions qu'elle nous donne; afin que ce que nous entendrons tourne à la Gloire de ton Nom, à nôtre avancement dans la Pieté, à la Consolation et au Salut de nos ames, par Jesus Christ etc.

Nôtre Père, qui es aux cieux, etc.

Après le Sermon.

O Dieu Eternel et Tout-puissant, nous nous présentons devant Toi, après avoir entendu ta Parole, pour offrir à Ta Divine Majesté nos Prières et nos Supplications, tant pour nous que pour tous les hommes.

Nous te supplions d'éclairer tous les Peuples de la Terre par les lumières de l'Evangile, afin qu'ils soient sauvés et qu'ils viennent à la connoissance de la Verité. Nous te prions pour tous les besoins de l'Eglise Universelle. Regarde en ta Misericorde tout ton Peuple et tous tes Troupeaux, et particulièrement celuy-ci. Conserve les, entretiens y le Chandelier de ta Parole, ôtes en les scandales et l'hypocrisie, et fais y règner la Pieté, la Charité, et toutes sortes de Vertus.

Beni les Ministres de ton Eglise, et principalement ceux à qui tu as confié la conduite de nos ames. Fai qu'ils annoncent toûjours purement ta Parole, et qu'ils travaillent avec Fidélité et avec Zéle à l'édification de leurs Troupeaux.

Nous te prions aussi pour les Puissances Superieures, et en particulier pour le Roi nôtre Souverain Seigneur; pour N. N. et pour tous ceux qui sont élevés en Autorité sur nous. Condui les par ton Esprit, et les assiste dans l'éxercice de leurs Charges, ensorte que la Religion, la Justice et la Paix fleurissent sous leur Gouvernement et sous leur Autorité.

Dieu Tout-puissant et tout Bon, nous recommandons à ta Grace toutes les Personnes qui sont dans l'affliction. Accorde aux malades, et sur tout à ceux qui sont du Corps de cette Eglise, le secours, la patience et la repentance dont ils ont besoin. Converti les pecheurs, et fortifie ceux qui marchent dans te voyes. O Dieu, beni les Justes et tous ceux qui ont le coeur droit. Protege les foibles et les innocens, soulage les pauvres, console les ames affligées, et assiste tous ceux qui se rencontrent dans quelque danger, ou dans quelque nécessité pressante.

Beni nôtre Patrie, cette Ville, et tous ses Habitans. Détourne, ô Bon Dieu, tes Jugemens de dessus nous, et nous benirons ton Saint Nom. Et puisque nous allons retourner au travail de nôtre vocation, vueille, Seigneur, benir l'œuvre de nos mains, et nous conduire ensorte que nous ayons toûjours ta Volonté devant les yeux pour nous y conformer, et qu'en travaillant aux choses temporelles, nous ne négligions pas les éternelles; mais que nous cherchions premièrement et principalement ton Royaume et ta Justice. Ne permets pas que les tentations et les soins de cette vie séduisent nos coeurs, et en enlevent la semence de ta Parole qui vient d'y être répanduë. O Dieu, fai nous bien comprendre que le monde passe avec sa convoitise, que nôtre vie s'écoule, et qu'il nous faudra bientôt tout quitter; afin que la consideration de la vanité de cette vie nous porte à vivre en ta Crainte, pour mourir en ta Grace, et pour avoir part à la Résurrection des Justes.

Seigneur nôtre Bon Dieu, vueille nous accorder tout ce qui nous est nécessaire pour achever heureusement nôtre course. Pren nous en ta Protection, pourvoi à tous nos besoins, et nous condui jusqu'à nôtre dernière heure, par Jesus Christ ton Fils.

Nôtre Père, qui es aux cieux, etc.

La Benediction que l'on donne, après le Chant du derniere Psaume.

La Benediction de Dieu Nôtre Père, la Grace et la Paix de Nôtre Seigneur Jesus Christ, vous soit donnée et multipliée par la Communication du Saint Esprit: Amen. Allez vous en en Paix.

Le Service du Matin et du Soir pour les Jours de la Semaine, lors qu'il n'y a pas Sermon.

Le Service du Matin pour le Lundi, le Jeudi, et le Samedi.

Nôtre aide soit au Nom de Dieu, qui a fait le Ciel et la Terre; Amen.

Mes Très-Chers Frères, puisque nous sommes ici assemblés pour adorer Dieu, pour le loüer, pour écouter sa Parole et pour luy présenter nos Prières; faisons luy la Confession de nos pechés, et implorons sa Misericorde, afin que le Service que nous venons luy rendre luy soit agréable.

Dieu Tout-puissant, Père celeste, nous avons peché contre

Toi, et nous ne sommes pas dignes d'être appellés tes enfans; mais sois appaisé envers nous, pardonne nous tous nos pechés, et nous condui à la Vie éternelle, par un sincère amendement, pour l'Amour de Jesus Christ ton Fils: Amen.

Le Dieu Tout-puissant qui est le Père de Nôtre Seigneur Jesus Christ, pardonne à tous ceux qui se repentent veritablement et qui se convertissent à luy: Amen.

Adorons et loüons le Seigneur Nôtre Dieu!

Seigneur, ouvre nos lèvres, et nôtre bouche annoncera ta Loüange!

Icy on lit un des Cantiques qui sont portés cy-après soit pour le Service ordinaire, soit pour les Tems de Fête. Le Peuple chante ensuite le premier Verset du Psaume 95.

Ensuite on lit cette Prière:

O Dieu Misericordieux et Père Celeste, puisque nous allons maintenant entendre ta Sainte Parole, nous te prions de nous faire la Grace d'en bien comprendre le sens, et d'y conformer nôtre vie; pour l'Amour de Jesus Christ Nôtre Sauveur: Amen.

On fait la Lecture et l'Ecriture Sainte, suivant l'ordre prescrit; après quoi on lit les Prières suivantes.

Prions Dieu!

Seigneur, aye pitié de nous! Seigneur, exauce nos Prières, et que nôtre Requête parvienne jusqu'à Toi!

Nôtre Père, qui es aux cieux, etc.

O Seigneur, fai luire sur nous ta Misericorde, et nous accorde ton Salut!

O Seigneur, sauve le Roi, et nous exauce par ta Grace lors que nous t'invoquons.

Revêts de Justice tes Ministres, et réjoüi ton Peuple élû.

Seigneur, sauve ton Peuple, et beni ton héritage.

Donne nous la Paix en nos jours, car c'est Toi seul qui peux nous défendre.

O Dieu, crée en nous des coeurs purs, et ne nous ôte pas l'Esprit de ta Sainteté.

Le Peuple chante le Verset 8. du Psaume 143.

Ensuite on lit les Prières suivantes.

O Dieu Eternel et Tout-puissant, nous te rendons graces de ce que tu nous as fait arriver heureusement au commencement de ce jour. Conserve nous pendant sa durée par ta grande Puissance; préserve nous de tomber aujourd'huy dans le peché, garanti nous de tout danger, et dirige tellement toutes nos actions par ta sainte conduite, que nous ne fassions rien qui ne soit juste et droit en ta Présence.

Seigneur, nous nous présentons à Toi en Sacrifice vivant. Nous te consacrons nos corps, nos ames, nôtre vie, nôtre travail, tout ce qui est en nous et tout ce qui dépend de nous, désirant d'employer toutes ces choses à ta Gloire. Nous nous résignons aussi, ô nôtre Dieu, et nous nous abandonnons à ta Providence; nous nous soumettons à tous les événemens qu'il te plaira de nous dispenser. Fais de nous tout ce que tu trouveras bon, et que ta sainte Volonté s'accomplisse en nous et par nous, pour l'Amour de Jesus Christ Nôtre Sauveur: Amen.

Le Samedi matin on ajoute cette Prière.

O Dieu Tout-puissant, qui après avoir créé en six jours, le Ciel, la Terre, et toutes les choses qui y sont, te reposas au septième Jour, et qui as créé de nouveaux Cieux et une nouvelle Terre, en rachetant le Monde par Jesus Christ; Fai nous la Grace de mediter tellement les merveilles de la Création du Monde, et de la Redemption des hommes, que nous te connoissions, que nous t'adorions, que nous nous réjouissions continuellement en tes oeuvres admirables, et que nous entrions un Jour dans le Repos éternel, que tu nous as préparé en Jesus Christ Nôtre Redempteur: Amen.

Dans le Tems de Fête on lit icy les Prières pour ces Tems-là, et qui sont marquées dans la suite. Après quoi l'on continue ainsi.

O Dieu Tout-puissant, qui nous as commandé de te prier pour tous les hommes, et qui veux que tous soient sauvés et viennent à la connoissance de la Verité; Exauce les Requêtes que nous t'adressons pour la Paix et la Tranquillité de toutes les Nations, et pour la conversion des Peuples qui ne te connoissent point.

Nous implorons ta Grace en faveur de tous les Rois, de tous les Princes, et de tous les Magistrats, et sur tout en faveur du Roi Nôtre Souverain Seigneur, de N. N. et de tous ceux qui sont élevés en Autorité sur nous.

Nous te supplions, ô Dieu, de conserver et de sanctifier

de plus en plus ton Eglise qui est répandue par toute la terre, et en particulier l'Eglise de ce lieu. Fortifie tous les Pasteurs et tous les Ministres de ta Parole. Aye pitié des Peuples et des personnes qui sont dans l'affliction. Délivre ceux qui sont persecutés et captifs à cause de la Verité. Assiste les malades et les mourans, [et principalement ceux qui se recommandent à nos Prières.] Donne aux pecheurs endurcis le tems et les moyens de s'amender. Fortifie dans la Foi et dans la Pieté ceux qui y sont encore foibles. Fai la Grace à ceux qui t'aiment et qui te craignent de perseverer et d'avancer continuellement dans la Sainteté.

Accorde toujours, Seigneur, la Paix à cet Etat. Beni les Biens de la Terre; Beni cette Ville et tous ses habitans. Beni particulièrement les Personnes qui exercent des oeuvres de pieté et de charité dans cette Eglise, et tous ceux qui sont icy présens, et qui t'invoquent d'un coeur sincère.

O Dieu, exauce nous! Fai nous la Grace de passer nos jours en ta crainte et de les finir en ta paix; par Jesus Christ Nôtre Seigneur, qui vit et qui règne avec Toi et le Saint Esprit, un seul Dieu benit aux siècles des siècles: Amen.

Le Samedi matin on ajoute la Prière qui suit, à cause du Catechisme qui se fait ce Jour là, après que le Service est achevé.

Seigneur, puisque nous allons vaquer à l'Instruction de la Jeunesse de cette Eglise, nous te supplions de répandre ta Benediction sur nôtre travail, et de donner à ces Enfans la docilité necessaire pour profiter de nos instructions. Puis qu'ils t'ont été consacrés dès leur naissance, et que tu es leur Père et leur Dieu, vueilles les prendre en ta protection, les sanctifier par ton Esprit, et les remplir de ton amour et de ta crainte, afin qu'ils soient un jour de vrais Fidèles dans ton Eglise et des Bienheureux dans ton Ciel: Amen.

On finit le Service du Matin par cette Prière.

Dieu Tout-puissant, qui nous as promis d'exaucer les Requêtes de ceux qui t'invoquent au Nom de ton Fils, nous te supplions de recevoir le Service et les Prières que nous t'avons maintenant présentées; ensorte que nous obtenions tout ce que nous t'avons demandé avec Foi et selon ta Volonté, pour nôtre soulagement dans nos necessités, et pour l'avancement de ta Gloire; par Jesus Christ Nôtre Seigneur: Amen.

III.   7

La Grace de Nôtre Seigneur Jesus Christ, l'Amour de Dieu, et la Communication du Saint Esprit, soit avec vous tous éternellement: Amen.

Le Lundi matin, on lit l'Exhortation suivante avant que de donner la Benediction.

Chrêtiens, puisque vous allez maintenant retourner au travail de vôtre Vocation ordinaire, exercez la en bonne conscience, et conduisez vous d'une telle manière, qu'en travaillant aux choses temporelles vous ne negligiez pas les éternelles.

Vous Magistrats, prenez garde à ce que vous ferez, car vous exercez la Justice, non de la part des hommes, mais de la part de Dieu qui assiste au milieu de vous en Jugement. Que la crainte du Seigneur soit donc avec vous, car devant Dieu il n'y a point d'iniquité ni d'acception de personnes.

Vous Peuple, soyez sujets aux Puissances Superieures, non seulement par la crainte de la colère, mais aussi à cause de la conscience.

Vous Pères et Mères, élevez vos enfans dans l'instruction et dans la correction du Seigneur. Et vous, Enfans, obéïssez à vos Pères et à vos Mères en toutes choses au Seigneur, car cela est juste.

Vous Maris, aimez vos femmes, ne vous irritez point contre elles, conduisez vous envers elles avec discretion. Et vous, Femmes, soyez soumises à vos Maris comme au Seigneur.

Vous, Maîtres, rendez la Justice et l'Equité à vos Serviteurs, sachant que vous avez aussi un Maître dans le Ciel. Et vous, Serviteurs et Servantes, obéïssez à vos Maîtres dans la simplicité de vôtre coeur, ne servant pas seulement sous leurs yeux, comme ne cherchant qu'à plaire aux hommes, mais faisant de bon coeur la Volonté de Dieu, comme étant les Serviteurs de Jesus Christ.

Vous, Marchands, suivez les règles de la Justice, de l'Equité, et de la Bonne Foi.

Vous, Artisans et Laboureurs, travaillez fidèlement dans vôtre Vocation, sachant que chacun recevra du Seigneur selon ce qu'il aura fait.

Vous, Vieillards, soyez sobres, graves, prudens, sains dans la Foi et dans la Charité. Et vous, Jeunes Gens, soyez moderés et humbles, et vous souvenez de vôtre Créateur dans les jours de vôtre Jeunesse.

Que ceux qui sont affligés soient comme s'ils ne pleuroient point; et que ceux qui sont dans la joye soient comme s'ils n'étoient pas dans la joye; et que ceux qui usent de ce Monde n'en abusent point, car la figure de ce Monde passe.

Mes Frères, n'aimez point le Monde, ni les choses qui sont au Monde, car si quelquun aime le Monde, l'Amour du Père n'est point en luy. Et le Monde passe et sa convoitise, mais celuy qui fait la Volonté de Dieu demeure éternellement.

La Grace de Nôtre Seigneur Jesus Christ, l'Amour de Dieu, et la Communication du Saint Esprit, soit avec vous tous éternellement: Amen.

Le Service du Soir. Pour le Lundi, le Mardi, le Jeudi, et le Samedi.

Nôtre aide soit au Nom de Dieu, qui a fait le Ciel et la Terre; Amen. — — *usque ad:* Seigneur ouvre nos lèvres etc. p. 94.

Seigneur, ouvre nos lèvres, et nôtre bouche annoncera ta Loüange!

Icy on lit un des Cantiques qui sont portés cy-après, soit pour le Service ordinaire, soit pour les Tems de Fête. Le Peuple chante ensuite le premier Verset du Psaume 92.

Ensuite on lit cette Prière:

O Dieu Misericordieux et Père Celeste, etc. p. 95.

On fait la Lecture de l'Ecriture Sainte, suivant l'ordre prescrit; après quoi on lit les Prières suivantes:

Prions Dieu!

Seigneur, aye pitié de nous! Seigneur, exauce nos Prières, et que nôtre Requête parvienne jusqu'à Toi!

Nôtre Père, qui es aux cieux; etc.

O Seigneur, fai luire sur nous ta Misericorde, etc. — l'esprit de ta Sainteté, p. 95.

Le Peuple chante les premières Parole du Psaume 67.

Ensuite on lit les Prières suivantes:

Seigneur, nous supplions Ta Divine Majesté de recevoir le Sacrifice de Loüange que nous te presentons, et d'exaucer les Prières que nous t'adressons à la fin de ce jour. Protege

7 *

nous durant cette nuit; garanti nous de tout peché et de tout danger, ensorte que nous puissions te loüer et te servir en tout tems. Seigneur, nous remettons nôtre ame entre tes mains; condui nous pendant que nous veillerons, garde nous pendant que nous dormirons, afin que soit que nous veillions, soit que nous dormions, nous soyons toûjours avec Toi, par Jesus Christ Nôtre Seigneur. Amen.

En Tems de Fête, on lit icy les Prières pour ces Tems là, et qui sont marquées dans la suite. Après quoi l'on continue ainsi.

O Dieu Tout-puissant, qui nous as commandé de te prier pour tous les hommes, etc. p. 96.

Seigneur Dieu Tout-puissant, qui nous as fait la grace de te présenter maintenant nos Prières d'un commun accord, et qui nous as promis que quand deux ou trois personnes seront assemblées en ton Nom, tu exauceras leurs Requêtes; Accompli les souhaits et les demandes de tes serviteurs, selon que tu connois qu'il est le plus expedient et le plus salutaire, nous accordant en ce Monde la connoissance de ta Verité et dans le siècle à venir la Vie éternelle: Amen.

Mes Frères, la Fin de toutes choses approche; Soyez donc sobres et veillez.

Le Seigneur soit avec vous. Le Dieu Tout-puissant, le Père, le Fils, et le Saint Esprit, vous benisse, et vous protege: Amen.

Le Mardi au Soir on lit la Prière suivante, après la Prière pour le Soir, à la place de celle qui commence:

O Dieu Tout-puissant qui nous as commandé etc.

Dieu Tout-puissant, ne permets pas que ton Saint Nom soit exposé à opprobre à cause de nos pechés; car nous avons peché contre Toi en plusieurs manières, nous n'avons pas obéï à ta Parole comme nous le devions, nous avons provoqué de jour en jour ta colère, et à cause de cela Tu pourrois nous punir avec justice. Mais, ô Seigneur, souvien Toi de ta Misericorde, et aye pitié de nous. Faï nous la grace de bien reconnoître nos pechés, de nous en repentir, et de nous amender.

Beni ton Peuple, ô Dieu; Fortifie tes Ministres, afin qu'ils prêchent ta Parole et qu'ils exercent leur Ministère fidèlement et avec zéle. Fortifie aussi les Princes et les Magistrats, entre les mains de qui tu as remis le glaive et l'autorité, afin qu'ils s'en servent pour ta Gloire et pour le bien de ton Peuple. Beni particulièrement le Roi Nôtre Souverain Seigneur, N. N. et tous ceux qui sont élevés en autorité sur nous.

Détourne, ô Bon Dieu, tes jugemens de dessus nous, et sois toûjours nôtre Protecteur. Dissipe tous les desseins et tous les complots que l'on forme contre ton Eglise et contre ton Evangile. O Seigneur, ne nous prive jamais de ta Parole, et ne nous ôte pas ton Esprit Saint. Fai nous la Grace de perseverer constamment dans la Foi et dans la crainte de ton Nom. Console et fortifie les Personnes qui sont foibles et affligées, soit en leur corps, soit en leur esprit, [et particulièrement celles qui se recommandent à ta Grace par nos Prières.] Assiste nous tous, ô Dieu, dans nos diverses necessités, et vueille nous accorder ta Paix, par Jesus Christ Nôtre Seigneur : Amen.

Seigneur Dieu Tout-puissant, qui nous as fait la Grace etc. p. 100.

Le Samedi au Soir on ajoute cette Prière à la fin du Service.

Prions Dieu pour nous préparer à la Sanctification du Dimanche.

O Seigneur Tout-puissant, nous Te remercions de tous les bienfaits que tu nous as accordés pendant tout le tems de nôtre vie, et particulièrement pendant la semaine que nous finissons. Nous Te prions aussi de nous pardonner tous les pechés que nous avons commis, et de nous accorder ta Grace, afin que nous employions la semaine suivante, et toute nôtre vie, à la Gloire de ton Saint Nom, à l'édification de nôtre Prochain, et à l'avancement de nôtre Salut.

Et puisque ce doit être demain le Jour du Repos, qui est consacré à ton Service, en Mémoire de la Création et de la Redemption du Monde, vueille, Seigneur, nous animer d'un vray zéle, afin que nous ne quittions pas nôtre Assemblée mutuelle, mais que nous venions dans ta Maison pour Te rendre publiquement avec toute l'Eglise le Service que nous Te devons. Prepare nos coeurs, ô Dieu, ensorte qu'ils soient les Vaisseaux de ta Grace et les Temples du Saint Esprit. Qu'en ce Jour du Dimanche nous ne nous abstenions pas seulement des occupations temporelles; mais que nous le sanctifiions par les exercices de la Pieté, par des Loüanges et par des Prières ardentes, par la Lecture et la Meditation de ta Parole, et par les oeuvres de la Charité Chrêtienne. Donne ta Grace aux Ministres de ton Eglise, afin qu'ils s'acquitent de leur charge avec fidélité, et répan ta benediction sur leur travail. Enfin, Seigneur, que toute nôtre vie ne soit autre chose qu'une préparation au Repos éternel que tu nous as promis, et que tu nous reserves dans le Ciel; par Jesus Christ: Amen.

Seigneur Dieu Tout-puissant, qui nous as fait la grace etc. p. 100.

Le Service du Mécredi et du Vendredi au Soir.

Nôtre aide soit au Nom de Dieu, qui a fait le Ciel et la Terre; Amen.

Mes Très-Chers Freres, puisque nous sommes ici assemblés pour adorer Dieu, pour le loüer, pour écouter sa Parole, et pour luy présenter nos Prières; que chacun de nous se prosterne devant luy et fasse la Confession de ses pechés, disant d'un coeur pur et humilié.

Je confesse devant Toi, mon Dieu et mon Créateur, moi qui suis un pauvre pecheur, que je t'ai offensé en plusieurs manières, par mes pensées, par mes paroles, et par mes actions, comme tu le sais, ô Dieu Éternel. Mais je m'en repens, j'en ai bien de la douleur, et j'implore ta Misericorde et ta Grace, te suppliant de m'accorder et à tous les pauvres pecheurs, un sincère et constant amendement de vie, par Jesus Christ: Amen.

Le Dieu Tout-puissant qui est le Père de Nôtre Seigneur Jesus Christ, pardonne à tous ceux qui se repentent veritablement et qui se convertissent à luy: Amen.

Adorons et loüons le Seigneur Nôtre Dieu!

Seigneur, ouvre nos lèvres, et nôtre bouche annoncera ta Loüange!

Icy on lit un des Cantiques qui sont portés cy-après, soit pour le Service ordinaire, soit pour les Tems de Fête. Le Peuple chante ensuite le premier Verset du Psaume 92.

Après cela on lit cette Prière d'Actions de graces.

Rendons graces à Dieu pour tous ses Bienfaits.

O Dieu Tout-puissant, Père de Misericorde, nous tes indignes serviteurs te remercions très-humblement et de tout nôtre coeur; de toutes les Bontés et de toutes les faveurs que tu répans sur nous et sur tous les hommes. [et particulièrement de celles que tu as accordées depuis peu, à ceux qui t'offrent maintenant leurs Loüanges pour les biens que tu leur as faits.] Nous te benissons pour nôtre Création, pour nôtre conservation, et pour toutes les benedictions de la vie présente. Mais sur tout nous te benissons pour l'inestimable charité que tu as fait paroître en rachetant le Monde par Nôtre Seigneur Jesus Christ, pour l'assistance de ta Grace, et pour l'esperance que nous avons de posseder ta Gloire. Et nous te supplions de nous donner le sentiment que nous devons avoir de toutes tes faveurs, afin que nous publiions tes Loüanges, non seulement de la bouche, mais par la conduite de nôtre vie, en nous attachant à ton Service, et en marchant devant Toi en Sainteté et en Justice, jusqu'à la fin de nos jours, par Jesus Christ nôtre Seigneur, auquel, comme à Toi et au Saint Esprit, soit tout Honneur et toute Gloire aux siècles des siècles: Amen.

O Dieu Misericordieux et Père Celeste, etc. p. 95.

On fait la Lecture de l'Ecriture Sainte, suivant l'Ordre prescrit, après quoi on lit le Symbole.

Voicy les Articles de la Foi Chrêtienne dont nous faisons profession, et dans laquelle nous devons perseverer jusqu'à la fin de nôtre vie.

Je croi en Dieu le Père Tout-Puissant, etc.

Prions Dieu!

Seigneur, aye pitié de nous! Seigneur, exauce nos Prières, et que nôtre Requête parvienne jusqu'à Toi!

Nôtre Père, qui es aux cieux; etc.

O Seigneur, fai luire sur nous ta Misericorde, etc. p. 95.

Le Peuple chante les premières Paroles du Psaume 67.

Ensuite on lit les Prières suivantes.

O Seigneur, qui es le Dieu de la Paix, et l'Auteur de tout bien; Donne à tes serviteurs la Paix que le Monde ne peut donner; afin que nos coeurs soient enclins à obéïr à tes Commandemens, et qu'étant délivrés de la crainte de nos ennemis, nous passions nôtre vie en repos et en tranquillité, par les Merites de Jesus Christ Nôtre Sauveur: Amen.

O Seigneur, veille pour nous pendant les tenèbres, et garanti par ta grande Misericorde, nos corps et nos ames, de tout danger pendant cette nuit, pour l'Amour de ton Fils Unique Nôtre Sauveur: Amen.

Dans les Tems de Fête on lit icy les Prières pour ces Tems-là, et qui sont marquées dans la suite. Après quoi l'on continue ainsi.

Prions pour les Puissances Superieures.

O Dieu qui es le Roi des Rois et le Seigneur des Seigneurs, nous te supplions de regarder d'un oeil propice tous les Rois, et tous les Magistrats, et particulièrement, le Roi Nôtre Souverain Seigneur, N. N. et tous ceux qui sont ètablis sur nous pour administrer la Justice et la Police. Fai leur la Grace d'employer leur Autorité à l'avancement de ta Gloire, et au bien de ton Eglise, et de nôtre Patrie, par Jesus Christ Nôtre Sauveur: Amen.

Prions pour les Pasteurs.

Dieu Eternel et Tout-puissant, fais descendre sur nos Pasteurs sur tes Ministres, et sur tous les Troupeaux qui leur sont commis, l'Esprit salutaire de ta Grace. Rempli si abondamment tes Serviteurs de la connoissance de ta Doctrine, et revêts les tellement de l'innocence de la vie, qu'ils exercent leur Ministère, à la Gloire de ton Grand Nom, et à l'édification de ta sainte Eglise, par Jesus Christ Nôtre Seigneur: Amen.

Prions pour tous les hommes, et pour l'Eglise Universelle.

O Dieu, qui es le Créateur et le Conservateur du Genre humain, nous te prions bien humblement pour toutes sortes de personnes, de quelque condition qu'elles soient. Qu'il te plaise de leur faire connoître tes voyes, et de manifester ton Salut à toutes les Nations. Nous te prions particulièrement pour la prosperité de l'Eglise universelle. Qu'elle soit tellement gouvernée par ton Esprit, que tous ceux qui font profession d'être Chrêtiens, et qui en portent le Nom, soient conduits dans les sentiers de ta Verité, et qu'ils gardent la Foi dans l'unité de l'Esprit, par le lien de la Paix, et par la sainteté de la vie. Enfin nous recommandons à ta Bonté paternelle toutes les personnes qui sont affligées en leur esprit, en leur corps, ou en leurs biens, [et particulièrement ceux qui se recommandent à nos Prières.] Qu'il te plaise de les secourir selon leurs diverses nécessités, leur donnant la repentance et la patience dans leurs maux, et une heureuse issuë de toutes leurs afflictions. Nous te demandons toutes ces choses, pour l'Amour de Jesus Christ: Amen.

Seigneur Dieu Tout-puissant, qui nous as fait la Grace de te présenter maintenant nos Prières d'un commun accord, et qui nous as promis que quand deux ou trois personnes seront assemblées en ton Nom, tu exauceras leurs Requêtes; Accompli maintenant les souhaits et les demandes de tes serviteurs, selon que tu connois qu'il est le plus expedient et le plus salutaire, nous accordant en ce Monde la connoissance de ta Verité et dans le siècle à venir la Vie éternelle: Amen.

Mes Frères, la Fin de toutes choses approche; Soyez donc sobres et veillez.

Le Seigneur soit avec vous. Le Dieu Tout-puissant, le Père, le Fils, et le Saint Esprit, vous benisse, et vous protege: Amen.

CAPUT II.

De Sacramento Baptismi.

A. EIN KURZE UND GEMEINE FORM FÜR DIE SCHWACH-GLÄUBIGEN, KINDER ZU TOUFEN;

OUCH ANDERE ERMANUNGEN ZU GOTT, SO DA GEMEINLICH GESCHEHEND IN DER CHRISTENLICHEN VERSAMMLUNG.

Gedruckt zu Zürich durch Christophorum Froschouer. [1])

Allen frommen Dieneren Christi embüt ich Leo Jud gnad und Frid in Christo.

Flyssen sollend sich alle glöubigen Christi des einigen und ewigen wort gottes, weliches unser liecht und fackel ist, das uns in allem irrsal und finsterniss vorlichte. Welcher disem folgt, der wandlet nit in der finsterniss, sunder hat das liecht des lebens. Diss hab ich wellen allen frommen zu einer warung schryben; dann vil sind so blöd oder torecht, dass sy etliche ding, so man den blöden und schwachglöubigen nachlasset ein zyt lang als den jungen kinderen milchspys, bis dass sie erstarkend und in Christo erwachsend, für vollkommen und ganz güt annemend, ja handhabend und beschirmend; us welichem kummt, dass die irrenden nit uf den rechten weg, die schwachen niemermee zu vollkummenheit kommend, sunder je länger je meer schwach und unvollkommen werdend. Also (wo ich

---

1) Cinglio suasore et auctore Leo Iudae aestate anni 1523 Baptismi formulam simul cum nonnullis aliis orationibus (p. 39) conscripsit. Et nulla interposita mora die 10 Augusti 1523 in ecclesia Turicensi maiore prima vice novi libelli novae legi obtemperatum est in baptismo. Iuvat conferre librum baptismalem Lutheri eumque prima editione evulgatum C. L. II. p. 185 sqq. et ritum Romanum C. L. I. p. 189 sqq.

es mit mit diser vorred für käme) wurd es mit disem büchlin ergom, das
ich den dieneren unserer christenlichen versammlung zu sant Petern gemacht
hab, und das der meinung. Ich hab gesehen, dass vil sind in unserer
kilchhöre, die dem wort Christi anhangend; doch sind sy so schwach, dass
sy die lang yngetrunkne gewonheit und irrsal, so man vor dem touf bishar
gebrucht, ouch anders nit so ylends und schnell ganz lassen könnend noch
wöllend, und wo man sy da überylen wollt, dass nit kleine verletzung,
ouch ufrur zu besorgen wäre. Es gschicht disen wie denen, die in einem
finsteren kerker lange zyt gelegen sind; so die harus genommen werdend,
mögend sy den glast der sonnen und des tages nit erlyden; desshalb man
sy nit ylends an das liecht sunder an ein dunkel ort thut, nit dass sy all-
weg in der dünkle syn und blyben söllind, sunder so lang bis sie den
glast erlyden mögend. Ein krank, der in einer langwierigen krankheit ge-
legen ist, und mag die spys und trank nit schmecken noch dulden, so der
widerkeert, gibt man jm nit glych bald starke oder vil spys; denn das
wär jm ein grosser schad, dass der mag, der jez lang der spys entwonet
hat, mit der spys überylet wurde; er gat ouch nit glych an den luft, sun-
der enthaltet sich etwo lang, ee er us dem hus gang, bis dass er wol
erstarket. Diss hab ich ermessen, diss hat mich ouch geursachet für söliche
schwachen diss zu machen; nit dass min meinung wäre, dass sy sölichs
für und für bruchind und hieltind, sunder dass ich sy nit ylend von allen
dingen abstiesse und verwildete. Und hat all min meinung, ernst und flyss
dohin sich zogen, dass ich die eer gottes fürderen und vil in Christo er-
buwen wollt. Diser miner meinung züg ist min herr Christus Jesus, dem
alle herzen offenbar sind; hab ich hierin etwas gesündet, wölle er mir es
verzyhen. Dass aber vil priester, die sölich büchlin gesehen hand, in jren
pfarren sölichs ouch begerend zu bruchen, desshalb sy den drucker gebe-
ten habend das zu drucken, kann ich nit für, ist mir ouch nit lieb; viel
mee wollte ich, dass die ding konnotlich hinweg gethon wurdind, wo es
syn möcht, und in der christenlichen versammlung der touf und andere ding
nach der ynsatzung und wort gottes gehandlet wurdind; wiewol in disem
büchlin nüt oder wenig funden wirt, das dem wort und geist gottes nit
glychförmig syg. Hierum ist min ernstliche bitt an alle frommen christen
und diener gottes, dass sy sich allein des luteren wort gottes in disem
und andrem halten wöllind, damit wir by dem rechten liecht und weg bly-
bend; wo man aber für die schwachen (ufrur und unruw zu vermyden)
dises und anders, so von menschen gemachet ist, bruchen muss, da bruche
mans ein zyt lang und als ein spys der kranken und blöden; man vermane
aber allweg die schwachen, domit dass sy nit in disem verharrind, sunder
für und für zu vollkummenheit erwachsind und das war liecht des worts
gottes lernind ergryfen, und alsdenn so verbrenn und zerryss man dises

und anders, das nit in dem wort gottes gegründet ist; wo man aber mag, da bruche man dises büchlins gar nit, und blybe by der Form, die Christus zu toufen gegeben hat, do er sprach: Toufend sy in dem namen des vaters, des suns und des heiligen geistes. Hier bitt ich gott, dass er uns allen söliche gemüt verlyhe, dass wir alle ding nach synem wort thügind und verhandlind, damit sin eer geoffnet, sin gloub gemeeret, sin nam geeret, der stark behalten, der blöd gevollkummnet und befestiget, christenliche liebe und brüderliche trüw gepflanzet werde und zuneme. Frid und gnad wünsch ich allen frommen von gott, unserem vater, durch Jesum Christum, unseren einigen erlöser und mittler! Amen.

T o u f b ü c h l i .

So einer ein kind toufen will, so blase er jm in das angesicht, und sprecbe: Far us, du unreiner geist, und gib statt dem tröster, dem heiligen geist. [1])

Darnach bezeichne er das kind an siner stirnen und brust, und spreche: Nimm das zeichen des helgen krüzes an die stirn und brust, empfach den glouben der himmelschen underwysungen, und hab söliche sitten, dass du ein tempel und ynwonung gottes syn mögist. [2])

---

1) Exorcismum posthac ab ecclesia Reformata prorsus abrogatum esse inter omnes constat. Cf. Cod. Lit. II. p. 193 sq. Br.: „Ob dann wol biss anhero in den gemeinen Agenden dieses aus dem Bapstumb überblieben, dass der Priester bei dem Anfang der Tauf dem unreinen Geist gebeut auszufahren u. s. w., so ist uns doch dieses nirgend in der Schrift befohlen zu thun; Ist auch kein Exempel in den Evangelischen Historien zu finden, dass der Herr Christus oder die Aposteln gegen denjenigen, die nit Leiblich vom Teufel besessen, jemals den Exorcismum gebraucht. — Viel weniger lieset man in der Schrifft, dass Johannes der Täufer oder die Apostel den Teufel in der Tauf gebannet, beschworen oder ausgetrieben hetten. Eben wie auch unter dem alten Testament in der Beschneidung der kleinen Kindlein solches nit geschehen ist. Und unsere Kindlein je nit weniger zur göttlichen Gnade gehören, als die im alten T. — Weil dann der E. keinen Befehl Gottes noch bewährtes Beispiel in der Schrift hat, und aus Missbrauch desjenigen, so in den ersten Kirchen sich durch besondere Wunderwerk bei Etlichen zugetragen, die da leiblich vom Teufel besessen waren, mit Unverstand auf die Kindertauf gezogen: Und aber grosse Irrthumb, so wol als auch der Missbrauch Göttliches Namens hierdurch bestettiget oder je beschönet werden, hat die Christliche Oberkeit in den Kirchen dieser Lande solchen E. gänzlich abschaffen lassen, wie dann derselbige bei vielen andern Evangelischen Kirchen vorlängst gefallen und hingelegt worden ist."

2) Accipe signum crucis etc. Cod. Lit. I. p. 190. Iam supra commemoratum est ecclesiam Reformatam ex ecclesiis exterminasse cruces atque imagines Iesu

Lassend uns beten:

O allmächtiger gott, vater unsers herren Jesu Christi! du
wöllest sehen uf disen (oder dise) N. dinen diener, den du zu
des gloubens underricht berüft hast; tryb alle blindheit sines
herzens von jm; zerryss alle strick des tüfels, mit denen er
gebunden ist. O herr thu ihm uf die thür diner güte, uf dass
er, mit dem zeichen diner wysheit bezeichnet, des gestanks
aller bösen glysten fry syge, und nach dem süssen geruch di-
ner geboten dir in der christenheit frölich diene, und von tag
zu tag zuneme, damit er geschickt werde zu kommen zu der
gnad dines toufs arzny zu empfahen durch Jesum Christum,
unseren herren! Amen. [1])

Darnach geb der priester dem kind salz in'n mund und spreche:
Nimm das salz der wysheit, dass dir Christus syge ein fürder-
nuss zu dem ewigen leben. Der fride syge mit dir und mit
dinem geist! [2])

Lassend uns beten:

Allmächtiger, ewiger gott! der du hast durch die sündflut
nach dinem strengen urteil die unglöubige welt verdammt, und
den glöubigen Noe selbacht nach diner grossen erbärmd be-
halten, und den verstockten Pharao mit allen sinen im roten
meer ertränkt, und din volk Israel trocknes fusses hindurch-
gefürt hast, in welchem dises bad des toufs bezeichnet ist ge-

---

Christi crucifixi. Nosti causam desumptam e secundo Reformati Decalogi prae-
cepto. Aliud argumentum profert Theodorus Beza idque novum et singulare.
Nam simulacrum Christi in crucem acti sese nunquam sine dolore et horrore ad-
spicere confjetur, quippe quod in memoriam revocet Iudaeorum immanitatem
atque saevitiam, furentem ad necem Domini. Prava illa crucis existimatio mox
effecit, ut etiam signum crucis antiquitus in baptismo, in coena sacra etc. adhi-
bitum, susciperet iuvidiam atque offensionem apud Reformatos. Br.: „Es ist
leichtlich zu erkennen, dass solches Creuz machen, wie es unter dem Papstumb
gehalten worden und von abergläubischen Leuten noch geschiehet, ein lauter
Spiegelfechten und abergläubisch Ding sei."

1) Omnipotens sempiterne Deus etc. . C. L. I. p. 183.

2) C. L. I. p. 183. Has caerimonias Romanas, brevissimo interiecto spatio
obsolevisse, facili assequeris coniectura. Br.: „Demnach das Sacrament dess
Toufs vornaher by vnse Tütschen in Latinischer sprach gehandtreicht, auch nach
menschlicher insatzung saltz, speichel, kertzen, öl vnnd anders darby gebrucht,
das aber von Christo nit beuolhen, wil vns gfallen, die frömbde sprach, darab
der vnuerstendig zuhörer, nützit erbawen, sampt vorgemelten menschlichen zu-
satzen, in handtreichung des Toufs, abzustellen."

wesen. Wir bitten dich durch die grundlose barmherzigkeit, du wöllest gnädiglichen ansehen disen dinen diner N., und ihm das liecht des gloubens in sin herz geben, dass durch dise heilsame sündflut an jm ertrinke und undergang alles, was jm von Adam anerborn ist, damit er us der zal der unglöubigen und kinderen des zorns von dir, o himmelscher vater! gnädiglich zu einem kind angenommen werd, dinem sun durch das krüz und täglich lyden yngelybt und mit jm vergraben, in ynbrünnstiger liebe, styfer hoffnung und warem glouben den tod unerschrockenlichen überwinden und zu ewigem leben kummen möge durch denselben únsern herren Jesum Christum, dinen sun! Amen. [1]

Und darum, du vermaledyter tüfel! erkenn din urteil, und lass die eer dem lebendigen gott, lass die eer sinem sun Jesu Christo und dem heiligen geist, und wych von disem N., den gott und unser herr Jesus Christus zu syner gnad und glouben und zu dem brunnen des toufs berüfet hat; und diss zeichen, das wir an sin stirnen thund, sollst du niemermeer gedören zerstören, durch unseren herren Jesum Christum! Amen. [2]

Der herre sye mit üch!

Antwurt: Und mit dinem geist!

Diss ist das Evangelion, das Marcus beschrybt. Eer syge dem herren gott! Es begab sich uf ein zyt, dass sy kindlin zu dem herren Jesu brachtend, dass er sine händ uf sy legte. Aber die Jünger beschalktend die, die sy zuhin brachtend. Do das Jesus sahe, do verdross es jn, und sprach zu jnen: Lassend die kindlin zu mir kummen, und weerend jnen nit; dann jren ist das rych der himmlen. Ich sag üch warlich, welicher nit das rych gottes nimmt wie ein kindli, der wirt nit hinyn kummen. Und als er sy in sine arme empfangen, hat er sine händ uf sy gelegt, hat sy benedyet und lassen gon.

Hiernach spüw der priester uf den herd, oder neme den speuchel, berür zu dem ersten das recht or, sprech also: Hipatha, du sollt ufgethon werden. Darnach die naslöcher, und sprech: In einem süssen geruch. Darnach zu dem linggen or sprech er: Du aber, tüfel, wych und flüch! dann gottes rych, das kummt. [3]

---

1) C. L. II. p. 193.
2) Ergo maledicte diabole etc.   C. L. I. p. 184.
3) C. L. I. p. 185.

Darnach sprech der priester zu den gvateren, die anstatt des kindes antwurtend:

Widerseist du dem tüfel? Ja!
Und allen sinen werken? Ja!
Und allen sinen gezierden? Ja!

Darnach frag er nach des kinds namen und spreche: Gloubs du in gott, den allmächtigen vater, ein schöpfer des himmels und der erden? Sond sy sprechen: Ja, ich gloubs. Gloubst du in Jesum Christum, sinen einigen sun, unseren herren, dass er für die sünd gelitten, gestorben und vom tod widerum erstanden syg? Ja, ich gloub es. Gloubst du in dem heiligen geist, ein heilige allgemeine christenliche kilch, gemeinsame der heiligen, verzyhung der sünd, uferständnuss des fleisches, und nach dem tod ein ewiges leben? Ja. [1]

Darnach leit man das kind in die kilch, und spricht der priester: Der herr behüt din yngang und usgang von nun an in ewigkeit. Darnach salbe er das kind mit dem öl uf der brust und zwüschend den schulteren, und spreche: Ich salb dich mit dem heilsamen öl in Christo Jesu, unserem herren. Und frag: Willt du getouft syn? Antwortend sy: Ja. So nämend das kind.

Denn so nem der priester das kind und und tunke es in das wasser, sprechende: N. Ich touf dich in dem namen des vaters, des suns und des heiligen geistes.

Darnach nem der priester chrisam, und mach dem kind damit ein krüz an die scheitel, und spreche: Der allmächtig gott und vater unsers herren Jesu Christi, der dich von oben herab von nüwem anderst geboren hat durch das wasser und heiligen geist, und der dir alle sünd vergeben hat, der salb dich mit dem heilsamen öl zum ewigen leben! Amen. [2]

So er jm das hemdlin anlegt, spricht er: Nimm hin das wyss und unbefleckt kleïd, das du on flecken bringen sollt für den richterstul Christi! Amen. [3]

---

1) Symbolum in breve redactum, ex more ecclesiae catholicae Cod. Lit. I. p. 173.

2) C. L. I. p. 187.

3) Accipe vestem candidam etc. C. L. I. p. 188. De baptizatorum veste alba (Westerhemde). cf. C. L. II. p. 201.

B. FORM DES TOUFS,

wie man die ietz ze Zürich brucht und sind alle zusätz, die in gottes
wort nit grund habend, underlassen. [1525.] [1])

Also spricht der diener der kilchen erstlich:

In Gottes Namen. Amen. Unser hilf stat in der kraft des
herren, der Himmel und Erd geschaffen hat.

Iez fragt man gotten und die göttinen (Susceptores):

Wellend ir, dass das kind getouft werd in den touf unsers
Herren Jesu Ghristi?

Ir Antwort: Ja.

Dann spricht der Priester: Nennends kind.

So sprechend die göttinen: N.

Dann spricht der Priester: So wellend wir alle mit einander
Gott also bitten:

[So gedenckend das Gott vnser heyland wil das alle men-
schen zu erkantnuss der warheit kommind, durch den einigen
mitler Christum Jesum, der sich geben hat für yederman zu
erlösung. Er wil ouch das wir für einandren bittind, damit
wir zu einerley glouben kommind, vnd erkantnuss des suns
gottes vnsers erlösers. Darumb lassend vnns Gott bitten, disem
kind vmb den glouben, vnnd das der vsserlich touff, innwen-
dig durch den heiligen geist, mit dem gnadrychen wasser be-
schehe, vnnd bättend alle mit einander also:] O Allmechtiger
ewiger Gott der du hast durch den süntfluss nach dinem stren-
gen vrteil die vnglöubige welt verdampt, Und den glöubigen
Noe selbacht vss diner grossen erbärmd erhalten, Vnd den ver-
stockten Pharao mit allen sinen im Roten meer ertrenckt, din
volck Israel aber trockens fuss hindurch gefürt hast, in weli-
chem dises bad des Touffs bezeichnet ist gewäsen. Wir bittend
dich durch die grundlose barmhertzigkeit, du wöllist gnädigklich
ansehen dinen disen diener N. vnd jm das liecht des gloubens
in sin hertz geben, damit er dinem sun yngelybt, vnnd mit jm
in den tod vergraben werde: in jm ouch vferstande in eim
nüwen läben, in dem er sin crütz jm teglich nachuolgende,
frölich trage, jmm anhange mit warem glouben, styffer hoff-
nung, vnd ynbrünstiger liebe, das er dises läben, das nüts

---

1) Haec formula adnexa est libro Cinglii „de baptismo" anno 1525 mense
Maio edito. Quae uncis inclusa sunt, leguntur in Agenda Turicensi 1529.

anders ist dann ein tod, vmb dinent willen mannlich verlassen möge, vnd am jüngsten tag am gemeynen gericht dines suns vnerschrockenlich erschinen. Durch den selben vnsern Herren Jesum Christum dinen sun, der mit dir läbt ynd rychssert in ewigkeit, Amen.

Der Diener spricht: Der Herr sye mit üch.

Antwurt: Vnnd mit dinem geyst.

Der Diener spricht: Das hernach folgt, stat im Evangelio Marci am X, 13 ff.

Antwurt: Eer sye dem Herren Gott! [1])

Es begab sich vff ein zyt das sy die kindlin zu dem Herrenn Jesu brachtend, das er sine hennd vff sie leyte. Die junger aber beschalcktend die, die sy zuhin brachtend. Do das Jesus sach, ward er zornig, vnd sprach zu jnen: Lassend die kindlin zu mir kummen, vnd weerend jnen nit, dann jro ist das rych Gottes. Warlich sug ich üch, welicher das rych Gottes nit ynnimpt wie ein kind, der wirt nit daryn kommen. Vnd als er sy in die arm empfangen, vnd die hend vff sy gelegt, hat er guts über sy gesprochen, vnd lassen gon. Gott sye lob, der wölle vns durch sinen sun alle vnsere sünd verzyhen.

Darnach nimmt der Diener das Kind und spricht:

[Diewyl jr hie gehört habend, das der Herr wil das man jmm die kindlin zubringe: dann er ouch der kinder heylland ist, so wellend wir jm dises kindlin, so vil wir mögennd, zubringen, das ist, mit dem Touff in sin gemeind vfnemmen, vnnd jm das zeichen des pundts vnd volck Gottes geben. Gott gebe sin gnad darzu: sölchs zu erwärben, bätte ein yetlichs ein Vatter vnser, vnd verjehe den Glouben.

Der Diener spreche zun Gfätteren:

Ir habend üch erbetten lassen dises kind zum touff zebringen, als die nun zu göttlichem leben sine mituätter vnd mütren sin wöllend. So erman ich üch, jr wöllind betrachten das vnser Gott ein waarer Gott ist, vnd wil das man jm in der warheit diene: vnd wie jr üch dises kinds hie vor andren annemmend, das jr sölichs hernach, so es die not erhöuschet, thun wöllind, üwer vermögens, vnd helffen, das diss kind zu der eer gottes, dem wir es yetz vfopfferend, erzogen werde.]

---

1) Zür. 529. Diss ist das Evangelium des Marcus, beschrybt am zähenden Capitel. Eer sye dem Herren Gott.

Wellend jr, dass das kind getouft werd?

Antwurtend die göttinen: Ja.

Spricht der Diener: Nennend das kind.

Sprechend die göttinen: N.

Spricht der Diener: N. Ich touf dich in den Namen des Vaters und des Suns und des heiligen Geistes.

Zu dem Wösterhemd: [1])

Gott verlych dir, dass wie du ietz mit dem wyssen kleid leiblich angezogen wirst, also am jüngsten tag mit reiner unvermasgeter conscienz vor jm erschynist, Amen.

Der Herr sye mit üch! Gond hin im friden!

C. EX CATECHISMO GENEVENSI.

In primis illud scire oportet, apportandos esse infantes ad Baptismum aut Dominicis diebus Catechismi tempore aut aliis diebus ad concionem, ut, quemadmodum Baptismus solennis quaedam est cooptatio in Ecclesiam, ita in conspectu et oculis totius concionis celebretur. [2])

----

1) Zür. 528. Zum Hemd spreche er: — Admodum nobis placet albae vestis in baptismo caerimonia: sed quaeret fortasse Cinglium quispiam, conveniatne cum laudabili ritu perspicuum sacrae scripturae testimonium.

2) Gall. omittit Catechismi tempore — Ut disciplinae Reformatae ratio postulat, baptismus semper administrari debet coram facie ecclesiae neque inter privatos parietes. P.: „In Baptismo id cauetur imprimis, ne alibi quam in Ecclesia ministretur, dum ipsa conuenit ad audiendum uerbum Dei. Omnia enim (inquit Apostolus) uerbo Dei sanctificantur. Quanto igitur magis sacramenta administrare oportet cum uerbo, quo sine nihil sunt? Siquidem ipse Christus ita etiam jubet, Coenam fieri in sui memoriam, id quod Apostolus praedicare mortem ipsius interpretatur: quando autem baptisma instituit, diserte praecipit praedicare Euangelium, ac proinde non alibi quam in Ecclesia et post concionem uerbi Dei habitam. Quid enim aliud est Baptismus quam autoramentum quoddam, quo infans ab Ecclesia Christi membrum agnoscitur, simulque ipse et signaculum accipit justitiae, fidei ac renouationis per Christum, et toti Ecclesiae commendatur?“ W.: — „Administretur autem baptismus forma usitata, et in ecclesiasticis constitutionibus expressa. Et quidem non alibi, neque alias quam in ecclesiae conventu sub concione et catechismo. Nisi fortasse initio nascentis ecclesiae infirmorum quorumdam rationem haberi erit necesse, et in eorum gratiam ad evitandum scandalum pueros valetudine afflictos domi baptizare. Quod ipsum tamen non conceditur nisi praesentibus, ut minimum, quatuor aut quinque fidelibus. Et quidem tantisper donec Synodi decreto aliter cautum fuerit.“ Pror-

Absoluta concione, offertur infans. ¹) Tum minister publicus ita exorditur:

Auxilium nostrum in nomine Domini qui fecit coelum et terram, Amen.

Hunccine infantem offertis, ut baptizetur?

Resp.: **Maxime.**

_____

sus alia placent Ebrardo l. c. p. XIV: „In der h. Taufe wird das Kind zwar in die Kirche, aber noch nicht in die einzelne Gemeinde aufgenommen. Die Kirche aber umfasst ja nicht bloss die Gemeinden, sondern auch die Familien, und diese, die vom Christenthum geheiligte Hausgemeinde ist es, in welche der Täufling eintritt. Glied der Kirchgemeinde, der Communionsgemeinde, wird er erst durch die Confirmation. Die Taufe kann nun zwar in der Kirche, unter stiller Assistenz der Gemeinde, vorgenommen werden, und für den Geistlichen ist dies auch bequemer, aber die Natur der Sache bringt es mit sich, und die Erfahrung lehrt es, dass aus dieser Assistenz in der Regel ein mechanisches Anhören oder vielmehr Nichtanhören wird, und der Vortheil auf der andern Seite wäre bei weitem überwiegender. Es würde das Haus zum Tempel geweiht, und die schönsten Anknüpfungspunkte für Privatseelsorge würden sich darbieten.“ Cf. C. L. II. p. 203 sq.

1) Itaque Baptismus (si adsunt infantes baptizandi) efficit partem officii Dominicalis matutini vel pomeridiani. Fliednerus l. c. p. 61: Die h. Taufe wird nur in der Kirche vor der Gemeinde verrichtet und darf nach ausdrücklicher Synodalverordnung nicht im Hause, noch sonst privatim geschehen. Sie geschieht gewöhnlich Sonntags Nachmittag nach der Predigt. Es wird ein Taufbecken unten an die Kanzel oder an die Lehne der Kanzeltreppe angehängt, der Prediger liest auf der Kanzel das Taufformular, thut nach einem Gebet die Fragen an den Vater und die Taufzeugen, welche mit Verbeugen antworten, kommt dann herab und tauft mit den Einsetzungsworten, besteigt darauf wieder die Kanzel und schliesst die heilige Handlung. Wo mehrere Prediger an einer Gemeinde sind, tauft in der Regel einer der nicht Diensthuenden, so dass der Prediger, der das Formular gelesen hat, auf der Kanzel stehen bleibt.“ Brevissimam et quasi compendiariam Baptismi formulam adoptarunt Scoti. Gemberg l. c. p. 120: „Zur Seite der Kanzel ist ein einfaches Gestell befestigt, in welchem ein Gefäss mit Wasser steht. Nach der Predigt tritt der Vater mit dem Täufling die Kanzelstufen bis zum Becken herauf. — — Der Geistliche besprengt mit den angefeuchteten Fingern, gewöhnlich dreimal das Haupt des Täuflings. Nachdem der Vater sich still mit dem Kinde entfernt, schliesst er mit einem Gebet.“ Baptisteria (Taufsteine) a Reformatis ecclesiis, in quibus vetustae disciplinae fervor non refrixit, habentur inutilia, ne dicam superstitiosa. Memoratu dignum est, quod commemorat Lavaterus (in concione habita, „bei Anlass der Vergiftung des Nachtmahlweins“) in sua ecclesia unum eundemque locum inserviisse et baptismi et coenae sacrae administrationi: „Hinein oder herab stieg er, der Verruchte, und nahte sich — wohin? wozu? zu dem heiligen Steine, aus welchem neugeborne Christen das Zeichen der Einweihung zu Gottes Kindschaft empfangen; zu dem heiligen Steine, bedeckt dreimal und zubereitet zum Mahl der Liebe.“ Sed sic saepe apud Reformatos.

Minister.

Dominus nobis dilucide commonstrat, quanta in foeditate et miseria vitiositateque nascimur, quum ait nobis renascendum esse. Etenim si naturam nostram renovari oportet, ut in Dei regnum intromittamur: satis magnum argumentum est, eam penitus corruptam Deoque detestabilem esse. Itaque hac de causa monet nos, ut summisso et humili animo simus, nostraque nobis turpitudo acerbitati et odio sit. Eaque ratione nos ad gratiam ipsius expetendam praeparat, qua prioris naturae nostrae perversitas et indignitas extinguatur et funditus deleatur. Neque enim prius ei locus est in nobis, nisi quum totius nostrae virtutis, iustitiae, sapientiae fiduciam usque eo abiicimus, ut, quaecunque in nobis sunt, damnemus ac repudiemus.

Porro autem ubi nostram nobis turpitudinem foeditatemque aperuit ac commonstravit, tum consolationem nobis pro sua misericordia impertit, pollicens fore ut Spiritu suo sancto nos in vitam alteram exsuscitet, quae nobis quasi ingressus quidam sit in ipsius Regnum. Haec regeneratio bipartita est: nam et nobis prorsus renunciandum est, ac neque rationi neque voluntati neque voluptati libidinique nostrae obtemperandum; quin potius mentem animumque nostrum sapientiae iustitiaeque Dei subiici oportet, et quicquid ex nostro est et nostra carne extingui: tum praeterea lucem Domini sequi convenit eiusque sanctissimae voluntati morem gerere, quemadmodum ipse verbo suo nos docet Spirituque suo sancto nobis praelucet viamque commonstrat. Utrumque autem hoc in Domino nostro Iesu Christo impletum ac perfectum est, cuius mors et passio tantam vim habet, ut eam participantes quasi sepulti peccato simus, ut carnis nostrae concupiscentiae mortificentur atque extinguantur. Huc accedit, quod vi resurrectionis ipsius in vitam novam excitamur, quae a Deo est, quatenus Spiritus eius nos regit ac moderatur, ut in nobis ea opera perficiat, quae illi grata et accepta sint. Hoc tamen caput est salutis nostrae, ut nobis delicta omnia nostra pro sua misericordia condonet, ea nobis non imputans, sed eorum memoriam delens atque obliterans, ne quando nobis ea in iudicio illius obiiciantur. His omnibus beneficiis afficimur, quum per Baptismum in Corpus Ecclesiae nos inserit. In hoc enim Sacramento nobis peccatorum remissionem testificatur. Ob eamque causam aquae signum notamque instituit, significans atque adeo aperte ostendens, quemadmodum eo elemento maculae corporis eluuntur, eodem modo velle se animos nostros purgare atque expiare, ne ulla amplius labes aut macula appareat. Hoc amplius renovationem nobis nostram in eo offert, quae, quemadmodum iam diximus, versatur in carnis nostrae mortificatione vitaque spirituali, quam in nobis effert ac procreat. Itaque duplici beneficio afficimur a Deo in Baptismo, modo ne vim huiusce Sacramenti ingrato et immemori animo extinguamus. Nam et testimonium in eo certissimum habemus, Deum velle nobis parentis esse propitii loco, neque eum delicta nostra nobis imputaturum, tum autem Spiritu suo sancto nobis praesto futurum, ut diabolo, peccato et carnis nostrae concupiscentiis resistere tamdiu et repugnare possimus, dum victoriam consequamur, ut in Regni sui libertate vivamus, quod iustitiae Regnum est.

Quum igitur haec duo in nobis per Iesu Christi gratiam impleantur, satis constat Baptismi veritatem et substantiam in eo comprehendi et concludi. Non enim aliud lavacrum habemus, nisi eius sanguinem; neque aliam renovationem, nisi in eius morte et resurrectione. Sed quemadmodum nobiscum bona divitiasque suas per verbum communicat, eodem modo per Sacramenta nobis ea impertit et largitur.

Iam vero optimus et benignissimus Deus noster, non contentus nos in filios suos adoptasse atque in Ecclesiae suae communionem admisisse, largius adhuc atque prolixius suam in nos benignitatem conferre voluit: nobis videlicet pollicens fore ut Deus sit et noster, et vere etiam generis posteritatisque nostrae, adusque millesimam generationem. Quamobrem etsi fidelium liberi sint ex Adami corrupta stirpe ac genere, eos ad se nihilominus admittit, propter foedus videlicet cum eorum parentibus initum, eosque pro liberis suis habet ac numerat: ob eamque causam iam inde ab initio nascentis Ecclesiae voluit infantibus Circumcisionis notam imprimi, qua quidem nota iam tum eadem omnia significabat ac demonstrabat, quae hodie in Baptismo designantur. Et quemadmodum eos circumcidi iubebat, sic in suorum liberorum loco ac numero eos habebat, seque parentem ipsorum non minus quam eorum, a quibus geniti erant, profitebatur.

Nunc vero, quum Dominus Iesus in terras descenderit, non ut Dei Patris gratiam et beneficium imminueret, sed quo salutis foedus per omnes terrarum fines propagaret, quae tum temporis in populo Iudaico inclusa fuerat: minime dubium est, quin liberi

118

nostri haeredes sint eius vitae ac salutis, quam nobis est pollicitus: qua de causa sanctificari eos Paulus affirmat, iam inde
ab utero matris, quo ab Ethnicorum et a vera religione abhorrentium hominum liberis discernantur. Eoque Dominus noster
Iesus Christus pueros, qui ei offerebantur, admisit; sicuti scriptum est Matthaei decimo nono capite. „Tum oblati sunt ei
parvuli, ut manus eis imponeret et oraret; discipuli autem eos
increpabant. Iesus vero ait eis: Sinite parvulos, et ne prohibeatis eos ad me venire. Talium est enim regnum coelorum.“
Quum affirmat regnum coelorum eorum esse iisque manus imponit et Deo Patri suo eos commendat, satis nos docet, minime
excludendos esse illos ab ipsius Ecclesia. [1]) Hanc igitur ipsius
regulam et praescriptionem sequentes, infantem hunc in eius
Ecclesiam admittemus, ut bonorum omnium, quae suis fidelibus
promisit, particeps fiat. Ac primum eum nos adhibita preca-

---

1) Exstitit enim ecclesia Reformata patrona baptismo infantium contra Anabaptistas. Bs.: „Es was den kindern Israel von Gott gebotten, das sy jre achttägige knäblin beschniden solten. Nun mag es niemant leugnen, das an stat der
beschnidung der Touff ingesetzt, wie wol die zyt des touffs, von Christo mit
vsgetruckten worten nit bestimpt, sonder Christenlicher fryheit vnd liebe ergeben ist. Diewyl nun der Touff vnnd Beschnidung bundtzeychen der gnaden Gottes
sind, mit was fugen wöllend dann die jrrigen geyster, so man Widertöuffer
nempt, den Christen kindern das zeychen Christenlicher widergeburt versagen?
Sollend dann der Christen kinder Gott nit so angenem sin, das jnen, wie die
beschnidung den kindern Abrahe, der touff gegönnet sin solle. Ach nein, si
habend sich des Christlichen zeychens nit minder dann die kinder Abrahe der
Beschnidung zugebruchen. Vnd jrret nit, das die Widertöuffer sprechen, das
man vff die wyss allein die kneblin, diewiel die allein beschnitten, vnd nit die
döchterlin töuffen müsst, dann es ist by den Christen nit, wie im alten gesatz
der vnderscheyd des wybs vnd manss, sonder sind wir alle Christi, in dem wyp
vnd man, herr vnd knecht ein ding, vnd desshalb die döchterlin den Touff anzunemen nit vsgeschlossen. Vss dem allen ist vnser ernstlich befelch, will vnnd
meynung, das alle junge kinder, in vnserer Statt vnnd Landtschafft, fürohin
(wie bisshar beschehen) vmb erhaltung Christlicher liebe vnd einigkeit, on geferlich verziehen, getöufft, vnd durch das üsserlich bad der widergeburt, an die
Christenlich religion ergeben werden, uff das der verzug des touffs vnsern nechsten nit ergerlich, vnd zu verletzung brüderlicher liebe vnnd einigkeit (die vns
Christus so hoch befohlen) dienlich sye. Wir wöllend auch, das alle die, so
in jrer jugend getöufft, sich des settigen, vnd wyter nit mer töuffen lassen, aber
mit allem ernst darnach strebend, das sy in ernüwerung des lebens, den jnnerlichen touff so do beschicht im geyst vnd füer Göttlicher liebe, durch die barmhertzigkeit Gottes erlangen.“ Bullingerus l. c. I. p. 379 sq. refert, Felicem
Mantz Anabaptistam Turici in aquam mersum, Georgium cognomine Blawrock,
comitem ejus virgis caesum esse.

tione illi offeremus, humili ac summisso animo suppliciter dicentes:

Domine Deus, Pater aeterne et omnipotens, quando pro tua infinita clementia nobis pollicitus es fore te Deum et nostrum et liberorum nostrorum: oramus te, ut beneficium illud tuum in hoc infante confirmare digneris, parentibus iis genito, quos in Ecclesiam tuam cooptasti. Et quemadmodum tibi a nobis offertur ac consecratur, ita in tutelam tuam eum recipias, Deum te et Servatorem eius esse demonstrans, peccatum ei originis condonans ac remittens, cuius genus omne Adami culpam sustinet, eumque praeterea Spiritu tuo sanctificans, ut, quum ad aetatem iudicii atque intelligentiae capacem progressus erit, te solum Deum et Servatorem agnoscat et veneretur, per omnem vitae cursum tibi laudem et gloriam tribuens, perpetuo suorum peccatorum condonationem abs te consequatur. Ut vero beneficia haec accipere possit, eum tu in communionem Domini nostri Iesu cooptare digneris, ut omnibus eius bonis tanquam unum ex eius corporis membris participet. Exaudi nos, Parens misericordiae, ut Baptismus, quem ei ex instituto tuo impertimus, fructum vimque suam exerat, qualem nobis Evangelii tui doctrina commonstrat.

Pater noster qui es in coelis, etc.

Quoniam admittendus est hic infans in Christianam Ecclesiam, spondetis, quum ad aetatem iudicii prudentiaeque compotem pervenerit, eum vos doctrina, quae a populo Dei recepta et probata est, instructuros; sicuti breviter et summatim comprehensa est in ea confessione fidei, quam omnes tenemus.

Credo in Deum Patrem omnipotentem, etc.

Spondetis igitur vos daturos operam, ut omni hac disciplina instruatur, ac generatim omnibus his, quae scriptis divinis continentur, id est, tum veteri tum novo Testamento: ut ea amplectatur et audiat tanquam verbum sermonemque Dei certissimum, coelitus demissum. Eum praeterea hortabimini, ut ad eam normam et regulam vitam suam instituat, quam nobis Deus in Lege sua praescripsit, cuius haec summa sunt capita: primum, ut Deum toto pectore, animo et viribus, tum praeterea proximum nostrum non secus quam nosmetipsos diligamus. Item ut sermoni et admonitionibus, quas nobis per Prophetas et Apostolos suos Deus tradidit, fidem habens, ac sibi ipsi suis-que concupiscentiis renuncians, omne suum studium in praedicando nomine Iesu Christi et proximis aedificandis collocet.

Promissione facta, nomen infanti imponitur [1]); tum in eum aquam Baptismi Minister effundit, inquiens:

N. Baptizo te in nomine Patris et Filii et Spiritus sancti.

Horum nihil nisi clara voce pronunciatur, linguaque patria omnia nuncupantur: quippe quum multitudo, quae ad hoc mysterium assistit, testis esse debeat eorum, quae in eo fiunt: quam ad rem intelligentia necessaria est: quin etiam, ut omnes magis magisque confirmentur, revocantes animum ad memoriam fructus et utilitatis sui Baptismi. [2])

Neque vero ignoramus aliis in locis adhiberi alias cerimonias quamplurimas, quas vetustissimas esse minime diffitemur. Sed quoniam aut hominum arbitrio atque libidine aut certe levi aliqua de causa excogitatae sunt, denique quoniam sine verbo Dei fictae et inductae sunt, ac tam multae praeterea superstitiones inde manarunt, nobis sane sine ulla religione visum est eas tolli atque aboleri oportere, ut ne posthac cuiquam praecluderetur aditus ad Iesum Christum. Primum enim satis constat, quaecunque a Deo praescripta atque instituta non sunt, ea omnia libertati arbitrioque nostro relinqui; deinde, quicquid ad aedificationem confirmationemque pietatis non pertinet, id minime recipiendum esse in Ecclesiam: quod si in eam inductum esset, tollendum ac removendum esse. Quo magis id, quod nihil nisi scandalum et offensionem parit quasique idololatriae instrumentum quoddam est et commentitiarum opinionum, nullo modo tolerandum est.

Atqui non dubium est, quin luminaria, unguenta (quae Chrismata nominantur) aliaeque pompae generis eiusdem a Deo nunquam institutae sint, sed ab hominibus introductae, sensimque eo progressa superstitio sit, ut maiore in pretio atque honore haberentur, quam ipsum Christi institutum. Illud profecto negari nullo modo potest, quin eam ipsam Baptismi formam ac rationem teneamus, quam et Christus praescripsit et Apostoli sequuti sunt et vero etiam primaria et antiqua Ecclesia in more atque instituto habuerit; neque alio nomine culpari possumus, nisi quod Deum ipsum sapientia superare atque antecellere nolumus.

---

1) G.: „Et pour ce qu'il y a eu certains noms en ce pays du tout appliques à idolatrie ou sorcellerie, de Claude, ou de trois rois qu'on appele: qu'il y en eu aussi des noms d'office, comme Jean Baptiste et Ange: tiercement que le nom de Suaire a esté impose aux hommes, qui est vne sottie par trop lourde: afin d'exclure du sainct Baptesme telles profanations, auons depuis ordonné d'abolir telles corruptions et abus.“

2) Quae sequuntur, omittuntur in libro Gallico.

D. EX LITÚRGIA PALATINA. 1567.

Dieweil der Christen Kinder in dem Bund Gottes begriffen seind, Acto 2. So soll jhnen der heilig Tauff, als dass warzeichen vnd sigel dises bunds auch mitgetheilt, vnd sie also von der vngleubigen Kinder vnterscheiden werden, Ist auch gewiss, das die kinder so wol als die alten, den Heiligen Geist empfangen, der den Glauben in die hertzen pflantzet, Dann der den Geist Christi nit hat, wie der Apostel spricht, der ist nit sein, Rom. 8. Die aber den Geist Gottes haben, die kan nichts verhindern, dass sie nit getaufft werden, wie im 10. Capit. der Apostel geschicht geschrieben. Darzu seind die Kinder auch nit der geringste theil der Christlichen Kirchen, welche Kirch sampt allen jren gliedern, durch das Blut Christi erlöset ist, vnd gereiniget wird, durch das Wasserbad im wort, Ephes. 5. Auss diesen vnd andern vrsachen ist klar, dass die jungen Kinder keines weges vom Tauff sollen aussgeschlossen werden.

Von den Personen so tauffen sollen, hat der Herr Christus diesen beuelch, Matth. am letzten gegeben, Gehet hin vnd lehret alle Völcker, vnnd tauffet sie in dem namen des Vaters, Sohns, vnd heiligen Geistes, vnnd lehret sie halten alles was ich euch beuolhen habe. In diesen worten befihlet der Herr Christus denen allein zutauffen, so sein heiligs wort zu predigen beruffen seind, vnnd fasst also, beide das predigen vnd tauffen, in einen beuelch vnnd Ampt zusammen. Derhalben keiner Creatur gebürt disen bevelch zutrennen, vnd einer Person das Tauffen zuzulassen, der das Predigampt verbotten ist. [1]

Derhalben so sollen die Kinder zu jeder gebürlicher zeit, so es von jrentwegen ordentlich begert, vnnd sie in die Kirchen für die Diener des

---

1) Conf. Scotic. I. N. p. 354: Hinc est quod societatem cum ecclesia Pontificia in suorum Sacramentorum participatione fugimus. Primo quod illorum ministri non sunt ministri Iesu Christi, imo quod magis est horrendum, feminis baptizare permittunt, quas Spiritus Sanctus in congregatione docere non patitur. Conf. Helvet. II, 12. p. 518: Docemus baptismum in ecclesia non administrari debere a mulierculis vel a obstetricibus. Paulus enim removit mulierculas ab officiis ecclesiasticis. N. Foedus Dei, nempe sacer baptismus non privatim administretur ab obstetricibus, sed a ministro in publica congregatione. T. Die Hebammen und andere Personen sollen im Fall der noth oder ausserhalb derselben den Tauff nicht bedienen, welches allein wie auch das Predig Ambt den Kirchendienern beuolhen (Math. 25, 19). Die Kinder der Christen, so ohne verachtung des Tauffs sterben, da wissen alle verstendigen, das si nit alss verdambte, sondern alss selig zu halten seindt. Zu deme, dass die Junge Kinder nit erst selig werden im tauff, sondern das Ihnen die Seligkeit verheisschen auch jm Mutter leibe oder von Anfangk jres lebens. Der Tauff sol nitt ohne Christliche versamblunge vnd Lehr bedienet werden. Cf. C. L. II. p. 263 sq.

worts gebracht, von den Predigern getaufft werden, vnd solches sol für-
nemlich geschen, auff Sontag, Feiertag, oder sonst in der Wochen, wann
die gemein Gottes bey einander, auff dass sich ein jeder seines Tauffs wisse zu
erinnern, vnd die Christlich Gemein einhelliglich den Namen Gottes vber
das Kind anruffe.

Es soll auch in allwegen der Vater des Kinds, so er zu weg ist, den
Kirchendiener vmb den Tauff zuuor ansprechen vnd ersuchen, oder da er
nicht anheimisch, einer von seinen freunden, damit der Prediger sich möge
erkündigen, was für Geuattern sein werden, auff dass er jhn bey zeiten
vermane, keine leichtfertige oder lasterhaffte, oder sonst vntüchtige Per-
sonen darzu zugebrauchen, damit das heilig Sacrament des Tauffs nicht
verunehret, auch das kind durch solche Geuattern, an Christlicher zucht
nicht versaumet werde. [1]

Zu dem soll auch der Vater so er anheimisch sich vmb nachuolgender
vrsach willen zum Tauff verfügen, Erstlich, dass er Gott dem Herren
dancke, für die erschöpffung seiner selbs, vnd seins kinds, auch für die
erlösung durch das Blut Jesu Christi, die durch den heiligen Tauff dem
kind versiglet wird, auch Gott vmb sein gnad anruffe, dass er sein Kind
zu seinem lob vnnd ehr aufferziehen möge. [2] Demnach, auff dass der

---

1) Non in omnibus provinciis Reformata ecclesia id habet operis ac muneris
ut susceptores advocet ad baptismum. E.: Gezeugen bei der Tauff zu thun oder
nicht wirt auch Adiaphorum geachtet, darum soll der angenommen Brauch in
der Kirchen frei gelassen werden." Gemberg l. c. p. 122: „Pathen kennt man
nicht, erst in neuerer Zeit haben Einzelne angefangen, Zeugen (Witnesses) dazu
einzuladen." Reformatae ecclesiae ingenio et consilio bene perspecto, addit:
„Die Gemeine, gleich einer erweiterten Familie, vertritt gewissermassen die
Stelle der Taufzeugen." At vero, ubiubi admittantur susceptores, ecclesiae una
cautio est atque una provisio, ut boni et vere Christiani adsint infanti bapti-
zando. G.: „Qu'on ne reçoiue estrangers pour comperes que gens fideles et
de nostre communion, veu que les autres ne sont capables de faire promesse à
l'Eglise d'instruire les enfans ainsi qu'il est requis. Item, que ceux qui auront
esté priuez de la Cene n'y soyent pas receus non plus, jusques à ce qu'ils se
soyent reconciliez à l'Eglise." Quodsi valde probatur lex ecclesiastica, qua
scelestum ac frivolum hominum genus ab baptisteriis arcetur, Scoti et hoc no-
mine recte habentur, (ut cum Tilesio loquar) „Genevensis disciplinae Zelotae",
quod baptismum denegant proli patris excommunicati. Sack l. c. II. p. 256:
„Häufig kommt der der schottischen Kirche wohl ganz eigenthümliche Fall vor,
dass die Kirchendisciplin als Verweigerung der Taufe des Kindes eines in Disci-
plin Gefallenen eintritt. Ganz natürlich. Ein Vater meldet sein Kind zur Taufe
an. Aber die Kirchsitzung sagt zu ihm: Du bist ein Trunkenbold und dein ganzes
Verhalten giebt uns keine Bürgschaft, dass du dein Kind christlich ersiehen und
ihm ein christliches Beispiel geben werdest etc." Haec praecepta mire faciunt ad
doctrinam Reformatam de Sacramentis pensandam et aestimandam.

2) Ns.: Pater infantis intersit actioni baptismi ac coniungat preces suas

Prediger den namen des Vaters, der Mutter, des Kinds, vnd geuattern, ordenlich einschreibe in ein besonder Buch, so bey jeder Kirchen darzu gemacht werden, vnd darbei bleiben soll.

Vnd so ein Kind vnehelich geboren, dessen vaters namen man so bald nit wissen künde, soll der Mutter, Geuattern vnd des Kinds namen eingeschriben, das Kind getaufft werden, vnnd solches an die Oberkeit gelangen lassen, gebürende Christliche Ordnung darmit für zunemen.

[1]) [Derhalben zum ersten, da er wil, dass wir mit wasser in dem Namen des Vaters getauffet werden, bezeugt er vns, gleich als mit einem sichtbaren Eyd, all vnser lebenlang, dass Gott vnser vnd vnsers samens Vater sein wil, vnns mit aller notdurfft leibs vnd der seelen versorgen, vnnd alles vbel vns zu gut wenden, Dieweil alle Creaturen von wegen des bunds, so wir mit Gott haben, vns nit schaden können, sonder zu vnserm Heil dienen müssen. [2])

Zum andern, in dem wir in dem namen des Sohns getauffet werden, verspricht er vns, dass alles was der Sohn Gottes gethan vnd gelidden hat, vnser eigen seie, Also dass er vnser vnd vnser Kinder Heiland sey [3]), vns mit seiner heilsamen gnaden salbe, vns durch seine heilige empfengnuss, geburt, leiden vnd sterben, von aller vnreinigkeit vnd sünden erlöset hab, vnd all vnsern fluch vnd vermaledeiung ans Creutz genägelt, dieselbige mit seinem Blut abgewäschen vnd mit jhm vergraben habe, vnd also vns von der hellischen pein erledigt, auff dass er vns durch sein aufferstehung vnd himmelfart mit seiner gerechtigkeit bekleidet, vnnd jetzt für dem himlischen

---

cum ecclesia.“ T.: „Der Vater soll auch bei der Action der Tauf sein, auch der Name des Vaters, der Mutter, des Kindes und der Gevattern in ein besonder Buch eingeschrieben werden.“

1) Ed. 585. Berg. 769. praemittant: „Unser hilff stehet im Namen des Herrn“ etc. Sequitur exordium liturgiae Genevensis, dein haec leguntur: „Nachdem uns aber Christus unser Elend also für die Augen gestellet, so tröst er uns auch vielmehr durch seine barmherzigkeit, indem er uns und unsern Kindern verheisset, dass er uns von allen unsern Sünden waschen, das ist, uns dieselbigen von wegen seines blutvergiessens nicht zurechnen, auch unsere Natur wider zu seinem ebenbild durch seinen heiligen Geist erneuern wollen. Und solche Verheissung unserem schwachen Glauben zu bestätigen, und an unserm eigenen Leib zu versiegeln, hat er befohlen, dass wir in dem Namen Gottes des Vaters, des Sohns und des heiligen Geistes sollen getauft werden.“

2) Dieweil alle Creaturen etc. desiderantur in Berg. 769.

3) Quae sequuntur non accepit Berg. 769.

Vater vertrette, vnd am jüngtten gericht herrlich vnd one mackel
für das angesicht des Vaters darstelle.

Zum dritten, da wir in dem namen des heiligen Geists ge-
taufft werden, wird vns verheissen dass der heilige geist, vnser
vnd vnserer kinder lehrer vnd Tröster in ewigkeit sein werde [1]),
vns zu waren gliedern des leibs Jhesu Christi mache, auff dass
wir an Christo vn allen seinen gütern, sambt allen glidern
der Christlichen Kirchen gemeinschafft haben, also dass vnse-
rer sünden in ewigkeit nit mehr gedacht, auch die sünde vnd
schwacheit die in vns noch vbrig bleibet, je lenger je mehr
getödtet, vnd in vns ein newes leben angefangen, vnd endlich
in der seligen aufferstendtnuss (da diss vnser fleisch dem herr-
lichen leib Christi gleichfürmig sein wird) in vns volkomlich
offenbart werden sol.

Nach dem aber in einem jeden Bund, beide theil sich ver-
pflichten, so verheissen auch wir Gott dem Vater, Sohn, vnd
heiligen Geist, dass wir durch seine gnad jn allein für vnsern
einigen waren vnd lebendigen Gott erkennen vnd bekennen wöl-
len, jn allein in aller not anruffen, vnd als gehorsame kinder
leben,* wie diese newe geburt erfordert, welche in disen zweien
stücken stehet, Erstlich, dass wir auss warer rew vnd leid
vber vnsere sünd, alle vnser vernunfft vnnd lüste verleugnen,
vnd dem willen Gottes vnterwerffen, vnd alle sünde von hertzen
lassen vnnd fliehen, Darnach auch dass wir anheben lust vnnd
lieb zu haben, nach dem wort Gottes in aller heiligkeit vnd
gerechtigkeit zu leben. [2])

Wann wir aber underweilen aus schwachheit in sünden
fallen, so sollen wir doch nicht darinnen bleiben ligen noch
verzagen, oder durch einiche andere Mittel, denn durch Chri-
stum vergebung der Sünden suchen, sondern allezeit durch vn-
sern Tauff erinnert werden, davon abzustehen, vnd festiglich
zu vertrauen, dass derselben vmb dess Blutvergiessens Christi
willen für [3]) Gott nimmermehr solle gedacht werden, sintemal
vns der heilig Tauf ein ungezweifflet Zeugniss ist, dass wir
einen ewigen Bund mit Gott haben vnd in dem lebendigen Brun-
nen der ewigen Barmherzigkeit des Vaters vnd des allerhei-

---

1) Haec una periodus sufficit Berg. 769.
2) Asterisci designant partem orationis in libro Bergensi uncis inclusam.
3) Sequentia silentio praetermittit Berg. 769.

ligsten Leidens vnd Sterbens Jesu Christi durch die Kraft des
heiligen Geistes getauffet sein.

Wiewol aber vnsere kindlein diese gemeldten vrsachen vnd
geheimnuss noch nicht verstehen, viel weniger können beken-
nen, so sollen sie doch vom heiligen Tauff keins wegs auss
geschlossen werden: Dieweil sie von Gott zu seinem Bund be-
ruffen seind, den Gott mit Abraham den vater aller gleubigen
vnnd seinem samen, vnd also auch mit vns vnnd vnsern Kin-
dern gemacht hat: Ich wil, spricht der Herr, auffrichten mei-
nen bund zwischen mir vnnd dir, vnnd deinem samen nach dir,
bey jren nachkommen, dass es ein ewiger Bund sey, also dass
ich dein Gott sey, vnd deines samens nach dir. *] [1]

Nun ist aber vnser Herr Jesus Christus in die welt kom-
men [2], nit die gnad seines Himlischen Vaters zu schmälern,
sondern vil mehr den Gnadenbund so zuuor im Volck Israel
eingeschlossen war, durch die gantze welt aussubreiten, Vnd
hat an statt der Beschneidung den heiligen Tauff zum warzei-
chen vnd sigill dieses bunds, vns vnd vnsern kindern verord-
net,* wie der h. Apostel Petrus solche bestätigung des bunds
ausstrücklich lehret in den Geschichten der Apostel im 2. Cap.
da er spricht: Thut buss vnd lass sich ein jeder täuffen auff
den namen Jhesu Christi, zur vergebung der sünden, so wer-
det jr empfangen die gabe des heiligen Geists, Denn ewer
vnnd ewer kinder ist diese verheissung, vnd aller die fern
seind, welche Gott vnser Herr herzu rüffen wird. * Darzu heisset
auch der Herr Christus selbest die vnmündige kindlein zu sich
bringen, vnd spricht jhnen mit worten vnnd wercken das Hi-
melreich zu, wie Marci am 10. geschrieben stehet: Zu der zeit
brachten sie die kindlein zu Jesu, dass er sie anrürete, etc.,
vnd leget die hend auff sie, vnd segenet sie. Auss diesen
worten ist offenbar, dass auch vnsere kinder im Reich, vnnd
im Bund Gottes seind, vnd derhalben auch den Tauff als das
Sigill des bunds empfangen sollen, ob sie schon die geheim-
nuss des Tauffs, alters halben noch nit verstehen, Gleich wie
die kindlein von Jesu Christo selbst mit worten vnnd wercken

---

1) Quae uncis inclusa sunt, annuente edit. 1585, praetermitti possunt:
„wenn im Winter grosse Kält oder die Kinder schwach.“ Asterisci iterum (ut
infra) ostendunt uncos libri Berg. 769.

2) Ed. 585: „Dann unser Herr J. C. in die Welt kommen.“

gesegnet sein, vnd in der alten kirchen am achten tag beschnitten wurden, wiewol sie den segen des Herren, wie auch die geheimnuss der beschneidung noch nit verstunden.

Derhalben so last vns Gott also anruffen:

O Almechtiger, ewiger Gott, der du hast durch die sündfluss nach deinem strengen vrtheil die vngleubige vnd vnbussfertige welt gestrafft, vnd den glaubigen Noe selb acht auss deiner grossen barmhertzigkeit erhalten, vnd den verstockten Pharao mit allem seinem volck im roten Meer ertrencket, dein volck Israel aber truckens fuss hindurch geführt, durch welches dieser Tauff bedeutet ward, Wir bitten dich durch deine grundlose barmhertzigkeit, du wöllest diss dein kind [1]) gnediglich ansehen vnd durch deinen heiligen geist, deinem sohn Jesu Christo einleiben, dass es mit jm in seinen tod vergraben werde, mit jm auch aufferstehe in einem newen leben, in dem es sein Creutz jm teglich nachfolgende frölich trage, jm anhange mit warem Glauben, steiffer hoffnung, vnnd innbrünstiger liebe, dass es dieses leben, das doch nichts anders ist, denn ein todt, vmb deinet willen getrost verlassen möge, vnd am jüngsten tag für dem richterstul Christi deines sohn vnerschrocken erscheinen, durch denselben vnsern Herrn Jhesum Christum deinen Sohn, der mit dir vnd dem heiligen Geist ein einiger Gott, lebt vnd regiert in ewigkeit, Amen. [2])

Vnser Vater, etc.

Bekennet auch mit mir die Artickel vnsers alten allgemeinen vngezweiffelten Christlichen glaubens, darauff diss kind getaufft wird.

---

1) Ed. 585 in margine: „Oder diese deine Kinder.“
2) Conf. pag. 109. Berg. 769: „O Allmächtiger, ewiger Gott, wir bitten dich durch deine grundlose Barmhertzigkeit, du wollest dir dein Kind (oder diese Kinder) gnädiglich ansehen, und durch deinen heiligen Geist deinem Sohn Jesu Christo einverleiben, dass es (sie) mit ihm in seinem Tod begraben werde (werden), mit ihm auch auferstehe (auferstehen) in einem neuen Leben, indem es (sie) sein Kreutz ihm täglich nachfolgend frölich trage (tragen), ihm anhange (anhangen) mit wahrem Glauben, steifer Hoffnung, und inbrünstiger Liebe: Dass es (sie) dieses Leben, das doch nichts anders ist, dann ein Tod, um deinet willen getrost verlassen möge (mögen), und am Jüngsten Tage vor dem Richterstuhl Christi deines Sohns unerschrocken erscheine (erscheinen), durch denselben unsern Herrn Jesum Christum deinen Sohn, der mit dir und dem heiligen Geist ein einiger Gott, lebt und regieret in Ewigkeit. Amen. etc.

Ich glaub in Gott Vater, Allmechtigen Schöpfer Himels vnd der Erden etc.   Amen.

Frag.

Begeret jr dann auss warem glauben an die verheissung Gottes in Jesu Christo, welche vns vnd vnsern kindern gegeben ist, dass er nit allein Vnser, sondern auch vnsers Samens Gott sein wölle, biss ins tausend glid, dass dises kind darauff getaufft werde, vnnd die versiglung der kindschafft Gottes empfahe?

Antwort:

Ja.

Hie ist vnuonnöten das kind auffzuwicklen, sonder genug, dass jm das haupt entplösset werde.

Vnnd alsdann sage der Kirchendiener, dass sie das Kind nennen, vnd darnach begiesse er es mit wasser, vnd spreche: [1]

N. Ich tauff dich in dem namen Gottes des Vaters, des Sohns, vnd des heiligen Geistes. [2]

Dancksagung.

Last vns Gott dem Herren dancken.

Allmechtiger barmhertziger Gott vnd Vater, wir sagen dir lob vnd danck, dass du vns vnd vnsern kindern durch das Blut deines lieben Sohns Jesu Christi alle vnsere Sünden verzihen, vnd vns durch deinen heiligen Geist zu gliedern deines eingebornen sohns, vnd also zu deinen kindern angenommen hast, vnd diss alles vns mit dem heiligen Tauff versiglet vnd bekrefftiget, Wir bitten dich auch durch denselben deinen lieben Sohn, dass du diss kind [3] mit deinem heiligen Geist allzeit wöllst regiern, auff dass es Christlich vnd Gottselig aufferzogen werde, vnd in dem Herren Jesu Christo wachse vnnd zuneme, auff das es deine väterliche güte vnd barmhertzigkeit, die du jm vnnd vns allen bewiesen hast, bekennen, vnd in aller gerechtigkeit vnter vnserem einigen Lehrer, König vnd hohen Priester Christo Jesu leben, vnd ritterlich wider die sünde, den Teuffel vnd sein gantzes reich streitten vnd siegen

---

1) Omissa in Berg. 769.

2) Adspersio ter repetita in ecclesia Reformata non est de necessitate. E. Einmal oder dreimal eingetaucht zu werden ist Adiaphorum und wird derohalben in der Kirchen und Gemeinde ihr habender Brauch frei gelassen.

3) Ed. 585 in margine: Oder diese Kinder.

möge, dich vnd deinen Sohn Jesum Christum sampt dem heiligen Geist den einigen vnnd waren Gott ewiglich zu loben vnd zu preisen, Amen.

Ir geliebten inn dem Herrn Jesu Christo, dieweil jr euch dieses kinds angenommen habt, so gedenckt dass vnser Gott ein warhaffiger Gott ist, vnnd wil dass wir jm in warheit [1]) dienen, Vnnd der halben solt jr freund vnd verwanten, insonderheit aber jr vater vnd gevattern allen fleiss anwenden, dass diss kind in rechter erkantnuss vnd forcht Gottes, laut der artickel des Christlichen glaubens vnd der lehre, welche von Gott auss dem Himel offenbaret, vnd im alten vnd newen Testament begriffen ist, dem Herrn Christo aufferzogen werde, vnd wann es zuverstand kompt, ermanen, dass es durch empfahung dieses Göttlichen bundzeichens, vnd siegels des heiligen Tauffs offentlich für dem angesicht Gottes, seinen heiligen Engeln vnd Christlichen gemein, dem Teuffel vnd der welt mit allen jren wercken vnd lüsten abgesagt, vnnd sich dem Herrn ergeben vnd verpflichtet habe, jm sein gantzes lebenlang in aller heiligkeit vnd gehorsam seines heiligen Euangeliums zu dienen, Das verleihe euch vnd jm der ewige Vater vnsers Herrn Jhesu Christi, Amen.

E. BAPTISMUS ADULTORUM.
Ex Liturgia Bergensi. 1769.

Die Kinder der Christen, obschon dieselbe das Geheimniss des Taufs nicht verstehen, müssen freylich kraft des Bundes getauft werden. Dennoch ist es nicht zulässig die Bejahrten zu taufen, es sey denn, dass sie zuvor von dem Gefühl ihrer Sünden, Busse und Glauben an Christum Bekänntniss thun. Wohin nicht allein zielet die Taufe Johannis Matth. 3. Luc. 3. Sondern auch der Befehl des Herrn Jesu, da er seinen Jüngern geboten, zu lehren alle Völcker, und selbige zu taufen in dem Namen des Vaters, und des Sohns, und des heiligen Geistes, und dabei verheissen, wer glaubt und getauft wird,

---

1) Ed. 585: „in der warheit".

der wird selig werden. Gleich dann auch die heiligen Apostel, wie aus Apost. Gesch. 2. erhellet, dieser Regel zufolge, keine Bejahrten getauft haben, als welche Bekänntniss ihrer Busse und Glaubens gethan.

Weil nun ihr N. N. begehret den heiligen Tauf zu empfangen, damit euch derselbe seye ein Siegel der Einleibung in Gottes Kirche, auch offenbar werde, dass ihr nicht nur die christliche Religion (wovon ihr unterwiesen seyd, und eure Bekänntniss abgestattet habt) annehmet, sondern auch euer Leben nach derselben durch Gottes Gnade anstellen wollet: so habt ihr hie vor Gott und seiner Gemeine aufrichtig auf nachfolgende Fragen zu antworten.

Erstens: Glaubet ihr an den einigen wahren Gott, unterschieden in drey Personen, Gott Vater, Sohn und heiliger Geist, der Himmel und Erde samt allem was darinnen ist, aus nichts erschaffen, auch noch erhält, und regieret?

So antwortet Ja.

Zweitens: Glaubet ihr, dass ihr in Sünden empfangen und geboren seyd, und folglich ein Kind des Zorns, unbequem zum Guten und geneigt zum Bösen, ja dass ihr mit Gedancken, Worten und Wercken, die Gebothe Gottes oftmalen übertreten habt; und habt ihr über alle solche Sünden hertzliches Leidwesen?

So antwortet Ja.

Drittens: Glaubet ihr, dass Jesus Christus der wahre ewige Sohn Gottes und auch ein wahrer Mensch sey, der seine menschliche Natur durch Wirckung des heiligen Geistes, aus dem Fleisch und Blut der Jungfrau Maria angenommen, und dass derselbige euch von Gott zu einem Seligmacher geschenckt sey, durch den Glauben zu empfahen Vergebung der Sünden in seinem Blute, und dass ihr ein Glied Jesu Christi und seiner Kirche durch seinen heiligen Geist worden seyd?

So antwortet Ja.

Viertens: Haltet ihr alle Artickel der christlichen Religion, welche in unserer Reformirten Kirche aus Gottes heiligen Wort gelehret werden, für göttliche Wahrheiten, und seyd ihr des festen Vornehmens in derselben Lehre bis ans Ende eures Lebens standhafftig zu beharren; sagt ihr auch darneben ab allen Kätzereyen und Irrthümern, die mit dieser Lehre streitig sind, und verheisset ihr bey der Gemeinschafft unserer Kirche nicht nur im Gehör göttlichen Worts, sondern auch im Gebrauch des heiligen Abendmals, und was dem ankleben mag, zu verbleiben?

So antwortet Ja.

Fünfftens: Habt ihr euch auch von Hertzen vorgesetzt allezeit christlich zu wandeln, die Welt samt ihren Lüsten zu verleugnen, wie es den Gliedern Jesu Christi ziemet, auch aller christlichen Zucht und Vermahnungen, nach der Ordnung unserer Kirche euch zu unterwerffen?

So antwortet Ja.

Sechstens: Verlangt ihr denn nun von Hertzen-Grund, auf diesen euren Glauben und Vorsatz, die heilige Tauf zu empfangen? So antwortet: Ja, von Hertzen-Grund.

N. N. Ich taufe euch im Namen Gottes des Vaters, und des Sohns, und des heiligen Geistes, Amen!

Darauf beschliesse der Kirchendiener mit einem gefügten andächtigen Gebeth, und dem Segen des Herrn.

F. EX LIBRO. TH. HUGUES. [1])

Es soll die heilige Handlung der Taufe, sowohl der Kinder, als der Erwachsenen, der Regel nach in der Kirche vorgenommen werden, wenn eine christliche Gemeinde bei einander ist, damit ein jeder sich seiner eigenen Taufe erinnere und der Name Gottes über das Kind oder den Erwachsenen angerufen werde. Haustaufen finden nur nach dazu besonders einzuholender Genehmigung des Presbyterii Statt, welches die Umstände und Gründe, um derentwillen eine Ausnahme von der Regel gemacht werden soll, ernstlich zu prüfen hat. Ohne Genehmigung des Presbyterii soll eine Kindertaufe nicht über vier Wochen nach der Geburt des Kindes verschoben werden. Als die geeignetste Zeit zur Taufe ist der Schluss des Sonn- oder Fest-täglichen Gottesdienstes anzusehen, so dass während des letzten Gesanges die Täuflinge, Gevattern und Eltern sich auf dem Chor sammeln. Die Taufhandlung findet auf dem Chor der Kirche Statt. Der Prediger steht vor dem Altartische und hinter dem Taufbecken, oder, wo

---

I) Pendet Hugues in capite de Baptismo ex Liturgia Palatina vel Bergensi neque ego mihi elegissem aliam. Etenim quantum in huius officii sententiis inest roboris et nervorum, tanta est pia ac christiana consolatio.

kein besonderes Gestell für das Taufbecken vorhanden ist, hinter dem Altartische, auf welchem alsdann das Taufbecken seinen Platz hat. [1] Die Taufzeugen und Eltern mit dem oder den Täuflingen stellen sich in einem Halbkreis vor dem Taufbecken auf. Der Vater soll, wenn irgend möglich, sich bei der Taufhandlung einfinden. Bei jedem Kinde männlichen Geschlechts sollen zwei männliche und eine weibliche Person, bei jedem Kinde weiblichen Geschlechts zwei weibliche und eine männliche Person zu Gevattern stehen. Ausnahmen von dieser Regel sollen nur mit Gutheissung des Presbyterii verstattet werden. Bei erwachsenen Täuflingen ist diese Regel nicht bindend. Sobald ein Erwachsener sich zur Taufe gemeldet hat, soll einige Tage vor der Taufe in Gegenwart des Presbyteriums und solcher Mitglieder der Gemeinde, die es wünschen, von dem Geistlichen geprüft werden, um zu erkennen, ob er auch in den Lehren des Christenthums genugsam unterrichtet sei; auch soll er dann ermahnt werden, sich durch Busse und Gebet zum Empfange des heiligen Sacraments vorzubereiten.

Ordnung der Kindertaufe.

Unsere Hülfe stehet im Namen des Herrn, der Himmel und Erde gemacht hat, Amen. (Ps. 124, 8.)

Geliebte in dem Herrn!

Indem unser Herr Jesus Christus sagt, dass wir nicht anders in das Reich Gottes kommen mögen, es sei denn, dass wir von neuem geboren werden, so zeigt Er uns damit an, wie wir in Sünden empfangen und geboren, von Natur der Gemeinschaft Gottes und der Seligkeit seines Reiches nicht theilhaftig sind und wie es uns noth thue, uns vor Gott zu demüthigen und Ihn um Seine Gnade anzuflehen, damit durch Ihn die Sündhaftigkeit unsers alten Menschen ausgetilget und der neue Mensch in rechtschaffener Gerechtigkeit und Heiligkeit nach dem Ebenbilde seines Schöpfers hergestellt werde. Nachdem uns aber Christus unser natürliches Elend also vor Augen gestellet, so tröstet Er uns auch durch Seine Barmherzigkeit, indem Er uns und unseren Kindern verheisset, dass Er uns von allen unsern Sünden reinigen, uns dieselben um Seines Leidens und Sterbens willen nicht zurechnen und uns durch Seinen heiligen Geist zu Seinem Ebenbilde erneuern wolle. Um solche Verheissung unserem schwachen Glauben

---

[1] Conf. p. 74. 115.

9 *

zu bestätigen und an unserem eigenen Leibe zu versiegeln, hat Er befohlen, dass wir in dem Namen Gottes, des Vaters, des Sohnes und des heiligen Geistes sollen getaufet werden. So sprach Christus kurz vor Seiner glorreichen Erhöhung zu den Aposteln: „Mir ist gegeben alle Gewalt im Himmel und auf Erden. Darum gehet hin und lehret alle Völker und taufet sie im Namen des Vaters, des Sohnes und des heiligen Geistes; und lehret sie halten Alles, was ich euch befohlen habe. Und siehe! ich bin bei euch alle Tage bis an der Welt Ende." (Matth. 28, 18—20.)

In diesen trostreichen Worten verkündigt und bezeugt der Herr uns, dass Gott unser und unserer Kinder Vater sein wolle, dass Er uns mit aller Nothdurft des Leibes und der Seele versorgen und alles Uebel, das uns widerfähret, zu gut wenden werde, weil alle Creaturen um des Bundes willen, den wir mit Gott haben, uns nicht schaden können, sondern zu unserm Heil dienen müssen. Zum andern verspricht Er uns, dass Alles, was der Sohn Gottes gethan und gelitten hat, unser eigen sei, also, dass Er unser und unserer Kinder Heiland sei, uns mit Seiner heilsamen Gnade salbe, und durch Seine Geburt, Sein Leiden und Sterben erlöset habe von unserer Sünde und Unreinigkeit und von der Gewalt des Todes, und durch Seine Auferstehung und Himmelfahrt mit Seiner Gerechtigkeit bekleide und jetzt vor dem himmlischen Vater vertrete, dereinst aber am jüngsten Gericht herrlich und ohne Makel vor des Vaters Angesicht darstellen werde. Endlich verheisset Er uns, dass der heilige Geist unser und unserer Kinder Lehrer und Tröster in Ewigkeit sein werde und uns zu wahren Gliedern des Leibes Jesu Christi mache, auf dass wir an Christo und allen seinen Gnadengütern Theil haben, so dass unserer Sünden in Ewigkeit nicht mehr gedacht, auch die Sünde und Schwachheit, die in uns ist, je länger je mehr getödtet und in uns ein neues Leben angefangen und endlich in der seligen Auferstehung, in uns vollkommen offenbaret werden soll.

Da aber in einem jeden Bunde beide Theile sich verpflichten, so verheissen auch wir Gott, dem Vater, Sohn und heiligen Geiste, dass wir durch Seine Gnade Ihn allein für unsern einigen, wahren und lebendigen Gott erkennen und bekennen, Ihn allein in aller Noth anrufen und als gehorsame

Kinder leben wollen, wie es diese neue Geburt erfordert; dass wir uns dem Willen Gottes gläubig unterwerfen und alle Sünde von Herzen hassen und fliehen, dagegen auch Lust und Liebe haben nach dem Worte Gottes in aller Heiligkeit und Gerechtigkeit zu leben.

Da ihr nun, Geliebte in dem Herrn, mit diesem Kinde (diesen Kindern) hier erschienen seid, dass es (sie) Theil habe(n) an dem Bunde und in die heilige Kirche Christi aufgenommen, auch zu einem lebendigen Mitgliede derselben gemacht werden möge(n), so gedenket der Verheissung Gottes, da Er zu Abraham sprach: „Ich will aufrichten meinen Bund zwischen mir und dir und deinem Samen nach dir, bei ihren Nachkommen, dass es ein ewiger Bund sei, also, dass ich dein Gott sei und deines Namens nach dir." (1 Mos. 17, 7.) Diesen Gnadenbund Gottes mit dem Volke Israel durch die ganze Welt auszubreiten, ist der Herr Christus erschienen und hat die Taufe als Wahrzeichen und Siegel dieses Bundes uns und unsern Kindern verordnet, wie der Apostel Petrus ausdrücklich lehret, da er spricht: „Thut Busse und lasse sich ein Jeglicher taufen auf den Namen Jesu Christi, zur Vergebung der Sünde, so werdet ihr empfangen die Gabe des heiligen Geistes. Denn euer und eurer Kinder ist die Verheissung, und Aller, die ferne sind, welche Gott, unser Herr, herzurufen wird." (Apost. Gesch. 2. 38. 39.) Dazu heisset auch der Herr Christus selbst die unmündigen Kinder zu sich bringen und spricht ihnen mit Worten und Werken das Himmelreich zu, wie geschrieben stehet: „und sie brachten Kindlein zu Ihm, dass Er sie anrührete," etc. (Marc. 10, 13—16.) Aus diesen Worten ist offenbar, dass auch unsre Kinder im Reiche und Bunde Gottes sind und desshalb auch die Taufe als das Siegel des Bundes empfangen sollen, obwohl sie die Bedeutung des Sacramentes noch nicht verstehen. Darum zweifelt nicht, sondern glaubt zuversichtlich, dass der Herr auch diese(s) gegenwärtige Kind(er) wohlwollend aufnehmen, es (sie) mit Armen seiner Barmherzigkeit umfassen, ihm (ihnen) den Segen des ewigen Lebens geben und es (sie) zu(m) Miterben Seines himmlischen Reiches machen werde. So lasset uns denn Ihm gläubig und andächtig dafür danken und also beten:

Allmächtiger, ewiger Gott! Himmlischer Vater! Wir sagen Dir demüthig Dank, dass Du uns gewürdiget hast, uns zur

Erkenntniss Deiner Gnade und zum Glauben an Dich zu berufen. Vermehre diese Erkenntniss und lass uns immer fester werden in diesem Glauben. Verleihe auch diesem Kinde (diesen Kindern) Deinen heiligen Geist, dass es (sie) wieder geboren und ein Erbe (Erben) der ewigen Seligkeit werden möge(n), durch unsern Herrn Jesum Christum, der mit Dir und dem heiligen Geiste lebt und regieret jetzt und immerdar. Amen.

Unser Vater u. s. w.

Bekennet auch mit mir die Artikel unseres christlichen Glaubens:

Ich glaube an Gott, Vater, den u. s. w.

Und an Jesum Christum, Seinen eingebornen Sohn u. s. w.

Ich glaube an den heiligen Geist, u. s. w.

Begehret ihr denn, Geliebte in dem Herrn, aus wahrem Glauben an die Verzeihung Gottes in Jesu Christo, welche uns und unsern Kindern gegeben ist, dass Er nicht allein unser, sondern auch unserer Kinder Gott sein wolle, bis ins tausendste Glied, dass dieses Kind (diese Kinder) darauf getauft werde(n) und die Versiegelung der Kindschaft Gottes empfange(n), so antwortet: Ja.

Versprechet ihr, die Aelteren (der Vater) des Kindes vor Gott und diesen Zeugen, dass ihr dasselbige christlich erziehen und ihm nach eurem Vermögen zur Erkenntniss und Ausübung des Christenthums behülflich sein wollt, so antwortet: Ja.

Nachdem das Haupt des Kindes entblösst ist und der Geistliche von den Taufzeugen erfahren hat, wie es benannt werden soll, benetzt er das Haupt des Kindes mit dem Wasser und spricht:

N. N. Ich taufe dich im Namen Gottes, des Vaters, des Sohnes und des heiligen Geistes. Amen.

Lasset uns Gott dem Herrn danken:

Allmächtiger, barmherziger Gott und Vater, wir sagen Dir Lob und Dank, dass Du uns und unsern Kindern in Deinem lieben Sohne Jesu Christo alle unsere Sünden verziehen und uns durch Deinen heiligen Geist zu Gliedern Seines Leibes und zu Kindern Deines Hauses angenommen, diess Alles aber mit der heiligen Taufe versiegelt und bekräftiget hast. Wir bitten Dich, dass Du auch dieses Kind (diese Kinder) mit Deinem heiligen Geiste wollest allezeit regieren, auf dass es (sie) christ-

lich und gottselig auferzogen werde(n) und in dem Herrn Jesu
Christo wachse(n) und zunehme(n), auf dass es (sie) Deine
väterliche Güte und Barmherzigkeit, die Du ihm (ihnen) und
uns Allen bewiesen hast, bekennen und in aller Gerechtigkeit
leben, wider die Sünde und Finsterniss ritterlich streiten und
siegen möge(n), Dich und Deinen Sohn Jesum Christum sammt
dem heiligen Geiste ewiglich zu loben und zu preisen. Amen.

Geliebte in dem Herrn! Weil ihr euch dieses Kindes (dieser
Kinder) angenommen und es (sie) dem Herrn heute dargebracht
habt, so gedenket, dass unser Gott ein wahrhaftiger Gott ist
und will, dass wir Ihm in der Wahrheit dienen. Desshalb
sollt ihr, Freunde und Verwandte, insonderheit aber ihr, der
Vater und die Gevattern, allen Fleiss anwenden, dass diess
Kind (diese Kinder) in rechter Erkenntniss und Furcht Gottes,
nach dem Glauben und der Lehre der christlichen Kirche, welche
im A. und N. T. geoffenbaret ist, auferzogen werde(n) und
wenn es (sie) zu Verstande kommt(en), ermahnen, dass es (sie)
durch Empfahung dieses göttlichen Bundeszeichens und Siegels
in der heiligen Taufe vor dem Angesicht Gottes, Seiner hei-
ligen Engel und der christlichen Gemeinde, der Welt und ihren
Lüsten, sowie den Werken der Finsterniss abgesagt und sich
dem Herrn ergeben habe(n) und versprochen, Ihm sein (ihr)
Leben lang in aller Heiligkeit und im Gehorsam Seines Evan-
gelii zu dienen. Das verleihe euch und ihm (ihnen) der ewige
Vater unseres Herrn Jesu Christi. Amen.

Der Herr segne euch u. s. w.

Ordnung der Taufe Erwachsener.

Unsere Hülfe u. s. w.

G. i. d. H.! Indem unser Herr u. s. w. (p. 131).

Da ihr nun hier erschienen seid, nachdem durch das Wort
der Lehre und Verheissung, das ihr vernommen, die Zuver-
sicht euch aufgerichtet worden, wie auch ihr berufen seid zu
der Heerde Jesu Christi und zu den Gnadengütern Seines Rei-
ches, so vernehmet nun die Worte des Evangeliums, die von
Johannes im 3. Cap. vom 1 — 8. Verse geschrieben worden:
„Es war aber ein Mensch" etc. — Also ist ein Jeglicher, der
aus dem Geist geboren ist."

Ihr hört, G., in diesem Evangelio die ausdrücklichen Worte
unseres Heilandes Jesu Christi und ersehet daraus die Noth-

wendigkeit dieses Sacramentes, wo man es haben mag. Deshalb gab auch der Apostel Petrus denen, welchen seine erste Predigt des Evangelii zu Herzen ging, und die ihn und die übrigen Apostel fragten: „Ihr Männer, lieben Brüder, was sollen wir thun?" diese Antwort: „Thut Busse und lasse sich ein Jeglicher taufen, zur Vergebung eurer Sünden, so werdet ihr die Gabe des heiligen Geistes empfahen, denn euer und eurer Kinder ist die Verheissung, und Aller, die noch ferne sind, welche Gott, unser Herr, herzurufen wird. Auch mit vielen andern Worten bezeugte er dasselbe, ermahnte sie und sprach: Lasst euch helfen von diesen unartigen Leuten." (Apostelgesch. 2, 37—40.) Denn wie derselbe Apostel an einem andern Orte versichert, so macht uns nicht das Wasser in der Taufe selig, nicht das Abthun des Unflaths am Fleisch, sondern der Bund eines guten Gewissens mit Gott, durch die Auferstehung Jesu Christi. (1 Petri 3, 21.) Lasset uns also nicht zweifeln, sondern fest glauben, dass Gott diese gegenwärtige(n) Person(en), die sich wahrhaftig bekehret (ren), und durch den Glauben zu Ihm kommet (en), in Gnaden annehmen und ihr (nen) die Vergebung ihrer Sünden, und Seinen heiligen Geist, und den Segen des ewigen Lebens ertheilen, und sie zu Erben Seines himmlischen Reiches machen wolle.

Da wir nun von der, in Seinem Sohne Jesu Christo auch dem(n) hier Gegenwärtigen bezeigten Liebe unsers himmlischen Vaters überzeugt sind, so lasset uns Ihm gläubig und andächtig danken und also sprechen:

Allmächtiger und ewiger Gott, unser himmlischer Vater! wir danken Dir demüthig, dass Du uns gewürdiget hast, uns zur Erkenntniss Deiner Gnade und zum Glauben an Dich zu berufen. Vermehre diese Erkenntniss in uns und lass uns in diesem Glauben immer stärker werden. Verleihe diesem(n), hier vor Dir Erschienenen, Deinen heiligen Geist, dass er (sie) wieder geboren und ein Erbe(n) Deines ewigen Reiches werde(n) durch unsern Herrn Jesum Christum, der mit Dir und dem heiligen Geiste ein einiger Gott, lebt und regieret, nun und in Ewigkeit. Amen.

Ihr habt vernommen, wie wir gebetet haben mit euch und für euch, dass der Herr Jesus Christus euch, der (die) ihr das Verlangen habt, die heilige Taufe zu empfahen, aufnehmen und segnen, auch von euren Sünden befreien und euch das Himmelreich und ewige Leben verleihen wolle; ihr habt gleichfalls gehört, dass unser Herr Jesus Christus in Seinem heiligen Worte verheisst, uns Alles zu gewähren, warum wir im Glauben Ihn gebeten haben. Nach dieser Verheissung sollt denn auch ihr, von eurer Seite in Gegenwart dieser Zeugen treulich geloben, allen Bösen gänzlich zu entsagen, an das heilige Wort Gottes beständig zu glauben und Seinen Geboten willig zu gehorchen. Ist diess denn eure Gesinnung und wollet ihr solches dem Herrn geloben, der euer Herz kennet und euer Wort vernimmt, so sprechet: Ja.

Bekennet nun auch mit mir die Artikel unseres christlichen Glaubens.

(Entweder wird von dem Täufling das apostolische Bekenntniss selbst ausgesprochen, oder der Geistliche spricht es und fragt: Glaubst du das? Worauf der Täufling zu antworten hat: Ja, ich glaube diess Alles!)

Allmächtiger, ewiger Gott, dessen geliebter Sohn Jesus Christus, zur Vergebung unserer Sünden Wasser und Blut aus Seiner Seite vergoss und Seinen Jüngern befahl, dass sie hingehen und alle Völker lehren und sie taufen sollten im Namen des Vaters, des Sohnes und des heiligen Geistes! Wir flehen zu Dir, erhöre die Gebete dieser Versammlung, heilige dieses Wasser zur geistigen Abwaschung der Sünden und verleihe, dass dieser von Dir Berufene, der damit getauft werden soll, die Fülle Deiner Gaben empfangen und beständig unter der Zahl Deiner gläubigen und auserwählten Kinder bleiben möge, durch Jesum Christum, unsern Herrn. Amen.

Unser Vater u. s. w.

Der Geistliche reicht dann dem Täufling die rechte Hand und stellt ihn neben das Taufbecken. Nachdem er dann von den Taufzeugen den Namen sich hat sagen lassen, benetzt er das niedergebeugte Haupt des stehenden oder knieenden Täuflings und spricht:

N. N. Ich taufe dich in dem Namen Gottes, des Vaters, des Sohnes und des heiligen Geistes. Amen.

Wir beten:

Wir sagen Dir demüthigen Dank, o himmlischer Vater, dass Du uns gewürdiget hast, uns zur Erkenntniss Deiner Gnade und zum Glauben an Dich zu berufen. Vermehre diese Erkenntniss und erhalte uns beständig in diesem Glauben. Gieb unserem neuen Bruder (Schwester) Deinen heiligen Geist, dass er (sie), der nun wiedergeboren und durch unsern Herrn Jesum

Christum zum Erben der ewigen Seligkeit gemacht worden ist,
auch Dein Diener immerfort bleiben und Deine Verheissungen
erlangen möge durch denselben Herrn Jesum Christum, Deinen
Sohn, der mit Dir in der Einigkeit desselbigen heiligen Geistes,
lebt und regiert in alle Ewigkeit. Amen.

Ihr aber, geliebter Bruder (Schwester) in dem Herrn, der
(die) ihr nun durch die Taufe Christum angezogen habt, und
durch den Glauben an Ihn ein Kind Gottes und des Lichtes
geworden seid, bedenkt, dass es eure Pflicht ist, eurem christ-
lichen Berufe gemäss, auch als ein Kind des Lichts zu wan-
deln; erinnert euch stes des Bekenntnisses, das die Taufe uns
vorhält und nach welchem wir dem Beispiele unseres Erlösers
Christi folgen und Ihm gleich werden sollen, indem wir, sowie
Er für uns gestorben und auferstanden ist, der Sünde abster-
ben, und der Gerechtigkeit leben, unsere bösen und verderb-
ten Begierden bekämpfen und unterdrücken, und täglich in aller
Tugend und Gottseligkeit des Wandels zunehmen. Amen.

Der Herr segne euch und behüte euch u. s. w.

Ordnung der Haustaufe.

Wenn bei grosser Schwachheit oder bei Erkrankung eines Kindes die
Taufhandlung nicht in der Kirche vorgenommen werden kann, so ist es
verstattet, auch im Hause dieses Sacrament zu spenden. Es wird, wo
irgend möglich, das kirchliche Taufgefäss in die Wohnung des Täuflings
zu senden und alsdann die Ordnung der kirchlichen Taufe insoweit abge-
kürzt zu befolgen sein, dass die bezüglichen Schriftworte, das Apostolische
Glaubensbekenntniss und die Fragen an die Aeltern und Gevattern doch
nicht fehlen dürfen. Ein freies Gebet, in welchem auf die besondern
Umstände Rücksicht genommen wird, beschliesst alsdann mit den Segens-
worten die heilige Handlung.

Wenn, um andrer Verhältnisse willen, eine Haustaufe vorgenommen
wird, so kann diess nur nach eingeholter Erlaubniss des Presbyteriums
geschehen, es muss alsdann ein Vorsteher zugegen sein und wird die Ord-
nung für die kirchliche Taufhandlung angewendet.

G. LA MANIERE DE RECEVOIR LES CATECHUMENES,

à la Confirmation du Voeu du Battême, et à la Participation de la Sainte Cène, lors qu'ils ont atteint l'âge de discretion. [1])

Ex Liturgia Neoburgensi.

Après que les Enfans ont été instruits en particulier pendant quelles semaines, et qu'ils ont rendu publiquement [2]) raison de leur Foi, ils font la promesse suivante devant la face de l'Eglise.

---

1) Sententiam Ecclesiae Reformatae de Confirmatione optime tibi aperiunt Liturgia Palatina ac Declaratio Thoruniensis (N. 683): „Unsere Kinder sollen von ihrem empfangenen Tauff, in wahrem Christlichen Glauben und Buss unterrichtet werden, auf dass, ehe sie zum Tisch des Herrn zugelassen werden, sie für der ganzen Christlichen gemein ihren Glauben bekennen. Dieser Gebrauch, den Catechismum zu treiben, so aus dem Befelch Gottes seinen Ursprung hat, ist so lang in der Christlichen Kirchen geblieben, bis dass der leidige Satan durch den Antichrist, den Bapst, wie alle andere gute Ordnungen auch diese zerrissen und anstatt derselben sein Schmierwerk und Backenstreich und andere Greuel hat gesetzet, welche er die Firmung nennt." — „Credimus probabile esse, Impositionis manuum Doctrinam, quae Heb. 6, v. 12. iungitur Doctrinae Baptismatum, referri ad Curam illam Ecclesiae, qua pueri in Doctrina Catechetica instituti, priusquam admitterentur ad Sacrae Coenae participationem, Ecclesiae sistebantur, de fide sua responsuri, et precibus Deo commendabantur, adiecto Ritu manuum Impositionis, qui Actus erat orantium et benedicentium tempore Patriarcharum, et deinceps usitatus. Hanc Orationem et commendationem adulti fidelis ad Deum, post legitimum examen, Confirmationem vocari facile permittimus, sicut etiam Ritus ipse in Ecclesiis nostris rite servatur." Neque tamen in omnibus. Gemberg l. c. p. 125. Sack. l. c. p. 255: „Christlichen Catechumenen- und Confirmandenunterricht giebt es in Schottland nicht, da es keine Confirmation giebt, diese als etwas Unschriftmässiges nicht anerkannt wird. — — Uebrigens ist doch etwas dem Konfirmanden - Unterrichte Analoges. Nämlich ungefähr zwei Monate vor der halbjährigen Communion wird diese in den Kirchen abgekündigt und dann melden sich die jungen Leute, die zum ersten Male an der Sacramentsfeier Theil zu nehmen wünschen, und werden geprüft und von den fleissigeren Geistlichen auch noch in wöchentlichen Zusammenkünften belehrt. Manche Pfarrer beschäftigen sich sechs Monate vorher mit den Neokommunikanten. Darauf werden sie, sind sie reif befunden, ohne Confirmation zum Tische des Herrn zugelassen." Apud Batavos rediit ecclesia ad Confirmationis consuetudinem: nam legis necessitudine nondum praescripta est. l. c. p. 66: „Da kein Zwang sich confirmiren zu lassen, vorhanden, und die kirchliche Aufsicht besonders in den grösseren Stadtgemeinden sehr gering ist, so lebt und stirbt ein grosser Theil der Christen, vorzüglich von dem geringeren Volk, ohne ein christliches Glaubensbekenntniss abgelegt zu haben, ohne also christliches Gemeindeglied (Lidmat) zu sein. Wer kein Lidmat ist, kann freilich keinen Kirchendienst bekleiden und in keine kirchliche Armenanstalt Einlass erhalten. — — Nicht gering war meine Verwunderung, als ich bei der öffentlichen Bestätigung neuer Lidmaten stets viele Erwachsene, oft selbst Männer und Frauen von 60—70 Jahren erblickte."

2) Fliednerus l. c. p. 65: „Die C. geschieht ohne alle Feierlichkeit im

Nous ratifions et nous confirmons le Voeu de nôtre Battême. Nous renonçons au Diable et à ses oeuvres, au Monde et à sa pompe, à la chair et à ses convoitises. Nous promettons de vivre et de mourir dans la Foi Chrêtienne, et de garder les Commendemens de Dieu tout le tems de nôtre vie.

Après que cela a été recité par l'un d'eux, on leur demande:

Est-ce là ce que vous promettez-tous devant Dieu et devant son Eglise? [1]

℞. Ouy.

Le Ministre dit: Dieu vous fasse la Grace d'accomplir cette promesse. [2]

Le Ministre continue ainsi:

Ensuite de cette promesse, et dans l'esperance que vous l'accomplirez réligieusement, je vous reçois au nombre des fidèles adultes, et je vous donne la liberté de participer en cette qualité au Saint Sacrement de la Cène. Et vous, Chrê-

---

Hause des Predigers vor Einem oder zwei Aeltesten. Nach einer Synodal-Verordnung von 1816 sollen alle privatim Confirmirten wenigstens öffentlich vor der Gemeinde bestätigt werden."

1) Ebrardus in Codice suo Reformato p. 232 sq. unam exhibet Confirmationis formulam „secundum libri Neoburgensis normam exaratam." Multa tamen addidit, alia rescidit, alia mutavit, denique piam ac laudatissimam condidit liturgiam. Confirmandi interrogantur: „Ist diess euer aller Glaube? Habet ihr die Lehren, in welchen ihr nach dem Lehrbegriff unserer nach Gottes Wort reformirten Kirche unterwiesen seid, als in Gottes ewigem und heiligen Wort begründet erfunden und in solcher Lehre des göttlichen Wortes den einigen Weg zur Seligkeit erkannt? Wollet ihr bei diesem Bekenntniss treu verbleiben mit euerm Glauben und Wandel, der Sünde ernstlich absagen und Christo euerm Heilande euer ganzes Leben und euch selbst zu eigen geben? Gelobet ihr auch, euch der Ordnung und Zucht der Kirche allezeit willig zu unterwerfen?" — Fliednerus l. c. p. 65: „Der Prediger legt ihnen nach der Predigt die Fragen vor: 1) Ob sie von Herzen an die Lehre glauben, welche sie bekannt haben? 2) Ob sie auch den Vorsatz gefasst haben, bei dieser Lehre durch Gottes Gnade zu bleiben, die Sünde zu verlassen und ein christliches Leben zu führen? 3) Ob sie sich der kirchlichen Aufsicht unterwerfen und im Fall sie sich vergehen sollten, der Kirchenzucht?

2) Ebrardus: Der Pfarrer wendet sich zu den Presbytern: „Gebet ihr als die verordneten Aeltesten und Aufseher dieser Gemeinde auf dies von euch angehörte Bekenntniss dieser Söhne und Töchter hin, euere Zustimmung, dass dieselben durch Bestätigung ihres Taufbundes in die christliche Gemeinde aufgenommen werden, so antwortet mit Ja." Die Presbytern: Ja. (Zu den Confirmanden:) So bestätiget euer Gelübde in die Hand der Aeltesten. Die Confirmanden geben der Reihe nach jedem Aeltesten die rechte Hand.

tiens, qui étes ici présens, je vous prens à têmoins de la promesse que ces Jeunes gens ont faite; et je vous exhorte à les regarder desormais comme vos frères, qui sont participans avec vous de la même Grace, à leur rendre tous les devoirs de la Charité Chrêtienne, et à prier Dieu pour eux.

Cela étant fait on adresse aux Catéchumènes une Exhortation, dont la forme est à la discretion du Ministre: Et quand elle est finie, les Catéchumènes se mettent tous à genoux, et le Ministre lit la Prière suivante: [1])

Dieu Tout-Puissant, nous te benissons, de ce qu'il t'a plû de nous appeller à ta connoissance, et en particulier de ce qu'ayant fait la Grace à ces Enfans de naître dans ton Eglise, et d'y être introduits par le Battême, tu leur as fait celle de parvenir à un âge de raison, et de passer aujourd'huy du rang des enfans à celuy des fidèles adultes. Nous te prions que, comme ils viennent de se consacrer à Toi en confirmant le Voeu de leur Battême, et d'être admis à la Communion du Sacrement de la Mort de ton Fils, tu ratifies dans le Ciel ce que nous venons de faire en ton Nom et dans ton Eglise. Reçois les, Seigneur, et les beni; et que ta Grace soit avec eux dès maintenant et à jamais: Amen.

O Dieu très-bon, Pere de Grace; fai qu'ils persevèrent constamment dans la Profession sainte où ils viennent d'entrer; ensorte qu'ils ne soient pas seulement Chrêtiens par leur naissance et par leur Battême, mais qu'ils le soient desormais par connoissance et par choix. Puis qu'ils viennent de renoncer au Diable et à ses oeuvres, au Monde et à sa pompe, à la chair et à ses convoitises; que le Prince de ce Siècle n'ait rien en eux; et que dès leur jeunesse leur Foi soit victorieuse du Monde, de la chair et de tous ses mauvais desirs.

Pere saint, garde les en ton Nom, et les préserve du mal. Sanctifie les par ta Verité; ta Parole est la Verité. Garanti les de la contagion du siècle; ne permets pas que les Instructions qu'ils ont reçûes, et que la promesse qu'ils viennent de te faire s'effacent jamais de leur mémoire. Ne permets pas que ces bons sentimens que tu leur as donné se perdent dans le commerce du Monde. Augmente les plûtôt, et fai que ces

1) Ebrardus: Die Confirmanden treten einzeln oder zusammen, je nachdem es Sitte ist, herzu, knien nieder und der Pfarrer spricht unter Handauflegung über jeden einen freigewählten Segensspruch.

jeunes plantes croissent et fructifient abondamment, en lumière, en foi, en sainteté et en consolation tous les jours de leur vie. Que cette nouvelle génération soit meilleure que ses Peres, et que ces Enfans, après avoir servi en ce monde aux desseins de ta Providence, obtiennent de ta Bonté le Salut éternel: Amen.

Nous te prions, Seigneur, pour toute la Jeunesse de cette Eglise. Beni les instructions qu'on luy donne; préserve la de la corruption et la sanctifie, afin que nos enfans soient un jour des ornemens dans ta Maison, et les héritiers de ton Royaume.

Donne nous à tous, aux jeunes et aux vieux, aux grands et aux petits, de bien considerer ce que c'est que d'être Chrêtiens; et de nous representer sans cesse, quel voeu, quelles promesses, quelle profession solemnelle nous avons tous faite par nôtre Battême, aussi bien que par la Communion au Saint Sacrement: Amen.

Dieu Tout-puissant, exauce nous. Exauce les Prières de cette Jeunesse qui est icy prosternée devant Toi; et celles de nous tous qui t'invoquons, qui t'adorons, qui te glorifions, et qui te demandons Grace par Jesus Christ, qui nous a commandé de te prier ainsi.

Nôtre Pere, qui es aux cieux; etc.

Après l'Oraison Dominicale, on finit par la Benediction que l'on donne aux Catéchumènes en cette forme.

La Benediction du Seigneur Dieu Tout-puissant, du Pere, et du Fils, et Saint Esprit, soit et demeure éternellement avec vous tous: Amen.

H. EX LIBRO TH. HUGUES.

Nachdem die aus der Gemeinde angemeldeten Kinder den nöthigen Unterricht von dem Geistlichen empfangen haben, sollen sie öffentlich vor der Gemeinde confirmirt werden. Sie müssen wenigstens das vierzehnte Lebensjahr zurückgelegt und in der christlichen Erkenntniss solche Fortschritte gemacht haben, dass sie über ihren Glauben Rechenschaft abzulegen im Stande sind. Es soll der Regel nach nur einmal im Jahre eine Confirmation Statt finden, und zwar in der Zeit vor Ostern, damit die Confirmirten an dem allgemeinen Genuss des Abendmahls mit der ganzen Gemeinde Theil nehmen können. Der Sonntag Palmarum ist der geeignetste Tag dazu, sobald die Gemeinde am Charfreitage das Abendmahl feiert; der grüne Donnerstag kann gewählt werden, wenn die Abendmahlsfeier am ersten Ostertage Statt findet. An dem vorhergehenden Sonntage, Nachmittags, oder an einem dazu bestimmten Wochentage, soll

Die Prüfung der Confirmanden

vorgenommen werden. Es versammelt sich dazu die, bei den vorhergegangenen Gottesdiensten dazu aufgeforderte Gemeinde, insonderheit die Eltern der Kinder und das gesammte Presbyterium, in der Kirche. Die Confirmanden erhalten einen Platz in der Nähe des Altartisches. Ein Gesang leitet die Handlung ein, nach dessen Beendigung sich der Geistliche vor den Altartisch stellt, die Kinder treten um ihn her; er eröffnet die Prüfung mit einem freien Gebet und beschliesst sie mit einer ermahnenden Anrede an die Kinder, worauf das Unser Vater, ein kurzer Gesang und der Segen die Handlung beendet.

Die Confirmationshandlung selbst.

Einleitender Gesang, vor dessen Beendigung der Geistliche sich vor den Altartisch stellt. Die Confirmanden sitzen auf oder neben dem Chor.

Die Gnade unsers Herrn Jesu Christi, die Liebe Gottes, und die Gemeinschaft des heiligen Geistes sei mit uns Allen! Amen.

Es folgt über einen frei gewählten Text eine kurze Ansprache an die Gemeinde, hinleitend auf die Bedeutung der bevorstehenden heiligen Handlung und zuletzt die Confirmanden besonders berücksichtigend. (Wenn die Zahl der Confirmanden nur gering ist, so kann auch diese Rede auf der Kanzel gehalten werden.) Ein kurzer Gemeindsgesang, während dessen die Kinder sich vor dem Altartische aufstellen, die Knaben auf der einen, die Mädchen auf der andern Seite.

Meine lieben Kinder! So frage ich euch denn: Erneuert ihr hier, in Gegenwart Gottes und vor dieser Gemeinde, das feierliche Versprechen und Gelübde, das in eurem Namen bei eurer Taufe gethan worden ist? Bestätigt und bekräftigt ihr dasselbe und haltet ihr euch verbunden, alles dasjenige zu glauben und zu thun, was eure Taufzeugen damals für euch auf sich nahmen? So antwortet laut und vernehmlich: Ja.

Leget nun selbst das Bekenntniss eures Glaubens ab.

(Einer der Confirmanden spricht das apostolische Glaubensbekenntniss.

Ausserdem können sämmtliche Confirmanden von ihnen ausgearbeitete Um-
schreibungen-des apostol. Glaubensbekenntnisses der Reihe nach hersagen [1]),
doch muss jedenfalls dann der Letzte das apostolische Glaubensbekenntniss
aussprechen, wornach der Geistliche fragt:)

Glaubet ihr das Alle? Ja.

Lasset uns beten:

Allmächtiger, ewiger Gott! Der Du diese Deine Kinder
aus dem Wasser und dem heiligen Geist wiedergeboren und
ihnen Vergebung ihrer Sünden geschenkt hast! Stärke sie, wir
bitten Dich, o Herr, durch den Tröster, den heiligen Geist,
vermehre täglich in ihnen die mannichfaltigen Gaben Deiner
Gnade, den Geist der Weisheit und des Verstandes, den Geist
des Raths und der Kraft, den Geist der Erkenntniss und der
wahren Frömmigkeit; erfülle sie, o Herr, mit dem Geist der
heiligen Furcht vor Dir, nun und in Ewigkeit. Amen.

Dann knieen alle nach der Ordnung nieder, und es legt der Geistliche
jedem besonders die Hand auf das Haupt und spricht:

Beschütze, o Herr, dies Dein Kind in Deiner grossen Barm-
herzigkeit, dass es immerdar Dein bleiben und täglich mehr
und mehr an den Gaben Deines heiligen Geistes zunehmen
möge, bis es in Dein ewiges Reich kommt. Amen.

(Es ist dem Geistlichen verstattet, bei jedem Kinde einen besondern
Segenswunsch, wo möglich mit Bibelworten, die den Umständen des Ein-
zelnen angepasst sind, auszusprechen.)

Unser Vater, der Du bist, u. s. w.

Freies Schlussgebet aus dem Herzen.

Der Herr segne Dich und behüte Dich, etc.

1) Cf. Cod. Lit. II. p. 301 sq.

CAPUT III.

De Sacramento Eucharistiae.

Cum in omni religionis actione relucere debeat coelestis
quaedam maiestas, tum vero in coenae celebratione.
                                             Calvinus.

ACTION ODER BRUCH DES NACHTMALS, GEDÄCHT-
NUSS ODER DANKSAGUNG CHRISTI,

wie sy uf ostern zu Zürich angehebt wirt im jar, als man zält
MDXXV. [1])

Christus Matth. XI, 28:

Kummend zu mir alle, die arbeitend und beladen sind, und ich will
üch ruw geben.

Allen christgläubigen entbütend wir, die zu Zürich das wort gottes
zudienend, und hirten gnad und frid von gott.

---

1) Iam anno 1524 parochi Turicenses, reformatis sacris addicti, ab senatu
urbis flagitarunt, ut, Missa prorsus deleta, coenae Dominicae celebrationem ad
novae doctrinae ingenium adaptari pateretur. Restiterunt magistratus postula-
tioni cunctabundi, quum ageretur de re gravissima, omni digna consideratione
ac circumspectione. Tandem, mensibus aliquot praeterlapsis, parochis et ma-
gistris, novitia sacra iterum iterumque petentibus, indulserunt senatus Turicenses
maior et minor, ut insequente feria quinta in coena Domini (1525) eucharistia
celebraretur modo ac more Cingliano. Ipse Cinglius novatum ritum proprio
libello, codici nostro inserto, civibus exposuerat ac commendaverat. Hanc
scriptionem commemorat Bullinger l. c. I. p. 263: „Die formm des Nachtmahls
ist nicht nur gedruckt, sunder jedermann diser Landen bekannt. —— Und wie
es in der Statt gebrucht, also ward es durch die ganze Landschaft ouch ange-

Nach langem irrsal und finsternuss fröuwend wir uns, allerliebsten brüder, des rechten wegs und liechts, das uns gott, unser himmelischer vater, durch sin gnad eroffnet hat. Welches ouch von uns so vil höher geachtet, mit so vil grösseren begirden angenommen und umfangen wirt, so vil uns der irrsal schädlicher und gefarlicher gsyn ist. Wiewol aber sich unzallich viel irrsals bishar mit schaden des gloubens und liebe zugetragen hat; ist doch, als uns bedunkt, nit der mindst in missbruch dises nachtmals beschehen. Welches wir nach langer gefängnuss, glych als die kinder Israels zu den zyten Ezechiä und Josiä, der küngen, das Osterlamm, durch hilf gottes, als wir hoffend, wider erobert und in siren rechten bruch gesetzt habend; und diss sovil das nachtmal in jm selbs betrifft. Dann der mitloufenden ceremonien halb möchtind wir villycht etlichen zu vil, etlichen zu lützel gethon haben geachtet werden. In disem aber habe ein jedliche kilch jr meinung; dann wir desshalb mit nieman zanken wöllend. Dann was schaden und abfürungen von gott us vile der ceremonien bishar erwachsen sygind, wüssend alle glöubigen one zwyfel wol. Desshalb uns beducht hat, euserem volk im bruch dises nachtmals (weliches dann ouch ein ceremoni, doch von Christo yngesetzt, ist), so wenig wir immer möchtind, ceremonien und kilchengepräng für zeschryben; damit nit dem alten irrsal mit der zyt wider statt ggeben wurde. Doch damit die sach nit gar dürr und rouw verhandlet, und der menschlichen blödigkeit auch etwas zuggeben wurde; habend wir (wie sy hie bestimmt) söliche ceremonien, zu der sach dienende, verordnet, die wir zu geistlicher des todts Christi gedächtnuss, zu meerung des gloubens und brüderlicher trüw, zu besserung des lebens und verhütung der lastren des menschen herz etlicher mass zu reizen fürderlich und geschickt syn gemeint habend. Indem wir aber andrer kilchen mee ceremonien (als villycht jnen füglich und zu andacht fürderlich), als da sind gesang und anders, gar nicht verworfen haben wellend; dann wir hoffend, alle wächter an allen orten sygind dem herren zu buwen und vil volks ze gewünnen allweg geflissen. Wir hand ouch (diewyl diser gedächtnuss des lydens Christi und danksagung sines tods ein gemeinsame der christen und unschuldig fromm leben nachfolgen soll) von

nommen: ussgenommen, das an vilen orten das Sacrament in der Kilchen nitt wird umgetragen, alls da man mangel an dieneru hat, sunder das volk gadt zu des herren tisch. Sunst ist es allenthalben glych und einerlei." Neque posteri ab hac Cingliana liturgia recedere ausi sunt. Collatae sunt igitur Agendae Turicenses, subsequentibus saeculis conditae: praeterea liturgia Cingliana, quae efficit appendicem libri: Expositio fidei. Iuvat adnotare, nos secutos esse Niemeyeri scripturam, ex Codice Turicensi, ab Fritzschio benevole patefacto, correctam. Littera L. in iis quae sequuntur significat formulam Expositionis a Leone Iudae in sermonem vernaculum translatam.

disem nachtmal us göttlichem angeben in willen, alle die, so den lyb Christi mit unlydlichen mohen und macklen verunreinend, uszeschliessen. In was gstalt aber sölichs geschehen werde (diewyl die zyt uns jez ze kurz worden ist), wirt hernach in einem sunderen büchlin zu verston geggeben werden. Die Gnad Christi sye mit üch allen!

Ein vorred.

Sytmal ein lange zyt har us gottes wort stark und klar gnug, herfür bracht, dass das nachtmal Christi treffennlich missbrucht ist; so wirt not syn, dass alles, so dem göttlichen wort unglychförmig, dannen gethan werde. Und so dise widergedächtnuss ein danksagung und frolocken ist dem allmächtigen gott um die gutthät, die er uns durch sinen sun bewisen hat, und, welcher in disem fest, mal oder danksagung erschynt, sich bezügt, dass er deren sye, die da gloubind, dass sy mit dem tod und blüt unsers herren Jesu Christi erlöst sind; so söllend sich uf den hohen donnstag das jüngste volk, das jez glöubig und in erkanntnuss gottes und sines worts kommen, und dise danksagung und nachtmal began will, in das gefletz, so zwyschend dem chor und dem durchgang ist, fügen, die mannsbild zu der gerechten, die wybsbild zu der linken hand, und die andren sich uf dem gewölb, porkilchen und an andern orten enthalten. Und so die predig beschicht, wird man ungeheblet brot und wyn ze vorderst im gefletz uf einem tisch haben, und dennach den vergriff und handlung Christi, wie er dise widergedächtnuss yngesetzt hat, mit offenlichen verständlichen tütschen worten (wie hernach folgt) erzälen; und demnach durch verordnete diener das brot in hölzernen breiten schüsslen harum tragen von einem sitz zu dem anderen, und da einen jeden mit siner hand lassen einen bitz oder mundvoll abbrechen und essen; ouch demnach mit dem wyn glycherwys harum gan; also dass sich nieman ab sinem ort muss bewegen. Und so das beschehen ist, wirt man mit offnen hellen worten gott lob- und danksagen mit hoher verständlicher stimm; da soll dann die ganze menge und gemeind zu end des beschlusses „Amen" sprechen. Am karfrytag söllend sich die, so mittels alters sind, an das genannt ort des gefletzes fügen, und die danksagung glycherwys beschehen, doch wyb und mann geteilt, wie obstat. Am ostertag derglychen die alterältisten. Die schüsslen und becher sind hölzin, damit der pracht nit wider kömme. [1]) Und diese ordnung

---

1) Bullingerus capiti Confessionis Helveticae secundae subiunxit articulum de vestibus et vasis in coena, posthac expunctum (cf. Niemeyer l. c. p. 523): „Vestes et vasa a ministris in coena usurpari docemus vulgaria et tamen munda atque honesta. Dixit beatus Antistes Ambrosius, Aurum sacramenta non quaerunt, neque auro placent, quae auro non emuntur. Ideoque in ecclesiis

werdend wir, so feer es unseren kilchen gefallen wirt, vier mal im jar bruchen, zu ostren, pfingsten, herbst, wienacht.

Action oder bruch des nachtmals, gedächtnuss und danksagung Christi, wie sy uf osteren zu Zürich angehebt wirt im jar MDXXV.

Der wächter oder pfarrer keere sich gegen dem volk, und mit luter verständlicher stimme bete er diss nachfolgend gebet: [1])

nostris panis domini imponitur mensae domini in canistro vimineo, et defertur ad populum a mensa in ligneis patinis non in aureis ut vocant pateris, ita sanguis domini non distribuitur in calicibus aureis, sed in poculis et ipsis ligneis. Docemus enim Deo non probari luxum, sed moderationem, et curandam atque contemplandam esse in usu Sacramentorum non materiam, sed mysterium. Ideoque portabili et lignea quoque mensa utimur, aras omnes eliminavimus. Quoties vero in anno coena domini celebranda sit ecclesiae cuiusque arbitrio et voluntati permittimus, modo hic sua libertate non abutatur."

[1]) Exp. P.: „Primo praedicatur satis longo sermone beneficium dei quod nobis per filium suum impendit, et trahitur populus ad eius rei cognitionem et gratiarum actionem. Eo finito, ponitur mensa ante chorum, ut vocant, pro gradibus, ea sternitur mantili, imponitur panis azymus et vinum in crateras funditur. Deinde prodit Pastor cum duobus ministris, qui omnes convertuntur ad populum, ita ut Pastor sive episcopus in medio illorum stet non alia veste, quam quae vulgo usitata est honestis viris et ministris ecclesiae. Tunc sic orditur Pastor alta voce, lingua vero non Latina sed vulgari, quo omnes intelligant quod agitur In nomine Patris et Filii et Spiritus sancti. Respondent ministri nomine et loco totius ecclesiae, Amen. Pastor, Oremus. Nunc genua flectit ecclesia. Omnipotens aeterne deus, etc." L.: „Vor allen Dingen leert der Diener mit trüwen us dem Evangelio, was grosser trüw, liebe und barmherzigkeit gott dem menschlichen geschlecht bewiesen und wie er es durch den tod Jesu Christi seines geliebten suns, von sünden gereiniget und zu erben des ewigen lebens gemacht; ouch wie er in zu der spys des lebens geordnet habe, wie man warlich das fleisch und blut des suns den menschen zu ewigem leben esse und trinke, wie da kein üssere sich'bare fleischliche buchspys sye, wie die himmelische spys allein mit dem glouben genutzt werde; item wie der herr sin testament und ordnung gestellt sine himmelischen güter ze empfahen, die wiedergedächtnuss sines bittern Todes ze begon und sines heiligen lybs und bluts sacrament mit rechtem glouben, ungefärbter Liebe, grossem lob und hoher dankbarkeit, mit grossem ernst und rechter zucht ze üben und ze bruchen gesetzt und befohlen habe. Demnach bekennt und vergicht menglich sin sünd, bittet gott um verzyhung, wie nach der predig ze thun gewonlich ist. So stat dann vor in der kilchen an dem ort, do etwann die messischen altär gestanden sind, ein tisch mit einem lyninen reinen tuch bedeckt, und daruf das ungeheblet brot und die becher mit wyn. Do ist gar nüt verachtlichs unrein und unbrüchlich; aber alles one pracht und hochfart. Do ist kein syden, gold noch silber; doch alles suber und rein. Um den tisch harum stond die diener der kilchen, die die schüsslen, darin das brot der Danksagung liit und die becher harum der gemein fürtragend. Die Gemeind

O allmächtiger ewiger gott! den alle geschöpfden billich
eerend, anbetend und lobend als jren Werkmeister, schöpfer
und vater, verlyh uns armen sünderen, dass wir din lob und
danksagung, die din eingeborner sun, unser herr und erlöser
Jesus Christus, uns glöubigen zu gedächtnuss sines tods zu
thun geheissen hat, mit rechter trüw und glouben vollbringind.
Durch denselben unseren herren Jesum Christum, dinen sun,
der mit dir lebt und rychtnet in einigkeit des heiligen geistes,
gott in die ewigheit. Amen. [1])

Der diener oder leser spreche mit luter stimm also: [2])

(Das alles mag der pfarrer allein thun, wo er nit geschickte
diener hat.) [3])

Das jez gelesen wird, stat in der ersten Epistel Pauli zun
Cor. XI, 20 ff.

So jr zusammen kommend an eim ort, so esset jr nit des
herren nachtmal; etc. — so er den lychnam des herren nit
entscheidet. [4])

Hie sprechind die diener mit der ganzen gemeind: Got sye
gelobt! [5])

Jez fahe der pfarrer an dem nachfolgenden lobgesang den ersten vers
an, und dann spreche das volk, mann und wyb, einen vers um den an-
dern. [6])

---

knüwet allenthalb durch die kilch hinweg; doch die mane besonders und die
wyber besonders, jeder an sinem ort, also dass er die action sehen und hören
mag. Dann stellet sich der pfarrer mit zweien diaconis hinter den Tisch gegen
der gemeind. Da stat jm ein diacon an der rechten, der ander an der linken
syten. Der pfarrer hebt an mit luter verständlicher stimm: Im Namen gott des
vaters etc. Antwurtend die diaconi im namen der ganzen kilchen: Amen.
Der Pfarrer spricht: Lassend uns beten: O Allmächtiger etc.

1) Ebrardus: „Der Introitus des gregorianischen Messcanons, welcher dem
Formular zu Grunde liegt.“ Sententiam viri docti non assequor. Exordium
Canonis efficit oratio: Te igitur clementissime pater etc. C. L. I. p. 82: sed du-
bito an alius quis indagare et odorari possit similitudinem cum precibus Cinglii.

2) Exp. Hic legit minister qui ad sinistram stat.

3) Libellus Cinglii in margine.

4) Consentit Zür. 529. Sed posteriorum temporum ordines ordiuntur a
versu 23.

5) L. Hie sprechend die diener: Gott sye Lob.

6) Exp.: „Tunc respondent ministri cum ecclesia: Laus Deo. Pastor I.:
Gloria in excelsis deo. Diaconus: Et in terra pax. Hominibus sana et tranquilla
mens. Hypodiaconus: Laudamus te, Benedicimus te. Et caetera usque ad finem

Der pfarrer: Eer sye gott in den höhinen!

Die mann: Und frid uf erden!

Die wyber: Den menschen ein recht gmüt!

Die mann: Wir lobend dich, wir prysend dich!

Die wyber: Wir betend dich an, wir vereerend dich!

Die mann: Wir sagend dir dank um diner grossen eeren und gutthät willen, o herr gott, himmelischer künig, vater allmächtiger!

Die wyber: O herr, du eingeborner sun, Jesu Christe, und heiliger Geist!

Die mann: O herr gott, du lamm gottes, sun des vaters, der du hinnimmst die sünd der welt. erbarm dich unser!

Die wyber: Der du hinnimmst die sünd der welt, nimm an unser gebet.

Die mann: Du, der du sitzest zu der gerechten des vaters, erbarme dich unser!

Die wyber: Wann du bist allein der heilig.

Die mann: Du bist allein der Herr.

Die wyber: Du bist allein der höchst, o Jesu Christe, mit dem heiligen geist in der eer gottes, des vaters.

Mann und wyb: Amen.

Jez spreche der diacon oder leser:[1] Der Herr sye mit üch!

Antwurte das volk: und mit dinem geist![2]

Der leser spricht also:[3] Das harnach us dem evangelio gelesen wirt, stat Joh. VI, 47 ff.

Antwurte das volk: Gott sye lob!

Jez fahe der leser an also:[4]

Warlich, warlich sag ich üch, welicher in mich gloubt

---

huius hymni compleatur alternis agentibus ministris, versum pro versu, ecclesia omnia intelligente, et prius admonita ut quisque secum quae dicuntur in pectore loquatur ac reputet, in conspectu dei et ecclesiae." Sane vero illa hymni angelici, Symboli ac Psalmi recitatio, ut ita dicam, dramatica, Cinglianae Liturgiae nota certa est et propria. Attamen, cum ipse mox alia praescripserit, manifestum est atque evidens, cultum divinum sacris illis virorum ac mulierum dialogis aliquantulum turbatum esse.

1) L. Der diener zu der rechten syten spricht also.

2) Exp. Respondent ministri.

3) Exp. Diaconus. L. Diener.

4) Exp. Diaconus: Sic locutus est Iesus. L. Der Diener: Also redt der Herr Jesus.

und vertruwt, der hat das ewig leben etc. — Die wort, die ich mit üch red, sing geist und leben. [1])

Dann so küsse der leser das büch und spreche: Das sye gott gelobt und gedankt! der wölle nach sinem heiligen wort uns alle sünd vergeben. [2])

Das volk spreche: Amen.

Jezt fange der fürnem diener an den ersten Vers. [3])

Ich gloub in einen gott.

Die mann: In den vater allmächtigen.

Die wyber: Und in Jesum Christum, sinen eingebornen sun, unsern herren.

Die mann: Der empfangen ist von dem heiligen géist,

Die wyber: Geboren ist us der magd Maria, [4])

Die mann: Gelitten hat under Pontio Pilato, gekrüzget, gestorben und vergraben. [5])

Die wyber: Ist hinab gefaren zu den höllen,

Die mann: Am dritten tag widerum uferstanden von den todten.

Die wyber: Ist ufgefaren in die himmel.

Die mann: Sitzt [6]) zu der gerechten gottes, vaters allmächtigen.

Die wyber: Dannen er künftig ist ze richten die lebendigen und die todten.

Die mann: Ich gloub in den heiligen geist,

Die wyber: Die heilig allgemeine christenlich kilchen, gemeinsame der heiligen. [7])

---

1) Synodus Turicensis, anno 1846 congregata, decrevit ut finem faciat evangelicae lectioni versus 58.

2) Omissa a. L. quippe quoniam redolent Romanam ecclesiam C. L. I. p. 125. Exp. Minister librum osculatur et dicit Pastor: Deo gloria qui iuxta verbum suum dignatur nobis remittere universa peccata nostra.

3) Exp. Respondent ministri: Amen. Pastor: Credo in unum deum. Diaconus: Patrem omnipotentem creatorem coeli et terrae. Hypodiaconus: Et in Iesum Christum filium eius unigenitum dominum nostrum, etc. usque ad finem symboli quod apostolicum vocant, quod perinde alternis vicibus recensent ministri alta voce atque prius hymnum scilicet Gloria in excelsis Deo. L. Der Pfarrer hebt wyter an den ersten Artikel des gloubens also.

4) L. Maria der Jungfrauen.

5) L. begraben.

6) L. Da er sitzt.

7) L. Die da ist ein gemeind.

Die mann: **Verzyhung der sünden.** [1]

Die wyber: **Urstände des lybs**

Die mann: **Und ewigs leben.**

Mann und wyb: Amen.

Dann spreche der diener: [2]

Jez wöllend wir, lieben brüder, nach der ordnung und ynsatz unsers herren Jesu Christi das brot essen und das trank trinken, die geheissen hat also bruchen zu einer widergedächtnuss, zu lob und danksagung dess, dass er den tod für uns erlitten und sin blut zu abwäschung unser sünd vergossen hat. [3] Darum erinner sich selbs ein jeder nach dem wort Pauli, was trosts, gloubens und sicherheit er in genannten unseren herren Jesum Christum habe; damit sich nieman für einen glöubigen usgebe, der es aber nit sye, und dadurch sich an dem tod des herren verschuldige; ouch nieman sich an der ganzen christenlichen gmeind (die ein lyb Christi ist) versündige. [4] Hierum so knüwend nieder und betend: [5]

Vater unser! [6] der du bist in den himmlen, geheiliget werd din nam. Zu komm din rych. [7] Din will, der gesche [8] uf erden wie im himmel. Gib uns unser täglich brot. [9] Vergib uns unser schuld; [10] als und wir vergebend unseren schuldneren. Und für uns nit in versuchung, sunder erlös uns vom übel. [11]

Das volk spreche: **Amen.** [12]

---

1) L. Ablass der sünden.

2) Exp. Pastoris invitatio ad coenam digne celebrandam. L. Nachdem man die Artikel des gloubens verjähen, hebt der Pfarrer an, das Volk zu dem nachtmal Christi rüsten und vermanen folgendermass.

3) Exp. contemnat et in eum peccet.

4) Apud Turicenses recentiores: — — vergossen hat und in uns Wohnung will machen und uns speisen, er der unsrer Seelen rechte Speise und unsers Lebens ewiger, rechter Quell ist.

5) Zür. 675 ac postea: Hierum so lasst uns beten.

6) Zür. 675. etc. unser Vater.

7) L. Zukomm uns.

8) L. beschech.

9) L. brot hüt.

10) L. schulden.

11) L. Zür. 535. 675 etc. vom Bösen.

12) Exp. Et cum ministri responderint Amen, iterum orat Pastor. L. Erhebend üwere herzen zu Gott und sprechend.

Jez bete der diener wieder also:

O herr, allmächtiger gott! der uns durch dinen geist in einigkeit des gloubens zu einem dinem lyb gemacht hast; welchen lychnam du geheissen hast dir lob und dank sagen um die gutthät und frye gab, dass du din eingebornen sun, unseren herren Jesum Christum, für unser sünd in den tod ggeben hast; verlych uns, dass wir dasselbig so getrüwlich thügind, dass wir mit keiner glychsnery oder falsch die unbetrognen warheit erzürnind. [1]) Verlych uns ouch, dass wir so unschuldiglich lebind, als dinem lychnam, dinem gsind und kinderen zimme; damit ouch die unglöubigen dinen namen und eer lernind erkennen. Herr behüt uns, dass din nam und eer um unsers lebens willen nieman geschwächt werde. [2]) Herr, meer uns allweg den glouben, das ist, das vertruwen in dich, [3]) du, der da lebst und rychnest, gott in die ewigkeit! Amen. [4])

Wie Christus dises nachtmal yngesetzt hab.

Der diener lese also:

Jesus an der nacht, do er verraten und in'n tod hinggeben ward, hat er brot genommen, [5]) und als er dank geseit, hat ers gebrochen, und geredt: Nemend, essend, das ist min lychnam; [6]) das thund miner zu gedenken. [7]) Desglychen hat er ouch (als das nachtmal geschehen was) das trank genommen, [8]) dank geseit, und jnen gegeben, sprechende: Trinkend us disem alle; das trank, das nüw Testament, ist in minem blut. So dick und vil jr das thund, so thunds minen zu gedenken;

---

1) Exp. offendamus aut irritemus.

2) Exp. Semper oramus: Domine etc.

3) Zür. 675 etc. omittunt: „das ist das vertruwen in dich."

4) Exp. Respondent: Amen. Deinde sic agit et verba sacra simul effatur Pastor: Dominus Iesus ea nocte etc. L. Jez hörend mit ernst und glouben, wie Christus Jesus das nachtmal begangen und uns dasselb mit glouben und dankbarkeit zu begon eingesetzt habe: Jesus an der nacht etc.

5) Exp. Hic accipit Pastor panem azymum in manus.

6) L. der für üch hingegeben wirt.

7) Exp. Hic simul praebet Pastor panem ministris, qui circum mensam stant, qui protinus cum reverentia illum accipiunt et inter se dividunt ac comedunt. Dum interim Pastor pergit similiter etc.

8) Exp. Hic simul accipit Pastor poculum in manus.

dann so oft jr immer dises brot essen werdend und von disem trank trinken, söllend jr den tod des herren uskünden und hochprysen. [1])

Demnach tragind die verordneten diener das ungeheblet brot harum, und neme ein jedlicher glöubiger mit siner eignen hand einen bitz oder mundvoll darvon, oder lass jm dasselbig bieten durch den diener, der das brot herum treit. Und so die mit dem brot so vil vorgangen sind, dass ein jeder sin stücklin ggessen habe, so gangind die anderen diener mit dem trank hinnach, und gebind glycherwys einem jedlichen zu trinken; und diss alles geschehe mit sölicher eer und zucht, als sich der gemeind gottes und dem nachtmal Christi wol gezimme. [2])

---

1) L. bis dass er kommt. Exp. laudabitis et gratias agetis usque dum veniat. Ebrardus: „Die Pfarrer erheben das Brod während des Sprechens des ersten Theils der Einsetzungsworte, brechen es und reichen es einander; eben so heben sie den Kelch empor und reichen sich denselben."

2) Exp. Post haec circumferunt ministri azymum panem, et accipit quisque sua manu particulam de exhibito pane, et postea reliquam partem praebet proximo suo. Et si quis non vult panem sua manu contrectare, iam circumferens minister porrigit ei. Deinde sequuntur ministri cum crateribus et praebet alius alii poculum dominicum. Ne abhorreat tua Maiestas ab isto accipiendi praebendique more, nam deprehensum est saepe numero, quod quidam qui consederant, qui tamen simultates ac odia prius inter se exercuissent, ex hac participatione sive panis sive potus, animi impotentiam deposuerunt. Interim legit de suggestu alius minister ex evangelio Ioannis aliquousque, dum editur ac bibitur sacramentum corporis et sanguinis domini, incipit autem a tredecimo capite. Cumque crateres omnes sunt reportati, tunc sic infit Pastor: Procumbite in genua. Nam sedentes et tacite auscultantes verbo domini edimus et bibimus coenae sacramentum. Cumque omnes procumbunt infit inquam Pastor. L.: Hie ist zu merken, dass dise letzte wort des nachtmals Christi nit nur den worten nach verlesen, sunder ouch mit offner that angebildet werdend. Dann so der Pfarrer list: Er het brot genommen, so nimmt ers ouch. Er hats brochen; so bricht ers ouch. Nemend, essend, das ist myn lyb; so büt er den zweien dienern das brot ouch; und die gebends dann denen, die um den tisch stond; dieselben tragen es dann der gancen kilchen für, also dass einer mit dem brot vorgat, der ander mit dem becher folget. Dann glych wie von dem brot gehöret, also thut der pfarrer ouch mit dem tranck. Die in der gemein empfahend das brot von den dienern, die es durch die kilchen hin in schüsseln tragend. Da nimmt ein glöubiger mit eigner hand ein form des ungeheblten brotes, bricht darab ein stücklin für sich; demnach giebt er es sinem nächsten; also gat es durch die ganzen kilch. Nach dem brot empfaht er auch den becher; darus trinkt er und gibt jn dann sinem Nächsten, alles mit zucht und grossem ernst. Dann mithinzu und die kilch also mit einandren das brot bricht; so verliset ein leser von der Cantzel die abendred, hebt sy an am anfang des 13ten Capitels Johannis und list so vil und lang, bis sich das brotbrechen gänzlich endet und alle diener mit den becheren widerum zum tisch kummen sind. Denn spricht der pfarrer: Knüwend uf

Nachdem und man gespyst und getränkt ist, sag man us dem byspil Christi dank mit disem CXIII. Psalmen, und hebe der pfarrer an: [1]

---

und lassend uns Gott loben und dank sagen. Demnach hebt er an den folgenden psalmen, den ouch die Hebräer in ihrem passah gesprochen. Ebrardus: „Wir geben zur Vergleichung hiezu noch im Auszug die Beschreibung der Austheilung aus der Agende von 1675. — Dann wann der Pfarrer die wort der Einsetzung liest, so bricht er das brot, beut es den zwei dienern neben ihm, desgl. auch den Kelch und die geben sie denen, die um den Tisch herum stehn und sie hernach der ganzen Gemeinde fürtragen. Die in der Gemeind empfangen das brot von den dienern, die es durch die Kirchen hin in schüsseln tragen. Da nimmt ein Gläubiger mit eigner Hand das heilige brod, bricht ein Stücklein für sich ab, giebt es darauf seinem Nächsten, also geht es durch die ganze kirch." — d. h. genauer, je Ein Brod geht durch Eine Bank, an derem andern Ende ein Diener den Rest in Empfang nimmt. Jede Bank bekommt ein neues Brod (grosse viereckige Hostie). — „Nach dem Brod empfängt er auch den Kelch, daraus trinkt er und giebt ihn alsdann seinem Nächsten." — „Jede Bank erhält einen neugefüllten Kelch."

1) Exp.: „Laudate pueri dominum, Laudate nomen domini. Diaconus: Sit nomen domini benedictum ex hoc nunc et usque in saeculam. Hypodiaconus: A solis ortu usque ad occasum, etc. Et sic iterum alternis finiunt ministri hunc psalmum. Quem Hebraei perhibent a maioribus suis dici solitum a mensa. Post ista adhortatur Pastor ecclesiam his verbis —." L. Die Diaconi sprechen ein vers um den andern. — In Agenda Turicensi recentiori loco Psalmi cantatur Responsarium:

Ich will dich loben, mein Gott, und deinen Namen preisen immer und ewiglich.
Dann alles Erdreich ist deiner Güte, Treue, Herrlichkeit und Barmherzigkeit voll.
Darum danke dem Herrn, meine Seele! und alles, was in mir ist, seinem heiligen Namen.
Der dir alle deine Sünde vergiebt, und heilet alle deine Gebrechen.
Barmherzig und gnädig ist der Herr, langmüthig und von grosser Güte.
Er hat mit uns nicht gehandelt nach unsern Sünden, und vergilt uns nicht nach unserer Missethat, nach unserm Verdienen.
Denn so hoch der Himmel über der Erden ist, und so weit der Aufgang ist vom Niedergang, so hoch ist seine Güte und Barmherzigkeit über aller unserer Missethat.
Und wie sich ein Vater über seine Kinder erbarmet, also hat sich der Herr über uns erbarmet.
Denn da wir noch in Sünden und seine Feinde waren, gab er uns seinen einigen Sohn, dass wir durch ihn leben sollten.
Der hat uns mit seinem Tod zum ewigen Leben gebracht und uns sein Fleisch und Blut zu einer rechten Speise gemacht.
Der ist das Lämmlein Gottes, die Bezahlung für unsere Sünden, das einige und vollkommene Gnadenpfand.
Denn so uns Gott seinen lieben Sohn geschenkt, und denselben für uns in den Tod gegeben hat, wird er uns nichts mehr versagen, sondern fürderhin gnädig, treu und barmherzig seyn.

Der pfarrer: **Lobend, jr diener des herren, lobend den namen des herren!**

Die mann: **Gelobt sye der nam des herren von jez bis in die ewigkeit!**

Die wyber: **Von ufgang der sunnen bis zu jrem nidergang ist hochgelobt der nam des herren.**

Die mann: **Ueber alle völker ist der herr erhöcht, und sin eer über die himmel.**

Die wyber: **Wer ist wie der herr, unser gott? der so hoch sitzet und harnider ist zu sehen im himmel und erden.**

Die mann: **Der den schlechten ufrichtet us dem stoub, und erhebt den armen us dem kat.**

Die wyber: **Der da setzt die unfruchtbaren des huses, zu einer müter, die mit kinden fröud hat.** [1])

Darum soll mein Mund und Herz des Herren Lob auskündigen und hoch preisen. Und alle Menschen seine Güte und Erbarmung loben immer und ewiglich, durch Jesum Christum, unsern Herrn! Amen.

1) Exp. Post ista (Psalmum) Pastor adhortatur ecclesiam his verbis: „Memores sitis fratres charissimi, quidnam iuxta Christi iussum iam simul gesserimus. Testati sumus enim ista gratiarum actione quam ex fide peregimus, nos miseros quidem esse peccatores, sed mundatos corpore et sanguine Christi quae pro nobis tradidit et effudit, sed et redemptos a morte sempiterna. Testati sumus nos fratres esse: id ergo praestemus charitate, fide, et officio mutuo. Oremus ergo dominum ut amaram eius mortem sic alto pectore teneamus, ut quotidie peccatis quidem moriamur, omnibus autem virtutibus sic fulciamur ac crescamus, gratia et munere spiritus eius, ut nomen domini in nobis sanctificetur, proximus autem ametur et iuvetur. Dominus misereatur nostri et benedicat nobis, illuminet vultum suum super nos et misereatur nostri, Amen. L. consentit in plurimis, Ordo Turicensis hodiernus eandem fere exhibet orationem: Nun gedenket, lieben Brüder und Schwestern, mit Ernst, welch grosses heiliges Geheimniss wir jetzt, nach dem Befehle des Herrn, mit einander gethan haben, nämlich, dass wir bezeugt haben mit dem dankbaren Gedächtniss unsers Glaubens, dass wir alle arme Sünder, aber durch den hingegebenen Leib und vergossenes Blut von Sünden gereiniget sind und durch ihn, der in uns lebt, und sich uns heute wieder aufs Neue zur Speise unsers neuen Menschen gegeben hat, von dem ewigen Tode erlöst sind: auch erboten, christliche Liebe, Treue und Dienstbarkeit, je einer gegen den andern zu halten. So sollen wir Gott treulich bitten, dass er uns allen verleihe, dass wir das Gedächtniss seines bittern Todes mit festem Glauben also zu Herzen fassen und stets bei uns tragen, dass wir täglich allem Bösen absterben, und zu allem Guten durch seinen Geist gestärkt und geführt werden, damit Gott in uns gepriesen, der Nächste gebessert und geliebt werde und Christus eine Gestalt in uns gewinne. Der Herr segne und behüte euch; der Herr erleuchte sein Angesicht über euch und sey euch gnädig; der Herr erhebe sein Angesicht auf euch, und gebe euch Frieden!

Demnach spreche der hirt: [1]) Herr, wir sagend dir dank um alle dine gaben und gutthät, der da lebst und rychsnest, gott in die ewigkeit.

Das volk antworte: Amen.

Der hirt spreche: Gond hin im friden. [2])

Gedruckt zu Zürich durch Christophorum Froschouer uf den 6ten tag april im jar MDXXV.

B. EX CATECHISMO GENEVENSI.

Ratio celebrandae Coenae Dominicae.

Principio illud scire oportet, die Dominico qui proxime ei diei antecedit quo Coena celebranda est, prius hoc denunciari populo: primum ut se quisque ad eam digne recipiendam componat eaque reverentia quam ratio postulat; Tum ne pueri eo adducantur, nisi qui commode instituti fidemque suam in ecclesia professi sint; tertio ut si forte advenae quidam et peregrini in urbe sint, nondum religionis disciplinaeque nostrae institutis imbuti, ii si communicare S. Coenae velint, Ministros adeant, a quibus in privatis aedibus erudiantur. [3]) Quo die celebranda est, Minister ad finem

---

1) Exp. „Pastor iterum orat: Gratias agimus tibi domine pro universis donis et beneficiis tuis, qui vivis ac regnas Deus per omnia saecula saeculorum, Amen. Pastor: Ite in pace. Amen. Deinde digreditur ecclesia.“

2) Addunt Turicenses recentiores: „Lasset euch die Armen in euerm Almosen um Gottes willen allezeit befohlen sein. Bittet Gott jederzeit für einander, bittet Gott für uns, wir thun es auch für euch; und (nach Vollendung des christlichen Lobgesangs) geht hin in Frieden!“

3) G. — — „Que le Dimanche deuant qu'on celebre la dicte Cene, on en face la denonciation, afin que nul enfant y vienne deuant qu'auoir fait profession de sa foy, selon qu'il sera exposé au Catechisme; et aussi pour exhorter tous etrangers et nouueaux venus de se venir premier representer à l'Eglise, afin d'estre instruits s'ils en auoient mestier, et par consequent que nul n'y approche à sa condamnation.“ N.: „Ihe man aber das Nachtmahl austheilet, wird es vierzehen Tage zuvor auf einen Sonntag durch den Diener von der Cantzel der ganzen Gemein verkündigt u. es wird der Tag ernennet, wenn man es halten werde u. da wird auch die ganze Gemein diesem nachfolgenden Stück durch ihn vermanet — nimirum ut accedant omnes, nisi aegritudine detineantur, ut conscientiam examinent, denique ut omnem inimicitiam atque odium deponant. W. „Coenae celebrandae tempus ad populum referri ante quartum decimum diem putamus esse perutile, tum ut singula ecclesiarum membra se praeparare, tum ut seniores in obeundis paroeciis officio suo rite fungi possint.“

concionis de ea commemorat, aut si res postulare videatur, sermonem omnem in ea tractanda explicandaque consumit, ut populum doceat, quid hoc mysterio Dominus designet ac significet, et qua ratione illud sit recipiendum. [1]) Absoluta precatione confessioneque fidei, ut multitudinis totius nomine testatur, velle omnes in doctrina religioneque Christiana vivere ac mori, clara et magna voce haec pronuntiat: [2])

Audite, [3]) qua ratione Iesus Christus sacrosanctam suam coenam instituerit, sicuti Paulus memoriae tradidit capite undecimo prioris ad Corinthios epistolae. Accepi, inquit, a Domino etc. — non diiudicans corpus Domini.

Audivimus, fratres, quemadmodum Dominus coenam suam una cum discipulis suis fecerit: ex quo quidem illud intelligi voluit extraneos eosque, qui in suorum numerum recepti non sunt, minime esse admittendos. Quam ob rem hanc ego regulam et praescriptionem secutus, in nomine atque auctoritate Domini nostri Iesu Christi, hunc ego arceo et repello, atque hoc sacrosancto mysterio interdico (Gall. j'excommunie) [4]) omnibus idolorum cultoribus, impie et contumeliose de Deo loquentibus, impiis et sceleratis hominibus, numenque contemnentibus, haereticis iisque omnibus qui sectas haeresesque amplectuntur, quo vinculum et communionem ecclesiae perfringant, periuros, contumaces in utrumque parentem ac superiores (Gall. rebelles à pères et à mères et à leurs superieurs), seditiosos, factiosos, sicarios, concitos ad rixam, adulteros, stupris, furtis, rapinae, avaritiae, vino, gulae ventrique deditos (Gall. gourmands), quicumque vitae rationem sequantur flagitiosam et offensiones ac scandala parientem iisque palam denuntio, ut ab hoc sacro-

---

1) W.: „Providendam est, ne tempore celebrandae coenae conciones in eas horas extrahantur, quae coenae conficiendae dari debent, ut habeatur populi, ac praesertim mulierum praegnantium ceterorumque valetudine affectorum ratio."

2) Gemberg l. c. p. 126: Den Gottesdienst eröffnet, wie immer, ein einleitender Gesang. Daran schliesst sich das Hauptgebet mit Beziehung auf das bevorstehende Festmahl, dann die Predigt (Action — Sermon). Das nun folgende Gebet (Prayer after the Sermon) ist kurz und bezieht sich noch unmittelbarer auf die sacramentliche Handlung."

3) Gall.: Escoutons mes frères — — selon que saint Paul le recite.

4) Ebrardus l. c. p. 206: „Diese Identificirung der Excommunication mit der Verhütung des unwürdigen Genusses ist grundverkehrt. Es kann einer nicht im mindesten nicht dem äussern Bann unterliegen und doch unwürdig zum Tisch des Herrn treten." Sane vero: sed is, qui arcetur a coena Domini, hoc ipso edicto excommunicatur.

sancto convivio abstineant, ne sanctissimas epulas, quas Dominus solis suis domesticis et fidelibus paravit, foede polluant atque contaminent. [1])

Itaque Pauli consilio [2]) atque cohortationi parens se quisque suamque conscientiam probet atque examinet, ac videat num vere se suorum scelerum poeniteat, atque ex iis dolorem animo maximum capiat, cupiens postac vitam honeste ac sancte instituere, sed multo maxime, an fiduciam habeat in Dei misericordia fixam et positam, et in Christo Iesu suam salutem omni ex parte quaerat, omnibus inimicitiis ac simultatibus nuncium remittens, nihilque aliud studens, nisi ut posthac fraterna benevolentia et charitate proximos suos complectatur.

Quod si hoc studium in nobis esse nostra conscientia coram Deo testatur, ne dubitemus, quin habeat nos in filiorum loco

---

1) Bs.: „Hie in disem Nachtmal ist not, darzu vnser will vnd ernstliche meynung, das der Bann nach Christlicher ordnung gebrucht. Aber anderer sachen halb niemants freuenlich geurteylet, vnd allein die verbant werden, so durch das wort Gottes verbant sind, dann die selben schmehen den lyb Christi, als vngesunde vnd dürre glyder. Es mögend in disem Nachtmal nit gemeinschafft haben, die offentliche abgötterer, zouberer, Gotts lesterer, durchechter des wort Gottes, vnd der heyligen Sacrament des Touffs vnd des Herren Nachtmals. Auch die so vatter vnd muter schmehen, die vngehorsam sind Weltlicher Oberkeit, vfrürisch, vnnd die sich freuenlich widerend zegeben zehenden, zinss, zolls, etc. Die sich in den sachen des gloubens, mit dem wort Gottes nit wöllen berichten lan, alle todtschleger, vnd die jren nyd nit abstellen, alle die vss mutwillen kriegen, hurer, eebrecher, zusuffer vnd brasser, dieb, röuber, wucherer, vnd die so vnzimlich gewinne, handthier vnd gewerb triben, die nit zugeben noch zunemen sind, darzu gesunde, starcke bettler, die mit jrer fulkeit, ein überbürde sind dem nechsten, sampt allen falschen zungen, vnnd vadertrucker der gerechtigkeyt. Es sollend die Lütpriester vnnd Diacon ein getrüw vfsehen vff alle jre herd haben, vnd so sy yemanden in disen lastern verlümbdet vnd begriffen sin vernemend, die sollend sy anfangs brüderlich warnen vnd straffen. Vnd so aber yemants nach der ersten vnnd andern brüderlichen warnung nit abston, sonder in lastern offentlich verharren, die gemeyne Gottes ergern würde, den vnd die soll man verbannen, vnd von des Herren Nachtmal als lang vschliessen, bis sy jr leben gebesseret, vnnd das mit nüwer vnschuld kuntlich gemacht haben. Vnd wer in einer kilchen, von offentlichen lastern wegen verbant, soll auch in den andern kilchen von des Herren Nachtmal abgetriben werden." Gemberg l. c. p. 126: „Es folgt die sacramentliche Ausschliessungsrede (Fencing of the Tables), eine feierliche Ermahnung an diejenigen, welche sich unwürdig fühlen sollten, am Tisch Jesu Christi als Gäste zu erscheinen, noch jetzt davon abzustehen, und eine feierliche Einladung an die, so in rechter Busse und wahrem Glauben erschienen sind, ihre Plätze an den bereiteten Tischen einzunehmen."

2) Gall. selon l'exhortation de saint Paul.

et numero, Dominusque noster Iesus Christus nos compellet atque ad convivium suum invitet sanctissimumque hoc Sacramentum nobis offerat, quod cum discipulis suis communicavit.

Et quamquam plurimum in nobis fragilitatis et miseriae sentimus, neque fide perfecta praediti sumus, sed in diffidentiam et incredulitatem propendemus, multumque abest ut tanto studio atque ardore animi Deo serviamus, quam ratio exigit, quin potius bellum nobis assidue adversus carnis nostrae concupiscentias gerendum est: quoniam tamen Dominus nobis benignitate sua concessit, ut eius Evangelium in animis nostris impressum atque insculptum sit, quo incredulitati diffidentiaeque resistamus, nobisque desiderium largitus est, cupiditatibus nostris renunciandi, quo iustitiam illius sanctissimasque leges et praeceptiones observemus: certum atque exploratum habeamus, vitia omnia, quae in nobis sunt, minime obfutura, quominus nos admittat dignosque reddat, qui spirituali hoc convivio participemus. Neque enim ob eam causam huc venimus, ut profiteamur nos integros et iustos esse in nobismetipsis, sed potius vitam nostram magno studio in Christo Iesu quaerentes fatemur nos in morte atque exitio versari. Teneamus igitur atque intelligamus, Sacramentum hoc morbo ac dolore affectis medicinam esse, dignitatemque omnem, quam a nobis Deus requirit, in eo versari, ut nosmetipsos quemadmodum recta ratio praescribit agnoscamus doloremque maximum ac moerorem ex vitiis nostris capiamus voluptatemque et laetitiam omnem in eo collocemus.

Primum igitur fidem habeamus promissis, quae Christus Iesus, veritas ipsa constans et firma, nobis ostendit: velle se videlicet vere nobiscum carnem et sanguinem suum communicare, ut cum totum atque integrum possideamus, ipseque in nobis vivat, et nos in illo. Et quamvis nihil nisi panem ac vinum videamus: minime tamen dubitemus, quin spiritualiter in animis nostris id omne impleat ac perficiat, quod extrinsecus in his aspectabilibus signis commonstrat: ipsum videlicet panem esse coelestem, qui nos alat ac nutriat ad vitam aeternam. Itaque ne in bonitatem infinitam Domini ingrati simus, qui in hac mensa divitias opesque suas omnes exponit, ut eas nobiscum communicet. Nobis enim sese largiens testificatur se quicquid habet in nos profundere. Quamobrem Sacramentum hoc tanquam pignus iustitiae ipsius recipiamus, quae nobis vi mortis ac supplicii illius imputabitur, nihilo secius quam si eo supplicio nosmetipsi affecti essemus. Ne igitur tam pervicaci ac perdita natura simus, ut tum fugiamus, quum Christus nos tam humaniter ac liberaliter suo verbo invitat. Sed muneris huius, quod nobis impertit, pretium ac dignitatem spectantes ardenti studio ei nos offeramus, ut tam pretioso munere nos dignos reddat. Ob eamque causam animos ac mentes nostras sursum erigamus, ubi Christus est in gloria Patris, et unde eum nos ad redemptionem nostram expectamus. Neque vero animos in his terrenis et caducis elementis occupemus (Gall. et ne nous amusons point à ces élemens), quae et oculis cernimus et manibus tractamus quasi eum ibi quaeramus, ut in pane vinoque inclusum. [1]) Tum enim animi nostri substantia eius ali ac nutriri poterunt, quum supra terrena omnia erecti ad coelos usque pertingent, ut in Regnum Dei, ubi ipse habitat, ingrediantur. Satis ergo habeamus, si panis ac vinum nobis pro nota et signo dentur, veritatem in Spiritu investigantes, ubi Verbum divinum eam nos reperturos confirmat.

Ubi finem dicendi Concionator fecit, tum panem verbi Ministri, calicem vero seniores Ecclesiae, qui morum censurae praesunt, populo distribuunt, prius commonitione facta ut honeste et decenter eo quisque adeat. [2])

---

1) Recte Ebrardus l. c. p. 208: „Zu dieser Polemik gegen die Trans- und Consubstantiation ist hier gewiss nicht der geeignete Ort." At Calvinus, et ipsi convivio coelesti accumbens, nunquam non sumit bellicum sagum. Multa ex iis quae praecedunt pulcra sunt et movent animum: haec mala parenthesis a dulcissimi Iesu necessitudine nos rapit ad pugnacium theologorum tumultus, medium in agmen, in pulverem, in clamorem, in castra.

2) Fliednerus l. c. p. 56 sq.: „In der Mitte des Kirchenschiffs stand eine lange, weissbedeckte Tafel. Eine grosse flache Schüssel mit hoch aufgeschichteten, viereckig geschnittenen langen Brodstreifen stand auf der Mitte der Tafel, zu jeder der beiden Seiten eine kleinere leere Schüssel und zwei gefüllte Kelche. Für den Prediger stand ein Stuhl an der Mitte der Tafel, für die Gäste neben ihm auf beiden Seiten und gegenüber Bänke. Er stellt sich an seinen Platz und bricht nach einem stillen Gebet während des Singens die zwei leeren Schüsseln voll kleiner Stücke Brods von der grossen Schüssel, ladet nochmals die Kommenden ein und setzt sich. Die Bänke werden voll. Er erhebt sich vom Stuhle und spricht: Herzen nach oben! Die Dinge wovon wir sprechen sind Geist und Leben. Darauf bricht er mit den apostolischen Worten: Das Brod, das wir brechen, ist die Gemeinschaft des Leibes Christi, das Brod und giebt es mit den Worten: Nehmt und esst, den zwei gegenüber Sitzenden und schiebt dann die beiden Schüsseln nach beiden Seiten zu, die davon nehmen und sie weiter schieben. Eben so giebt er mit den Worten: Der Kelch der Danksagung, damit wir danksagen, ist die Gemeinschaft des Blutes Christi, die vier Kelche den vier neben und gegenüber Sitzenden,

Interea canitur Psalmus aliquis, aut locus Scripturae rei, quae Sacramento designatur, congruens atque conveniens clara et magna voce recitatur.

Ad extremum habentur gratiarum actiones, quas supra descripsimus.

Non ignoramus plerosque maiorem in modum offensos fuisse, quod tam multa in hoc genere ab usu multis iam seculis recepto aliena a nobis inducta sint. Quod enim Missa multos annos tanto in pretio habita est, ut omnes eam existimarint disciplinae religionisque Christianae caput esse, non dubitamus quamplurimos mirari, quod eam plane ac funditus tollendam curavimus. Eamque ob rem quibus consilii nostri ratio minus perspecta est, ii sublata a nobis fuisse Sacramenta existimant. Verum si quis instituti nostri rationem diligentius perpendat, is sine dubio intelliget restituta potius atque in usum relata a nobis fuisse. Quod ut perspici a quovis possit, consideretur quanta inter Missam et Christi institutionem similitudo sit. Quis non videt, non minus inter utramque, quam inter lucem et tenebras interesse?

---

die sie den Andern weiter reichen. Darauf setzt er sich und spricht, nachdem alle getrunken haben, zu den Gästen einige Worte über den Zweck und Segen des heil. Werkes und schliesst mit den Worten: Stehet auf und verkündiget den Tod des Herren, bis dass er kommt. Sie gehen; Andere, längst hinter ihnen stehend und wartend, füllen die Sitze." Gemberg l. c. p. 126. sq.: Der Geistliche verlässt die Kanzel und nimmt seinen Platz an dem Hauptende der Tafel ein. Die Aeltesten stellen jetzt die Sacramental Elemente vor ihn hin, nämlich auf weiten, silbernen Tellern unter Servietten verhüllt, das Brod von Waizen, gesäuert, ohne Kruste, in dünne, längliche Scheiben geschnitten, und in gehenkelten silbernen Kannen den Wein, unvermischt, roth. Nach Beendigung des Gesanges erhebt sich der Geistliche und spricht das Consecrationsgebet. — Bei den Worten: Der Herr Jesus, in der Nacht da er verrathen ward, nahm er das Brod, dankte, brach es und gab — enthüllt er das Brod, nimmt eine Scheibe in die Hand, bricht sie in zwei Hälften und reicht diese an beide Nachbaren zur Rechten und zur Linken, und spricht weiter — es seinen Jüngern und sprach: Nehmet, esset, das ist mein Leib, der für euch gebrochen wird, solches thut zu meinem Gedächtniss. Die Empfänger, sitzend, brechen sich Jeder ein Stückchen ab, nehmen es sogleich in den Mund und reichen das Uebrige jeder auf seiner Seite die Tafel entlang dem nächsten Nachbar. Aelteste folgen langsam, auf jeder Seite zwei, einer um frische Scheiben nachzureichen, der andere mit dem silbernen Teller. Nach einer kurzen Pause fährt der Geistliche fort: Desselbigen gleichen nach dem Abendmahl nahm er den Kelch und gab — bei diesen Worten nimmt er einen Kelch nach dem andern und reicht sie den Nachbarn auf beiden Seiten — ihn seinen Jüngern etc. Diese, die Austheilung begleitenden Worte entlehnt Jeder beliebig aus Matth. 26., Luc. 22., 1. Cor. 11., nur müssen es biblische sein. Die Kommunikanten trinken und reichen, jeder auf seiner Seite, die Kelche weiter, zwei Aelteste folgen und füllen nach., zwei andere tragen ihnen silberne Kannen nach. Kehren die Aeltesten mit Kelchen und Kannen zu ihm zurück, so beginnt der Geistliche die Exhortation after the Service. Hiermit ist die Kommunion für diesen Tisch zu Ende."

Tametsi non est hoc quidem loco propositi institutique nostri, copiosius hanc disputationem persequi. Verum ut iis satisfaceremus, qui per ignorantiam eo nomine offendi possent, operae pretium nobis visum est, nonnihil obiter de ea re commemorare. Quum enim Sacramentum Domini tam multis corruptelis ac vitiis inquinatum ac foedatum esse videremus: ut hisce malis remedium adhiberemus, necesse habuimus multa immutare, quae perperam ac vitiose introducta fuerunt, certe in perversum ac praeposterum usum detorta. Quod quo rectius faceremus, quae tandem potius sequenda esse ratio videbatur, quam si ad purum et incorruptum Christi institutum rem omnem revocaremus? quod sane religiose ac bona fide (quemadmodum satis intelligi licet) sequuti sumus. Haec enim ipsa emendatio est, quam nobis Paulus praescripsit.

C.   EX LITURGIA NEOBURGENSI.

La Liturgie de la sainte Cene.

Au Nom du Pere, du Fils, et du Saint Esprit: Amen.

O Dieu Eternel et Tout-puissant que toutes les Créatures loüent et glorifient comme leur Créateur et leur Souverain Maître; Nous Te prions qu'étant assemblés pour participer à la Sainte Cène, que ton Fils Jesus Christ Nôtre Sauveur nous a ordonné de célébrer en mémoire de sa Mort, Tu nous fasses la Grace de nous acquiter de ce Devoir réligieux d'une manière qui Te soit agréable, par le même Jesus Christ: Amen. [1])

Ecoutés, Mes Frères, l'Institution de la Sainte Cène, selon que S. Paul la rapporte dans la premiére Epître aux Corinthiens.

J'ai reçû du Seigneur, etc.

Vous venez d'entendre comment Jesus Christ a institué la Sainte Cène, et comment elle doit être célébrée avec foi et avec reverence dans l'Eglise par tous les fidèles jusqu'à la fin du monde. Par où nous voyons qu'il n'y a que les vrais Chrétiens qui doivent y être admis. Ainsi, suivant la régle que

------

1) CL. p. 59.

nous en avons dans l'Ecriture, et en l'Autorité de Nôtre Seigneur Jesus Christ; J'excommunie tous ceux qui ne sont pas du nombre des Fidèles; les Impies, les Incredules, les Profanes, les Jureurs, ceux qui sont rebelles à leurs Superieurs; ceux qui vivent dans les querelles et dans la haine; les Impurs, les hommes sensuels et charnels, les Yvrognes, les Injustes, les Trompeurs, les Avares, les Orgueilleux, les Médisans, et generalement tous ceux en qui l'amour du monde et de ses convoitises régne; En particulier ceux qui ont été exclus de la participation du Sacrement, soit dans cette Eglise, soit dans quelque autre; leur denonçant à tous, que pendant qu'ils ne s'amendent pas, la colère de Dieu demeure sur eux; et qu'ainsi ils doivent s'éloigner de cette Sainte Table, de peur de profaner ce saint Sacrement que Jesus Christ ne présente qu'à ses Domestiques et aux vrais Fidèles.

Pour vous, Chrêtiens, qui étes dans l'intention de venir à cette Sainte Communion, vous devez bien considerer l'Importance de ce que vous allez faire, et le grand danger qu'il y a de manger de ce Pain et de boire de cette Coupe indignement. C'est pourquoi, jugez vous vous-mêmes et vous ne serez pas jugez par le Seigneur. Examinez vôtre vie par les Commandemens de Dieu; et dans toutes les choses où vous reconnoîtrez que vous l'avez offensé, soit par vos Actions, soit par vos Paroles, soit par la volonté ou par la pensée, deplorez chácun de vous vôtre iniquité, et faites en la confession au Dieu Tout-puissant, avec un humble recours à sa Misericorde, et un vrai desir de vivre desormais saintement et selon Dieu. Soyez aussi animés d'une charité sincère envers vôtre prochain; Si vous avez fait tort à quelqu'un, ou si vous possedez quelque chose injustement, faites en la restitution; Reconciliez vous les uns avec les autres, et pardonnez aussi à tous ceux qui vous ont offensés, comme vous desirez d'obtenir de Dieu le pardon de vos offenses. Si ce sont là vos dispositions, et si vos consciences vous rendent ce tême ignage devant Dieu qui connoît vos coeurs, vous pouvez venir à cette Table sacrée, et vous ne devez pas douter que le Seigneur Jesus ne vous y rende participans de tous le fruits de sa Passion et de sa Mort.

Mais sur toutes choses il faut que vous rendiez présentement au Dieu Tout-puissant de trés-humbles actions de graces et de tout vôtre coeur, de ce qu'il a racheté le Monde par

Jesus Christ Nôtre Seigneur, qui s'est abbaissé jusqu'à la mort de la Croix pour nous pauvres pécheurs, afin de nous rendre Enfans de Dieu, et de nous élever à la Vie éternelle. Et afin que nous nous souvinssions continuellement de cette grande et immense Charité de Nôtre Bon Sauveur, qui est ainsi mort pour nous, et des biens infinis qu'il nous a acquis, il a institué ce Saint Sacrement pour nous être un gâge de son Amour, et un monument perpetuel de sa Mort à nôtre grande et éternelle consolation. Rendons donc aujourd'huy et sans cesse, à ce Redempteur charitable, aussi bien qu'au Pere et au S. Esprit, nos Benedictions et nos Loüanges selon que nous y sommes si justement obligés.

Et pour cet effet, Elevons tous nos coeurs en haut, et rendons graces au Seigneur nôtre Dieu.

Il est juste et raisonnable, et c'est un Devoir trés-salutaire qu'en tout tems et en tous lieux, nous Te rendions graces, ô Seigneur Dieu, Pere Saint, Dieu Eternel.

A Noël.

Par Jesus Christ ton Fils Unique Nôtre Seigneur, qui nâquit en ce Tems pour nous, et qui par l'operation du Saint Esprit a été fait un vrai homme de la substance de la Bienheureuse Vierge sa Mere, et sans aucune tâche de peché, afin qu'il nous nettoyât de toute iniquité. C'est pourquoi, avec les Anges, etc. comme cy-dessous.

A Pâques.

Par Jesus Christ Nôtre Seigneur qui est mort pour nos offenses, et qui est résuscité pour nôtre justification. [1 Nous Te loüons pour la Resurrection glorieuse de Nôtre Sauveur,] car c'est luy qui est le vrai Agneau qui a été immolé et qui ôte les pechés du Monde. C'est luy qui par sa Mort a détruit la Mort, et qui par sa Resurrection nous a donné la Vie éternelle. C'est pourquoi, avec les Anges, etc. comme cy-dessous.

A la Pentecôte.

Par Nôtre Seigneur Jesus Christ, qui après sa Resurrection est monté au-dessus de tous les Cieux, a été sur le Trône de ta Gloire, et s'est assis à ta Droite, d'où il a répandu le S.

---

1) Cecy se dit le Jour de Pâques.

Esprit sur les Apôtres et sur les Enfans de ton adoption. C'est pour cela que toute la Terre se rejouït, et que nous t'offrons nos voeux, disant avec les Anges, etc. comme cy-dessous.

Ou cecy.

Par Nôtre Seigneur Jesus Christ, qui selon sa promesse fit descendre du Ciel en ce Tems, [Jour] le Saint Esprit sur les Apôtres, pour les conduire en toute verité, et pour leur donner le don de parler diverses Langues, afin qu'ils pussent prêcher l'Evangile à toutes les Nations. Par lequel Esprit nous avons été amenés des tenébres à la lumiére, et de l'Erreur à la Verité et à la Connoissance de Toi, ô Nôtre Dieu, et de Jesus Christ que tu as envoyé. C'est pourquoi avec les Anges, etc. comme cy-dessous.

C'est pourquoi avec les Anges, avec les Archanges, et avec toute l'Armée des Cieux, nous magnifions ton Nom glorieux, nous chantons une Hymne à ta Gloire, disant; Saint, Saint, Saint, Seigneur Dieu des Armées. Les Cieux et la Terre sont remplis de ta Gloire, ô Dieu Trés-haut!

Et puis, ô Seigneur, que c'est pour racheter le Genre humain que Jesus Christ ton Fils s'est offert en Sacrifice sur la Croix; Nous Te supplions qu'en consideration de ce Sacrifice, dont nous faisons maintenant la Trés-sainte et Bienheureuse Commemoration, Tu reçoives les Requêtes que nous addressons à Ta Divine Majesté pour la Tranquillité de tout le Monde, et pour le Salut de tous les Peuples. Nous Te prions de benir et de proteger l'Eglise Universelle; et d'inspirer à tous les Chrêtiens l'Esprit de Verité, d'Union, et de Paix, afin qu'ils suivent d'un commun accord la verité de ta Parole et qu'ils vivent dans la concorde, et avec une innocence digne des membres de ton sacré Corps. Vueille, ô Dieu, par qui les Rois régnent, benir et defendre tous les Princes et tous les Seigneurs Chrêtiens, et particulièrement Nôtre Roi ton Serviteur, afin que nous vivions sous son Règne dans la tranquillité et dans la pieté. Beni aussi N. N. et fai la grace à tous nos Superieurs et Magistrats d'exercer leurs Charges avec integrité; ensorte que la Religion fleurisse et que la Pieté soit avancée parmi nous. Répan tes graces, ô Souverain Pasteur de nos ames, sur tous les Ministres de ton Eglise, afin qu'ils manifestent la verité et l'efficace de ta sainte Parole, tant par leur Doctrine que par leur vie;

qu'ils administrent fidèlement tes saints Sacremens; et qu'ils veillent soigneusement sur les Troupeaux qui leur sont commis. Vœille secourir par ta bonté, tous ceux qui pendant le cours de cette vie passagère, sont dans le trouble, dans l'affection, dans la necessité, dans la maladie, ou dans quelque adversité que ce soit.

Enfin, Seigneur, nous Te prions pour toute l'Assemblée qui est icy présenté, pour tous tes Serviteurs et pour toutes tes Servantes, dont la Foi et la devotion t'est connuë; qui desirent de participer à ta Table; qui Te rendent leur Vœux, ô Dieu vivant et veritable; qui annoncent la Mort de leur Sauveur; et qui attendent son dernier et glorieux avenement auquel il jugera les vivans et les morts, et nous rendra à tous selon nos oeuvres. Daigne recevoir favorablement nos humbles Prières, afin que par la Communion à la Mort de ton Fils, et par l'efficace du Sang précieux qu'il a répandu sur la croix, nous soyons délivrés en ce Jour-là de la colére à venir, et trouvés dignes d'être reçus avec tous tes élûs dans la Gloire de ton Royaume. Exauce nous, ô Dieu nôtre Pere, au Nom de Jesus Christ Nôtre Sauveur, et Nôtre Intercesseur, par le commandement duquel nous Te presentons la sainte Prière qu'il nous a enseignée.

Notre Pere qui es aux cieux; etc.

Dieu Tout-puissant, Pere de Nôtre Seigneur Jesus Christ, devant qui nous allons nous presenter maintenant, en participant au Sacrement de la Mort de ton Fils; Ecoute la confession que nous Te faisons de nos fautes.

Nous reconnoissons, Seigneur, nôtre indignité; nous deplorons la grandeur et la multitude des pechés que nous avons commis contre Toi; et nous ne présumons pas de nous présenter à ce saint Sacrement en nous confiant sur nos propres justices; mais nous nous confions en tes grandes compassions. Aye pitié de nous, ô Pere misericordieux; aye pitié de nous! Pardonne nous pour l'amour de Jesus Christ; et nous accorde la grace de recevoir tellement aujourd'huy ces Signes sacrés du Pain et du Vin, qu'étant unis à ton saint Fils par la Foi, nous demeurions toûjours en luy, et qu'il demeure à jamais en nous: Amen.

Vous tous qui étant touchés d'une serieuse répentance de vos fautes, avez recours à la Misericorde de Dieu par une vraye confiance, qui avez aussi une sincère charité pour tous vos prochains, et qui êtes resolus de conformer de plus en plus vôtre vie aux Commandemens de Dieu; je vous annonce le pardon de vos pechés, et je vous donne l'accès à la sacrée Communion du Corps et du Sang de Nôtre Seigneur: Amen.

La Consecration qui se fait à la Table.

O Dieu Tout-puissant et Nôtre Pere celeste, qui par ta grande Misericorde as livré ton Fils à la Mort de la croix pour nôtre Redemption; Lequel s'est offert soi-même en Sacrifice pour les pechés de tout le Monde, et a ordonné que la Commémoration perpetuelle de sa Mort se fît dans son Eglise jusqu'à-ce qu'il vienne au Dernier Jour: Reçoi nos Prières et nos Loüanges, ô Dieu Misericordieux, que nous Te presentons par Jesus Christ. Lequel dans la nuit qu'il fut trahi, prit du pain [1]), et t'ayant rendu graces, ô Pere Eternel, il le rompit et dit: Prenez, mangez, Cecy est mon Corps qui est rompu pour vous; Faites cecy en mémoire de moi. [2]) De même après avoir soupé, il prit la Coupe, [3]) et rendit graces, et la donna, disant: Beuvez en tous, car Cecy est mon Sang, le Sang de la Nouvelle Alliance, qui est répandu pour plusieurs en remission des pechés. Faites cecy toutes les fois que vous en boirez en mémoire de moy. [4])

Le Peuple vient à la Communion, et pendant ce Tems-là on chante les Psaumes, et on lit les Endroits de l'Ecriture qui sont prescrits. En donnant le Pain le Pasteur dit;

Souvenez vous que Jesus Christ vôtre Sauveur est mort pour vous, et luy en rendez graces.

En donnant la Coupe.

Souvenez vous que Jesus Christ vôtre Sauveur a répandu son Sang pour vous, et luy en rendez graces.

Quand la Communion est achevée, on chante le Cantique de Simeon et on lit ce qui suit.

Pere Céleste, nous te benissons, de ce qu'il t'a plû nous faire un si grand Bien à nous pauvres pecheurs, que de nous

---

1) Icy le Pasteur prend le Pain entre ses mains.

2) Icy le Pasteur communie, et donne le Pain aux Ministres qui sont à la Table avec luy.

3) Icy il prend la Coupe.

4) Icy il communie à la Coupe, et la donne aux autres Ministres.

recevoir à la Communion de ton Fils, Jesus Christ Nôtre Seigneur, l'ayant livré à la Mort pour nous, et nous le donnant en nourriture pour la Vie éternelle. Fai nous aussi maintenant cette Grace, que nous n'oubliions jamais de si grands Bienfaits; mais que plûtôt les ayant gravés dans nos coeurs, nous croissions, et nous nous avancions continuellement dans la Foi, que cette Foi fructifie par toutes sortes de bonnes oeuvres, et que par ce moyen toute nôtre vie soit consacrée et employée à l'avancement de ta Gloire, et à l'édification de nôtre prochain: Par ce même Jesus Christ ton Fils, qui vit et régne Dieu benit aux siécles des siécles: Amen.

Gloire soit à Dieu aux Lieux trés-hauts; Paix sur la Terre, et bonne volonté envers les hommes.

Nous te loüons, nous t'exaltons, nous te rendons graces, pour tous tes grands Bienfaits, et pour ta grande Gloire, ô Seigneur Dieu, Roi du Ciel, Pere Tout-puissant.

O Seigneur Jesus Christ, Fils Unique de Dieu, Agneau de Dieu qui ôtes les pechés du Monde, aye pitié de nous.

Toi qui ôtes les pechés du Monde, exauce nos Prières.

Toi qui es assis à la Droite du Pere, aye pitié de nous.

Car Tu es le seul Saint, Tu es le seul Seigneur, Tu es le seul Trés-haut, ô Jesus Christ, avec le Saint Esprit, dans la Gloire de Dieu le Pere. Amen.

Exhortation à ceux qui ont communié.

Je vous exhorte et je vous conjure maintenant, Mes Tréschers Freres et Mes Trés-Cheres Soeurs, par les compassions de Dieu et par la dilection du Seigneur Jesus, de bien penser à ce que nous venons de faire, dans l'Action Sainte que nous avons celebrée par l'ordre de Nôtre Seigneur Jesus Christ. Nous venons de reconnoître solemnellement par cette Ceremonie d'actions de graces, et par cette Profession publique de nôtre Foi, que nous avons été rachetés de nos pechés, et de la condamnation éternelle par la Mort de Jesus Christ. Nous venons de têmoigner que nous sommes tous freres et membres d'un même corps, et que nous avons les uns pour les autres une charité fraternelle et cordiale. Nous avons aussi promis de glorifier Dieu en nos corps et en nos esprits par une vie sainte et digne de nôtre Vocation. Dieu nous fasse la grace de nous

bien souvenir de ces promesses, de nous en acquiter réligieuse-
ment, et d'avoir la Mort de Nôtre charitable Redempteur, im-
primée si avant dans nos coeurs, que nous mourrions tous les
jours de plus en plus au peché, et que nous marchions dans
les voyes de la Sainteté tout le tems de nôtre vie; à la Gloire
de Dieu, et à nôtre édification mutuelle. Amen.

Le Seigneur vous benisse et vous conserve: Le Seigneur
fasse luire sa Face sur vous et vous soit propice; Le Seigneur
tourne son Visage vers vous, et vous conserve en prosperité:
Amen. Allez vous en en Paix, et souvenez vous des pauvres.

D. EX LITURGIA PALATINA. 1567.

Von der Vorbereitung zum heiligen Abendmal.

[Das Abendmal des Herren, sol in Stätten zum wenigsten alle Monat,
in Dörffern alle zween Monat, einmal, vnnd in beiden auff Ostern, Pfing-
sten vnnd Weinachten gehalten werden, [1]) jedoch da es die Erbawung oder
brauch vnd not der Kirchen erfordern würde, ist es Christlich vnd recht,
dass es offter geschehe: Vnd sol, wann man dass Nachtmal halten wil,
allweg acht tag zuuor durch den Kirchendiener, der gemein Gottes ver-
kündiget werden, mit ermanung, dass sich die gantze gemein darzu schicke.

Darzu auch soll er die Eltern vnd Hausväter vermanen, dass sie ir
kinder vnd ander junges volck, welche sie dass erste mal zum Tisch des
Herrn wöllen führen, mitlerweil vaterweisen, vnd auff künfftigen Sambstag
oder andern vorgehenden gelegnen tag nach der Kirchen notdurfft, nach

---

1) Ed. 585. — soll in Stätten zum wenigsten alle zwei Monat, in Dörffern
alle drei Monat einmal gehalten werden. Ns.: Coena singulis mensibus ad mi-
nimum celebretur et quisque suo loco laboret, ut si non singulis dominicis diebus
totus ecclesiae coetus communicet (quod institutioni Christi et consuetudini apo-
stolicae maxime est conforme adeoque optandum) saltem fiat saepissime. T. In
Stätten und Dörffern soll zum wenigsten das Nachmahl viermal im Jahre gehalten
werden, uf Ostern, Pfingsten, Anfang Octobris und Christtag. Gemberg l. c.
p. 124: In kleineren Stätten und Dörfern wird die Communion nur einmal, in
allen grösseren zweimal im Jahre begangen, in der Hauptstadt regelmässig in
den ersten Wochen des Mai und November. Fliedener l. c. p. 60: Nach einer
Synodal-Verordnung von 1817 wird in allen Gemeinden zur Erhöhung der Feier-
lichkeit nur alle Vierteljahr das h. Abendmahl gehalten, in grösseren Gemeinden
als dann zwei Sonntage hinter einander."

geschehener Predigt dem Kirchendiener anzeigen, auff dass sie ferner bericht empfangen.

Den Samstag für dem Abendmal sol die forbereitung gehalten werden, dass ist eine Predigt vom rechten verstand vnd brauch des heiligen Abendmals, wie denn die Kirchendiener im Catechismo, vnnd in der ordnung des Nachtmals, darzu eine anleitung finden. [1])

Zum end der Predig sol der Diener dass Volck vermanen, dass es bleibe, weitern bericht zu hören, vnd bekantnuss jres glaubens zuthun, Darauff soll der Diener für den Tisch treten, vnnd erstlich vermanen, wass für junges Volk fürhanden, die zuuor nicht zum Tisch des Herren gangen sein, dass sich dieselben erzeigen, vnnd bekantnuss jres glaubens thun. Als dann sol der Kirchendiener die jenige, so sich also anzeigen, Erstlich die Artikel des Christlichen glaubens, die zehen Gebott vnd das Vater vnser lassen auffsagen, darnach auss dem Catechismo vom Nachtmal fragen. Doch da etliche auss blödigkeit solche stück nit so ordentlich von wort zu wort auffsagen vnnd erzelen könnten, vnnd sonst aber nicht sträfflich weren, sollen sie der fürnemsten Artickel Christlichen Glaubens vom Kirchendiener erinnert werden, vnd nach beschehner bekantnuss mit der gemein zum Abendmal des Herren zugelassen werden.

---

1) N.: „Des tags für dem Nachtmal, wird die Gemeine versamlet, vmb zwo vhren nach Mittag: Da wird den ein predig gethan, von dem Nachtmal des Herren. Aber jhe die predig angefangen wird, kommen alle Diener vnd Eltesten zu sammen, vnd erkündigen fleissig vnter jnen: Ob jemant in der Gemeine sey, welcher mit recht von dem gebrauch des Nachtmals, müste offentlich abgehalten werden. Vnd so derer seind, die werden dem diener so die predig thun sol, angezeigt: Auff dass die gemeine da von, durch jhn, vermanet werde. Vnd in derselbigen predig wird gelehret, von der waren vnnd rechtschaffenen prüfung vnser selbs. Vnnd wird mit den gewonlichen Gebeten beschlossen: vnd ehe der Psalm gesungen wird, gibt der Diener zuuerstehen, wem das Nachtmal verbotten wird (so fern deren sind) mit gnugsamer erklärung der vrsachen warum das geschicht. Vnnd etwa werden jre namen verschwiegen, etwa auch geoffenbaret, nach gelegenheit der sachen vnd schuld: darnach zeigt er auch an, dass solches allein darumb geschehe, dass solche vbertreter, durch dieselbige straffe vnnd beschemung zur besserung gebracht, oder (es sey dann dass sie sich bessern) entlich mit einer gemeinen betrübnuss der Gemeine abgeschnitten werden. So aber niemand befunden wird, der nach dem vrtheil der Eltesten, von dem gebrauch des Nachtmals sol abgehalten werden: so sol der Diener ehe man den Psalm singt, dem Herren dar von dancken vnd bitten, dass er diss also ewiglich, in der Gemeine erhalten wolle. Er vermanet dennoch die gantze Gemeine: dass sich ein jeder vor gleissnerey fleissig hüte. Denn wiewol die gleissner das vrtheil der Menschen betriegen, werden sie doch dem vrtheil Gottes nicht entfliehen: welche (wie er bezeuget) von seinem reich verstossen sollen werden. Vnnd als diese vermanung geendet ist, wird ein Psalm gesungen vnd die gemeine lest man gehn in frieden.“

Nach vollendetem Examiniren, soll der Kirchendiener folgende prüfung vnnd bekantnuss fragweiss dem Volk furhalten. [1])]

Dieweil vns dass Wort Gottes diese drey stück fürhelt: [2]) Erstlich vnsere Sünden, [3]) zum andern, vnsere Erlösung, zum dritten, die Danckbarkeit, so wir Gott dargegen schuldig seind, So stelle jm ein jeder [4]) für die augen die summa der gebott Gottes, Nemlich: Du solt Gott [5]) lieben von gantzer seelen, von gantzem gemüt, vnnd allen krefften, vnd deinen nechsten als dich selbst, Inn welcher vns der will Gottes fürgehalten wird: [6]) Dargegen auch nach dem wir deren stück nie keins gehalten, wird vns vnsere sünden vnnd elend, endlich auch die ewige verdamnuss, als in einem spiegel fürgestelt, Der halben frag ich euch fürs erst, ob jr mit mir solches für dem angesicht Gottes bekennet, vnd derwegen euch selbst missfallet, vnnd dürstet euch [7]) nach der gerechtigkeit vnd gnaden Jesu Christi?

Antwort: [8]) Ja.

Zum andern, glaubt ihr auch, dass Gott nit allein barmhertzig, sondern auch gerecht sey, der die sünde nit wil vngestrafft lassen hingehen, vnd (weil alle Creaturn solche straff für vns nit hetten mögen ertragen) [9]) dass der einige Sohn Gottes auss barmhertzigkeit des Vaters in diese Welt gesand sey, waren menschlichen leib vnnd seel an sich genommen, auff dass er an demselben vnserm fleisch vnd blut die straff vnnd zorn Gottes, so wir verdienet hetten, für vns trüge, vnnd dass laut der gewissen verheissung des Euangeliums, diese volkom-

---

1) Edit. 585: „Nach vollendter Predigt und verrichtetem Examine, wo es also zu halten notwendig, sol der Kirchendiener nachfolgende Prüfung und Bekanntnuss Fragweis dem Volk öffentlich fürhalten." Quae uncis inclusa sunt omittit liber Bergensis 769, ac Bd.

2) Berg. 769. Bd.: Geliebte in dem Herrn Jesu Christo! Dieweil etc.

3) Bd.: Sünd und Elend.

4) Bd.: So stelle ihm erstlich ein Jeglicher zur wahren Erkenntniss seiner Sünden.

5) Berg. 769. Bd.: Gott deinen Herrn lieben von ganzem Herzen.

6) Bd.: In welcher Summa der Gebote gleichwie der Wille Gottes uns vorgehalten wird, wero auch dagegen.

7) Berg. 769. Bd.: und ob euch auch dürste.

8) Berg. 769. Bd.: So antwortet: Ja. Et sic semper.

9) Bd.: können ertragen.

mene bezalung des sohns Gottes für vnsere sünd einem jeden insonderheit, der sie mit hertzlichem vertrawen annimpt zu eigen geschencket sey, vnd dass ein jeder für sich selbst vergebung seiner sünden habe, so gewiss, als wann er nie keine sünd begangen, noch gehabt hette, wirt auch forthin für Gott so gerecht vnd heilig gehalten, als hette er selbst alle gerechtigkeit volbracht, die Jesus Christus sein Heiland für jn geleistet, vnd jm ohn allen seinen verdienst auss gnaden geschenckt hat, vnangesehen, dass er dessen alles vnwirdig ist, vnnd dass noch viel schwachheiten in jhm sein, dann auch dieselbige alle mit dem leiden vnd gehorsam Jesu Christi bedeckt sein, biss sie endlich gar hinweg genommen werden.

Ferners,[1] dass auch Christus einem jeden vnter euch in sonderheit, diese erlösung so er jm einmal im heiligen Tauff versprochen vnnd geschenckt hat, jetzund widerum mit seinem heiligen Abendmal, als mit gewissen Brieffen vnd siegeln, durch die würckung des heiligen Geists in seinem hertzen also bestetiget,[2] Erstlich, dass sein leib so gewiss für jn am Creutz geopffert, vnd sein blut für jn vergossen sey, als er mit seinen augen sihet, dass dass brot, welches der Herr seinen leib nennet jm gebrochen, vnd der kelch der dancksagung jm mit getheilt wird. Vnnd zum andern, dass der Herr Christus selbst sein hungerigs vnd zerschlagens hertz vnd matte seele durch würckung des heiligen Geists mit seinem gecreutzigten leib, vnd vergossenen blut so gewiss zum ewigen leben speise vnnd trencke, als er auss der hand des dieners empfahet, vnd mündlich jsset vnd trincket vom heiligen brot, vnnd Kelch des Herrn zu seiner gedechtnuss. Vnd dass derhalben das leiden vnd sterben Christi so gewiss sein eigen sey, als wann er selbst an seinem eignen leib[3] alles gelidden hette, dass der Herr an seinem gebenedeieten Leib hat für jn gelidden, wie dann vmb dieses trosts willen[4] der Herr Jesus sein heilig Nachtmal hat zu seiner gedechtnuss eingesetzt, auff dass wir es mit hertzlicher dancksagung vnd freuden halten, biss dass er in den Wolcken kommen wird, vnnd vns von dem Creutz, dass wir

---

1) Bd. Ferner: Glaubet ihr auch, dass Christus einem Jeden unter euch.
2) Berg. 769.: befestiget.
3) Bd.: an seinem Leibe.
4) Berg. 769.: wie denn auch. Bd.: um des Trosts willen.

in diesem jammerthat jm gedultig sollen nachtragen vollkommenlich errette, vnd in dass ewig reich seines Vaters, mit leib vnd seel zu jm neme: Ist diss ewer glaube?

Antwort: Ja.

Zum dritten, erforsche auch ein jeder sein hertz, ob er sich auch beger dem Herrn Christo sein gantzes lebenlang danckbar zu erzeigen, Ob er auch allem neid vnd hass vnnd bitterkeit von hertzen abgesagt, vnd seinem nechsten verziehen habe, wie auch der Herr Jesus vns armen Sündern viel tausendmal mehr verziehen hat, Ob er auch allem fluchen, vnzüchtigen worten vnd wercken, fressen vnd sauffen, vnnd andern sünden also von hertzen feind sey, dass er dieselbigen durch Gottes gnad, hinfüro sein lebenlang nicht mehr zuthun, festiglich hie für dem angesicht des Herren jm fürneme.

Antwort: [1]) Ja.

Alle die nun in jrem hertzen diss befinden, die sollen nicht zweiffelen, dass sie durch dass heilige leiden vnnd sterben Christi, vergebung aller jrer sünden schon haben, vnd gewisslich behalten, so lang sie in diesen fürnemen beharren, vnangesehen dass noch viel vbrige schwachheiten in jhnen seind, welche doch mit demselben leiden vnd sterben Jesu Christi bedeckt sein, Darauff sprech ein jeder der solchs von hertzen begert, Amen. [2])

Kniet nider vnd betet, wie vns der Herr gelehret hat: Vnser Vater, etc.

---

1) Berg. 769.: Ist dies euer christlicher Vorsatz, so antwortet: Ja.

2) Liber Bergensis 769 ac Bd., Lutheranae ecclesiae mores induentes, interserunt Confessionem et Absolutionem. Lasset uns bethen, demüthig unsere Sünden bekennen, und Gottes Gnade in Christo suchen. [Bd.: Nun so beuget die Knie gegen den Vater der der rechte Vater ist über Alles was Kinder heisst und bekennt dem ein Jeder seine Sünden mit folgenden Worten):

„Ich armer Sünder bekenne vor Dir, meinem Gott und Schöpfer, dass ich leider schwerlich und mannigfaltig wider dich gesündiget habe, nicht allein mit äusserlichen groben Sünden, sondern vielmehr mit innerlicher angeborner Blindheit, Unglauben, Zweifelung, Kleinmüthigkeit, Ungeduld, Hoffart, bösem Geiz, heimlichem Neid, Hass und Missgunst, auch anderen bösen Tücken, wie Du mein Herr und Gott an mir erkennest, und ich leider nicht genugsam erkennen kann, die reuen mich und sind mir leid, und begehre von Hertzen Gnade, durch deinen lieben Sohn Jesum Christum, Amen. [Bd.: Unser Vater.]

Nun höret an den gewissen Trost der Gnade Gottes, welche Er allen Gläubigen in seinem Evangelio verheisset.

Nach dem Gebet spreche der Kirchendiener:

Der Gott des friedens heilige euch gantz vnd gar, vnnd ewer gantzer geist, seel vnd leib, werde vnsträfflich biss auff die zukunfft vnsers Herrn Jesu Christi behalten, Getrew ist, der euch rüffet, der wird es auch thun.

Es soll auch der Kirchendiener, da es die erbawung der Kirchen erfordern, vnnd die zeit leiden würde, auss dem Catechismo oder Summa des Catechismi, das Volck in den fürnemsten puncten nach notdurfft vnterrichten, wie er sich dann auch dessen in nechst vorgehender Sontagspredig, sampt der vorbereitung, auffs aller verstendlichst soll befleissen, damit das Volck die summa Christlicher Religion fassen, vnnd durch vielfeltiges widerholen, behalten möge.

Vnd da jemands ein priuat anligen hette, darumb er sich mit seinem Kirchendiener gern besprechen wolte, dem soll dasselbig vnuerwegert sein. [1]

So spricht der Herr Christus bei Johanne, Cap. 3. Also hat Gott die Welt geliebet, dass Er seinen eingebornen Sohn gab, auf dass alle, die an ihn glauben, nicht verloren werden, sondern das ewige Leben haben. So viel nun eurer sind, die an ihren Sünden ein Missfallen haben, und vertrauen, dass sie ihnen durch das Verdienst Jesu Christi allein gantz und gar vergeben sind, und den Vorsatz haben, je länger je mehr von Sünden abzustehen, und dem Herrn in wahrer Heiligkeit und Gerechtigkeit zu dienen: denselben (dieweil sie glauben in den Sohn des lebendigen Gottes,) verkündige Ich aus dem Befehl Gottes, dass sie von allen ihren Sünden, wie Er in seinem Evangelio verheisset, in dem Himmel entbunden sind, durch die vollkommene Genugthuung des allerheiligsten Leydens und Sterbens unsers Herrn Jesu Christi. Amen. (Bd.: Darauf spreche ein Jeder, der solches von Herzen begehrt, Amen. — Retentionis Formulam praetermittit.) So viel noch unter euch sind, die noch einen Gefallen haben an ihren Sünden und Schanden, oder in Sünden wider ihr Gewissen beharren: denselben verkündige ich aus Befehl Gottes, dass der Zorn und das Urtheil Gottes über ihnen bleibet, und dass alle ihre Sünden im Himmel behalten sind, und sie von der ewigen Verdammniss nicht entbunden werden mögen, bis sie sich bekehren. Nachdem wir nun nicht zweifeln, unser Gebet seye durch das Leyden Jesu Christi geheiliget, und Gott angenehm, so lasset uns Ihn von Hertzen anrufen und also sprechen: Unser Vater, etc.

1) Edit. 585.: Im Fall aber die Ruh oder die Erbauung der Kirchen es fordern, soll der Kirchendiener etc. Bd.: Da aber auch Jemand ein sonderbares Anliegen hätte, wannen er sich mit uns Kirchendienern gern besprechen wollte, Der komme in Gottes Namen, es soll ihm unverweigert sein. Empfanget den Segen des Herrn: Und lobet darauf Gott mit einem christlichen Gesange. Der Herr segne Euch, etc. Nun lob mein Seel den Herren. Des folgenden Tags nach der Frühpredigt wird gesungen: Allein Gott in der Höh sei Ehr.

Vom heiligen Abendmal des Herrn.

An denen tagen wann man dass Abendmal halten wil, soll eine Predigt vom Todt vnnd Abendmal des Herrn geschehen, darinn vom Einsetzen, Ordnung, Ursachen, Nutz und Frucht des heil. Abendmahl gehandlet werde und in dieser Predigt soll sich der Diener der Kurtze befleissen, umb folgender Action willen, darinnen das Nachtmahl gnugsam ausgeführt, und gleich nach geschehener Predigt und Sonntagsgebet, wie daniden vermeldet wird: Ehe denn man singt, soll der Diener des Worts diese nachfolgende Vermahnung bei dem Tisch, da man das Nachtmahl halten will, verständlich, ausdrücklich und ernstlich vorlesen. [1]

Form, das heilige Abendmahl zu halten.

Ihr Geliebten in dem Herrn Jesu Christo, höret an die Wort der Eynsatzung des heiligen Abendmahls unseres Herrn Jesu Christi, welche uns beschreibt der heilig Apostel Paulus in der ersten Epistel' an die Corinthier am 11ten Capitel: Ich hab es von dem Herrn empfangen — den Leib des Herrn.

Auf dass wir nun zu unserm Trost des Herrn Nachtmal mögen halten, ist uns vor allen Dingen vonnöthen, dass wir uns sebst prüfen. [2] Zum andern, dass wir es dahin richten, dazu es der Herr Christus verordnet hat, nemlich zu seiner Gedächtniss.

Die wahre Prüfung unser selbst steht in diesen dreyen Stücken: Zum ersten, bedencke ein jeder bey sich selbst seine Sünde und Vermaledeyung, auf dass er ihm selbst missfalle, und sich vor Gott demüthige, dieweil der Zorn Gottes wider die Sünde also gross ist, dass er dieselbige, ehe dann er sie ungestraft liess hingehen, an seinem lieben Sohn Jesu Christo mit dem bittern vnd schmelichen todt des Creutzes gestrafft hat.

Zum andern, erforsche ein jeder sein hertz, ob er auch dieser gewissen verheissung Gottes glaube, das jhm alle seine sünd, [3] allein vmb des leiden vnd sterben Jesu Christi willen vergeben sind, vnd die volkomene gerechtigkeit Christi, im als sein eigen zugerechnet vnd geschenckt sey, als wan er selbst in eigener Person, für alle seine sünde bezalet, vnd alle gerechtigkeit erfüllet hette.

---

1) Non reperitur locus in Berg. 769 ac. Bd.
2) Bd.: dass wir uns zuvor recht prüfen.
3) Berg. 769.: Sünden. Bd.: Sünde.

Zum dritten, erforsche ein jeder sein gewissen, ob er auch gesinnet sey forthin mit seinem gantzen leben Gott dem Herrn sich danckbar zuerzeigen, vnnd für dem angesicht Gottes auffrichtig zuwandlen, Ob er auch one alle gleissnerei aller feintschafft neid vnnd hass von hertzen absage, vnd einen ernstlichen fürsatz habe, hernachmals in warer lieb vnnd einigkeit mit seinen nechsten zuleben.

Die nun also gesinnet sein, die wil Gott gewisslich zu gnaden annemen, vnd für würdige Tischgenossen seins Sohns Jesu Christi erkennen.

*Dargegen aber[1]) die dieses zeugnuss in jrem hertzen nit empfinden, die essen vnd trincken jnen selbst das gericht. Derhalben wir auch nach dem befelch Christi, vnd des Apostels Pauli alle die sich mit nachuolgenden lastern behafftet wissen, von dem tisch des Herrn abmanen, vnnd jnen verkündigen das sie kein theil am Reich Christi haben, als da sind alle Abgöttische, alle, so verstorbene heiligen, Engel oder andere Creaturn anruffen, die Bilder verehren, alle zauberer vnd Warsager, die Viehe vnd leut sampt andern dingen segnen, vnd die solchen Segen glauben geben, alle verächter Gottes vnd seins worts, vnd der heiligen Sacramenten, alle Gottslesterer, alle die spaltung vnnd meuterey in Kirchen vnd weltlichen Regiment begeren anzurichten, alle meineidigen, alle die jhren Eltern vnnd Oberkeiten vngehorsam sind, alle todtschläger, balger, haderer, die in neid vnd hass wider jren nechsten leben: Alle Ehebrecher, hurer, vollsäuffer, dieb, wucherer, rauber, spieler, geitzigen, vnd alle die so ein ergerliches leben füren, Diese alle, so lang sie in solchen lastern beharren, sollen gedencken, vnd sich dieser speiss, welche Christus allein seinen gleubigen verordnet hat, enthalten, auff das nit ir gericht vnd verdamnuss desto schwerer werde.

Diss aber wird vns nit fürgehalten, lieben Christen, die zerschlagen hertzen der gläubigen kleinmütig zu machen, als ob niemands zum Abendmal des Herrn gehen möchte, dann die on alle sünde weren. Denn wir kommen nit zu diesem Abend-

---

1) Edit. 585.: „Nach Gelegenheiten der kalten Winterszeit oder sonst in notfällen möchte von Gemercke — bis — zu lesen verbleiben." Supra asterisci illam officii partem ostendunt. Bd.: multis praetermissis verbis: Die nun also gesinnet sind etc. adnectit: Zum andern lasst uns auch betrachten etc.

mal, damit zu bezeugen, das wir volkommen vnnd gerecht seint in vns selbst, sonder dargegen, weil wir vnser leben ausserhalb vns in Jesu Christo suchen, bekennen wir dass wir mitten im tod ligen. Derhalben, wiewol wir noch viel gebrechen, vnnd elends in vns befinden, als da ist, das wir nit einen vollkommenen glauben haben, das wir vns auch nicht mit solchem eiffer Gott zu dienen begeben, wie wir zu thun schuldig sein, sonder teglich mit der schwachheit vnsers glaubens [1]) vnd bösen lüsten vnsers fleisches haben zustreiten, nit desto weniger, weil durch die gnad des heiligen geistes, solche gebrechen vns von hertzen leid sind, vnd wir hertzlich begeren vnserm vnglauben widerstand zuthun, vnd nach allen gebotten Gottes zuleben, sollen wir gewiss vnd sicher sein, das keine sünd noch schwachheit, so noch wider vnsern willen in vns vbrig ist, hindern kan, das vns Gott nit zu gnaden anneme, vnd also dieser himlischen speiss vnnd tranck würdig vnd theilhafftig mache.

Zum andren, last vns nun auch betrachten warzu vns der Herr sein Abendmal hab eingesetzt, nemlich, das wir solches thun zu seiner gedechtnuss.

Also sollen wir aber seiner darbey gedencken. Erstlich das wir gentzlich in vnserm hertzen vertrawen, das vnser Herr Jesus Christus, laut der verheissungen, welche den Ertzuätern von anbegin geschehen, vom Vater in dise welt gesand sey. vnser fleisch vnnd blut an sich genommen, den zorn Gottes, vnter dem wir ewiglich hetten müssen versincken, von anfang seiner menschwerdung biss zum end seines lebens, auff Erden für vns getragen, vnd allen gehorsam des Göttlichen Gesetzs vnnd gerechtigkeit für vns erfüllet, fürnemlich, da jm der last vnserer sünden vnd des zorns Gottes den blutigen schweiss im Garten aussgetrucket hat, da er ist gebunden worden, auff das er vns entbünde, darnach vnzälige schmach erlidden, auff das wir nimmer zu schanden würden, vnschuldig zum todt verurtheilt, auff dass wir für dem Gericht Gottes frey gesprochen würden ja seinen gebenedeiten Leib ans Creutz lassen neglen, auff das er die handschrifft vnser sünden daran negelte, vnnd hat also die vermaledeiung von vns auff sich geladen, auff das er vns mit seiner benedeiung erfüllet, vnd hat sich genidriget

1) Berg. 769.: des Glaubens.

biss inn die aller tieffeste schmach vnnd hellische angst leibs
vnd der seelen am stammen des Creutzes, da er schrey mit
lauter stimme, Mein Gott, mein Gott, warumb hast du mich
verlassen, auff das wir zu Gott genomen, vnd nimmermehr von
jm verlassen würden. Endlich mit seinem todt vnnd blutuer-
giessen, das Newe vnnd ewige Testament, den Bund der gna-
den vnd versönung beschlossen, wie er gesagt hat, Es ist
vollbracht.* 1)

Damit wir aber festiglich glaubten, dass wir in diesen gna-
denbund gehören: Nam der Herr Jesus in seinem letzten Abend-
mal das Brot, dancket, brachs, gabs seinen Jüngern vnd sprach,
Nemet hin vnnd esset, das ist mein leib, der für euch gegeben
wird, das thut zu meiner gedechtnuss: Desselben gleichen nach
dem Abendmal nam er den Kelch, saget danck vnd sprach,
Nemet hin vnnd trincket alle darauss, dieser Kelch ist das new
Testament in meinem blut, das für euch vnd für viel vergos-
sen wird, zu vergebung der sünden, solches thut so offt jrs
trincket, zu meiner gedechtnuss, Das ist, so offt jr von diesem
brot esset, vnnd von diesem Kelch trincket, solt jr dardurch
als durch ein gewisses gedechtnuss vnd Pfand erinnert vnnd
versichert werden, dieser meiner hertzlichen lieb vnnd trew
gegen euch, das ich für euch, die jhr sonst des ewigen Todts
hettet müssen sterben, meinen leib am stamm des Creutzes in
den todt gebe, vnnd mein blut vergiesse, vnd ewer hungerige
vnnd durstige seelen, mit demselben meinem gecreutzigten leib,
vnd vergossenem blut, zum ewigen leben speise vnnd trencke,
so gewiss als einem jeden dises brot für seinen augen gebro-
chen, vnd dieser Kelch 2) jm gegeben wird, vnd jr dieselben
zu meiner gedechtnuss mit ewern mund esset vnd trincket.

Auss dieser einsatzung des Heiligen Abendmals vnsers
Herrn Jesu Christi, sehen 3) wir das er vnsern glauben vnd
vertrawen auff sein vollkommen opfer, einmal am Creutz ge-
schehen, als auff den einigen grund vnnd fundament vnser se-
ligkeit weiset, da er vnsern hungerigen vnd dürstigen seelen,
zur waren speiss vnd tranck des ewigen lebens worden ist.
Denn durch seinen todt hat er die vrsach vnsers ewigen hungers

1) Conferas preces ab Agenda Borussica officio Parasceves insertas:
Heiliger und gerechter Gott etc.
2) Bd.: dieser heilige Wein.
3) Bd.: — aus welcher Einsetzung — wir denn sehen.

12 *

vnnd kummers, nemlich die Sünd hinweg genommen vnnd vns
den lebendigmachenden Geist erworben, auff das wir durch
denselben Geist der inn Christo, als dem Haupt, vnnd in vns,
als seinen Gliedern wohnet, ware gemeinschafft mit jhm hetten,
vnnd aller seiner güter, ewigen lebens gerechtigkeit vnnd herr-
ligkeit theilhafftig würden.

Darnach das wir auch durch denselben geist vnter einander
als glieder eins leibs in warer Brüderlicher lieb verbunden
würden, wie der heilig Apostel spricht: Ein Brot ist es, so
seind wir viel ein Leib, dieweil wir alle eines Brots theil-
hafftig seind. Denn wie aus vielen Körnlein ein Meel gemah-
len vnnd ein Brot gebacken wirdt, vnnd auss vielen Börlein
zusammen gekeltert ein Wein vnnd Tranck fleust, vnnd sich
in einander menget, Also sollen wir alle, so durch waren
Glauben Christo eingeleibet sein, durch brüderliche lieb vmb
Christi vnsers lieben Heilands willen, der vns zuuor so hoch
geliebet hat, allsamen ein leib sein, vnd solches nicht allein
mit worten, sonder mit der that gegen einander beweisen.
Das helff vns der allmechtige barmhertzige Gott vnnd Vater
vnsers Herrn Jesu Christi durch seinen Heiligen Geist, Amen.

Lasst uns beten. [1])

Barmhertziger Gott vnnd Vater, [2]) wir bitten dich, das
du in diesem Abendmal, inn welchem wir begehen die herr-
liche gedechtnuss des bittern Todts deines lieben Sohns Jesu
Christi, durch deinen heiligen Geist in vnsern hertzen wöllest
wircken, das wir vns mit warem vertrawen deinem sohn Jesu
Christo je lenger je mehr ergeben, auff das vnsere mühselige
vnd zerschlagene hertzen, mit seinem waren leibe vnd blut,
ja mit jm warem Gott vnd menschen, dem einigen himmel-
brod, [3]) durch die krafft des heiligen Geistes gespeiset vnd
erquicket werden, auff das wir nicht mehr in vnsern sünden,
sonder er in vns, vnd wir in jhm leben, [4]) vnnd warhafftig
des newen vnd ewigen Testaments vnd Bunds der gnaden also
theilhafftig seien, das wir nicht zweifeln das du ewiglich vnser
gnediger Vater sein wöllest, vns vnser sünden nimmermehr

---

1) Bd.: Kniet nieder und lasset uns beten.
2) Bd.: — Vater, der Vater unseres einigen Mittlers und Hohenpriesters
Jesu Christi.
3) Bd.: dem ewigen und einigen H.
4) Bd.: auf dass wir in ihm leben und warhaftig.

zurechnen, vnd vns in allem an leib vnd seel versorgen, wie
deine liebe kinder vnd erben. Verleihe vns auch deine gnad,
das wir getrost vnser Creutz auff vns nemen, vns selbst ver-
leugnen, vnsern heiland bekennen, vnnd in aller trübsal mit
auffgerichtem Haupt, vnsers Herrn Jesu Christi auss dem Himel
erwarten, da er vnsere sterbliché leichnam seinem verklärten
herlichen leib gleichförmig machen, vnnd vns zu jhm nemen
wird in ewigkeit, Amen.

Vnser Vater, etc.

Wöllest vns auch durch diss heilig Abendmal stercken, in
dem allgemeinen vngezweiffelten Christlichen glauben, von wel-
chem wir bekantnuss thun mit mund vnd hertzen, sprechende:
Ich glaub in Gott, etc. [1])

Auff das wir nun mit dem waren Himmelbrodt Christo
gespeiset werden, so last vns mit vnsern hertzen, nicht an dem
eusserlichen Brot vnnd Wein hafften, sonder vnsere hertzen
vnnd glauben vber sich inn den Himmel erheben, da Christus
Jesus ist vnser Fürsprecher zur rechten seines Himlischen Va-
ters, dahin vns auch die artickel vnsers Christlichen glaubens
weisen, vnd nicht zweiffelen, dass wir so warhafftig, durch
die wirckung des heiligen Geists mit seinem leib vnd blut an
vnsern seelen gespeist vnnd getrenckt werden, als wir das
heilig brot vnnd tranck zu seiner gedechtnuss empfangen. [2])

Hie soll der Kirchendiener einem jeden vom brodt des Herrn brechen, [3])
vnd im darreichen, sprechen:

Das brot das wir brechen, ist die gemeinschafft des leibs
Christi. [4])

---

1) Bd.: von welchem ein Jeder unter uns Bekenntniss thut.
2) Edit. 585.: so lasst uns nicht an diesem eusserlichen Brot und Wein
haften, sondern im wahren Glauben unsere Hertzen. Bd.: sondern unsere
Herzen und Glauben gründen auf das wort der Verheissung und nicht zweiflen,
dass wir so wahrhaftig durch die Wirkung des Heil. Geistes an unseren See-
len gespeiset werden, oder wir das heilige Brod und Tranck zu seinem Ge-
dächtniss empfangen. Unter der Handlung des heil. Abendmahls werden ge-
sungen Ps. 103. 111. 116. 23. 42. 118. 136. 30. Berg. 769.: Hie nöthiget der
Kirchendiener mit gläubigen Herzen zum h. Abendmahl herbei zu treten und
zeiget das Gesänge an.
3) W.: „Panis fractionem, quia est a Christo manifesto instituta et ab
apostolis, totaque vetustiore ecclesia, non sine gravissimis causis observata,
necessariam esse omnino censemus." Cf. C. L. II. p. 158.
4) Ed. 585. Oder: Der Leib unsers Herrn Jesu Christi, für Dich in den
Tod gegeben, stärcke und bewahre Dich im Glauben, zum ewigen Leben.

Vnd der ander Kirchendiener im darreichen dess Kelchs, sprechen:

Der Kelch der dancksagung damit wir dancksagen, ist die gemeinschafft des bluts Christi. [1])

In dem soll nach gelegenheit der menge der Communicanten, auch nach gestalt einer jeden Kirchen, vnter der Communication, entweder gesungen, oder ettliche Capittel zu der gedechtnuss des todts Christi dienstlich, als das 14. 15. 16. 17. 18. Joha. 53. Jesaie, gelesen werden, vnnd mag hierinn gebraucht werden, welches jeder Kirchen am füglichsten vnd erbäwlichsten ist. [2])

Nach verrichter Communion soll der diener sprechen.

Ir geliebten inn dem Herrn, dieweil jetzund der Herr an seinem Tisch vnsere seelen gespeiset hat, so lasset vns samptlich mit dancksagung seinen Namen preysen, vnnd spreche ein jeder in seinem Hertzen also. [3])

Lobe den Herrn meine seel, vnnd was in mir ist, seinen heiligen namen, Lobe den Herrn meine seel vnd vergiss nit, was er mir guts gethon hat, Der dir alle deine sünden vergibt, vnd heilet alle deine gebrechen, Der dein leben vom verderben erlöset, der dich krönet mit gnaden vnd barmhertzigkeit, barmhertzig ist der Herr, gedüldig, vnnd von grosser güte, Er handlet nicht mit vns nach vnsern sünden, vnnd vergilt vns nit nach vnser missethat, Denn so hoch der Himmel vber der Erden ist, läst er seine gnad walten vber die so jn förchten, So weit als der auffgang der Sonnen ist vom nidergang, also weit thut er vnsere vbertretung von vns, wie sich ein vater vber seine kinder erbarmt, so erbarmet sich der Herr vber die so jn förchten, welcher auch seines eignen Sohns nicht verschonet, sonder hat jhn für vns alle dahin gegeben, vnnd vns alles mit ihm geschenckt, [4]) Darumb beweiset Gott seine lieb gegen vns das Christus für vns gestorben ist, da wir noch sünder waren, So werden wir je viel mehr durch jhn behalten werden für dem zorn, nachdem wir durch sein blut gerecht worden seind, Dann so wir Gott versönet sind, durch den todt seines sohns, da wir noch feind waren, viel

---

1) Ed. 585. Oder: Das Blut unseres lieben Herrn Jesu Christi, für deine Sünde vergossen, stärcke und bewahre dich im Glauben zum ewigen Leben.
2) Huius praecepti nulla iniicitur mentio in Berg. 769.
3) Quae inclinatis litteris expressa sunt, de his tacet Bd.
4) Berg. 769.: wie sollte er uns mit ihm nicht Alles schenken.

mehr werden wir selig werden, durch sein leben, nachdem wir
jm versönet seind: Darumb soll mein mund vnd hertz des Herrn
lob verkündigen, von nun an biss in ewigkeit, Amen.

oder also:

Almechtiger barmhertziger Gott vnnd Vater, wir dancken
dir von gantzem hertzen, das du auss grundloser barmhertzig-
keit vns deinen eingebornen Sohn, zum mittler, vnd opffer für
vnsere sünd vnd zur speise vnd tranck des ewigen lebens ge-
schencket hast, vnnd gibst vns waren glauben, dardurch wir
solcher deiner wolthaten teilhafftig werden, hast vns auch zu
sterckung desselben, deinen lieben Sohn Jesum Christum, sein
heiliges Abendmal einsetzen lassen: Wir bitten dich getrewer
Gott vnd Vater, du wöllest durch würckung deines Geistes,
vns diese gedechtnuss vnsers Herrn Jesu Christi, vnd verkün-
digung seines tods zu teglichen zunemen in warem glauben,
vnd der seligen gemeinschafft Christi gedeien lassen, Durch
denselben deinen lieben Sohn Jesum Christum, Amen. [1])

E. EX CANTIONALI ECCLESIAE REFORMATAE HALENSIS. [2])

*Formulare zum Gebrauch bei der Vorbereitung zum heiligen Abend-
mahl und bei der Abendmahlsfeier.*

I.

Bei der Vorbereitung zum heiligen Abendmahl.

Geliebte in dem Herrn! Wir sind gesonnen, morgen das
Gedächtnissmahl des Todes unsers Herrn und Heilands Jesu
Christi zu feiern; und haben uns heute zu dem Ende hier ver-

----

1) Bd.: post adhortationem: Ihr Geliebte in dem Herrn etc.; ita pero-
rat: „Kniet derowegen nieder und spreche ein Jeder in seinem Herzen also:
Allmächtiger, barmherziger Gott und Vater etc.; Empfahet den Segen des
Herrn und lobet hierauf Gott mit eurem Christlichen Gesang. Der Herr segne
Euch etc. Zum Beschluss wird gesungen: Gott sei gelobet und gebenedeiet.

2) Ecclesia Reformata Halensis quae dicitur Cathedralis olim utebatur For-
mula illa Palatina quam modo absolvimus. Sed saeculo decimo octavo ad finem
vergente, cum novam lucem vetustis tenebris affulgere declamarent, non amplius

sammelt, um unsere Gemüther in eine dieser heiligen Handlung würdige Verfassung zu setzen. Lasset uns also unsere Gedanken mit Ernst auf dasjenige richten, was wir vorhaben.

Wir wollen zuvörderst erwägen, dass diejenigen, die in keiner Verbindung mit Jesu zu sein meinen, die ihn nicht von ganzem Herzen als ihren Wohlthäter und Herrn ehren, ohne grosse Versündigung an dieser Feier keinen Antheil nehmen können. Wenn sie sich demohngeachtet mit der christlichen Gemeine vereinigen, um das Gedächtniss des Todes Jesu zu begehen: so machen sie sich einer sehr unwürdigen, und vor Gott, dem Herzenskündiger, sehr strafbaren Heuchelei schuldig. Sie können zwar Menschen damit hintergehen, die nur nach dem äusseren Schein urtheilen, aber sie werden in ihrem eig-

---

ferri potuit pristinum robur ac firmamentum. Perbibit medullam Palatinam lassitudo, extenuabatur et evanescebat propria vis. At vero ut servetur aequitas, aperte confitendum est et hanc ipsam cathedralem liturgiam et alias illo aevo a Reformatis confectas, multo minus saeculi illuminati labe adspersas esse atque Lutheranas. Qua opportunitate non possum quia ita abutar, ut hoc loco afferam librum egregium et in hoc genere palmarem, qui mihi, Codicis Tomum secundum paranti, non ad manus erat. Dico: ,,Versuch einer Agenda für Prediger von allen christlichen Kirchenparteien für C. W. Krause, Garnison- und Feldprediger. Berlin 1788.'' Krausius iste, Lutheranus, an Reformatus anceps: certius est, non fuisse Christi et apostolorum discipulum. Placet aliquot libri flosculos carpere et delibare: Formula Confessionis S. 97.: ,,Ich, der ich wider deine Glückseligkeitsregeln, Allgütiger, oft gedacht, gewünscht und gehandelt habe etc. Formula Baptismi S. 119.: Ich taufe dich N. N. auf Gott den Allweisen, Allgütigen und Allmächtigen, der dich beständig beglücke.'' Symbolum: ,,Wir bekennen, dass wir glauben an Gott, den allmächtigen Schöpfer der ganzen Welt. Wir bekennen, dass wir glauben: Jesus Christus sei von dem allmächtigen Gott auf eine uns von reinen Lebensbeschreibern nicht gemeldete Art geschaffen, sei von der Jungfrau Maria geboren, habe unter Pontius Pilatus, dem damaligen römischen Statthalter in Jerusalem öffentlich und schimpflich gelitten, sei unter ihm gekreuzigt, gestorben und begraben worden, sei am dritten Tage nach seinem Tode aus seinem Grabe wieder aufgestanden, sei darauf in eine andere von den Welten Gottes auf eine uns unbekannte Art versetzt, in welcher er an den Regierungsgeschäften dieses allmächtigen Vaters gleichsam Antheil nimmt, und wo er einmal mit allen schon gestorbenen und noch lebenden Menschen in eine nähere Verbindung treten wird. Wir bekennen, dass wir glauben: dass Gott allmächtig sei, dass die Menschen, welche die christliche Kirche ausmachen, fromm und tugendhaft sein sollen; dass Christen und nicht Christen in einer genauen Verbindung stehen; dass Gott unsre sittlichen Fehler und Schwachheiten nicht willkührlich bestrafe, dass er unsere Seele ein neues Empfindungs- und Handlungswerkzeug nach dem Tode ihres jetzigen Leibes und eine unaufhörliche Glückseligkeit nach unserer Empfänglichkeit und Fähigkeit zu derselben geben werde.''

nen Gewissen sich als unredliche Bekenner einer Gesinnung, die sie nicht im Herzen haben, verurtheilen müssen; und dann auch dem Gericht dessen, dem nur Aufrichtigkeit angenehm ist, nicht entgehen. Untersuchet daher bedachtsam und ehrlich euren Sinn: ob euch der Jesus, dessen Tod ihr, nach seiner Anordnung, verkündigen wollet, wahrhaftig theuer und werth ist; ob ihr ihn für denjenigen haltet, der euch von Gott zur Weisheit, zur Gerechtigkeit, zur Heiligung und zur Erlösung verordnet ist; ob ihr seine Lehre für eine göttliche Anweisung erkennt, der ihr zu folgen heilig verpflichtet seid; ob ihr seinen grossen Verheissungen Glauben gebet, und seine Frömmigkeit und Menschenliebe als euer Vorbild ansehet? Prüfet euch insbesondere, ob ihr ihm von Herzen dafür dankbar seyd, dass er sich selbst dahin gegeben und bis zum Tode am Kreuz erniedriget hat, damit er uns erlösete von aller Ungerechtigkeit, und reinigte ihm selbst ein Volk zum Eigenthum, das fleissig wäre in guten Werken.

Aber dann, geliebte Christen, lasst uns auch wohl zu Herzen nehmen, dass das Erkennen und Bekennen des grossen und ewig gültigen Verdienstes unseres hochgelobten Erlösers uns allein noch nicht zu Solchen mache, die an den unvergänglichen Gütern seines Reichs Antheil haben. Er selbst hat ausdrücklich erklärt, dass nicht alle, die zu ihm Herr! Herr! sagen, seine wahren Jünger sind, sondern die den Willen thun seines Vaters im Himmel. Wollen wir es demnach wissen: ob wir wahrhaftig Antheil haben an den Wohlthaten, die er den Seinigen erworben hat, so muss die Prüfung vornehmlich darauf gerichtet sein: ob wir der Sünde und allem ungöttlichen Wesen auch wirklich abgestorben sind, und züchtig, gerecht und gottselig zu leben uns von ganzem Herzen befleissigen? Ob wir den Sinn unsers Herrn Jesu Christi an uns genommen? Ob wir von ihm gelernt haben, oder zu lernen redlich uns bemühen, sanftmüthig und demüthig zu sein? Ob wir der Wahrheit und Pflicht treu anzuhangen, und wie Er, unsres Berufes in Gehorsam gegen Gott wahrzunehmen, und insbesondre in der Liebe, die er für doch ächte Kennzeichen seiner Jünger erklärt hat, ihm immer ähnlicher zu werden uns bewusst sind.

Hierauf kommt es vornemlich bei der redlichen Selbsterforschung an, die der Apostel Paulus als ein nothwendiges Stück der Vorbereitung zu einem würdigen Genusse des heiligen Abendmahls empfiehlt. Ein jeder prüfe sich selbst, und also esse er von diesem Brod und trinke aus diesem Kelch.

Lasset nun euer Gewissen reden, wenn ich euch hier vor Gott die Frage vorlege: ob ihr ohne Heuchelei als gläubige Christen bei dem Gedächtnissmahle des Todes Jesu erscheint? Ob euch nicht nur von Herzen verlanget nach dem Troste eurer Begnadigung, sondern ob ihr auch eben so ernstlich begehret, euch eurem Erlöser auf die rechte Art dankbar zu beweisen, und in eurem ganzen Sinn und Verhalten als wahre Jünger eures Herrn erfunden zu werden? Ist das eure Gesinnung, so antwortet: Ja.

Wir müssen hier ernstlich alle diejenigen, die das heilige Abendmahl zu einem Beruhigungsmittel bei herrschender Sündenliebe missbrauchen, erinnern und ermahnen. Denket, müssen wir ihnen zurufen, denket an das grosse Grundgesetz unsrer heiligen Religion: es trete ab von der Ungerechtigkeit, wer den Namen Christi nennet. Irrt euch nicht: Gott lässt sich nicht spotten. Alle demnach, die um zeitlicher Güter, um zeitlicher Ehre, um zeitlicher Lust willen ihr Gewissen beflecken; alle, die ein offenbar unsittliches und lasterhaftes Leben führen; alle, die irgend einer Ungerechtigkeit oder eines Betruges gegen ihren Nächsten sich schuldig machen; alle, die treulos handeln, und Wort und Zusage muthwillig brechen; die Hass und Feindschaft, Groll und Rache in ihren Herzen hegen; alle, die Unruhe, Unordnung und Unheil in der bürgerlichen Gesellschaft suchen anzurichten und ihrer Obrigkeit ungehorsam sind; alle diese, wenn sie nicht den ernsten Vorsatz haben, ihren Sinn zu ändern und von ihren Irrungen umzukehren, müssen wir, als solche, die das Christenthum, das sie mit ihrem Munde bekennen, durch ihren Wandel verläugnen und verunehren, ernstlich warnen, mit der Handlung des Abendmahls kein Gespötte zu treiben. Weitgefehlt, dass die Lasterhaften und Unbussfertigen irgend einen Vortheil von ihrer Abendmahlsfeier erwarten können: so sind sie es vielmehr, von denen das ernste Wort des Apostels Paulus gilt: sie essen und trinken ihnen selber das Gericht.

Wer hingegen bei herrschender Liebe zu Gott, und bei einem aufrichtigen Verlangen, in allen Dingen der Lehre des Evangeliums gemäss zu leben, seine begangenen Sünden, und seine ihm noch anklebenden Fehler und Uebereilungen herzlich

bereuet; wer ohne Falsch entschlossen ist, sich mit Gottes
Hülfe je mehr und mehr zu reinigen von aller Untugend, und
von Tage zu Tage fester in allem Guten zu werden, der sei
getrost und gutes Muthes. Das Abendmahl des Herrn ist ihm
ein Pfand und ein Siegel der göttlichen Verheissung, dass
auch ihm seine Sünden vergeben sind; dass auch er Theil
habe an der barmherzigen Liebe des Vaters der Menschen.
Gelobet ihr nun von neuem Besserung, und treuen Gehorsam?
Gelobet ihr Jesu eine wahre Dankbarkeit und eine willige
Nachfolge: so antwortet:

Ja.

Demüthiget euch nun vor eurem Gott und Vater und lasset
uns also beten:

Heiliger und barmherziger Gott! wir erkennen unsere
Sündhaftigkeit und unsere Unwürdigkeit vor dir. Wir beken-
nen dir mit gerührter Seele und mit tiefer Schaam alle unsere
Vergehungen und Uebertretungen deines heiligen Gebots. Wir
getrösten uns aber auch deiner Vaterliebe, die allen Reuigen
Vergebung und Gnade verheissen hat. Vergieb denn auch uns,
himmlischer Vater! alles, was wir bisher ungerechtes gedacht,
gewollt, geredet und gethan haben; und nimm den aufrichtigen
Vorsatz der Besserung, den wir vor deinem Throne nieder-
legen, nimm ihn gnädiglich an!

Verlass uns nicht mit deiner Hülfe, ohne die wir nichts
vermögen; und lass uns diese Hülfe auch durch das Gedächt-
niss des Todes unsers theuren Erlösers zu Theil werden. Amen.

Höret nun an den Trost des Evangeliums: also, spricht
der Herr Christus, hat Gott die Welt geliebt, dass er seinen
eingebornen Sohn gab, auf dass alle, die an ihn glauben, nicht
verloren werden, sondern das ewige Leben haben.

Als Verkündiger dieser göttlichen Liebe versichere ich
nun allen wahrhaftig Bussfertigen völlige Vergebung ihrer
Sünden bei Gott, und Antheil an allen Wohlthaten der Er-
lösung Jesu Christi; wer diese Vergebung von Herzen wünscht,
der bekräftige solches mit einem aufrichtigen:

Amen.

Die Gnade unsers Herrn und Heilandes Jesu Christi, die
Liebe Gottes des Vaters, und die Gemeinschaft des heiligen
Geistes sei mit euch allen!

Empfanget nun den Segen des Herrn; und singet dann
zum Beschluss u. s. w.

Der Herr segne u. s. w.

II.

Bei der Feier des heiligen Abendmahls.

Geliebte in dem Herrn! Da ihr jetzt entschlossen seid,
euch dem Tisch des Herrn zu nähern: so erwäget zuvörderst
mit Andacht und Ehrfurcht die Absicht, welche Jesus, unser
Herr, bei der Einsetzung des Abendmahls gehabt hat. Höret
daher an die Nachricht, welche uns davon der Apostel Pau-
lus hinterlassen hat in dem 1. Brief an die Corinther im 11ten
Kapitel: Unser Herr Jesus in der Nacht etc. — bis dass er kommt.

Wir sehen hieraus ganz deutlich, wozu unser Heiland das
Abendmahl eingesetzt hat, und dass es unstreitig seine Ab-
sicht war, dass wir uns Seiner dabei auf eine lebhafte Weise
erinnern, und dabei zugleich ein freimüthiges Bekenntniss
unsres Glaubens an ihn ablegen sollten.

Auf diesen Zweck wollen wir nun auch jetzt unsern Sinn
gerichtet sein lassen. Nicht bei dem Brod, welches wir ge-
niessen, und bei dem Wein, welchen wir trinken, wollen wir
mit unsern Gedanken stehen bleiben; sondern Jesus Christus
unser Herr soll unserm Geiste gegenwärtig sein; und das,
was er für uns gethan und erduldet hat, wollen wir in unser
Gedächtniss zurückrufen. Sehet also hinweg von dem Sicht-
baren auf das Unsichtbare. Erwäget mit herzlicher Dankbar-
keit die ewig beglückenden göttlichen Regungen, welche uns
der erhabene Mittler zwischen Gott und den Menschen zuge-
wandt und durch seinen Tod bestätiget hat.

Durch ihn haben wir Gott kennen gelernt als unsern lieb-
reichen und versöhnlichen Vater, dem wir uns mit kindlichem
Herzen nahen dürfen; durch ihn sind wir gewiss geworden,
dass wir zu jeder Zeit unsers Lebens unter der weisen Re-
gierung des Allmächtigen stehen, und dass denen, die ihn
lieben, alle Dinge zum Besten dienen müssen; durch ihn, der
Unsterblichkeit ans Licht gebracht hat, sind wir unsrer Be-
stimmung zu einem unvergänglichen Leben versichert, dass
wir nun den Tod nicht fürchten dürfen, wie die, die keine
Hoffnung haben; durch ihn haben wir endlich eine zuverlässige

Anweisung zu einem gottgefälligen Verhalten, dass wir mit einem ruhigen Gewissen und zweifelfreien Gemüthe den Weg der wahren Tugend, auf dem er selbst uns vorangegangen ist, wandeln können.

Dieses alles erwäget mit Freude und Dank bei der Feier des Gedächtnissmahls eures Erlösers. Denket an den unschätzbaren Segen in himmlischen Gütern, den ihr durch Christum habet; denket aber auch an die bittern Leiden, die unser Heiland so willig übernommen, und wie er, um uns dieses Segens theilhaftig zu machen, sich selbst verleugnet, sich so willig von rohen und boshaften Menschen hat misshandeln und verhöhnen lassen, und endlich den schmerzhaften Tod am Kreuze so gelassen erduldet hat. Sehet ihn still und ruhig seinen dornenvollen Weg fortwandeln bis ans Ende.

Freuet euch der Liebe eures himmlischen Vaters, und der Liebe dessen, der sein Bild auf Erden an sich trug; empfindet ganz den Trost, den euch dieses Andenken gewährt, bei den Vergehungen, deren ihr euch bewusst seid; bei den Widerwärtigkeiten, durch welche ihr geprüft werdet; bei der Vergänglichkeit eures Lebens. Zweifelt nicht, dass, so gewiss Jesus am Kreuze gestorben ist, so gewiss auch ihr Vergebung der Sünden habet; und dass bei einer aufrichtigen Sinnesänderung und einem anhaltenden Fleisse in der Besserung euch nichts scheiden könne von der Liebe Gottes eures himmlischen Vaters.

Indem wir aber dergestalt uns mit gläubigem Herzen den Trost zueignen, den Jesus den Seinigen versichert hat: so müssen wir auch unserm Erlöser uns auf die rechte Art dankbar beweisen. Lasset uns daher die fromme Entschliessung erneuern, seiner Lehre mit Willigkeit zu gehorchen, und seinem Beispiele nachzufolgen. Lasset uns, gestärkt durch die Kraft des Evangeliums, mit grossem Ernst über uns selbst wachen, dass wir nicht wieder Knechte der Sünde werden, von der wir um einen so theuren Preis erlöset sind; dass wir nicht wieder in die Fehler zurückfallen, die wir abzulegen Gott angelobt haben; dass wir uns hieführo rein erhalten von allen ungöttlichen Gedanken, Worten und Werken; dass wir Gerechtigkeit, Billigkeit und Liebe gegen alle Menschen beweisen; dass wir unsere Berufspflichten mit grosser Gewissenhaftigkeit wahrnehmen, und dabei, wie Jesus unser Herr, keine Mühe,

Last und Selbstverleugnung scheuen; dass wir in unsern Leiden,
wie Er, geduldig und voll Ergebung in den göttlichen Willen
bleiben, und gegen unsre Feinde und Beleidiger gleich ihm,
Sanftmuth und Versöhnlichkeit üben. Solche Entschliessungen
sind die beste Abendmahlsfeier; und wer ihnen treu bleibet,
der beweiset sich würdig der heiligen Religion, die er bekennt.

Vornemlich, theuerste Christen! vereinige uns diese aber-
malige Communion von neuem mit einander in herzlicher Liebe
und Eintracht. Es sei uns: als hörten wir bei dem Empfang
des Brodes und Weines unsern Heiland selbst zu uns sprechen:
daran wird man erkennen, dass ihr meine Jünger seid, wenn
ihr Liebe unter einander habet. Wir alle nahen uns dem Tische
des Herrn mit gleicher Hülfsbedürftigkeit, und in einem glei-
chen Vertrauen zu Gott; wir geniessen von demselben Wein;
wir sind alle Kinder Eines Vaters, Erlösete eines Mittlers; wir
haben alle gleiche Vorschriften, gleiche Verheissungen, ein
gleiches Ziel unsrer Hoffnung. So umschliesset uns alle ein
Band brüderlicher Gleichheit; darum müssen nun auch Wohl-
wollen und Gütigkeit unsere Herzen erwärmen, damit wir,
welche zeitliche Unterschiede uns auch trennen mögen, doch,
als zu Einer grossen Familie gehörig, als Glieder desselben
Hauptes, als Genossen desselben Reiches der Wahrheit und Ge-
rechtigkeit allesammt ein Herz und eine Seele seyen, und sol-
ches auch mit der That gegen einander beweisen.

Zur Erfüllung solcher christlichen Vorsätze verleihe uns
allen der barmherzige himmlische Vater den Beistand seines
heiligen Geistes.

Knieet nun nieder und lasset uns beten:

Allgütigster Gott und Vater! Hier demüthigen wir uns vor
dir im Staube. Hier flehen wir mit vereinter Seele zu dir;
nicht um zeitliche vergängliche Güter, nicht um ein Glück, das
wir sonst wünschen möchten; wir flehen um deinen Geist, um
deine Hülfe zur Besserung unsers Herzens, und zu einer dir
wohlgefälligen Einrichtung unsers ganzen Verhaltens. Befestige
in uns allen den Vorsatz, uns würdig zu beweisen unseres
hohen Berufes als Christen. Gieb uns Kraft, nachzufolgen dem
Herrn, dem wir angehören; und wenn es dir gefällt, unsere
Geduld durch zeitliche Leiden zu prüfen, so hilf uns auch sie
überwinden, wie er sie überwunden hat. Stärke unsere Seelen
durch den Hinblick auf den herrlichen Ausgang der Leiden

unsers Erlösers, und durch den Glauben, dass nach vollende-
tem Laufe unserer Pilgrimschaft wir einst sein werden, wo er
ist. Amen.

Unser Vater, u. s. w.

So lasst uns nun mit wahrer Andacht unser christliches
Bundesmahl feiern. Jesus Christus sei unserm Geiste gegen-
wärtig und im dankbaren Genuss der Seelennahrung, die wir
von ihm und durch ihn haben, sei ihm eine immerwährende
Treue von uns allen herzlich angelobet!

Nach der Abendmahlsfeier.

Geliebte in dem Herrn! Da Gott uns die Gnade verliehen
hat, uns das trostvolle Gedächtnissmahl des heilbringenden To-
des Jesu Christi mit einander feiern zu lassen: so wollen wir
ihm dafür von Herzen Preis und Dank sagen.

Knieet also nieder, und spreche ein Jeder in seinem Her-
zen also:

Barmherziger Gott und Vater! Wir danken dir von ganzem
Herzen, dass du uns an diesem Stärkungsmittel unsers Glaubens
hast gnädiglich Theil nehmen lassen. Gieb, dass jeder gute
Eindruck des erneuerten Andenkens an deine Liebe zu den
Menschen, und an die Liebe dessen, der sich für uns in den
Tod gegeben hat, tief in unseren Seelen hafte. Von dir er-
warten wir nun auch vertrauungsvoll die uns nöthige Kraft zur
Ausführung unserer christlichen Vorsätze. Lehre uns allezeit
thun nach deinem Wohlgefallen, und dein guter Geist führe uns
auf richtiger Bahn. Erhalte unsere Seelen lauter und unsträflich
und wirksam zu allem Guten bis auf den Tag, da du auch uns
in ein vollkommneres Leben einführen wirst, wo wir dich ganz
so, wie du es würdig bist, im Geist und in der Wahrheit an-
beten werden. Amen.

Die Collecte für unsere Armen- und Waisenhäuser.

Empfanget nun den Segen des Herrn und singet dann zum
Beschluss, u. s. w.

Der Herr segne u. s. w.

F. EX LIBRO. TH. HUGUES.

Es soll die Communion in der Kirche wenigstens zweimal des Jahres, zu Ostern und Michaelis, wo aber die Umstände und die Grösse der Gemeinde es wünschenswerth erscheinen lassen, alle Vierteljahr oder alle vier Wochen gehalten, solches auch an den vorhergehenden Sonntagen von der Kanzel verkündigt und die ganze Gemeinde zur Theilnahme daran aufgefordert werden. Die heilige Handlung schliesst sich an den Hauptgottesdienst an, nachdem an dem vorhergehenden Tage Nachmittags

Die Vorbereitung zum heiligen Abendmahle

Statt gefunden hatt.

Wenn am Charfreitage Communion gehalten wird, darf die Vorbereitung an den Hauptgottesdienst des grünen Donnerstages sich anschliessen.

Der Vorbereitungsgottesdienst beginnt mit Gesang, bei dessen Schluss der Geistliche die Kanzel besteigt und über einen beliebigen Text eine kurze Rede hält. Nach dem Schlusse derselben mit Gebet kündigt er noch einmal die Absicht an, folgenden Tages das Abendmahl mit der Gemeinde zu halten und fordert diejenigen, welche daran Theil nehmen wollen, auf, nach dem Schlusse der Vorbereitung auf dem Chor der Kirche ihre Namen in das Communicanten-Verzeichniss einschreiben zu lassen. Während des Gesanges der Gemeinde steigt er von der Kanzel und stellt sich vor den Altartisch, wo er folgende Anrede hält:

Geliebte in dem Herrn! Wie nöthig eine rechte Vorbereitung zum Genusse des heiligen Abendmahle sei, das lernen wir unter andern aus den Worten des Apostels Paulus in dem ersten Briefe an die Korinther im eilften Capitel: „welcher unwürdig von diesem Brode isset, etc."

Um uns zum würdigen Genusse geschickt zu machen, müssen wir, nach der Ermahnung des Apostels, uns selbst zuvor aufrichtig prüfen. Drei Stücke aber sind es, welche das Wort Gottes uns vorhält: erstlich, unsere Sünden; zum andern unsere Erlösung; zum dritten, die Dankbarkeit, welche wir Gott schuldig sind. Ueber diese Hauptstücke müssen wir uns aufrichtig, in der Gegenwart des allwissenden Gottes prüfen. [1]

Ich sage erstlich: über unsere Sünden, worin sie bestehen und ob wir sie ernstlich bereuen. Man kann dem heiligen Gott nicht gefallen, auch ein ernstliches Verlangen nach dem Troste aus Jesu Tode nicht fühlen, wenn man die Sünde

[1] Cf. p. 160.

nicht für das grösste Uebel hält und sie endlich verabscheut. Diese aber stellt sich uns in ihrer ganzen Grösse vor Augen, wenn wir die Summe der göttlichen Gebote bedenken, nämlich: „Du sollst lieben Gott, deinen Herrn, von ganzem Herzem, von ganzer Seele und von ganzem Gemüthe. Du sollt deinen Nächsten lieben als dich selbst." Wenn wir uns nach diesem Gesetze Gottes aufrichtig prüfen, so werden wir Alle, m. G., gestehen müssen, dass wir uns bald in diesem, bald in jenem Stücke, es sei vorsätzlich oder aus Schwachheit, versündiget haben. Ist euch denn nun jede Sünde herzlich leid? Erkennet ihr, dass ihr euch dadurch strafbar gemacht habt vor Gottes Angesicht? Missfallet ihr euch deshalb selbst und dürstet ihr nach der Gerechtigkeit und Gnade Jesu Christi? Kränken euch auch eure Uebereilungen, und wünschet ihr herzlich: ach, dass ich doch nie gesündiget hätte! Gott sei mir Sünder gnädig! Ist das euer Verlangen und Bekenntniss, so gebet Gott die Ehre und sprechet: Ja!

Zum andern: prüfet euch auch in Ansehung eures Glaubens an den Erlöser und das von Ihm vollbrachte Werk. Glaubet ihr, dass Gott nicht allein barmherzig, sondern auch gerecht sei, der die Sünde nicht ungestraft hingehen lassen will, und, da eine Creatur solche Strafe für uns nicht tragen kann, dass der einige Sohn Gottes aus Barmherzigkeit des Vaters in diese Welt gesandt sei, wahren menschlichen Leib und Seele an sich genommen, auf dass Er an demselben, unserm Fleisch und Blut die Strafe und den Zorn Gottes, die wir verdienet haben, für uns trüge und dass, laut der Verheissung des Evangeliums diese vollkommene Bezahlung des Sohnes Gottes für unsre Sünde, einem Jeden insonderheit, der sie mit herzlichem Vertrauen annimmt, zueigen geschenkt sei, dass auch die uns noch anhaftenden Schwachheiten mit dem Leiden und Gehorsam Jesu Christi bedeckt sind, bis sie endlich gar hinweggenommen werden. [1])

Ferner, glaubt ihr auch, dass Christus einem Jeden unter uns diese Erlösung, welche Er ihm in dem Bad der Taufe versprochen und geschenkt hat, wiederum mit dem heiligen Abendmahl versiegelt und durch die Wirkung des heiligen Geistes in seinem Herzen also bestätigt, dass Sein Leib so gewiss für uns

---

[1) Cf. p. 172.

III.   **13**

am Kreuz geopfert und Sein Blut für uns vergossen sei, als
wir mit Augen sehen, dass das Brod uns gebrochen und der
Kelch der Danksagung uns mitgetheilet wird; ja dass der Herr
Christus unser hungriges, zerschlagenes Herz und unsre dür-
stende, matte Seele durch Wirkung des heiligen Geistes mit
Seinem gekreuzigten Leibe und Seinem vergossenen Blute so
gewiss zum ewigen Leben speise und tränke, als wir aus der
Hand Seines Dieners empfangen und mündlich essen und trinken
das heilige Brod und den gesegneten Kelch des Herrn zum Sei-
nem Gedächtniss; ist das euer Glaube, so gebet Gott die Ehre
und sprechet: Ja. [1])

Endlich: prüfet auch eure Entschliessungen, ob ihr auch
begehret, dem Herrn Christo euer ganzes Leben lang euch
dankbar zu erzeigen. Erforsche demnach ein Jeder sein eigen
Herz und frage sich: ob er auch allem Neid und Hass und Bit-
terkeit von Herzen abgesagt und seinem Nächsten verziehen
habe, wie auch der Herr uns armen, sündigen Menschen ver-
ziehen hat? Ob er auch allem Fluchen, unzüchtigen Worten
und Werken, Fressen und Saufen und allen andern Sünden also
von Herzen Feind sei, dass er dieselben wieder zu begehen
keine Lust hat, sondern sie hinfort durch Gottes Gnade nicht
mehr zu thuen vor dem Angesichte des Herrn sich festiglich
vornimmt? Ist es dagegen euer ernstlicher Vorsatz, euch aller
christlichen Gesinnungen zu befleissigen, Gott über Alles und
euren Nächsten als euch selbst zu lieben; könnt ihr mit Bei-
stimmung eures ganzen Herzens sagen: ich schwöre und will
es halten, o Gott, dass ich die Rechte Deiner Gerechtigkeit
halten will? Ist das eure Gesinnung und euer herzlicher Vor-
satz, so gebet Gott die Ehre und sprechet: Ja. [2])

---

1) Cf. p. 173.

2) Synodus Batava 1817 has proposuit quaestiones: 1) Glaubt ihr von Her-
zen, dass die wahrhaftige und vollkommene Lehre der Seligkeit uns von Gott
geoffenbart, in den Büchern des alten und neuen Testaments verfasst ist? Die
dies glauben, sagen mit mir: Ja! 2) Glaubt ihr von Herzen, dass ihr durch
eure Sünde tief verdorben und vor Gott strafwürdig seid, und missfallt ihr euch
selbst deswegen mit Demuth, Reue? Dies dies glauben und also gesinnt sind,
sagen mit mir: Ja! 3) Glaubet ihr von Herzen, dass Gott aus lauter Gnade uns
seinen eingebornen Sohn Jesum Christum, zu unserem einigen und vollkomme-
nen Seligmacher geschenkt hat, dessen Leib für uns gebrochen und dessen Blut
für uns vergossen ist zur Vergebung der Sünden; und nehmet ihr ihn für euch
selbst mit einem gläubigen Herzen an zur Weisheit, zur Gerechtigkeit, zur Hei-

Lasset uns beten:

Allmächtiger Gott, Vater unsers Herrn Jesu Christi! Schöpfer aller Dinge und Richter aller Menschen; Wir bekennen und beklagen unsere mannichfaltigen Sünden und Missethaten, wodurch wir oft in Gedanken, Worten und Werken wider Dich und Deinen heiligen Willen uns schwer vergangen haben. Ernstlich bereuen wir diese unsre Vergehungen, sie sind uns von Herzen leid, ihr Andenken betrübt uns, ihre Last ist uns unerträglich. O, barmherziger Vater, Sei uns gnädig, erbarme Dich unser; um Deines Sohnes, unseres Herrn Jesu Christi willen, vergieb uns Alles, was geschehen ist, und verleihe, dass wir hinfort Dir unablässig dienen und durch Erneuerung unseres Lebens Dir wohlgefällig werden mögen, zur Ehre und zum Preise Deines Namens, durch Jesum Christum, unsern Herrn. Amen.

Gott, der Allwissende kennet eure Herzen und wenn euer Verlangen nach Seiner Gnade und euer Vorsatz der Besserung rechtschaffen ist, so sollet ihr nicht zweifeln, dass ihr durch das heilige Leiden und Sterben Christi Vergebung aller eurer Sünden schon habet und gewisslich behaltet, so lange ihr in diesem Vornehmen beharret. Der gnadenreiche und barmherzige Gott, welcher euch von allen euren Sünden entbindet, der wird euch auch in allem Guten stärken und befestigen und euch durch Jesum Christum in Sein ewiges Reich bringen. Hierauf spreche ein Jeder, der solches von Herzen begehret: Amen! Er aber, der Gott des Friedens, heilige euch durch und durch, und euer Geist ganz sammt der Seele und dem Leibe, müsse behalten werden unsträflich auf die Zukunft unseres Herrn Jesu Christi. Amen.

Die Handlung des heiligen Abendmahles selbst.

Nach dem Schlusse der Predigt entlässt der Geistliche diejenigen, welche während der heiligen Handlungen nicht gegenwärtig zu bleiben

---

ligung und zur Erlösung? Die dieses glauben und also gesinnt sind, sagen mit mir: Ja! 4) Habt ihr, gemäss der Verpflichtung, welche durch eure Taufe auf euch gelegt ist, einen aufrichtigen Vorsatz, durch die Kraft des heil. Geistes bei diesem Bekenntniss zu verharren, euern Glauben zu stärken, euer Leben zu bessern, in wahrer Liebe und Einigkeit mit euerm Nächsten zu leben und also Gott wahre Dankbarkeit für seine Gnade zu beweisen? Die solchen Vorsatz haben, sagen mit mir: Ja! (Fliedner l. c. p. 60. 61.)

beabsichtigen, mit dem Segen des Herrn, steigt, während die Orgel zum Ausgang gespielt wird, von der Kanzel herunter und tritt h i n t e r den Altartisch, [1]) welcher mit einer weissen Decke versehen ist und auf dem in der Mitte ein Teller mit dem in länglich viereckige Stücke geschnittenen Brode, [2]) welches ein weiss linnenes Tuch bedeckt, steht. Zur Rechten steht der Kelch und zur Linken die Kanne mit Wein gefüllt. Wenn die Orgel schweigt, spricht der Geistliche:

Geliebte in dem Herrn Christo! Das feierliche Mahl, das wir jetzt halten wollen, hat unser Herr und Heiland selbst verordnet. „Ich habe es, schreibt Paulus, von dem Herrn empfangen, das ich euch gegeben habe, etc. bis dass er kommt."

Heilig sei uns dieser Befehl und Geist und Herz ermuntere sich bei seiner Erfüllung zu frommer Andacht!

Die ihr in ernster Vorbereitung euch selbst, eure Sünden, euren Glauben und eure Entschliessungen geprüft habt, theure Abendmahlsgenossen, lasset uns bedenken, wozu uns der Herr Sein heiliges Abendmahl eingesetzet hat, nämlich, dass wir solches thun sollen zu Seinem Gedächtniss. [3])

Also aber sollen wir Sein dabei gedenken, dass wir zuversichtlich in unserem Herzen vertrauen, dass unser Herr Jesus Christus nach der Verheissung, welche schon den Vätern geworden ist, von Seinem himmlischen Vater in diese Welt gesandt sei und unser Fleisch und Blut an sich genommen hat, um den Zorn des gerechten Gottes, unter dem wir hätten vergehen müssen, für uns zu tragen und allen Gehorsam des göttlichen Gesetzes zu erfüllen. Folget ihm, ihr Christen, auf dem Leidensweg! Sehet, wie Er in Gethsemane blutigen Schweiss vergiesset, da die Last unserer Sünden, da die Schuld der

---

[1]) Br.: „Und also stehet auch in diesen Kirchen der Diener des Wortes also, dass er das Angesicht und mit dem Rücken zum Volk wende. Damit man Alles, was gehandelt und geredet wird, desto besser hören, sehen und vernehmen könne, Sonderlich aber geschieht dies darümb, auf dass, wie für dieser zeit die Beptische Elevation, Antasten und Uffheben der Hostien, Item das heimliche Murmeln etlicher Wort über dem Brod abgeschafft und dem Gräuel der Bäpstischen Consecration oder Thiermung begegnet werde."

[2]) C. L. II., p. 157. Br.: — „ein recht rein Speisebrod viel kräfftiger uns fürbildet, dass Christus eine Speise eueren Seelen sei. Hiemit auch dem gemeinen Mann desto mehr der Aberglauben kann benommen werden, als dürfften sie das geheiligte Brot nicht essen, sonder mustens allein auf der Zunge verschmelzen lassen.

[3]) Cf. p. 178.

ganzen Menschheit auf Ihm liegt und Er auf Seinem Angesichte
liegend, in der Angst seines Herzens drei Mal betet. „Mein
Vater, ist's möglich, so gehe dieser Kelch vorüber! Doch
nicht wie ich will, sondern wie Du willst!" Sehet, wie Er
dann mit Stricken gebunden wird, auf dass Er uns von den
Banden der Sünden befreiete; wie Er unzählige Schmach leidet,
damit wir nimmer zu Schanden würden; wie er unschuldig zum
Tode verurtheilt wird, auf dass wir vor dem Gerichte Gottes
freigesprochen würden; ja, wie Er seinen gebenedeiten Leib
an das Kreuz nageln lässt, damit Er die Handschrift unserer
Sünden, die wider uns zeuget, aus dem Mittel thäte. So hat
Er den Fluch, der auf uns lag, auf sich genommen, auf dass
Er uns mit seinem Segen erfüllete und hat sich erniedriget bis
in die tiefste Schmach und Angst des Leibes und der Seele, da
er schrie: „Mein Gott, mein Gott, warum hast Du mich ver-
lassen!" auf dass wir zu Gott kämen und nimmermehr von Ihm
verlassen würden. Endlich hat Er mit seinem Tode und Blut-
vergiessen das neue und ewige Testament, den Bund der Gna-
den und Versöhnung beschlossen, da Er gesagt hat: „Es ist
vollbracht!" [1])

Um aber unserm Glauben ein sichtbares Pfand und Siegel
zu geben, dass wir diesem Gnadenbunde des Herrn angehören,
hat er das heilige Sacrament seines Leibes und Blutes für alle
die Seinigen bis an das Ende der Tage eingesetzt. Hier sollen
wir versichert werden Seiner herzlichen Liebe und Treue ge-
gen uns, dass Er für uns, die wir sonst des ewigen Todes
hätten sterben müssen, Seinen Leib am Stamme des Kreuzes
in den Tod gegeben und Sein Blut vergossen hat, um unsre
hungrigen und durstigen Seelen mit Seinem gekreuzigten Leibe
und Seinem vergossenen Blute zum ewigen Leben zu speisen
und zu tränken, so gewiss wir sehen, dass dieses Brod uns
gebrochen und der Kelch uns dargereicht wird und wir das
Brod und den Wein zu seinem Gedächtniss mit unserem Munde
essen und trinken. [2])

Durch dieses heilige Mahl, zu welchem uns der Herr be-
rufen hat, will Er uns auch daran mahnen, dass wir durch
denselben Geist unter einander, als Glieder eines Leibes zu

3) Cf. p. 179.
4) Cf. ibid.

wahrer brüderlicher Liebe verbunden würden, wie der Apostel
Paulus spricht: „denn ein Brod ist es, so sind wir viele ein
Leib, dieweil wir Alle eines Brodes theilhaftig sind." Gleich-
wie aus vielen Körnlein ein Mehl gemahlen und ein Brod ge-
backen wird, und aus vielen Beerlein, zusammen gekeltert,
ein Wein fliesst und sich in einander menget, also sollen wir
Alle, die wir durch wahren Glauben Christo einverleibet sind,
durch brüderliche Liebe, um Christi unseres Heilandes willen,
der uns zuvor so hoch geliebet hat, allesammt ein Leib sein
und solches nicht allein mit Worten, sondern auch mit der That
gegen einander beweisen. Dazu helfe uns der allmächtige,
barmherzige Gott und Vater unseres Herrn Jesu Christi, durch
Seinen heiligen Geist! Amen. [1])

Auf dass wir nun, Geliebte in dem Herrn, mit dem wah-
ren Himmelsbrod, Christo, gespeiset werden, so lasst uns mit
unsern Herzen nicht an dem äusserlichen Brod und Wein haf-
ten, sondern lasset unsre Herzen im Glauben sich in den Him-
mel erheben, da Christus Jesus ist, unser Fürsprecher, zur
Rechten Seines himmlischen Vaters, und nicht zweifeln, dass
wir so wahrhaftig durch Wirkung des heiligen Geistes mit
seinem Leib und Blut an unseren Seelen gespeiset und ge-
tränket werden, als wir das heilige Brod und den heiligen
Trank zu seinem Gedächtniss empfangen. Der Geist Jesu stärke
euch in eurem Glauben. Amen.

Lasset uns beten:

Barmherziger Gott und Vater! Wir bitten Dich, dass Du
in diesem Abendmahl, da wir das herrliche Gedächtniss des
bittern Todes Deines lieben Sohnes Jesu Christi feiern, durch
Deinen heiligen Geist in unsern Herzen wirken wollest, dass
wir uns mit wahrem Vertrauen Deinem Sohne Jesu Christo
je länger je mehr ergeben, auf dass unsre mühseligen und
zerschlagenen Herzen mit Seinem wahren Leibe und Blute,
ja mit Ihm, wahrem Gott und Menschen, dem einigen Him-
melsbrode durch die Kraft des heiligen Geistes gespeiset und
erquicket werden, auf dass wir nicht mehr in unseren Sünden,
sondern Er in uns und wir in Ihm leben und wahrhaftig des
neuen und ewigen Testamentes, des Bundes der Gnade, also
theilhaftig seien, dass wir nicht zweifeln, dass Du ewiglich

---

1) Cf. p. 180.

unser gnädiger Vater sein wollest, uns unsere Sünden nimmermehr zurechnen und uns in Allem an Leib und Seele versorgen wollest, wie Deine lieben Kinder und Erben. Verleihe uns auch Deine Gnade, dass wir getrost unser Kreuz auf uns nehmen, uns selbst verleugnen, unsern Heiland bekennen und in aller Trübsal mit freudiger Zuversicht unsern Herrn Jesum Christum aus dem Himmel erwarten, da er unsere sterblichen Leiber Seinem verklärten herrlichen Leibe ähnlich machen und uns zu sich nehmen wird in das Reich seiner Herrlichkeit. Amen.

Unser Vater, u. s. w.

Der Geistliche empfängt nun die Communion unter beiderlei Gestalt zuerst selbst (sind zwei Geistliche vorhanden, so reicht der eine sie dem andern [1]). Darnach treten zuerst die Vorsteher, dann die männlichen und weiblichen Gemeindeglieder nach einander um den Tisch, so viele um denselben Platz haben. Während der Austheilung kann von der Orgel die Melodie eines Abendmahlsliedes gespielt werden, was der Geistliche nach der Selbstcommunion anzuzeigen und die Anwesenden aufzufordern hat, den Gesang leise nachzulesen. Ehe die Communicanten von dem Chore abtreten, entlässt sie der administrirende Geistliche mit einem Segenswunsche in biblischen Worten. Indem der Geistliche das Brod bricht und dem Communicanten in die Hand darreichet, [2]) spricht er:

Das Brod, das wir brechen, ist die Gemeinschaft des Leibes Christi. Darum nehmet und esset; bedenket und glaubet, dass der Leib unseres Herrn Jesu Christi für euch gebrochen sei, am Stamm des Kreuzes, zur Vergebung eurer Sünden.

Indem er denn den Kelch dem Communicanten in die Hand darreichet, spricht er:

Der Kelch der Danksagung, damit wir danksagen, ist die Gemeinschaft des Blutes Jesu Christi. Darum nehmet und trinket; bedenket und glaubet, dass das Blut unseres Herrn Jesu Christi für euch vergossen sei, zur Vergebung eurer Sünden.

---

6) C. L. II. p. 88.

7) C. L. II. p. 158. Br.: — „und also mit Christlicher Zucht selbst esse und trinke, und nicht durch Aberglauben sich hieran verhindern lasse. Gleich als müssten wir, wie die jungen Kinder von andern uns essen und trencken lassen. Oder, als wäre der Mund, damit man es bis anhero zu empfangen gewohnt war, reiner und heiliger denn die Hand. Oder als dürffte nur der Priester das Sacrament mit seinen Händen berühren und angreifen und nicht die Leyen."

Nach der Communion:

Lobe den Herrn, meine Seele, etc. p. 182.

Der Friede Gottes, welcher höher ist, denn alle Vernunft, der bewahre eure Herzen und Sinne in der Erkenntniss und Liebe Gottes und Seines Sohnes, Jesu Christi, unseres Herrn! Und der Segen des allmächtigen Gottes, des Vaters, des Sohnes und des heiligen Geistes sei mit euch und bleibe bei euch immerdar. Amen.

Kranken-Communion.

Wenn Kranke das Abendmahl des Herrn daheim, in ihrem Hause, zu halten begehren, soll es ihnen nicht abgeschlagen werden. Dabei ist aber zweierlei zu beobachten. Es soll zuerst der Geistliche, wenn er bei dem Kranken etwa die Ansicht vermuthen darf, als könne ihm das Werk des Abendmahles, als ein opus operatum zur Seligkeit verhelfen, ihn von solchem abgöttischen Irrthum abweisen und von dem rechten Gebrauch des Sacramentes unterrichten. Sodann sollen die Verwandten und Hausgenossen des Kranken aufgefordert werden mit ihm zu communiziren, weil das heilige Abendmahl von einer Versammlung von Christen, sie sei gross oder klein, gehalten werden soll. [1]

---

1) P.: „Quod si aegrotus petat Eucharistiam, ipso die quo ab Ecclesia celebratur Coena, mittitur unus ex Ministris cum piis aliquot, qui cum aegroto communicent.“ Pf.: 567.: — „Vnd wiewol die leuth in Predigten vnd sonst fleissig vnterricht sollen werden, dass sie sich der gemeinschafft Christi, deren sie zuuor im heiligen Nachtmal, vnd auch in verkündigung der zusagung Gottes vergwist sind, zutrösten haben, Jedoch so die krancken dass Nachtmal des Herrn auch daheim in den heusern zuhalten begeren, soll es jhnen nicht abgeschlagen werden, aber doch mit zweierlei bescheid, deren man fleissig warnemen soll. Erstlich so der diener sich zauermuten hette, dass der krancke in der opinion de opere operato vnd von notwendigkeit solcher Communion zu seiner seligkeit were, dass er trewlich vnd fleissig von solchem Abgottischen jrtumb abgewisen, vnnd von rechtem brauch des Nachtmals vnterrichtet werde. Vnnd zum andern dass die in dem hauss oder sonst vmb den krancken sind, vermanet werden, mit jhm zu Communiciren, auff dass diese ordnung des Herrn nit gebrochen werde, dass er sein Abendmal von einer versammlung der Christen will gehalten haben, sie sey gleich gross oder klein. Belangend die form wie die Communion bey den kranken gehalten soll werden, sol der diener auss der obgesetzten form jm ein kurtze summa fassen zu vnterrichtung des krancken, Demnach die bekantnuss der sünden, wie man die am Sontag pflegt zulesen, sampt bey gesetztem trost dem krancken fürsprechen, Auch dass Vater Vnser sampt den worten der einsatzung des Nachtmals darzu thun, darauff das Nachtmal reichen, vnd mit gewönlicher dancksagung beschliessen.“ Cf. C. L. II. p. 432.

Die Form der Kranken-Communion anlangend, so soll der Geistliche aus der obigen Form der Vorbereitung und Abendmahlshandlung einige Haupttheile zusammenfassen, namentlich aber: Das Sündenbekanntniss, das Glaubensbekenntniss, die Worte der Einsetzung des Abendmahles und das Gebet des Herrn, sprechen und die Handlung mit einer freien, den Umständen angemessenen Danksagung und dem Segen beschliessen.

CAPUT IV.

De Benedictione Nuptiarum.

A. EIN SEGEN ÜBER DIE, SO SICH EELICH VERPFLICH-TEND.

Ex Libro Leonis Iudae.

O allmächtiger gott! der du in anfang diner werken einen mann von der erden geschaffen, und us dem ripp siner syten ein wyb gestaltet, die du jm zu hilf zuggeben hast, dass sy zwey ein fleisch unzertrennlich einander lieben und anhangen solltind; in welchem du ungezwyflet zu verston hast wellen geben, dass der mann nit allein sunder by dem wyb als by einem behilf und trost wonen soll; uf dass er alle beschwerd und arbeit dises zyts dester bas und ringer tragen, ouch mittel und arzny der blödigkeit und unruw sines fleisches finden möge.

O herr! der du durch dein ewig wort zu jnen gesprochen hast: Wachsend und fruchbarend üch, und füllend das erd-rüch; in welchem du dem menschlichen geschlecht ein form und usgedruckt bild des eelichen lebens yngwurzlet hast, dass sich von anfang Adam, Abraham, Isaac und Jacob, alle heiligen väter, dine geliebten fründ, gehalten, in dem unuflöslichen band der eelichen pflicht gelebt hand. O herr! der durch dinen geist in beeder testamenten die heilige und unbefleckte ee so hoch prysest; dargegen die unreine unkyschheit so ernstlich verwirfest und strafest, dass wir nit zwyflen mögend, die ordnung und satzung dines worts gfalle dir wol.

O herr! der du durch sülich band der ee uns ein über-

treffenlich und fast heimlich band diner unussprechlichen und
väterlichen liebe hast wöllen anzeigen, so du in eelicher pflicht
warer trüwe und glouben unsere seelen dir als einem waren
gespons und gmahel hast wöllen vermächlen, als die us erwälter
apostel Paulus uns bericht. Wir bittend dich von herzen, dass
du dise zwey menschen, die sich in diner forcht und glouben
dines ewigen worts eelichen verknüpfet und verbunden hand,
gnädiglich ansehen wöllist; dann du in allen dingen der anfang,
das mittel und das end syn sollest. Verlych jnen die gnad,
dass us sölichem somen, den du in jre herzen gepflanzet hast,
ein heilige und dir wolgefällige frucht erwachse. Verbind sy
in einträchtigkeit und unzertrennter liebe, damit die band, das
du zusammengeheftet hast, niman uflöse noch zerstöre. Gib
jnen dinen segen, den du dinen geliebten fründen Abraham,
Isaac und Jacob gegeben hast. Verkeer jnen das ungschmack
wasser aller trübsalen in den süssen wyn dines gnadrychen
trostes, dass sy in warem glouben und unuflöslicher liebe allen
kummer und eelichen beschwerd geduldiglich tragen, und dir
also fürhin seliglich leben mögind bis an den tag, so du sy,
warer und ewiger brütgam, in din schlafkammer und heimlich-
keiten ynfürest! Amen.

B. EX LITURGIA TURICENSI. 1529.

Wie man die bezogne Ee offenlich vor der Kilchen bestätet.

Der Diener keret sich gegen dem volck vnnd redt also:

Lieben brüder vnd schwöstern üch sye zewüssen, das dise
zwo personen N. vnd N. sich Eelichen mit einander verpflich-
ten, vnd die bezogne Ee vor üch als Christenlichen zügen be-
stäten wellend. Darumb sind alle ermant vmb brüderlicher
trüw willen, Gott den Herren zebitten, vmb einen guten Chri-
stenlichen anfang, das sy miteinander nach dem willen Gottes
in rechtgeschaffner liebe lebind, vnnd nit allein kinder des
fleischs, sunder dess geists zügind. Das sy nach disem ellen-
den läben das ewig bsitzen mögind. Ob ouch yemants vnder
üch were, der hindernuss oder jrrung in sölicher Ee wüsste,
der welle das offenbaren.

Hörend das Euangelion Matth. am IX. Capitel.

Es trattend die Phariseer zu dem Herrn, vnd versuchtend jnn, sprechende: Ist es ouch recht, das ein mann sich scheyde etc. Was nun Gott zesamen gefügt hat, das sol der mensch nit scheyden.

Gloubend disen wortes Gottes, vnd gedenckend das üch Gott zesamen gefügt hat in den säligen stand der Ee, vnd habend einander lieb in trüwen nach dem gebott dess Herren.

So nun der Diener sy bede gefragt hat ob sy einandren zu der Ee begärind, vnd sy, Ja, sprechend, sol er sy mit den henden zesamen geben, mit nachuolgenden worten:

Darumb solt du mann din mitgsellin, schützen, schirmen, vnd lieben, glycher mass, wie Christus sin Kilchen, der sich für sy in alle not, ouch dess tods gegeben hat. Du wib aber solt dinen mann, din houpt vnnd meyster lieben, jm gehorsam sin, vnd jnn als din schützer vnd schirmer erkennen. Vnd jr bede söllend söliche trüw vnd liebe aneinander haltenn, als Christus gegen siner Kilchen, vnd die Kilch zu Christo hat. Vnd wie ein vnzertrennte liebe ist zwüschend Christo vnd siner gspons der Christennen kilchen, also sye es ouch zwüschend üch, im namen dess Vatters, dass Suns, vnd dess Heiligen geysts.

Nach dem bätte der Diener diss gebätt über sy.

O Allmechtiger Gott, der du in anfang diner wercken einen mann von erden geschaffen, etc. [1]

O Herr der du durch din ewig wort zu jnen gesprochen hast: Wachsend, vnd fruchtbarend üch, etc. [2]

O Herr der du durch sölich band der Ee, etc. [3] — in din schlaaffkamer vnd heymligkeit ynfürest, [4] Amen.

Ein ander bätt:

Allmächtiger Gott, himmelscher vatter, diewyl dir gefallen hat, dise zwey nüwen Eelüt, in den heiligen staat der Ee zu berüffen: wie dich dann anfencklich nit für gut angesehenn hat, das der mensch allein wär, darumb du jm ein glychen ghilffen gschaffen hast, vnd also geordnet, das sy zwey, als ein mensch wärind. So bittend wir von hertzen, du wöllest

---

1) Cf. p. 202.
2) Cf. ibid.
3) Cf. ibid.
4) Zür. 535.: „in die ewige Seligkeit."

disen eelüten dinen heiligen geist verlyhen, damit sy in styf-
fem vertruwen vff die güte, in der heiligen Ee läben, alle
anfechtung überwinden, mit zucht vnd eersamkeyt menigklich
besseren vnd ufbuwen mögind. Gesägne sy ouch wie dine
lieben diener, Abraham, Isaac, vnd Jacob, vff das sy dich
an der frucht jres lybs lobend vnd prysind: vnnd die selbigen
dir zelob vnd eer, ouch ze frommen des nächsten vfziehind.
Erhör vns himmlischer vatter durch vnsern Herren Jesum
Christum, Amen. Gond hin im friden.

C. EX AGENDA GALLICA 1668.

La Maniere de celebrer le Mariage.

Il faut noter que deuant que de celebrer le Mariage, on le publie
en l'Eglise par trois Dimanches: afin que si quelqu'vn y sauoit quelque
empeschement, il le vinst denoncer de bonne heure: ou si aucun y auoit
interest qu'il s'y peust opposer. ')

Cela fait, les parties se viennent presenter au commencement du
sermon. ²)

Alors le Ministre dit:

---

1) P.: „Proinde si quos Deus ad hoc uitae genus uocarit, postquam inter
ipsos aut parentes eorum ita constitutum et ratum fuerit, dataque fide firmatum,
pastor certior factus, tribus Dominicis diebus de eo commonefacit Ecclesiam,
ut orent omnes pro desponsis, et si quis aliquid intelligat, quo minus jungi pos-
sint, in tempore admoneat. Denique diem ipsum populo denunciat, quo coeptum
conjugium solenni ritu absoluatur coram tota Ecclesia." W.: „Matrimonio co-
pulandorum nomina ternis diebus dominicis pro suggestu ad populum edi, et usus
rerum et experientia quotidiana testatur. Antea vero quam haec nominum editio
fiat sistent se una cum parentibus aut curatoribus ministro et duobus suae classis
senioribus, ut de iis quae necessaria esse existimabuntur possint interrogari.
Quo facto eorum nomina tabulis publicis consignabuntur." Fliedner l. c. p. 68.:
„Die kirchliche Trauung ist seit der französischen Gewaltherrschaft im Ansehen
sehr gesunken. Da das französische Gesetz die Schliessung der Ehe als einen
reinbürgerlichen Act ansieht und die bürgerlich Getrauten durch diesen Act so-
gleich in alle, nicht bloss bürgerliche, sondern auch kirchliche Rechte z. B. bei
Armenhäusern treten, so lassen noch jetzt immer Viele sich nicht kirchlich ein-
segnen. Die Synode hat es daher 1816 nöthig gefunden, die Passlichkeit und
Pflichtmässigkeit einer kirchlichen Einsegnung dringendst zu empfehlen."

2) G.: Qu'apres la publication des bans accoustumez on celebre et be-
nisse le Mariage en l'Eglise, quand les parties le requeront tant le Dimanche

Nostre aide soit au Nom de Dieu qui a fait le ciel et la terre, Amen.

Dieu nostre Pere apres auoir creé le ciel et la terre, et tout ce qui est en eux, crea et forma l'homme à son image et semblance, qui eust la domination et seigneurie sur les bestes de la terre, les poissons de la mer, et les oiseaux du ciel: disant, apres auoir creé l'homme, il n'est pas bon que l'homme soit seul, faisons lui vn aide semblable à lui. Et nostre Seigneur fit tomber vn gros sommeil sur Adam: et ainsi qu'Adam dormoit, Dieu prit vne de ses costes et en forma Eue: donant à entendre que l'homme et la femme ne sont qu'vn corps, vne chair, et vn sang. C'est pourquoy l'homme laisse pere et mere, et est adherant à sa femme, laquelle il doit aimer ainsi que Iesus aime son Eglise, c'est à dire, les vrais fideles et Chrestiens, pour lesquel, il est mort. Et aussi la femme doit seruir et obeir à son mari en toute saincteté et honnesteté; car elle est sujette et en la puissance du mari tant qu'elle vit auec lui. Et ce sainct Mariage institué de Dieu est de telle vertu, que par celui le mari n'a point la puissance de son corps, mais la femme: aussi la femme n'a point la puissance de son corps, mais le mari. C'est pourquoi estans conjòints de Dieu: ils ne peuuent estre separez, si ce n'est pour quelque temps, du consentement de l'vn et de l'autre, pour vaquer à jeûne et oraison: gardans bien d'estre tentez de Satan par incontinence. Et partant ils doiuent retourner ensemble. Car pour euiter la paillardise, vn chacun doit auoir sa femme, et vne chacune femme son mari: tellement que tous ceux qui n'ont point le don de continence, sont obligez par le commandement de Dieu de se marier: afin que le sainct

---

que les iours ouuriers, moyennant que ce soit au commencement du presche." W.: „Quovis die indiscriminatim matrimonia celebrari possunt, modo eodem die concio ad populum habeatur, exceptis tantum jejunio sacratis diebus, quibus potissimum precationi et luctui incumbendum." Fliedner l. c. p. 68.: „Dem Mangel an Feierlichkeit bei der kirchlichen Einsegnung, welche bisher zu einer bestimmten Stunde, an einem Wochentage in der leeren Kirche mit blosser Verlesung des kirchlichen Formulars geschah, sucht man in manchen Gegenden dadurch abzuhelfen, dass der Prediger am Ende einer der Wochenpredigten vor der Gemeinde von der Kanzel herab traut." Gemberg l. c. p. 140 sq.: „Die Trauung wird nie an Sonntagen, nie in der Kirche vollzogen, auf dem Lande zuweilen im Sessionshause, sonst im Hause der Braut oder des Pfarrers zu allen Tagesstunden . . . Der Pfarrer ist nicht im Ornat."

temple de Dieu, c'est à dire, nos corps, ne soient point violez et corrompus. Car puis que nos corps sont les membres de Iesus Christ, ce seroit vn trop grand outrage d'en faire les membres d'vne paillarde. C'est pourquoi on les doit garder en toute saincteté. Car si aucun viole le temple de Dieu, Dieu le détruira.

Vous donc (nommant l'époux et l'épouse) N. et N. ayans connoissance que Dieu l'a ainsi ordonné, voulez-vous viure en ce sainct estat de mariage, que Dieu a si grandement honoré? auez-vous un tel propos comme vous témoignez ici deuant sa saincte assemblée, demandans qu'il soit approuué?

Respondent: Ouï.

Le Ministre.

Ie vous prens tous qui estes ici presens en témoins, vous priant d'en auoir souuenance. Toutesfois s'il y a aucun qui y sache quelque empeschement, ou qu'aucun d'eux soit lié par mariage auec autre, qu'il le dise.

Si personne n'y contredit, le Ministre dit ainsi:

Puis qu'il n'y a personne qui contredise, et qu'il n'y a point d'empeschement, nostre Seigneur Dieu confirme le sainct propos qu'il vous a donné, et vostre commencement soit au Nom de Dieu qui a fait le ciel et la terre, Amen.

Le Ministre parlant à l'époux, dit ainsi:

Vous N. confessez ici deuant Dieu et sa saincte assembleé, que vous auez pris et prenez pour vostre femme et épouse N. ici presente, laquelle vous promettez garder, en l'aimant et entretenant fidelement, ainsi que le deuoir d'vn vrai et fidele mari est à sa femme, viuant sainctement auec elle, lui gardant foi et loyauté en toutes choses, selon la Parole de Dieu et son sainct Euangile?

Respond.: Ouï.

Puis parlant à l'épouse, il dit:

Vous N. confessez ici deuant Dieu et sa saincte assemblée, que vous auez pris et prenez N. ici present pour vostre legitime mari, auquel vous promettez obeïr, lui seruant et estant sujette, viuant sainctement, lui gardant foi et loyauté en toutes choses, ainsi qu'vne fidele et loyale épouse doit à son mari, selon la Parole de Dieu et son sainct Euangile?

Respond.: Ouï.

Puis le **Ministre** dit:

Le Pere de toute misericorde, qui de sa grace vous a appellez à ce sainct estat, pour l'amour de Iesus Christ son Fils, qui par sa saincte presence a sanctifié le Mariage, faisant là le premier miracle deuant ses Apostres, vous donne son sainct Esprit, pour le seruir et honorer ensemble d'vn commun accord, Amen.

Escoutez l'Euangile, comme nostre Seigneur veut que le sainct Mariage soit gardé, et comme il est ferme et indissoluble, selon qu'il est écrit en sainct Matthieu au dixneufieme Chapitre: Les Pharisiens s'approcherent de lui, etc.

Croyez à ces sainctes paroles que nostre Seigneur Iesus a proferées, comme l'Euangile les recite: et soyez certains que nostre Seigneur Dieu vous a conjoints au sainct Mariage. C'est pourquoi viuez sainctement ensemble, en bonne dilection, paix, et vnion: gardans vraye charité, foi, et loyauté l'vn à l'autre, selon la parole de Dieu.

Prions tous d'un coeur nostre Pere.

Dieu tout puissant tout-bon et tout-sage, qui dés le commencement as preueu qu'il n'estoit pas bon que l'homme fust seul, à cause de quoi tu lui as creé vne aide semblable à lui, et as ordonné que deux fussent vn: nous te prions et requerons humblement: puis qu'il t'a pleu appeller ceux-ci au sainct estat de Mariage, que de ta grace et bonté, tu leur veuilles donner et enuoyer ton sainct Esprit, afin qu'en vraye et ferme foi, selon ta bonne volonté, ils y viuent sainctement, surmontans toutes mauuaises affections, edifians les autres en toute honnesteté et chasteté, leur donnant ta benediction, ainsi qu'à tes fideles seruiteurs Abraham, Isaac et Iacob: qu'ayans vne saincte lignée, ils te louent et seruent, l'apprenans, et la nourrissans à ta louange et gloire, et à l'vtilité du prochain, à l'auancement et exaltation de ton sainct Euangile. Exauce nous, Pere de misericorde, par nostre Seigneur Iesus Christ ton tres cher fils, Amen.

Nostre Seigneur vous remplisse de toutes graces, et en tout bien vous donne de viure ensemble longuement et sainctement.

D. EX LITURGIA PALATINA 1567.

Ordnung der Ehe eynleytung.

Nachdem Gott der Herr anfänglich im Paradeis selbst dem Adam sein Ehegemahel die Evam zugeführt und gegeben hat, ist es billich, dass die neuen Eheleut in der Kirchen, für der Christlichen gemein eyngeleytet werden, damit sie und auch andere, die schon zuvor im Ehestand seynd, ihres Beruffs auch zu Friedsamkeit und Geduld in ihrem Stande, durch die Kirchendiener aus Gottes Wort ermahnet werden, und die ganze Versammlung mit ihnen Gott um seinen Segen über sie anruffe.

Es soll aber die Verkündigung und Eynleytung der neuen Eheleut mit nachfolgender Ordnung geschehen.

Zum ersten soll man die Leuth darzu vermahnen und darob halten, dass die, so sich Ehelich verpflicht haben, mit sampt etlichen Zeugen zu beyden seyten zum Pfarrherr kommen und sich denselben eine gute zeit zuvor, ehe dann sie zur Kirchen gehen, anzeigen, auff dass man sich möge erkundigen ob solche Leuth nach Göttlichen und Naturlichen Rechten, ohne alle Verhindernuss Ehelich mögen bei einander wohnen, und nit heut aus Unwissenheit zusammen gehen werden, die man darnach mit Schand und Ergernuss wider von einander scheiden müsse. Darumb soll man fürohin ein jedes par Volck in Stätten und Flecken, drei mal und auf drei Sontag, auch in einer Kirchen, wenn die Gemein bei einander versammelt, öffentlich und also verkündigen:

N. und N. wollen nach Göttlicher Ordnung zum heiligen Stande der Ehe greiffen, begeren zu solchem ein gemein Christlich Gebet, dass sie diesen Christlichen Ehelichen stand in Gottes Namen anfahen und seliglich zu Gottes Lob vollenden mögen: Und hat Jemands darein zu sprechen, der zeige solches bey zeiten an, oder schweig dernach und enthalt sich etwas Verhinderung daswider fürzunemmen. Gott geb ihnen seinen Segen, Amen.

Es sollen auch die Namen der Eheleuth und Zeugen in ein besonder Buch eyngeschrieben werden, welches bei jeder Kirche bleiben soll.

Wann sie nun in die Kirchen kommen, sollen sie in den fordern Stühlen still bleiben stehen, biss sie von dem Pfarrherrn berufen werden. Der Pfarrherr aber soll vor dem Tisch, da man das Nachtmahl zu halten pfleget, den neuen Eheleleuten nachfolgende Vermahnung von dem Ehelichen Stande fürlesen:

Dieweil den Eheleuten gemeinlich vielerley widerwertigkeit vnd Creutz von wegen der sünden zukommen, auff das

III.   14

N. vnd N. [1]) die jr in Gottes Namen ewer Eheliche pflicht für
der Christlichen kirchen wollet bestetigen lassen, in ewern
hertzen versichert seit der gewissen hülff Gottes in ewerm
Creutz, So höret auss Gottes wort, wie dass der Eheliche
stand ehrlich sey, vnd ein einsatzung Gottes die jhm gefelt,
Darumb er auch die Eheleut will segnen, vnnd jnen beistehen,
Die Hurer aber vnd Ehebrecher, wil er vrtheilen vnd straffen.

Vnd erstlich solt jr wissen dass Gott vnser Vater, nach
dem er Himmel vnd Erden vnd alles was darinnen ist, erschaf-
fen hat, Den menschen schuff zu seinem ebenbild vnnd gleich-
nuss, der ein Herr were vber die Thier der Erden, vber die
Fisch im Meer, Vnd vber die Vögel des Himmels, Vnd nach
dem er den Mann erschaffen hat, sprach er, es ist nit gut das
der mensch allein sey, Ich will jhm ein gehülffen [2]) machen,
die vmb jn sey, Da liess Gott der Herr ein tieffen schlaff fallen
auff Adam, vnd er entschlieff, vnd Gott nam seiner Rippen
ein, vnnd schloss die stet zu mit fleisch, vnd Gott der Herr
erschuff ein Weib auss der Ripp, die er von dem menschen
nam, vnd bracht sie zu jme, da sprach der mensch, das ist
einmal bein von meinen beinen, vnd fleisch von meinem fleisch,
man wird sie nach dem Mann heissen, darumb das sie vom
mann genommen ist, Darumb wird ein Mann sein Vater vnd
Mutter lassen vnd seinem weib anhangen, vnnd werden sein
zwey ein leib. Derhalben solt jr nicht zweiffelen der Eheliche
stand gefalle Gott dem Herrn, dieweil er dem Adam sein Ehe
gemahl erschaffen, vnnd selbst zugeführt, vnd zum Ehegemahel
geben hat, damit zubezeugen, das er noch heuttigs tags einem
jeden sein Ehegemahl, gleich als mit seiner hand zuführet,
Darumb hat auch der Herr Jesus Christus den ehelichen stand
also hoch geehret, mit seiner gegenwertigkeit, geschenck, vnd
wunderzeichen zu Cana in Galilea, damit zu bezeugen, das
der eheliche stand solle ehrlich gehalten werden bey allen,
vnd das er den Eheleuten seine hülff vnd beistand allezeit will
beweisen, Auch wann man sichs am wenigsten versicht.

Damit jhr aber inn diesem stand Gottselig leben möget, so
sollet jhr die vrsachen wissen vmb deren willen Gott den ehe-
lichen stand hat eingesetzt.

---

1) Berg. 769.: auf dass Ihr, N. N.
2) Berg. 769.: eine Gehülffin.

Die erste vrsach ist, das eins dem andern trewlich helff vnd beistehe in allen dingen, so zum zeitlichen vnnd ewigen leben gehören.

Die andere, das sie, nach dem sie leibs erben bekommen, dieselben inn warer erkantnuss Gottes jm zu ehren erziehen.

Die dritte, das ein jeder alle vnkeuschheit vnd böse lüst vermeiden, vnd also mit gutem rüwigem gewissen leben möge, Denn Hurerey zuuermeiden, soll ein jeder sein eigen weib haben, vnnd ein jedes weib jhren eignen mann, also das alle die zu jren jaren komen, vnd die gabe der keuschheit nit haben,[1]) nach dem befelch Gottes verpflicht vnd schuldig sind, sich in Ehestand nach Christlicher ordnung mit willen vnd wissen jrer Eltern oder Vormünder vnnd freund zubegeben, auff das der Tempel Gottes, das ist, vnser leichnam nit verunreiniget werde, dann so jemands den Tempel Gottes zerstöret, den wird Gott zerstören.

Darnach auch solt jhr wissen,[2]) wie eins gegen dem andern nach Gottes wort sich zu halten schuldig sey. Erstlich, solt jr der mann wissen, das euch Gott gesetzt hat zum haupt des weibs, auff das jr sie nach ewerm vermögen vernünfftiglich leitet, vnterweiset, tröstet, vnnd beschützet, gleich wie das haupt den leichnam regiert, ja gleich wie Christus, das haupt, weissheit, trost, vnnd beistand seiner gemein ist: Vber diss so solt jhr ewer haussfraw lieben, als ewern eignen leib, gleich wie Christus sein gemeine geliebet hat, solt nit bitter gegen jr sein, sonder bey jr wonen mit vernunfft, vnd dem Weiblichen, als dem schwechsten gefäss seine ehre geben, als auch miterben der gnaden des lebens, auff das ewer Gebet nicht verhindert werde. Vnd nach dem der befehl Gottes ist, das der mann im schweiss seins angesichts sein brot essen sol, so solt jr trewlich vnd fleissig in ewerm Göttlichen beruff arbeiten, auff das jr ewer haussgesind mit Gott vnd ehren möget erneren, vnd auch etwas dem dürfftigen mit zutheilen habet.

Herwiderumb solt jr, das weib wissen, wie jhr euch nach dem wort Gottes gegen ewern mann halten sollet: Ir solt ewern ehelichen mann lieben, ehren vnd förchten, auch jhm gehorsam sein inn allen billichen dingen, als ewerm Herrn,

---

1) Ed. 585.: die Gaben.   Berg. 769.: die Gabe der uneheliche Keuschheit.
2) Berg. 769.: Darnach sollt ihr wissen.

gleich wie der leib dem haupt, vnd die gemein Christo vnter-
thenig ist, jhr solt nit herrschen vber ewern Mann, sonder
still sein, Denn Adam ist am ersten gemacht, darnach Eua
dem Adam zum gehülffen, [1]) Vnd nach dem fall, hat Gott zu
Eua vnd in jrerr Person zu dem gantzen weiblichen ge-
schlecht gesprochen, Dein will soll dem Mann vnterworffen
sein, vnnd er soll dein Herr sein, Dieser ordnung Gottes
sollet jr nit widerstehen, sonder vil mehr dem gebott Gottes
vnd dem exempel der heiligen weiber folgen, welche Gott
vertraweten, vnd waren jren Männern vnterthänig, gleich wie
Sara gehorsam gewest ist jrem hausswürt Abraham, vnd nennet
jn jren Herrn, jr solt auch ewerm mann in allen guten dingen
behülfflich sein, auff ewer kind vnd hausshaltung gute acht
haben, in aller zucht vnd erbarkeit one weltlichen pracht
wandlen, auff das jr andern ein gut Exempel zur zucht gebet.

Derhalben jr N. vnd N. Nach dem jr erkent habt, wie
Gott den Ehelichen stand hat eingesetzt, vnd was euch von
Gott befohlen. [2]) Seit jr dann willens in dem heiligen stand
der Ehe also zuleben, wie jr hie bezeuget für der Christ-
lichen gemein, vnd begeret das derselbige ewer eheliche stand
soll bestätiget werden?

Antwort: [3]) Ja.

Alsdann spreche der Diener:

Ich neme euch alle, die ihr hie sind, zu Zeugen, jedoch
so jemand wüsste, dass dieser Eins durch Eheliche Pflicht
mit einer andern Person verbunden oder sonst ein Verhinder-
nuss vorhanden, der wölle es jetzunder anzeigen.

So Niemand widerspricht, soll der Diener also fortfahren:

Nach dem niemands widerspricht, vnd kein hinderung vor-
handen ist, so wölle vnser lieber Herr Gott ewer heiliges
fürnemen, welches er euch gegeben hat, [4]) bestetigen, vnd
ewer anfang sey im namen des Herrn, der Himmel vnd Erden
erschaffen hat.

---

1) Berg. 769.: — zur Gehülfin und Adam ward nicht verführet, das Weib
aber ward verführet und hat die Uebertretung eingeführet. Und nach dem
Fall etc.

2) Berg. 769.: — und was euch beiderseits von Gott befohlen ist.

3) Berg. 769.: So antwortet: Ja.

4) Berg. 769.: — vor gegeben hat.

Darnach sol der kirchendiener zum Breutigam sprechen:

Ir N. bekent hie für Gott vnd seiner heiligen gemein, dass jr genommen habt, vnd nemet zu ewerm ehelichen gemahl vnd Haussfrawen N. hie zugegen, vnd verheisset sie nimmermehr zuuerlassen, sie zu lieben vnnd trewlich zuerneren wie ein getrewer vnnd Gottförchtiger Mann, seinem Weib schuldig ist, Dass jr auch heiliglich mit jhr leben wöllet, jr trew vnd glauben halten in allen dingen, nach dem wort Gottes vnnd seinem heiligen Euangelio?

Antwort:[1]) Ja.

Darnach spreche der diener zu der Braut also:

Ir N. bekennet hie für Gott vnd seiner heiligen gemein, das jr habt genommen, vnd nemet N. zu ewerm ehelichen Mann, welchem jhr verheisset gehorsam zu sein, vnd jhm zu dienen vnd zu helffen, jn nimmermehr zu verlassen, heiliglich mit jm zuleben, jm trew vnd glauben in allen dingen zuhalten, wie ein fromme vnd getrewe haussfraw jrem ehelichen Mann zuthun schuldig ist, nach dem wort Gottes, vnnd seinem heiligen Euangelio?

Antwort: Ja.

Darnach sol der Kirchendiener jhre hend zusammen fügen, vnnd sprechen:

Der Vater der barmhertzigkeit, der euch durch seine gnad zu diesem heiligen stand der ehe beruffen hat, verbinde euch mit rechter lieb vnd trew, vnd gebe euch seinen segen, Amen.

Haben sie Ring, so mögen sie dieselben einander geben.[2])

Höret nu an das heilige Euangelium, wie starck diss ehelich band sey, wie es beschreibet der heilig Euangelist Mattheus am 19. Capitel. Die Phariseer tratten zum Herrn Jesu etc. [Matth. XIX. 3—9.] Glaubet diesen worten des Herrn Christi, vnd seiet dessen versichert vnd gewiss, das vnser lieber Herr Gott euch zusammen gefügt hat zu disem heiligen ehestand, vnd nemet derhalben alles was euch in diesem ehestand begegnet, mit gedult vnd dancksagung an, als auss der hand Gottes, der euch zusammen gefügt hat, Amen.

Nach diesem heisse der Diener die Eheleut niederknien, vnd spreche

Lasset vns beten.

---

1) Berg. 769.: So antwortet: Ja. — Sic infra.
2) Desiderantur haec verba in Berg. 769.

Allmechtiger Gott, der du deine güte vnd weissheit inn allen deinen geschöpffen vnnd ordnungen erzeigest, vnd von anfang gesprochen hast, das es nicht gut sey, das der mensch allein sey, vnd derhalben jm ein gehülffen die vmb jhn were, erschaffen hast, vnd verordnet, das zwey eins sein sollen, straffest auch alle vnreinigkeit, Wir bitten dich das nach dem du dise zwo Personen zu dem heil. Stande der Ehe berufen und verbunden hast, wollest ihnen geben deinen heil. Geist, auf dass sie in wahrem und festem Glauben heiliglich leben, nach deinem göttlichen Willen allem Bösen Widerstandt zu thun, Wollest sie auch segnen, wie du die glaubigen Väter und deine Freundt vnnd getrewe diener, Abraham, Isaac vnd Jacob gesegnet hast, auff dass sie als miterben des bunds mit denselben Vätern auffgericht, heilige kinder bekommen, vnd die Gottseliglich erziehen mögen, zu der ehren deines heiligen Namens vnd zur befürderung jres necbsten, vnd aussbreitung deines heiligen Evangelions. Erhöre vns O Vater aller Barmhertzigkeit, durch Jesum, Christum deinen lieben Sohn vnsern Herrn, Amen.

Unser Vater, etc.

Höret an die verheissung Gottes auss dem 128. Psalm.

Wol dem der den Herrn förchtet, vnd auff seinen wegen gehet etc. [V. 1 — 6.]

Vnser lieber Herr Gott erfülle euch mit seinen gnaden, vnd gebe das jr in allem guten lang vnd heiliglich bey einander leben möget, Amen.

H. EX LIBRO TH. HUGUES.

Einsetzung der Ehe.

Was das Aufgebot der Verlobten u. u. w. anlangt, so hat sich der Geistliche nach den darüber bestehenden Anordnungen der weltlichen Behörden zu richten.

Die Verlobten, mit den sie begleitenden Verwandten und Freunden haben sich, wenn nicht vom Presbyterio zu einer Haustrauung der Consens ausnahmsweise ertheilt ist, zur festgesetzten Zeit in der Kirche einzufinden, woselbst der Geistliche mit einem Kirchenvorsteher sie erwartet. Er tritt vor den Altartisch und beginnt:

Gott, sei uns gnädig und segne uns! Deine Hülfe verherrliche sich an uns, wie wir auf Dich hoffen. Amen!

Es ist dem Geistlichen verstattet, eine freie Anrede an die Versammlung, anstatt des folgenden Formulars einer solchen, über die Heiligkeit des Ehestandes und die Pflichten christlicher Ehegatten zu halten.

Geliebte in dem Herrn! Wir sind vor dem Angesichte Gottes erschienen, die gegenwärtigen Verlobten durch das Band der heiligen Ehe zu vereinigen und sie unter Anrufung der Gnade Gottes in den ehrwürdigen Stand einzuführen, der von Gott selbst, als die Menschen noch unschuldig waren, zum Vorbilde der geistlichen Verbindung zwischen Christus und Seiner Gemeinde eingesetzt wurde; ein heiliger Stand, den auch Christus durch seine Gegenwart und durch das erste Seiner Wunder bei der Hochzeit zu Cana in Galiläa geehrt und geziert hat und den auch der Apostel Paulus als einen Stand empfiehlt, der vor allen ehrlich gehalten werden solle.

So verkündigt uns das Wort Gottes, dass, nachdem Gott den Menschen nach seinem Ebenbilde geschaffen hatte, Er sprach: „Es ist nicht gut, dass der Mensch allein sei; etc.

Darum soll denn auch Niemand unbedachtsam, leichtsinnig und muthwillig in diesen Stand sich begeben; sondern ein Jeder, der in denselben zu treten sich entschliesst, soll ehrerbietig, vorsichtig und gottesfürchtig wohl die hohe Bedeutung und Heiligkeit dieses Standes bedenken. Dazu wollet ihr der Ursachen eingedenk sein, um derer Willen Gott den ehelichen Stand eingesetzt hat.

Zuerst ward derselbe vorordnet und eingesetzt: dass eines dem andern treulich helfe und beistehe in allen Dingen, so zum zeitlichen und ewigen Leben gehören.

Zum andern: dass sie, wenn ihre Ehe mit Kindern gesegnet wird, dieselben in wahrer Erkenntniss und Furcht Gottes, Ihm zur Ehre erziehen.

Endlich: dass ein Jeder alle Unkeuschheit und bösen Lüste vermeide und also mit gutem, ruhigen Gewissen leben möge und dass der Tempel Gottes, das ist unser Leib, nicht verunreiniget werde, denn so Jemand den Tempel Gottes zerstöret, den wird Gott zerstören. [1])

Damit ihr nun, theure Verlobte, eine christliche Ehe zur

---

1) Cf. p. 211.

Ehre der Gemeinde und zu eurem wahren Heile führen möget, so vernehmet, was das Wort Gottes weiter von den Pflichten christlicher Eheleute gegen einander spricht.

So sollt denn Ihr, der Mann, wissen, etc.[1] — dem Dürftigen mitzutheilen, übrig habet.

Hinwiederum sollet Ihr, das Weib, wissen, etc. — Andern zu einem guten Beispiele.[2]

Nach dieser Anrede oder einer freien Ansprache, soll der Geistliche die Verlobten fragen:

Seid Ihr denn nun Willens nach dem Gebote Gottes und Seines Wortes also Euren Ehestand zu führen und begehret Ihr, dass derselbe nach Christlicher Ordnung bestätiget werde, so sprechet: Ja.[3]

Ich nehme Alle, die hier gegenwärtig sind, zu Zeugen dieses Bekenntnisses; und da sich kein Hinderniss Eurer ehelichen Verbindung findet, so geschehe sie im Namen Gottes![4]

Der Geistliche spricht sodann zum Bräutigam:

N. N., bekennet Ihr also vor Gott und dieser Versammlung, dass Ihr die hier gegenwärtige N. N. zu Eurer Ehefrau nehmet, und versprechet Ihr: sie zu lieben, für sie zu sorgen, sie nimmermehr zu verlassen, fromm und friedlich mit ihr zu leben, ihr Treue und Glauben zu halten in allen Dingen, überhaupt alle Pflichten eines gottesfürchtigen Ehemannes gewissenhaft und nach Eurem besten Vermögen zu erfüllen, wie es Gott in Seinem Wort befohlen hat, so antwortet: Ja.[5]

Darnach spricht der Geistliche zur Braut:

N. N., bekennet auch Ihr vor Gott und dieser Versammlung, dass Ihr den hier gegenwärtigen N. N. zu Eurem Ehemanne nehmet, und versprechet Ihr: ihn zu lieben, ihm zu helfen und gehorsam zu sein, ihn nimmermehr zu verlassen, fromm und friedlich mit ihm zu leben, ihm Treue und Glauben zu halten in allen Dingen, überhaupt alle Pflichten einer gottesfürchtigen Ehefrau gewissenhaft und nach Eurem besten Ver-

---

1) Cf. p. 211.
2) Cf. ibid.
3) Cf. p. 212.
4) Cf. ibid.
5) Cf. p. 213.

mögen zu erfüllen, wie es Gott in Seinem Worte befohlen hat.
so antwortet: Ja. [1])

'Der Austausch der Ringe ist verstattet, aber nicht geboten. Dann legt der Geistliche seine rechte Hand auf die verschlungenen Hände der Verlobten und spricht:

Da nun gegenwärtige beide Verlobte einander zur Ehe begehren, dieses vor Gott und dieser Versammlung christlicher Zeugen durch ihr Jawort bekräftiget haben, so spreche ich, kraft meines Amtes, sie hiemit feierlich, ehelich und ordentlich zusammen in dem Namen Gottes, des Vaters, des Sohnes und des heiligen Geistes. Amen.

Höret nun an das heilige Evangelium, _welches bezeuget, wie stark dies eheliche Band sei: „Die Pharisäer traten zum Herrn Jesu, etc.

Glaubet diesen Worten des Herrn Christi, und seiet dessen versichert und gewiss, dass Gott selbst Euch zusammengefügt hat zu diesem heiligen Ehestande und nehmet deshalb Alles, was Euch in Eurem Ehestande begegnet, mit Geduld und Danksagung an, als aus der Hand Gottes, der Euch zusammengefügt hat. Amen. [2])

Der Geistliche heisse die Eheleute niederknieen und spreche:

Lasset uns beten:

O ewiger Gott, Schöpfer und Erhalter aller Menschen, Geber aller geistlichen Gaben, Quell des ewigen Lebens! Sende Deinen Segen auf diesen Deinen Knecht und auf diese Deine Magd, auf diesen Mann und diese Frau, die wir in Deinem Namen segnen; dass, wie einst Isaac und Rebecca treu mit einander lebten, auch sie ihre Gelübde und ihren Bund treulich erfüllen und halten, stets in vollkommner Liebe und in Frieden vereinigt bleiben und nach Deinen Gesetzen zusammen leben, dass sie die Kinder, die Du ihnen schenkest, christlich und tugendhaft erziehen zu Deinem Preise und Deiner Ehre, durch Jesum Christum, unsern Herrn. Amen.

Unser Vater, der Du bist u. s. w.

Der Herr segne dich und behüte! etc.

---

1) Cf. p. 213.
2) Cf. ibid.

´CAPUT V.

De Aegrotorum ac Mortuorum Cura.

A. EX CATECHISMO GENEVENSI.

De Visitandis Aegrotis.

Fidelis et veri Ministri officium est, non modo populum, cui pastor est praefectus, palam et publice docere, sed etiam, quoad eius fieri potest, unumquemque seorsim admonere, cohortari, redarguere et consolari. [1] Quod si ullum unquam est tempus, quum homini Christiana doctrina necessaria est, tum certe multo maxime necessariam esse constat, quum Dominus eum invisit, aut morbo aut alio quopiam malo eum afficiens, praesertim vero mortis tempore. Tum enim multo quam unquam antea vehementius conscientia sua urgetur: sive ob iudicium Dei, quod se sine mora vocari intelligit, sive ob impugnationes diaboli, qui tum vehementer laborat

---

1) Specialis illa cura animarum, a Reformatis maximi habita, hodieque in usu habetur. In plurimis provinciis e. g. Rhenanis ac Batavis, venit in consuetudinem, ut inter unius anni spatium pastor omnes paroeciae domus vel familias adeat, visitet, consoletur, admoneat, si fuerit occasio (Hausbesucho.) Quod maxime fieri constat, instante eucharistiae sollemnitate. At vero, ut fert generis humani fragilitas atque imbecillitas, saepissime illa ministrorum assiduitas specie quidem laudibus extollenda, re ipsa flocci putanda est. Fliedner l. c. p. 72: „Ein wirklich gläubiger Mann äusserte mir über diesen Gegenstand, er mache keine Hausbesuche, da sie doch nur in der Regel Form seien und man wohl den Hausherrn, Frau und Kinder höflichkeitshalber zu sprechen bekomme, sie alle aber gerne sähen, dass man recht bald wieder ginge oder lieber gar nicht käme. Aber dass die Hausbesuche etwas anders sind oder werden, als Höflichkeitsbesuche, das hängt grösstentheils von dem Prediger selbst ab."

ac studet ut animum aegroti labefactet. [1]) Ob eamque causam Ministri officium est, morbo affectos visitare et verbo Domini consolari, ac docere quicquid eis accidit incommodi a Deo immissum esse eiusdemque providentia contigisse, qui suis fidelibus nihil unquam impertit, nisi in eorum salutem et emolumentum. Cuius rei argumenta ac testimonia ex Scriptura proferet, quae tempori convenientia maximeque accommodata esse intelliget. Quod si aegrotum gravi et periculoso morbo afflictari videat, tum consolationem adhibeat magis praecipuam ac peculiarem, idque pro eo, ac sensum animi illius perspiciet, ut, si eum horrore mortis perterritum videat, doceat nihil esse in morte, quod fidelibus sit pertimescendum, qui ducem habeat suum Iesum Christum, a quo per mortem in eam vitam perducentur, in quam ipse ingressus est. Ac simili cohortatione adimat ei terrorem, quem concepit iudicii divini. Sin eum haud satis peccatorum conscientia commotum intelligat, iustitiam ei divinam explicet atque ostendat, apud quam stare nemo poterit, nisi misericordia Dei instructus et Iesum Christum pro salute unica ac singulari complexus. Contra, si eum delictorum suorum cogitatione angi ac premi videat, tum, quam diligentissime poterit, Iesum Christum ei depingat atque exprimat, doceatque peccatores omnes, qui sibi ipsi diffidentes eius bonitate confidunt, in eo solatium ac praesidium habituros. Fidelis igitur et frugi Minister considerabit, quae commodior futura sit ratio aegroti consolandi, pro eo atque affectum eum perspiciet, in quo semper Dei verbo adhaerebit. Quin etiam, si quam facultatem Minister habeat auxilium afflictis corporibus ferendi, nullis opibus ac facultatibus parcet, verum charitatis et liberalitatis in egentes exemplum unicuique se statuens. [2])

---

1) C. L. II. p. 425.

2) Conf. Helv. Post. N. 529.: „Cum vero nunquam gravioribus tentationibus expositi sint homines, quam dum infirmitatibus exercentur aut aegrotant, morbis cum animi tum corporis fracti, nunquam sane convenit pastores ecclesiarum saluti sui gregis invigilare accuratius, quam in huiusmodi morbis et infirmitatibus. Visitent ergo mature aegrotantes, vocentur item mature ab aegrotantibus, siquidem res ipsa postulaverit: consolentur autem illos, et in vera fide confirment, muniant denique contra perniciosas satanae suggestiones: instituant item preces apud aegrotantem domesticas, ac si necesse sit, precentur pro aegrotantis salute etiam in coetu publico curentque, quo feliciter ex hoc seculo migret." G.: „Pource que plusieurs sont negligens de se consoler en Dieu par sa parole, quant ils se trouvent en necessité de maladie, dont aduient que plusieurs meurent sans quelque admonition ou doctrine, laquelle lors est à l'homme plus salutaire, que iamais: pour ceste cause auons auisé et ordonné que nul ne demeure trois iours entiers gisant au lict qu'il ne le face sauoir au Ministre: et que chacun s'aduise de appeler les Ministres quand ils les voudront auoir à heure opportune, afin de ne les distraire de leur office au quel il seruent en commun

B. EX LITURGIA PALATINA 1567.

— — Auch mag bissweilen, sonderlich wenn der krancke zum erstenmal besucht wird, diese folgende vermanung mit solchen oder dergleichen worten fürgesprochen werden.

Lieber freund, weil euch vnser Herr Gott mit schwachheit ewers leibs heimgesucht, damit jhr es Gottes willen heimstellet, solt jr wissen etc. [1])

Vnd nach dem der Kirchendiener die krancken, nit allein einmal, sonder zum offternmal auch vnerfordert besuchen sollen, damit solches nicht one furcht abgehe, soll er, wenn es anderst dem krancken, schwachheit halben, zu hören nicht beschwerlich, ein Capitel auss heiliger Schrifft, so fürnemlich zum trost der krancken dienstlich, dem Krancken fürlesen, Als da sind, das 14. 15. 16. 17. Capitel Johannis, das 15. Cap. Luce, das 5. vnnd 8. Capitel zun Römern, das 15. Cap. der 1. zun Corinth., das 4. vnd 5. der 2. zun Corinth. das 53. Cap. Esaie. Item den 25. den 51. oder den 103. Psalmen, vnd was dergleichen ein verstendiger seelsorger für die krancken sein befindet.

Es soll auch der Kirchendiener bey dem Krancken, mit sampt den beywesenden, so offt es sein mag, das Christliche Gebet thun, auff folgende oder dergleichen weise.

Gebet bei den Kranken.

Ewiger barmhertziger Gott vnnd Vater vnsers Herrn Jesu Christi, der du todt vnd leben allein in deiner hand hast, vnd ohne vnteralss also für vns sorgest, das weder gesundheit noch kranckheit, noch jrgend etwas guts oder böses vns widerfaren, ja auch kein har von vnserm haupt fallen kan, one deinen väterlichen willen, auch alles was vns in diesem leben begegnen mag zu vnserm heil vnd seligkeit wendest, der du gesprochen hast, Ruff mich an in der noth, so wil ich dich erhören, vnd du solt mich preisen, Er begeret mein, so wil ich jm auffhelffen, Er kennet meinen Namen, darumb wil ich jn schützen,

---

en l'Eglise. Et pour oster toute excuse, auons resolu que cela soit publié: et sur tout qu'il soit faict commandement que les parents, amis et gardes n'attendent pas que l'homme soit prest à rendre l'esprit: car en telle extremité les consolations ne seruent degueres à le pluspart." Multi libri praesertim Diaconis curam aegrotorum demandant.

1) Desumpta est adhortatio ex Agenda Lutherana, Henrici Ducis Saxoniae 1539. Praeterea legitur in libro Austriaco 1571 cf. C. L. II. p. 429.

Er rüffet mich an, so wil ich jhn erhören, ich bin bei jhm in der noth, ich wil jn herauss reissen, vnnd zu ehren machen. Ich wil jhn settigen mit langem leben, vnnd jhm zeigen mein heil. Wir bitten dich, demnach du vnns mit schwachheit vnsers leibs oder anderm trübsal heimsuchest, so wöllest du vnns auch verleihen die gnad deines Heiligen Geistes, das wir ernstlich auss solcher väterlichen Ruten von hertzen erkennen, das wir mit vnserm mannichfältigen sünden wol verdienet, dass du vns gar vil hefftiger straffest, Darnach auch diesen lebendigen trost stät vnd fest in vnsern hertzen behalten, das solche gnedige heimsuchung nicht ein zeichen ist deines zorns, sonder deinner Väterlichen Lieb gegen vns, Dieweil du vns darumb züchtigest, auff dass wir nicht mit dieser welt verdampt werden, sondern durch vbung vnd mehrung vnsers glaubens, warer bekerung, kindlichen gehorsams vnd Anruffung deiner Gnad, je mehr vnd mehr zu dir werden gezogen vnd deinem lieben Sohn Jesu Christo als Glieder, vnserem Haupt im Leyden vnd in der Herrligkeit gleichförmich gemacht: Gib vns derhalben Gedult vnd Beständigkeit in rechtem Vertrauen auf deine Barmherzigkeit vnd lass uns dieselben erscheinen mit gnädiger Linderung des Creutzes, das vns deine Vätterliche Hand hat auffgelegt vnd wende dasselbe nach deinem gnädigen Willen zu der Ehren deines heiligen Namens vnd vnserer Seelen Heil vnd Seligkeit durch deinen allerliebsten Sohn vnsern Herren Jesum Christum, welcher vns diese Verheissung hat gethan: Ich sage euch, wo zween eins werden, u. s. w. — da bin ich mitten unter ihnen. Und hat vns auf diese Zusag also heissen beten:

Unser Vater, u. s. w.

Wollest vns auch Standhaftigkeit vnd täglichs Zunemen geben in dem alten, wahren vnd vngezweifelten Christlichen Glauben:

Ich glaub an Gott etc.

Gebett bei den Sterbenden.

Almächtiger, barmherziger Gott vnd Vater, der du Todt vnd Leben in deinen Händen hast vnd für vns, als deine eignen Kinder sorgest im Leben vnd im Sterben: Demnach du deinen eingebornen Sohn für vns in Tod gegeben hast, auf dass wir ewig durch ihn leben vnd vns durch ihn verheissen hast, dass wer an ihn glaubet, der habe das ewige Leben vnd komme nicht in das Gericht, sondern sei vom Todt zum Leben hindurch gedrungen, vnd dass seine Schaf aus deiner vnd aus seiner hand niemand könne reissen: Wir bitten dich, du wollest vns, wie du vns verheissen hast, nimmermehr lassen versucht werden über vnser vermögen, sondern machen, dass die Versuchung also ein End genommen, dass wirs können ertragen, sonderlich aber zu der Zeit, da dein Väterlicher will ist. vns aus diesem Jammerthal zu dir in dein ewiges Reich zu nehmen, so wollest du vns die Schrecken vnd Schmerzen des leiblichen Todes gnädiglich lindern vnd benemmen, vns für aller Anfechtung behüten, die Blödigkeit vnseres Fleisches stärken, mit der Kraft deines heiligen Geistes vnd in wahrem, beständigen Vertrauen auf deine Barmherzigkeit, die du vns in Christo Jesu erzeiget hast, in rechter Anruffung deines Namens, vnd Fried vnseres Herzens, vnsern Geist in deine Hände nehmen, auf dass wir dich in dem ewigen Leben mit allen deinen Engeln vnd auserwelten preisen, durch vnsern Herrn Jesum Christum, welcher vns also hat gelehret beten:

Vnser Vatter, etc.

Wöllest vns auch standhafftigkeit verleihen, vnd täglichs zunemen geben in dem alten waren vnd vngezweiffelten Christlichen Glauben, Ich glaub inn Gott Vater, etc.

Vnnd diewiel die erfahrung gibt dass viel Haussuäter sich selbst, vnd die jren in kranckheiten also versaumen, dass sie auch bissweilen dahin sterben on alle Visitation vnd tröstung, Vnnd zu vielen Personen, als dann erst die Kirchendiener beruffen werden, sie zu trösten vnd jnen das Nachtmal zureichen, wenn sie in todtsnöten, oder mit der kranckheit also beschwert sind, das sie keinen Bericht mehr einnemen, oder keinen bescheid von sich geben können, so ist für nötig angesehen, dass man keinen krancken, sonderlich der sonst nit leute vmb sich hette die jhm tröstlich sein, vber drey oder vier tag one beruffung eines kirchendieners soll lassen liegen. [1] — —

Von besuchung der gefangenen.

Diewiel aber die gefangnen nit weniger trosts bedörffen dann die krancken, so sollen sie nit allein als dann erst durch die Kirchendiener getröstet werden, wenn dass recht vber sie ergehen soll, vnnd sie durch schrecken des tods vberfallen sind, vnd den trost schwerlich verstehen

---

[1] Sequuntur praecepta de Communione Infirmorum cf. p. 200.

oder annemen können, Sondern da gefangene fürhanden sind, sollen sie
fleissig etliche mal alle wochen von einem Kirchendiener besucht vnd ge-
tröstet werden, vnd mögen solches da mehr Kirchendiener dann einer sind,
einer vmb den andern verrichten, Doch da ein gefangner sich sehr klein-
mütig erzeigte, sollen die Kirchendiener auch mehrmals besuchen.

Vnd weil die gefangenen zum offternmals wenig oder gar nichts von
dem grund vnser seligkeit wissen, sollen sie die Kirchendiener anfenglich
vmb die Zehen gebott, die Artikel vnsers Christlichen glaubens, vnd dass
Vater vnser fragen, vnnd jnen dieselben nach gelegenheit der zeit, der
Personen, vnd jrer misshandlung erklären, sonderlich die Artickel von der
sünd, dem gericht Gottes, vnd vnser rechtfertigung, Auch sie zuuermanen
vnd zu trösten, diese vnd dergleichen sprüche jnen fürhalten, vnnd kürtz-
lich erklären:

Die da sitzen müsten im finsternuss vnnd tunckel etc. [Ps.
CVII. 10—16.]

Waschet, reiniget euch, thut ewer böses wesen von mei-
nen augen etc. [Esa. I. 16 — 18.]

Warlich warlich sage ich euch, wer mein wort höret etc.
[Jo. V. 24.]

Wo die sünde mechtig worden ist etc. [Röm. V. 20. 21.]

So ist nun nichts verdamlich etc. [Röm. VIII. 1.]

Denn auch Christus, da wir noch schwach waren nach der
zeit, ist für vns Gottlosen gestorben etc. [Röm. V. 6—11.]

Es wurden zwen Vbeltheter hingefürt etc. [Luc. XXIII. 32.
33. 39 - 43.] [1])

Von der Begrebnuss.

In der begrebnuss sollen alle Papistische vnd abergleubische Cere-
monien vermieden werden.

Nichts desto weniger aber sollen wir vnsere verschiednen vnnd abge-
storbene ehrlich vnd gebürlich zur erden, mit solchen diensten so vns
die noch im leben sind, zu nutz erschiessen mögen, bestätigen.

---

1) G.: „En outre, auons ordonné certain iour la sepmaine, auquel soit
faite quelque collation aux prisonniers, pour les admonester et exhorter, et
qu'il y ait vn des Seigneurs du Conseil député pour y assister, afin qu'il ne s'y
commette aucune fraude. Et s'il en y auoit quelcun aux ceps, le quel on ne
voulast pas tirer hors, quand bon semblera au Conseil, il pourra donner entrée
à quelque Ministre pour le consoler en presence comme dessus. Car quand on
attend qu'on les doiue mener à la mort, ils sont le plus souuent preoccupez si
fort d'horreur qu'ils ne peuuent rien receuoir ni entendre: et le iour de ce faire
a esté deputé le Samedi apres disner.“

Damit aber der verschiednen begrebnuss vns nützlich gehalten werde, mag man erstlich mit den glocken leuten, dass hiemit die leuth, so die Leich zur begrebnuss begleiten wöllen, ein zeichen der zeit jhrer versammlung haben mögen, Vnnd soll inn solchem leuten gleichheit gehalten werden, mit Reichen vnd Armen. [1]

Darnach so die leich zur begrebnuss getragen ist, soll der Kirchendiener dem volck dass 4. Cap. in der ersten zu den Thessal. von den verschidnen in Christo, oder dass Euangelion Jo. am 11. Cap. vom Lazaro, oder ein anders gleiches Arguments fürlesen, vngefährlich mit dieser Prefation.

Lieben freund, wir haben jetzt wie wir tröstlicher zuuersicht vnd hoffnung sein, ein mitglied vnsers Herrn Jesu Christi auss Christlicher lieb zur begrebnuss beleitet.

Damit wir nun nicht one vnterricht vnd trost abtretten, wöllen wir hören die wort des heiligen Apostels Pauli (uel) des heiligen Euangelisten N. also lautende, Wir wöllen euch lieben Brüder, etc. Oder: Martha sagt zu Jesu, Herr werstu hie gewesen, mein Bruder wer nit gestorben, etc. Oder: Christus ist aufferstanden von den todten vnnd der erstling worden vnter denen die da schlaffen, etc.

Darauff sol er eine kurtze Predig oder vermanung thun, vnd sich vbriges lobens der abgestorbenen enthalten, damit die Leichpredigen nicht in missbrauch gerathen. [2]

Es sollen aber die Predigten oder vermanungen bei dem begrebnuss, fürnemlich auff folgende vnd derengleichen puncten gerichtet werden, die zu Christlicher betrachtung des todts, vnnd bereitung zu demselben gehören, Als da sind:

Die vrsachen, darumb die verstorbenen leichnam allezeit in der Kirchen Gottes, mit ehrlicher begleitung vnnd versamlung sind begraben

---

1) T.: „Man sol die Todten ehrlich begraben, doch mit dem vnterscheidt, das bey der Begrebnuss deren, die in offentlicher verachtung der Gemeine Gottes vnd ohne erförderungh eines Kirchendieners sterben, kein Kirchendiener gegenwertig sein darff. Jedoch sol der Diener jn der negsten Predigt die vrsach davon antzeigen vnd die Gemeine an solchem Exempel warnen —. Welche aber in der gemeinschafft der Kirchen verscheiden, die sol man ehrlich jn aller stille, ohne gesängk auff der gassen vnd ohne alle papistische vnd abergleubische Ceremonien bestatten, mit Glockenleutten vnd Predigt.“

2) Na.: „*Funebres* exhortationes et *conciones* breves seu lectiones capitis biblici, ut cap. 12. Joh., 1. Cor. XV., 1. Thess. 4. 5., Ezech. 37., Job. 19., Psal. 39., retineantur, et vitentur nimiae commendationes defunctorum cum superstitione. Ad sepulturam sufficit vnicum signum campanae ad convocandum coetum.“

worden, Nemlich nit diser meinung, als würde den abgestorbenen etwas mit vnserm nachthun geholffen.

Dann die in rechtem glauben an Christum abscheiden, in die ewige seligkeit genommen werden, vnnd derhalben vnser hülff nicht bedörffen. Die aber one glauben in Christum sterben, werden in die ewige verdamnuss geworffen, vnd mag jhnen derwegen von vns nit geholffen werden: Sonder geschicht solche bestattung der Leichen darumb, das die lebendigen hiemit jhren glauben von der aufferstehung der todten bekennen, das sie ihre lieb gegen den verstorbenen, vnd den jhren bezeugen, Das sie Gott samptlich dancken für diesen trost, dass wir gewiss sind, das alle gleubigen auss diesem leben, inn die ewige Seligkeit scheiden, vnnd das er jhm vnter vns eine ewige Kirche samlet, vnd bitten, das er sie in diesem trost biss ans end erhalten, vnd jhm allzeit wolgefellige Diener vnter jhnen bereiten wölle, auch das sie zu Christlicher betrachtung des todes erinnert vnd vervrsacht werden. Item, was zu rechter vnnd heilsamer betrachtung des todes gehöret.

Als erstlich, in was gefahr des todes wir alle die zeit vnsers lebens stehen, Vnd was die zu gewarten haben, welche jhr abschied auss disem leben in vnbussfertigem wandel ereilet.

Zum andern, welches die vrsach des todes, vnnd alles menschlichen elends sey, nemlich die sünd.

Zum dritten, wie wir vnns in vnserm vnnd der vnsern tödtlichen abgang sollen trösten.

Vnnd ist der erste trost die vergebung der sünden, gerechtigkeit vnnd versönung mit Gott durch Christum, welche machet dass sich die Christen nicht haben für dem tod zuförchten, dieweil sie nun der sünde, des zorns Gotts, vnnd der ewigen verdamnus befreiet sind.

Der ander, die gewisse besitzung der ewigen seligkeit nach diesem leben.

Der dritte, dass sie von allen sünden durch den zeitlichen tod gantz vnd gar entlediget werden, also dass sie auffhören Gott mit sünden zuerzörnen.

Der vierde, dass auch dieser jr leib, der in der Erde verweset, am jüngsten tag wider aufferstehen, vnd in Himmlischer klarheit vnnd herrligkeit, ewig mit Gott leben wird.

Der fünffte, dass Gott auch in todes nöten, alle anfechtungen vnnd schmertzen des tods durch beistand seines heiligen Geistes in vns vberwinden will, vnnd vns nicht höher lassen versucht werden, denn wirs ertragen können.

Der sechste, dass wir in tod vnd leben, vnser selbst, oder den vnsern, gern vnd willig vnsern kindlichen gehorsam gegen Gott vnserm lieben Vater sollen erzeigen.

Der siebende, Das wir erstlich durch zeitlichen tod vnd leiden, vnnd hernach durch ewiges leben vnd herrlichkeit, Christo vnserm haupt gleichförmig sollen werden.

Vnd zum vierdten, was zu einer solchen bereitung zum tod gehöret, das wir seliglich in solchem trost mögen auss diesem leben scheiden. Als nemlich zum ersten, ein warer bestendiger glaub, damit wir die gnade Gottes in Christo annemen.

Das ander, ware bekerung zu Gott, bestendigkeit vnnd zunemen in derselben, weil ohne diese kein rechter glaube sein kan.

Das dritte, dass wir vns selbst verleugnen, das ist, allen vnsern lüsten absagen, vns gantz vnd gar dem willen Gottes ergeben, vnnd vns nichts lassen also lieb sein, das wir nit vmb seinet willen zuuerlassen willig vnnd bereit seind.

Das vierde, Zeitige, stäte vnd ernstliche betrachtung vnsers trosts vnnd seligkeit, so vnns in Gotteswort fürgetragen wird, vnd vnsers abschieds auss diesem leben.

Das fünffte, ein emsiges vnnd stätes Gebet zu Gott vmb gnad seines heiligen Geistes, vnnd ein seliges ende.

An diese vnd dergleichen puncten, soll das volck bey den Begrebnissen kürtzlich erinnert werden, durch erklärung solcher sprüch, vnd ort auss heiliger Schrifft, die hierzu gehören, vnd die vermanung mit einem solchen Gebet beschlossen werden dass auff die Leichpredig gerichtet sey, als wie dise form ist.

Almechtiger, ewiger, barmhertziger Gott vnd Vater, wir dancken dir, dass du vnns nicht allein das leibliche zeitliche leben hast gegeben, vnnd bissher erhalten, sonder auch dass Geistliche vnnd ewige leben in vns angefangen, nach dem du vns also geliebet, dass du deinen eingebornen Sohn für vnns in tod gegeben, auff dass wir alle, die wir in jn glauben, nicht verloren würden, sonder das ewige leben hetten, vnnd vns zu der seligen gemeinschafft deines lieben Sohns Jesu Christi, durch dein wort vnnd heiligen Geist beruffen, auch vnss bissher gnediglich wider allen gewalt vnnd list des bösen feinds, darin erhalten, vnnd vnsere hertzen mit gewissem trost vnnd hoffnung versichert hast, dass vns der zeitliche tod ein eingang in dass Himmlisch vnd ewig leben sey. Wir bitten dich auch, gütiger Gott vnnd Vater, du wöllest in vns bestätigen vnd vollenden, dass du in vns angefangen hast, vergib vns alle vnsere sünden, vnnd erlöse vns von dem ewigen todt, vmb deines lieben Sohns Jesu Christi willen, vnnd tödte in vnns durch die gnad deines heiligen Geists, je lenger je mehr vnsere sündliche art vnd natur, biss du vns endtlich von aller sünd vnd trübsal entledigest, Gib das wir mit festem glauben vnns trösten der frölichen aufferstehung vnsers fleisches zur ewigen herrligkeit, Stehe vns bey vnnd rette vns wider alle versuchung vnd anläuff des bösen feindes, vnd die schwachheit vnsers eigen fleisches, sonderlich wenn wir auss diesem leben sollen scheiden, Hilff dass wir deinem Väterlichen willen, in leben vnd in sterben, von hertzen gern gehorsam sein, verleugnen vns selbs vnd alles was vns in diser welt gelieben mag, vnnd suchen was droben ist, da Christus ist sitzende zu der rechten Gottes, Vnnd all vnser lust vnd freud haben, nit in wollust diser welt, sonder inn der betrachtung deines worts vnnd willens, allzeit wachen vnd betten, auff das wir nicht in versuchung fallen, sonder in rechter bereitschafft erfunden werden, wann dein gnediger wille ist vns auss diesem elenden leben zufordern, auff das wir durch ein Seliges end zu dir in die ewige ruhe vnd seligkeit kommen, vnd vnerschrocken erscheinen für dem Richterstul Jesu Christi deines Sohns, Welches alles bitten wir dich, wollestu vns gnediglich verleihen, durch denselben vnsern Herrn Jesum Christum, welcher vns also hat gelehret betten.

Vnser Vater, etc.

Wollest vnns auch geben standhafftigkeit, vnd teglichs zunemen in dem alten waren vngezweifelten Christlichen glauben, Auff das wir durch denselben je lenger je mehr Christi vnd aller seiner güter theilhafftig werden, von welchem glauben wir bekantnuss thun mit mund vnd hertzen, sprechende:

Ich glaub in Gott, etc. [1]

---

1) Gemberg l. c. p. 145: „Ein sechsspänniger schwarzer Wagen, von schwarz verhüllten Rappen gezogen, führt den ungeputzten Sarg zu Grabe, ohne Glockengeläut und Trauermusik. Eine Menge Wagen folgen, die Begleiter mit einem Flor um den Hut und einer Art weisser Trauerbinden an den Aermeln pflegen zu gehen. Geistliche folgen mit, mehr als Freunde, ohne Ornat, Frauen nie. Steht der Sarg über dem Grabe, (das Antlitz der Leiche, wie es sich trifft, gen Osten oder Westen gekehrt) so treten die Freunde heran und lassen, der erste Trauernde am Kopfende, ihn an Seilen hinab. Nun verrichten die Todtengräber ihr Geschäft in der tiefsten Stille. Kein Laut, kein Zeichen wird wahrgenommen, was dem Todten nicht hilft, aber dem Lebenden schaden könnte durch etwanigen

C. EX LIBRO TH. HUGUES.

Begräbniss der Todten.

Der Prediger ist, wenn es der Verstorbene oder seine Hinterbliebenen gewünscht haben, der Leiche entweder vom Sterbehause ab gefolgt, oder hat sich auf dem Kirchhofe dem Trauergefolge angeschlossen und zwar so, dass er entweder vor dem Sarge oder unmittelbar hinter demselben geht.

Sobald die Ruhestätte erreicht und alles zur Einsenkung des Sarges bereit ist, stellt sich der Geistliche an das Kopfende des Sarges und spricht:

Im Namen Gottes, des Vaters und des Sohnes und des heiligen Geistes, Amen.

Also spricht der Herr: Ich bin die Auferstehung und das Leben; wer an mich glaubt, der wird leben, ob er gleich stürbe. Und wer da lebet und glaubet an mich, der wird nimmermehr sterben. Und wir bekennen mit gläubigem Herzen: Ich weiss, dass mein Erlöser lebt und Er wird mich hernach aus der Erde auferwecken und werde hernach mit dieser meiner Haut umgeben werden und werde in meinem Fleische Gott sehen. Denselbigen werde ich nur sehen und meine Augen werden Ihn schauen und kein Fremder. Wir demüthigen uns und gestehen mit aufrichtigem Munde: Wir haben nichts in die Welt gebracht; darum offenbar ist, wir werden auch nichts hinausbringen. Der Herr hat es gegeben, der Herr hat es genommen, der Name des Herrn sei gelobt.

Nun soll der Geistliche eine kurze Leichenpredigt über einen beliebigen Text halten und dieselbe mit Amen beschliessen, „sich übriges Lobens des Abgestorbenen enthalten, damit die Leichenreden nicht in Missbrauch gerathen.‘‘

Während der Einsenkung spricht der Geistliche:

Der Mensch vom Weibe geboren, lebt nur eine kurze Zeit und ist voll Unruhe. Er gehet auf, wie eine Blume und fällt ab; er flieht wie ein Schatten und bleibt nicht. Mitten im Leben

---

Aberglauben, den es nährt statt verbannt; kein Haupt entblösst sich, kein Vater-Unser erschallt, aber der Gedanke ist beim Herrn.‘‘ At vero ut hoc omnium Σκοτιζόντων pace dicam, anxia ecclesiae Scoticanae cura ne alicunde inrepat superstitio vel superstitionis species illudat, ipsa mihi haud procul abesse videtur ab superstitione, siquidem, Gellio teste, omnis importuna ineptaque religio dici potest superstitio.

umgiebt uns der Tod. Bei wem können wir Hülfe suchen, als allein bei Dir, o Herr, der Du gerechtes Missfallen hast an unsern Sünden. Doch, o allerheiligster Gott und Herr, allmächtiger Herrscher, heiliger, barmherziger Heiland, übergieb uns nicht den bittern Schmerzen des ewigen Todes.

Du kennest, o Herr, die Geheimnisse unserer Herzen. Verschliess Dein gnädiges Ohr nicht vor unserem Gebet, sondern verschone uns, o allerheiligster Herr, allmächtiger Gott, heiliger und barmherziger Heiland, Du unser ewiger Richter! Lass uns um keiner Angst des Todes willen in unseren letzten Stunden von Dir abfallen.

Wenn der Sarg am Boden des Grabes steht, wirft der Prediger eine Hand voll Erde auf den Sarg und spricht:

Nachdem es dem allmächtigen Gott nach Seiner grossen Barmherzigkeit gefallen hat, die Seele dieses unseres hier abgeschiedenen, geliebten Bruders zu sich zu nehmen, so bestatten wir hier seinen Leib, und übergeben die Erde der Erde, die Asche der Asche, den Staub dem Staube, in der zuversichtlichen Hoffnung, dass er zum ewigen Leben auferstehen werde, durch unsern Herrn Jesum Christum, welcher unsern nichtigen Leib verklären wird, dass er ähnlich werde Seinem verklärten Leibe, nach der Wirkung, damit Er alle Dinge Ihm unterthänig machen kann.

Ich hörte eine Stimme vom Himmel zu mir sagen: Schreibe: selig sind die Todten, die in dem Herrn sterben, von nun an. Ja, der Geist spricht, dass sie ruhen von ihrer Arbeit, und ihre Werke folgen ihnen nach.

Herr, erbarme Dich unser! Christe, erbarme Dich unser! Herr, erbarme Dich unser!

Unser Vater, der Du bist u. s. w.

Schlussgebet.

Allmächtiger Gott! Bei dem die Geister derer leben, die in dem Herrn sterben, und in dessen Nähe die Seelen der Gläubigen nach ihrer Erlösung von der Last des Fleisches Freude und Glückseligkeit geniessen! Wir danken Dir herzlich, dass es Dir gefallen hat, diesen unsern Bruder von dem Elende dieser sündigen Welt zu befreien und wir bitten Dich, dass Du nach Deiner Barmherzigkeit die Zahl Deiner Auserwählten bald voll machen und Dein Reich kommen lassen wollest, damit wir, sammt allen denen, die im Glauben an Deinen Namen geschieden sind, an Leib und Seele in Deiner ewigen Herrlichkeit zur Vollendung und Seligkeit gelangen mögen. Dazu erwecke uns, o Vater, vom Tode der Sünde zu einem rechtschaffnen Leben, damit wir, wenn auch wir aus dieser Welt scheiden, in Christo ruhen, wie wir hoffen, dass dass dieser unser Bruder in ihm ruhet, und am jüngsten Tage vor Deinen Augen wohlgefällig erfunden werden und den Segen empfangen mögen, welchen Dein geliebter Sohn dann über Alle, die Dich lieben und fürchten, in den Worten aussprechen wird: Kommt her, ihr Gesegneten meines Vaters, ererbet das Reich, das euch bereitet ist vom Anbeginn der Welt. Verleihe dies, wir bitten Dich, barmherziger Vater, um Jesu Christi willen! Amen.

Der Herr segne dich, der du heimgegangen bist und behüte uns, die wir hier noch wallen!

Der Herr lasse leuchten sein Angesicht über dir, da, wo dem Frommen das Licht aufgeht, wie der Mittag, und sei uns gnädig, die wir noch in der Dämmerung weilen!

Der Herr erhebe sein Angesicht auf Dich und uns, und gebe dir den Frieden der Schauenden und uns den Frieden der Gläubigen! Amen.

Oder: Die Gnade unseres Herrn Jesu Christi u. s. w.

CAPUT VI.

De Rei Ecclesiasticae Regimine Ac Disciplina.

A. VON DER WAAL, SENDUNG UND HÄNDUFLEGEN DER PREDICANTEN.

(Züricher Prädicantenordnung. 1532.)

Diewyl das Pfarr oder Predigtampt das höchst vnd notwendigist inn der Kilchen Gottes ist, vnd aber bishar gross Mangel vnd Prästen inn der Beruffung, Waal, vnd Sendung gewäsen: habend wir für das erst von einer Verbesserung Red gehalten, angesähen, das vns Gott nit allein Beuelch abzebrächen, sunder ouch Vfbuwens gegäben hat. Darumb so mit Gottes Wort die Bischofflich Wyhe, Oelung vnd Character abgethon, ist das nächst, das wir das Henduflegen, nach dem Beuelch des Herren vnd Apostolischen Bruch, an des vssgerütteten Bischoflichen Missbruchs stat, ynpflantzind: welches mit volgenden Mitteln angesähen.

Vnd so nun Paulus spricht, Niemands misst jm selbs die Eer oder Verwaltung zu, sunder der von Gott berüfft wirt, wie Aaron: ouch inn den Epistlen an Timotheum vnd Titum, vil hoher Gaaben inn dem Pfarrer fordert: ist gar nit Göttlich noch billich, das, so ein Pfarr ledig worden ein yeder louffe, bättle, gyle, Gaaben verheysse vnd gäbe, die Vnderthonen anfächte, Parthen an sich häncke, gantz Schaaren Fürbitter mit jm füre: vnd da jm die Pfarr vss Ansähen Gunsts, Früntschafft, lyplicher Diensten, oder Gaaben, verlihen werde. Dann damit äben als übel gesündet wirt wider Gott vnd die Waarheit, als do der Römisch Hof sin Curt übt, vnd vff die Pfarren die satzt, die jm gefielend, vnd die er vereeren wolt, die doch nit zun Pfarreren geschickt: dardurch aber das gantz Volck verderbt vnd gar verfürt ist.

Sömliches fürohin abzestellen vnd ze verkummen, sind wir desse vss Gottes Wort einss worden: das wo sömlicher Vnbill vnd Vorteil, wider Gottes Ordnung gebrucht, vnd yemands erfunden, der selbs gelüffen, sölle derselb billich mit Simone dem Zouberer zu sömlicher Göttlicher Verwaltung nit zugelassen werden. Desshalb das er das hoch geistlich Ampt nit anders geschetzt, dann das es jm vmb Gällt, Gunst vnd Fürschub werden sölte, das er sinen Buch damit spysste, vnd nit achtet ob er zu diser Verwaltung berüfft, begabet vnd geschickt sye, oder wie er die Schäfly Gottes weyden wölle vnd möge.

Wenn aber ein Pfarr ledig wirt, soll dannethin der Decanus, inn dess Capittel die Pfarr gelägen, einer ersammen Oberghait des Pfarrers Tod antragen: ouch erfaaren vnd Bericht gäben, wer der Lähen Herr sye: damit man fürderlich einen anderen Pfarrer der Kylchen fürstelle: ouch niemands mitthinzu nützid an siner Fryhait vnd Gerächtigkeit abbrochen werde.

Vnd so dann yemands von dem Lähenherren fürgestelt, oder vnseren gnedigen Herren, da sy nit Lähenherren, fürzestellen vergünstiget, soll der oder die so fürgestelt, jro Leer vnd Läbens halben flyssig ersucht: vnd das sömlichs füglich beschähen möge, ein bestimpter Tag Examinis, hie in der Statt Zürych, angestelt werden; dahin die vilgenampten Fürgestälten jre Manrächt oder Kuntschafft jres Harkummens vnd Läbens bringind: Damit nit etwan haruerlouffen, vfrürig, meyneyd vnd verlümbdet Lüt, die anderstwo jro Ubelthat halben vertriben, hie vnbedacht vnd vnerfaren, an sömliche Göttliche Aempter gesetzt werdint: dero Schand hernach zu Schmaach dess heyligen Euangelii reyche.

Vnd nach dem dann die Kuntschafften von Examinatoribus erläsen, soll dannethin einer nach dem andern examiniert werden: es sye dann Sach das einer vor bekant, probiert, vnd examiniert sye, denocht soll er sich vff den Tag Examinis erzeigen. Vnd wie man denn einen yeden findt: also soll es in einen Brieff gestelt, verschlossen, vnd einem ersammen Radt überschickt werden, das er da nach Gstalt der Frommghait vnd Gschiktlighait eines yeden handle vnd Waal näme.

Wenn aber die Waal imm Radt soll fürtragen werden, söllend die Examinati, so inn Brieff gestelt, (für den ersammen Radt keeren, dem ouch jre Mannrächt oder Kundtschafft fürlegen, sich allein anzeigen,) vnd nit bitten, noch Fürbitt mit jnen füren: damit die Waal fry, vnd nit nach Gunst beschähe: also die Kilch mit frommen, geleerten, vnd gotsförchtigen Dienern versähen werde.

Hie ist aber ouch das billich, das vnser G. H. den Examinatoribus by jro Eyden befelhind zum trülichsten on alle Gfaar allein Gottes Eer vnd der Kilchen Nutz angesähen ze examiniren. Item, das das Examen fürnämlich also gehalten werde, das man für das erst Locos communes Religionis anzähe. Demnach erfare wie beläsen vnd geübt die Fürgestelten inn beyden Testamenten syend: was sy für ein Judicium in Scripturis habind, wie sy die bruchind, läsind vnd dem Volck erklärind. Vnd das darzu verordnet werdind zwen von den Predicanten, zwen von den Rädten, vnd zwen von den Läseren der heyligen Geschrifft. [1])

Nach dem aber das Examen beschähen, die Zügknuss für Radt gefertiget, die Waal geoffnet, vnd yetzdann einer zum Pfarrer verordnet, wil inn vil Wäg nit gebüren, das er grad hinlouffe vnd anstande: sunder jm soll einer von einem ersammen Radt, oder der Vogt dess selben Orts zuggäben werden, vnd vff den nächstuolgenden Sontag in die Pfarr keeren: dahin söllend ouch der Decanus dess selben Capittels, vnd der nächst Pfarrer, kummen. Vnd so dann das Volck versammlet, soll der so von einem ersammen Radt verordnet die Waal der Kilchen offnen, vnd ermanen, ob yemands da sye, der etwas lümdens vnd vnredlichs vff den Erwölten wüsse, sölle das offnen.

Vnd so sich dann nützid erfindt, ouch kein Klag ist, soll der Decanus predigen, fürnemlich wass des Pfarrers Ampt, vnd wie sich die Kilch

---

1) Bs.: „Es ist niemant verborgen, das glich wie durch fromm, gelert, erber menner das Göttlich wort mit höchster frucht verkündt. Also hinwider, durch vngelert, lychtferige pfaffen, mit jrem predigen nit allein kein nutz geschafft, sonder auch das Göttlich wort geschmecht, verhasset gemacht, vnd veracht würt. Desshalb hoch von nöten, die diener des worts, vor vnd ehe sy gesandt, der lere vnd lebens halb ernstlich zu beweren. Vnd so aber solche erfarung, zuuor was die leer berürt, durch fromme, der heiligen gschrifft gelerte menner, vnd was das leben antrifft, von dapffern vss der oberkeit verordneten personen, beschahen muss, wöllen wir zwen oder dry der heiligen schrifft gelerten, vnd ein oder zwen von vnsern Radts fründen, die verfancklichsten, so die diener der kilchen jrer leer vnd lebens wol beweren sollen, verordnen. Dise Examinatores sollend in anfang, wann sy zu verhörenn geordnet, zu Gott schweren, dass sy diss ampt nach anwysung des Götlichen worts, zuuorderist zu öffnung der ehren Gottes, jres vermögens zu dem trüwlichsten, on ansehen der person verwalten. Auch das sy sich hierinn gantz kein gunst, mietgab, noch schenck, die sy gar nit nemen, keynerleywegs jrren lassen, sonder das streng vrteil Gottes allzyt vor augen haben, vnd jres ampts sachen zu dem trüwlichsen handlen wöllen, der gestalt, das sy alle die, so das Göttlich wort zu verkünden gesandt sollen werden, der leer Christi, ob sy die dem Christlichen volck mit frucht fürzutragen tögentlich oder nit. Darzu jrs lebens, das sölches vnstrefflich, vnd dem glöubigen volck nit ergerlich sye, ernstlich examinieren, vnnd darunder gar niemants verschonen. Vnd welche sy in der leer ynd leben tögentlich befinden, die sollend sy vns, als der Oberkeit, presentiern, damit wir sy der kilchen fürstellen, jres ampts ernstlich vermanen, vnd nach gepflegenem gebet, zu denen gemeinden, welchen sy vorston, in dem namen Gottes senden mögen."

mit vnd gägen jm halten sölle, etc. Vnd -nach der Predge stelle er den Pfarrer der Kilchen für, vnd spräche zu jm:

Sich lieber Bruder, dise biderbe Gemeind befälhend wir dir mit den Worten Pauli, Hab gut acht vff die gantze Härd, über die dich der heilig Geist zum Wächter vnd Hirten gesetzt hat, zeweiden sin Volck, das er mit sinem eignen Blut an sich erkoufft hat. So biss jnen ein Vorbild imm Wort, imm Wandel, inn der Liebe, imm Geist, imm Glouben vnd Luterkeit: vnd Gott verlyhe dir sinen heyligen Geist, das du wie ein getrüwer Diener sines Herren handlist, inn dem Namen Gottes. Und damit lege er jm die Hend uff. [1])

Demnach ermane er das Volck vmm Gnad anzerüffen. Aber nach vollendetem Gebätt, beuelhe der Vogt oder Radtsbott den Pfarrer der Gemeind inn Namen der Christenlichen Obergheyt. Das sy jn beuolhen habind jm beholffen vnd beradten syend zu allem dem das sin Ampt betrifft, nit beleydigind. Ob er dann nit handlete das geschickt, nit von einem yeden geplaget, sunder der ordentlichen Obergheit angezeigt, die jn nach Gebür straaffen: glich wie sy ouch gheinen vnbeschulter Sach, sines Ampts entsetzen wölle: ouch nach Luth und Sag der letsten Verkumnuss zwüschen Statt vnd Land.

Vff sömlichs wo er noch den Eyd jm Synodo nit gethon, soll jm denocht vff Trüw vnd Glouben zepredgen vertruwt werden: doch das er in dem nechstkünfftigen Synodo schweere.

---

1) Sane Scriptura sacra sexcenties testatur, impositionem manuum ritum esse apostolicum, ab omnibus Christianis maximi aestimandum ac religiose observandum. Quapropter Reformati in hac caerimonia concordant cum reliquis Christi cultoribus. Ipsos Scotas hodie superstitionis horror non prohibet, quin ministris ecclesias imponant manus. Gemberg l. c. p. 315.: ,,Dr. L. trat vor ihn hin, legte beide Häude auf ihn und flehte des Herrn Segen auf seinen jungen Arbeiter herab. Alle Umstehende legten unter dem Gebet die Hände mit auf — . Unter den Handauflegenden bemerkte ich keine Aeltesten, die Sitte schliesst sie von diesem Acte aus.'' At maioribus, qui Scoticanae ecclesiae adstiterunt cunabulis, ritus quoque apostolorum erat offensioni vel, ut aequius loquar, habebant cum in adiaphoris.

B. ORDINATIO PASTORUM EX AGENDA SCAFHUSANA.
1592.

Von der Kanzel spricht der Ordinator vor dem, der da vorgestellt worden, seinen Beiständen und dem Volk also:

Also schreibt St. Paulus in der ersten Epistel an Timotheus im 3. Kapitel: Das ist je gewisslich wahr, so jemand eines Bischofs Amt begehrt, der begehrt ein köstlich Amt, etc. — auf dass er nicht falle dem Lästerer in die Schmach und Stricke.

Also ermahnet der Apostel St. Paulus die Aeltesten der Gemeinde zu Epheso Akt. im 20. Kap.:

So habet nun Acht auf euch selbst und auf die ganze Heerde, unter welche euch der heil. Geist gesetzt hat zu Bischöfen, etc. — mit Thränen zu ermahnen.

Hier höret ihr, dass uns, so da zu Bischöfen, das ist, zu Predigern und Pfarrern verordnet und berufen sind, nicht wird befohlen, unvernünftige Thiere zu hüten, sondern die Gemeinde, [1]) so Gott durch sein eigenes Blut erworben hat, dass wir sie weiden sollen mit dem reinen Worte Gottes, auch wachen und zusehen, dass nicht Wölfe und Rotten unter die Schaafe einreissen. Darum nennet er es ein köstliches Werk. Auch für unsere Person sollen wir züchtig und ehrlich leben, unser Haus, Weib, Kinder und Gesinde christlich halten und erziehen.

Auf solches spricht der Ordinator zu dem, der da vorgestellt wird:

Seyd ihr solches zu thun bereit, so sprechet: Ja.

Er antwortet: Mit der Hilfe und Gnade Gottes. [2])

Darauf legen ihm der Ordinator und die Beiständer die Hände auf.

Lasset uns beten: Vater Unser, etc.

---

1) Cf. C. L. II. p. 521: — „nicht wird befohlen Gense oder Küe zu hüten, sondern die Gemeine."

2) Apud alios instat Ordinator repetitae interrogationi. Fliednerus p. 71: Batavos inducit de his Ordinandos postulantes: „1) Ob er rechtmässig berufen sei? 2) Ob er das Alte und Neue Testament für das einige Wort Gottes und die vollkommne Lehre zur Seligkeit halte und alle dagegen streitende Lehre verwerfe? 3) Ob er verspreche, sein Amt, wie es im Formular beschrieben sei, treu zu verwalten, seine Lehre mit einem gottseligen Leben zu schmücken, sich allen kirchlichen Vermahnungen und der Kirchenordnung im Fall des Irrens in Lehre oder Leben zu unterwerfen? Worauf er antwortet: Ja, von ganzem Herzen."

Barmherziger Gott, himmlischer Vater, du hast durch den Mund deines lieben Sohnes, unsers Herrn Jesu Christi, zu uns gesagt: die Erndte ist gross, aber wenig sind der Arbeiter, bittet den Herrn der Erndte, dass er Arbeiter in seine Erndte sende. Auf solchen deinen göttlichen Befehl bitten wir von Herzen, du wollest diesem deinem Diener sammt uns und allen, die zu deinem Worte berufen sind, deinen heil. Geist reichlich geben, dass wir mit grossem Haufen deine Evangelisten seyen, treu und fest bleiben wider den Teufel, Welt und Fleisch, damit dein Name geheiliget, dein Reich vermehret und dein Wille vollbracht werde. Du wollest auch dem leidigen Gräuel des Papstes und Mahomets sammt anderen Rotten und Secten, so deinen Namen lästern, dein Reich zerstören, deinem Willen widerstreben, endlich wehren und mit ihnen ein Ende machen. Solches unser Gebet, dieweil du es geheissen, gelehrt und uns vertröstet hast, wollest du gnädig erhören, wie wir dann glauben und vertrauen, durch deinen geliebten Sohn, unsern Herrn Jesum Christum, der mit dir und dem heil. Geiste lebt und regiert in alle Ewigkeit! Amen.

1. Epistel Petri, Kap. 5:

So get nun hin und weidet die Heerde Christi, so euch befohlen ist, und sehet wohl zu, nicht gezwungen, sondern williglich; nicht um schändlichen Gewinnes willen, sondern von Herzens Grunde; nicht als die über das Volk herrschen, sondern werden ein Vorbild der Heerde: so werdet ihr, wenn erscheinen wird der Erzhirte, die unverwelkliche Krone der Ehre empfangen. Amen.

Der Herr segne euch, auf dass ihr viel Frucht schaffet! Amen.

C. EX LIBRO BERGENSI. 1769.

Befestigung und Ordination der Prediger.

Bey dem Abgehen von der Kantzel wird gesungen: Psalm CXXXIV. Vielgeliebte in dem Herrn Jesu Christo! Weil der Name des hie vor euch stehenden Herrn N. N. euch zu dreyen unterschiedlichen malen bekannt gemacht ist, zu vernehmen, ob jemand etwas gegen seine Lehre oder Leben einzubringen hätte, warum er nicht könte zum heil. Predig-Amt befestiget werden; Und bishero niemand sich eingefunden: So sind wir jetzund gesinnet ihn im Namen des Herrn nach christlicher Ordnung zu befestigen. Zuvor aber wollen wir euch und ihm aus dem Worte Gottes, eine kurtze Erklärung von der Einsetzung und dem Amt der Hirten oder Diener des Göttlichen Worts vorstellen.

Es ist Gottes besondere Gnade und Güte, dass er, zur Berufung und Sammlung der Menschen aus dem verdorbenen menschlichen Geschlechte, zum ewigen Leben, den Dienst der Menschen gebrauchet, wie Paulus lehret Eph. 4.: Christus hat gesetzet etliche zu Aposteln, etliche zu Propheten, etliche zu Evangelisten, etliche zu Hirten und Lehrern, dass die Heiligen zugerichtet werden zum Werck des Amts, dadurch der Leib Christi erbauet werde. Woraus erhellet, dass das Hirten-Amt eine Einsetzung Christi seye. Das Amt dieser Hirten ist leicht aus dem Namen selbst abzunehmen. Wie ein gemeiner Hirte die ihm angefohlene Herde zu weiden, zu leiten, zu bewahren und zu regieren hat: so sind die geistlichen Hirten gesetzet über die Gemeine, worin Christus seine Schafe hat und rufet, die sie weiden müssen mit der Predigt Göttlichen Worts, beygehendem Gebeth und Bedienung der heiligen Sacramente. Also ist der Hirten oder Prediger Amt

Erstens: Das Wort des Herrn, im Alten und Neuen Testament enthalten, ihren Zuhören gründlich vorzutragen, und so wohl öffentlich als insbesonder zum Nutzen und Besten derselbigen mit Unterweisen, Vermahnen, Trösten und Bestrafen, nach eines jeden Gelegenheit zuzueignen: verkündigend die Versöhnung mit Gott in Christo, die Busse und Bekehrung zu Gott: widerlegend aus der Schrift alle mit der heilsamen Lehre streitende Irrthümmer und Ketzereyen, gleichwie das alles uns in der Schrift zu verstehen gegeben wird: sonderlich wenn Paulus sie 1. Tim. 5. nennet: arbeitende am Wort, und Röm. 12. 6. sagt, dass ihre Weissagung dem Glauben ähnlich seyn müsse, 2. Tim. 2. 15., dass sie, als rechtschaffene Arbeiter, recht theilen müssen das Wort der Wahrheit, Tit. 1. 9., dass sie halten müssen ob dem Wort das gewiss ist und lehren kan: auf dass sie mächtig seyn zu ermahnen durch die heilsame Lehre und zu strafen, oder, zu widerlegen die Widersprecher, und ihnen durch gründliche Widerlegung das Maul zu stopfen:

und 1. Cor. 14. 3., dass sie, als weissagende, das ist, Gottes Wort predigende und erklärende, den Menschen zur Besserung, Vermahnung und Trost reden müssen. Ja auch wann Paulus sich selbst den Hirten zum Exempel vorstellet, Apostelg. 20, 20. sagende, dass er nichts verhalten habe von allem was nützlich ist, dass ers nicht solte verkündigt haben, sondern öffentlich und besonders gelehret und bezeuget habe beyde den Juden und Griechen die Busse zu Gott, und den Glauben an den Herrn Jesum. Insonderheit finden wir eine kurtze Beschreibung des Amts eines Dieners des Evangelii, 2. Cor. 5, 18. 19. 20. woselbst der Apostel also redet: Alles ist von Gott, der uns selbst mit ihm versöhnet hat durch Jesum Christum, und hat uns, verstehe Aposteln und Lehreren, das Amt gegeben, das die Versöhnung prediget: denn Gott war in Christo und versöhnete die Welt mit Ihm selber, und rechnete ihnen ihre Sünden nicht zu, und hat unter uns aufgerichtet das Wort der Versöhnung; so sind wir nun Bothschafter an Christus Statt, denn Gott vermahnet durch uns, so bitten wir an Christus Statt, lasset euch versöhnen mit Gott.

Zweitens, ist der Lehrer oder Hirten Amt: Oeffentlich den Namen Gottes für die Gemeine anrufen; davon die Apostel sagen, Apostelg. 6.: Wir wollen anhalten im Gebeth und in der Bedienung des Worts. Das haben alle Lehrer mit den Aposteln gemein. Worauf der Apostel siehet, wenn er Timotheum anspricht, 1. Tim. 2, 1.: So ermahne ich nun, dass man für alle Menschen, für die Könige und für alle Obrigkeit zuerst thue Bitte, Gebeth, Fürbitte und Dancksagung.

Drittens, ist ihr Amt: Die heil. Sacramente, die der Herr als Siegel seiner Gnade eingesetzet hat, als Christi Diener auszuspenden; wie solches aus dem Befehl, welchen Christus den Aposteln und ihren Nachfolgern in dem Hirten-Amt gegeben hat, erhellet, Matth. 28, 19. Taufet sie im Namen des Vaters und des Sohnes und des heil. Geistes; und dem, was Paulus sagt, 1. Cor. 11. Ich habe es vom Herrn empfangen, das ich euch gegeben habe. Denn der Herr Jesus in der Nacht, da Er verrathen ward, nahm Er das Brodt, danckete und brachs, und sprach: Nehmet, esset, das ist mein Leib, der für euch gebrochen wird, solches thut zu meinem Gedächtniss. Desselbigen gleichen auch den Kelch nach dem Abendmal, und sprach: Dieser Kelch ist das neue Testament in meinem Blut, solches

thut, so oft ihrs trincket, zu meinem Gedächtniss. Denn so
oft ihr von diesem Brodt esset, und von diesem Kelch trincket,
solt ihr des Herrn Tod verkündigen, bis dass Er kommt.

Viertens, ist ihr Amt: Die Kirche Gottes in guter Zucht
zu halten, und auf die, von Christo, Matth. 18, 15. vorge-
schriebene, Weise zu regieren; woselbst Er die Lehre von der
Buss-Zucht also schliesset, 18. Wahrlich Ich sage euch, was
ihr auf Erden binden werdet, soll auch im Himmel gebunden
seyn, und was ihr auf Erden lösen werdet, soll auch im Him-
mel los seyn. Aus dieser Ursache werden die Hirten genannt
Bischöfe, das ist, Aufseher oder Wächter und Haushalter Got-
tes, Tit. 1, 7. Als welche die Aufsicht haben müssen auf Got-
tes Haus, damit alles ehrlich und ordentlich zugehe, und das
Himmelreich nach Christi Befehl auf- und zugeschlossen werde.
Endlich ist zum

Fünften ihr Amt: Auf sich selbst fleissig Acht zu geben,
damit sie sich in allen ihren Geberden, Worten und Wercken
unsträflich und erbaulich erweisen, auch ihr Haus-Gesinde dazu
mit allem Fleiss halten und anführen: sintemal nach der Lehre
des Apostels, der sich selbst, und sein eigen Haus nicht ver-
sorgen kan, die Gemeine Gottes zu versorgen untüchtig ist.
1. Tim. 4, 2. 3. 4. 5.

Aus diesem allen kan man sehen, was das Lehr- oder
Hirten-Amt für ein köstlich Werck sey, als wodurch so grosse
Dinge verrichtet werden: ja wie hoch nöthig dasselbe seye,
den Menschen zur Seligkeit zu bringen, warum der Herr auch
will, dass es allezeit bleibe, Matth. 28, 20. und Paulus den
Timotheum vermahnet, 2. Tim. 2, 2. dass er das, so er von
Ihm gehöret, getreuen Menschen, die tüchtig sind andere zu
lehren, anbefohlen solle: auch da er den Titum zum Hirten
angesetzet hatte, ihm anbefiehlet in allen Städten hin und her
Aeltesten und Bischöfe zu stellen.

Dieweil dem zufolg, auch Wir an diesem Orte, dies Amt
in der Kirchen Gottes zu erhalten einen neuen Diener des gött-
lichen Worts einsetzen, und bisher gnug von dem Amt der
Hirten und Lehrer gesprochen: so wende ich mich zu euch,
Herr N. N. und begehre in des Herrn Namen, dass ihr, mit
aufrichtigem Hertzen und deutlicher Stimme, auf dasjenige,
was euch jetzt soll vorgehalten werden, antworten wollet;
auf dass ein jeglicher allhie vernehme, dass ihr dies Amt,

gleichwie sichs gebühret, anzutreten und zu verwalten gesinnet
seyd. Ich frage euch dann:

Erstens: Seyd ihr in eurem Hertzen versichert, dass ihr
rechtmässig von dieser christlichen Gemeine, und also von
Gott selbst, zu diesem heiligen Amte berufen seyd?

Zweitens: Haltet ihr auch die Schrift, so wohl das Alte
als Neue Testament, für das eintzige Wort Gottes, und für die
vollkommene Lehre der Seligkeit: So, dass ihr alles, was da-
gegen streitet, gantz und gar verwerffet?

Drittens: Verheisset ihr auch hiebey, euer Amt, wie es
zuvor beschrieben ist, nach dieser Lehre treulich zu verwalten,
eure Lehre mit einem gottseligen Leben zu zieren, und euch
der kirchlichen Vermahnung und Ordnung, auch wenn ihr nach
derselben über eure Fehler in Lehr und Leben möchtet zu
Rede gestellt werden, in Sanftmuth zu unterwerffen?

Hierauf ist zu antworten: Ja, von gantzen Hertzen.

Darauf soll der Neuberufene niederknien, die Diener des Worts ihm
die Hände auflegen, und folgendes deutlich ausgesprochen werden:

Wir geben euch hiemit Macht und Recht, als einem or-
dentlichen Diener des Evangelii, das Wort Gottes zu predigen,
die heilige Sacramente zu bedienen, und alles das zu verwal-
ten, was einem ordentlichen Lehrer zusteht. Gott, unser himm-
lischer Vater, der euch zu diesem heiligen Amte berufen hat,
erleuchte euch bey Bedienung desselben durch seinen heiligen
Geist, leite euch mit seiner Hand, stärcke euch durch seine
Kraft, und regiere euch also durch seine Gnade, dass ihr darin
gebührlich und erbaulich wandeln möget, zum Preise seines
heiligen Namens und zur Ausbreitung des Reichs seines Sohns
Jesu Christi, Amen.

Hie singt die Gemeine: Amen, dass heist, es werde wahr.

So habt dann nun, geliebter Mitbruder, und Mitarbeiter in
Christo, Acht auf euch selbst und auf die gantze Herde, über
welche euch der heilige Geist zum Bischofe gesetzet hat, zu
weiden die Gemeine Gottes, welche er mit seinem Blute er-
kaufet hat. Habt Christum lieb, und weidet seine Schafe nicht
gezwungen, sondern williglich; nicht um schändlichen Gewinns
willen, sondern von Hertzen-Grund; nicht als die übers Volck
herrschen, sondern werdet ein Vorbild der Herde im Wort,
im Wandel, in der Liebe, im Geist, im Glauben, in der
Keuschheit. Haltet an mit Lesen, mit Vermahnen und mit

Lehren: lasset nicht aus der Acht die Gabe, die euch gegeben ist. Thut dies alles mit Fleiss, und gehet damit um, auf dass euer Zunehmen in allen Dingen offenbar werde. Habt Acht auf die Lehre und beharret darin beständiglich; duldet mit Sanftmuth alles Leiden und alle Drangsale, als ein guter Streiter Jesu Christi. So ihr solches thut, werdet ihr euch selbst selig machen, und die euch hören: und wenn der Ertzhirte erscheinen wird, die unvergängliche Ehrenkrone erlangen.

Und ihr, geliebte Christen, nehmet diesen euren Lehrer und Seelenhirten auf in dem Herrn mit aller Freude: achtet ihn sehr lieb und werth, und gedencket, dass Gott euch durch ihn anreden und bitten wolle. Nehmet das Wort an, das er euch, der heiligen Schrift gemäss, verkündigen wird, nicht als Menschen Wort, sondern wie es wahrhaftig ist, als Gottes Wort. Lasset bey euch lieblich seyn die Füsse derer, die den Frieden verkündigen. Gehorchet euren Lehreren und folget ihnen, denn sie wachen für eure Seelen, als die davon Rechenschaft geben sollen, auf dass sie solches thun mit Freuden, und nicht mit Seuftzen, denn das ist euch nicht gut. So ihr solches thut, wird der Friede Gottes über eure Häuser kommen, und ihr, die ihr Gottes Diener aufnehmet im Namen eines Propheten, werdet eines Propheten Lohn empfangen, und die ihr durch ihr Wort an Gott glaubet, werdet durch Christum das ewige Leben ererben.

Weil aber niemand zu einigem aller dieser Dinge, die allergeringste Tüchtigkeit von ihm selber hat, so lasst uns Gott den Herrn in Demuth unseres Hertzens also mit einander ferner anrufen:

Barmhertziger Gott und Vater, wir sagen dir in Demuth unserer Hertzen Lob und Danck, dass es dir gnädigst gefallen hat, aus dem gefallenen menschlichen Geschlechte eine Gemeine zum ewigen Leben zu sammlen, und diese unsere Gemeine mit einem neuen Lehrer deines Worts, treulichst versehen hast. Wir bitten dich von Hertzen, mache deinen Knecht, den du uns gegeben hast, durch deinen heiligen Geist je mehr und mehr tüchtig zu dem Amte, dazu Du ihn berufen und verordnet hast. Oeffne ihm die Augen seines Verstandes, deine Geheimnisse und Willen aus deinem heiligen Worte recht zu verstehen: Oeffne ihm seinen Mund, dieselbe uns treulich zu offenbaren. Begabe ihn mit Weisheit und Verstand, und lass

III.   16

ihn seine anvertraute Gemeine heilsamlich lehren, leiten, und in christlichem Frieden und Wohlstand erhalten: Damit dieselbe bey seiner Bedienung und Vorgang nicht allein an der Zahl, sondern auch vornemlich in einem lebendigen Christenthum anwachse. Verleihe ihm eine christliche Hertzhaftigkeit und unverzagten Muth gegen alle Mühe, Beschwernisse und Verdriesslichkeiten, welche ihm bei rechtschaffener Bedienung seines Amts nicht ausbleiben werden: Und gib, dass er, durch die kräftige Tröstungen deines heil. Geistes gestärcket, bis ans Ende in allem guten Werck beständig verharre, und als ein getreuer Knecht alsdann zu seines Herrn Freude eingehe. Ach getreuer Gott, erbarme dich auch über dies dein Volck, segne dein Erbe, weyde und erhöhe es ewiglich. Gib doch deiner Gemeine allhie deinen Segen bey der Amtsverwaltung ihres jetzo befestigten neuen Seelenhirten, und lass sie durch seine Arbeit auf dem Wege zum Leben kräftiglich befordert werden. Gib, dass sie sich christgebührlich gegen diesen ihren Seelsorger verhalte, denselben als deinen Gesandten erkenne, seine Lehre aus deinem heil. Worte mit Ehrerbietung annehme, seiner Vermahnung sich mit Sanftmuth unterwerffe, und also durch sein Wort an Christum glaube: Damit alle und jede, als dein Volck und Kinder, in lebendigem Christenthum anwachsen, und des ewigen Lebens fähig und theilhaftig werden. Erhöre uns, o Vater aller Barmhertzigkeit! durch Jesum Christum unsern Herrn, in dessen Namen wir ferner also bethen:

Unser Vater, etc.

D. EX LIBRO TH. HUGUES.

Die Ordination soll nach geendigtem Hauptgottesdienst an einem Sonn- oder Festtage Statt finden, während dessen der Ordinatus mit den Assistenten des Moderators auf dem Chor der Kirche seinen Platz gehabt hat. Nach dem Schlussgebet hat der Geistliche, welcher die Predigt hielt, der Gemeinde anzuzeigen, dass eine solche heilige Handlung vorgenommen werden soll und sie aufzufordern, dabei zugegen zu bleiben und mit ihrem Gebet die Feier zu unterstützen. Dann wird ein Liedervers gesungen, während dessen der ordinirende Geistliche vor den Altartisch tritt, zu seinen beiden Seiten die Assistenten; der Ordinandus stellt sich vor ihn. Der Ordinator spricht:

Im Namen Gottes, des Vaters, des Sohnes und des heiligen Geistes. Amen.

Dann hält er eine Ordinationsrede über die Bedeutung und Wichtigkeit des Predigtamtes und mit Berücksichtigung der besondern Verhältnisse des Ordinandi und derjenigen Gemeinde, die denselben berufen hat. Sodann spricht er folgendes Gebet:

Barmherziger Gott, himmlischer Vater, Du hast durch den Mund Deines Sohnes, unseres Herrn, zu uns gesagt: Die Erndte ist gross, aber wenig sind der Arbeiter; bittet den Herrn der Erndte, dass Er Arbeiter in Seine Erndte sende. Auf solchen Deinen göttlichen Befehl bitten wir von ganzem Herzen, Du wollest uns rechtschaffene Lehrer und Diener Deines göttlichen Wortes erwecken, und denselben Dein erleuchtendes Wort in das Herz und in den Mund geben, dass sie Deinen Befehl treulich ausrichten, Deine wahrhaftigen Evangelisten sein, treu und fest bleiben wider alle Anfechtungen, damit Dein Name geheiligt, Dein Reich gemehret, Dein Wille vollbracht werde.

Verleihe Deiner Gemeinde Deinen heiligen Geist und gieb ihr ein geöffnetes Ohr für die Predigt Deines heiligen Wortes, damit Dein Wort in ihr mit Freudigkeit und nicht unter Seufzen von Deinem Diener möge gepredigt werden. Aller falschen Lehre aber, allem Greuel des ungläubigen und abergläubigen Wesens, sowie allen Rotten, die Deinen Namen lästern, Dein Reich zerstören, Deinem Willen widerstreben, wollest Du endlich steuern und ihnen ein Ende machen. Solch unser Gebet für Deine Gemeinde und für ihre Hirten wollest Du gnädiglich erhören durch Deinen lieben Sohn, unsern Herrn Jesum Christum, der mit Dir und dem heiligen Geiste lebt und herrschet in Ewigkeit! Amen.

Da Ihr denn, N. N., ordentlich berufen seid zu dem heiligen Predigtamte von der Gemeinde zu N. N., und bereit, dasselbe anzutreten: so höret an mit Aufmerksamkeit und bewahret in Eurem Herzen die theuren Lehren, die Euch aus Gottes Wort jetzt sollen vorgelesen werden.

Die assistirenden Geistlichen lesen abwechselnd: Matth. 28, 18—20. 1. Timoth. 4, 7—11. 1. Timoth. 4, 12—16. Matth. 5, 16. 2. Timoth. 2, 24. 25. 2. Timoth. 2, 15. 22. 1. Petri 5, 2—4.

Beantwortet mir jetzt gewissenhaft folgende Fragen: Williget Ihr ein, das theure Predigtamt mit allen seinen Pflichten über Euch zu nehmen?

Wollet Ihr diesem Amte alle Kräfte Eurer Seele und Eures Leibes willig opfern?

Wollet Ihr die euch anvertraute Gemeinde weiden mit der Predigt des lautern, ungefälschten Wortes Gottes?

Wollet ihr durch Gottes Gnade darnach trachten, Eurer Gemeinde ein Vorbild zu sein in Rechtschaffenheit und gerechtem Wandel nach Gottes Gesetz?

Antwort: Ja, mit Gottes Hülfe!

Der Ordinandus knieet auf einen Schemel vor dem Ordinator, welcher mit den Assistenten die Hände auf sein Haupt legt und spricht:

Gott der Allmächtige, der Euer Wort gehört hat, stärke Euch es zu erfüllen. Ich aber, kraft der Vollmacht, die mir von Gott und seiner Kirche anvertraut ist, überantworte Euch hiemit das Predigtamt, im Namen Gottes, des Vaters, des Sohnes und des heiligen Geistes. Er wolle solches gereichen lassen zu Eurer und der Euch anvertrauten Seelen Seligkeit. Er segne Eure Arbeit in der Gemeinde, auf dass Sein grosser Name dadurch verherrlicht und vieler Seelen ewiges Heil befördert werde durch Jesum Christum, unsern Herrn. Amen.

Der Ordinirte steht auf und der Ordinator schliesst die Handlung mit dem Unser Vater und dem Segen, nachdem vor dem letztern noch ein passender Liedervers gesungen ist.

E. INTRODUCTIO PASTORIS.

Ex Agenda Turicensi. 1675.

O gütiger Gott, getreuer himmlischer Vater! Es ist wohl eine grosse, unaussprechliche Gnade und Gutthat deiner unermesslichen Güte, dass du uns, die wir arme Sünder sind, in Christo Jesu, deinem geliebten Sohne, zu deinem Volke und zu Schaafen deiner Weide gemacht hast, und dass du uns ohne Unterlass mit treuen Hirten und Lehrern versiehst, die uns weiden auf den grünen Auen deines heilsamen Wortes und in deinem Namen mit uns reden, die wir deine majestätische

Stimme wegen unserer Schwachheit nicht ertragen möchten. Für solche so grosse Gutthat danken wir dir billig von Grund unserer Herzen.

Und weil du uns abermal zusendest einen neuen Hirten und Lehrer deines Wortes, der uns diessmal durch deine Diener zugeführt und vorgestellt. wird in dieser heil. Einsegnung, so bitten wir dich von Herzen, dass du dieses heilige Geschäft segnen wollest zu deiner Ehre und unserer Erbauung.

O Herr, weil zu einem so wichtigen Amte aus sich selbst niemand geschickt ist, wenn du ihn nicht selbst geschickt machest von oben herab, so bitten wir dich inniglich, dass du diesen unsern Vorstehenden zu seinem heiligen Amte und Dienste durch deinen heil. Geist geschickt und tüchtig machen, seinen Verstand erleuchten, sein Gedächtniss vermehren, sein Herz stärken, das Gesetz der Treue und Wahrheit in seinen Mund legen, und ihm eine wohlgelehrte Zunge geben wollest, damit seine Lehre träufle wie der Regen, und seine Rede fliesse wie der Thau; dass er mit der gesunden Speise deines heil. Worts so geschicklich mit unerschrockenem Muthe und freudigem Eifer unsere Seelen also speise und weide, dass seine Sendung und Dienst bei uns sey ein Dienst der Versöhnung mit dir, durch welchen wir in deiner heilsamen Erkenntniss, im Glauben und in der Gottseligkeit wohl erbaut werden. Gieb ihm auch die Gnade, dass er die reine Lehre mit frommem Leben und Wandel ziere und uns ein gutes Vorbild sey, alle Widerwärtigkeit, die ihm in Verrichtung seines Amtes zu Handen stosse, geduldig trage, und seinem Amte allezeit und in allen Dingen völlig Genüge thue, damit seine Arbeit gegen uns nicht eine vergebliche sey und er am jüngsten Tage vor dem Richterstuhle unsers Herrn Jesu Christi unerschrocken erscheinen, mit Freuden für unsere Seele Rechenschaft geben und mit allen treuen Knechten seinen Theil in dem Reiche der ewigen Herrlichkeit haben möge.

Wir bitten dich auch unserthalben, o gütiger Gott und Vater, dass du uns allen, Jungen und Alten, die Gnade verleihest, dass wir diesen unsern neuen Hirten und Lehrer als deinen Gesandten mit Freuden auf- und annehmen und ihn für deinen Diener erkennen, der nun hinfort in deinem Namen mit uns reden und dein Wort predigen wird, und dass wir ihn um

dieses heiligen Werkes willen überaus lieb haben, friedsam
mit ihm seyen, ihm gehorchen und folgen.

O Herr, lass nimmermehr geschehen, dass wir wegen
ernsthafter und fleissiger Verrichtung seines Amtes in Tadel
und Bestrafung unserer Sünden irgend einen Unwillen und Bit-
terkeit gegen ihn fassen; sondern das Wort der Ermahnung
mit Sanftmuth aufnehmen und erdulden, und allewege dadurch
gebessert und dem ewigen Leben entgegengeführt werden, und
also seine Freude und die Krone seines Ruhmes seyn können
vor unserm Herrn Jesu Christo in seiner Zukunft, und mit ihm
und allen Auserwählten deiner himmlischen Herrlichkeit und
Seligkeit geniessen mögen ewiglich. Alles durch unsern Herrn
und Heiland Jesum Christum, welcher uns also gelehret hat
beten: Unser Vater, etc.

F. EX LIBRO TH. HUGUES.

Introduction eines Pastors.

Der neu erwählte Pastor hält an einem Sonntage seine Einführungs-
predigt. Während des Schlussgesanges steigt er von der Kanzel und es
begiebt sich der Moderator oder sein Substitut vor den Altartisch. Der
Einzuführende steht ihm gegenüber. Der Moderator spricht:

Im Namen Gottes, des Vaters, des Sohnes und des hei-
ligen Geistes! Amen.

Geliebte in dem Herrn! Es ist euch bekannt, dass der
hier gegenwärtige Herr N. N. zum ordentlichen Prediger und
Pastor dieser Gemeinde rechtmässig erwählet und berufen wor-
den ist. Bereit, sein Amt im Namen Gottes anzutreten, stehet
er hier vor Gott und der Gemeinde, um sich durch eine feier-
liche Zusage zur Beobachtung aller Pflichten desselben ver-
bindlich zu machen. Von euch aber erwarten wir mit Recht,
dass ihr dieser heiligen Handlung nicht nur mit ehrerbietiger
Stille und Andacht beiwohnen, sondern auch zur herzlichen
Fürbitte für diesen Diener Jesu Christi mit uns euch vereinigen
werdet. Bedenket die hohe Bedeutung und Wichtigkeit des
evangelischen Lehramtes, welches der Herr, nach Lehre Seines
heiligen Wortes, verordnet hat, um sein ewiges Reich auf

Erden zu gründen und auszubreiten, und die Menschen zur
Seligkeit zu führen. Mit der Predigt des Evangeliums trat der
Sohn Gottes selbst zuerst unter die Menschen; mit dieser Pre-
digt sandte Er Seine Jünger zu allen Völkern. Sie predigten
den Willen Gottes von unserer Seligkeit und sprachen: „Wir
sind Botschafter an Christi Statt, denn Gott vermahnet durch
uns. So bitten wir nun an Christi Statt: lasset euch versöhnen
mit Gott."

Allein der Herr der Kirche sandte nicht nur Seine Apostel
in die Welt, dass sie den Grund zur Erbauung Seiner Kirche
legten, sondern es sollten auch allenthalben und zu allen Zeiten
ordentliche Lehrer in derselben sein. Er hat, wie Paulus sagt,
etliche zu Aposteln gesetzt; etliche aber zu Propheten, etliche
zu Hirten und Lehrern, dass die Heiligen zugerichtet werden
zum Werk des Amtes, dadurch der Leib Christi erbauet werde.
Die Apostel bestellten auch allenthalben, wo sie christliche
Gemeinden gepflanzt hatten, dergleichen ordentliche Lehrer,
die damals auch Aelteste oder Bischöfe, d. i. Aufseher und
Vorsteher genannt wurden und übergaben ihnen die geistliche
Pflege und Führung der Gemeinden. So hat das Lehramt in
der christlichen Kirche von ihrem Ursprunge her beständig
fortgedauert und es soll nach dem Willen unseres Herrn und
Heilandes fortdauern bis an das Ende der Welt; es soll da-
durch die Ordnung und die Reinheit der Lehre in den Gemein-
den bewahret werden, weshalb der Apostel Jacobus vermahnet
und warnet: „Lieben Brüder, unterwinde sich nicht Jedermann
Lehrer zu sein!"

Je heiliger aber dieses Amt und je wichtiger sein Zweck
ist, desto mehr ist auch an einer treuen und klugen Wahrneh-
mung desselben gelegen; desto grösser ist die Verantwortung
dessen, dem es anvertrauet ist und desto trauriger sind die
Folgen, welche aus einer nachlässigen Verwaltung desselben
entspringen. Wie viel Ursache hat also nicht nur der zu diesem
Amte Berufene selbst, als auch die Gemeinde, welcher er vor-
gesetzt ist, den Herrn der Kirche anzuflehen, dass Er ihm zur
Erfüllung seiner grossen und schweren Pflichten Kraft und
Weisheit schenke und die Führung seines Amtes mit Segen
begleite!

Wohlan, geliebter Bruder, so erklärt Euch denn hier vor
Gott und dieser Gemeinde, dass Ihr zu einer solchen treuen

und gewissenhaften Verwaltung Eures Amtes redlich entschlossen seid und beantwortet mir folgende Fragen:

Erstlich frage ich Euch: seid Ihr in Eurem Herzen überzeugt, dass Ihr auf eine rechtmässige Weise und folglich von Gott, zum Pastor dieser Gemeinde berufen seid?

Antwort: **Ja.**

Zweitens: erkennet Ihr die christliche Lehre, wie sie in der heiligen Schrift enthalten ist, für Gottes Wort und Offenbarung, nehmet Ihr dieselbe zur alleinigen Richtschnur Eures Glaubens und Lebens und also auch Eures Unterrichts an und verwerfet Ihr Alles, was mit derselben streitet?

Antwort: **Ja.**

Endlich: ist es Euer aufrichtiger Vorsatz, alle Pflichten Eures Amtes mit Gottes Hülfe bestmöglichst zu erfüllen, die Gemeinde durch Euren öffentlichen und besondern Unterricht, wie durch Euren Wandel, zu erbauen und das Beste derselben aus allen Kräften zu befördern? Versprechet Ihr auch die in derselben angenommene Kirchenordnung zu befolgen und wenn Ihr etwa, (welches Gott verhüte!) Eurer Lehre oder Eures Wandels wegen Tadel verdienet, die brüderlichen Ermahnungen Eurer Mitältesten mit Sanftmuth anzunehmen und zu benutzen?

Antwort: **Ja, von ganzen Herzen.**

Nach solchem feierlichen Bekenntniss und Gelübde erkläre ich Euch hiermit für einen ordentlichen Pastor dieser Gemeinde und übertrage Euch alle Pflichten und Gerechtsame dieses Amtes. Gott aber, unser himmlischer Vater, der Euch zu diesem heiligen Dienste berufen hat, erleuchte, regiere und stärke Euch mit Geist und Kraft zu einer weisen, treuen und fruchtbaren Verwaltung desselben und lasse durch Eure Bemühungen die Verherrlichung Seines grossen Namens und das Heil vieler unsterblicher Seelen befördert werden durch unsern Herrn Jesum Christum! Amen.

Gedenket aber, was der Apostel Paulus dem Timotheus saget, und lasset solches auch Euch gesaget sein:

„So bezeuge ich nun vor Gott und dem Herrn Jesu Christo, der da kommen wird zu richten die Lebendigen und die Todten mit Seiner Erscheinung und mit Seinem Reiche: predige das Wort, halte an, es sei zu rechter Zeit, oder zur Unzeit. Strafe, drohe, ermahne mit aller Geduld und Lehre. Sei

nüchtern allenthalben. Leide dich als ein guter Streiter Jesu
Christi. Thue das Werk eines evangelischen Predigers. Richte
dein Amt redlich aus. Sei ein Vorbild der Gläubigen in der
Lehre, im Wandel, in der Liebe, im Geist, im Glauben, in
der Reinigkeit. Vernachlässige die Gaben nicht, die dir gege-
ben sind. Solches warte, damit gehe um, auf dass dein Zu-
nehmen in allen Dingen offenbar sei. Hab Acht auf dich selbst
und auf die Lehre; beharre in diesen Stücken. Wenn du sol-
ches thust, so wirst du dich selbst und deine Zuhörer selig
machen." (1. und 2. Timoth.) Der Apostel Petrus aber spricht:
Weidet die Heerde Christi, so euch befohlen ist, und sehet
wohl zu, nicht gezwungen, sondern williglich; nicht um
schändlichen Gewinnes willen, sondern von Herzensgrund;
nicht als die über das Volk herrschen, sondern werdet Vor-
bilder der Heerde. So werdet ihr, wenn erscheinen wird der
Erzhirte, die unverwelkliche Krone der Ehre empfangen."
(1. Petri 5, 2. folg.)

Ihr aber, geliebte Christen, Brüder und Schwestern dieser
Gemeinde, lasset diesen Diener an dem Wort des Herrn Eurer
Liebe und Werthschätzung empfohlen sein. Lasset ihn das
offene Herz und volle Zutrauen bei Euch finden, ohne welches
seine treusten Bemühungen wenig wirken können. Erweiset
ihm die Achtung, die ihm als einen christlichen Lehrer gebührt;
traget seine Schwachheit mit Geduld und verachtet deshalb
seine Lehre nicht, machet Euch dieselbe vielmehr zu Nutze.
Kommt und höret, wenn er Euch das Wort des Lebens pre-
diget. Nehmet seine Ermahnungen, Warnungen und Zurecht-
weisungen dankbar an. Seid aber nicht blos Hörer, sondern
auch Thäter des Wortes, auf dass Ihr Euch nicht selbst be-
trüget (Jak. 1, 22.). Gehorchet Euren Lehrern und folget ihnen,
denn sie wachen über Eure Seelen, als die Rechenschaft dafür
geben sollen, auf dass sie das mit Freuden thun und nicht mit
Seufzen, denn das wäre Euch nicht gut. (Hebr. 13, 17.) So
nehmet diesen Diener Christi unter Euch auf, dann wird sein
Amt Euch zum Segen gereichen in Zeit und Ewigkeit.

Lasset uns beten:
Barmherziger Gott, Vater unseres Herrn Jesu Christi, der
Du willst, dass allen Menschen geholfen werde und zur Er-
kenntniss der Wahrheit kommen, wir preisen Dich von ganzem
Herzen, dass Du das Predigtamt verordnet und auch diese Ge-

meinde bisher mit Lehrern versorgt hast, die ihr Deinen gnädigen Rathschluss von ihrer Seligkeit verkündiget haben. Du hast auch diesen Diener Deines Wortes berufen und hierher geleitet, Du hast ihm das Amt in dieser Gemeinde gegeben und in seinem Herzen die Bereitwilligkeit geweckt an diesem Orte Dir zu dienen. Vater des Lichtes, von dem alle gute und vollkommene Gabe kommt, erhalte diesen Willen in ihm, und gieb ihm Kraft und unverdrossenen Muth zu Erfüllung seiner Gelübde. Vermehre die Gaben Deines Geistes in ihm, damit er immer geschickter werde, vieler Seelen Heil zu befördern. Verleihe ihm zu allen Geschäften seines Amtes die nöthige Weisheit, damit er Deiner Gemeinde wohl vorstehe, Frieden und Ordnung in derselben erhalte, dem Irrthum und der Ungerechtigkeit kräftig entgegenarbeite und gute Gesinnungen und löbliche Sitten allgemeiner mache. Stärke seinen Muth bei Bekämpfung von Schwierigkeiten und erquicke sein Herz mit reichem Trost, damit er freudig und kräftig fortarbeite, bis er sein Tagewerk vollendet hat. Lass ihn dann endlich aus der Hand Jesu Christi den Lohn treuer Diener empfangen und mit einer grossen Menge, denen Er zur Seligkeit behülflich gewesen ist, zur Freude seines Herrn eingehen. Segne diese Gemeinde und segne die Verbindung derselben mit diesem ihrem neuen Lehrer. Flösse allen Mitgliedern dieser Gemeinde das rechte Vertrauen ein zu ihrem Hirten, dass sie seine Lehren und Ermahnungen gern hören und willig befolgen, an Glauben und Heiligkeit wachsen und endlich mit ihm in die grosse Gemeinde der Seligen im Himmel aufgenommen werden. Erhöre unser Gebet durch unsern Herrn Jesum Christum. Amen.

Die Handlung schliesst mit dem Unser Vater, Gesang und Segen.

G. BEFESTIGUNG DER ÄLTESTEN, KIRCHMEISTER, SCHOLARCHEN UND DIACONEN.

Ex Libro Bergensi 1769.

Nachdem Eurer christlichen Liebe die Namen der hie vor uns stehenden Aeltesten, Kirchmeister, Scholarchen und Diaconen, drey Sonntage nach einander von der Kantzel bekannt gemachet sind, und niemand gegen dieselbige etwas eingebracht hat, warum sie in ihrem Amte nicht solten befestiget werden können, so wollen wir dieselbe anjetzo im Namen Jesu Christi, dem Gebrauch der christlichen Kirchen dieser Länder gemäss, befestigen. Auf dass aber dasselbe desto besser geschehe, so lasst uns zuvor aus Gottes Wort eine kurtze Erklärung von der Anordnung und dem Amt der Aeltesten und Diaconen vernehmen.

Die Benennung der Aeltesten rühret her aus dem Alten Testament, woselbst Personen, die in ein hohes Amt über andere gestellet waren, absonderlich die Glieder des grossen Raths zu Jerusalem, Aelteste genannt wurden: Daher die Apostel den Namen entlehnt, und diejenigen, welchen über die Gemeine Jesu Christi im Neuen Testament die Aufsicht anbefohlen wird, Aelteste genannt haben. Es waren aber in der Apostolischen Kirche zweyerley Aeltesten. Die Vornehmsten derselben arbeiteten am Wort und in der Lehre: deren Amt war, das Wort Gottes zu predigen und die heilige Sacramenten auszuspenden, und wurden genannt Hirten und Lehrer. Die anderen dieneten nicht am Wort noch an den Sacramenten, sondern hatten Aufsicht auf die Gemeine, und waren darin den Aeltesten, die am Wort arbeiteten, behülflich, 1. Tim. 5, 17. Röm. 12, 8. 1. Cor. 12, 28. So dass das Amt der Aeltesten in folgenden Stücken bestehet:

Erstens: Mit den Predigern Aufsicht auf die Gemeine zu haben, worüber sie als Wächter gestellt sind, die fleissig Acht geben müssen, ob die Glieder der Gemeine sich auch recht verhalten in der Bekänntniss des Glaubens und im Wandel: Auf dass sie die, welche unordentlich wandeln, vermahnen; die öffentlich Aergerniss geben, vom Tisch des Herrn abhalten; die beharrlich Gottlose aus der Gemeine verbannen; die Bussfertige aber, nach geschehener Bekänntniss ihrer Sünden, gezeigtem Leidwesen und aufrichtiger Gelübde einer rechtschaffenen Besserung ihres Lebens, wieder annehmen helffen, nach der Einsetzung Christi und Uebung der Apostel. (Matth. 18. 1. Cor. 5. 2. Cor. 3.)

Zweitens: Weil in der Gemeine Gottes alles ehrlich und ordentlich hergehen soll: Müssen sie wohl zusehen, dass aller Unordnung beym Gottesdienst gewehret, und gute Ordnung

gestiftet und erhalten werde: Dass auch niemand ungebühr-
licher Weise ins Lehramt oder ins Amt der Aufseher sich ein-
dringe oder von anderen eingedrungen werde, ja auch, dass
tüchtige Personen erwählet werden, welche das Beste der Ge-
meine, so wol durch ihre Lehre und Aufsicht, als auch durch
ihr Leben und Wandel, befördern können.

Drittens: Auf Lehre und Leben der Lehrer Acht geben:
Dass alles an denselben zur Erbauung der Gemeine strecke,
und keine fremde, mit Gottes Wort streitige, Lehren einge-
führet werden. (Apostelg. 20, 28. 29.) Darum sie ohne Auf-
hören und mit allem Fleiss in heiliger Schrift lesen und for-
schen, und also die Geheimnisse der göttlichen Wahrheit ihnen
wol bekannt machen müssen.

Viertens: Weil der Prediger Thun und Lassen gemeiniglich
von vielen übel gedeutet und gelästert wird, so ist auch ein
Stück ihres Amts, dieselbe in ihrem Eifer für die Wahrheit,
Gottseligkeit und gute Ordnung zu vertreten, und ihren guten
Leumuth mit allem Ernst zu verthätigen.

Hierzu gehören nun auch die Kirchmeistere und Scholar-
chen (so ferne dieselbe allhier auch Mitältesten sind) und ist
der Kirchmeister Amt, unter anderen auf die Kirchen-Gebäude
und was denselben anklebet zu sehen, damit selbige in gutem
Stande erhalten werden; Ferner auch zu sorgen für den Unter-
halt derer, die da arbeiten am Worte und in der Lehre, oder
sonst der Gemeine dienen, und was dessen mehr zum öffent-
lichen Gottesdienst vonnöthen ist; damit die nöthige Mittel
darzu beygeschaffet, bewahret und wohl verwendet werden.
So bestellete David einige aus den Leviten über die Schätze
des Hauses Gottes, 1. Chron. 26. imgleichen Hiskias die, so
über die Hebezehenden und freywillige Gaben, so dem Herrn
geheiliget wurden, gestellet waren.

Der Scholarchen Amt aber ist, nicht nur zu sorgen, dass
die Schulgebäude wohl unterhalten werden, sondern dass auch
die, so der lieben Jugend vorgesetzet sind, ihr Amt treulich
wahrnehmen, wohl verpfleget, und mit Freuden zu arbeiten
aufgewecket werden.

Von der Diaconen Ursprung und Anordnung kan man
lesen, Apostelg. 6., da wir finden, dass anfänglich die Apostel
selbst von den verkauften und zu ihren Füssen niedergelegten
Gütern die Armen verpfleget, und einem jeden, nachdem er

Noth hatte, mitgetheilet haben. Da aber ein Murren deswegen entstanden, dass die Weiber der Griechen in der täglichen Reichung übersehen würden, sind auf Anrathen der Apostel solche Männer, die eigentlich vom Dienst der Armen ihr Werck machten, bestellet, damit die Apostel desto ungehinderter im Gebeth und am Dienst des Worts anhalten möchten. Solche Einsetzung ist bis hiehin in der Kirche Christi behalten (Röm. 12. 1. Cor. 12, 28. zu sehen.)

So dass das Amt der Diaconen in folgenden Stücken bestehet:

Erstens: Die den Armen gegebene Allmosen treufleissig zu sammlen und zu bewahren, ja auch auf alle Mittel, dadurch den Armen gebührlich kan geholfen werden, bedacht zu seyn.

Zweitens: Die eingesammlete Allmosen vorsichtig auszutheilen, damit sie denen allein, die derselben recht benöthigt sind, mit einem über ihre Armuth bewegtem, einfältigem, frölichem und wolgeneigtem Hertzen gegeben werden. Röm. 12. 2. Cor. 9. Wobey sehr nöthig ist, dass sie nicht nur mit ihren Gaben, sondern auch insonderheit mit gelinder und tröstlicher Ansprach aus Gottes Wort, den Nothdürftigen entgegen kommen. Damit nun, geliebte Brüder, ein jeder sehe, dass ihr die vorbeschriebene Aemter heiliglich anzutreten und zu verwalten geneigt seyd: So antwortet mit aufrichtigem Hertzen auf folgende Fragen:

Erstens: Seyd ihr in eurem Hertzen versichert, dass ihr rechtmässig von der Gemeine Gottes zu diesen heiligen Aemtern berufen seyd?

Zweitens: Haltet ihr die heilige Schrift Alten und Neuen Testaments für die eintzige und vollkommene Regel eures Glaubens und Lebens, so, dass ihr alle Lehr und Sitten, die dagegen streiten, hasset und verwerffet?

Drittens: Seyd ihr auch Willens, die bemeldte Aemter nach allem eurem Vermögen treulich und mit Hindansetzung alles eigenen Absehens, ohne Partheilichkeit, Gunst oder Furcht vor Menschen, allein auf die Ehre Gottes und den Wohlstand der Gemeine sehende, zu verwalten?

Viertens: Gedencket ihr auch mit einem gottseligen unsträflichen Wandel eure Bedienung zu zieren, euch auch selbst der Kirchenzucht eurer Mitbrüder, wann ihrs etwa versehen würdet, willig zu unterwerfen?

So antwortet auf diese Fragen zugleich von Hertzen: **Ja.**

Der allmächtige Gott und Vater unsers Herrn Jesu Christi gebe euch seine Gnade, dass ihr diese eure Aemter treulich und fruchtbarlich, zu Gottes Ehre, zur Auferbauung der Gemeine Christi und eurer selbst eigenen Seligkeit verwalten möget. Amen!

So wendet nun allen Fleiss an, ihr Aeltesten, dass ihr eurer anvertrauten Gemeine mit uns wohl vorstehet, damit gesunde Lehre und Gottseligkeit im Leben in derselben allezeit bewahret bleibe.

Ihr Kirchmeistere sorget für die Kirchengebäude, und für alles der Kirchen zugehöriges. Ihr Scholarchen aber für die Schule, so euch hiemit anvertrauet wird.

Und ihr Diaconi, seyd emsig und fleissig im Aufheben der Allmosen, vorsichtig und frölich im Austheilen derselben. Helffet den Bedrückten, versorget die Witwen und Waysen, ja thut Gutes allen Menschen, besonders den Glaubensgenossen.

Endlich seyd allesamt getreu in eurem heiligen Beruf, behaltet das Geheimniss des Glaubens in einem reinen Gewissen, und seyd Vorgänger der gantzen Gemeine, in einem aufrichtig gottseligem Wandel. So werdet ihr euch selbst erwerben eine gute Stuffe, und grosse Freudigkeit im Glauben in Christo Jesu, und werdet endlich eingehen in eures Herrn Freude.

Ihr aber, liebe Christen! nehmet diese Männer und den gantzen Kirchenrath auf als Knechte Gottes. Verachtet sie ja nicht, sondern achtet sie, um ihres heiligen Amts willen, aller Ehren würdig. Unterwerffet euch willig der Aeltesten Aufsicht: deutet ihr Thun nicht übel aus, widersetzet euch nicht ohne wichtige Ursachen, machet sie nicht irre und muthlos bey ihrem beschwerlichen Amte, auf dass ihr nicht in des gerechten Gottes erschreckliches Urtheil fallet.

Versehet auch die Kirchmeistere und Scholarchen mit nöthigen Mitteln, und die Diaconen mit reicher Beysteuer. Seyd wohlthätig ihr Reichen, und gebet gern und willig. Ihr Armen aber, seyd arm am Geist, und haltet euch gegen eure Verpfleger und Wohlthäter ehrerbietig und dankbar: Folget Christo nicht so sehr um der Bauchspeise, als um der Seelenspeise willen. Werdet ihr dieses allerseits treulich in Acht nehmen, so werdet ihr einen herrlichen Gnadenlohn dermalen von dem Herrn Christo erhalten. Weil wir aber zu diesen Dingen von

uns selbst gantz untüchtig sind, so lasst uns Gott den Herr
von Hertzen anrufen:

Herr Gott himmlischer Vater! wir dancken Dir, dass es
Dir gefallen hat zu mehrerer Beförderung deiner Kirchen neben
den Dienern am Wort anzusetzen Regierer und Helfer, dadurch
deine Gemeine in gutem Frieden und Wohlstand erhalten, und
die armen Menschen unterhalten werden möchten, und dass
Du uns auch an diesem Ort gegeben hast Leute von gutem
Zeugniss, und die mit deinem Geist begabet sind. Wir bitten
dich, verleihe ihnen mehr und mehr solche Gaben, als ihnen
in ihrer Bedienung nöthig sind: die Gabe der Weisheit, der
Tapferkeit, des Unterscheids und der Gutthätigkeit, zu dem
Ende, damit sich ein jeder gebührlich trage in seinem Amt.
Die Aeltesten in fleissiger Aufsicht zu nehmen auf die Lehre
und Wandel, im Abkehren der Wölfe aus dem Schafstall deines
lieben Sohnes, und im Vermahnen und Bestrafen der ruchlosen
Menschen. Auch die Kirchmeistere und Scholarchen, in treu-
eifriger Besorgung aller derjenigen Pflichten, welche sie zur
nöthigen Erhaltung und Unterhaltung alles dessen, was zum
öffentlichen Gottesdienst, und Besten der Schule erforderlich
ist, in deiner Furcht übernommen haben. Desgleichen die
Diaconen in fleissigem Einnehmen und mildthätigem, vorsich-
tigem Ausspenden der Allmosen an die Armen, auch in freund-
lichem Vertrösten derselben aus Gottes Wort. Verleihe diesen
deinen Dienern und sämtlichen Vorstehern dieser Gemeine deine
Gnade, dass sie in ihrer treuen Arbeit beständig fortgehen,
und dass sie durch keine Mühe, Verdruss oder Verfolgung der
Welt träge werden. Verleihe auch deine göttliche Gnade dieser
Gemeine, darüber sie gesetzet sind, dass sie sich den guten
Vermahnungen ihrer Vorsteher gern unterwerfen, und diesel-
bige wegen ihres Amts in Ehren halten. Gib auch den Rei-
chen mildthätige Herzen gegen die Arme, und den Armen ein
danckbares Hertz und Gemüth gegen diejenige, welche ihnen
helfen und sie bedienen. Damit, wann ein jeder sich in seinem
Amt wohl trägt, dein Name dadurch gross gemacht und das
Reich deines Sohnes Christi befördert werden möge. In dessen
Namen wir unser Gebeth beschliessen, und sprechen:

Unser Vater, etc.

H. EX LIBRO TH. HUGUES.

Introduction eines Presbyters oder Kirchenvorstehers.

An einem Sonntage nach gehaltener Predigt soll der neugewählte Vorsteher feierlich von der ganzen Gemeinde bestätigt werden. Während des Schlussgesanges steigt der Pastor von der Kanzel und begiebt sich vor den Altartisch. Der neue Vorsteher hatte bereits seinen Platz auf dem Chor und stellt sich nun vor den Geistlichen: welcher spricht:

Geliebte Freunde und Mitchristen! Wir haben euch nach Bestimmung unserer Kirchenordnung zweimal bekannt gemacht, dass der hier gegenwärtige Mitbruder unserer Gemeinde N. N. zum Vorsteher erwählt worden ist, damit, wenn Jemand etwas Erhebliches gegen diese Wahl einzuwenden hätte, solches gehörigen Ortes angebracht werden könnte. Da nun dieses nicht geschehen ist, so schreiten wir jetzt zur öffentlichen Bestätigung der getroffenen Wahl. Vorher aber wollen wir sowohl Euch, geliebter Bruder, der Ihr Euch hier zur treuen Verwaltung Eures übernommenen Amtes verpflichten wollet, als auch die Gemeinde kürzlich an den Ursprung und Zweck des Amtes eines Vorstehers der Gemeinde und an die daraus entspringenden Pflichten erinnere.

Die heilige Schrift lehret uns, dass schon die Apostel in den christlichen Gemeinden Aelteste oder Vorsteher angeordnet haben. Alle ordentliche Lehrer führten diesen Namen. Dies erhellt unter andern aus der Ermahnung des Apostel Paulus: dass man die Aeltesten, die wohl vorstehen, sonderlich die da arbeiten im Wort und in der Lehre, zwiefacher Ehren werth halten soll. Dieser Ausspruch zeigt uns aber auch, dass es ausser den Lehrern noch andre Aelteste und Vorsteher gegeben habe, die mit jenen die Aufsicht über die Gemeinde führten, und für die Erhaltung und den Wohlstand derselben, sorgten, und zu diesen gehören diejenigen, die unter uns Vorsteher heissen.

Ihr Amt besteht also darin, dass sie gemeinschaftlich mit ihrem Mitältesten, dem Pastor, für das Beste der Gemeinde wachen und dasselbe nach ihrem Vermögen zu befördern suchen. Sie sollen zu dem Ende darauf sehen, dass der öffentliche Gottesdienst in allen Stücken mit den Absichten und Vorschriften Christi und Seiner Apostel übereinstimme und zur Züchtigung und Ermahnung, zur Erbauung und Tröstung, zur

Erleuchtung und Heiligung geschickt sei; dass der Name des Herrn in den christlichen Versammlungen mit heiliger Ehrerbietung gepriesen, die heilsame Lehre seines Wortes recht geprediget, die heiligen Sacramente würdig verwaltet und Alles, was die Andacht stören und die Erbauung hindern könnte, so viel möglich verhütet werde. Sie sollen ferner bereit sein, einem jeden Gliede der Gemeinde nach seinen Bedürfnissen mit Rath und That beizustehen, und insbesondre das geistliche Wohlergehen derselben sich angelegen sein lassen. Sie sollen Diejenigen, die ein öffentliches Aergerniss in der Gemeinde geben, durch liebreiche Ermahnungen und Warnungen oder ernsthafte Bestrafung zu bessern suchen; den Fehlenden und Irrenden mit sanftmüthigem Geiste zurecht helfen und dafür sorgen, dass es weder der Jugend, noch den Erwachsenen an Unterricht, Trost und Erweckung zum Guten fehle. Sie sollen endlich alles Mögliche thun, um Friede und Eintracht, sowohl in der Gemeinde selbst zu erhalten, als auch allen Störungen des guten Vernehmens mit ihren übrigen Mitbürgern zuvor zu kommen; die Rechte der Gemeinde zu bewahren; ihren äussern Wohlstand zu verbessern, und den Mängeln und Unvollkommenheiten, die sich etwa bei ihren Einrichtungen hervorthun, womöglich abzuhelfen, damit, nach der Ermahnung des Apostels, alles ehrlich und ordentlich zugehe.

Da aber, nach der Ordnung unserer Kirchen, mit den Geschäften der Presbyter auch die Pflichten derjenigen Kirchenbeamten, welche in der apostolischen Kirche Diakonen genannt wurden, von den Vorstehern übernommen werden, so muss auch dieses Theiles ihres heiligen Berufes Erwähnung geschehen. Es wird im 6. Kap. der Apostelgeschichte berichtet, wie auf den Vorschlag der Apostel zu Jerusalem einige fromme Männer erwählt wurden, welchen man die Einsammlung und Vertheilung milder Liebesgaben zum Besten der Armen, sowie überhaupt die Sorge für die Bedürfnisse der leidenden Mitglieder übertrug. Es erfordert demnach der Beruf der Vorsteher, dass sie sowohl die gewöhnlichen Almosen zu gesetzten Zeiten sammeln, als auch andre Geschenke und Einkünfte, die dem ihnen anvertrauten Armenwesen bestimmt sind, in Empfang nehmen, sie treulich bewahren und die Mittel zu Werken der Wohlthätigkeit zu vermehren suchen. Hernach müssen sie es sich angelegen sein lassen, die Gaben der Liebe zweckmässig und

III. 17

also vorzüglich zur Unterstützung der nothleidenden Glieder Gemeinde zu verwenden. Sie müssen sich daher mit den Umständen und Bedürfnissen derselben so genau wie möglich bekannt machen, und sorgfältig überlegen, wie sie der Noth derselben am wirksamsten abhelfen oder sie wenigstens erleichtern können. Sie müssen alle Vorsicht gebrauchen, damit die Almosen nicht an Unwürdige verschwendet werden, die derselben nicht bedürfen, damit nicht der Müssiggang und eine unordentliche Lebensweise begünstigt werde. Dagegen müssen sie Diejenigen, die sich selbst nicht helfen können, mit willigem und mitleidigem Herzen und ohne Partheilichkeit nach Nothdurft unterstützen, in ihrer Bekümmerniss und Verlegenheit ihnen Rath und Trost ertheilen und sie zum Guten vermahnen. Insbesondre müssen sie auch der zur Gemeinde gehörigen Kinder der Armen sich väterlich annehmen und dafür sorgen, dass dieselben christlich erzogen und zweckmässig unterrichtet werden, damit sie gottgefällig leben, der Welt nützlich werden, und ihr eigenes Brod essen können.

Endlich, da die Vorsteher mit dem Prediger das Presbyterium oder den Kirchenrath der Gemeinde ausmachen, so sind sie verbunden, die demselben durch die Synode vorgeschriebene Kirchenordnung (welche Euch in der ersten Versammlung des Presbyteriums wird zur Unterschrift vorgelegt werden), zu befolgen und aufrecht zu erhalten. Sie müssen gemeinschaftlich dafür sorgen, dass alle Aemter und Bedienungen der Kirche stets wohl besetzt werden, und darauf sehen, dass jeder ihnen Untergeordnete seine Pflicht erfülle. In ihren Geschäften und Berathschlagungen müssen weder Herrschsucht und Eigensinn, noch unzeitige Furcht, falsche Gefälligkeit und Nebenabsichten ihr Betragen leiten. Als Männer, die Gott vor Augen haben und nur seine Ehre und das gemeine Beste suchen, müssen sie stets nach ihrer Ueberzeugung reden, nach Pflicht und Gewissen handeln, die Verrichtungen ihres Amtes als Diener Christi willig und treulich wahrnehmen, Gott um Seinen Beistand dazu bitten und durch ihren Eifer in Theilnahme an dem Gottesdienste, durch einen rechtschaffenen, unsträflichen Wandel und Fleiss in guten Werken der ganzen Gemeinde mit einem guten Beispiele vorleuchten.

Dies, mein Bruder, sind die Pflichen, zu deren Erfüllung Ihr Euch jetzt in der Gegenwart Gottes anheischig machet.

Damit nun die Gemeinde wisse, dass Ihr Willens seid, diesen Pflichten Eures Amtes nach Eurem besten Wissen und Vermögen nachzukommen, so frage ich Euch, N. N., als erwählter Vorsteher dieser Gemeinde:

Erstlich: ob Ihr überzeugt seid, dass Ihr auf eine rechtmässige Weise, und also von Gott, zum Dienst der Kirche berufen seid?

Antwort: Ja.

Zum andern frage ich Euch: ob Ihr die christliche Lehre, so wie sie in der heiligen Schrift enthalten ist, für göttliche Wahrheit und die alleinige richtige Anweisung zur zeitlichen und ewigen Glückseligkeit haltet und sie zur Richtschnur Eures Glaubens und Lebens annehmet?

Antwort: Ja.

Drittens frage ich Euch: ob Ihr entschlossen seid, mit Gottes Hülfe die Aufsicht über die Gemeinde zu führen und das Beste der Armen so zu besorgen, wie es den vorhin erwähnten Pflichten Eures Amtes gemäss ist, und falls Ihr dagegen handeltet, Euch den brüderlichen Erinnerungen und Bestrafungen Eurer Mitvorsteher unterwerfen wollt?

Antwort: Ja.

So segne Euch denn der allmächtige, barmherzige Gott, der Euch durch Seine Vorsehung zu diesem Amte berufen hat! Er schenke Euch Kraft, Euer Versprechen treulich zu erfüllen und lasse es Euch gelingen viel Gutes zu stiften zu Gottes Ehre, zur Erbauung Seiner Kirche und zur Vermehrung Eurer zeitlichen und ewigen Freude, durch Jesum Christum! Amen.

Ihr aber, lieben Christen, Brüder und Schwestern dieser Gemeinde, nehmet diesen Mann, der sich jetzt zu Euren Besten so wichtigen und oft so mühevollen Geschäften unterzogen hat, als einen Diener Christi mit Liebe und Vertrauen an. Erweiset ihm die gebührende Achtung. Machet Euch seinen guten Rath, seine Ermahnungen und selbst seine Bestrafungen zu Nutzen.

Erschweret ihm seine Bemühungen nicht durch unzeitigen Tadel oder Verdriesslichkeiten. Erleichtert ihm vielmehr die Last seines Amtes durch Liebe und Eintracht, durch ein christliches Verhalten und durch Beförderung seiner guten Absichten. Traget von Euren irdischen Gütern, ein Jeder nach seinem Vermögen, dazu bei, die nöthigen Mittel zur Unterhaltung und Ausführung gemeinnütziger Anstalten und zur Unterstützung

der Nothleidenden zu verschaffen. Gebet reichlich; gebet mit
willigem Herzen; denn solche Geber hat Gott lieb; und wer
reichlich säet, wird reichlich ernten. Befindet Ihr Euch aber
in dürftigen Umständen, so erkennet die Bemühungen der Vor-
steher, die Euch Eure Noth zu erleichtern suchen, mit Dank-
barkeit. Seid ehrerbietig, seid folgsam gegen sie. Erfreuet
sie durch ein ordentliches, gesittetes Betragen, durch gute An-
wendung der empfangenen Wohlthaten, durch Dienstfertigkeit
und Arbeitsamkeit. Verlanget keine Hülfe von Andern, die
Ihr Euch selbst durch treuen Gebrauch Eurer Kräfte verschaffen
könnt. Seid bescheiden in Euren Wünschen und strebet vor
allen Dingen nach Gottseligkeit und Genügsamkeit, denn darin
findet man grossen Gewinn. — Wenn Ihr so, ein Jeder in sei-
nem Stand und Beruf, Eure Pflichten redlich erfüllet, m. G.,
so werdet Ihr Euch zu einer Gott wohlgefälligen Gemeinde
auferbauen und dereinst den Lohn der Treue von dem Herrn
empfangen. Dazu wolle uns der Herr helfen!

Wir beten: Herr Gott, himmlischer Vater, wir danken
Dir von Herzen, dass Du auch unter uns das Reich Deines
lieben Sohnes aufgerichtet und bis hierher erhalten hast. Wir
verehren Deine Weisheit in allen Ordnungen Deiner Kirche
und preisen Deine Güte, dass Du immerdar Brüder zum Dienste
der Gemeinde willig gemacht hast. Verleihe den Verordneten
zum Dienst der Gemeinde ein reiches Maass der Gaben und
Kräfte, deren sie zu gesegneter Wahrnehmung ihrer Pflichten
bedürfen. Gieb ihnen Deinen heiligen Geist, dass er sie mit
Weisheit ausrüste bei allen ihren Geschäften. Lehre sie ein-
sehen, in allen Fällen, was recht und gut ist und wie sie
Deine Ehre und das Wohl ihrer Brüder befördern mögen.
Mache sie bei der Ausrichtung ihres Berufes standhaft und ge-
trost, dass sie durch gute und böse Gerüchte willig und de-
müthig hindurchgehen und mache sie zu gesegneten Werkzeu-
gen zur Auferbauung Deiner Kirche auf Erden. Lass ihr Amt
selbst ihnen zu neuer Ermunterung dienen nach höherer Voll-
kommenheit zu streben, damit sie auch durch ihr Beispiel Gutes
wirken, ein ruhiges Gewissen haben und dereinst vor dem
Richterstuhl Jesu Christi mit Freudigkeit von ihrem Verhalten
Rechnung ablegen mögen als die treuen Haushalter in Deinem
Reiche.

Breite Deinen Segen aus, o Gott, über die ganze Gemeinde, deren Bestes sie besorgen. Lass alle Mitglieder dieses Presbyteriums das Vertrauen und die Achtung finden, die ihnen bei ihrem Amte gebührt und die Wahrnehmung desselben erleichtert. Schenke den Reichen ein wohlthätiges Herz und lass die Armen der Dankbarkeit nicht vergessen. Gieb dass wir Alle unseren Pflichten Genüge zu leisten suchen und als treue Unterthanen und Nachfolger Jesu Christi Seinem Evangelio würdig wandeln, damit Er bei Seiner Wiederkunft uns für die Seinigen erkennen und in das Reich Seiner Herrlichkeit aufnehmen möge. Dir sei Ehre und Preis in der Gemeinde Jesu Christi zu aller Zeit und in Ewigkeit! Amen.

Gehe hin in dem Namen des Herrn. Seine Gnade sei mit dir und mit uns Allen! Amen.

Gesang und Segen beschliesst die Handlung.

I. EX AGENDA IOANNIS A LASCO 1550. (1565.)

Gleich wie ein Hauss one haussvater, ein Schiff one Stewrman, vnd ein heer one Hauptman, in gewisse gefahr kommen: also auch die Gemeine Christi, welche in dieser Welt streitet, wird entheiliget, zerrissen vnd vergehet endlich gar, wo sie jre gebürliche Regierer vnd Diener nit hat, durch welcher ernst, Gottes furcht vnd lehre sie billich sol regieret werden. Es ist auch hie nicht erlaubet allerley orden vnd geschlechte der diener der Gemeine nach menschlichem gutdüncken einzuführen: gleich wie es auch nicht erlaubet ist die notwendigen ausszulassen: sonder in disem muss man folgen der ordnung Gottes nach seinem heiligen wort. Denn es je jm am aller besten bekant ist, durch wasserley Diener sein hauss, die Gemeine soll regieret werden.

Derwegen wir nachfolgende der vnwanckelbare autoritet der schrifft, haben in vnser Gemein allein zweierley diener: die Eltesten, vnd die Diaken, ohne welche die Gemeine nicht füglich kan erhalten werden. [1])

---

1) Ordo ecclesiae Genovensis quatuor enumerat ecclesiae munera. — — „Quant est des Pasteurs, que l'Escriture nomme aussi aucunesfois Surueillans, Anciens et Ministres: leur office est d'annoncer la parole de Dieu pour endoctriner, admonester, exhorter et reprendre tant en public qu'en particulier, administrer les Sacremens, et faire les corrections fraternelles auec les Anciens

Vnter den ersten dienern, nemlich den Eltesten, sind etliche die in dem wort vnd Lehre arbeiten: vnd diese werden in der Schrifft genennet Bischoff, Hirten, vnd Lehrer, vnd die andere Eltesten, wiewol sie den offentlichen dienst des worts vnd der Sacramenten nit bedienen, dennoch sind sie gehülffen der ander diener, vnd stehen jnen bey mit allem ernst, mit rath vnd hülff, auff dass die Gemeine Gottes in aller Gottseligkeit, heiligkeit, friede, ordnung vnd erbarkeit, nach dem wort Gottes regieret vnnd erhalten werde, darumb werden sie auch von Paulo Regenten genennet. Vnter disen zweien geschlechten der Eltisten, ist einer auss jrer zale, der vornemest, darzu ordentlich erwehlet, auff dass durch seine authoritet, ein eintrechtige vergleichung vnter allen, in allen dingen nach dem wort Gottes gehalten werde. Vnd dieser ist von K. M. [1]) in jrem Priuilegio genennet, Superintendens, das ist, auffseher. Die Diaken aber tragen sorge für die armen der gemein. Wie aber obgemelte diener der kirchen, Superintendens, Eltisten vnd Diaken oder allmosenpfleger in vnser Christlichen gemeine erwehlet, vnnd in jrem dienst bestetiget werden, wollen wir zum anfang ordentlich erkleren.

ou Commis. —— L'office propre des d o c t e u r s est, d'enseigner les fideles en saine doctrine: afin que la pureté de l'Euangile ne soit corrompue ou par ignorance, ou par mauuaises opinions. Toutes fois selon que les choses sont auiourdhui disposees, nous comprenons en ce titre les aides et instrumens pour conseruer semence à l'aduenir, et faire que l'Eglise ne soit desolee par faute de Pasteurs et Ministres. Ainsi, pour vser d'vn mot plus intelligible, nous l'appelerons l'ordre des Escoles. — L'office des A n c i e n s est de prendre garde sur la vie d'vn chacun, d'admonester aimablement ceux qu'ils verront faillir et mener vie desordonnee. Et là où il en seroit mestier, faire rapport à la Compagnie qui sera deputee pour faire les corrections fraternelles, et lors les faire communement auec les autres. — Il y en a eu tousiours deux espèces des D i a c r e s en l'Eglise ancienne: Les vns sont esté deputez à receuoir, dispenser et conseruer les biens de poures, tant aumosnes quotidiennes, que possessions, rentes et pensions: les autres, pour penser et soigner les malades et administrer la pitance des poures. A quoy c'est bien raison que toutes villes Chrestiennes se conforment, Comme nous y auons tasché et voulons encore continuer à l'aduenir. Car nous auons procureurs et hospitaliers. Et afin d'euiter confusion, que l'vn des quatre procureurs de l'hopital soit receueur de tout le bien d'iceluy, et qu'il ait gage competant afin d'exercer mieux son office." — Sack l. c. p. 42: „Das erste Buch der Disciplin (First book of discipline 1561) erkennt vier Gattungen von Beamten als göttlich eingesetzt: den Diener oder Pastor, dem das Predigen des Worts und die Verwaltung der Sacramente zukommt; der Doctor oder Lehrer, worunter vornemlich die Lehrer an Schulen und Universitäten verstanden werden; den Aeltesten, der mit dem Prediger die Disciplin und das Kirchenregiment auszuüben hat, und den Diacon, dessen Sorge die Verwaltung des Kirchenvermögens und die Sorge der Armen ist."

1) Intellige Eduardum Sextum, regem Angliae.

Was vor der erwehlung der Diener geschehen soll.

Wenn die Gemeine eines Dieners oder mehr notdürfftig ist, so wird als denn nach der ordnung Gottes, ein gemeiner gewisser Festtag durch die Eltisten angestellet, welcher tag, darnach von der Cantzel, der gantzen Gemeine verkündiget wird, auff dass sie samptlich (so fern es müglich ist) auff den bestimpten tag zusammen kommen, vnd den Herren mit ernst vnd fleiss bitten, getrewe Diener der gemeine von jm zu erlangen.

Was an dem Festtag geschicht.

Als nun die gemeine für neun vhren zusammen kommen ist, vnd einen Psalm zu der sach dienend gesungen hat: so thut der Diener eine Predigt, in welcher dise Hauptstück insonderheit tractiert werden.

Erstlich wird bewiesen, warumb es notwendig sey, in der wahl der diener, einen gemeinen fast vnd bettag zu halten: nemlich darumb, dass getrewe Diener der Gemeine nicht gegeben werden, durch einige menschliche weissheit oder klugheit, sonder allein durch eine sonderliche wolthat Gottes. So vermanet denn der diener die gemeine dass ein jeder nicht allein in der gemeinen versamlung, sonder auch daheim in seinem hauss ernstlich bitten soll, in einem warhafftigen fasten vnd nüchtern gemüt, dass Gott der Herr seiner Gemeine in dieser wahl der Diener durch seinen Geist beystehn, vnnd die wahl mit seinem Göttlichen einsprechen zu der ehren seines eingebornen Sohns, vnnd zu einer Gottseligen erbawung seines Reichs in vnserer Gemeine regieren wolle: Darnach wird das ampt der Diener, so man erwehlen soll, durch den Diener des worts, auff folgende weiss erkleret.

So ein Diener des worts oder mehr erwehlet werden, so wird dises von jrem dienst angezeigt.

Zum ersten, dass der dienst des worts ein ordnung Gottes sey, in seiner gemeine, zu jrer erbawung, von Gott eingesetzt.

Weiter was das ampt der Diener des Worts sey, erstlich dass sie leren sollen die reine Lehre des Göttlichen Worts: Zum andern, dass sie die Sacramenten trewlich vnd ernstlich aussspenden, allezeit die rechte krafft vnd nutz derselbigen der gemeine vorhalten: Zum dritten, dass sie mit den andern Eltesten sorge tragen vor die gemeine, die jhnen befohlen ist, mit allem ernst vnd fleiss, durch vermanen, trösten, straffen, vnnd rechtschaffenen gebrauch der Christlichen straffe, nach dem wort Gottes. Zum vierten, das sie durch die authoritet des Göttlichen worts allen feinden das maul stopffen. Zum fünfften, dass sie diss alles thun nit als herschafft oder gewalt gebrauchende vber die gemeine, sonder als weise vnd getrewe diener derselbigen.

Zum dritten, so wird angezeigt, wasserley männer zu solchem grossen dienst zu suchen vnd zu erwehlen sich gebüret, nemlich solche, die in der heiligen Schrifft fleissig geübet sind, die durch gewisse zeichen der Gottseligkeit bewiesen haben, dass sie gern vnd ernstlich folgen wollen, allem dem dass der heil. Apostel Paulus von den dienern des worts in sonderheit fordert. Man muss auch hie zusehen, dass keine newling zu disem dienst angenommen werden, oder welche der schendliche gewin, oder eitele ehre zu diesem dienst getrieben hab.

Zum letzten wird angezeigt, welches das rechte ampt, der gantzen Gemeine gegen den dienern des worts seie, nemlich dass sie denselbigen in jrem auffrichtigen dienst, als gesanten Christi des Herren, Ja als Christo dem Herren selbs, welcher durch sie redet vnd regieret, gehorsamen sollen: dass sie jre offentliche vnd heimliche vermanungen gern vnnd lieblich hören, dass sie die gemeine versamlungen der Gemeine mit ehrerbietung vnd grossem ernst vor augen haben, vnnd dass sie sich von allem murren wider die diener vnd jren auffrichtigen dienst, gentzlich enthalten sollen. Endlich wird auch erkleret, dass der Gemeine zustehe die Diener des worts nach jhrem vermögen zuversorgen, dass sie gute mittel haben, Christlich vnd ehrlich zu leben.

So aber einer oder mehr von den andern Eltisten, welche mitregierer sind, erwehlet werden, so wird jr dienst in der predig auff folgende weiss erkleret.

Zum ersten, dass der dienst solcher Eltisten ein Apostolische ordnung sey, vnnd dass auss der Lehre des Apostels Pauli, welcher ein vnterscheid stellet zwischen den Eltisten, da er leret dass sie zweifacher ehren werth sind, sonderlich die da arbeiten im wort.

Darnach wird erkleret, das ampt vnd wirdigkeit solcher Eltisten in der gemeine Christi: nemlich dass jre versamlung sey, als ein rath der gantzen gemeine, zu erhalten der reinen lehr des Euangelij vnd Christlichen straff oder busszucht in der Gemeine. Das ampt diser Eltisten vnd der diener des worts ist gentzlich einerley, aussgenommen dass sie den dienst des worts vnd der Sacramenten nicht versehen vnd sind mit den Dienern des worts als hüter vnd bewarer der gantzen gemeine.

Zum dritten wird angezeigt, was Menner man zu diesem dienst suchen vnd erwehlen soll: Nemlich solche, die mit jren gaben so sie von Gott entpfangen den dienern des worts aller nechst gleichen, so fern es jmmer müglich ist.

Zum letsten wird erkleret, was das ampt des gantzen volcks in der gemeine sey, gegen solchen Eltesten: Nemlich, dass sie dieselbigen in solcher ehren vnd würde haben sollen, wie sie die Diener des worts haben.

Wo aber ein Superintendent sol erwelet werden: so wird dises von seinem dienst in der predig vorgehalten.

Zum ersten, dass der dienst eines Superintendenten oder auffsehers ein Göttliche ordnung sey, in der Gemeine Christi, von Christo selbs, da er Petro eigentlich die sorge, die andere Brüder im glauben zu stercken befahl, eingesetzt, nit dass er Petro einigen gewalt oder macht vber die andern gegeben hab: sondern allein vmb des willen, dass es nöthig war, die gleiche macht aller andern Apostelen mit Petro, durch ein gewisse ordnung der sorge des einen für den andern, in der Gemeine zu erhalten wie dass auch der heilige Mertler Gottes Cyprianus leret. Derhalben ist ein Superintendens der Gemeine allein vmb diser vrsachen willen vber die andere diener, dass er vmb seiner gaben will, mehr arbeit vnd sorgen tragen muss, denn die andern. Aber in dem dienst des worts vnnd der Sacramenten, vnnd im gebrauch der Christlichen straffen, hat er gleichen gewalt mit den andern.

Weiter wird angezeigt, dass der dienst des Superintendenten nit in Kirchweihen, Kelchweihen oder dergleichen abgöttischen aberglaubischen dingen, sonder in diesen nachfolgenden stücken fürnemlich gelegen sey. Erstlich dass er auff alle andere diener der Gemeine, in jrem ampt gute acht habe: Zum andern, dass er alle diener (so offt dasselbige notwendige) versamle, vnd ein ordnung vnd eintrechtige vergleichung vnter jhnen, nach Gottes Wort trewlich erhalte: vnnd dass er durch seine vnd der gantzen gemeine authoritet, solche Mitdiener, die auss dem rechten weg jres beruffs tretten wollen, auss dem wort Gottes straffen vnd stillen soll. Zum dritten, dass er seinen dienst vnd arbeit vor allen andern dienern, der Gemeine soll zu nutz kommen lassen. Zum vierten gleich wie er der öberst Bewarer der Christlichen straffe is, vber alle andere Diener vnd vber die gantze Gemeine zu wachen, also sol auch er sich selbs für allen andern, der Christlichen straffe vnterwerffen, vnd sich selbst (so er sündiget) nach dem wort Gottes, straffen lassen, gleich wie der Apostel Petrus, die offentliche vermanung Pauli angenommen hat.

Zum dritten wird erkleret, was für ein mann zu solchem grossen last, sol gesucht vnd erwehlet werden.

Zum letzten wird auch gemeldet, von dem ampt aller anderer Diener der gemeine, gegen diesen Superintendenten.

So man einen zum Diaken oder Allmosenpfleger wil erwehlen, so werden folgende stück, von seinem dienst in der Predig gemeldet.

Zum Ersten, wird bewiesen, dass der dienst der Diaken oder Almosenpfläger ein Apostolische, vnnd zugleich ein Göttliche ordnung sey:

one welche, die notwendige sorge der armen, in der gemeine nicht wol
kan erhalten werden.

Darnach wird erklert, das der dienst der Diaken nicht in dem singen
des Euangeliums in der Kirchen, sonder viel mehr in diesen zweien stücken
gelegen sey: nemlich, in dem ernstlichen versamlen der Allmosen, vnd in
dem getrewen vnd fürsichtigem ausstheilen derselben.

Zum dritten, wird gemeldet, was männer man zu Diaken wehlen soll:
nemlich solche, in welchen man die ding, so die Apostelen in der wahl
der Diaken angemerckt haben, befind, vnd wie Paulus von jnen leret.

Zum vierdten, wird erkleret, das ampt, so wol der reichen als der
armen, in der gemeine, gegen den Diaken: nemlich dass es den reichen
amptshalben zustehe, dass sie gern vnd williglich auch reichlich die all-
mosen geben, zu hülff vnnd vnterhaltung der armen. Von dem ampt der
armen gegen den Diaken wird geleret: Zum ersten, dass sie also sollen
gesinnet sein, dass sie andern mehr begerten hülfflich (so es in jrem ver-
mögen were) dann beschwerlich zu sein. Zum andern, dass die armen
sich nicht schemen sollen jhres armuts, welches von Gott kompt, gleich
wie reichthumb, vnnd dass sie darumb die allmosen, mit gutem gewissen
von den Diaken entpfangen mögen. Zum dritten, dass die armen in der
empfahung der allmosen bedencken sollen, dass sie die allmosen zu jhrer
vnterhaltung empfangen, nit als auss den henden der menschen, sonder
auss den henden Gottes: vnd derhalben schuldig sind, dieselbige erberlich
vnd mit aller danckbarkeit, ohne einige bitterkeit vnnd widerbellen zu
empfangen: vnd dass sie dieselbigen als gaben Gottes messiglich zur not-
durfft gebrauchen, vnd nicht zum vberfluss oder wollust missbrauchen sollen.

Nach dem solche Predigt volendet ist, ermanet der Diener die ge-
meine fleissig zum gebet, vmb einen glückseligen fortgang der wahle aller
diener (welche auch da vorhanden seind) vnd mit heller stimme bettet
er also:

O Herr Gott Himlischer Vater, durch welches wolthat
allein geschicht, dass wir gute vnd getrewe Diener in deiner
gemeine haben, vnnd ohne welches hülff Menschliche arbeit
gentzlich nichts vermag: Wir bitten dich o aller heilichster
Vater, dass du dise vnsere gemeine (für welche dein lieber
Sohn Jesus Christus sein vnschuldigs blut vergossen hat) für
allen falschen dienern, die du in deinem zorn zur straffe der
vndanckbarkeit der menschen sendest, bewaren wollest: vnd
geben gottselige getrewe vnd ernsthafftige diener N. N. (hie soll
man entweder die Predicanten oder Eltisten oder Diaken nennen) dass sie
jren dienst, folgende deinem Göttlichen willen, zur ehren dei-

nes Namens, vnd zu erbawung vnser Gemeine aussrichten mögen. Regier vnser aller hertzen, rath vnd stimmen in dieser erwehlung der Diener, dass wir deine ehre allein für augen haben, auch die allein in deiner Gemeine erwehlen, die deine ehre für augen haben, jhren dienst auffrichtig vnd trewlich bedienen mögen. Erhör vns aller gnedigster Vater, die wir deine hülff demütiglich begeren, durch den namen deines lieben Sohns vnsers Herrn Jesu Christi, Amen.

Vnd auff dass das Gebet der gantzen Gemeine desto feuriger sey, so wird hernach das Nachtmal vnsers Herren Jesu Christi mit aller andacht gebrauchet, nach der form wie darnach beschrieben wird.

Zu zweien vhren nach mittag, wird widerumb ein predig gethan, in welcher weitleuffiger erkläret wird, das ampt der diener, welches in der morgen predig nit kündt gnugsam erkläret werden: Vnd die gemeine wird abermals zum Gebett ermanet. Vnnd also wird der gantze tag mit predigen vnd allerley Göttlichen vbungen zubracht, mit Fasten vnd Betten, dass Gott die künfftige wahle der diener, durch seinen heiligen Geist vmb Christus willen seliglich Regieren wölle.

Wiewol wir allen anderen Christlichen Gemeinen jrer freiheit lassen, so halten wir doch in der wahl vnser Diener dise nachfolgende weise, als die dienlichste zur erbawung vnser Gemeine: Am tag des gemeinen Fastens vnd Bettens, wird die Gemeine durch den Predicanten vermanet dass ein jeder (anruffende den namen Gottes) ernstlich bey jm selber vberlege, welchen er zu disem dienst aller meist nutz vnnd geschickt ohne einige Fleischliche oder menschliche affecten vermeinet zu sein: Vnd dass er deren namen, den dienern vnd Eltesten der Gemeine, die gantze nachfolgende wochelang schrifftlich vbergebe. Die nachfolgende woche komen die diener Eltesten vnd Diacken zusammen, vnd besehen vnter jhnen die versamlete stimmen der gantzen Gemeine. Vnd als sie nun erwogen haben, welche durch den mehren theil der stimmen beruffen werden, so gibt ein jeder diener, nach ernstlicher anruffung des Göttlichen Namens, einer nach dem andern, seine stimme, vnd bereden sich von der wahl ernstlich vnd weisslich vntereinander, biss dass sie endlich derselbigen verglichen sind. Vnd im falle dass niemand vnter jnen ist, der etwas hett dass die vorgenommene erwehlung verhindern oder in zweiffel bringen möchte, vnd wenn dise wahl also (sag ich) vnter den dienern eintrechtig geschehen ist, so werden diejenigen, so erwehlet sind, zu der versamlung der Eltisten vnd Diaken beruffen: vnd wird jnen der gantze stand des diensts vorgehalten, zu welchem sie beruffen sind: da werden jre hertzen ernstlich vntersucht, wie sie darzu geneigt sind.

Wo sie dann keine bestendige entschuldigung fürbringen, dardurch sie den fürgestelten Dienst abschlagen können, sonder jre beruffung viel mehr bewilligen: so werden den nechsten Sontag zu end den morgen Predigt jre namen offentlich durch den Diener von der Cantzel, für der gantzen gemeine verkündet: vnnd sie werden gestellet an solches ort, da sie leichtlich von der gantzen gemeine können gesehen werden. Vnd denn erkläret der diener, von der Cantzel dem volck, dass diese Männer, nach ernstlicher vberlegung vnnd probieren der stimmen von der gemeine, zu disem dienst mit zeitigem vnnd ernstlichem rathschlag aller Dienern, beruffen sind: vnd dass ohne einige eigene affecten, sonder allein zu beförderung der ehren Gottes in seiner gemeine: vnd dass es die diener auff diss mal beduncket, dass diese die geschicksten sind, solchen dienst der Gemeine zu bedienen. Vnd ferner auff dass niemand auss der Gemeine, diser wahle sich billich zu beklagen hab, so wird abermals der Gemeine zugelassen, die gantze nachfolgende woche sich zu beratschlagen, auff dass ein jeder bey im selber vberlege, ob er in den beruffnen etwas befinde darumb sie entweder inn lehre oder leben von dem dienst darzu sie beruffen sind, mit recht möchten abgehalten werden. Vnd wo jemand auss der Gemeine etwass wurde haben, so wird er vermanet, dass er dasselbige in der wochen, für dem folgenden Donnersstag den Dienern oder Eltisten eigentlich in der furcht des Herren vorbringe, auff dass in der nechsten versamlung der Eltisten, ein ernstliche vnd zeitige vntersuchung der beschüldigung gehalten werde.

So denn in der obgemelten wochen etwas wider die erwelten fürgebracht wird, dardurch jr beruff mit recht in zweiffel gestellet wird, so werden dieselbigen (nach dem die sach durch die Eltesten vnd diener ernstlich erforschet ist) so also beschüldigt sind zu dem dienst nit zugelassen; sonder es werden mitlerweil durch die diener, an jre stat gestelt die jenigen, die sie am geschicksten darzu erkennen, biss dass entlich der gemeine in allem genug geschehen ist. Wo aber die gantze woch vor dem folgenden Sontag, wider die erwelten nichts fürbracht, das einiges sehens sey: so schreiten die Diener des worts vnd die Eltesten fort bestetigung der erwelten diener, vnd das vor der gantzen Gemeine, auff folgende weise:

In der Morgen oder nachmittag Predigt des Sontags (wie es der Gemeine am besten gelegen) nach dem das gemeine Gebet der kirchen geschehen, ehe man den Psalmen singe, heist der diener Göttlichs worts mit namen die erwelten herfür tretten, ins gesicht der gantzen Gemeine, also dass sie stehn in die mitte der ander Diener vnd Eltisten, darnach handelt der Diener des Worts von der Cantzel, von dem dienst darzu sie beruffen werden.

Nach dem diese erwehlte Diener also ins gesicht der Gemein gestelt sind, so erzelet der Diener von der Cantzel auffs kürtzest, jre vnuerhinderliche erwehlung, vnd zeigt an dass hinfort nichts mehr in dieser sach zu thun notwendig sey, denn dass sie in der offentlichen versamlung der Gemeine bestetiget werden. Darum wendet der Diener seine rede zu den erwehleten Dienern, vnnd spricht zu jnen auff folgende weiss:

Angesehen dass jr lieben brüder, zu dem dienst des worts, in der Gemeine Christi, mit der gemeinen bewilligung, erwehlet, vnd beruffen seit, vnd dass nichts mehr notwendig ist, denn dass jr nun offentlich für der gantzen Gemein, durch die aufflegung der hende, nach dem Wort Gottes werdet bestetiget, so muss ich zuuor etliche ding von euch im namen der gantzen gemeine fragen, auff dass jr selbst diesen ewern dienst, mit ewerem eignen munde, für der gantzen gemeine, bezeuget vnd bewilliget.

Die Fragstück so den erwehlten dienern des worts, oder Superintendenten offentlich vorgehalten vnd in jrer bestetigung gefragt werden:

Empfindet jr das zeugnuss des heiligen Geistes in euwern hertzen, der euch erwecket vnnd beweget, in dieser Gemeine anzunemmen den dienst so euch vorgehalten ist, dass jr darin nit suchet euwern eignen nutz vnd ehre: sonder allein die ehre Gottes, vnd vermehrung des reichs Christi in seiner Gemeine, durch die Predig vnd verkündigung seines heiligen Euangeliums?

Sie antworten: Ja, wir entpfinden es.

Glaubet jhr dass die Prophetische vnd Apostolische lere des alten vnd newen Testaments, in der Biblischen schrifft verfasset, sey der einige, warhafftige vnnd gnugsame grund der gantzen Kirchen Gottes in Christo: also dass in dem grund der schrifft alle ding begriffen sind: welcher seligkeit grund, mittel vnnd haupt, allein Jesus Christus ist, ein mensch auss dem menschen (nach dem fleisch) aber auch warhafftiger vnd ewiger Gott vber alles, gebenedeiet in einigkeit der Göttlichen dreifaltigkeit?

Sie antworten: Ja wir glaubens.

Wollet jr auch in disem grund der gemeine Gottes (nach ewerm vermögen) in euwerm dienst fest bleiben, one einig neben aussschreiten: vnd denselbigen grund allein, mit ewer lere vnd leben fürdern: darauff durch die gnade Gottes bawen, gold, silber oder edel gestein: vnd das holtz, hew vnd stupffeln, so darauff gebawet wurd, nach dermassen ewer gaben, von

dem gold, silber vnd edelgestein vnterscheiden, vnd dieselbige,
so wol in andern mit dem wort Gottes straffen, als jrs in euch
selbs (so dessen etwas befunden würde) gern wollet straffen
lassen?

Sie antworten: **Ja wir.**

Bekennet jr dass es ewer ampt sey, dass jr in ewerm
dienst vnstrefflich leben sollet, niemand keine vrsach zur er-
gernuss geben, so wol in der lere als im leben? vnd wo jr in
einigem theil ewerm ampt hierin nit würden gnug thun, da-
durch einige ergernuss keme, wollent jr euch selber der brü-
derlichen vermanung auch dem brauch der Christlichen straffe,
so wol als die andern brüder der gemeine gern vnterwerffen?
dass jr nach dem wort vnnd regel Christi (so fern es vonnöten
were) vermanet vnd gestraffet, ja auch von ewerm dienst ge-
setzet werdet: so fern jr das nach dem vrtheil der gemeine
verdienet hetten?

Sie antworten: **Ja, gern.**

Darnach wendet sich der diener zu der gemeine vnd sagt:

Ir habt gehöret, lieben Brüder, das zeugnuss, so diese
erwehlete Brüder von jrem beruff gegeben haben, vnd wie sie
gesinnet sind jhren dienst zu versehen. Dieweil aber alle diese
ding vber vnser vermögen sind, so lasset vns den anruffen,
welcher verheissen hat bey vns zu sein, biss ans ende der
welt, vnd bettet mit mir also:

Ein Gebet vber die erwehlete Diener des worts, bey jrer bestetigung.

Herre Gott du Son des lebendigen Gottes Jesu Christe,
der du verheissen hast bey deiner gemeine zu sein, biss ans
ende der welt, vnd in derselbigen allezeit hast wollen Lehrer
haben zu erbawung deines leibs: Wir bitten dich demütiglich,
du wollest diese Männer, in deinem heiligen Namen erwehlet,
mit deinem heiligen Geist erfüllen: auff dass der dienst deines
Göttlichen worts, vnter vns erhalten werde. Gib jhnen weiss-
heit, dein wort rechtschaffen zu schneiden vnd zutheilen, gib
jnen dass sie die liste vnd Tyranney des Teuffels vnd des
Antichristen, von dieser vnser Gemeine trewlich vnd fleissig
wehren, Gib jnen solchen mund vnd weissheit, dass sie den
mund aller feinden, durch die authoritet deines worts stopffen,
vnnd die Wölff von deiner herde vertreiben mögen: auff dass
dein volck also in deiner warhafftigen erkentnuss, durch jren

dienst, gelehret, dich preise, dir danke, vnd in dem heiligen
gehorsam deines willens, inn aller Gottseligkeit, teglich mehr
vnnd mehr zunemme, zu vermehrung deines Reichs, vnnd
ehren deines heiligen Vaters, welchen wir durch deinen Na-
men (wie wir von dir gelehret sind) demüthiglich anruffen,
sprechende:

Vnser Vater der du bist inn den Himlen, etc.

Hie tritt der diener des Worts von der Cantzel, zu den andern die-
nern vnd werden die hende der diener (nach Apostolischem brauch) auff
die häupter der erwehlten gelegt: vnd denn spricht der diener des worts
mit heller stimme also:

Gott vnser Himlischer Vater, der euch zu dem dienst seines
worts in dise seine gemeine beruffen hatt, erleuchte euch mit
seinem heiligen Geist, sterck euch durch seine mechtige hand,
vnd regiere euch also in ewerm dienst, dass jr darin getrew-
lich vnd fruchtbarlich wandlen möget, zur vermehrung des
reichs seines lieben sohns, in seiner gemeine, durch die ver-
kündigung seines Euangelium, durch denselbigen seinen einge-
boren Son Jesum Christum, vnsern Herren vnd Seligmacher,
Amen.

Nach dem dise handaufflegung geschehen ist, so keret der Diener
seine rede widerumb zu der gantzen Gemeine, vnd vermanet sie, wie sie
sich gegen dem Diener des worts zu halten schuldig sey, vnnd dass sie
fleissig für dieselbigen bitten soll.

Darnach spricht er zu den angenommenen dienern, auff diese weiss:

Lieben brüder, sehet fleissig für euch selbs, dass jhr wir-
diglich in diesem ewerm beruff wandlet, wie es sich getrewen
dienern Christi gebüret, weidet die Herde Gottes, welche euch
vertrawet ist. Traget sorge für sie, nicht gezwungen, sonder
freywillig, nicht vmb schendliches gewins willen, sonder auss
willigen hertzen, nit als die vber die Gemeine herrschen, son-
der werdet fürbilde der Herde: werdet nit matt durch einige
widerwertigkeit, welche man allezeit in diesem beruff erwarten
muss, sonder verachtet die verschmehung vnd schentliche wort
der welt, vnd traget sie mit aller weissheit vnd gedult, ja er-
freuwet euch vmb derselbigen willen. Seit getrewe vnd fleis-
sige mitarbeiter mit Christo dem Herren, vnnd dem heiligen
Geist, straffend die welt von wegen der sünden, von der ge-
rechtigkeit vnd dem gerichte, seit nicht auffgeblasen, wenn
euwer sachen etwas nach euwerm willen fort gehen, suchet

vnd begeret auch kein reichtumb noch ehre diser welt, auff dass jr nicht dardurch bezaubert schleffrich werdet, vnd der feind des menschen darzwischen komme, wen jhr schlaffet, vnnd sehe vnkraut in den acker des Herren. Kürtzlich seit ingedenck der pfund, so euch in diesem dienst vertrawet sind, dass jhr dieselbigen zum wucher ausssetzet, vnd begrabet dieselbigen nicht in ein schweisstuch gewickelt in die erde. Arbeitet darnach, dass jr durch euwern fleiss noch andere pfund vnserm gemeinen Herrn, durch seine gnade gewinnen möget. So wird es endlich geschehen nach aller euwer arbeit, wenn erscheinen wird der Ertzhirte, dass jhr die vnuerwelckliche Krone der ehren empfangen werdet: vnnd hören die liebliche stimme, Ey du frommer vnd getrewer knecht, gehe ein zu der freude deines Herren. Gott vnd vnser Himlischer Vater, gebe durch seine grosse Barmhertzigkeit, dass wir alle zusammen diese liebliche stimme hernachmals hören mögen, vmb seines geliebten Sons vnsers Herrn Jesu Christi willen, Amen.

Darnach singt die gemeine, Selig ist er, der zu dem rathe der bösen menschen nit gehet: oder einen andern Psalm, zu diesem handel dienende, vnnd darnach lest man die Christliche gemeind gehen.

Nach dem diese Eltesten nach der Predig ins gesicht der Gemeine gestellet sind, erzelet der Diener des Worts kürtzlich von der Cantzel von jrer erwelung, wie dass in derselbigen nach dem vrtheil der diener keine verhinderung sey, vnd dass allein vonnöten sey, dass sie zu demselbigen dienst offentlich angenommen werden.

Darnach spricht er die erweleten an mit diesen worten:

Nach dem jr zu dem dienst der Eltesten in vnser gemeind erwelet, vnd durch die gemeine bewilligung derselbigen beruffen seit, vnnd weiters nichts vonnöten ist, dann das jr offentlich in der versamlung bestetiget werdet: so begere ich vornemlich von euch, dass jr von den nachfolgenden stücken warhafftig vnd one gleisnerey, als vor dem angesich Gottes bekennen wollet:

Zum ersten, ob jr diss zeugnuss des heiligen Geistes in eweren hertzen empfindet dass jr diesen dienst annemen wollet, nicht vmb ewer eignen ehren oder nutzes willen, sonder allein zur befürderung der ehren Gottes?

Hie Antworten sie: Ja, wir empfindens.

Glaubet jr dass die Prophetische vnd Apostolische lehre des alten vnd newen Testaments, in den Biblischen büchern begriffen, in sich begreifft alles was notwendig ist zur seligkeit.

Sie antworten: Ja, wir glaubens.

Wollet jr nicht den Dienern mit rath vnd that, vnd allem eweren vermögen beistehen vnnd sie in dem last jres dienstes erleichtern, vnnd die gantze Gemeine, mit euwerm Gottseligen wandel bessern? vnd so jr etwas thun würdet, dass disem euwrem beruff vnwirdig were, wollet jr folgende dem gebrauch der Christlichen straffe, euch mit dem wort Gottes vermanen straffen, vnd bessern lassen?

Sie antworten: Ja wir, durch Gottes gnade.

Wann dise vnderfragung vnd antwort geschehen ist, so vermanet der Diener, die Gemeine zu Betten, vnnd bettet er offentlich auff diese weise:

Gebett.

Herr Jesu Christe du Sohn des lebendigen Gottes, der du deine Gemeine hie auff Erden, durch den dienst der menschen, darzu ordentlich beruffen, biss ans ende der welt regieren wilst: Wir bitten dich demütiglich, du wollest dise menner, vnsere brüder (welche zu dem dienst des regiments dieser deiner Gemeine erweblet sind) mit den gaben deines heiligen Geistes, dermassen erleuchten, dass sie inn jhrem beruff trewlich wandlen, vnnd denselbigen biss zum ende jhres lebens auffrichtig treiben mögen, Zu deiner vnd deines Himlischen Vaters ehre, welchen wir durch deinen namen demütiglich anruffen: wie wir von dir gelehret sind, sprechende:

Vnser Vater der du bist inn den Himlen, etc.

Darnach werden jnen die hend auffgeleget, von den andern Dienern, vnd vom Diener des Worts, welcher spricht mit heller stimme also:

Gott vnd vnser Himlischer Vater, der euch mit vns zu dem Regiment dieser seiner Gemeine (nach der Lehre seines Worts, beruffen vnd aussgesondert hat: der erleuchte euch auch, durch seinen Heiligen Geist, vnd stercke euch mit der krafft seiner vnüberwindlichen hand, dass jr euwern dienst trewlich vnnd bestendig vollfüren möget, zu ehren seines namens, vnd erbawung seiner gemeind, Amen.

Darnach vermanet der Diener die Gemeine jhres ampts gegen den Eltisten, vnnd dass sie schuldig sind Gott ohne vnterlass für sie zu bitten.

Zum letzten wendet er seine rede zu den angenommenen Eltisten,

III.   18

vnnd vermanet sie, dass sie keine acht haben sollen auff die verachtung
vnd hass der welt, keine Person ansehen, sondern dass sie einen jeden
ohne ansehen der Person vermanen, bessern vnd straffen, nach dem brauch
der Christlichen straffe, dass sie auch auff die Lere, sitten, ja auff das
gantze leben aller diener des worts, ernstlich acht haben, die Wölff von
der Herde der Gemeind, mit den Dienern des worts wehren: vnd dass sie
auch die pfund, die jhnen vertrawet sind, zum gewin anlegen, auff dass
sie endlich die krone der ehren, in der erscheinung Jesu Christi entpfangen,
vnd zugleich die liebliche stimme hören mögen:

Kommet her jr gebenedeiten meines Vaters, entpfanget das
Reich, das euch von anfang der welt bereitet ist, Amen.

Endlich wird ein Psalm gesungen, vnd wenn er vollendet ist, lest
man die Gemeind gehen.

Nach dem die Diaken ins gesicht der gantzen Gemeind gestellet sind,
erkleret der diener auffs kürtzest wie sie rechtschaffen vnd ordentlich er-
wehlet seien: darnach fraget er die erwehleten Diaken auff diese weise,
wie folgt:

Lieben Brüder, dieweil niemand auss der Gemeind etwas
wider euch hat können vorbringen, dardurch euwere wahl eini-
ges theils hett mögen in verdacht kommen: vnd derwegen kein
zweiffel ist, dass jhr mit gemeiner bewilligung der gantzen Ge-
meine, zu diesem Diaken dienst beruffen seit: so ist nun ewer
ampt, dass jhr, mit ewer eignen antwort, diesen eweren be-
ruff, offentlich bezeuget:

Zum ersten empfndet jr nit in euwerm hertzen, diss inner-
liche zeugnuss des heiligen Geistes, dass jr zu diesem dienst
also beruffen seit, dass jr denselben nicht vmb ewer eigenen
ehre oder nutzes willen: sonder allein zur beförderung der
ehren Gottes, vnnd zum behülff der armen brüdern, bedienen
wollet.

Sie antworten: Ja, wir empfindens.

Glaubet jr nit auch, dass die Prophetische vnd Apostolische
lere, in den Biblischen büchern begriffen, warhaftig, Gottselig
vnd gnugsam sey, welcher grund Christus ist, warer Gott vnd
warer mensch, vnser einiger mittler?

Sie antworten: Ja wir.

Wollet jr nicht die almussen zum nutz der armen fleisig
samlen, vnd die versamleten trewlich vnnd weisslich den armen
aussteilen, vnd insonderheit den haussgenossen des glaubens,

one einiges eusserliches ansehen der person: sonder allein nach eines jeden noturfft vnd armut?

Sie antworten: Ja wir, durch die gnade Gottes.

Wollent jr nit disen euwern dienst mit Erbarkeit vnnd heiligkeit (nach euwerm vermögen) zieren? vnd so jr etwas begehn würdet dass der vermanung vnnd straff wirdig were, euch gern der Christlichen straff vnderwerffen, gleich wie andere brüder der gemein thun?

Sie antworten: Ja, wir wollens.

Wann nu dise fragen vnd antwort geendet sind, so ermanet der Diener die gantze Gemeine zu beten. Vnnd er betet selbs mit heller stimme auff diese weiss:

Das Gebet.

Herr Jesu Christe der du vns dich selbst, in vns armen: vnnd vnsere armen in dir selbst eigentlich befohlen hast dass man ein besondere sorge derselbigen in deiner Gemeine tragen sol, darzu Diaken durch deine Aposteln geordnet sind: wir biten dich demütiglich, du wollest alle wurtzelen des geitzes, auss vnsern hertzen rotten: vnd diesen Männern deinen Geist geben, wie du vorzeiten Stephano deinem ersten Mertler, so zu diesem dienst geordnet war, vberflüssig mitgetheilet hast, auff dass sie deinen armen vnter vns Gottseliglich vnnd trewlich dienen, in warer liebe, one einiges ansehen der personen, oder bewegung jrer affecten: sonder dass sie allein acht haben, auff die heiligung deines heiligen namens, vnd des namens deines Himlischen Vaters, welchen wir durch dich anruffen, wie wir von dir geleret sind, sprechende:

Vnser Vater der du bist, etc.

Wann das gebet volendet ist, werden jnen die hende auffgeleget: vnd der diener spricht mit heller stimme also:

Gott der Herr vnd vnser Himlischer Vater, der euch zu dem dienst der Diakeney beruffen hat, der regiere euch gnediglich mit seiner Göttlichen krafft, weissheit vnnd gütigkeit, das jr in jm wirdiglich wandlen möget, zu seiner ehren vnd seiner gemeinen besserung, vmb seines eingebornen Sons Jesu Christ vnsers Herren willen, Amen.

Nach der hendaufflegung vermanet der diener die reichen der Gemeine jres ampts, zu reichlichem aussheilen der allmosen: vnnd die gantze Gemeine wird vermanet zu messigkeit vnd arbeit, auff dass ein jeder etwas

18 *

hab, den dürfftigen mitzutheilen, wie Paulus leret. Darnach vermanet er auch die armen jres ampts, dass sie ernstlich betten für die reichen, dass der Herr jre miltigkeit reichlich vergelten wolle. Zu letst vermanet er auch die andere diener vnd Eltisten der Gemeine offentlich. dass sie mit sonderlichem fleiss auff wachen, dass dieser schöner vnd notwendiger dienst der diaken, durch jre schult vnd faulheit, in der gemeine Christi nicht verfalle, noch in einen eitelen schein vnd blosen namen der Diakeney verwandelt werde, gleich wie im Bapstumb geschehen ist, zu einem schendlichen raub der armen.

Wann dise vermanung geschehen ist, so vermanet der diener die bestetigten Diaken, dass sie jnen die Gottseligkeit, bestendigkeit vnd trewe Stephani in jrem beruf vorstellen vnd derselben nachfolgen, vnd dass sie nicht ergern lassen die schmehung, lügen vnd lesterung der menschen, welche gemeinlich getrewe diener in diser welt leiden müssen: Sonder dass sie alle zeit ansehen den stiffter jres beruffs, von welchem sie (in dem sie getrewlich beharren) entlich hören sollen, Kompt her jr gesegneten meines Vaters, ererbet das reich dass euch bereitet ist von anfang der welt, Amen.

Zu end wird gesungen, Sehet wie lieblich vnd gut Psal. 133., oder ein andern psalm, vnd also last man die gemeine gehen im friede mit einer ernstlichen vermanung dass sie jhnen alsamen die armen lassen befohlen sein.

Von der Christlichen straffe, vnd jrem brauch in der Gemeine.

Nach dem der rechte brauch der Christlichen straffe schier vntergangen, vnd der mehrer theil der Menschen nicht wissen was die Christliche straffe sey: so werden wir verursachet etwas weitleufftiger zu erkleren, was sie sey, vnd wie sie vnter vns, in vnser Gemeine gehalten werde: auff dass jhr rechter gebrauch, von allen Gottseligen desto bass erkennet vnnd gebrauchet möge werden.

So ist denn die Christliche straffe ein gewisse Ordnung eingesetzt von Christo vnserm Herren in seinem wort, seiner Gemeine zu halten befohlen: mit welcher ein jedes glied der Gemeine verbunden ist, seinen nechsten ordentlich nach dem wort Gottes, Christlich zu vermanen, vnd hinwiderumb auch dieselbige vermanung von jm auffzunemmen: vnnd dass die jenigen, so dise vermanung halssstarrig verachten, auss der Gemeine geworffen, vnnd dem Teuffel vbergeben sollen werden, auff dass durch diese ordnung der gantze leib der gemeine vnd alle glieder desselbigen in jrem ampt gehalten werden.

In dieser der Christlichen straffe beschreibung, sollen wir vornemlich auff drey ding mercken. Zum ersten, wer der Einsetzer derselbigen sey, nemlich Jesus Christus: vnnd darumb sol niemand die erhaltung derselbigen als ein Menschliche Tradition vnd satzung verachten: sonder sollen sie viel mehr wirdiglich auffnemen vnd fleissig erhalten.

Zum andern, wer derselbigen vnderworffen sey: nemlich nit die jenigen so ausserhalb der Gemeine sind, denn Gott wird die richten: wie Paulus lehret: sonder allein die, die vor glieder der Gemeine gehalten werden, wer sie auch sind, vnnd was dienst sie in der Gemeine haben, oder mit was würde sie andere in der gemeine vbertreffen. Denn wir sind alle Glieder eines leibs, wiewol einer den andern in den gaben vbertrifft.

Zum letsten, sollen wir auch mercken, dass diser gebrauch der Christlichen straffe von Christo dem Herren zu keinen andern ende eingesetzt ist, denn zu der seligkeit vnd wolfart des gantzen leibs der Gemeine: vnd aller seiner glieder: denn sie ist nicht allein ein nutzlicher zaum in diser vnser krancken vnd gemeinen verderbten natur, dass wir deren nit zu viel nachlassen, sonder ist auch ein starckes band vnd ein speise der gemeinen liebe, vnd Christlichen freiheit, also dass sie mit recht die sehnader der Gemeine mach geheissen werden.

Wie nützlich aber der gebrauch der Christlichen straffe sey, wird nochmals auss der erklärung aller jren stücken, klar werden, welche wir nun ordentlich einander nach anzeigen wollen.

Der heimliche gebrauch der Christlichen straffe ist gelegen in dem vermanen der gefallenen Brüder: vnnd widerumb in dem entpfangen der selbigen vermanungen von andern, so offt als wir gefallen sind. Aber dieweil in solcher heimlichen vermanung von den Menschen höchlich gesündiget wird: daher es auch kompt, dass der gebrauch der offentlichen straffe sehr schwerlich kan erhalten werden: so müssen wir hie weitleuffiger handlen, wie man dise heimliche vermanung rechtschaffen anrichten solle. Erstlich, wie man sie thun, vnnd darnach auch wie man sie entpfahen solle.

Erstlich soll der, so einen Bruder vermanen wil, Christliche bescheidenheit vnnd weissheit darinn gebrauchen, zum ersten bey jhm selbst vberlegen, ob jm die sache, von deren er den bruder vermanen wil, bekant oder vnbekant sey. Ist sie jm noch vnbekant, vnd dennoch nit one grossen verdacht: so sol ein freundliche vnd mässige vnderfragung an jn (den brüdern) in sonderheit vber der sach gethan genugsam sein, vnd im fall er die sache leugnet, so solle man sie dem Herren befehlen. Wo aber die sache gewiss vnnd bekant ist: so solle er mercken, ob sie den gantzen leib der Gemeine angehet, oder jemand allein vnd besonder.

Wo sie nu die gantze gemeine angieng, so solle man sie vor die Eltesten der Gemeine bringen, welchen das regiment der gemeine von Gott befohlen ist, sonderlich aber, so in dem verschweigen, der Gemeine grosse gefahr gelegen were. Denn das Gesetz der liebe erforderet, dass man mehr acht habe auff den gantzen leib, denn auff ein glid allein.

Wo aber die sache einige person besonders oder allein anginge: So sol er wol betrachten, ob sie jme allein, oder auch andern vielen bekant sey. Ist sie vielen bekant, so möcht er mehr Brüder mit jm nemmen, die erste vermanung zu thun. Ist sie aber jm allein bekant oder gegen jm allein gethan: so soll er sie nicht weiter aussbreiten: sonder sol ja erstlich heimlich vnd allein vermanen. Wo nu der gefallen bruder die heimliche sünde leugnet; so soll man es Gott (der ein recher der bossheit ist) befehlen. So er sie aber bekennet, vnd gleichwol keine reuwe darüber hatt: so soll er andere zeugen zu jm nemmen, vnd jn abermals vermannen, auff dass er ja zur rew dardurch bewegt werde.

Dise stafflen der vermanung hatt vns Christus geleret mit disen worten, sündiget aber dein bruder an dir, so gehe hin, vnd straffe jn zwischen dir vnd jm alleine. Höret er dich, so hastu deinen Bruder gewonnen. Höret er dich nit, so nim noch einen oder zween zu dir, auff dass alle sachen bestehen, auff zweier oder dreier zeugen munde.

Aber dise vermanung durch einen oder mehr geschehen, muss herfliessen, auss rechter Christlicher liebe, vnd auss einem einfeltigen vnd freundlichen hertzen, mit einem ernst den brüder zu gewinnen: vnd nicht zu vnser selbs erhebung, sonder allein zu erbawung der Gemeine. Vnd zu diser heimlichen vermanung der gefallenen brüder, sind nicht allein verbunden die Diener der Gemeine, wie etliche, aber vnrecht meynen: sonder auch alle glieder der Gemeine, wie mann auss folgenden örtern der Schrifft mercken mag, Leui: 10., Matt. 18., Luc. 17., Rom. 15., Col. 3., 1. Thess. 5., Hebr. 3. vnd 12., Jac. 5.

Vnd warlich alle die sich empfinden glieder eines leibs zu sein, die müssen einer vor den andern sorge tragen: welche sorge vornemlich, durch die Christliche vermanung bewiesen wird.

So vil jrer denn sind, die diese heimliche vermanung nicht thun, noch vnderhalten helffen wollen: die beweisen gnugsam, dass sie ohne liebe, vnd desshalben Cains Samen vnd geschlecht sind, welcher als er nach seinem Bruder Abel gefraget ward, Antwortet: Bin ich denn ein hüter meines Bruders?

Dieweil deren gemeinlich vil sind in der Gemeine, die durch die heimliche vermanung nit gebessert werden: so hat Christus vnser Herr den offentlichen brauch der straffe in seiner gemeine zu erhalten befohlen: auff dass ja die gefallene Menschen, durch diss mittel (so jnen etwas schwerer ist) zu der besserung möchten gebracht werden.

Vnd diese offentliche straffe, hat jre gewisse staffeln, wie auch die

heimliche: welche man inn jhrem rechten brauch erhalten muss: auff dass
alle ding ordentlich in der Gemeine zugehen.

Der gebrauch aber der offentlichen straffe ist vornemlich in vier
stücken gelegen. Das erste ist, die vermanung vnd straffe des gefallenen
Bruders in der versamlung der diener vnd Eltesten der gemeine. Das
ander ist, die offentliche Buss des gefallenen Bruders, an stadt der ab-
schneidung, in der versamlung der gemeine. Das dritte ist, die abschnei-
dung des halsssttarigen Bruders.

Das letzte ist die offenliche auffnemung des bekereten bruders, welche
stück wir einander nach ordentlich handlen wollen.

Es werden offtermals alle brüder der Gemeine, in den gemeinen pre-
digen vermanet, dass es jr ampt vnd pflicht sey, die verächter der heim-
lichen vermanung den Dienern der Gemeine anzuzeigen, wie das Christus
selbs gebotten hat, da er spricht: Höret er aber die nicht, so saget es
der Gemeine. In welchem ohn zweiffel von vielen gesündiget wird: auss
welchem denn folget, dass die gantze krafft der Christlichen straffe ge-
schwechet, vnnd die gemeine endlich mit ergernussen vnnd zanck ge-
füllet wird.

So müssen denn die brüder, denen anders die ehre Christi, vnnd die
wolfart der Gemeine zu hertzen geht, die halsssttarrige verächter der heim-
lichen vermanung, neben zweien oder dreien warhafftigen zeugen, inn der
versamlung der Diener vnnd Eltesten, in der liebe anzeigen. Vnd denn
gebüret es dem diener, dem beschuldigten Bruder seine sünde nach dem
vrtheil des Worts Gottes fur augen zustellen: vnnd vornemlich dahin zu
arbeiten, dass er seine sünde bekenne, vnnd sich mit denen, die er ge-
ergert, versüne. Welches, wenn es also geschicht: so wird die versünung,
mit einer dancksagung zu Gott, gemachet: vnd die sach bleibt bey den
Dienern verschwiegen, vnd gleich als begraben.

Wil er aber die schult seiner sünde nicht bekennen, verachtende die
vermanung der Eltesten, vnd bleibet in seinen sünden halsssttarrig stecken:
so wird jm erstlich verboten der gebrauch des Nachtmals, biss dass er
sich versüne: vnd es werden jm etliche tage gestellet, in welchen er den
Herren bitten, vnd sich fleissig bedencken soll, was er zu thun gemeind sey.

Hiezwischen wird etlichen Eltesten befohlen, zu gelegner zeit zu jhm
zu gehen, vnd jn seines ampts vnd der liebe eigentlich zu vermanen. Vnd
im fall er für dem gestelten tage einig zeichen der besserung gibt: so
kompt er widerumb zu der versamlung der Eltesten, welche allen fleiss
anwenden, dass die versönung in jhrer versamlung geschehe, ehe dass die
sache weiter aussgebreitet werde.

Wo er aber am verordneten tage seine schult noch nicht wil beken-
nen: so wird jm noch weitere zeit sich zu bedencken vergünnet, biss auff

den nechsten Sontag. Auff welchen (im fall er sich noch nicht versünet) sol der Diener in der gemeinen predig die sünde des bruders, vnnd auch die verachtung der vermanung, ordentlich für der gantzen Gemeine, mit bewilligung aller anderer Diener vnnd Eltesten, erzelen: sol aber vor das erst seinen namen verschweigen, es sey denn die sünde fast der gantzen Gemeine bekandt. Vnd nach solcher erzelung wird ein gemein Gebet für den bruder gethan, auff dass er zu besserung kommen möge.

Kompt er durch solche vermanung zu besserung, so soll ein heimliche versünung mit denen so er geergert hat, für den Eltesten geschehen, gnugsam sein: welche versünung man dennoch der Gemeine von der Cantzel verkündigen soll, mit einer dancksagung für die besserung des gefallnen bruders, doch mit verschweigung seines namens. Bleibt er aber halsstarrig, so wird er den nechsten Sontag für der gantzen Gemeine, durch den Diener mit seinem namen aussgeruffen vnd beschuldiget: mit erzelung seiner sünden vnnd der verachtung aller offentlicher vnnd heimlicher vermanung. Vnd es wird die gantze Gemeine vermanet, dass sie Gott für den gefallenen bruder bitte: vnd dass ein jeder fleiss anwende jn zubesuchen, vnd zur besserung zu vermanen. Denn wird abermals ein gemein Gebett für jhn gethan durch den Diener. Vnd wird der dritte nachfolgende Sontag gestellet, an welchen er abgeschnitten soll werden: es sey den dass er sich mitler zeit bekere. So er sich nu mittlerweil bessert, so muss er sich auff einen eigentlichen tag, durch die Eltesten gestellet für der gantzen gemeine (die er mit seiner halstarrigkeit geergert hat) versünen.

Vnd diss ist der handel, den wir in vnser gemeine, belanget den gebrauch der Christlichen straffe, halten, mit denen die inn der versamlung der Diener, nach dem wort Gottes vermanet vnd gestraffet werden, biss zu der zeit, dass sie sich bekeren: oder vmb jrer halstarigkeit willen durch die abschneidung auss der Gemeine geworffen werden. Es sind aber die diener nit alle zeit verbunden, das anbringen der gefallenen brüdern durch andere zu erwarten: sonder sie selbs sollen zu sich beruffen, welche sie wissen dass sie offentlich gesündiget haben: oder vngöttlich leben: oder sonst etwas gethan haben, dass der gemeine einige gefahr oder schaden bringen möcht: mit welchen sie handlen sollen, wie es die Gottselige erbawung der Gemeine erfordert.

Wir zwingen niemand leichtlich, buss vnd rew offentlich für der gantzen gemeine zu thun, so lassen wir auch niemand leichtfertig darzu: sonder allein die jenigen, die mit jren sünden die gantze gemeine, oder den fürnemsten theil derselbigen geergert vnd in der versamlung der Eltesten ein gewiss zeichen der auffrichtigen besserung gegeben haben, welches so es die Diener in einem gefallenen bruder mercken, so vermanen sie ja zu heimlicher versönung mit denen, die in seines fals vermanet haben: vnnd vermanen jhn auch, dass er sich nicht scheme seine sünden offentlich für der gantzen Gemeine zur ehren Gottes, vnd besserung der Gemeine, zu bekennen. Welche vermanung, so er sie Christlich empfahet, wie jm gebüret: so geben jm die Diener die hende, bezeugen damit die versönung mit jm: vnnd da wird ein tag gestellet, die offentlich buss zu thun.

Nach der Predigt vor dem Psalm, oder auch in der Predigt, beweist der Diener den Grund der Busse aus der heil. Schrift. Hierauf hält er eine Vermanung an die Gemeinde, der sich ein Gebet über den gefallenen Bruder anschliesst. Dann vermahnt er den letztern seine Schuld zu bekennen, und wenn dieses geschehen, vermahnt er ihn und die Gemeinde aufs Neue. Nach erfolgter Danksagung empfängt der Gefallene Kuss und Handdruck von dem Diener und den Aeltesten zum Zeichen, dass er mit der Gemeinde versöhnt sei.

Nach dem alle dise staffeln der heimlichen vnd offentlichen vermanung, vber einen gefallenen Bruder, ordentlich ergangen sind, vnnd er dieselbige verachtet, vnd eben halsstarrig in seinen sünden fortfaret, also dass keine besserung an jn zu hoffen ist, so wil es not sein dass man denselbigen entlich abschneide, vnd auss der Gemeine werffe. Vnnd diese ausswerffung sol nicht geschehen durch eines oder zweien gewalt oder ansehen, auch nit durch die Authoriteet oder gewalt der Diener vnd Eltesten: sonder allein durch die bewilligung der gantzen Gemeine, welche Paulus wil, dass sie den abgeschnitten vnd aussgeworffen Bruder beweinen soll.

Nach dem nu ein gefallener bruder zwey mal offentlich mit seinem namen der Gemeine verkündiget ist, als ein verspötter vnd verächter aller Christlichen vermanungen, so gegen jhm ordentlich gebrauchet sind: so wird ein gewisser Tag seiner abschneidung (es sey denn, dass er widerkere zur besserung) gestellet: vnd die gantze gemeine wird vermanet, im fall jemand vnder jnen were, welcher meinet, dass man in diser sache der abschneidung entweder zu schnel, oder auch nicht richtig gnug procidirte: dass er dasselbige innerhalb der acht tagen, vor der abschneidung, den Dienern vnd Eltesten in jrer gemeine wochenversamlung: oder auch jemand von jhnen besonder, anzeige, vnd vrsachen seiner meinung auss Gottes wort vorbringe.

Wo aber niemand vor dem gestelten tage der abschneidung einige verhinderung auss dem Wort Gottes fürbringt, noch auch der gefallene bruder einig zeichen der besserung mercken lest: denn helt man jhr schweigen, on lengeren verzug der sachen für ein veste bewilligung.

So aber jemand auss der Gemeine einige gnugsame vrsach anzeigt, durch welche mann solte diese abschneidung ein zeitlang einstellen: oder

auch gentzlich vaderlassen; oder dass der gefallene Bruder einig gewisses
zeichen der besserung gegeben hett: denn wird die gantze sache widerumb
eingestellet, biss auff den nechstfolgenden Sontag, vnnd es wird die vrsach
dieser anstellung der Gemeine offentlich erkläret. Den nechstfolgenden
Sontag aber wird der bruder (es were denn dass er nach dem wort Gottes
vnschuldig erfunden würde) offentlich von der Gemeine abgeschnitten: oder
so die besserung vorhanden, durch offentliche buss mit der Gemeine ver-
sünet, es were denn dass die Diener ein anders für erbewlicher ansehen
würden.

Vnd auff dass in dem handel der abschneidung nicht leichtfeutig, son-
der alle sachen mit zeitigem rath von vns gehandelt werden, so kommen
die Diener vnnd Eltesten des tags vor der abschneidung oder aussschluss
zusammen, sich mit einander zubesprechen: ob einige vrsachen sein möch-
ten, darumb man dise abschneidung noch weiter einstellen sol, oder auch
gentzlich vnterlassen. Wo denn etwas fürbracht wird, dass sein beweiss
vnd grund in dem Wort Gottes scheinet zu haben, so wird dasselbige
vnder den dienern vnd Eltesten so lang gehandelt vnd erwogen, biss dass
sie alle in einer meinung die jr fundament vnd grund in der schrifft hab,
vberein kommen. Wird aber nichts von jemand fürbracht, so wird die
abschneidung des andern tags volzogen vnd exequieret: vnd das schweigen
der Gemeine, wird genommen (wie oben gemelt) für jre bewilligung.

Am Tage der Abschneidung beweis't der Diener nach der Predigt
zunächst den Bann und seinen Gebrauch vor der Gemeinde, dann setzt
er das Verschulden des Gefallenen vnd das bisher eingehaltene Verfahren
aus einander. Hierauf betet er, und wenn der Sündige auch jetzt noch
nicht Busse wirkt, schreitet er zur Excommunication in folgender Form:

Die Action der abschneidung.

O Herr Jesu Christe, einiger vnd ewiger König deiner
Gemeine, der du verheissen hast, vns biss ans ende der Welt
bey zustehen, vnnd deinen heiligen Geist (der die Welt von
der Sünde straffen soll) zu geben: Wir bitten dich, du wollest
vns, die wir hie inn deinem Nammen versamlet seind, mit
deinem Heiligen Geist regieren: vnd deine Königliche macht
vnder vnns aussstrecken: dass wir durch deine gewalt vnd
macht das böss vnd den bruder, der verstocket in seinen Sün-
den bleibt, auss der mitten von vns vertreiben mögen, zur
ehren deines namens, vnd besserung deiner Gemeine, vnd auch
zur seligkeit dieses vnsers bruders N. Vnd nach dem er in
seinen sünden (die er wider dich vnnd deine Gemeine gethan

hat) also halssstarrig bleibt, vnd du nicht wilst, dass solche in dem heiligen leib deiner gemeine sein sollen, vnd vns auch mit deinem Geist sterckest, so folgen wir O Herr Jesu Christe deinem heiligen Gebot, vnd schneiden jn als ein faul glied offentlich ab, von dem heiligen leib deiner gemeine, vnd das mit grosser trübnuss vnserer hertzen, vnd mitleiden seiner verderbnuss. Wir binden hie auff Erden seine Sünden, vnd sind auss deinem Wort versichert, dass sie auch bey dir im Himmel gebunden sind. Wir werffen jn hie auss deinem seligen reich (auff dass er bey allen glaubigen für ein heid vnd zölner geachtet werde) vnd geben jn, durch dein Gebot dem Teuffel, zur verderbung seines fleisches, auff dass sein Geist selig werde, durch deinen heiligen namen, der du lebest vnd regierest mit dem vater vnnd dem heiligen Geist, ein einiger vnd ewiger Gott gepriesen in ewigkeit, Amen.

Nach geschehener abschneidung, vermanet der Diener die Gemeine, wie sich ein jeder, nach dem wort Gottes, gegen disen abgeschnittenen vnd aussgebanten, zu halten schuldig sey, biss dass er mit einer auffrichtigen besserung seiner sünden wider kere.

Zum ersten, dass man jn halten soll als einen heiden vnd zölner, welche man zu keinem offentlichen dienst der Gemeine, auch nit zu dem gebrauch der Sacramenten in einiger Christlicher versamlung zulassen soll.

Zum andern, dass sich ein jeder seiner gemeinschafft (die nach der lere Pauli verunreiniget) mit fleiss entzihe, die Politische ding dennoch müssiglich auff Politische weiss mit jm gebrauche.

Zum dritten, welcher mit dem Geist Gottes dermassen begabet ist, dass er von dem abgeschnittenen keine gefhar zu besorgen hat, durch die gemeine conuersation vnd vnderrednng: der soll mit jhm als ein artz handlen vnnd alle mittel seiner besserung suchen.

Zum vierdten, vermanet auch der Diener, dass niemand auss einem falschen grund den abgeschnitten verspotte oder in seinem hertzen verachte: sonder vil mehr arbeite, sich vor solchen sünden zu hüten, vmb welcher willen er abgeschnitten ist: Ja dass er sich selbs ansehe, dass er nicht auch versucht vnd abfellig werde. Vil weniger sollen juen selbs gefallen vnd vermessen sein, alle gleisner, die vielleicht in derselben, oder auch vil grösserer sünde stecken: vnd gleichwol sich rümen, dieweil sie nicht also abgeschnitten sind. Denn sie werden müssen mit allen verächtern Gottes (es sey denn dass sie sich bey zeit bessern) am Jüngsten tage (wenn kein zeit der besserung mehr sein wird) im angesicht der gantzen welt, von der seligen gesellschafft Gottes abgesondert vnnd abgeschnitten werden, zu jrer ewigen schande.

Zum fünfften, wird auch ein jeder vermanet, dass er jederzeit Gott für diesen abgeschnittenen fleissig bitte, dass er zu der seligen gemeinschafft der Gemeine widergebracht werde.

Zuletzt Gebet für den Abgeschnittenen, Psalm, Segen.

Sobald der Ausgeschiedne zur Busse bereit ist, wird seine Aufnahme acht Tage vorher der Gemeinde angezeigt. In der Versammlung, nach der Predigt, stellen sich die Diener und Aeltesten mit dem Busswirkenden zusammen und nach einer Vermahnung an die Gemeinde und einem Gebet für den letztern bekennt derselbe seine Sünde auf die Fragen des Dieners. Ist dieses geschehen, so folgt:

Die Action der entbindung.

Herr Jesu Christe, vnser ewiger König, Richter vnnd Hoher Priester, der du zu einem schrecken der gottlosen, deiner Gemeine die macht gegeben hast, deren sünden zu binden, vnd dem Teuffel zu vbergeben alle die, so die Gottselige vermanungen deiner gemeine halstarrig verachten vnd widerumb zu trost der bussfertigen jr die macht gegeben, die sünden deren, die warhafftige rew jhrer sünden haben, vnd dir vertrawen zu entbinden. Siehe wir seind hie gegenwertig in deiner Gemeine, als in deinem angesicht, vnnd stellen dir dar (N.) der ware rew seiner sünden hat, vnd in deinen namen vertrawet. Darum zweifflen wir auch nit, du wirst jn auff deine achselen nemen, vnnd widerumb nach deiner barmhertzigkeit in deinen schaffstal bringen. Vnd nach dem wir durch dein wort geleret sind, dass wir vns in dem widerbringen des verlornen schaffs erfreuwen sollen: so dancken wir dir höchlich vor seine besserung: vnd entbinden jn von seinen sünden, jm dieselbige nach der gewalt deines worts vergebende, zu seinem vnnd der gantzen Gemeine trost, vnd empfangen jn widerumb, in vnsere Christliche gemeinschafft, vnd in dein Reich: wolwissende, dass jm alle seine sünden, so gewiss in dem Himmel vergeben sind, als sie hie auff erden, durch den dienst deiner Gemeine, nach deinem wort entbunden werden: vnd dass allein vmb dess verdienstes willen deines tods, vnnd deines heiligen namens, welcher hochgelobt ist in ewigkeit, Amen.

[Dann noch Vermahnungen, Danksagung, Kuss der Versöhnung, Psalm.]

L. EX AGENDA NEOBURGENSI.

La Maniere de recevoir à la Paix de l'Eglise ceux qui font Pénitence Publique.

Les Penitens paroissent à genoux devant la face de l'Eglise le Dimanche matin, après la derniere Prière. Le Pasteur leur adresse une Exhortation suivant la nature et les circonstances de leur peché; et après qu'ils en ont demandé pardon à Dieu, il leur parle ainsi.

Au Nom et en l'Autorité du Pere, et du Fils, et du Saint Esprit, je vous annonce le pardon de vos pechés, je vous délie du lien de l'Excommunication que vous aviez encourue, et je vous reçois et vous retablis dans la Paix de l'Eglise, et dans la Communion des Fidéles, de laquelle vous vous étiés separé.. Le Dieu de toute Grace qui a eu pitié de vous, et qui vous a donné la repentance pour avoir la Vie, vueille vous y affermir jusqu'à la fin, par Jesus Christ: Amen.

Püis donc, Mon Frere, que Dieu vous a reçû en Grace, ayez soin de veiller à l'avenir et de prier continuellement, de peur que Satan, le Monde, et vôtre chair ne vous fassent retomber dans le peché. Faites des fruits dignes de repentance; et comme Dieu vous a beaucoup pardonné, aimez le d'autant plus ardemment.

Et Vous, Mes Freres, recevez ce pauvre Pénitent avec joye et avec tendresse. Loüez Dieu de son retour. Réjoüissez vous avec les Anges du Ciel à cause de ce pecheur qui vient aujourd'huy à la repentance; car il étoit mort, mais il est revenu en vie; il étoit perdu, mais il est retrouvé. Puisque Dieu l'a reçû, que personne ne le méprise. Ne le regardez plus comme un étranger, mais aimez le comme un frere, et têmoignez luy vôtre charité fraternelle et vôtre cordiale affection. Que chacun profite de son exemple. Que celuy qui est debout prenne garde qu'il ne tombe; et que les pecheurs se retirent des pièges du Diable, où ils ont été pris pour faire sa volonté.

Rendons graces au Seigneur pour la conversion de nôtre frere, et implorons tous sa Misericorde, pour luy, et pour nous.

O Dieu Tout-puissant et Pere très-bon, nous te remercions par Jesus Christ ton Fils, de ce qu'il t'a plû d'amener nôtre frere, qui est icy présent, à la repentance, et de nous donner

matière de nous réjoüir de sa conversion. Nous te prions de
ratifier dans le Ciel, ce que nous faisons maintenant à son
égard sur la Terre. Fai luy la Grace de sentir de plus en
plus en son coeur que tu luy as pardonné, et d'être par là
consolé et animé à ton Service. Ren luy la joye de ton
Salut, et que ton Esprit Saint le [la] soûtienne, afin qu'il
marche dans tes voyes tout le tems de sa vie; et que, comme
il a scandalisé ton Eglise par son peché, plusieurs soient
édifiés par sa répentance. Accorde nous la Grace à tous d'ap-
prendre par cet exemple à avoir le peché en horreur et à te
craindre. Touche les pecheurs sur lesquels ta colére repose,
et les améne à une sincère Confession de leur iniquité, afin
qu'elle puisse leur être pardonnée. Sanctifie toute cette Eglise.
Retire nous de nos pechez, délivre nous de la condamnation,
et nous condui à la Vie éternelle, par Jesu Christ, Amen.

La Grace et la Benediction de Dieu Nôtre Pere, soit
avec vous, et avec nous tous, Amen.

M. EX LIBRO BERGENSI. 1769.

Form des Kirchlichen Bannes.

Geliebte in dem Herrn Christo! es ist euch bekannt, dass
wir zu unterschiedlichen Zeiten nach gewissen Staffeln euch
vorgehalten haben, welche grosse Sünde und schwere Aerger-
niss unser Mitglied N. gethan und gegeben habe; zu dem
Ende, dass er durch eure christliche Vermahnung und Gebeth
zu Gott sich bekehren, und von den Stricken des Teufels,
der ihn gefangen hat, erlöset, zu dem Willen des Herrn er-
wachsen möchte. Wir können euch aber, mit grosser Trau-
rigkeit, nicht verhalten, dass bis dahero uns niemand vor-
kommen sey, der im geringsten angedeutet habe, dass er
durch die viele Ermahnungen, so an ihm, so wol absonder-
lich, als vor Zeugen und in Gegenwart vieler, geschehen
sind, zu einiger Bereuung seiner Sünden solte kommen seyn,
oder einig Zeichen wahrer Busse von sich hätte spühren lassen.
Weil er denn seine Uebertretung, die in ihr selbst nicht ge-
ring ist, durch seine Hartnäckigkeit täglich noch grösser macht,

und wir euch letztmalen angesagt haben, dass wir, wofern
er nach so langer Geduld, welche die Kirche mit ihm gehabt
hat, sich nicht bekehren wollte, genöthiget werden, uns ferner
über ihn zu betrüben und zum äussersten Gegenmittel zu
schreiten: So sind wir nun gezwungen, heute mit seiner
Abschneidung fortzufahren, und dem Befehl und Auflage,
welche uns Gottes heiliges Wort gegeben hat, zu folgen; zu
dem Ende, damit er, wenns möglich ist, zur Schamröthe über
seine Sünden gebracht werde, und man auch durch dieses
verfaulende, und mehr und mehr unheylbare Glied, den Leib
der Gemeine nicht in Gefahr stelle, nnd der Namen Gottes
nicht gelästert werde. Derohalben wir Diener und Vorsteher
der Gemeine allhie, da wir im Namen und in der Macht un-
sers Herrn Jesu Christi versammlet sind, verkündigen vor
euch allen, dass N. aus vorhin offenbarten Ursachen ausge-
schlossen sey, und hiemit ausgeschlossen werde aus der Ge-
meine des Herrn, und fremd sey von der Gemeinschaft Christi,
der heiligen Sacramenten, und allem geistlichen Segen und
Wohlthaten Gottes, welche er seiner Gemeine verheisst und
beweiset, so lange er hartnäckig oder unbussfertig in seinen
Sünden bleibt, und dass er derhalben von E. L. zu halten
sey als ein Heuchler und Zöllner, nach dem Befehl Christi,
Matth. 18. Cap. welcher sagt: Dass im Himmel gebunden sey
dasjenige, was seine Diener auf Erden binden.

Ferner ermahnen wir euch, liebe Christen! dass ihr euch
mit demselben nicht gemein machet, auf dass er beschämet
werde; gleichwol ihn nicht haltet als einen Feind, sondern
nun und dann ermahnet, wie man einen Bruder zu ermahnen
pflegt. Unterdessen so wolle sich ein jeder hieran, und an
dergleichen Beyspielen spiegelen, damit er den Herrn fürchte,
und sich fleissig vorsehe, damit er nicht falle, sondern wahre
Gemeinschaft mit dem Vater, und seinem Sohn Jesu Christo,
und zugleich mit allen gläubigen Christen habe, und darinnen
beständig bleibe bis ans Ende, und also die ewige Seligkeit
bekomme. Ihr habt, geliebte Brüder und Schwestern! ge-
sehen, wie dieser unser abgeschnittener Bruder hat anfangen
zu verfallen, und wie er mit Gemach mehr zum Fall kom-
men ist. So mercket denn, wie listig der Satan seye, den
Menschen zum Verderben zu bringen, und ihn von den Mit-
telen der Seligkeit abzuziehen. So hütet euch denn vor dem

geringsten Anfang des Bösen, nnd nach der Ermahnung des Apostels, leget ab allen Last und die Sünde, die sehr leichtlich umringet: Laufet beständig in der Laufbahne, die uns vorgestellet ist, und sehet auf den Anfänger und Vollender des Glaubens, Jesum. Seyd nüchtern, wachet und bethet, auf dass ihr nicht in Versuchung fallet. Heute, wenn ihr die Stimme des Herrn höret, so verstocket eure Hertzen nicht, sondern wircket eure Seligkeit aus mit Furcht und Zittern, und ein jeder habe Leyd über seine Sünde, damit unser Gott uns nicht demüthige, und wir Leyd über jemand von euch haben müssen, sondern dass ihr einmüthig in Gottseligkeit lebende, unsere Crone und Freude in dem Herrn seyn möget.

Weil es aber Gott ist, der in uns wircket beydes das Wollen und das Vollbringen nach seinem Wohlgefallen, so lasset uns seinen heiligen Namen mit Bekänntniss unserer Sünden also anrufen:

O gerechter Gott, barmhertziger Vater! wir verklagen unsere Sünde vor deiner hohen Majestät, und bekennen, dass wir die Traurigkeit und Schmertzen die uns, im Abschneiden von diesem unseren gewesenen Mitgliede, angethan ist, wol verdienet haben: ja wir sind alle würdig, von dir abgeschnitten und verbannet zu werden, wegen unserer grossen Uebertretung, wenn Du mit uns ins Gericht treten woltest. Sey uns aber, o Herr! gnädig um Christi willen, vergib uns unsere Missethaten, denn sie sind uns von Hertzen leyd, und wircke in unseren Hertzen je mehr und mehr Reu über dieselbige, auf dass wir deine Urtheile, welche Du über die Hartnäckige gehen lässest, fürchten, und uns befleissen mögen Dir zu gefallen. Gib, dass wir uns vor aller Beflecknng der Welt hüten, und vor denen, die von der Gemeinschaft der Kirchen abgeschnitten sind, damit wir uns ihrer Sünden nicht theilhaftig machen, damit auch der Abgeschnittene beschämt werde über seine Sünden. Und weil Du keine Lust hast an dem Tode des Sünders, sondern dass er sich bekehre und lebe; und der Schooss deiner Kirchen jederzeit offen stehet denjenigen, die wiederkehren: so entzünde uns doch mit einem guten Eyfer, damit wir, mit guten christlichen Ermahnungen und Exempeln diese abgeschnittene Person trachten wiederum zu recht zu bringen, wie auch alle diejenige, welche durch Unglauben oder Ruchlosigkeit des Lebens abweichen. Gib deinen Segen zu unseren Ermahnungen zu dem Ende, damit wir Ursach bekommen uns wiederum zu erfreuen über den, über welchen wir nun trauern müssen, und also dein Name gepriesen werde, durch unsern Herrn Jesum Christum, der uns also hat lehren bethen:

Unser Vater, etc.

Form der Wieder-Annehmung des Abgeschnittenen in die Gemeine.

Geliebte in dem Herrn, es ist euch bekannt, dass vor einiger Zeit, unser Mitglied N. von der Gemeine Jesu Christi ist abgeschnitten gewesen. Nun können wir euch nicht verhehlen, wie derselbige durch vorgemeldtes Hülfmittel, und dann durch Mittel guter Vermahnungen und eurere christliche Gebethe, so fern kommen sey, dass er sich seiner Sünden schämet, und von uns in die Gemeinschaft der Kirche wiederum aufgenommen zu werden begehret. Weil wir dann in Kraft des Befehls Gottes schuldig sind, solche mit Freuden aufzunehmen, und doch auch nöthig ist, dass in guter Ordnung hierinnen verfahren werde: So geben wir euch hiemit zu erkennen, dass wir die vorgemeldte abgeschnittene Person, nächstkünftiges mal, wann man durch Gottes Gnade des Herrn Abendmal halten soll, von dem Bande der Absonderung wiederum entbinden, und zur Gemeinschaft der Kirche aufnehmen werden: es wäre dann, dass jemand von euch unterdessen etwas rechtmässiges hätte. warum solches nicht geschehen müsste: welches ihr uns frühzeitig anzeigen werdet. Unterdessen sol ein jeder dem Herrn dancken für die Wohlthat, so er diesem armen Sünder bewiesen hat, und Ihn bitten, dass er sein Werck an ihm zu seiner ewigen Seligkeit ausführen wolle, Amen.

Darnach, wenn keine Verhinderung einkommt, soll der Diener des Worts, zur Aufnehmung des Abgesonderten, folgender Gestalt fortfahren:

Geliebte Christen! wir haben euch letztmal die Bekehrung unsers Mitglieds N. vorgehalten, dass er mit euerem Vorwissen wiederum in die Gemeine Christi angenommen werde. Weil nun niemand etwas vorgebracht hat, warum die Wiederannehmung nicht sollte geschehen mögen: so wollen wir nun zu derselben fortschreiten.

Der Herr Christus, als Er Matth. 18. das Urtheil seiner Kirche, in Absonderung der Unbussfertigen, befestiget hatte, fügt alsbald dabey, dass, was seine Diener auf Erden entbinden

III.   19

würden, im Himmel solte entbunden seyn. Damit er kund thut, wenn jemand von seiner Kirchen abgesondert ist, dass ihm nicht zugleich alle Hofnung zur Seligkeit benommen sey, sondern dass er von den Banden der Verdammniss wiederum könne entbunden werden. Weil denn Gott in seinem Wort kund thut, dass er keinen Gefallen habe an dem Tode des Sünders, sondern dass er sich bekehre und lebe; So hat die Kirche auch noch jederzeit Hoffnung zur Bekehrung des abgewichenen Sünders, und hält ihren Schooss offen, den Bekehrten wiederum zu empfangen. Derhalben der Apostel Paulus den Corinther, den er 1 Cor. 5. erklärt hatte, dass er aus der Kirchen solte gethan werden, beschlossen hat aufzuhelfen, zu trösten, nachdem er von vielen bestraft worden, und zur Erkänntniss kommen ist: zu dem Ende, dass er nicht in allzugrosser Traurigkeit vergehen solte, 2. Corinth. 2. Zum andern lehret Christus in vorgefasstem Spruch, dass das Urtheil der Entbindung, welches über einen solchen bekehrten Sünder ausgesprochen wird, nach dem Wort Gottes für bündig und vest von dem Herrn gehalten werde. Derhalben niemand, welcher sich aufrichtig bekehret, einiger massen bedarf zu zweifelen, dass er nicht gewiss von Gott in Gnaden angenommen sey, weil Christus sagt, Joh. 20, 23. Welchen ihr die Sünden vergebet, denen sind sie vergeben.

Damit wir nun zum vorgenommen Handel gelangen, so frage ich euch N., ob ihr vor Gott und seiner Gemeine von gantzem Hertzen bekennet, dass ihr aufrichtige Reue habt wegen eurer Sünden und Hartnäckigkeit, um welcher willen ihr rechtmässig von der Gemeine abgesondert gewesen seyd? Ob ihr auch wahrlich glaubt, dass euch der Herr eure Sünden vergeben habe, und vergebe um Christi willen, und derhalben begehrt in die Gemeine Christi allhie wiederum aufgenommen zu werden, und verheisset von nun an euch in aller Gottseligkeit zu tragen nach dem Geboth des Herrn?

Antwort: Ja.

Hierauf soll der Diener ferner also sprechen:

Wir, die wir allhie versammlet sind im Namen und Macht des Herrn Christi, erklären euch N. entbunden zu seyn von den Banden der Absonderung, empfangen euch wiederum in die Gemeine des Herrn, verkündigen, dass ihr stehet in der Gemeinschaft Christi, der heiligen Sacramenten, und aller geistlichen Segen und Wohlthaten Gottes, die er seiner Gemeine verheisset und erzeiget: Worinnen euch der ewige Gott bis ans Ende erhalten wolle, durch seinen einig gebornen Sohn, Jesum Christum, Amen.

So seyd denn versichert, lieber Bruder! in eurem Hertzen, dass euch der Herr habe in Gnaden aufgenommen; seyd fleissig euch hinführo vor der List des Satans, und vor der Bossheit der Welt zu hüten, zu dem Ende, damit ihr nicht wiederum in Sünden verfallen möget; habt Christum lieb, denn euch sind viele Sünden vergeben.

Und ihr, geliebte Christen, empfanget diesen euren Bruder mit Zuneigung des Hertzens, seyd fröhlich, dass er todt gewesen, und wiederum lebendig worden ist; er ist verlohren gewesen, und wieder funden. Erfreuet euch mit den Engeln des Himmels über diesen Sünder, der sich bekehret: haltet ihn nicht länger für einen Fremden, sondern für einen Mitbürger der Heiligen und Hausgenossen Gottes.

Und weil wir nichts Gutes von uns selbst haben können, so lasset uns den allmächtigen Herrn mit Lob und Dancksagung also anrufen:

Barmhertziger Gott und Vater, wir dancken dir durch Jesum Christum, dass Du diesem unserem Mitbruder Bekehrung zum Leben gegeben hast, und uns Ursache, uns in seiner Bekehrung zu erfreuen. Wir bitten dich, Du wollest ihm Gnade erzeigen, dass er der Vergebung seiner Sünden je mehr und mehr in seinem Gemüth versichert sey, und daraus eine unaussprechliche Freude und Lust schöpffen möge, Dir zu dienen. Und weil er vorhin durch seine Sünde viele Menschen geärgert hat, so wollest Du ihm verleyhen, dass er durch seine Bekehrung viele Menschen erbauen möge. Verleyhe ihm, dass er bis an sein Ende beharrlich wandeln möge in deinen Wegen: und lass uns aus diesem Beyspiel lernen, dass bey Dir Gnade sey, damit Du gefürchtet werdest, zu dem Ende, dass, wenn wir ihn halten für unsern Mitbruder und Miterben des ewigen Lebens, wir Dir zusammen mögen Dienen in kindlicher Furcht und Gehorsam alle die Tage unseres Lebens. Durch unsern Herrn Jesum Christum, in dessen Namen wir unser Gebeth beschliessen.

Unser Vater, etc.

Druck der Teubner'schen Officin in Leipzig.

LIBER SECUNDUS.

DE

ECCLESIA ANGLICANA.

PROLEGOMENA.

Henricus Rex, eius nominis octavus, etsi Pontificis in regno Angliae abrogasset auctoritatem, tamen religionem Romanam tenebat mordicus ac summa tuebatur pertinacia, gravissime punitis quibuscunque, qui contra machinabantur. Etenim summus ille rerum Anglicarum rector et moderator, ipse aliquando Cantuariensi sedi destinatus cum ad ecclesiae dogmata ac cultum divinum perfecte planeque eruditus esset, dum viveret doctrinae Romanae addictus erat, non solum rerum Romanarum fide constrictus, sed elatus etiam intolerabili scholarum arrogantia. Itaque tribus verbis significare possumus, quid de institutis priorum immutaverit. Successit in pontificis locum Henricus rex, omnibus ad regiam potentiam revocatis. Et sane expectatione celerius accidit, ut pontificis' iura ac reditus ad regem delaberentur. Nam, ut erat natura nimium vehemens feroxque, paene nemo erat ex tanto episcoporum ac theologorum numero, quin regis conatibus adnuerit: accessit ut molestos qui regem ecclesiae caput a Christo proximum [immediately under Almigthy God to be the chief and supreme head of the Church of England] agnoscere nollent adversarios securi percusserit vel in rogis conflagrarit. Nihilominus iure dici potest, ecclesiasticae Henrici civitati unum solummodo fuisse civem eumque rerum novarum auctorem. Enimvero qui tacuerunt, metu regis perterriti, non consenserunt, ut taceam Pontificios illo tempore paene innumeros. Descenderant Angli in partes: aliis cordi erat, ut, servata apostolicae ecclesiae atque Anglicanae cohaerentia et antiquae disciplinae virtutibus recte aestimatis, Anglia christiana, non in Romana sed in catholica religione constanter perseveraret; alii impetum suum convertebant in maiorum instituta totamque Angliam Calvino vindicare studebant. [1]) Horum uterque, officio principis ductus sententiam dissimu-

---

1) Quo factum est ut Anglicana ecclesia, Rebeccae consimilis, in utero ferat prolem gemellam, sed valde disparem atque pugnacem. Et necessitate quadam versabitur in controversia ac contentione usque dum eventum habuerit vaticinium: „Duae gentes in utero tuo et duo populi ex ventre duo dividentur, populusque populum superabit et maior serviet minori.“

labat, ita tamen ut regem sensim ac moderate in partes suas trahere molī-
retur. Quod attinet ad res liturgicas, rex pauca tantummodo mutari passus
est. Expunctum Pontificis nomen ac commemoratio ex Missalibus, deleta
S. Thomae Cantuariensis festivitas, [1]) omnino imaginum ac Sanctorum cultus
superstitiosus aliquantulum neglectus. Praeterea anno 1545 indulsit rex
Cranmero, clandestino religionis emendatae amico, ut abolerentur imagi-
num velatio et denudatio tempore quadragesimali et paschali, adoratio crucis
inflexis genibus facta, denique nonnulli ritus in Vigilia Omnium Sanctorum
usitati. Ceterum Henrico vivo caetera Romana moles, magnifico opere
exstructa, stabat inconcussa.

Henricus moriturus Eduardo filio, novem annos nato, constituit tutores
sexdecim, et in his Eduardum Seimerum Comitem Herefordensem, adole-
scentis avunculum, in honoribus petendis maxime ambitiosum. Itaque, ad-
versariis remotis, praecipuam tutelae partem sibi demandari, protectoris
honorificum nomen una cum Somersetensi principatu deferri curavit. Is novae
doctrinae recipiendae regi litteris haud leviter imbuto sed a pueritia ad Re-
formatae partes formato et instituto, fuit auctor. Socium et adiutorem habe-
bat inprimis Cranmerum, non amplius Nicodemi personam adumbrantem: ad-
versarium in tutorum conventu fere neminem. Primum facta est mense Maio
1547 omnium ecclesiarum inquisitio et investigatio, quam dicere solent Visi-
tationem. Exstinxerunt rerum sacrarum censores ritus quosdam, quos nullius
putamus momenti: thalamos aqua benedicta adspersos, candelas sacras in
daemonibus eiiciendis adhibitas etc. Gravius est, quod cuiusvis paroeciae
usibus destinarunt Erasmi paraphrasin scripturarum sacrarum et librum xii.
Homiliarum, maxime Cranmeri opera confectum, singulis dominicis ac festis
per annum recitandum. Paulopost ineunte anno 1548, senatus consulto
sublata est Candelarum Benedictio et Processio, in Purificatione Mariae
consueta, Benedictio cinerum in capite iefunii, palmarum distributio ad
cuiuscunque arbitratum vel facienda vel omittenda. Imaginum usus, nun-
quam a superstitione alienus viii Febr. vetitus est. [2]) Sed haec nihil valent
ad illud synodi s. Convocationis decretum, ex quo Missis privatis prorsus
abrogatis nova Communionis liturgia condita est Reformatis moribus accom-
modata. In lucem prodiit libellus die VIII. Martii 1548: „cum privilegio
ad imprimendum solum in officina Edwardi Whitchurche." Praecedit com-
munionis formulae edictum regium, quo haec rex praefatur: sese lubenter
obtemperasse regni ordinibus, utriusque senatus consensu desiderantibus ut

---

1) Thomae Cantueriensis ossa refodi et comburi iussit 1538.

2) Burnet: „Das Einzige, was an dieser Verordnung auszusetzen war,
war dieses, dass alle kostbaren Schreine und alles Silber, was dazu gehörte, in
des Königs Schatz gebracht werden musste."

Sacramentum corporis et sanguinis Iesu Christi sub utraque specie distribuatur in regno Angliae [1]). Sed ne sanctissimum mysterium quisque ad arbitrium et nutum suum fingeret et accommodaret, elaboratam esse liturgiam novam atque omnibus commendatam. Cui si cives plauserint, hac populi adsentatione regem excitatum iri ut audacius alia reformaret. Caeterum omnes velle admonitos ut, regis iudicio confisi, abstinerent a praecipiti ac protervo rerum novarum studio. Neque Edwardus eorum fefellit spem, qui bene cupiebant sacris reformatis. Mense Majo Vindesorium convocavit episcoporum ac theologorum conventum, qui, ritu Romano prorsus sublato, vernaculo sermone componeret novum ecclesiae Anglicanae rituale. Cranmero praeside in eam curam incubuerunt Goodrich, Episcopus Eliensis, Skip, Ep. Herefordensis Thirlby, Ep. Westmonasteriensis, Day, Ep. Cicestriensis, Holleck, Ep. Luidensis, Ridley, Ep. Roffensis, May, Decanus St. Pauli Londinensis, Taylor, Decanus Lindensis, Heynes, Decanus Exoniensis, Redmayne, Cancellarius Cantabrigiensis, Coxe, regis eleemosynarius, Robertson, Archidiaconus Leicestriensis. Ut vulgo fertur his viris non defuit theologorum Reformatorum exterorum auctoritas atque consilium, Petri Martyris, P. Fagii ac M. Buceri et Iohannis a Lasco. [2]) Quod verosimilius est, libri anglicani auctores respexerunt ad liturgiam Hermanni, Archiepiscopi Coloniensis, eo tempore anglica lingua promulgatam. [3]) Profecto Cranmerus voluntatis inclinatione in librum Coloniensem propendebat, sed pro sua prudentia prospiciebat et consulebat populi rationibus vetustae liturgiae adhuc dedit. Propterea quae aliquo modo ferre potuit ingenium Reformatum, desumpsit ex antiquis ecclesiae Anglicanae Missalibus ac Breviariis, imprimis Saris-

---

1) Communio sub utraque iam decreto ordinum d. d. XX. Dec. 1547 introducta est.

2) G. Weberus, Gäbleri iudex in Ephemeridibus Heidelbergensibus 1843, Nr. 57—59. S. 911—939: ,,Dass man sich der Hülfe auswärtiger Theologen, namentlich Bucers und P. Martyr bedient habe, ist durchaus unrichtig, da diese erst nach Vollendung des Common Prayer Book in England anlangten und man absichtlich jede Einmischung von Aussen fernhielt, weshalb man auch Calvins Rath und Beistand höflich ablehnte.‘‘

3) Von Gottes genaden, unser Herman⹀ Ertzbischoffs zu Cöln und Churfürsten etc. einfältige Bedenken, worauff ein Christliche in dem Wort Gottes gegrünte Reformation an Lehr, brauch der Heiligen Sacramenten u. Ceremonien, Seelsorge und andern Kirchendienst, biss uff eines freyen, Christlichen, Gemeinen oder National - Concilii oder des Reichs Teutscher Nation Stende, im Heyligen Geist versammlet, verbesserung, bey denen, so unserer seelsorge befolhen, anzurichten seye. 1543. — Composuere librum Melanthon atque Bucerus: partes secundas sibi sumpserunt Pistorius et Hedio. Cf. Reck Geschichte der Häuser Isenburg, Runkel etc. p. 161 ff.: Deckers Hermann von Wied p. 107 ff., 225 ff. Richter Evangelische Kirchenordnungen II. p. 30 sq.

beriensi, Eboracensi, Herefordensi, Bangerensi. ¹) Itaque absolutus est
Liber Ritualis ecclesiae Anglicanae primus: *The Booke of common prayer
and administration of the Sacramentes and other rites and Ceremo-
nies in the Churche of England*, (Ed. 1.) mox a Synodo vel Convoca-
tione probatus, ab ordinibus regni mense Ianuario 1549 rite sancitus, ut-
pote auxiliante Spiritu Sancto compositus, in publicum editus IV. die Maii
eiusdem anni. Festivitas Pentecostes anni 1549 libro in ecclesiis primum
adhibendo designata est. Sed magnae excitatae sunt turbae, quum et ex
sacro ordine nonnulli pristinos mores servare, alii mandato regio obse-
quium praestare mallent: ²) et populum diversis in provinciis incesserint se-
ditiones atque tumultus. At perstiterunt in coeptis rex et qui ei erant a
secretioribus. Altera Visitatione instituta 1549, denuo mandatum est 1550,
ut omnes vetustae liturgiae Romanenses delerentur, exstinguerentur Sancto-
rum nomina, frangerentur simulacra. Una Maria regis soror, pristinum ri-
tuum in sacello suo retinere ausa est. Ceterum anno 1550, Somersetio
ab regni procuratione amoto, nova convocata est synodus. Haec novam
eamque gravissimam partem Rituali annexuit: *Form for consecrating and*

---

1) Will. Maskell The ancient Liturgy of the Church of England according
to the uses of Sarum, Bangor, York and Hereford and the modern roman Li-
turgy arranged in parallel Columns. 2. Edit. London 1846. Monumenta ritualia
Ecclesiae Anglicanae or occasional offices of the Church of England according
to the ancient use of Salisbury the Prymer in English and other prayers and
forms with dissertations and notes. 3. Voll. London 1847. Palmer Origines Li-
turgicae I. p. 188: „It may be remarked in general of all these missals and
rituals, that they differ but very little; the Sacramentary of Gregory was used
every where, with various small additions. However, the rites of the churches
through out the British Empire were not by any means uniform at the middle of
the sixteenth century, and needed various corrections (ita in omnibus catho-
licae ecclesiae provinciis) and therefore the metropolitan of Canterbury and
other bishops and doctors of the holy catholic church at the request and desire
of king Edward the sixth revised the ritual books; and having examined the
oriental liturgies, and the notices which the orthodox fathers supply, they
edited the English Ritual. — — And the reader will perceive by the following
work, that although our liturgy and other offices were corrected and improved,
chiefly after the example of the ancient Gallican, Spanish, Alexandrian and
Oriental, yet the greater portion of our prayers have been continually retained
and used by the church of England for more than twelve hundred years.“ Simi-
lia docet iam *Stillingfleetius* in libro: The Antiquities of the British Churches.
Alto silentio Vir doctus praetermittit Ritualia reformata, saeculo decimo sexto in
Helvetia atque Germania edita: tamen invictis testimoniis probabimus nonnulla et
inde delibata et accersita esse.

2) Edw. Cardwell. The two books of Common Prayer set forth by au-
thority of Parliament in the reign of King Edward VI. compared with each
other. Oxford 1838.

ordaining Bishops, Priests and Deacons. Omnino totum Rituale, facta censura eius per M. Bucerum, denuo perlustratam ac correctum, iterum ad ordines regni delatum a senatu inferiori auctoritate sua approbatum est die XIV. Aprilis 1552. Simul lege praeceperunt ut ab Festivitate Omnium Sanctorum insequente novas liturgiae chartas omnium usus acciperet. (Ed. 2.) [1]

At mox magna ruina collapsa est coepta Anglicanae ecclesiae reformatio. Nam Eduardo 1553 defuncto Maria soror, avitae religioni admodum dedita eamque magnis in tribulationibus confessa, cum sibi eadem in rebus sacris permutandis licere putaret atque genitori et fratri, omni ope atque opere eniti studebat et efficere, ut Pontifex imperium reciperet in Anglia. Neque conventus ordinum, ab XXIV. Octobr. usque ad VI. Dec. eiusdem anni congregati, reginae de his curis abnuere ausi sunt. Itaque decreverunt, quae Eduardo rege edicta essent de formula precationum atque omnino de cultu divino, ne quid ultra valerent, sed ut eam inde ab XX. die Decembris sequerentur religionem, quae fuisset ab Henrico relicta. Iam audacius Maria edicto regio IV. Mart. 1554 mandavit, ut cultus divinus et latina lingua et vetusto ritu peragatur, celebrentur die festi a novatoribus abrogati, confirmentur pueri advectiores ab episcopis et in scholis erudiantur, qua ratione sacerdoti Missam celebranti ministrare debeant ad aram. Quid multa? Egit triumphum ecclesia Romana de inimicis suis, quasi vivis coloribus sollemni illa pompa expressum quo die XXV. Ian. 1555. Londini episcopi octoginta, centum et sexaginta sacerdotes atque innumerabilis populi multitudo cum vexillis et crucibus processerunt per plateas, gratiae testandae causa ob ecclesiae Romanae auctoritatem feliciter restauratam. Contra in reformatae religionis patronos immaniter saevitum est.

Maria anno 1558 sine prole decedente e vinculis thronum conscendit Elisabeth, bene de rebus suis sperantibus Reformatis, neque tamen desperantibus Romano-Catholicis. Et sane recordabantur alii de iuvenili principis aetate, novae doctrinae sententiis diligenter imbuta: aliorum luctum consolabatur certissima spes, fore ut Elisabeth, sorore viva ritibus Romanis religiose addicta, in doctrina pontificia perseveret. Accessit quod regina segni quadam providentia principio perpauca in rebus sacris mutavit. Neque qui cautioribus uti solet consiliis, hanc dubitationem sola perfidiae vel fallaciae voce vult explicatam. Profecto, ut cum praeclaris-

---

1) Sacerdotes novae liturgiae inimici primum unius anni redditibus mulctati sunt: pertinaces, munere ademto, per annum in carcerem conjecti: tertia vice repugnantes aeternis vinculis mandati. Adeo Thirlby, Day, Skip libro, quem ipsi cum aliis confecerunt, subscribere noluerunt, ut mihi videtur in pluribus libri capitibus reliquorum suffragiis victi.

simo Moshemio loquar, sapientissima regina latioribus terminis quam Gene-
venses religionis emendandae rationem concludebat, priorumque saecu-
lorum potius quam Genevensium exemplum imitari volebat. Placebant
insuper ritus ecclesiae, Eduardi aetate plus iusto diminuti atque in con-
temptionem adducti. [1])

Quapropter, ubi conventus ordinum XVII Mart. anno 1559 legibus
Eduardi regis ecclesiasticis in pristinam dignitatem restitutis, summum in
rebus sacris imperium (supremacy) iterum ad regem detulerunt, et Roma-
nenses et Genevenses zelotae, quibus postmodo Puritanorum nomen indi-
tum est, intellexerunt omnia secus cecidisse, atque initio expectassent.
Habita enim publica disputatione XXXI Mart. et sequentibus diebus scili-
cet in qua Romanensibus pessime propugnatum est, ab ordinibus regni
confirmatum est uniformitatis decretum (An Act for the uniformity of Com-
mon Prayer and Service in the Church and the administration of the Sa-
craments) quod recte dixeris rerum liturgicarum in Anglia solum ac funda-
mentum. Hac celeberrima lege denuo sancitum est Rituale, Eduardi tem-
pore secunda vice editum nunc tertiis curis absolutum: *The Book of
Common Prayer and administration of the Sacraments and other rites
and ceremonies in the Church of England. Londini in officina Richardi
Iugge et Iohannis Cawade cum privilegio Regiae Majestatis a.* 1559
(El.) [2]) — simul gravissimis poenis cautum, ne aliam liturgiam sacerdotes
sequerentur post Nativitatem S. Ioannis 1559. At vero cum illa „unifor-
mitatis" lex in ecclesia Anglicano majorem habeat auctoritatem, quam ut
in Codice nostro omitti queat, eam hoc loco exscribendam curavimus.

---

1) Notum est, reginam Parkero antistite Cantuariensi acriter repugnante re-
tinuisse in sacello suo imaginem Crucifixi cum candelabris atque candelis, adeo
inimicam fuisse coniugio clericorum, Iconoclastis etc. Attamen iussit iam anno
1558, pericopas, orationem dominicam, Symbolum, decem praecepta et Litaniam
recitari anglice. Item abrogavit elevationem hostiae.

2) Liturgical Services v. Liturgies and occasional Forms of Prayer set forth
in the Reign of Queen Elisabeth etc. by Well. Keatinge Clay in Lond. 1847 p. 23 sqq.
Omni studio et auctoritate in librum diligenter percurrendum ac corrigendum in-
cubuerant Parkerus, Cantuariensis episcopus, Grindal, posthac Ep. Londinensis,
Pilkington, cui Dumelinensis sedes delata est; Cox, postea Episc. Eliensis, Moy,
Decanus ad S. Paulum Londinensem, Bill, Praepositus Etonensis, Whitehead, olim
Annae reginae Sacellanus, praeterea Thomas Smith, rei publicae administrandae
peritissimus. Consiliis sacris praesederat Marchio Northamptoniensis, Comes Bed-
fordiensis, John Grey ac Guilielmus Cecil.

An Act for the uniformity of Common Prayer, and Service in the Church, and the administration of the Sacraments.

Where at the death of our late Sovereign lord king Edward the sixth, there remained one uniform order of common service and prayer, and of the administration of Sacraments, Rites, and Ceremonies, in the Church of England, which was set forth in one book, entitled: The book of common prayer, and administration of Sacraments, and other Rites and Ceremonies in the church of England, authorized by Act of Parliament, holden in the fifth and sixth years of our said late Sovereign lord king Edward the sixth, entitled: An act for the uniformity of Common prayer, and administration of the Sacraments, the which was repealed and taken away by act of Parliament, in the first year of the reign of our late Sovereign Lady Queen Mary, to the great decay of the due honour of God, and discomfort to the professors of the truth of Christ's religion.

Be it therefore enacted by the authority of this present parliament, that the said statute of repeal, and every thing therein contained, only concerning the said book, and the Service, administration of Sacraments, Rites and Ceremonies, contained or appointed, in, or by the said book, shall be void and of none effect, from, and after the feast of the Nativity of S. John Baptist, next coming. And that the said book, with the order of service, and of the administration of Sacraments, Rites and ceremonies, with the alterations, and additions, therein added and appointed by this statute, shall stand, and be from and after the said feast of the nativity of Saint John Baptist, in full force and effect, according to the tenor and effect of this statute, any thing in the aforesaid statute of repeal to the contrary notwithstanding.

And further be it enacted by the queen's highness, with the assen of the lords and commons, in this present Parliament assembled, and by authority of the same, that all and singular ministers, in any cathedral, or parish church, or other place within this realm of England, Wales, and the marches of the same, or other the queen's dominions, shall from, and after the feast of the Nativity of Saint John Baptist next coming, be bounden to say and use the Mattins, Evensong, celebration of the Lord's supper, and administration of each of the Sacraments, and all their Common and open prayer, in such order and form, as is mentioned in the said book, so authorized by Parliament in the said v. and vi. year of the reign of king Edward the sixth, with one alteration or addition, of certain les sons to be used on every Sunday in the year, and the form of the Litany altered and corrected, and two Sentences only added in the delivery of the sacrament to the communicants, and none other, or other wise.

And that if any manner of person, vicar, or other whatsoever minister that ought or should sing or say common prayer mentioned in the said book, or minister the Sacraments from and after the feast of the Nativity of Saint John Baptist next coming, refuse to use the said common prayers, or to minister the sacraments in such Cathedral or parish Church, or other places, as he should use to minister the same, in such order and form, as they be mentioned and set forth in the said book: or shall wilfully, or obstinately standing in the same, use any other rite, ceremony, order, form, or manner of celebrating of the Lord's supper openly or privily, or Mattins, Ceremony, administration of the Sacraments, or other open prayers than is mentioned and set forth in the said book or shall preach, declare, or speak any thing in the derogation or depraving of the said book, or any thing therein contained, or of any part thereof, and shall be thereof lawfully convicted according to the laws of this realm, by verdict of xii men, or by his own confession, or by the notorious evidence of the fact: shall lose and forfeit to the Queen's highness, her heirs and successors, for his first offence, the profit of all his spiritual benefices or promotions, coming or arising in one whole year next after this conviction. And also that the person so convicted, shall for the same offence suffer imprisonment by the space of vi months, without bail or mainprise.

And if any such person once convict of any offence, concerning the premises, shall after his first conviction eftsoons offend, and be thereof in form aforesaid lawfully convict, that then the same person shall for his second offence suffer imprisonment by the space of one whole year, and also shall therefore be deprived, ipso facto, of all his spiritual promotions. And that it shall be lawful, to all patrons or donors of all and singular the same spiritual promotions, or of any of them, to present or collate to the same, as though the person and persons so offending were dead; and that if any such person or persons, after he shall be twice convicted in form aforesaid, shall offend against any of the premises the third time, and shall be thereof in form aforesaid lawfully convicted: that then the person so offending, and convict the third time, shall be deprived, ipso facto, of all his spiritual promotions, and also shall suffer imprisonment during his life.

And if the person that shall offend, and be convict in form aforesaid, concerning any of the premises shall not be beneficed, nor have any spiritual promotion: That then the same person so offending and convict, shall for the first offence suffer imprisonment during one whole year next after his said conviction, without bail or mainprise.

And if any such person, not having any spiritual promotion, after his first conviction, shall eftsoons offend in any thing concerning the premises, and shall in form aforesaid be thereof lawfully convicted: That then the same person shall for his second offence, suffer imprisonment during his life.

And it is ordained and enacted by the authority abovesaid, that if any person or persons whatsoever, after the said feast of the Nativity of Saint John Baptist next coming, shall in any Enterludes, Plays, Songs, Rhymes, or by other open words, declare or speak any thing in the derogation, depraving or despising of the same book, or of any thing therein contained, or any part thereof, or shall by open fast, deed, or by open threatenings, compel or cause, or otherwise procure or maintain any Person, Vicar, or other Minister, in any Cathedral, or parish Church, Chapel, or any other place to sing or say common and open prayer, or to minister any Sacrament otherwise, or in any other manner and form than is mentioned in the said book, or that by any of the said means shall unlawfully interrupt or let any person, vicar, or other minister, in any cathedral, or parish Church, Chapel, or any other place to sing or say common and open prayer, or to minister the Sacraments or any of them, in such manner and form, as is mentioned in the said book: That then every such person being thereof lawfully convicted in form abovesaid, shall forfeit to the Queen our Sovereign Lady, her heirs and successors, for the first offence a hundred marks. And if any person or persons, being once convict of any such offence eftsoons offend against any of the last recited offences, and shall in form aforesaid be thereof lawfully convict: That then the same person so offending and convict, shall for the second offence forfeit to the Queen our Sovereign Lady, her heirs and successors, four hundred marks. And if any person after he, in form aforesaid, shall have been twice convict of any offence, concerning any of the last recited offences, shall offend the third time, and be thereof, in form abovesaid lawfully convict: That then every person so offending and convict, shall for his third offence, forfeit to our Sovereign Lady the Queen, all his goods and cattles, and shall suffer imprisonment during his life. And if any person or persons that for his first offence, concerning the premises, shall be convict in form aforesaid, do not pay the sum to be paid by virtue of his conviction, in such manner and form as the same ought to be paid, within vi weeks next after his conviction, that then every person so convict, and so not paying the same, shall for the same first, in stead of the said sum, suffer imprisonment by the space of vi months, without bail or mainprise. And if any person or persons, that for his second offence concerning the premises, shall be convict in form aforesaid, do not pay the said sum to be paid by virtue of his conviction, and this statute, in such manner and form as the same ought to be paid, within vi weeks next after his said second conviction: that then every person so convicted and not so paying the same, shall for the same second offence, in the stead of the said sum, suffer imprisonment during vii months, without bail or mainprise. And that from and after the said feast of the Nativity of S. John Baptist next coming, all and every person and persons, inhabiting within this realm or any other the Queen's Majesty's dominions, shall diligently and faithfully, having no lawful or reasonable excuse to be absent, endeavour themselves to resort to their parish Church or Chapel accustomed, or upon reasonable let thereof, to some usual place where common Prayer, and such Service of God shall be used in such time of let upon every Sunday, and other days ordained and used to be kept as holy days. And then and there to abide orderly, and soberly during the time of the common prayer, preachings, or other service of God, there to be used and ministered, upon pain of punishment by the censures of the church. And also upon pain that every person so offending shall forfeit for every such offence xii d. to be levied by the Churchwardens of the parish, where such offence shall be done, to the use of the poor of the same parish, of the goods, lands, and tenements of such offender, by way of distress. And for due execution hereof, the Queen's most excellent Majesty, the lords temporal, and all the commons in this present parliament assembled, doth in God's name earnestly require and charge all the Archbishops, Bishops, and other ordinaries, that they shall endeavour themselves to the uttermost of their knowledges, that the due and true execution hereof may be had throughout their diocese, and charges, as they will answer before God for such evils and plagues, wherewith almighty God may justly punish his people for neglecting this good and wholesome law. And for their authority in this behalf, be it further enacted by the authority aforesaid, that all and singular the same archbishops, bishops and all other their officers, exercising ecclesiastical jurisdiction, as well in place exempt as not exempt within diocese, shall have full power and authority by this act, to reform, correct, and punish by censures of the church, all and singular persons, which shall offend within any their jurisdictions or diocese, after the said feast of the Nativity of Saint John Baptist next coming against this act and statute. Any other law, statute, privilege, liberty, or provision heretofore made, had, or suffered to the contrary notwithstanding.

And it is ordained and enacted by the authority aforesaid, that all and every justices of Oyer and terminer, or justices of Assize, shall have full power and authority in every of their open and general Sessions, to enquire, hear and determine all, and all manner of offences that shall be committed or done contrary to any article contained in this present act, within the limits of the commission to them directed, and to make process for the execution of the same, as they may do against any person being indicted before them of trespass, or lawfully convicted thereof.

Provided always and be it enacted by the authority aforesaid, that all and every Archbishop and Bishop, shall or may at all time and times at his liberty and pleasure, join and associate himself, by virtue of this act to the said justices of Oyer and determiner, or to the said justices of assize, at every of the said open and general Sessions, to be holden in any place within his diocese, for and to the enquiry, hearing and determining of the offence aforesaid.

Provided also and be it enacted by the authority aforesaid, that the books concerning the said Services, shall at the costs and charges of the parishioners of every parish, and Cathedral Church, be attained and gotten before the said feast of the Nativity of Saint John Baptist next following, and that all such parishes and Cathedral Churches or other places, where the said books shall be attained and gotten before the said feast of the Nativity of Saint John Baptist, shall within three weeks next after the said books so attained and gotten, use the said service and put the same in use according to this act.

Provided always and be it ordained and enacted by the authority aforesaid, that all and singular Lords of the Parliament for the third offence above mentioned, shall be tried by their peers.

Provided also and be it ordained and enacted by the authority aforesaid, that the Mayor of London, and all other Mayors, Bailiffs, and other head officers of all singular Cities, Boroughs, and Towns Corporate within this realm, Wales, and the marches of the same, to the which justices of Assize do not commonly repair, shall have full power and authority by virtue of this act, to enquire, hear, and determine the offences aforesaid, and every of them yearly, within XV days after the feast of Easter, and S. Michael the archangel, in like manner and form as justices of Assize and Oyer and determiner may do. Provided always and be it ordained and enacted by the authority aforesaid, that all and singular Archbishops and Bishops, and every of their Chancellors, Commissaries, Archdeacons, and other ordinaries, having any peculiar ecclesiastical jurisdiction, shall have full power and authority by virtue of this act, as well to enquire in their visitation, synods, and elswhere within their jurisdiction, at any other time and place, to take occasions and informations of all and every the things above mentioned, done, committed, or perpetrated within the limits of their jurisdictions and authority, and to punish the same by admonition, excommunication, sequestration, or deprivation and other censures and process in like form as heretofore hath been used in like cases by the Queen's ecclesiastical laws.

Provided always and be it enacted, that whatsoever person offending in the premises, shall for the offence first receive punishment of the ordinary, having a testimonial thereof under tue said ordinary's seal, shall not for the same offence eftsoons be convicted before the justices. And likewise receiving for the said first offence punishment by the justices, he shall not for the same offence eftsoons receive punishment of the ordinary. Any thing contained in this act to the contrary notwithstanding.

Provided always and be it enacted, that such ornaments of the Church and of the ministers thereof, shall be retained and be in use as was in this Church of England, by authority of Parliament, in the second year of the reign of king Edward the vi. until other order shall be therein taken by the authority of the Queen's Majesty with the advice of her commissioners appointed and authorized under the great seal of England, for causes ecclesiastical, or of the Metropolitan of this realm. And also that if there shall happen any contempt or irreverence to be used in the ceremonies or rites of the Church, by the misusing of the orders appointed in this book: The Queen's Majesty may by the like advice of the said commissioners, or Metropolitan, ordain and publish such further ceremonies or rites as may be most for the advancement of God's glory, the edifying of his Church, and the due reverence of Christ's holy mysteries and Sacraments.

And be it further enacted by the authority aforesaid, that all laws, statutes, and ordinances, wherein or whereby any other Service, administration of Sacraments, or Common prayer, is limited, established, or set forth to be used within this realm, or any other the Queen's dominions or countries, shall from henceforth be utterly void and of none effect.

Facili assequeris conjectura, Pontificios novam liturgiam aversatos esse; sed nescio an gravius in universum libellum saevierint Puritani. Maxime ii, qui sub persecutione Mariae hactenus in Belgio, Helvetia, Germania, exulaverant [1]), inplacabile inbiberant odium et caerimoniarum omnium et episcopalis disciplinae. Conquerebantur, iam Eduardi aetate segni pede in reformatione progressum esse Anglorum populum ac multum in liturgia

---

[1]) Ut William Wittingham, Thomas Sampson, Gilby, Laurence, Humphred, Thomas Cartwright et alii.

tulisse Romanis institutis affine: nunc gliscere Babylonii monstri luxuriam, nunc aperte auctas Antichristi sordes reduci. Dies festos, praeter Domi- nicam institutos, crucis signum in sacramento lustrali adhibitum, coelestis mensae convivas, in genua provolutos atque innumera alia ad Baalis cul- tum referebant. Adeo clericorum superpelliceum ecclesiae putabatur labes et ruina. [1] Ex contraria parte ecclesia Anglicana, tam capitali odio ten- tata ac vexata, quae antehac ab ingenio Reformato non adeo declinabat, deinceps omnibus antiquae catholicae ecclesiae vestigiis, in doctrina sua, disciplina, regimine ac cultu relictis maxima cum diligentia coepit insistere. Inde animum attentum ad patriorum rituum conservationem tenebat, quos in ipso adversariorum furioso impetu ardentiori in dies amore amplecte- batur. [2]

Sed non eam provinciam suscepimus, ut Anglicanae ecclesiae scribe- remus historiam vel perstringeremus succincte. Sufficit hinc atque illinc decerpere, quae cum Ritualis Anglicani historia arctissime cohaerent atque eos commemorare eventus, qui huic libro acciderunt fatales. [3]

Iacobi nomen, cui anno 1603 Angliae Scotiaeque duplex impositum

---

1) Axtelius, unus ex iis qui Carolum regem capitis damnarunt, cum post- hac ad supplicium raperetur, interrogatus, cur tum nefandum patrasset facinus, respondit „to have no common prayer book and no surplice."

2) Tangit hanc mutationem *Macaulayus*, neque tamen aequius diiudicat: „In den Tagen Eduards VI. und Elisabeths hatten die Vertheidiger des anglikanischen Rituals sich gewöhnlich begnügt zu sagen: es könne ohne Sünde angewendet werden und es werde daher nur ein störrischer und ungehorsamer Unterthan sich weigern, es anzuwenden, wenn er dazu von der Obrigkeit angehalten werde. Jetzt dagegen begann jene aufwachsende Partei, welche für das Kirchenregi- ment einen himmlischen Ursprung in Anspruch nahm, ihren gottesdienstlichen Handlungen eine neue Würde und Bedeutung zuzuschreiben. Man gab zu ver- stehen, dass, wenn der eingeführte Gottesdienst einen Fehler habe, dieser Fehler in äusserlicher Einfachheit bestehe und dass die Reformen, in der Hitze ihres Streites mit Rom, manche alte Cerimonien abgeschafft hätten, welche man mit Nutzen hätte beibehalten können. Tagen und Oertlichkeiten würde wiederum mystische Verehrung gewidmet. Einige Gebräuche, welche lange nicht angewen- det waren und die man gemeiniglich als abergläubische Mummereien betrachtete, wurden wieder ins Leben gerufen. Gemälde und Kunstwerke, welche der Wuth der Generation der ersten Puritaner entgangen waren, wurden die Gegenstände einer Achtung, welche Vielen als götzendienerisch erschien." Effecit immode- rata Puritanorum intemperantia, ut ecclesia Anglicana tanquam in speculo inspi- cere posset libertatem ecclesiae prave intellectam et quasi in monstri speciem detortam. Meliora edocta, hos ipsos errores summa cura evitare studebat.

3) Et in hoc etiam capite propter angustos fines quibus hic tomus circum- scriptus est, mihi cavendum est, ne quum me brevem esse puto, sim longissimus. Qui accuratiora desiderat, huic demando *Ed. Cardwell*: History of the Conferen- ces etc.

est diadema, Puritanos ad spem erexit. Cogitabant de rege Scotorum Knoxii et Buchanani auspiciis educato, Presbyterianorum sectam professo: at negligebant, quod gravissimum erat, principem iam dudum Zelotarum clamores atque injurias invite tulisse ac sustinuisse. Itaque cum mille Presbyterianorum oratores regem, vix pedem in regnum inferentem, precibus flagitarent (the millenary petition), ut aboleretur obstetricum baptismus, annulus matrimonii, confirmatio, biretum et superpelliceum clericorum, genuflexio in nomine Iesu facienda, librorum apocryphorum usus, dierum festorum observatio: Iacobus evocavit et Anglicanae ecclesiae antistites et Puritanos ad colloquium, Hamptoniae instituendum. [1]) Ipse rex adfuit disputationi (XIV — XV Ian. 1604) nec testis solum, sed acerrimus etiam Anglicanae liturgiae vindex et patronus. Ut brevi dicam, reiecto Presbyterianorum libello, rex perpauca tantum proposuit in melius mutanda. Maximus plausus cum impertiti sint Iacobo episcopi atque doctores, prodiit nova Ritualis Anglicani editio (*King Iames's Book as settled at Hampton Court* 1604), in formulis absolutionis et Confirmationis nec non in praeceptis de baptismo a mulieribus casu necessitatis peragendo prioribus aliquantulum dissona.

Iam vero novum idque ingens periculum instabat a Puritanis temporibus Caroli regis, huius nominis primi. Nam pristino odio magnum datum est incrementum per Guilelmum Laudium, archiepiscopum Cantuariensem. Is enim, ut erat ecclesiae Anglicanae strenuus defensor, eorum qui dissentiebant, capitalis adversarius, in re rituali in Romanos errores propensior impulit regem in certissimam spem Anglicanae liturgiae Scotis obtrudendae. Mandato regio Scoticana ecclesia caerimonias maxime infestas recipere iussa est, novum Rituale, a Laudio confectum Anglicano admodum simile (1607): quod, quantum tumultus ac procellae excitaverit, non nostri muneris est exponere. Tamen, si reprehensionem mereantur rex atque Laudius, ex altera parte candidi iudicis est reputare, quam seditiosum fuerit illius aevi ingenium et hostili animo adversus regiam potestatem animatum, quod necessitudinis commercium habuerint turbulenti illi errores cum contentiosis Puritanorum disputationibus. Utcumque est, sane poenas gravissimas dederunt

---

1) Haud male Bentham: Engeländischer Kirch- und Schulen-Staat ed. 2. p. 529 „Auf Seiten der Engeländischen Kirchen waren zugegen der Erzbischof von Canterbury nebst 8 Amtsbrüdern. Auf Seiten der Puritaner aber stellten sich ein: Dr. John Reynolds und Dr. Thomas Sparks von Oxford, dann Mr. Chatterton und Mr. Knewstubs von Cambridge. Diese Leute kamen in einer Kleidung angezogen, dero sich damals diejenigen Kaufleute bedienten, welche nach der Türkei handelten; womit sie anzeigen wollten, wie sie sich im Gewissen verbunden erkannten, in den äusserlichen Ceremonien sich lieber den Türken als den Papisten gleich zu stellen."

et rex et archiepiscopus. Neque in illorum clade hostium furor acquievit. Die tertio Ianuarii 1643 ordines regni tumultuosa lege Rituale Anglicanorum abrogarunt. Suffectus est liber ritualis ad normam Scoticanae ecclesiae redactus (*Directory or Form of Worship*) deinceps alia lege XXIII Aug. 1643 minaciter prohibitum est, ne quis amplius vetusta liturgia uteretur.

At Anglorum gens, cum antea maximi habuerit *the book of common prayer*, eum in funesta illa reipublicae aetate venerabunda amplexa est utpote Martyrem. Hinc fluxit illa constantia (quam alii pertinaciam appellare malunt) qua post Caroli Secundi reditum, cum Presbyteriani iterum gestirent mutare librum et aliquo modo ad suam doctrinam adaptare, religiose servarunt maiorum praecepta. [1]) Nam Synodus, cui rex tradidit liturgiam denuo perlustrandam mutavit in paucis tantummodo atque minutis (*King Charles II's book as settled at the Savoy conference* 1662). Nihilominus regis atque ordinum decreto omnibus clericis una cum Uniformitatis lege praeceptum est, ut usque ad festivitatem S. Bartholomaei anni 1662 publica ac solenni declaratione Rituale Anglicanum, noviter editum, subscriberent. Duo millia parochorum, Presbyterianorum sententiis addicti, muneribus sacris sese abdicarunt. [2])

Ex illo tempore incolume atque immutatum („firm and unshaken") apud Anglos remansit *the Book of Common Prayer* [3]) altissimis sane

1) Exstant tamen Puritanismi reliquiae in ecclesia. Uhden, Herm., Die Zustände der anglikanischen Kirche u. s. w. Leipzig, 1843. p. 156: „Während die Kirche nach der Restauration ihre Verfassung und ihre Liturgie wieder aufnahm, erfuhr sie wesentlich an sich die Veränderung, dass sie sich selbst das puritanische Element in der Lehre vom Abendmahle, in der Verwerfung der Bilder und des Schmucks der Kirchen, besonders aber in dem Sonntage aneignete, wogegen dann alle Festtage bis auf den Weihnachts- und Karfreitag verschwanden."

2) Insignis omnium editionum collectio haec est: The Book of Common Prayer, comprising the six books from Edward VI. to the present time, reprinted by Wittingham. 6 Vols. Fol. London (W. Pickering).
1. The first book of Edward VI. A. D. 1549.
2. The second book of Edward VI. 1552.
3. The first book of Queen Elizabeth. 1559.
4. King James's Book as settled at Hampton Court 1604.
5. The Scotch Book of Charles I. (Archbishop Laud's) 1637.
6. King Charles II.'s book, as settled at the Savoy Conference. 1692.

3) Nam singulorum capitum immutationes, quas Guilielmo tertio regnante nonnulli theologi proposuerunt Dissentientibus favorabiles, non obtinuerunt. Nonnulla mutavit ecclesia episcopalis, per foederatas Americae septentrionalis civitates diffusa. Et cum ad manus sit: *The Book of Common Prayer etc. according to the use of the Protestant Episcopal Church in the United States of America* — Philadelphia 1818 — infra libri habebimus rationem. (Am.)

III.   21

defixus radicibus, quae vix ac ne vix quidem possunt labefactari. Etenim laudis modum minime excedimus adfirmando non exstare in Christiana republica librum liturgicum, quod tanto amore prosequerentur laici, assiduis volverent manibus, ne dicam memoriter tenerent. [1]) Quae singularis dignitas atque praestantia nos potissimum commovit ut praeter consuetudinem librum integrum sequentibus paginis curaverimus exprimendum, praetermissis tamen quae ex scriptura sacra vel ex symbolis ecclesiae deprompta sunt.

---

1) H. Uhden, p. 109 sq.: „Das Common Prayer Book ist als der eigentliche Einigungspunkt der Kirche anzusehen — den Laien begleitet dies Buch von früher Kindheit durch alle Momente seines religiösen Lebens." p. 167: „Die Mannschaft eines englischen Schiffes empörte sich einst und liess sich auf einer Insel in der Südsee nieder. Eine gewisse Unterordnung stellte sich bald her und es erwachte auch die Erinnerung an den früheren Kirchenbesuch wieder. Da wurde der Ernsteste unter ihnen angegangen, einen Gottesdienst einzurichten und es gelang der Mannschaft aus dem Gedächtnisse die Liturgie zusammen zu setzen."

THE BOOK OF COMMON PRAYER,

and administration of the Sacraments, and other Rites and Ceremonies of the Church, according to the use of the united Church of England and Ireland. [1])

The Preface. [2])

It hath been the wisdom of the Church of England, ever since the first compiling of her publick Liturgy, to keep the mean between the two extremes, of too much stiffness in refusing, and of too much easiness in admitting any variation from it. For, as on the one side common experience sheweth, that where a change hath been made of things advisedly

---

1) Quod proxime succedit inscriptioni, argumentum libri (The Contents of this Book) praetermittimus.

2) Non opus est adnotare, hanc Praefationem, quae multum gravitatis habet ac moderationis, adiectam esse Ritualis Editioni, Caroli Secundi tempore conditae. Am. subsequentem facit titulo atque argumento „*The Ratification of the Book of Common Prayer. — By the Bishops, the Clergy, and the Laity of the Protestant Episcopal Church in the United States of America, in Convention, this 16th Day of October, in the Year of our Lord one thousand seven hundred and eighty-nine.* — This Convention having in their present Session, set forth *A Book of Common Prayer, and Administration of the Sacraments, and other Rites and Ceremonies of the Church*, do hereby establish the said book: And they declare it to be the Liturgy of this Church; and require, that it be received as such by all the Members of the same: And this Book shall be in Use from and after the first Day of October, in the Year of our Lord one thousand seven hundred and ninety." Adnectitur Praefatio, ab Anglicana diversa, ex qua unum exscribimus locum. „But when in the course of Divine Providence, these American States became independent with respect to Civil Government, their Ecclesiastical Independence was necessarily included; and the different religious denominations

21 *

established (no evident necessity so requiring) sundry inconveniences have thereupon ensued; and those many times more and greater than the evils, that were intended to be remedied by such change: So on the other side, the particular Forms of Divine worship, and the Rites and Ceremonies appointed to be used therein, being things in their own nature indifferent, and alterable, and so acknowledged; it is but reasonable, that upon weighty and important considerations, according to the various exigency of times and occasions, such changes and alterations should be made therein, as to those that are in place of Authority should from time to time seem either necessary or expedient. Accordingly we find, that in the reigns of several Princes of blessed memory since the Reformation, the Church, upon just and weighty considerations her thereunto moving, hath yielded to make such alterations in some particulars, as in their respective times were thought convenient: yet so, as that the main body and essentials of it (as well in the chiefest materials, as in the frame and order thereof) have still continued the same unto this day, and do yet stand firm and unshaken, notwithstanding all the vain attempts and impetuous assaults made against it, by such men as are given to change, and have always discovered a greater regard to their own private fancies and interests, than to that duty they owe to the publick.

By what undue means, and for what mischievous purposes the use of the Liturgy (though enjoined by the Laws of the Land, and those Laws

of Christians in these States were left at full and equal liberty to model and organize their respective Churches, and forms of worship, and discipline, in such manner as they might judge most convenient for their future prosperity; consistently with the Constitution and Laws of their Country. The attention of this Church was, in the first place, drawn to those alterations in the Liturgy which became necessary in the Prayers for our Civil Rulers, in consequence of the Revolution. And the principal care herein was to make them conformable to what ought to be the proper end of all such prayers, namely, that „Rulers may have grace, wisdom, and understanding to execute justice, and to maintain truth;" and that the People „may lead quiet and peaceable lives, in all godliness and honesty." But while these alterations were in review before the *Convention*, they could not but, with gratitude to God, embrace the happy occasion which was offered to them (uninfluenced and unrestrained by any worldly authority whatsoever) to take a further review of the Public Service, and to establish such other alterations and amendments therein as might be deemed expedient. It seems unnecessary to enumerate all the different alterations and amendments. They will appear, and it is to be hoped, the reasons of them also, upon a comparison of this with the Book of Common Prayer of the Church of England. In which it will also appear, that this Church is far from intending to depart from the Church of England in any essential point of doctrine, discipline, or worship; or further than local circumstances require."

never yet repealed) came, during the late unhappy confusions, to be discontinued, is too well known to the world, and we are not willing here to remember. But when, upon His Majesty's happy Restoration, it seemed probable, that, amongst other things, the use of the Liturgy also would return of course (the same having never been legally abolished) unless some timely means were used to prevent it; those men who under the late usurped powers had made it a great part of their business to render the people disaffected thereunto, saw themselves in point of reputation and interest concerned (unless they would freely acknowledge themselves to have erred, which such men are very hardly brought to do) with their utmost endeavours to hinder the restitution thereof. In order whereunto divers Pamphlets were published against the Book of Common Prayer, the old objections mustered up, with the addition of some new ones, more than formerly had been made, to make the number swell. In fine, great importunities were used to His Sacred Majesty, that the said Book might be revised, and such Alterations therein, and Additions thereunto made, as should be thought requisite for the ease of tender Consciences: whereunto His Majesty, out of his pious inclination to give satisfaction (so far as could be reasonably expected) to all his subjects of what persuasion soever, did graciously condescend.

In which review we have endeavoured to observe the like moderation, as we find to have been used in the like case in former times. And therefore of the sundry alterations proposed unto us, we have rejected all such as were either of dangerous consequence (as secretly striking at some established Doctrine, or laudable practice of the Church of England, or indeed of the whole Catholick Church of Christ) or else of no consequence at all, but utterly frivolous and vain. But such Alterations as were tendered to us (by what persons, under what pretences, or to what purpose soever so tendered) as seemed to us in any degree requisite or expedient, we have willingly, and of our own accord assented unto: not enforced so to do by any strength of Argument, convincing us of the necessity of making the said Alterations: For we are fully persuaded in our judgements (and we here profess it to the world) that the Book, as it stood before established by Law, doth not contain in it any thing contrary to the Word of God, or to sound Doctrine, or which a godly man may not with a good Conscience use and submit unto, or which is not fairly defensible against any that shall oppose the same; if it shall be allowed such just and favourable construction as in common equity ought to be allowed to all human Writings, especially such as are set forth by Authority, and even to the very best translations of the holy Scripture itself.

Our general aim therefore in this undertaking was, not to gratify this or that party in any their unreasonable demands; but to do that, which to our best understandings we conceived might most tend to the preservation of Peace and Unity in the Church; the procuring of Reverence, and exciting of Piety and Devotion in the publick Worship of God; and the cutting off occasion from them that seek occasion of cavil or quarrel against the Liturgy of the Church. And as to the several variations from the former Book, whether by Alteration, Addition or otherwise, it shall suffice to give this general account, That most of the Alterations were made, either first, for the better direction of them that are to officiate in any part of Divine Service; which is chiefly done in the Calendars and Rubricks: or secondly, for the more proper expressing of some words or phrases of ancient usage in terms more suitable to the language of the present times, and the clearer explanation of some other words and phrases, that were either of doubtful signification, or otherwise liable to misconstruction: Or thirdly, for a more perfect rendering of such portions of holy Scripture, as are inserted into the Liturgy; which, in the Epistles and Gospels especially, and in sundry other places, are now ordered to be read according to the last Translation: and that it was thought convenient, that some Prayers and Thanksgivings, fitted to special occasions, should be added in their due places; particularly for those at Sea, together with an office for the Baptism of such as are of riper years: which, although not so necessary when the former Book was compiled, yet by the growth of Anabaptism, through the licentiousness of the late times crept in amongst us, is now become necessary, and may be always useful for the baptizing of Natives in our Plantations, and others converted to the Faith. If any man, who shall desire a more particular account of the several Alterations in any part of the Liturgy, shall take the pains to compare the present Book with the former; we doubt not but the reason of the change may easily appear..

And having thus endeavoured to discharge our duties in this weighty affair, as in the sight of God, and to approve our sincerity therein (so far as lay in us) to the consciences of all men; although we know it impossible (in such variety of apprehensions, humours, and interests, as are in the world) to please all; nor can expect that men of factious, peevish, and perverse spirits should be satisfied with any thing that can be done in this kind by any other than themselves; Yet we have good hope, that what is here presented, and hath been by the Convocations of both Provinces with great diligence examined and approved, will be also well accepted and approved by all sober, peaceable, and truly conscientious Sons of the Church of England.

Concerning the Service of the Church. [1])

There was never any thing by the wit of man so well devised, or so sure established, which in continuance of time hath not been corrupted: As, among other things, it may plainly appear by the Common Prayers in the Church, commonly called Divine Service. The first original and ground whereof if a man would search out by the ancient Fathers, he shall find, that the same was not ordained but of a good purpose, and for a great advancement of godliness. For they so ordered the matter, that all the whole Bible (or the greatest part thereof) should be read over once every year; intending thereby, that the Clergy, and especially such as were Ministers in the congregation, should (by often reading, and meditation in God's word) be stirred up to godliness themselves, and be more able to exhort others by wholesome Doctrine, and to confute them that were adversaries to the truth; and further, that the people (by daily hearing of holy Scripture read in the Church) might continually profit more and more in the knowledge of God, and be the more inflamed with the love of his true Religion.

But these many years passed, this godly and decent order of the ancient Fathers hath been so altered, broken, and neglected, by planting in uncertain Stories, and Legends, with multitude of Responds, Verses, vain Repetitions, Commemorations [2]), and Synodals, that commonly when any Book of the Bible was begun, after three or four Chapters were read out, all the rest were unread. And in this sort the Book of Isaiah was begun in Advent [3]), and the Book of Genesis in Septuagesima;

1) Haec de ritibus ecclesiasticis disputatio, iam primo Eduardi libro praefixa, item desideratur apud Americanos. Procul dubio insunt capiti multae sententiae, notatu dignissimae, quae multum faciunt ad ritus Anglicani indolem cognoscendam.

2) El. Stories, Legends, Responds, Verses, Vain Repetitions, Commemorations. *Gablerus* (Die vollständige Liturgie und die 89 Artikel der Kirche von England u. s. w. von Dr. Bernh. Gäbler, Altenburg 1843) *commemorations* pessime vertit „Anspielungen.“ Saepius ex norma Breviarii et Missalis Romani festum minoris dignitatis concurrit ut dicunt, cum majori vel Dominica cum festo quodam vel feria privilegiata cum sollenitali. Tunc fit in officio festivitatis majori de minori *commemoratio* e. g. in omnibus festis, inter Adventum et Quadragesimam occurentibus fit commemoratio de feria etc.

3) Leguntur c. 1, 1—10. 16—29. c. 2, 1—10. c. 3, 1—12. c. 4, 1—4. c. 5, 1—8. c. 6, 1—11. c. 7, 1—16. c. 11, 1—11. c. 13, 1—12. c. 14, 1—7. 12—15. c. 16, 1—9. c. 19, 1—7. 11—14. c. 24, 1—16. c. 25, 1—12. c. 26, 1—15. c. 28, 1—7. 16—18. c. 30, 18—29. c. 33, 1—7. 14—18. c. 35, 1—10. c. 41, 1—5. c. 42, 1—14. c. 51, 1—9. c. 64, 1—12. c. 66, 5—17. Docet haec capi-

but they were only begun, and never read through: After like sort were
other Books of holy Scripture used. And moreover, whereas St. Paul
would have such language spoken to the people in the Church, as they
might understand, and have profit by hearing the same; The Service in this
Church of England these many years hath been read in Latin to the people,
which they understand not; so that they have heard with their ears only,
and their heart, spirit, and mind, have not been edified thereby. And
furthermore, notwithstanding that the ancient Fathers have divided the
Psalms into seven portions, whereof every one was called a Nocturn:
Now of late time a few of them have been daily said, and the rest utterly
omitted. [1]) Moreover, the number and hardness of the Rules called the
Pie, and the manifold changings of the Service, was the cause, that to
turn the Book only was so hard and intricate a matter, that many times
there was more business to find out what should be read, than to read it
when it was found out. [2])

These inconveniences therefore considered, here is set forth such an
Order, whereby the same shall be redressed. And for a readiness in this
matter, here is drawn out a Calendar for that purpose, which is plain and
easy to be understood; wherein (so much as may be) the reading of holy
Scripture is so set forth, that all things shall be done in order, without
breaking one piece from another. For this cause be cut off Anthems,
Responds, Invitatories, and such like things as did break the continual
course of the reading of the Scripture.

tum series, quod confirmant omnes Breviarii partes, ecclesiam Romanam decer-
pere ex scriptura periochas, singulis festis et temporibus aptas: quae minus con-
veniunt praetermittit. Utraque ratio legendi scripturam sacram, et Anglicana
et Romana, haud caret propria quadam virtute. Accedit quod Angli Dominicis et
festis adsignant lectiones proprias.

1) Secundum Rubricas Breviarii leguntur in Matutino Dominicali et feriali
Psalmi 12, in Laudibus 7, in Prima 3, in Tertia 3, in Sexta 3, in Nona 3, in Vespe-
ris 5, in Completorio 4, ita tamen, ut Psalmi in horis minoribus non varient. Ita-
que per unius hebdomadis spatium totum fere Psalterium videtur absolutum. At
vero cum (extra adventum et Quadragesimam) perraro peragatur officium de feria,
occurrentibus Sanctorum festivitatibus, propriis Psalmis insignitis, Psalterii ordo
omnino disturbatur. Concedent mihi Rubricistae, exempli gratia persaepe legi
Psalmos Martyrum, rarissime Psalmos feriales.

2) Nunc traditur sacerdotibus Romanis quovis anno *Directorium* mandato
episcopi typis excusum, quod cuiusque diei officium diligenter et apte designat.
Sane vero non facilis est negotii, praecipue in nonnullis anni ecclesiastici parti-
bus, omnia Directorii praecepta, attento animo retinere et observare. Egomet
ipse saepius deprehendi sacerdotes peccantes oblivione et reticentia. Omiserunt
commemorationem quandam vel ,,Communicantes" propriam in Octavis etc.

Yet, because there is no remedy, but that of necessity there must be some Rules; therefore certain Rules are here set forth; which, as they are few in number, so they are plain and easy to be unterstood. So that here you have an Order for Prayer, and for the reading of the holy Scripture, [1]) much agreeable to the mind and purpose of the old Fathers, and a great deal more profitable and commodious, than that which of late was used. It is more profitable, because here are left out many things, whereof some are untrue, some uncertain, some vain and superstitious: and nothing is ordained to be read, but the very pure Word of God, the holy Scriptures, or that which is agreeable to the same; and that in such a Language and Order as is most easy and plain for the understanding both of the Readers and Hearers. It is also more commodious, both for the shortness thereof, and for the plainness of the Order, and for that the Rules be few and easy. [2])

And whereas heretofore there hath been great diversity in saying and singing in Churches within this Realm; some following Salisbury Use, some Hereford Use, and some the Use of Bangor, some of York, some of Lincoln, now from henceforth all the whole Realm shall have but one Use. [3])

And forasmuch as nothing can be so plainly set forth, but doubts may arise in the use and practice of the same; to appease all such diversity (if any arise) and for the resolution of all doubts, concerning the manner how to understand, do, and execute, the things contained in this Book; the parties that so doubt, or diversely take any thing, shall alway resort to the Bishop of the Diocese, who by his discretion shall take order for the quieting and appeasing of the same; so that the same order be not contrary to any thing contained in this Book. And if the Bishop of the Diocese be in doubt, then he may send for the resolution thereof to the Archbishop.

————————

Though it be appointed, That all things shall be read and sung in the Church in the English Tongue, to the end that the Congregation may

————————

1) El. as touching the reading of holy scripture.

2) Addit El.: Furthermore by this order, the Curates shall need none other books for their public service, but this book and the bible: by the means whereof, the people shall not be at so great charge for books as in time past they have been.

3) Adnexa sunt in El.: And if any would judge this way more painful, because that all things must be read upon the book, whereas before, by the reason of so often repetition, they could say many things by heart: if those men will

be thereby edified; yet it is not meant, but that when men say Morning and Evening Prayer privately, they may say the same in any language that they themselves do understand. [1])

And all Priests and Deacons are to say daily the Morning and Evening Prayer either privately or openly, not being let by sickness, or some other urgent cause. [2])

And the Curate that ministereth in every Parish-Church or Chapel, being at home, and not being otherwise reasonably hindered, shall say the same in the Parish-Church or Chapel where he ministereth, and shall cause a Bell to be tolled thereunto a convenient time before he begin, that the people may come to hear God's Word, and to pray with him. [3])

---

weigh their labour, with the profit and knowledge which daily they shall obtain by reading upon the book, they will not refuse the pain in consideration of the great profit that shall ensue thereof.

1) Omnino nemo potest insitias ire multis nominibus commendari unam ecclesiae Christianae linguam, per totum orbem christianum diffusam. At vero ne unquam laedatur S. Pauli praeceptum, omnis coetus publicus vernaculo sermone peragendus erit: fortasse ecclesiis quae non sunt parochiales, porro sacris clericorum privatis inservire posset linguae sacrae totius ecclesiae Christianae vinculum. Quam dignitatem recte conferri ori Latino concedent omnes. Quod ad Angliam Rituale saepissime in latinam linguam translatum est, immo passim in scholis atque collegiis recitatur sermone latino. Primo Alexander *Alesius* Liturgiam Eduardi fecit latinam Lips. 1551: sed erat interpres dubiae et incertae auctoritatis. Melius librum interpretati sunt 1662 Iohn *Earle*, Decanus Westmonasteriensis atque I. *Pearson*. Nunc vulgatissimum est opus *Harwoodii: Liturgia seu Liber Precum Communium, Administratio Coenae Dominicae Catechismus in ecclesia Anglicana receptus.* Ille liber 1785 primo typis excusus est. 1840 octava editio in lucem prodiit. At multum abest ut omnes libri formulas complectatur.

2) Et. — shall be bound to say daily the Morning and Evening prayer; either privately or openly, except they be letted by preaching, studying of divinity or by some other urgent cause. — Sapienter Angli, ex Romanae ecclesiae praeceptis de clericis, ad quotidianam Breviarii recitationem obligatis, ad se transtulerunt, quae suis institutis convenire videbantur. Nam assidua lectio libri ritualis recte conformati, (ut taceam, mentes segnes ad rem divinam evocari et excitari aliorumque imbecillitate optime illa lege consultum esse) sacerdotes copulat cum ecclesia societate continua de qua optima quaeque in pastorum munus redundant.

3) Et. reasonably letted — and shall toll a bell etc. that such as be disposed may come. Cognoscis Anglicanam quoque ecclesiam cultus quotidiani patronam cf. C. L. II. p. 78. n. 96. 104. At gliscente veteris disciplinae auctoritate, Ritualis praecepta non adeo religiose servantur. *Uhden* p. 112: „Der tägliche Gottesdienst ist im Ganzen wenig besucht; er besteht noch in einzelnen Kirchen, so in den mit Collegien der Universitäten verbundenen Capellen für die Mitglieder des

Of Ceremonies,
why some be abolished, and some retained. [1])

Of such Ceremonies as be used in the Church, and have had their beginning by the institution of man, some at the first were of godly intent and purpose devised, and yet at length turned to vanity and superstition: some entered into the Church by indiscreet devotion, and such a zeal as was without knowledge; and for because they were winked at in the beginning, they grew daily to more and more abuses, which not only for their unprofitableness, but also because they have much blinded the people, and obscured the glory of God, are worthy to be cut away, and clean rejected; other there be, which although they have been devised by man, yet it is thought good to reserve them still, as well for a decent order in the Church, (for the which they were first devised) as because they pertain to edification, whereunto all things done - in the Church (as the Apostle teacheth) ought to be referred.

And although the keeping or omitting of a Ceremony, in itself considered, is but a small thing; yet the wilful and contemptuous transgression and breaking of a common order and discipline is no small offence before God, *Let all things be done among you*, saith Saint *Paul, in a seemly and due order.* [2]) The appointment of the which order pertaineth not to private men; therefore no man ought to take in hand, nor presume to appoint or alter any publick or common Order in Christ's Church, except he be lawfully called and authorized thereunto.

And whereas in this our time, the minds of men are so diverse, that some think it a great matter of conscience to depart from a piece of the least of their Ceremonies, they be so addicted to their old customs; and again on the other side, some be so new-fangled, that they would innovate all things, and so despise the old, that nothing can like them, but that

---

Collegiums. Man bemüht sich an mehreren Orten, sie wieder herzustellen; besonders wird es von Puseyten empfohlen. Pusey macht es den deutschen Kirchen besonders zum Vorwurf, dass sie keine taeglichen Gottesdienste haben." (Ignorare videtur Vir Doctus primaevos ecclesiae Lutheranae ritus). *Kniewel*, Reiseskizzen aus dem Heerlager der Kirche u. s. w. Leipzig 1843. Tom. I. p. 106: „Hier (in ecclesia S. Pauli Londinensi) wird an jedem Wochentage der liturgische Gottesdienst Vormittags von ¾ 9, Nachmittags von ¼ auf 4, höchstens eine Stunde lang gehalten. — Das Morgengebet aber findet täglich, Sonntags ausgenommen, im Sommer um 7 Uhr, im Winter um 8 Uhr Morgens in der eigens dazu eingerichteten Kapelle des nördlichen Kreuzarmes Statt." cf. p. 124.

1) Non reperis in Am.
2) Cod. Lit. II. p. 17.

is new: it was thought expedient, not so much to have respect how to please and satisfy either of these parties, as how to please God, and profit them both. And yet lest any man should be offended, whom good reason might satisfy, here be certain causes rendered, why some of the accustomed Ceremonies be put away, and some retained and kept still.

Some are put away, because the great excess and multitude of them hath so increased in these latter days, that the burden of them was intolerable; whereof Saint Augustine in his time complained, that they were grown to such a number, that the estate of Christian people was in worse case concerning that matter, than were the Jews. And he counselled that such yoke and burden should be taken away, as time would serve quietly to do it. But what would Saint Augustine have said, if he had seen the Ceremonies of late days used among us; whereunto the multitude used in his time was not to be compared? This our excessive multitude of Ceremonies was so great, and many of them so dark, that they did more confound and darken, than declare and set forth Christ's benefits unto us. And besides this, Christ's Gospel is not a Ceremonial Law, (as much of Moses' Law was) but it is a Religion to serve God, not in bondage of the figure or shadow, but in the freedom of the Spirit; being content only with those Ceremonies which do serve to a decent Order and godly Discipline, and such as be apt to stir up the dull mind of man to the remembrance of his duty to God, by some notable and special signification, whereby he might be edified. Furthermore, the most weighty cause of the abolishment of certain Ceremonies was, That they were so far abused, partly by the superstitious blindness of the rude and unlearned, and partly by the unsatiable avarice of such as sought more their own lucre, than the glory of God, that the abuses could not well be taken away, the thing remaining still.

But now as concerning those persons, which peradventure will be offended, for that some of the old Ceremonies are retained still: If they consider that without some Ceremonies it is not possible to keep any Order, or quiet Discipline in the Church, they shall easily perceive just cause to reform their judgements. And if they think much, that any of the old do remain, and would rather have all devised anew; then such men granting some Ceremonies convenient to be had, surely where the old may be well used, there they cannot reasonably reprove the old only for their age, without bewraying of their own folly. For in such a case they ought rather to have reverence unto them for their antiquity, if they will declare themselves to be more studious of unity and concord, than of innovations and new-fangleness, which (as much as may be with true setting forth of Christ's Religion) is always to be eschewed. Furthermore, such shall have no just cause with the Ceremonies reserved to be offended. For as those be taken away which were most abused, and did burden men's consciences without any cause; so the other that remain, are retained for a discipline and order, which (upon just causes) may be altered and changed, and therefore are not to be esteemed equal with God's Law. And moreover, they be neither dark nor dumb Ceremonies, but are so set forth, that every man may understand what they do mean, and to what use they do serve. So that it is not like that they in time to come should be abused as other have been. And in these our doings we condemn no other Nations, nor perscribe any thing but to our own people only [1]): For we think it convenient, that every Country should use such Ceremonies as they shall think best to the setting forth of God's honour and glory, and to the reducing of the people to a most perfect and godly living, without error or superstition; and that they should put away other things, which from time to time they perceive to be most abused, as in men's ordinances it often chanceth diversely in divers countries.

The order how the Psalter is appointed to be read.

The Psalter shall be read through once every Month, as it is there appointed, both for Morning and Evening Prayer. But in February it shall be read only to the twenty-eighth, or twenty-ninth Day of the Month. [2])

And whereas January, March, May, July, August, October and December, have One-and-thirty days apiece; It is ordered, that the same Psalms shall be read the last day of the said Months, which were read the day before: So that the Psalter may begin again the first day of the next month ensuing.

And, whereas the 119th Psalm is divided into twenty-two portions, and is over-long to be read at one time; It is so ordered, that at one time shall not be read above four or five of the said portions.

And at the end of every Psalm, and of every such part of the 119th Psalm, shall be repeated this Hymn.

----

1) Quod ab Anglis hodierni temporis haud raro negligitur, grandi supercilio exteros ritus contemnentibus.

2) Discordant in singulis vetustae Ritualis editiones „And because January and March hath one day above the said number, and February which is placed between them both hath only 28 days: February shall borrow of either of the months (of January and March) one day. And so the Psalter which shall be read in February, must begin the last day of January and end the first day of March."

Glory be to the Father, and to the Son: and to the Holy Ghost;

As it was in the beginning, is now, and ever shall be: world without end. Amen. [1])

Note. That the Psalter followeth the Division of the Hebrews, and the Translation of the great English Bible, set forth and used in the time of King Henry VIII. and Edward VI. [2])

---

[1]) Desunt in El. et Am. Brev. Romanum: ,,In fine Psalmorum semper dicitur *Gloria patri*" Similia praecipiuntur in ecclesia Lutherana vetusta. Romani doctores autumant versiculum *Gloria patri* compositum esse a Nicaena synodo, immo ab Apostolis fluxisse: addidisse patres Nicaenos *Sicut erat* etc. addi in fine cuiusque Psalmi ex institutione Damasi pontificis. Sane vero illa doxologia minor, ut dicitur, antiquissimae est originis.

[2]) El. And here is also to be noted, that in this table and in all other parts of the service, where any Psalms are appointed, the number is expressed after the great English bible, which from the IX Psalm unto the CXLVIII Psalm (following the division of the Hebrews) doth vary in numbers from the common Latin translation. Uhden p. 107: ,,Sie wurde 1611 unter Jakob dem Ersten herausgegeben. Es waren bei derselben die früheren englischen Bibelübersetzungen benutzt. Schon 1526 erschien eine solche von Will. Tyndal, aber ohne Namen; sie kam verbessert 1534 und 1536 in Antwerpen heraus. — Dann 1535 von Verschiedenen angefertigt, dem König Heinrich dem Achten dedicirt und herausgegeben von Miles Corendale in Folio; wieder abgedruckt in 4to 1550 und 1553. — 1537 von Thom. Matthew (pseudonym); die Bücher des Alten Testaments bis zu der Chronik, Jonas und das Neue Testament sind von Tyndal; das Uebrige von M. Corendale und J. Rogers. — 1539 revidirt von Cranmer, wieder abgedruckt 1541 und 1548. — 1557 gaben die Exulanten in Genf das neue Testament heraus; die ganze Geneva-Bible 1559, der Königin Elisabeth dedicirt, erlebte unter deren Regierung 20 bis 30 Auflagen. — 1562 und 1566 wurde Cranmers Bibel wieder abgedruckt; dann durchgesehen und verbessert erschien sie 1568 und 1572 und wird *the Bishop's Bible* genannt. — 1582 *Rhemish new Testament* von den fluechtigen englischen Katholiken in Rheims herausgegeben, wo 1609 und 1610 die ganze Bibel erschien. Am. post verba — of the said portions, omissis reliquis haec habet ,,The Minister, instead of reading from the Psalter as divided for Daily Morning and Evening Prayer may read one of the *Selections* set out by this Church. And on Days of Fasting and Thanksgiving appointed either by the Civil or by the Ecclesiastical authority, the Minister may appoint such Psalms as he shall think fit in his discretion, unless any shall have been appointed by the ecclesiastical authority in a Service set out for the occasion; which in that case shall be used, and no other." *Sequuntur Proper Psalms on certain Days*, ab anglico libro infra exhibiti, deinde ,,the Minister may use one of the Selections, instead of any one of the above Portions." Selectiones illae in Am. praecedunt Psalterium ,,to be used instead of the Psalms for the day, at the discretion of the Minister." Connectunt Psalmos similis argumenti, e. g. 19, 24, 103—139, 145—

323

The order how the rest of holy scripture is appointed to be read.

The Old Testament is appointed for the first Lessons at Morning and Evening Prayer; so as the most part thereof will be read every Year once, as in the Calendar is appointed. [1])

The New Testament is appointed for the Second Lessons at Morning and Evening Prayer, and shall be read over orderly every year thrice.

51, 24, 37— etc. In utroque libro infra in Psalterio Psalmi secundum dierum ordinem dispositi sunt. Nostrum erit Psalmos omittere uti ex scriptura sacra delibatos ideo nunc adiicienda est Psalmorum tabula. Primo die mensis matutinis sacris designati sunt Ps. 1. 2. 3. 4. 5 vespertinis 6. 7. 8.

```
 2. M.  9 — 11.    V. 12 — 14.
 3. M. 15 — 17.    V. 18.
 4. M. 19 — 21.    V. 22, 23.
 5. M. 24 — 26.    V. 27 — 29.
 6. M. 30. 31.     V. 32 — 34.
 7. M. 35, 36.     V. 37.
 8. M. 38 — 40.    V. 41 — 43.
 9. M. 44 — 46.    V. 47 — 49.
10. M. 50 — 52.    V. 53 — 55.
11. M. 56 — 58.    V. 59 — 61.
12. M. 62 — 64.    V. 65 — 67.
13. M. 68.         V. 69, 70.
14. M. 71. 72.     V. 73, 74.
15. M. 75 — 77.    V. 78.
16. M. 79 — 81.    V. 82 — 85.
17. M. 86 — 88.    V. 89.
18. M. 90 — 92.    V. 93, 94.
19. M. 96, 97.     V. 98 — 101.
20. M. 102. 103.   V. 104.
21. M. 105.  V. 106.
22. M. 107.  V. 108. 109.
23. M. 110 — 113.  V. 114. 115.
24. M. 116 — 118.  V. 119, 1 — 32.
25. M. 119, 33 — 72.   V. 119, 73 — 104.
26. M. 119, 115 — 144.  V. 119, 145 — 176.
27. M. 120 — 125.  V. 126 — 131.
28. M. 132 — 135.  V. 136 — 138.
29. M. 139 — 141.  V. 142. 143.
30. M. 144 — 146.  V. 147 — 150.
```

1) El. — „and shall be read through, every year once, except certain books and Chapters, which be least edifying, and might best be spared, and therefore be left unread.“

besides the Epistles and Gospels; except the Apocalypse, out of which there are only certain Proper Lessons appointed upon divers Feasts. [1])

And to know what Lessons shall be read every day, look for the day of the Month in the Calendar following, and there ye shall find the Chapters that shall be read for the Lessons both at Morning and Evening Prayer; except only the Moveable Feasts, which are not in the Calendar, and the Immoveable, where there is a blank left in the Column of Lessons, the Proper Lessons for all which days are to be found in the Table of Proper Lessons.

And Note, That whensoever Proper Psalms or Lessons are appointed: then the Psalms and Lessons of ordinary course appointed in the Psalter and Calendar (if they be different) shall be omitted for that time.

Note also, That the Collect, Epistle, and Gospel, appointed for the Sunday, shall serve all the week after, where it is not in this Book otherwise ordered. [2])

---

1) Am. omittit quae spectant ad Apocalypsin. Libere fateor, ex mea opinione iniquius iudicatum esse de Apocalypsi. Miramur saltem, alia sacri codicis capita, ut Ezechielis caput primum e. a. evasisse cladem, sine ulla dubitatione difficillima ad intelligendum.

2) Vetusti libri in hoc capite prolixiores. „This is also to be noted concerning the Leap years, that the XXV day of February, which in Leap year is counted for two days, shall in those two days alter neither Psalms nor Lesson: but the same Psalms and Lessons, which be said the first day, shall also serve for the second day. — Also, where soever the beginning of any Lesson, Epistle or Gospel is not expressed, there ye must begin at the beginning of the Chapter. And where soever is not expressed how far shall be read, there shall you read to the end of the Chapter. Am. addit: „And, on Days of Fasting and Thanksgiving, the same Rule is to obtain as in reading the Psalms. And the same discretion of choice is allowed on occasions of Ecclesiastical Conventions, and those of Charitable Collections."

PROPER LESSONS

to be read at Morning and Evening Prayer, on the Sundays and other Holy-Days throughout the year. [1])

Lessons Proper for Sundays.

	Mattins.	Evensong.		Mattins.	Evensong.
Sundays of Advent.			*Sexagesima*	Genesis 3	Genesis 6
The First . . .	Isaiah 1	Isaiah 2	*Quinquages.*	9 *to v.* 20	— 12
Second. .	— 5	— 24	*Lent.*		
Third . . .	— 25	— 26	First Sund. .	19 *to v.* 30	Genes. 22
Fourth . .	— 30	— 32	Second . . .	— 27	— 34
Sundays after Christmas.			Third . . .	— 39	— 42
			Fourth . . .	— 43	— 45
The First . . .	Isaiah 37	Isaiah 38	Fifth	Exodus 3	Exodus 5
Second . .	— 41	— 43	Sixth : —		
Sundays after Epiphany,			First Lesson . .	— 9	— 10
			Second Lesson	Matth 26	Heb. 5 *to ver.* 11
The First . . .	Isaiah 44	Isaiah 46	*Easter Day.*		
Second . .	— 51	— 53	First Lesson . .	Exodus 12	Exodus 14
Third . . .	— 55	— 56	Second Lesson	Romans 6	Acts 2 *v.* 22
Fourth . .	— 57	— 58			
Fifth . . .	— 59	— 64	*Sundays after Easter.*		
Sixth . . .	— 65	— 66	The First . . .	Numb. 16	Numb. 22
Septuagesima.	Genesis 1	Genesis 2	Second . .	23, 24	— 25

---

1) Hanc tabulam magna ex parte recte interpretaberis ex consuetudine ecclesiae Romanae. Qua de re exscribimus *Lectiones de Scriptura occurrente,* Dominicis tributas : I Adv. les. 1, 1—10. II Adv. les. 11, 1—11. III Adv. les. 26, 1—15. IV Adv. les. 35., 1—7. c. 41, 1—5. Septung. Genes. 1, 1—27. Sexag. Gen. 5, 31—6, 1—5. Quinquag. Gen. 12, 1—20. II Quadr. Genes. 27, 1—30. III Quadr. Gen. 37, 2—29. IV Quadr. Exod. 3, 1—16. I post Trin. 1 Reg. 4, 1—12. II post Trin. 1 Reg. 9, 18—27. III post Trin. 1 Reg. 17, 1—17. IV post Trin. 2 Reg. 1, 1—16. V post Trin. 2 Reg. 12, 1—17. VI post Trin. 3 Reg. 1, 1—15. VII post Trinit. 3 Reg. 9, 1—15. VIII post Trin. 4 Reg. 1, 1—11. IX post Trin. 4 Reg. 9, 29—36. 10, 1—8. X post Trin. 4 Reg. 20, 1—12. Dom. I. Augusti Proverb. 1, 1—20. II Aug. Eccles. 1, 1—18. III Aug. Sapient. 1, 1—12. IV Aug. Ecclesiast. 1, 1—16. V Aug. Ecclesiast. 5, 1—17. I Septembr. Job. 1, 1—12. II Sept. Tob. 9, 1—18. III Sept. Job. 1, 1—16. IV Sept. Iudith 1, 1—12. 2, 1—4. V Sept. Esther 1, 1—10. I Octobr. 1 Macc. 1, 1—17. II Oct. 1 Macc. 4, 36—52. III Oct. 1 Macc. 9, 1—21. IV Oct. 2 Macc. 1, 1—23. V Oct. 2 Macc. 6, 18—23. 7, 1—6. I Nov. Ezech. 1, 1—13. II Nov. Ezech. 21, 1—15. III Nov. Daniel 1, 1—16. IV Nov. Oseas 1, 1—11. V Nov. Michaeas 1, 1—10.

III.

Lessons proper for Sundays.

	Mattins.	Evensong.			Mattins.	Evensong.
Sundays after Easter.			Sixth	. . . .	2 Sam. 12	2 Sam. 19
			Seventh	. . . .	— 21	— 24
Third	Deuter. 4	Deuter. 5	Eighth	. . .	1 Kings 13	1 Kings 17
Fourth . . .	— 6	7	Ninth	. . . .	— 18	— 19
Fifth	— 8	— 9	Tenth	. . . .	— 21	— 22
Sunday after Ascen. Day.	Deuter. 12	Deuter. 13	Eleventh	. . .	2 Kings 5	2 Kings 9
			Twelfth	. . . .	— 10	— 18
Whit-Sunday.			Tirteenth	. . .	— 19	— 23
First Lesson . .	16 tor. 18	Isaiah 11	Fourteenth	. .	Jerem. 5	Jerem. 22
Second Lesson .	Acts 10 r. 34	Acts 19 to ver. 21	Fifteenth	. . .	— 35	— 36
Trinity Sand.			Sixteenth	. . .	Ezekiel 2	Ezekiel 13
First Lesson . .	Genesis 1	Genesis 18	Seventeenth	.	— 14	— 18
Second Lesson .	Matth. 3	1 John 5	Eighteenth	. .	— 20	— 24
			Nineteenth	. .	Daniel 3	Daniel 6
Sundays after Trinity.			Twentieth	. . .	Joel 2	Micah 6
			Twenty-first .		Habak. 2	Proverbs 1
First	Joshua 10	Joshua 23	Twenty-second		Proverbs 2	— 3
Second	Judges 4	Judges 5	Twenty-third .		— 11	— 12
Third	1 Sam. 2	1 Sam. 3	Twenty-fourth		— 13	— 14
Fourth	— 12	— 13	Twenty-fifth . .		— 15	— 16
Fifth	— 15	— 17	Twenty-sixth .		— 17	— 19

Lessons proper for Holy-Days. [1]

	Mattins.	Evensong.		Mattins.	Evensong.
St. Andrew . .	Prov. 20	Prov. 21	*Nativity of Christ.*		[17
St. Thomas . .	— 23	— 24	First Lesson . .	Is. 9 to v. 8	Is. 7 v. 10-
			Second Lesson	Luke 2 to ver. 15	Tit. 3 v. 4-9

[1] Benthem p. 221: „An den Tagen der Heiligen sind insgemein die Lectiones aus den Moralbüchern, als den Sprüchen Salomons, dem Prediger, dem Buche der Weisheit und Iesus Sirach entnommen, weil in denselben gute Vermahnungen und Lebens-Regeln enthalten sind und sich deshalb auf diese Tage sehr wohl schicken, welche aber deswegen gefeiert werden, dass man aufgemuntert werde den Heiligen in ihrem guten Wandel und in einem bis an den Tod beständigen Glauben nachzufolgen." Maiorem movit admirationem quod non paucae Lectiones desumptae sunt ex Apocryphis, alias ab ecclesia repudiatis, adeo nunc ex sacrae scripturae editionibus plerumque amputatis. At ecclesia ad Puritanorum querelas respondit, se in articulo fidei sexto assensam esse Hieronymo „legere ecclesiam illos libros ad exempla vitae et formandos mores, non adhibere ad dog-

Lessons proper for Holy-Days.

	Mattins.	Evensong.		Mattins.	Evensong.
St. Stephen.			**Good Friday.**	[v. 20	
First Lesson . .	Prov. 28	Eccles. 4	First Lesson . .	Gen. 22 to	Isaiah 53
Second Lesson	Acts 6. v. 8. and ch. 7 to v. 30	Acts 7 ver. 30 to v. 55	Second Lesson	John 18	1 Peter 2
St. John, Ev.			**Easter Even.**		
First Lesson . .	Eccles. 5	Eccles. 6	First Lesson .	Zechar 9	Exodus 13
Second Lesson .	Revel. 1	Revel. 22	Second Lesson	Lu. 23 ver. 50	Hebr. 4
Innoc. Day . .	Jer. 31 to ver. 18	Wisdom 1	**Monday in Easter Week.**		
Circumcision.		[12	First Lesson .	Exodus 16	Exodus 17
First Lesson . .	Genesis 17	Deut. 10 v.	Second Lesson	Matth. 28	Acts 3
Second Lesson .	Romans 2	Coloss. 2	**Tuesday in Easter Week.**		
Epiphany.			First Lesson . .	Exodus 20	Exodus 32
First Lesson . .	Isaiah 60	Isaiah 49	Second Lesson	Luke 24 to ver. 13	1 Cor. 15
Second Lesson .	Luke 3 to ver. 23	John 2 to ver. 12	**St. Mark** . . .	Ecclus. 4	Ecclus. 5
Conversion of St. Paul.			**St. Philip and St. James.**		
First Lesson . .	Wisdom 5	Wisdom 6	First Lesson . .	Ecclus. 7	Ecclus. 9
Second Lesson .	Acts 22 to ver. 22	Acts 26	Second Lesson	John 1 ver. 43	
Purific. of the Virgin Mary.	Wisdom 9	Wisd. 12	**Ascension Day.**		
			First Lesson . .	Deuter. 10	2 Kings 2
St. Matthias . .	— 19	Ecclus. 1	Second Lesson	Lu. 24 v. 44	Ephes. 4 to ver. 17
Annunciation of our Lady.	Ecclus. 2	Ecclus. 3	**Monday in Whits. Week.**	[ver. 10	[16 to v. 30
			First Lesson . .	Gen. 11 to	Num. 11 v.
Wednesday before Easter.			Second Lesson	1 Cor. 12	1 Cor. 14 to v. 26
First Lesson . .	Hosea 13	Hosea 14	**Tuesday in Whits. Week.**		
Second Lesson .	John 11 v. 45		First Lesson . .	[v. 18 1 Sam. 19.	Deuter. 30
Thursday before Easter.			Second Lesson	1 Thess 5 v. 12 to v. 24	1 John 4 to ver. 14
First Lesson . .	Daniel 9	Jerem. 31			
Second Lesson .	John 13				

mata confirmanda." Nihilominus mihi neque consuetudini modo commemoratae neque eius patrocinio videtur consentaneum et consequens, apocryphos scriptores e bibliis editis exterminare.

Lessons proper for Holy-Days.

	Mattins.	Evensong.		Mattins.	Evensong.
St. Barnabas.			St. Michael		[5
First Lesson ..	Ecclus. 10	Ecclus. 12	First Lesson ..	Gen. 32	Dan. 10 c.
Second Lesson	Acts 14	Acts 15 to ver. 36	Second Lesson	Acts 12 to ver. 20	Jude c. 6 to ver. 16
St. John Bap.			St. Luke ...	Ecclus. 51	Job 1
First Lesson ..	Malachi 3	Malachi 4			
Second Lesson	Matth. 3	Matth. 14 to ver. 13	St. Simon and		
			St. Jude ...	Job 24, 25	Job 42
St. Peter.					
First Lesson ..	Ecclus. 15	Ecclus. 19	All Saints.	[ver. 10	[ver. 17
Second Lesson	Acts 3	Acts 4	First Lesson ..	Wisd. 3 to	Wisd. 5 to
St. James ...	Ecclus. 21	Ecclus. 22	Second Lesson	Heb. 11 c. 33 etc ch. 12 to c. 7	Rev. 19 to ver. 17
St. Bartholo ..	— 24	— 29			
St. Matthew ..	— 35	— 38			

Proper Psalms on certain Days.

	Mattins	Evensong.		Mattins.	Evensong.
Christmas Day	Psalm 19	Psalm 89	Easter Day.	Psalm 2	Psalm 113
....	— 45	— 110	....	— 57	— 114
....	— 85	— 132	....	— 111	— 118
Ash-Wednes	Psalm 6	Psalm 102	Ascension Day	Psalm 8	Psalm 24
....	— 32	— 130	....	— 15	— 47
....	— 38	— 143	....	— 21	— 108
Good Friday	Psalm 22	Psalm 60	Whit Sunday	Psalm 48	Psalm 104
....	— 40	— 88	....	— 68	— 145
....	— 54				

THE CALENDAR, WITH THE TABLE OF LESSONS. [1]

JANUARY. [2]	Morning Prayer.		Evening Prayer.	
	I. Lesson.	II. Lesson.	I. Lesson.	II. Lesson.
1 Circumcision.	. . . .		. . . .	
2	Gen. 1	Matth. 1	Gen. 2	Rom. 1
3	— 3	— 2	— 4	— 2
4	— 5	— 3	—, 6	— 3
5	— 7	— 4	— 8	— 4
6 Epiphany.	. . . .		. . . .	
7	— 9	— 5	— 12	— 5
8 Luc., Priest et Mart.	— 13	— 6	— 14	— 6
9	— 15	— 7	— 16	— 7
10	— 17	— 8	— 18	— 8
11	— 19	— 9	— 20	— 9
12	— 21	— 10	— 22	— 10

1) Calendarium, libro El. praefixum, praeter festivitates ecclesiae omnes praetermittit Sanctorum memorias, exceptis S. Georgio 23. April et Vinculis Petri s. Lammas-Day 1. Aug. Latina editio anni 1560 repetit, opinor, fastos quibus ecclesia Anglicana usa est ante sacrorum mutationem Sanctorum nominibus refertissimos. Anno 1561 novum promulgatum est Calendarium, hodierno congruens. Additi sunt tantummodo S. Beda 27. Maj. S. Albanus M. 17. Jun. S. Enurchus 7. Sept. Am. Sanctorum nomina praeteriit in Calendario; accedunt nonnullae Anglicae editiones. Sane illustri laude celebranda est ecclesia, quippe quae piorum et sanctorum hominum nomina, ab antiquitate et unitate ecclesiae repetita, curat a civibus tenenda ac recolenda: sed ingenio prudens in fastis non collocavit quos recentioribus temporibus de Anglica ecclesia optime meritos agnoscit et veneratur. Reposcit enim calendarii notio et ἰδέα nobilem antiquitatis rubiginem: nec laudanda est temeritas, qua Calendarium, aliquo modo concordiae vinculum Christianae, novatis nominibus solvitur ac tollitur. Contra in reprehensionem non incurrit sacrorum emendatorum in fastis commemoratio, in Rituali praecipue cum Caroli primi et secundi memoriis iuncta.

2) S. Lucianus Presbyter et Martyr Antiochenus non occurrit in Brev. Romano sed in fastis Angliciis. Passus est Nicomediae, 311. s. 312. 13 Hilarius, celebratissimus ille Pictaviensis ecclesiae antistes, S. Trinitatis strenuus defensor, Semiduplex in Rom. die 14. Ian. 18. Prisca, virgo Romana quae Claudio imperatore, postquam multa tormentorum genera superavit, martyrii palmam adepta est. Commemoratur a Rom. in Cathedra Petri Romana. 20. Fabianus, Pontifex Romanus, in persecutione Decii martyrio coronatus est. Roma eum colit una cum S. Sebastiano ritu duplici. 21. Agnes: Virgo, quae tredecim annos nata pro Christo sanguinem fudit circa a. 300. Rom. dupl. 22. Vincentius Diaconus Caesaraugustanus, Diocletiani aetate Christi martyr intrepidus. Rom. iungit Vinc. S. Anastasio ritu semid. Desideramus S. Ioannis Chrysostomi nomen.

THE CALENDAR, WITH THE TABLE OF LESSONS.

JANUARY.		Morning Prayer.		Evening Prayer.	
		I. Lesson.	II. Lesson.	I. Lesson.	II. Lesson.
13	Hilary, Bp. et Conf. .	Gen. 23	Matth. 11	Gen. 24	Rom. 11
14	. . . .	— 25	— 12	— 26	— 12
15	. . . .	— 27	— 13	— 28	— 13
16	. . . .	— 29	— 14	— 30	— 14
17	. . . .	— 31	— 15	— 32	— 15
18	Prisca, Virg et Mart.	— 33	— 16	— 34	— 16
19	. . . .	— 35	— 17	— 37	1 Cor. 1
20	Fabian, Bp. et Mart.	— 38	— 18	— 39	— 2
21	Agnes, Virgin . .	— 40	— 19	— 41	— 3
22	Vincent, D. et Mart.	— 42	— 20	— 43	— 4
23	. . . .	— 44	— 21	— 45	— 5
24	. . . .	— 46	— 22	— 47	— 6
25	*Convers. of St. Paul*	. . . . . .	. . . . . .	. . . . . .	. . . . . .
26	. . . .	— 48	— 23	— 49	— 7
27	. . . .	— 50	— 24	Exod. 1	— 8
28	. . . .	Exod. 2	— 25	— 3	— 9
29	. . . .	— 4	— 26	— 5	— 10
30	King *Charles*, Mart.	6 *to v.* 14	— 27	— 7	— 11
31	. . . .	— 8	— 28	— 9	— 12

FEBRUARY. [1])		Morning Prayer.		Evening Prayer.	
		I. Lesson.	II. Lesson.	I. Lesson.	II. Lesson.
1	. . . . . Fast.	Exod. 10	Mark 1	Exod. 11	1 Cor. 13
2	*Purific. of V. Mary.*	. . . . . .	— 2	. . . . . .	— 14
3	Blasius, Bp. et Mart.	— 12	— 3	— 13	— 15
4	. . . .	— 14	— 4	— 15	— 16
5	Agatha, Virg. et Mart.	— 16	— 5	— 17	2 Cor. 1
6	. . . .	— 18	— 6	— 19	— 2
7	. . . .	— 20	— 7	— 21	— 3
8	. . . .	— 22	— 8	— 23	— 4
9	. . . .	— 24	— 9	— 32	— 5
10	. . . .	— 33	— 10	— 34	— 6
11	. . . .	Levit. 18	— 11	Levit. 19	— 7

1) 3. *Blasius*, Episcopus Sebastenus ac Martyr, sub Diocletiano illustre fidei testimonium Christo Domino dedit. Commemoratur in Rom. 5. *Agatha*, Virgo Catanensis in persecutione Decii gloriosam martyrii coronam consecuta est. In Rom. Dupl. 14. *Valentinus* Presbyter et Martyr Romae circa 270 decollatus. Commemoratur in Rom.

THE CALENDAR, WITH THE TABLE OF LESSONS.

FEBRUARY.		Morning Prayer.		Evening Prayer.	
		I. Lesson.	II. Lesson.	I. Lesson.	II. Lesson.
12	. . . .	Levit. 20	Mark 12	Levit. 26	2 Cor. 8
13	. . . .	Num 11	— 13	Num. 12	— 9
14	Valentine, Bp. et Mrt.	— 13	— 14	— 14	— 10
15	. . . .	— 16	— 15	— 17	— 11
16	. . . .	— 20	— 16	— 21	— 12
17	. . . .	— 22	Lu. 1 to 39	— 23	— 13
18	. . . .	— 24	- 1 v. 39	— 25	Gal. 1
19	. . . .	— 27	— 2	— 30	— 2
20	. . . .	— 31	— 3	— 32	— 3
21	. . . .	— 35	— 4	— 36	— 4
22	. . . .	Deut. 1	— 5	Deut. 2	— 5
23	. . . . . Fast.	— 3	— 6	— 4	— 6
24	St. Matthias, Apost.	. . . . .	— 7	. . . . .	Ephes. 1
25	. . . .	— 5	— 8	— 6	— 2
26	. . . .	— 7	— 9	— 8	— 3
27	. . . .	— 9	— 10	— 10	— 4
28	. . . .	— 11	— 11	— 12	— 5
29	. . . .	— 13	Matth. 7	— 14	Rom. 12

MARCH. [1])		Morning Prayer.		Evening Prayer.	
		I. Lesson.	II. Lesson.	I. Lesson.	II. Lesson.
1	David, Archbishop. .	Deut. 15	Luke 12	Deut. 16	Ephes. 6
2	Chad, Bishop . .	— 17	— 13	— 18	Philip. 1
3	. . . .	— 19	— 14	— 20	— 2
4	. . . .	— 21	— 15	— 22	— 3
5	. . . .	— 24	— 16	— 25	— 4
6	. . . .	— 26	— 17	— 27	Colos. 1
7	Perpetua, Martyr. .	— 28	— 18	— 29	— 2
8	. . . .	— 30	— 19	— 31	— 3

1) 1. *David* Archiepiscopus Menevensis, Walliae decus, obiit centum quadraginta sex annos natus c. 660. 2. *Chad.* s. *Ceadda* Episcopus Merciensis et Lindisfarnensis, exspiravit a. 672. Vitam eius, quam Beda descripsit virtutibus coruscavit, sepulcrum miraculis. 7. *Perpetua* nobilissima martyr ecclesiae Africanae c. 200. Commemoratur a Rom. cum S. Felicitate in festo S. Thomae Aquin. 12. *Gregorius* Magnus, Romanus pontifex. Rom. dupl. 18. *Eduardus* Rex, Dunstani discipulus atque amicus, novercae machinationibus occisus 981. Ex fastis Angliae vetustis. 21. *Benedictus* Abbas, Rom. Dupl.

THE CALENDAR, WITH THE TABLE OF LESSONS.

MARCH.		Morning Prayer.		Evening Prayer.	
		I. Lesson.	II. Lesson.	I. Lesson.	II. Lesson.
9	. . . .	Deut. 32	Luke 20	Deut. 33	Colos. 4
10	. . . .	— 34	— 21	Josh. 1	1 Thes. 1
11	. . . .	Joshua 2	— 22	— 3	— 2
12	Gregory, M. B.. .	— 4	— 23	— 5	— 3
13	. . . .	— 6	— 24	— 7	— 4
14	. . . .	— 8	John 1	— 9	— 5
15	. . . .	— 10	— 2	— 23	2 Thes. 1
16	. . . .	— 24	— 3	Judg. 1	— 2
17	. . . .	Judges 2	— 4	— 3	— 3
18	Edward, K. of West.	— 4	— 5	— 5	1 Tim 1
19	[Sax.	— 6	— 6	— 7	— 2,3
20	. . . .	— 8	— 7	— 9	— 4
21	Benedict, Abbot .	— 10	— 8	— 11	— 5
22	. . . .	— 12	— 9	— 13	— 6
23	. . . .	— 14	— 10	— 15	2 Tim. 1
24	. . . . . Fast.	— 16	— 11	— 17	— 2
25	*Annunciation of V.*	 18	— 12	 19	— 3
26	[*Mary.*	— 18	— 13	— 19	— 4
27	. . . .	— 20	— 14	— 21	Titus 1
28	. . . .	Ruth. 1	— 15	Ruth. 2	— 2, 3
29	. . . .	— 3	— 16	— 4	Philemon
30	. . . . , . .	1 Sam. 1	— 17	1 Sam. 2	Hebr. 1
31	. . . .	— 3	— 18	— 4	— 2

APRIL. [1])		Morning Prayer.		Evening Prayer.	
		I. Lesson.	II. Lesson.	I. Lesson.	II. Lesson.
1	. . . .	1 Sam. 5	John 19	1 Sam. 6	Hebr. 3
2	. . . .	— 7	— 20	— 8	— 4
3	Richard, Bishop .	— 9	— 21	— 10	— 5
4	St. Ambrose, Bp. .	— 11	Acts 1	— 12	— 6
5	. . . .	— 13	— 2	— 14	— 7
6	. . . .	— 15	— 3	— 16	— 8
7	. . . .	— 17	— 4	— 18	— 9
8	. . . .	— 19	— 5	— 20	— 10
9	. . . .	— 21	— 6	— 22	— 11

1) 3. *Richardus*, Episc. Cicestrensis, omni virtute christiana florentissimus, obiit 1253. Est proprius Angliae. 4. *Ambrosius*, Mediolanensis ecclesiae lumen, hoc die exspiravit. Romani celebrant S. Ambrosium 7. Dec., quo episcopus con-

THE CALENDAR, WITH THE TABLE OF LESSONS.

APRIL.		Morning Prayer.		Evening Prayer.	
		I. Lesson.	II. Lesson.	I. Lesson.	II. Lesson.
10	. . . .	1 Sam. 23	Acts 7	1 Sam. 24	Hebr. 12
11	. . . .	— 25	— 8	— 26	— 13
12	. . . .	— 27	— 9	— 28	James 1
13	. . . .	— 29	— 10	— 30	— 2
14	. . . .	— 31	— 11	2 Sam. 1	— 3
15	. . . .	2 Sam 2	— 12	— 3	— 4
16	. . . .	— 4	— 13	— 5	— 5
17	. . . .	— 6	— 14	— 7	2 Peter 1
18	. . . .	— 8	— 15	— 9	— 2
19	Alphege, Archbp. .	— 10	— 16	— 11	— 3
20	. . . .	— 12	— 17	— 13	— 4
21	. . . .	— 14	— 18	— 15	— 5
22	. . . .	— 16	— 19	— 17	2 Peter 1
23	St. George, Martyr. .	— 18	— 20	— 19	— 2
24	. . . .	— 20	— 21	— 21	— 3
25	*St. Mark*, Evang. .	. . . . . .	— 22	. . . . . .	1 John 1
26	. . . .	— 22	— 23	— 23	— 2
27	. . . .	— 24	— 24	1 Kings 1	— 3
28	. . . .	1 Kings 2	— 25	— 3	— 4
29	. . . .	— 4	— 26	— 5	— 5
30	. . . .	— 6	— 27	— 7	2, 3. John

MAY. [1])		Morning Prayer.		Evening Prayer.	
		I. Lesson.	II. Lesson.	I. Lesson.	II. Lesson.
1	*St. Philip and St.*	. . . . . .	. . . . . .	. . . . . .	Jude.
2	*[James.*	1 Kings 8	Acts 28	1 Kings 9	Rom. 1
3	Invent. of the Cross.	— 10	Matth. 1	— 11	— 2
4	. . . .	— 12	— 2	— 13	— 3
5	. . . .	— 14	— 3	— 15	— 4
6	St. John, Ev. Port Lat.	— 16	— 4	— 17	— 5

secratus est. 19. *Alphegus s. Elphegus*, Cantuariae archiepiscopus, a Danis in Angliam tunc irruentibus, lapidibus obrutus a. 1012. Proprium Angliae officium. 23. *Georgius* Martyr, olim regni patronus, magis a poetis quam ab historiae scriptoribus celebratus. In Rom. Semid., at laudabili cautione Breviarium in seculo Nocturno vitam eius praetermittit, lectionibus ex Communi repetitis.

1) 3. *Inventio Crucis s.* festum crucis ab Helena inventae, in Rom. dupl. 6. *S. Ioannes ante portam Latinam.* Refert enim Tertullianus, quod Romae ante port. Lat. missus in ferventis olei dolium purior et vegetior exiverit quam intrave-

THE CALENDAR, WITH THE TABLE OF LESSONS.

MAY.		Morning Prayer.		Evening Prayer.	
		I. Lesson.	II. Lesson.	I. Lesson	II. Lesson.
7	. . . .	1 Kings 18	Matth. 5	1 Kings 19	Rom. 6
8	. . . .	— 20	— 6	— 21	— 7
9	. . . .	— 22	— 7	2 Kings 1	— 8
10	. . . .	2 Kings 2	— 8	— 3	— 9
11	. . . .	— 4	— 9	— 5	— 10
12	. . . .	— 6	— 10	— 7	— 11
13	. . . .	— 8	— 11	— 9	— 12
14	. . . .	— 10	— 12	— 11	— 13
15	. . . .	— 12	— 13	— 13	— 14
16	. . . .	— 14	— 14	— 15	— 15
17	. . . .	— 16	— 15	— 17	— 16
18	. . . .	— 18	— 16	— 19	1 Cor. 1
19	Dunstan, Archbp. of	— 20	— 17	— 21	— 2
20	[Cant.	— 22	— 18	— 23	— 3
21	. . . .	— 24	— 19	— 25	— 4
22	. . . .	Ezra 1	— 20	Ezra 3	— 5
23	. . . .	— 4	— 21	— 5	— 6
24	. . . .	— 6	— 22	— 7	— 7
25	[Cant.	— 9	— 23	Nehem. 1	— 8
26	Augustine, Archb. of	Nehem 2	— 24	— 4	— 9
27	Ven. Bede, Presbyt.	— 5	— 25	— 6	— 10
28		— 8	— 26	— 9	— 11
29	King Charles II. N. et	— 10	— 27	— 13	— 12
30	[R.	Esther 1	— 28	Esther 2	— 13
31	. . . .	— 3	Mark 1	— 4	— 14

JUNE. [1])		Morning Prayer.		Evening Prayer.	
		I. Lesson.	II Lesson.	I. Lesson.	II. Lesson.
1	Nicomedes, Pr. et	Esther 5	Mark 2	Esther 6	1 Cor. 15
2	[Mart.	— 7	— 3	— 8	— 16
3	. . . .	— 9	— 4	Job 1	2 Cor. 1
4	. . . .	Job 2	— 5	— 3	— 2

rit. Rom. Dupl. 19. *Dunstanus*, Cantarize arch. celebratissimus obdormivit in domino 988. Est proprius Angliae. 26. *Augustinus*, primus Centuariae archiep., qui Angliam fidei lumine illustravit. In Rom. non celebratur, at in nonnullis diocesibus. Apud Colonienses Semid. die 26. 27. *Beda* Venerabilis; officium Angliae.

1) 1. *Nicomedes* Presbyter Romanus, Domitiano imperatore, plumbatis cae-

THE CALENDAR, WITH THE TABLE OF LESSONS.

JUNE.		Morning Prayer.		Evening Prayer.	
		I. Lesson.	II. Lesson.	I. Lesson.	II. Lesson.
5	Boniface, Bp. et Mrt.	Job 4	Mark 6	Job 5	2 Cor. 3
6	. . . .	— 6	— 7	— 7	— 4
7	. . . .	— 8	— 8	— 9	— 5
8	. . . .	— 10	— 9	— 11	— 6
9	. . . .	— 12	— 10	— 13	— 7
10	[M.	— 14	— 11	— 15	— 8
11	*St. Barnabas*, A. et	. . . . . .		. . . . .	
12	. . . .	— 16	— 12	- 17, 18	— 9
13	. . . .	— 19	— 13	— 20	— 10
14	. . . .	— 21	— 14	— 22	— 11
15	. . . .	— 23	— 15	- 24, 25	— 12
16	. . . .	- 26, 27	— 16	— 28	— 13
17	St. Alban, Mart. . .	— 29	Luke 1	— 30	Galat. 1
18	. . . .	— 31	— 2	— 32	— 2
19	. . . .	— 33	— 3	— 34	— 3
20	Tr. of Edw. King of	— 35	— 4	— 36	— 4
21	[West. Sax.	— 37	— 5	— 38	— 5
22	. . . .	— 39	— 6	— 40	— 6
23	. . . . . . Fast.	— 41	— 7	— 42	Ephes. 1
24	*St. John Baptist.*	. . . . . .		. . . . .	
25	. . . .	Prov. 1	— 8	Prov. 2	— 2
26	. . . .	— 3	— 9	— 4	— 3
27	. . . .	— 5	— 10	— 6	— 4
28	. . . . . . Fast.	— 7	— 11	— 8	— 5
29	*St. Peter*, Ap. et Mrt.	. . . . . .		. . . . .	
30	. . . .	— 9	— 12	— 10	— 6

sus, in eo martyrio Deo animam reddidit. Rom. eum commemorat in Octava Na-
tivitatis 15. Sept. sed vetusti fere omnes 1. Jun. 5. *Bonifacius*, Moguntinus ar-
chiepiscopus, Germanorum apostolus, ex Anglia ortus. 17. *Albanus* Verulamien-
sis, cum idolis nollet sacrificare, decollatus est 303. Alias ei assignatur dies
Iun. 22. 20. *Translatio Eduardi Regis* cf. 18. Mart. Miramur, receptas esse
Sanctorum translationes, ad reliquiarum cultum aliquo modo pertinentes.

THE CALENDAR, WITH THE TABLE OF LESSONS.

JULY. [1])		Morning Prayer.		Evening Prayer.	
		I. Lesson.	II. Lesson.	I. Lesson.	II. Lesson.
1	. . . .	Prov. 11	Luke 13	Prov. 12	Philip. 1
2	Visit. of Blessed V.	— 13	— 14	— 14	— 2
3	[Mary.	— 15	— 15	— 16	— 3
4	Tran. of Martin, Bhp.	— 17	— 16	— 18	— 4
5	. . . .	— 19	— 17	— 20	Colos. 1
6	. . . .	— 21	— 18	— 22	— 2
7	. . . .	— 23	— 19	— 24	— 3
8	. . . .	— 25	— 20	— 26	— 4
9	. . . .	— 27	— 21	— 28	1 Thes. 1
10	. . . .	— 29	— 22	— 31	— 2
11	. . . .	Eccles. 1	— 23	Eccles. 2	— 3
12	. . . .	— 3	— 24	— 4	— 4
13	. . . .	— 5	John 1	— 6	— 5
14	. . . .	— 7	— 2	— 8	2 Thes. 1
15	Swithun, Bishop, Tr.	— 9	— 3	— 10	— 2
16	. . . .	— 11	— 4	— 12	— 3
17	. . . .	Jerem. 1	— 5	Jerem. 2	1 Tim. 1
18	. . . .	— 3	— 6	— 4	— 2, 3
19	. . . .	— 5	— 7	— 6	— 4
20	Margaret, Virg. et M.	— 7	— 8	— 8	— 5
21	. . . .	— 9	— 9	— 10	— 6
22	St. Mary Magdalene	— 11	— 10	— 12	2 Tim. 1
23	. . . .	— 13	— 11	— 14	— 2
24	Fast.	— 15	— 12	— 16	— 3
25	St. James, Apostle.	. . . . .	— 13	. . . . .	— 4
26	St. Anne	— 17	— 14	— 18	Titus 1
27	. . . .	— 19	— 15	— 20	— 2, 3
28	. . . .	— 21	— 16	— 22	Philemon.
29	. . . .	— 23	— 17	— 24	Hebr. 1
30	. . . .	— 25	— 18	— 26	— 2
31	. . . .	— 27	— 19	— 28	— 3

1) *Translatio S. Martini* Turonensis episcopi. 15. *Swithunus*, Episc. Wintoniensis, virtutibus clarus, migravit ad Dominum 2. Iul. 862. Propter Visitationem Virginis commemoratur ejus Translatio, die 15. Iul. facta. 20. *Margaretha* Virgo et Martyr Antiochena, passa saeviente Diocletiano. Commemoratur in Rom. 26. *Anna*, ut ferunt mater Virginis Mariae, in Rom. Duplex majus.

THE CALENDAR, WITH THE TABLE OF LESSONS.

AUGUST. [1])		Morning Prayer.		Evening Prayer.	
		I. Lesson.	II. Lesson.	I. Lesson	II. Lesson.
1	Lammas-Day . . .	Jerem. 29	John 20	Jerem. 30	Hebr. 4
2	. . . . . .	— 31	— 21	— 32	— 5
3	. . . . . .	— 33	Acts 1	— 34	— 6
4	. . . . . .	— 35	— 2	— 36	— 7
5	. . . . . .	— 37	— 3	— 38	— 8
6	Transfiguration .	— 39	— 4	— 40	— 9
7	Name of Jesus .	— 41	— 5	— 42	— 10
8	. . . . . .	— 43	— 6	— 44	— 11
9	. . . . . .	- 45, 46	— 7	— 47	— 12
10	St. Laurence, Mart.	— 48	— 8	— 49	— 13
11	. . . . . .	— 50	— 9	— 51	James 1
12	. . . . . .	— 52	— 10	Lamen. 1	— 2
13	. . . . . .	Lamen. 2	— 11	— 3	— 3
14	. . . . . .	— 4	— 12	— 5	— 4
15	. . . . . .	Ezekiel 2	— 13	Ezekiel 3	— 5
16	. . . . . .	— 6	— 14	— 7	1 Peter 1
17	. . . . . .	— 13	— 15	— 14	— 2
18	. . . . . .	— 18	— 16	— 33	— 3
19	. . . . . .	— 34	— 17	Daniel 1	— 4
20	. . . . . .	Daniel 2	— 18	— 3	— 5
21	. . . . . .	— 4	— 19	— 5	2 Peter 1
22	. . . . . .	— 6	— 20	— 7	— 2
23	. . . . Fast	— 8	— 21	— 9	— 3
24	*St. Bartholomew* . .	. . . . .	— 22	. . . . .	1 John 1
25	. . . . . .	— 10	— 23	— 11	— 2
26	. . . . . .	— 12	— 24	Hosea 1	— 3
27	. . . . . .	Hos. 2, 3	— 25	— 4	— 4
28	St. Augustine, Bishop	— 5, 6	— 26	— 7	— 5
29	St. John Baptist be-	— 8	— 27	— 9	2. 3 John
30	[headed	— 10	— 28	— 11	Jude.
31	. . . . . .	— 12	Matth. 1	— 13	Rom. 1

1) 1. *Lammas-Day* i. e. *S. Petri ad Vincula*, in honorem Vinculorum, quibus S. Petrus Hierosolymis et Romae constrictus est. Rom. Dupl. 6. *Transfiguratio* Domini in monte Tabor. Rom. Dupl. 7. *Nomen Domini Iesu*; Festivitas Nominis Iesu. In ecclesia Romana celebratur ut Duplex secundae Cl. vel die XIV Ian. vel Dominica secunda post Epiphan. In Anglicis autem calendariis antiquitus dies VII Augusti huic solemnitati dedicatur, alias S. Donati martyrio celebris. 10. *Laurentius*, post Mephaaum martyrem facile princeps, passus est anno 258. Rom. Dupl. 2. ol. cum Octava. 28. *Augustinus* Pontifex et Doctor ecclesiae maxime illustris, Rom. Dupl. 29. *Decollatio S. Ioannis Baptistae*. Rom. Dupl.

THE CALENDAR, WITH THE TABLE OF LESSONS.

SEPTEMBER. [1])		Morning Prayer.		Evening Prayer.	
		I. Lesson.	II. Lesson.	I. Lesson.	II. Lesson.
1	Giles, Abbot et Conf.	Hosea 14	Matth. 2	Joel 1	Rom. 2
2	. . . .	Joel 2	— 3	— 3	— 3
3	. . . .	Amos 1	— 4	Amos 2	— 4
4	. . . .	— 3	— 5	— 4	— 5
5	. . . .	— 5	— 6	— 6	— 6
6	. . . .	— 7	— 7	— 8	— 7
7	Enurchus, Bp. of Orl.	— 9	— 8	Obadiah.	— 8
8	Nativity of Virg. Mary	Jonah 1	— 9	Jonah 2, 3	— 9
9	. . . .	— 4	— 10	Micah 1	— 10
10	. . . .	Micah 2	— 11	— 3	— 11
11	. . . .	— 4	— 12	— 5	— 12
12	. . . .	— 6	— 13	— 7	— 13
13	. . . .	Nahum 1	— 14	Nahum 2	— 14
14	Holy Cross Day . .	— 3	— 15	Habak. 1	— 15
15	. . . .	Habak. 2	— 16	— 3	— 16
16	. . . .	Zeph. 1	— 17	Zeph. 2	1 Cor. 1
17	Lambert, Bp., Mart.	— 3	— 18	Haggai 1	— 2
18	. . . .	Haggai 2	— 19	Zech. 1	— 3
19	. . . .	Zech. 2, 3	— 20	— 4, 5	— 4
20	. . . . . . Fast.	— 6	— 21	— 7	— 5
21	St. Matthew, Apost.	. . . . . .	— 22	. . . . . .	— 6
22	. . . .	— 8	— 23	— 9	— 7
23	. . . .	— 10	— 24	— 11	— 8
24	. . . .	— 12	— 25	— 13	— 9
25	. . . .	— 14	— 26	Malac. 1	— 10
26	St. Cyprian, Archbp.	Malac. 2	— 27	— 3	— 11
27	. . . .	— 4	— 28	Tobit 1	— 12
28	. . . .	Tobit 2	Mark 1	— 3	— 13
29	St. Michael . . .	. . . . . .	— 2	. . . . . .	— 14
30	St. Jerom, Conf. et D.	— 4	— 3	— 6	— 15

1) 1. *Aegidius* Abbas circa 700. Commemoratur in Rom. 7. *Enurchus*, s. *Enurtius*, *Enortius*, Episcopus Aurelianensis, „sacerdos magnus qui placuit Deo." 8. *Nativitus Mariae V.* in Rom. Dupl. 2. Cl. cum Octava. 14. *Exaltatio S. Crucis*, per Heraclium a Persis recuperatae. Rom. Dupl. 17. *Lambertus* Ep. Turgrensis, cum Pipinum Ducem propter pellicem reprehendisset, sagittis confossus, consummavit martyrium, circa 700. 26. *Cyprianus*. In pluribus calendariis hac die commemoratur Cyprianus et Iustina, Martyres Antiocheni sub Diocletiano. Neque discordant fasti Anglici vetusti. At praetermittunt Cyprianum, doctorem et martyrem Carthaginensem, una cum Cornelio Romano pontifice die XVI Sept. ab ecclesia suis honoribus affectum, quoniam illa die colebatur Editha ex Sanctis An-

THE CALENDAR, WITH THE TABLE OF LESSONS.

OCTOBER. ')		Morning Prayer.		Evening Prayer.	
		I. Lesson.	II. Lesson.	I. Lesson.	II. Lesson.
1	Remigius, Bishop .	Tobit 7	Mark. 4	Tobit 8	1 Cor. 16
2	. . . .	— 9	— 5	— 10	2 Cor. 1
3	. . . .	— 11	— 6	— 12	— 2
4	. . . .	— 13	— 7	— 14	— 3
5	. . . .	Judith 1	— 8	Judith 2	— 4
6	Faith, Virgin et Mart.	— 3	— 9	— 4	→ 5
7	. . . .	— 5	— 10	— 6	— 6
8	. . . .	— 7	— 11	— 8	— 7
9	St. Denys, Bp. et Mrt.	— 9	— 12	— 10	— 8
10	. . . .	— 11	— 13	— 12	— 9
11	. . . .	— 13	— 14	— 14	— 10
12	. . . .	— 15	— 15	— 16	— 11
13	Translat. of King Ed-	Wisd. 1	— 16	Wisd. 2	— 12
14	[ward Confessor.	— 3	Lu. 1 to 39	— 4	— 13
15	. . . .	— 5	1 ver. 39	— 6	Galat. 1
16	. . . .	— 7	— 2	— 8	— 2
17	Etheldred, Virgin	— 9	— 3	— 10	— 3
18	St. Luke, Evang. .	. . . . .	— 4	. . . . .	— 4
19	. . . .	— 11	— 5	— 12	— 5
20	. . . .	— 13	— 6	— 14	— 6
21	. . . .	— 15	— 7	— 16	Ephes. 1
22	. . . .	— 17	— 8	— 18	— 2
23	. . . .	— 19	— 9	Ecclus. 1	— 3
24	. . . .	Ecclus. 2	— 10	— 3	— 4
25	Crispin, Martyr .	— 4	— 11	— 5	— 5
26	. . . .	— 6	— 12	— 7	— 6
27	. . . . . Fast.	— 8	— 13	— 9	Philip. 1
28	St. Simon and St.	. . . . .	— 14	. . . . .	— 2
29	[Jude.	— 10	— 15	— 11	— 3
30	. . . . . . ;	— 12	— 16	— 13	— 4
31	. . . . Fast.	— 14	— 17	— 15	Colos. 1

gliae. Calendarium anni 1561 die 26. solum exhibet nomen Cypriani sine cognomine. Videntur viri docti qui librum precum publicarum composuerunt, haud curasse vel Cyprianorum discrimen, vel antiquam ecclesiae consuetudinem. 30. *Hieronymus* Stridruensis, doctor ecclesiae. Bom. Dupl.

1) 1. *Remigius* Episc. Remensis, Clodovaeum regem doctrina christiana et baptismatis lavacro imbruit. In Rom. Semid. ad libitum tantum. 6. *Fides*, Diocletiano imperante, Agenni virginitati martyrii palmam adiunxit. In Rom. ne commemoratur quidem, sed in vetustis fastis Anglicis. 9. *Dionysius* Areopagita, Gallorum apostolus, Lutetiae securi percussus. Historiam eius haud prorsus abesse a

THE CALENDAR, WITH THE TABLE OF LESSONS.

NOVEMBER. [1]		Morning Prayer.		Evening Prayer.	
		I. Lesson.	II. Lesson.	I. Lesson.	II. Lesson
1	*All Saints' Day.*				
2	. . . .	Ecclus. 16	Luke 18	Ecclus. 17	Coloss. 2
3	. . . .	— 18	— 19	— 19	— 3
4	. . . .	— 20	— 20	— 21	— 4
5	*Papists' Conspiracy*	— 22	— 21	— 23	1 Thes. 1
6	Leonard, Confessor.	— 24	— 22	25 *to v.* 13	— 2
7	. . . .	— 27	— 23	— 28	— 3
8	. . . .	— 29	— 24	30 *to v.* 18	— 4
9	. . . .	— 31	John 1	— 32	— 5
10	. . . .	— 33	— 2	— 34	2 Thes. 1
11	St. Martin, Bishop .	— 35	— 3	— 36	— 2
12	. . . .	— 37	— 4	— 38	— 3
13	Britius, Bishop . .	— 39	— 5	— 40	1 Tim. 1
14	. . . .	— 41	— 6	— 42	— 2, 3
15	Machutus, Bishop .	— 43	— 7	— 44	— 4
16	. . . .	— 45	— 8	46 *to v.* 20	— 5
17	Hugh, Bp. of Lincoln.	— 47	— 9	— 48	— 6
18	. . . .	— 49	— 10	— 50	2 Tim. 1
19	. . . .	— 51	— 11	Baruch 1	— 2
20	Edmund, King et Mrt.	Baruch 2	— 12	— 3	— 3
21	. . . .	— 4	— 13	— 5	— 4
22	Cecilia, Virg. et Mrt.	— 6	— 14	Hist. Sus.	Titus 1
24	Clement, Bp. of Rome	Bel et Drag.	— 15	Isaiah 1	— 2, 3
24	. . . .	Isaiah 2	— 16	— 3	Philemon.
25	Catherine, Virg., Mrt.	— 4	— 17	— 5	Hebr. 1
26	. . . .	— 6	— 18	— 7	— 2
27	. . . .	— 8	— 19	— 9	— 3
18	. . . .	— 10	— 20	— 11	— 4
29	. . . . . Fast.	— 12	— 21	— 14	— 5
30	*St. Andrew*, Apostle	. . . . . .	Acts 1	. . . . . .	6

fabulis sciunt omnes. Rom. Semid. 13. *Translatio S. Eduardi R. Confessoris.*
Obiit 5. Ian. 1066, propterea in fastis Anglicis illa die. Depositio Eduardi. Rom.
18. Oct. S. Eduardi Regis Semid. 17. *Etheldrada*, bis marito iuncta virginitatem
servavit illibatam. Deinceps, facta Abbatissa Eliensis, munere sanctissime functa
obiit 679. 25. *Crispinus* et Crispinianus, sutores, Diocletiani aetate apud Suessio-
res martyrium subierunt. Non video causam, cur Rituale Crispiniani nomen
tacuerit.

1) 6. *Leonardus*, a b. Remigio edoctus, omnis virtutis ac praecipue cari-
tatis operibus clarus, obdormivit in agro Lemavicensi circa 560. Non commemo-
ratur in Rom. 11. *Martinus*, Turonensis episcopus, iam vivus per totum orbem

THE CALENDAR, WITH THE TABLE OF LESSONS.

DECEMBER. ¹)	Morning Prayer.		Evening Prayer.	
	I. Lesson.	II. Lesson.	I. Lesson.	II. Lesson.
1	Isaiah 14	Acts 2	Isaiah 15	Hebr. 7
2	— 16	— 3	— 17	— 8
3	— 18	— 4	— 19	— 9
4	-20, 21	— 5	— 22	— 10
5	— 23	— 6	— 24	— 11
6 Nicolas, Bishop . .	— 25	7 *to v.*30	— 26	— 12
7	— 27	7 *v.* 30	— 28	— 13
8 Conception of Virg.	— 29	— 8	— 30	James 1
9 [Mary	— 31	— 9	— 32	— 2
10	— 33	— 10	— 34	— 3
11	— 35	— 11	— 36	— 4
12	— 37	— 12	— 38	— 5
13 Lucy, Virg. et Mart.	— 39	— 13	— 40	1 Peter 1
14	— 41	— 14	— 42	— 2
15	— 43	— 15	— 44	— 3
16 O Sapientia . . .	— 45	— 16	— 46	— 4

Christianus illustris, post mortem Sanctorum honore celebris. Rom. Dupl. 13. *Britius s. Briccius*, S. Martini primum derisor, dein admirator, postremo successor. Obiit circa 440. In Rom. praetermissus. 15. *Machutus s. Malo*, in Britannia minori natus, sanctissime vixit in eremo. Obiit 565. 17. *Hugo*, Carthusianus, ab Henrico 2. Lindensi sedi praepositus, fidelis servus et prudens, Domini sui pressit vestigia. Mortuus est 1200. 20. *Edmundus*, Angliae orientalis rex, a Danis palo alligatus et sagittis confossus, obiit martyr saec. IX. 22. *Caecilia* Romana, duplici virginitatis et martyrii corona decorata circa 230. Rom. Dupl. 23. *Clemens*, Episcopus Romanus, Petri discipulus, a Traiano relegatus in solitudinem urbis Chersonae, cum ibidem Christum gentibus praedicasset, alligata ad collum ancora in profundum deiectus est. Rom. Semid. 25. *Catharina*, virgo Alexandrina, variis tormentis cruciata, securi percussa est tempore Maximini. Historia eius admodum incerta: nisi fallor, retinuerunt nomen propter cultum S. Catharinae, olim in Anglia latissime propagatum. Rom. Dupl.

1) 6. *Nicolaus*, Myrensis episcopus temporibus Diocletiani ac Constantini M. virtutibus atque miraculis clarus. Rom. Dupl. 8. *Conceptio Mariae Virginis*, Rom. Dupl. 2. cl. cum Octava. Missa illa de immaculata conceptione controversia, ecclesia sanctum nomen servavit ut respiceret primordia redemptionis, etsi maxime longinqua. 13. *Lucia*, Virgo Syracusana, in persecutione Diocletiani, a Paschasio praefecto post plurimos cruciatus, capitis damnata. Rom. Dupl. 16. *O Sapientia*. Brev. Rom.: „Antiphonae majores inchoantur die XVII Dec. et singulae ante et post Magnificat integrae dicuntur per ordinem usque ad diem ante Vigiliam Nativitatis Domini." Exemplo sit tibi prima: „*O Sapientia*, quae ex ore

THE CALENDAR, WITH THE TABLE OF LESSONS.

DECEMBER.		Morning Prayer.		Evening Prayer.	
		I. Lesson.	II. Lesson.	I. Lesson.	II. Lesson.
17	. . . .	Isaiah 47	Acts 17	Isaiah 48	1 Peter 5
18	. . . .	— 49	— 18	— 50	2 Peter 1
19	. . . .	— 51	— 19	— 52	— 2
20	. . . . . Fast.	— 53	— 20	— 54	— 3
21	*St. Thomas*, Apostle	. . . . . .	— 21	. . . . . .	1 John 1
22	:	— 55	— 22	— 56	— 2
23	. . . .	— 57	— 23	— 58	— 3
24	. . . . . Fast.	— 59	— 24	— 60	— 4
25	*Christmas Day* .	. . . . .	. . . . .	. . . . .	
26	*St. Stephen*, Martyr.	. . . . .			
27	*St. John*, Evang. .	. . . . .	. . .		
28	*Innocents' Day* . .		— 25	. . . . .	5
29	. . . .	— 61	— 26	— 62	2 John.
30	. . . .	— 63	— 27	— 64	3 John.
31	Silvester, Bp. of Rome	— 65	— 28	— 66	Jude

A TABLE OF ALL THE FEASTS

that are to be observed in the Church of England throughout the Year[1]).

All Sundays in the Year.

The Days of the Feasts of	The Circumcision of our Lord Jesus Christ. The Epiphany. The Conversion of *St. Paul.* The Purification of the Blessed Virgin. *St. Matthias* the Aposte.	The Days of the Feasts of	The Annunciation of the Blessed Virgin. *St. Mark* the Evangelist. *St. Philip* and *St. James* the Apostles. The Ascension of our Lord Jesus Christ. *St. Barnabas.*

altissimi prodiisti, attingens a fine usque ad finem fortiter, suaviterque disponens omnia, Veni ad docendum nos viam prudentiae. " Ceteroquin patet, diei mensis decimo septimo vocem *O Sapientia* adscribendam fuisse. 31. *Sylvester*, Pontifex Romanus, Constantino M. aequalis, prudentia qua ecclesiam administravit et morum sanctitate insignis. Rom. Dupl.

1) Praetermissae sunt, quae antecedunt, „*Rules to know when the moveable feasts and holy-days begin.*"

A TABLE OF ALL THE FEASTS &c.

The Days of the Feasts of	Nativity of *St. John Baptist.* St. *Peter* the Apostle. St. *James* the Apostle. St. *Bartholomew* the Apostle. St. *Matthew* the Apostle. St. *Michael* and all Angels. St. *Luke* the Evangelist. St. *Simon* and St. *Jude* the App.	The Days of the Feasts of	All Saints. St. *Andrew* the Apostle. St. *Thomas* the Apostle. The Nativity of our Lord. St. *Stephen* the Martyr. St. *John* the Evangelist. The Holy Innocents.

Monday and *Tuesday* in *Easter Week.*
Monday and *Tuesday* in *Whitsun Week.* [1])

A TABLE OF THE VIGILS, FASTS, AND DAYS OF ABSTINENCE,
to be observed in the Year.

The Evens or Vigils before	The Nativity of our Lord. The Purification of the Blessed Virgin *Mary.* The Annunciation of the Blessed Virgin. Easter-Day. Ascension-Day. Pentecost. St. *Matthias.*	The Evens or Vigils before	St. *John Baptist.* St. *Peter.* St. *James.* St. *Bartholomew.* St. *Matthew.* St. *Simon* and St. *Jude.* St. *Andrew.* St. *Thomas.* All Saints.

Note. That if any of these Feast-Days fall upon a *Monday*, then the

---

1) Qui in hac tabula enumerantur dies festi omnibus fere partibus conspirant cum heortologia ecclesiae Lutheranae. Deest Festum Visitationis Mariae; supergrediuntur normam Lutheranam dies Marci, Lucae, Barnabae. Conferas Cod. Lit. Tom. II. p. 61. Itaque tam certum est, quam quod certissimum, in hoc capite maxime declinatum esse ab ingenio Reformato. Hinc illae furiosae Puritanorum Declamationes. Tilenus Paraenesis ad Scotos p. 54: „Hic vestri turbones ad conflandam Anglicanae ecclesiae invidiam, omnem lolliginis suae succum effundunt; ut illa vel Papismum vel etiam Iudaismum refodere, foedaque utriusque cadaveris mephiti, ecclesiam Christi infestare ac incestare ab imperita plebecula existimetur.“ At, vehementer dolendum est, Puritani postmodum evaserunt superiores. Uhden, p. 113: „Es werden, was bei dem sonstigen Festhalten der anglicanischen Kirche an dem Liturgischen und Bestehenden um so auffallender erscheinen muss, nur 2 Feiertage gefeiert (*in foro*), der Weihnachtstag und der Charfreitag; die übrigen sind aus dem Bewusstsein der Glieder der Kirche fast gänzlich verschwunden. Diese Abschaffung ist aus dem puritanischen Elemente zu erklären, welches sich in sie eingedrängt hat.“ Immo si incidat in Dominicam Epiphania, Purificatio, Annuntiatio etc. non celebratur opinor: saltem desideratur in Rituali lex de officii, quae dicitur, concurrentia.

23*

Vigil or Fast-Day shall be kept upon the *Saturday*, and not upon the *Sunday* next before it. [1])

DAYS OF FASTING OR ABSTINENCE.

I. The Forty Days of Lent.

II. The Ember-Days at the Four Seasons, being the *Wednesday*, *Friday* and *Saturday* after
    1. The First *Sunday* in Lent.
    2. The Feast of *Pentecost.*
    3. *September* 14.
    4. *December* 13. [2])

III. The Three *Rogation-Days*, being the *Monday*, *Tuesday*, and *Wednesday* before *Holy-Thursday*, or the *Ascension* of our Lord. [3])

IV. All the *Fridays* in the Year, except Christmas-Day. [4])

---

1) Brev. Rom.: Si Vigilia occurrit in Dominica, de ea fit officium in Sabbato.

2) Conveniunt *Quatuor Tempora* cum Romanis ne dicam legibus ecclesiae antiquissimis. Nosti maiorum sententiam

    Post Luciam (13. Dec.), Cineres, post sanctum pneuma crucemque
                      (14. Sept.)
    Tempora dat quatuor feria quarta sequens.

Statuta S. Bonif. c. 30: Doceant presbyteri populum quatuor legitima tempora iciunia observare, hoc est in mense Martio, Iunio, Septembrio, Decembrio.

3) Cf. Cod. Lit. II. p. 40 sq. 72.

4) Etiam apud Romanos Nativitas Domini hoc privilegio praepollet. — Iam anno 1549 promulgata est lex de ieiuniis spreto superstitioso dierum ac ciborum discrimine, ieiunium vere Christianum servandum esse in ecclesia. Certum enim est inde iuvari virtutem et vitam hominis spiritualem: „Denique negotiationi piscatorise, ex qua multum commodi regno Angliae proficiscitur, consulitur carnibus ad quoddam tempus vetitis." Similia iterum edicta sunt regnante Elisabeth. Bentham, p. 611: „Es ist das Fasten eine Civil-Constitution, denn das Verbot der Königin Elisabeth, sich eine Zeit lang des Fleisches zu enthalten, hat seine politische Ursache und ist angeordnet wegen der Viehzucht, Gesundheit der Menschen, Aufmunterung zur Fischerei, Schifffahrt und dergleichen, welches dann, als eine heilsame Verordnung, kein Verständiger verwerfen kann. Dahero dass auch kein rechtschaffner Christ tadeln wird, dass die Kirche sich solches Gebrauches bedient, ihre Kinder durch die Enthaltung vom Fleischessen zu mortificiren, damit sie zu der allgemeinen Communion desto geschickter zu machen, sonderlich da der dabei ertheilte Unterricht der papistischen Lehre entgegen gesetzet und alle Einbildung einiges Verdienstes, Wunder, oder Heiligkeit aus dem Opere operato verwirft." Haec laudabilia sint: sed argumentum a piscibus desumptum tabernariorum est atque institorum, non theologorum. Si excipias ieiunia extraordinaria indicta propter atroces rei publicae calamitates (Cod. Lit. II. p. 70),

CERTAIN SOLEMN DAYS
for which particular Services are appointed.

I. The Fifth Day of *November*, being the Day kept in Memory of the Papists' Conspiracy.

II. The Thirtieth Day of *January*, being the Day kept in Memory of the Martyrdom of King *Charles* the First.

III. The Twenty-ninth Day of *May*, being the Day kept in Memory of the Birth and Return of King *Charles* the Second.

IV. The Twentieth Day of *June*, being the Day on which Her Majesty began Her happy Reign.

THE ORDER FOR MORNING AND EVENING PRAYER,
daily to be said and used throughout the Year. [1]

The Morning and Evening Prayer shall be used in the accustomed Place of the Church, Chapel, or Chancel; except it shall be otherwise determined by the Ordinary of the Place. And the Chancels shall remain as they have done in times past.

And here is to be noted, that such Ornaments of the Church, and of the Ministers thereof, at all times of their Ministration, shall be retained, and be in use, as were in this Church of *England*, by the Authority of Parliament, in the Second Year of the Reign of King *Edward* Sixth. [2]

---

ieiunia nunc ab Anglis haud curantur. Kniewel, p. 144: „Neuerdings ist die strengere Beobachtung der Quatember Fasten von mehreren Bischöfen ernst und nachdrücklich eingeschärft.‟

1) Non exscripsimus tabulam paschalem et festorum mobilium, leges de numero aureo etc.

2) Delineat Altius, Der christliche Cultus etc. p. 74: „In einer anglicanischen Kirche zeigt sich dem Haupteingange gegenüber zunächst das, nur um eine oder ein Paar Stufen über den Fussboden erhöhte kleinere Katheder des Küsters; hinter diesem das um einige Stufen höhere Katheder des Vorlesers und hinter diesem endlich die Kanzel für den Prediger, welche in der Regel nicht an eine Wand angelehnt ist, sondern frei dasteht; hinter ihr an der Wand (bisweilen auch seitwärts) steht der von einem Brustgeländer eingeschlossene Altar. Der Kanzel gegenüber befindet sich der Orgelchor mit der Orgel und im Schiff der Kirche, eben so wie auf den Seitenthüren sind die Sitzplätze für die Gemeinde. Was Zierrathen anbelangt, so beschränken sie sich in der Regel auf ein Paar

Marmortafeln, von denen die eine das christliche Glaubensbekenntniss, die andere die 10 Gebote enthält." Adde Kniewelium p. 125 sq.: ecclesias, quae recentiore tempore exstructae sunt, describentem: „Zum Haupteingange unter dem selten über 100 Fuss hohen, oft recht zierlich gebauten Thurme führt eine Freitreppe von 3—6 breiten Steinstufen, die in der Regel mit einem Porticus von einer nach Verhältniss des Gebäudes grössern oder kleinern Säulenzahl aus inländischem Gesteine geschmückt ist. Der Eingangsthüren sind bei breiten Gebäuden gewöhnlich drei, in einer graden oder Halbzirkel-Linie, zu den drei Gängen der Kirche führend, welche letztere die verschlossenen Kirchensitze (pews) rechts und links scheiden. Jeder Sitz ist bequem gepolstert und mit Kniebänken, einige auch wohl mit besondern Kniepolstern versehen. Ausserdem giebt es einige offene Freibänke für Fremde und Arme, die denn freilich, wo sie das so häufig vorkommende und langwährende Niederknien streng beobachten wollen, nicht bequem daran sind. Die Eingangsthüren selbst sind so passend eingerichtet, dass die schwächste Hand sie mit der grössten Leichtigkeit öffnet, und sie hinter dem Ein- oder Austretenden leise von selbst sich schliessen. Hiedurch wie durch die Fussteppiche von Strohmatten oder Wollenzeug in den Gängen wird jedes störende Geräusch verhindert. Die gewöhnlich gutgestimmte, dem Kirchenraume angemessene Orgel steht unter dem Thurme im Chore, gegenüber den beiden Kanzeln, von denen die eine für die Liturgie, die andere für die Predigt bestimmt ist; sie sind überall ohne Schalldecke. Ein dritter minder erhöhter Sitz einer Art kleiner Kanzel heisst *reading-desk* (Lesetisch) und wird von dem *Clerk* (dem Gemeindevorsprecher und Vorsänger) eingenommen, welcher bei der Liturgie die Gemeindesprüche anhebt und die mitsprechende Masse leitet, eben so beim Gesange. Hinter den Kanzeln, gewöhnlich an die östliche Schlussmauer dicht gelehnt, steht der Abendmahlstisch, selten im Hauptgange der Kirche frei, eine polirte Steinplatte auf künstlich geformten Füssen, durch Eine niedrige Stufe über den Fussboden erhöht. Er wird nur bei der Sacramentspendung mit einem saubern Leinentuche bedeckt. Die temperirte Erwärmung der Kirchen im Winter durch Oefen oder hypokaustische Röhren, ihre grosse Sauberkeit und einfache Würde, die Bequemlichkeit, womit man in den kleineren Räumen den Liturgen und Prediger von jedem Punkte aus sehen, meistens auch deutlich vernehmen kann, die helle Erleuchtung durch Gasflammen beim Abendgottesdienste, — das Alles begünstigt den fleissigen Kirchenbesuch sehr." Vix credideris haec aedificia, ab reformata indole minime aliena, stomachum movere Puritanis: sed quod Cicero autumat bellatores, imperatores et oratores, non si, ne rabie quicquam fortiter facere posse, illi sectae semper cecidit in controversiis theologicis. Acriter reprehendunt altaria (si hoc nomine uti fas est), saepissime orientem versus collocata, organa, pulpita sacra, interdum sanctissimi nominis epigraphe (IHS) insignita et alia, quae foedam, ut putant, redolent superstitionem.

Quod attinet ad *vestimenta clericorum* luculentam adeas *Palmeri* disputationem „*On ecclesiastical vestures*" appendicis instar Antiquitatum Tomo secundo adiunctam. Leges liturgiae anni 1549, quas commemorat Rituale hodiernum, hae sunt: „Episcopus in celebratione coenae et administratione sacramentorum induat lineam aut albam, et cappam vel casulam et habeat baculum pastoralem. — Die destinato ad celebrationem coenae dominicae, Sacerdos indutus alba, casula vel cappa adstabit altari; et in locis ubi sunt plures sacerdotes et diaconi, tot ex his iuvabunt pastorem, quot opus habuerint, induti vestibus destinatis ad eorum ministerium, hoc est

THE ORDER FOR MORNING PRAYER,

daily throughout the Year.[1])

At the beginning of Morning Prayer [2]) the Minister shall read with a loud voice some one or more of these Sentences of the Scriptures that follow. And then he shall say that which is written after the said Sentences.

Ezech. 18, 27. Ps. 51, 3. v. 9. v. 17. Ioel. 2; 13. Dan. 9, 9. 10.

---

albis et tunicis. — In matutinis et vesperis, baptismo, sepultura etc. in parochialibus ecclesiis, minister induat vestem lineam. In cathedralibus et collegiis, archidiaconi, diaconi, doctores etc. possunt uti ornamentis suorum graduum et dignitatum. Sed in omnibus aliis locis, liberum erit ministris uti et non uti linea veste." Itaque duo potissimum sunt ecclesiae Anglicanae vestimenta sacra: the *Cope*, nigri coloris et the *Surplice* (Superpelliceum) sive tunica alba, quam superinduunt in liturgia et sacramentis administrandis cappae. Reliquae vestes sacrae spectant vel solummodo ad episcopos vel ad academicas dignitates.

1) Plurimi cum Palmero distinguunt *tres* Matutini partes a) *Introductionem* ad orationem usque dominicam exclusive, quae desideratur in Libro Eduardi primo — b) *Psalmodiam* et *Lectiones* ad Symbolum Apostolorum usque incl. c)*Preces* et *Collectas*. At vero, ut apte perspiciatur tota Matutini οἰκονομία, ante omnia apponendus est Ordo *Matutini*, *Laudum* et *Primae* ex Breviario Romano: etenim harum canonicarum horarum ratio habita est ab Ritualis auctoribus.

Matutinum. Pater Noster. Ave Maria. Symbolum Apostolorum. Domine labia mea aperies. Et os meum annuntiabit laudem tuam. Deus in adiutorium meum intende. Domine ad adiuvandum me festina. Gloria Patri etc. Alleluia. *Invitatorium.* Adoremus Dominum qui fecit nos. *Psalmus.* Venite excultemus Domino. *Hymnus. Primus Nocturnus* 4 (3). Psalmi cum Antiphonis. 3 Lectiones cum Responsoriis. *Secundus Nocturnus* 4 (3) Psalmi cum Antiphonis. 3 Lectiones cum Responsoriis. *Tertius Nocturnus* 4 (3) Psalmi cum Antiphonis. 3 Lectiones cum Responsoriis. Post ultimam Lectionem loco Responsorii dicitur *Te Deum laudamus. L a u d e s.* Deus in adiutorium. Domine ad adiuvandum. Gloria Patri. Alleluia. *Psalmi.* Dominus regnavit. Iubilate Deo omnis terra. Deus Deus meus. Deus misereatur nostri. *Canticum.* Benedicite omnia opera Domini. *Psalmi*: Cantate Domino canticum novum. Laudate Dom. in sanctis eius. *Capitulum. Hymnus. Canticum* Zachariae. Benedictus Dominus Deus Israel. *Antiphona* et *Oratio. Prima* Pater Noster. Ave Maria. Credo etc. ut in principio Matutini. *Hymnus.* 4 Psalmi. Si Officium fit de Dominica additur Symbolum: *Quicunque. Capitulum* cum Responsorio brevi. Sequuntur *Pater Noster, Credo, Preces*, *Confessio, Collectae.*

2) Gäbler p. 23: „Gewöhnlich wird nur zweimal zur Kirche geläutet. Sobald man in die Kirche kommt, kniet man an seinem Stuhle nieder und betet. — Dann erhebt man sich zum Gesange einer Hymne die der Cantor mit lauter Stimme angiebt und erst liest."

Ierem. 10, 24. Matth. 3, 2. Luc. 15, 18. 19. Ps. 143, 2. 1 Joh. 1, 8. 9. [1])

Dearly beloved brethren, the Scripture moveth us in sundry places to acknowledge and confess our manifold sins and wickedness; and that we should not dissemble nor cloke them before the face of Almighty God our heavenly Father; but confess them with an humble, lowly, penitent, and obedient heart; to the end that we may obtain forgiveness of the same, by his infinite goodness and mercy. And although we ought at all times humbly to acknowledge our sins before God; yet ought we most chiefly so to do, when we assemble and meet together to render thanks for the great benefits that we have received at his hands, to set forth his most worthy praise, to hear his most holy Word, and to ask those things which are requisite and necessary, as well for the body as the soul. Wherefore I pray and beseech you, as many as are here present, to accompany me with a pure heart, and humble voice, unto the throne of the heavenly grace, saying after me; [2])

A General Confession
to be said of the whole Congregation after the Minister, all kneeling.

Almighty and most merciful Father; We have erred and strayed from thy ways like lost sheep. We have followed too much the devices and desires of our own hearts. We have offended against thy holy laws. We have left undone those things which we ought to have done; And we have done those things which we ought not to have done; And there is no

---

1) Schultingii Bibl. Eccl. IV. 2. p. 132: ,,Novus hic modus exordiendi preces a sententiis incognitus est Scriptoribus Ecclesiasticis veteribus, olim enim ut et hodie ab oratione Dominica, Domine labia, Deus in adiutorium, semper incipiebant." Palmerus I. p. 209 sq. magnopere laborat ut antiquissimas liturgias ab lectione scripturae exorsas esse demonstret. At vero non agitur de verbis scripturae in universum: nam et ipsa Oratio Dominica, Deus in adiutorium etc. adeo salutatio angelica paene integra e sacro codice delibata sunt. Erat Palmeri testimoniis firmare, veteres incepisse cultum divinum sententiis, ad Confessionem et Absolutionem animos fidelium praeparantibus. — El. ultimae sententiae versum octavum tantum designat. Am.: Habac. 2, 20. Malach. 1, 11. Ps. 19, 14. deinceps Ezech. 18, 27 etc.

2) Gemebundus Palmerus concedit p. 211: Neither in the ancient offices of the English Church, nor in those of any other western church have I been able to discover such a form in this place." Nam Exhortationes ad Catechumenos ante missam fidelium dimittendos vel Paraeneses ad convivas domini huc non pertinent.

health in us. But thou, O Lord, have mercy- upon us, miserable offenders. Spare thou them, O God, which confess their faults. Restore thou them that are penitent; According to thy promises declared unto mankind in Christ Jesu our Lord. And grant, O most merciful Father, for his sake; That we may hereafter live a godly, righteous, and sober life, To the glory of thy holy Name. Amen.

The Absolution,
Or Remission of sins, to be pronounced by the Priest alone, standing; the people still kneeling.

Almighty God, the Father of our Lord Jesus Christ, who desireth not de death of a sinner, but rather that he may turn from his wickedness and live; and hath given power and commandment, to his Ministers, to declare and pronounce to his people, being penitent, the Absolution and Remission of their sins: He pardoneth and absolveth all them that truly repent, and unfeignedly believe his holy Gospel. Wherefore let us beseech him to grant us true repentance, and his Holy Spirit, that those things may please him, which we do at this present; and that the rest of our life hereafter may be pure, and holy; so that at the last we may come to his eternal joy; through Jesus Christ our Lord. [1])

The people shall answer here, and at the end of all other prayers, Amen.

---

1) Simili ratione Vir Doctus lectorem edocet, Confessioni et Absolutioni in liturgia Anglicana, si antiqua officia respicimus, locum datum esse prorsus singularem. Tamen confugit ad „Modum praeparandi ad Missam,“ plurimis Missalibus praefixum, sed privatae tantum sacerdotis devotioni adsignatum; triumphat vero adversarios omnes producendo S. Basilium ad Cleric. Neocaes. Tom. III. p. 311 ed. Bened. „Ἐκ νυκτὸς γὰρ ὀρθρίζει παρ᾽ ἡμῖν ὁ λαὸς ἐπὶ τὸν οἶκον τῆς προσευχῆς, καὶ ἐν πόνῳ, καὶ θλίψει καὶ συνοχῇ δακρύων, ἐξομολογούμενοι τῷ Θεῷ, τελευταῖον ἐξαναστάντες τῶν προσευχῶν, εἰς τὴν ψαλμῳδίαν καθίστανται.“ Nemo non videt haec verba varias admittere interpretationes neque necessario explicanda esse de formulis Confessionis et Absolutionis. Utcumque est, doctis Angliae scriptoribus, alias omnino dignissimis cultu atque officio, in deliciis est, omnes Ritualis sui paginas contexere et concinnare non ex Romanis libris (nam hi recentiores sunt quam ut ferri possint) sed ex Aegyptiis, Africanis, Gallicanis, Mozarabis. Sed ut hoc Palmeri pace dixerim, perpauca inde desumpta sunt, plurima ex Romanis liturgiis, singula ex Reformatis. Quod cadit maxime in introductionem Matutini. Ut supra demonstravimus p. 52 sq. 65 sq., liturgia Calvini orditur officium divinum ab Confessione peccatorum: hancce Genevensem librum

Then the Minister shall kneel, and say the Lord's Prayer, with an audible voice; the people also kneeling, and repeating it with him, both here, and wheresoever else it is used in Divine Service.

Our Father, which art in heaven, Hallowed be thy Name. Thy kingdom come. Thy will be done in earth, At it is in heaven. Give us this day our daily bread. And forgive us our trespasses, As we forgive them that trespass against us. And lead us not into temptation; But deliver us from evil: For thine is the kingdom, The power, and the glory, For ever and ever. Amen.

Then likewise he shall say,

O Lord, open thou our lips.

Answer. And our mouth shall shew forth thy praise.

Priest. O God, make speed to save us.

Answer. O Lord, make haste to help us.

Here all standing up, the Priest shall say,

Glory be to the Father, and to the Son: and to the Holy Ghost;

Answer. At it was in the beginning, is now, and ever shall be: world without end. Amen.

Priest. Praise ye the Lord.

Answer. The Lord's Name be praised. [1])

---

ut sequerentur Angli vehementer optabant omnes Calvini amatores. Porro manifestum est, cum secunda pararetur Ritualis editio, in consilium vocatos esse Bucerum et alios Reformatos. Iam in lucem prodiit Rituale. Habuit in fronte, quam prima non habebat, Confessionem et absolutionem. Num temerarium est iudicium, hoc additamentum Calvinianae originis esse? — Am. Absolutionis formulae subnectit alteram, ad libitum sacerdotis pronunciandam: „Almighty God, our heavenly Father, who, of his great mercy, hath promised forgiveness of sins to all those who, with hearty repentance and true faith, turn unto him; have mercy upon you, pardon and deliver you from all your sins, confirm and strengthen you in all goodness, and bring you to everlasting life, through Jesus Christ our Lord. Amen."

1) Hi versiculi hodiernum praecedunt Officium Romanum cf. p. 347 not. Neque ignorant eos Regula Benedicti, Amalarius, Walafridus Strabo. Palmer p. 220 sq.: „The Versicle *Praise ye the Lord* is a translation of the Hebrew word *Alleluia* — the response of the people *the Lord's name be praised* did not originally occur in the offices of the church of England, having been first placed here 1661; however it had been introduced many years before into those of the Church of Scotland." Sane et illud responsorium ex vetustis ecclesiae scriniis depromptum: *Sit nomen Domini benedictum. — Ex hoc nunc et usque in saeculum.* Attamen valde displicet venerandae vocis *Alleluia* et ex liturgia et ex

Then shall be said or sung this Psalm following: except on Easter-Day, upon which another Anthem is appointed; and on the Nineteenth day of every Month it is not to be read here, but in the ordinary course of the Psalms.

Venite, exultemus Domino. [1])
Psalm xcv.

O come, let us sing unto the Lord &c. usque ad:

Unto whom I sware in my wrath:

Glory be to the Father, and to the Son: and to the Holy Ghost;

As it was in the beginning, is now, and ever shall be: world without end. Amen. [2])

---

bibliis anglicis exilium. Am. silentio praeterit versiculum: O God make speed &c. Versiculos excipit haec admonitio: ,,Then shall follow a Portion of the Psalms, as they are appointed, or one of the Selections of Psalms set forth by this Church: and at the end of every Psalm, and likewise at the end of the Venite, Benedicite, Jubilate, Benedictus, Cantate Domino, Bonum est confiteri, Deus misereatur, Benedic Anima mea — May be said or sung the Gloria Patri; and at the end of the whole Portion, or Selection of Psalms for the day, shall be said or sung the Gloria Patri, or else the Gloria in Excelsis, as followeth.'' Angli angelicum hymnum reservant officio eucharistico.

1) K n i e w e l p. 144 sq.: ,,Die häufigen lateinischen Benennungen der Gesänge und Bibelabschnitte dürfen uns nicht befremden. Sie sind durch den täglichen Gebrauch auch dem ungebildeten Engländer geläufig und er weiss, worauf sie hinweisen. Insbesondere dienen diese lateinischen Worte den Componisten, Musikern, Sängern zur kurzen und genügenden Bezeichnung der Musikstücke von Uralters; die Compositionen sind ja von alten und neuern Meistern ursprünglich auf den lateinischen Text gemacht. Jedermann weiss, es sind die Anfangsworte der lateinischen, in der römischen Kirche heilig geachteten Bibelübersetzung (*Vulgata*). Dass nun in dem Psalter, welcher dem *Common prayer-book* beigefügt ist, über j e d e m Psalm, und im 119. Psalm sogar über j e d e m Abschnitte von 8 Versen die lateinischen Anfangsworte stehen, ist vielleicht nur durchgehende Consequenz. Ueberdem aber ist im kirchlichen Gebrauche des Mittelalters diese Bezeichnung der Bibelabschnitte die feststehende und es würde nur Verwirrung und Unklarheit erzeugen, wenn man andere Benennungen erwählte; grade so, wie wenn man die so oft unpassende Kapitel- und Versabtheilung der Bibel ändern wollte.''

2) Qui callent propriam cultus divini virtutem imprimis eam probant liturgiae Anglicanae excellentiam atque praestantiam, ex qua totum officium alternis sacerdotis ac plebis continetur sermonibus. Neque clarius unquam ostendunt Puritani, sese latere artis liturgicae rudimenta, quam cum hunc laudabilem concentum ac consensum reprehendant. Bentham p. 596: — — Ferner tadeln die Presbyterianer an der Liturgie, dass in derselben so viele Interlocutiones und Responsoria des Cleri und der Gemeinde sonderlich in der Litanei, wie auch ein

Then shall follow the Psalms in order as they are appointed. And at the end of every Psalm throughout the Year, and likewise at the end of Benedicite, Benedictus, Magnificat and Nunc dimittis, shall be repeated,

Glory be to the Father, and to the Son: and to the Holy Ghost:

Answer. As it was in the beginning, is now, and ever shall be: world without end. Amen.

öfteres alternates Lesen der Psalmen und Hymnorum sich fände, welches aber zuwider sei der göttlichen Verordnung, als nach welcher der Lehrer, des Volks wegen, den öffentlichen Gottesdienst führen soll und wollten die Bücher des alten und neuen Test. dass das Volk beim öffentlichen Gebet nur in der Stille mit Ehrerbietung zuhören und seinen Beifall nur mit dem einzigen Amen an den Tag lege. So sei auch solche Gewohnheit nicht erbaulich, sondern verursache ein Gemurmel in der Versammlung." De cantu ecclesiastico optime disserit K n i e - w e l p. 147 sq. „In der Woche hört man in den gewöhnlichen Kirchen keine Orgel, sondern nur des Priesters Stimme und die halblauten Antworten der Gemeinde. Nur an Sonntagen und bestimmten Wochentagen wird v o r der Predigt oder n a c h derselben bisweilen ein kurzer Psalm oder ein Vers eines längeren, oder eine der neuerdings immer mehr eingeführten kurzen Hymnen mit Orgelbegleitung gesungen. Sämmtliche Psalmen sind nämlich in allbekannter Lobwasserscher Manier in gereimte jambische Verse übersetzt, fast durchweg vierzeilige Strophen, alternirend von 8 und 6 Zeilen, so dass zu den allermeisten die deutsche Melodie unsers Abendliedes: „Nun sich der Tag geendet hat," passen würde. Nur Psalm 149 hat ein kurzes anakreontisches Anapästenmass. Die Uebersetzung selbst ist von dem Prediger Nicolaus Brady († 1726) und dem gekrönten königlichen Dicher Nahum Tate († 1716) angefertigt, von König Wilhelm III. im Jahre 1696 autorisirt und privilegirt. Das ziemlich schwache Werk ist dem „Gemeindebuche" gleichfalls beigefügt, gleich hinter der trefflichen kirchlichen Psalmübersetzung, und bildet immer noch das Hauptgesangbuch in a l l e n Kirchen. Die neueren Hymnenbücher führt jeder Pfarrer mit seines Bischofs Genehmigung in seiner Kirche ein, verfertigt oder sammelt neue und fügt sie als Anhang zu den bereits vorhandenen. So hat zum Beispiel mein verehrter lieber Freund, William Carus, Universitätslehrer und Oberdechant am Trinitäts-Collegium und Prediger an der Trinitätskirche zu Cambridge, einen Anhang von 58 kurzen, trefflichen Kirchenliedern, in mannigfaltigen Rhythmen, in seiner Kirche eingeführt. Die gebräuchlichsten Hymnenbücher sind: ein älteres: *Psalms, hymns and spiritual songs, adapted for public worship by J. Watts, D. D.* (Psalmen, Hymnen und geistliche Gesänge für öffentlichen Gottesdienst eingerichtet von J. W., Doctor der Theologie) und eine neuere Sammlung: *the Christian choir or a system of Christian psalmody for public and private worship by a clergyman of the established church.* („Der christliche Chor, oder geordnete Sammlung christlicher Gesänge für öffentlichen und häuslichen Gottesdienst von einem Geistlichen der Staatskirche;" es ist der treffliche Pfarrer Anton Sillery in Dublin). Dublin 1835. Das Büchlein, mit einer lehrreichen, historischen Einleitung von 57

Then shall be read distinctly with an audible voice[1]) the First Lesson, taken out of the Old Testament, as is appointed in the Calendar, (except there be proper Lessons assigned for that day:) He that readeth so standing and turning himself, as he may best be heard of all such as are present. [2]) And after that, shall be said or sung, in English, the Hymn called Te Deum Laudamus, daily throughout the Year.

Note, That before every Lesson the Minister shall say, Here beginneth such a Chapter, or Verse of such a Chapter, of such a Book: And after every Lesson, Here endeth the First or the Second Lesson. [3]).

Te Deum Laudamus.

We praise thee, O God &c.

Or this Canticle,

Benedicite, omnia Opera.

O all ye Works of the Lord, bless ye the Lord: praise him, and magnify him for ever &c.

Then shall be read in like manner the Second Lesson, taken out of the New Testament. And after that, the Hymn following; except when that shall happen to be read in the Chapter for the Day, or for the Gospel on Saint John Baptist's Day.

Seiten versehen, enthält 1) liturgische Hymnen mit beigefügter Musik, 2) Auswahl von Psalmen, Anthems und Hymnen, denen Inhaltsüberschriften und erbauliche Anmerkungen beigefügt sind, zusammen 266 Nummern."

1) El. distinctly with a loud voice.

2) Palmer p. 225: ,,In Egypt after the twelve Psalms of the nocturn, two lessons, one from the Old Testament, the other from the New were read and this rule has been adapted by the church of England. — In after times many churches of the West read sometimes three, sometimes five, seven, or nine lessons. So it was formerly in the church of England, where there were either three or nine lessons at nocturns or matins; but these lessons were generally so short, that one chapter of Scripture often contained more than nine of them. For instance, the three first lessons for the first Sunday in Advent contained altogether six verses of the first chapter of Isaiah. Besides this, the lessons were followed by anthems and responsories, which greatly interrupted the reading of Scripture; for which reason they were removed by us, as they had been some time before by cardinal Quignon, whose edition of the Roman breviary has been much applauded by learned men, and was recommended by Paul the Third, patriarch of Rome. The ancient English offices, and Benedict, prescribed the same position for this lesson as we do, namely, after the psalms of the nocturn or matins, and before Te Deum."

3) Assidua manu inter Lectionum recitationem a fidelibus evolvuntur sacrae scripturae codices, qui fere omnibus ad manus sunt.

Benedictus. St. Luke i. 68.

Blessed be the Lord God of Israel: for he hath visited and redeemed his people &c. usque ad v. 79 incl. [1])

Or this Psalm,

Jubilate Deo. Psalm c.

O be joyful in the Lord, all ye lands: serve the Lord with gladness, and come before his presence with a song &c.

Then shall be sung or said the Apostle's Creed by the Minister and the people, standing: except only such days as the Creed of Saint Athanasius is appointed to be read.

I believe in God the Father Almighty, Maker of heaven and earth:

And in Jesus Christ his only Son our Lord, Who was conceived by the Holy Ghost, Born of the Virgin Mary, Suffered under Pontius Pilate, Was crucified, dead, and buried, He descended into hell; The third day he rose again from the dead, He ascended into heaven, And sitteth on the right hand of God the Father Almighty; From thence he shall come to judge the quick and the dead.

I believe in the Holy Ghost; The holy Catholick Church; The Communion of Saints; The Forgiveness of sins; The Resurrection of the body, And the life everlasting. Amen. [2])

And after that, these Prayers following, all devoutly kneeling; the Minister first pronouncing with a loud voice.

The Lord be with you.

Answer. And with thy spirit.

Minister. Let us pray.

---

1) Cantica et Psalmos *Te Deum*, *Benedicite*, *Benedictus*, *Iubilate Deo* Rituale Angliae ad sese transmigrare passum est e Breviario Romano cf. p. 347. Palmerus ex more Mozarabum et Gallorum chartas liturgicas explicat.

2) Bentham p. 205: „Bei Anfang des zweiten Artikels beugen sie das Knie. Sie wollen damit an den Tag geben, dass sie Iesum für einen wahren und wirklichen Gott halten." Gäbler p. 24: „Beim Glaubensbekenntnisse dreht man sich nach dem Communionstische zu." Symbolum Apostolorum in Prima Romana secreto recitatur post Pater Noster. Am.: „Then shall be said the Apostles' Creed by the Minister and the People, standing: And any Churches may omit the words, He descended into Hell, or may, instead of them, use the words, He went into the place of departed Spirits, which are considered as words of the same meaning in the Creed." Porro idem liber concedit, ut recitetur pro Apostolorum Symbolo in Matutinis fides Nicaena.

Lord, have mercy upon us.

Christ have mercy upon us.

Lord, have mercy upon us.

Then the Minister, Clerks, and people, shall say the Lord's Prayer with a loud voice.

Our Father, which art in heaven &c. secundum Lucam cap. 11, om. doxolog.

Then the Priest standing up shall say,

O Lord, shew thy mercy upon us.

Answer. And grant us thy salvation.

Priest. O Lord, save the Queen.

Answer. And mercifully hear us when we call upon thee.

Priest. Endue thy Ministers with righteousness.

Answer. And make thy chosen people joyful.

Priest. O Lord, save thy people.

Answer. And bless thine inheritance.

Priest. Give peace in our time, O Lord.

Answer. Because there is none other that fighteth for us, but only thou, O God.

Priest. O God, make clean our hearts within us.

Answer. And take not thy Holy Spirit from us. [1])

Then shall follow three Collects [2]); the first of the Day, which shall

---

1) Hae preces haud differunt ab illis, quas adnectunt Breviaria Angliae vetusta Officio Primae: „Dominus vobiscum. Et cum spiritu tuo. (Oremus.) Kyrie eleison. Christe eleison. Kyrie eleison. Pater noster qui es in coelis, etc. Erigat se sacerdos solus sic dicens. Ostende nobis, Domine, misericordiam tuam. Et salutare tuum da nobis. Domine, salvum fac regem. Et exaudi nos in die qua invocaverimus te. Sacerdotes tui induantur justitiam. Et sancti tui exultent. Salvum fac populum tuum, Domine. Et benedic haereditati tuae. Da pacem, Domine, in diebus nostris. Quia non est alius qui pugnet pro nobis nisi tu Deus noster. Cor mundum crea in me, Domine. Et Spiritum sanctum tuum ne auferas a me." — Breviarium Romanum hodierni temporis precationes exhibet al quantisper diversas. Satis alienus est in hoc capite ab Anglorum consuetudine liber Americanus: „And after that (post Credo), these Prayers following, all devoutly kneeling; the Minister first pronouncing, The Lord be with you; *Ans.* And with thy Spirit. Min. Let us pray. O Lord, show thy mercy upon us; *Ans.* And grant us thy salvation. *Min.* O God, make clean our hearts within us; *Ans.* And take not thy Holy Spirit from us. Then shall follow the Collect for the day, except when the Communion Service is read; and then the Collect for the day shall be omitted here."

2) Brev. Rom. quoque tres interserit Primae Collectas: Domine Deus omnipotens. Sancta Maria et omnes Sancti. Dirigere et sanctificare. At orationes

be the same that is appointed at the Communion; the second for Peace;
the third for Grace to live well. And the two last Collects shall never
alter, but daily be said at Morning Prayer throughout all the Year, as fol-
loweth; all kneeling.

The second Collect, for Peace.

O God, who art the author of peace and lover of concord,
in knowledge of whom standeth our eternal life, whose ser-
vice is perfect freedom; Defend us thy humble servants in all
assaults of our enemies; that we, surely trusting in thy de-
fence, may not fear the power of any adversaries, through the
might of Jesus Christ our Lord. Amen. [1]

The third Collect, for Grace.

O Lord, our heavenly Father, Almighty and everlasting
God, who hast safely brought us to the beginning of this day;
Defend us in the same with thy mighty power; and grant that
this day we fall into no sin, neither run into any kind of dan-
ger; but that all our doings may be ordered by thy gover-
nance, to do always that is righteous in thy sight; through Je-
sus Christ our Lord. Amen. [2]

In Quires and Places where they sing, here followeth the Anthem. [3]

Ritualis anglicani plus similitudinis habent cum Collectis in Laudum officio reci-
tatis, quarum una est de die, reliquae in Suffragiis, ut dicunt, numerantur.

1) „Deus auctor pacis et amator, quem nosse vivere, cui servire regnare
est: protege ab omnibus impugnationibus supplices tuos, ut qui in defensione
tua confidimus nullius hostilitatis arma timeamus." Legitur Collecta in Sacramen-
tariis Gelasii atque Gregorii, in Missali Sarisberiensi. Angli addiderunt in calce
„through the might of J. C. our Lord."

2) Brev. Sarisber. hanc praebuit collectam de gratia, iam in Gelasii et Gre-
gorii Sacramentariis obviam: „Domine sancte, Pater omnipotens, aeterne Deus,
qui nos ad principium huius diei pervenire fecisti; tua nos hodie salva virtute;
et concede ut in hac die ad nullum declinemus peccatum; nec ullum incurramus
periculum, sed semper ad tuam justitiam faciendam omnis nostra actio tuo mode-
ramine dirigatur." Non multum discrepat Collecta Brev. Rom. ad Primam: „Do-
mine Deus omnipotens, qui ad principium hujus diei nos pervenire fecisti; tua nos
hodie salva virtute, ut in hac die ad nullum declinemus peccatum, sed semper ad
tuam justitiam faciendam nostra procedant eloquia, dirigantur cogitationes et
opera per Dominum."

3) Kniewel p. 142: „An den Orten, wo Singchöre angestellt sind, folgen
hier die Anthems, d. h. Gesangstücke, deren Text aus der heil. Schrift oder der
Liturgie entnommen ist, meistens ältere würdige Musik, sehr viele von Händel."

Then these five Prayers following are to be read here, except when the Litany is read: and then only the two last are to be read, as they are there placed.

A Prayer for the Queen's Majesty.

O Lord our heavenly Father, high and mighty, King of kings, Lord of lords, the only Ruler of princes, who dost from thy throne behold all the dwellers upon earth; Most heartily we beseech thee with thy favour to behold our most gracious Sovereign Lady, Queen Victoria; and so replenish her with the grace of thy Holy Spirit, that she may alway incline to thy will, and walk in thy way: Endue her plenteously with heavenly gifts; grant her in health and wealth long to live; strengthen her that she may vanquish and overcome all her enemies; and finally, after this life, she may attain everlasting joy and felicity; through Jesus Christ our Lord. Amen.

A Prayer for the Royal Family.

Almighty God, the fountain of all goodness, we humbly beseech thee to bless the Prince Albert, Albert Prince of Wales, and all the Royal Family: Endue them with thy Holy Spirit; enrich them with thy heavenly grace; prosper them with all happiness; and bring them to thine everlasting kingdom; through Jesus Christ our Lord. Amen. [1]

---

1) In libro Elisabeth explicit Matutinum post Collectam pro gratia. Quae sequuntur adiecta sunt 1661. Palmer p. 218: „The two prayers for the king and royal family, although they do not appear to have been actually translated from any very ancient offices, are yet, both in expressions and substance, perfectly conformable to the many prayers for kings &c., which are found in the liturgies and offices of the primitive church." Confert Liturgiam Gallicanam „Dominum dominantium et Regem regnantium deprecemur ut nobis populo suo pacem regum tribuere dignetur" et vetustam collectam pro rege, et nunc in Romanis officiis usitatam „Quaesumus omnipotens Deus, ut famulus tuus rex noster, qui tua miseratione regni suscepit gubernacula, virtutum etiam omnium percipiat incrementa: quibus decenter ornatus vitiorum monstra devitare, hostes superare et ad te qui via, veritas et vita es, gratiosus valeat pervenire." Am. preces fundit pro reipublicae praeside et magistratibus omnibus: „O Lord, our heavenly Father, the high and mighty Ruler of the universe, who dost from thy throne behold all the dwellers upon earth; most heartily we beseech thee, with thy favour to behold and bless thy servant, *The President of the United States*, and all others in authority; and so replenish them with the grace of thy Holy Spirit, that they may always incline to thy will, and walk in thy way: Endue them plenteously with heavenly gifts; grant them in health and prosperity long to live;

III.   24

A Prayer for the Clergy and People.

Almigthy and everlasting God, who alone workest great marvels; Send down upon our Bishops, and Curates, and all Congregations committed to their charge, the healthful spirit of thy grace; and that they may truly please thee, pour upon them the continual dew of thy blessing. Grant this, O Lord, for the honour of our Advocate and Mediator, Jesus Christ. Amen. [1])

A Prayer of St. Chrysostom.

Almighty God, who hast given us grace at this time with one accord to make our common supplications unto thee; and dost promise, that when two or three are gathered together in thy Name thou wilt grant their requests: Fulfil now, O Lord, the desires and petitions of thy servants, as may be most expedient for them; granting us in this world knowledge of thy thruth, and in the world to come life everlasting. Amen. [2])

2 Cor. xiii.

The grace of our Lord Jesus Christ, and the love of God,

---

and finally, after this life, to attain everlasting joy and felicity, through Jesus Christ our Lord. Amen."

1) Peroratione excepta, ad verbum convenit Collecta cum Sacramentariis Gelasii, Gregorii ac libris ecclesiae Sarisber. „Omnipotens sempiterne Deus, qui facis mirabilia magna solus: praetende super famulos tuos Pontifices et super cunctas Congregationes illis commissas, Spiritum gratiae salutaris et ut iu veritate tibi complaceant, perpetuum eis rorem tuae benedictionis infunde."

2) Palmer p. 249 sq.: „This prayer occurs in the liturgy of the church of Constantinople, which bears the name of Chrysostom. It must be confessed, however, that it is not found in the most ancient manuscripts of that liturgy, but in those of the liturgy of Basil, where it is recited as the prayer preceding the third anthem at the beginning of the Communion-service. It occurs in a MS. of Basil's liturgy, which has been referred by Goar and others to the ninth century. Whether this prayer be as old as the time of either Basil or Chrysostom, is very doubtful to me, because all the commencement of those liturgies which bear their names (except the lessons) appears to be more recent than the time of Chrysostom: however, this prayer has certainly been very anciently used in the exarchate of Caesarea, and the patriarchate of Constantinople. Ὁ τὰς κοινὰς ταύτας καὶ συμφώνους ἡμῖν χαρισάμενος προσευχάς, ὁ καὶ δύο καὶ τρισὶ συμφωνοῦσιν ἐπὶ τῷ ὀνόματι σου, τὰς αἰτήσεις παρέχειν ἐπαγγειλάμενος· αὐτὸς καὶ νῦν τῶν δούλων σου τὰ αἰτήματα πρὸς τὸ συμφέρον πλήρωσον, χορηγῶν ἡμῖν ἐν τῷ παρόντι αἰῶνι τὴν ἐπίγνωσιν τῆς σῆς ἀληθείας, καὶ ἐν τῷ μέλλοντι ζωὴν αἰώνιον χαριζόμενος."

and the fellowship of the Holy Ghost, be with us all evermore. Amen. [1])

Here endeth the Order of Morning Prayer throughout the Year.

---

[1]) Aptissime officium, quod ab elogiis divinis exorsum est, desinit in benedictionem Apostolorum, antiquitus in ecclesia usitatam. At magnum duco ecclesiae Anglicanae incommodum et detrimentum, non adhibitam esse in cultu matutino praeclarissimam Benedictionem, e libro Numerorum depromptam. Cf. Cod. Lit. II. p. 89.

Restat commemorare libri Am. in calce Officii discrepantiam. Sequitur Collectam pro gratia alia pro Clero et populo, in singulis ab Anglis precibus diversa, deinceps Collecta pro omni omnium hominum conditione, Collecta pro gratiis agendis, postremo Oratio S. Chrysostomi. Ex iis quae infra post Litaniam legentur, apparebit, Anglicum quoque Rituale easdem praebere Collectas, ita tamen ut has preces ante orationem S. Chrisostomi dicendas sacerdotibus commendet, non uti onus officii atque observantiae perpetuum imponat.

A Prayer for the Clergy and People.

Almighty and everlasting God, from whom cometh every good and perfect gift, send down upon our Bishops and other Clergy, and upon the Congregations committed to their charge, the healthful spirit of thy grace; and, that they may truly please thee, pour upon them the continual dew of thy blessing: Grant this, O Lord, for the honour of our Advocate and Mediator Jesus Christ. Amen.

A Prayer for all Conditions of Men.

O God, the Creator and Preserver of all mankind, we humbly beseech thee for all sorts and conditions of men, that thou wouldest be pleased to make thy ways known unto them, thy saving health unto all nations. More especially we pray for thy holy Church universal; that it may be so guided and governed by thy good Spirit, that all who profess and call themselves Christians, may be led into the way of truth, and hold the faith in unity of Spirit, in the bond of peace, and in righteousness of life &c.

A General Thanksgiving.

Almighty God, Father of all mercies, we, thine unworthy servants, do give thee most humble and hearty thanks for all thy goodness and loving kindness to us, and to all men. We bless thee for our creation, preservation, and all the blessings of this life; but, above all, for thine inestimable love in the redemption of the world by our Lord Jesus Christ; for the means of grace, and for the hope of glory. And, we beseech thee, give us that due sense of all thy mercies, that our hearts may be unfeignedly thankful, and that we may show forth thy praise, not only with our lips, but in our lives; by giving up ourselves to thy service, and by walking before thee in holiness and righteousness all our days, through Jesus Christ our Lord; to whom, with thee and the Holy Ghost, be all honour and glory, world without end. Amen.

THE ORDER FOR EVENING PRAYER,
daily troughout the Year. [1])

At the beginning of Evening Prayer the Minister shall read with a loud voice some one or more of these Sentences of the Scriptures that follow. And then he shall say that which is written after the said Sentences. Ez. 18, 27 &c.

Dearly beloved brethren &c.

A General Confession

To be said of the whole Congregation after the Minister, all kneeling.

Almighty and most merciful Father &c.

The Absolution,

Or Remission of sins, to be pronounced by the Priest allone, standing; the people still kneeling.

Almighty God, the Father of our Lord Jesus Christ &c. [2])

Then the Minister shall kneel, and say the Lord's Prayer; the people also kneeling and repeating it with him.

Our Father &c.

Then likewise he shall say,

O Lord, open thou our lips.

Answer. **And our mouth shall shew forth thy praise.**

---

1) Cum Vespertinum Officium affinitate iunctum sit cum Vesperis ac Completorio ecclesiae Romanae, iuvat illarum horarum ordinem et seriem adscribere. *Vesperae.* Pater Noster. Ave Maria. Deus in adiutorium. 5 Psalmi. Capitulum. Hymnus. *Magnificat.* Antiphona et Oratio propria. *Completorium.* Iube Domine benedicere. Noctem quietam et finem perfectum concedat nobis Dominus omnipotens. Lectio. Confessio et Absolutio. Converte nos Deus salutaris noster. Et averte iram tuam a nobis. Deus in adiutorium etc. 4 Psalmi. Hymnus. Capitulum. In manus tuas Domine. Commendo spiritum meum. Redemisti nos Deus. veritatis. Gloria Patri. Custodi nos Domine ut pupillam oculi. Sub umbra alarum tuarum protege nos. *Nunc dimittis.* Preces. Collecta. Dominus vobiscum. Benedicamus Domino. Benedicat et custodiat nos omnipotens et misericors Dominus, Pater et Filius et Spiritus Sanctus. Amen. Sequitur Antiphona et Oratio de Beata Virgine et Commemoratio Defunctorum.

2) Quod ad sententias, Exhortationem, Confessionem, Absolutionem, servatur ordo Matutini p. 347. Neque opus est libri Americani repetere discrepantiam.

Priest. O God, make speed to save us.
Answer. O Lord, make haste to help us. [1])
Here all standing up, the Priest shall say,
Glory be to the Father, and to the Son: and to the Holy Ghost;
Answer. As it was in the beginning, is now, and ever shall be: world without end. Amen.
Priest. Praise ye the Lord.
Answer. The Lord's Name be praised.
Then shall be said or sung the Psalms in order as they are appointed. Then a Lesson of the Old Testament, as is appointed. And after that, Magnificat (or the Song of the blessed Virgin Mary) in English, as followeth.

Magnificat. St. Luke i.
My soul doth magnify the Lord: and my spirit hath rejoiced in God my Saviour etc. [2])
Or else this Psalm; except it be on the Nineteenth Day of the Month, when it is read in the ordinary Course of the Psalms.

Cantate Domino. Psalm xcviii.
O sing unto the Lord a new song: for he hath done marvellous things etc.
Then a Lesson of the New Testament, as it is appointed. And after that, Nunc dimittis (or the Song of Simeon) in English, as followeth.

Nunc dimittis. St Luke ii. 29.
Lord, now lettest thou thy servant depart in peace: according to thy word etc.
Or else this Psalm; except it be on the Twelfth Day of the Month.

Deus misereatur. Psalm lxvii.
God be merciful unto us, and bless us: and shew us the light of his countenance, and be merciful unto us etc.
Then shall be said or sung the Apostles' Creed by the Minister and the people, standing.

---

1) Omittit hunc versiculum Am.
2) Sanctum virginis carmen, antiquitus in ecclesia celebratum, male reticetur apud Americanos, passim ad neotericorum errores proclives. Psalmo 98 iungunt alium ad libitum mutua vice recitandum, Psalmum 92: Bonum est confiteri. Simili ratione, spreto Simeonis cantico, proponit duos psalmos: Deus misereatur et Ps. 103. Benedic anima mea Domino.

I believe in God the Father Almighty, Maker of heaven and earth &c. [1])

And after that, these Prayers following, all devoutly kneeling: the Minister first pronouncing with a loud voice,

The Lord be with you.

Answer. And with thy spirit.

Minister. Let us pray:

Lord, have mercy upon us.

Christ, have mercy upon us.

Lord, have mercy upon us.

Then the Minister, Clerks, and people, shall say the Lord's Prayer with a loud voice.

Our Father &c. secundum Lucam, omissa doxologia.

Then the Priest standing up shall say,

O Lord, shew thy mercy upon us:

Answer. And grant us thy salvation.

Priest. O Lord, save the Queen.

Answer. And mercifully hear us when we call upon thee.

Priest. Endue thy Ministers with righteousness.

Answer. And make thy chosen people joyful.

Priest. O Lord, save thy people;

Answer. And bless thine inheritance.

Priest. Give peace in our time, O Lord.

Answer. Because there is none other that fighteth for us, but only thou, O God.

Priest. O God, make clean our hearts within us.

Answer. And take not thy Holy Spirit from us.

Then shall follow three Collects; the first of the Day; the second for Peace; the third for Aid against all Perils, as hereafter followeth: which two last Collects shall be daily said at Evening Prayer without alteration.

The second Collect at Evening Prayer.

O God, from whom all holy desires, all good counsels, and all just works do proceed; Give unto thy servants that peace which the world cannot give; that both our hearts may be set to obey thy commandments, and also that by thee we

---

1) Am. vespertino quoque officio praeter Apostolorum Symbolum concedit Nicaenum, ad libitum pro illo inserendum. Item, dicto Symbolo, eadem addit Responsoria atque mane§p._347.

being defended from the fear of our enemies may pass our time in rest and quietness; through the merits of Jesus Christ our Saviour. Amen. [1])

The third Collect, for Aid against all Perils.

Lighten our darkness, we beseech thee, O Lord: and by thy great mercy defend us from all perils and dangers of this night; for the love of thy only Son, our Saviour, Jesus Christ. Amen [2])

In Quires and Places where they sing, here followeth the Anthem.

A Prayer for the Queen's Majesty.

A Prayer for the Royal Family.

A Prayer for the Clergy and People. [3])

A Prayer of St. Chrysostom.

2 Cor. xiii.

The grace of our Lord Jesus Christ, and the love of God, and the fellowship of the Holy Ghost, be with us all evermore. Amen.

Here endeth the Order of Evening Prayer throughout the Year. [4])

1) Eandem Collectam suffragii loco Brev. Romanum interserit Laudibus et Vesperis: „Deus, a quo sancta desideria, recta consilia, et justa sunt opera; da servis tuis illam, quam mundus dare non potest, pacem; ut et corda nostra mandatis tuis dedita, et hostium sublata formidine, tempora sint tua protectione tranquilla." Palmer p. 261: „ This collect is found in all the ancient monuments of the English church, where it has been used for above twelve hundred years. It is, without any reasonable doubt, as old as the fifth century, since it occurs in the sacramentary of Gelasius, A. D. 494."

2) Occurrit Collecta in Sacramentariis Gelasii et Gregorii nec non in vetustis Breviariis Angliae: „Illumina, quaesumus Domine Deus, tenebras nostras; et totius huius noctis insidias tu a nobis repelle propitius. Per Dominum." In Completorio Romano locum eius obtinet alia: Visita quaesumus Domine habitationem istam et omnes insidias inimici ab ea longe repelle: angeli tui sancti habitent in ea qui nos in pace custodiant, et benedictio tua sit super nos semper." Americana Collecta ab utrisque differt precibus „ O Lord our heavenly Father, by whose Almighty power we have been preserved this day: by thy great mercy defend us from all perils and dangers of this night, for the love of thy only Son our Saviour, Jesus Christ."

3) Iam supra commemoratum est has collectas ad Rituale advenisse ex anno 1661. Ibidem quaeras libri Americani differentiam.

4) In nonnullis Angliae ecclesiis sacra habentur pomeridiana et vespertina. Sed utrisque idem inservit officium, supra exscriptum cf. p. 38.

AT MORNING PRAYER.

Upon these Feasts; Christmas-Day, the Epiphany, Saint Matthias, Easter-Day, Ascension-Day, Whit-Sunday, Saint John Baptist, Saint James, Saint Bartholomew, Saint Matthew, Saint Simon and Saint Jude, Saint Andrew, and upon Trinity-Sunday, shall be sung or said at Morning Prayer, instead of the Apostles' Creed, this Confession of our Christian Faith, commonly called The Creed of Saint Athanasius, by the Minister and people standing. [1])

Quicunque vult.

Whosoever will be saved: before all things it is necessary that he hold the Catholick Faith &c.

THE LITANY.

Here followeth the Litany or General Supplication, to be sung or said after Morning Prayer upon Sundays, Wednesdays, and Fridays, and at other times when it shall be commanded by the Ordinary. [2])

O God the Father, of heaven: have mercy upon us miserable sinners.

O God the Father, of heaven: have mercy upon us miserable sinners.

---

1) Symbolum *Quicunque* in Romana ecclesia dicitur diebus dominicis ad Primam. Liber Anglicus duodecim selegit festivitates, hac prolixiori fidei Christianae confessione ornandos, eo consilio ut semel per mensem a populo Christiano recitaretur. Accessit necessario festivitas S. Trinitatis. Americana ecclesia, Athanasium exulem fecit, itaque matris decreto haud obtemperavit.

2) Ex Canonibus Ecclesiae Anglicanae (quos 1603 nosti concinnatos) Cas. XIII haec praecipit: Omnes cuiuscunque conditionis aut status personae infra Ecclesiam Anglicanam deinceps celebrabunt diem dominicum (vulgo diem Solis nuncupatum) ceterosque dies festivos, iuxta regulam divinae voluntatis, et Ecclesiae Anglicanae instituta hac in parte praescripta; nimirum in audiendo verbo Dei tam lecto, quam praedicato, in privatis publicisque precibus faciendis, in peccatis Deo confitendis et eisdem emendandis, in caritate cum proximis (sicubi laesa fuerit) reconcilianda, in sacra communione corporis et sanguinis dominici frequentanda, in pauperibus juvandis, aegrotis visitandis, piam omnem ac sobriam conservationem interim adhibentes." Litania convenit cum vetustis libris ecclesiae Anglicae, ita tamen ut rescissae sint Sanctorum invocationes. Nonnulla a Protestantium coetibus accepta.

O God the Son, Redeemer of the world: have mercy upon us miserable sinners.

O God the Son, Redeemer of the world: have mercy upon us miserable sinners.

O God the Holy Ghost, proceeding from the Father and the Son; have mercy upon us miserable sinners.

O God the Holy Ghost, proceeding from the Father and the Son: have mercy upon us miserable sinners.

O holy, blessed, and glorious Trinity, three Persons and one God; have mercy upon us miserable sinners.

O holy, blessed, and glorious Trinity, three Persons and one God; have mercy upon us miserable sinners. [1])

Remember not, Lord, our offences, nor the offences of our forefathers; neither take thou vengeance of our sins: spare us, good Lord, spare thy people, whom thou hast redeemed with thy most precious blood, and be not angry with us for ever. [2])

Spare us, good Lord.

From all evil and mischief; from sin, from the crafts and assaults of the devil; from thy wrath, and from everlasting damnation, [3])

Good Lord, deliver us.

From all blindness of heart; from pride, vain-glory, and hypocrisy; from envy, hatred, and malice, and all uncharitableness, [4])

Good Lord, deliver us.

---

1) Brev. Sarisbur.: Pater de coelis Deus, miserere nobis. Fili redemptor mundi miserere nobis. Spiritus sancte Deus miserere nobis. Sancta Trinitas unus Deus, miserere nobis.

2) Brev. Sarisb.: Ne reminiscaris Domine delicta nostra vel parentum nostrorum, neque vindictam sumas de peccatis nostris. Parce Domine, parce populo tuo quem redemisti pretioso sanguine tuo, ne in aeternum irascaris. Parce nobis Domine.

3) In libris Sarisb. et Eborac. ecclesiae: „Ab omni malo. Ab infestationibus daemonum, a ventura ira, a damnatione perpetua." Ut placet Palmero, verba „from sin" redolent Brev. Traiectense: nisi forte ex litania Romana accersita sunt „ab omni malo, ab omni peccato, a morte perpetua."

4) Brev. Angl.: A caecitate cordis, a peste superbiae, ab appetitu inanis gloriae, ab ira et odio et omni mala voluntate."

From fornication, and all other deadly sin; and from all the deceits of the world, the flesh, and the devil, [1])

Good Lord, deliver us.

From lightning and tempest; from plague, pestilence, and famine; from battle and murder, and from sudden death, [2])

Good Lord, deliver us.

From all sedition, privy conspiracy, and rebellion; from all false doctrine, heresy, and schism; from hardness of heart, and contempt of thy Word and Commandment, [3])

Good Lord, deliver us.

By the mystery of thy holy Incarnation; by thy holy Nativity and Circumcision; by thy Baptism, Fasting, and Temptation, [4])

Good Lord, deliver us.

By thine Agony and bloody Sweat; by thy Cross and Passion; by thy precious Death and Burial; by thy glorious Resurrection and Ascension; and by the coming of the Holy Ghost, [5])

Good Lord, deliver us.

---

1) Brev. Angl.: A spiritu fornicationis, a carnalibus desideriis, ab insidiis diaboli. Am.: „From all inordinate and sinful affections and from all the deceit of the world, the flesh, and the devil."

2) Brev. Angl.: A fulgure et tempestate, a subitanea et improvisa morte. Quod ad reliqua, Palmerus sese recipit ad Lucernarium Graecorum: ἀπὸ λοιμοῦ, λιμοῦ, μαχαίρας. — Nos, ne flexuosis et deviis itineribus abripiamur, subsistimus in Litaniis Protestantium: — „ Für allen Sünden, Für allen Irrsal, Für allem Uebel, Für des Teufels Trug und List, Für bösen schnellen Tod, Für Pestilenz und theurer Zeit, Für Krieg und Blutvergiessen, Für Aufruhr und Zwietracht, Für Hagel und Ungewitter, Für dem ewigen Tod."

3) El.: From all sedition and privy conspiracy, from all false doctrine and heresy, from hardness of heart and contempt of thy word and commandment. Non investigavit Palmerus locos παραλλήλους: et sane nonnulla intimum habent commercium cum rei publicae Anglicanae motibus ac procellis. Alia non aliena sunt a Protestantium libris: „Allen Rotten und Aergernissen wehren, Alle Irrige und Verführte wiederbringen, Den Satan unter unsre Füsse treten (ut haeresium auctorem)."

4) Brev. Angl.: „Per mysterium sanctae Incarnationis tuae; per Nativitatem tuam; per sanctam Circumcisionem tuam: per Baptismum tuum; per ieiunium tuam." Romana Litania commemorat Incarnationem, Adventum, Nativitatem, Baptismum, Ieiunium.

5) Brev. Angl.: „Per Crucem et Passionem tuam; per preciosam Mortem

In all time of our tribulation; in all time of our wealth;
in the hour of death, and in the day of judgment, [1])

Good Lord, deliver us.

We sinners do beseech thee to hear us, O Lord God; and
that it may please thee to rule and govern thy holy Church
universal in the right way; [2])

We beseech thee to hear us, good Lord.

That it may please thee to keep and strenghten in the true
worshipping of thee, in rigtheousness and holiness of life, thy
Servant Victoria, our most gracious Queen and Governour; [3])

We beseech thee to hear us, good Lord.

That it may please thee to rule her heart in thy faith,
fear, and love, and that she may evermore have affiance in
thee, and ever seek thy honour and glory; [4])

We beseech thee to hear us, good Lord.

That it may please thee to be her defender and keeper,
giving her the victory over all her enemies; [5])

We beseech thee to hear us, good Lord.

---

tuam; per gloriosam Resurrectionem tuam; per admirabilem Ascensionem tuam;
per gratiam Spiritus Sancti." In multis Lutheranorum et Reformatorum Litaniis:
„Durch Deinen Todeskampf und blutgen Schweiss."

1) Am. In all time of our tribulation, in all time of our prosperity etc.
Brev. Angl.: „In hora mortis sucurre nobis Domine, in die iudicii."

2) Brev. Angl.: Peccatores te rogamus audi nos: ut ecclesiam tuam regere
et defensare digneris. Protestantes „Deine heil. Christliche Kirche regieren und
führen." — In utroque Eduardi libro interserta est Litaniae deprecatio pro Pon-
tificis Romani tyrannide avertenda ac conterenda, a Protestantium precibus us-
que ad medium saeculum XVIII tenaciter arrepta ac rostro ungulisque defensa
„Und uns für Deiner Feinde, des Papst und Türken Gotteslästerung, Mord und
Unzucht gnädiglich behüten." Apud Anglos iam sub imperio Elisabeth maledi-
ctum illud in Papam dicendum e Rituali expulsum est.

3) Am.: That it may please thee to bless and preserve all Christian Rulers
and Magistrates; giving them grace to execute iustice and to maintain truth —
quae apud Anglos infra leguntur. Brev. Angl.: „Ut regi nostro et principibus no-
stris pacem et veram concordiam donare digneris." Prot.: „Allen Königen und
Fürsten in Dir Eintracht geben."

4) Omissum ab Am. Similia occurrunt in Litaniis Lutheranis: „Unsern
Römischen Kaiser und gnädigsten Landesfürsten bei der Erkenntniss Deiner gött-
lichen Wahrheit erhalten." „ein seliges Regiment und langes Leben."

5) Non reperitur in Am. Brev. Angl.: Ut Regi nostro victoriam donare di-

That it may please thee to bless and preserve the Prince Albert, Albert Prince of Wales and all the Royal Family; [1])
We beseech thee to hear us, good Lord.

That it may please thee to illuminate all Bishops, Priests, and Deacons, with true knowledge and understanding of thy Word, and that both by their preaching and living they may set it forth, and shew it accordingly; [2])
We beseech thee to hear us, good Lord.

That it may please thee to endue the Lords of the Council, and all the Nobility, with grace, wisdom, and understanding; [3])
We beseech thee to hear us, good Lord.

That it may please thee to bless and keep the Magistrates, giving them grace to execute justice, and to maintain truth; [4])
We beseech thee to hear us, good Lord.

That it may please thee to bless and keep all thy people; [5])
We beseech thee to hear us, good Lord.

That it may please thee to give to all nations unity, peace, and concord; [6])
We beseech thee to hear us, good Lord.

That it may please thee to give us an heart to love and dread thee, and diligently to live after thy commandments;
We beseech thee to hear us, good Lord.

---

gneris. Prot.: „ihm auch wider den Türken und alle Feinde Deines göttlichen Wortes steten Sieg vergönnen.

1) Deest haec periodus in Am. et El. (nam illa aetate non erat regia proles).

2) Brev. Angl.: Ut Episcopum nostrum et Praelatos nostros et nos congregationes illis commissas in tuo sancto servitio conservare digneris. Prot.; „Alle wahre Bischöfe, Pfarrer und Kirchendiener in heilsamer Lehre, und heiligem Leben behalten.“

3) Praetermissum in Am.

4) Prot.: „Unser Rath und Gemeinde allhie leiten, segnen und vor allem Unrecht bewahren.“

5) Brev. Angl.: Ut cunctum populum Christianum, pretioso sanguine tuo redemptum, conservare digneris.

6) Litania Anglica vetusta (Mabillon Anecdota 675): Ut populo Christiano

That it may please thee to give to all thy people increase of grace to hear meekly thy Word, and to receive it with pure affection, and to bring forth the fruits of the Spirit; [1])

> We beseech thee to hear us, good Lord.

That it may please thee to bring into the way of truth all such as have erred, and are deceived; [2])

> We beseech thee to hear us, good Lord.

That it may please thee to strengthen such as do stand; and to comfort and help the weak-hearted; and to raise up them that fall; and finally to beat down Satan under our feet; [3])

> We beseech thee to hear us, good Lord.

That it may please thee to succour, help, and comfort, all that are in danger, necessity, and tribulation; [4])

> We beseech thee to hear us, good Lord.

That it may please thee to preserve all that travel by land or by water, all women labouring of child, all sick persons, and young children; and to shew thy pity upon all prisoners and captives; [5])

> We beseech thee to hear us, good Lord.

---

pacem et unitatem largiri digneris. Praeterea excitat Palmerus Apostolicas Constitutiones: ὑπὲρ τῆς εἰρήνης καὶ τῆς εὐσταθείας τοῦ κόσμου δεηθῶμεν.

1) Palmerus ex Menardi Notis Sacramentario Gregorii adspersis haec verba delibat: Ut gratiam Sancti Spiritus cordibus nostris clementer infundere digneris. At nullam video affinitatis coniunctionem. Propius accedit ad Rituale Angliae Litania Germanica „Deinen Geist und Kraft zum Worte geben.“

2) Occurrunt similia in vetustioribus ac recentioribus Litaniis: „Ut errantes ad viam salutis reducas“ „Alle Irrige und Verführte wiederbringen.“

3) Palmerus sese recipit ad Liturgias Cyrilli et Marci: τὸν Σατανᾶν καὶ πᾶσαν αὐτοῦ τὴν ἐνέργειαν καὶ πονηρίαν σύντριψον ὑπὸ τοὺς πόδας ἡμῶν. Quantum ad praecedentia, liber Cyrilli precatur pro lapsis, pro stantibus, pro iis qui pusilli sunt animi. Item in mentem venit Antiphona Mariana, Romanis acceptissima: Sancta Maria, succurre miseris, iuva pusillanimes, refove flebiles. Prot.: „den Satan unter unsere Füsse treten.“

4) Prot.: „Allen die in Noth und Gefahr sind mit Hülfe erscheinen.“

5) Am. all women in the perils of childbirth. Brev. Angl.: Ut miserias pauperum et captivorum intueri et relevare digneris. Prot.: „Allen Schwangern und Säugern fröhliche Frucht und Gedeihen geben. Alle Kinder und Kranken pflegen und warten. Alle unschuldig Gefangene los und ledig machen.“ Itaque vix indigemus Constitutionibus Apostolorum: ὑπὲρ πλεόντων καὶ ὁδοιπορούντων δεηθῶμεν, ὑπὲρ τῶν ἐν ἀρρωστία ἐξεταζομένων ἀδελφῶν ἡμῶν δεηθῶμεν, τῶν νηπίων τῆς ἐκκλησίας μνημονεύσωμει.

That it may please thee to defend, and provide for, the fatherless children, and widows, and all that are desolate and oppressed;[1])

> We beseech thee to hear us, good Lord.

That it may please thee to have mercy upon all men;[2])

> We beseech thee to hear us, good Lord.

That it may please thee to forgive our enemies, persecutors, and slanderers, and to turn their hearts;[3])

> We beseech thee to hear us, good Lord.

That it may please thee to give and preserve to our use the kindly fruits of the earth, so as in due time we may enjoy them;[4])

> We beseech thee to hear us, good Lord.

That it may please thee to give us true repentance; to forgive us all our sins, negligences, and ignorances; and to endue us with the grace of thy Holy Spirit to amend our lives according to thy holy Word;[5])

> We beseech thee to hear us, good Lord.

Son of God: we beseech thee to hear us.

> Son of God: we beseech thee hear us.

O Lamb of God: that takest away the sins of the world;

> Grant us thy peace.

O Lamb of God: that takest away the sins of the world;

> Have mercy upon us.

O Christ, hear us.

> O Christ, hear us.

---

1) Prot.: „Alle Wittwen und Waisen vertheidigen und versorgen." „Allen Betrübten und Blöden helfen und sie trösten."

2) Prot.: „Aller Menschen Dich erbarmen."

3) Prot.: „Unseren Feinden, Verfolgern und Lästerern vergeben und sie bekehren."

4) Brev. Angl.: Ut fructus terrae dare et conservare digneris. Prot.: „Die Früchte auf dem Lande geben und bewahren."

5) Palmerus evolvit Codicem Chisii apud Bonam Rer. Lit. p. 564: „Ut nobis veram poenitentiam agere concedas, Ut remissionem omnium peccatorum nostrorum nobis donare digneris, Ut gratiam Sancti Spiritus cordibus nostris infundere digneris, Ut locum poenitentiae nobis concedas."

Lord, have mercy upon us.
> Lord, have mercy upon us.

Christ, have mercy upon us.
> Christ, have mercy upon us.

Lord, have mercy upon us.
> Lord, have mercy upon us.

Then shall the Priest, and the People with him, say the Lord's Prayer.

Our Father &c. secundum Lucam, omissa doxologia. [1])

Priest. O Lord, deal not with us after our sins.

Answer. Neither reward us after our iniquities. [2])

Let us pray.

O God, merciful Father, that despisest not the sighing of a contrite heart, nor the desire of such as be sorrowful; Mercifully assist our prayers that we make before thee in all our troubles and adversities, whensoever they oppress us; and graciously hear us, that those evils, which the craft and subtilty of the devil or man worketh against us, be brought to nought; and by the providence of thy goodness they may be dispersed; that we thy servants, being hurt by no persecutions, may evermore give thanks unto thee in thy holy Church; through Jesus Christ our Lord. [3])

O Lord, arise, help us, and deliver us for thy Name's sake.

O God, we have heard with our ears, and our fathers

---

1) Omnia conveniunt cum Litaniis Romanis nec non Lutheranis. Am. post Agnus Dei haec habet: The Minister may, at his discretion, omit all that follows, to the Prayer: „We humbly beseech thee &c."

2) Brev. Angl.: Domine non secundum peccata nostra facias nobis, Neque secundum iniquitates nostras retribuas nobis.

3) Desumpta est Collecta e Missa votiva „de tribulatione cordis" quae inest Missali Sarisburiensi: „Deus qui contritorum non despicis gemitum, et moerentium non spernis affectum; adesto precibus nostris quas pietati tuae pro tribulatione nostra offerimus, implorantes ut nos clementer respicias, et solito pietatis tuae intuitu tribuas, ut quicquid contra nos diabolicae fraudes atque humanae moliuntur adversitates, ad nihilum redigas, et consilio misericordiae tuae allidas, quatenus nullis adversitatibus laesi, sed ab omni tribulatione et angustia liberati, gratias tibi in Ecclesia referamus consolati." Legitur etiam in Missa Illyrici Cod. Lit. I. p. 3 sq. Romanae ecclesiae Missale, prolixioribus collectis infestum, orationem non continet.

have declared unto us, the noble works that thou didst in their days, and in the old time before them.

O Lord, arise, help us, and deliver us for thine honour.

Glory be to the Father, and to the Son: and to the Holy Ghost;

Answer. As it was in the beginning, is now, and ever shall be: world without end. Amen.

From our enemies defend us, O Christ.

Graciously look upon our afflictions.

Pitifully behold the sorrows of our hearts.

Mercifully forgive the sins of thy people.

Favourably with mercy hear our prayers.

O Son of David, have mercy upon us.

Both now and ever vouchsafe to hear us, O Christ.

Graciously hear us, O Christ; graciously hear us, O Lord Christ.

Priest. O Lord, let thy mercy be shewed upon us;

Answer. As we do put our trust in thee. [1])

Let us pray.

We humbly beseech thee, O Father, mercifully to look upon our infirmities; and for the glory of thy Name turn from us all those evils that we most righteously have deserved; and grant, that in all our troubles we may put our whole trust and confidence in thy mercy, and evermore serve thee in holiness and pureness of living, to thy honour and glory; through our only Mediator and Advocate, Jesus Christ our Lord. Amen. [2])

---

1) Quae supra scriptae sunt preces dicebantur ex prisca Anglorum disciplina in Litaniis S. Marci vel Rogationum. Processionale Eboracense: Exurge Domine adiuva nos et libera nos propter nomen tuum. Deus auribus nostris audivimus patresque nostri annunciaverunt nobis opus quod operatus es in diebus eorum in diebus antiquis. Exurge Domine etc. Gloria Patri, et Filio, et Spiritui Sancto etc. Ab inimic's nostris defende nos Christe. Afflictionem nostram benignus vide. Dolorem cordis nostri respice clemens. Peccata populi tui pius indulge. Orationes nostras pius exaudi. Fili Dei vivi miserere nobis. Hic et in perpetuum nos custodire digneris Christe. Exaudi nos Christe, exaudi exaudi nos Christe. Fiat misericordia tua Domine super nos. Quemadmodum speravimus in te.

2) El. of thy name's sake. Am. that we most justly have deserved. Processionale Eborac.: Infirmitatem nostram, quaesumus Domine, propitius respice, et

A Prayer of St. Chrysostom.

Almighty God, who hast given cf. p. 358.

2 Cor. xiii.

The grace of our Lord Jesus Christ, and the love of God, and the fellowship of the Holy Ghost be with us all evermore. Amen. [1])

Here endeth the Litany.

PRAYERS AND THANKSGIVINGS,
upon several occasions.

To be used before the two final Prayers of the Litany, or of Morning and Evening Prayer.

PRAYERS.
For Rain. [2])

O God, heavenly Father, who by thy Son Jesus Christ hast promised to all them that seek thy kingdom, and the righteousness thereof, all things necessary to their bodily sustenance; Send us, we beseech thee, in this our necessity, such moderate rain and showers, that we may receive the fruits of the earth to our comfort, and to thy honour; through Jesus Christ our Lord. Amen. [3])

For fair Weather.

O Almighty Lord God, who for the sin of man didst once drown all the world, except eight persons, and afterward of

---

mala omnia quae juste meremur, omnium Sanctorum tuorum intercessionibus averte. Per Christum Dominum.

1) El. eas quae sequuntur „Prayers and Thanksgivings upon several occasions“ ipsi Litaniae interserit, ita ut finem faciat Collecta: O God whose nature and property etc. Am. precibus S. Chrysostomi praemittit gratiarum actiones „A general Thanksgiving“ ab Anglis infra positas.

2) El. — if the time require.

3) Orationes pro Pluvia petenda ab ultima repeti possunt antiquitate. Quae supra exscripta est, (ut plurimae „Orationes ad diversa“) ab editoribus Ritualis anglici noviter est composita.

III. 25

thy great mercy didst promise never to destroy it so again; We humbly beseech thee, that although we for our iniquities have worthily deserved a plague of rain and waters, yet upon our true repentance thou wilt send us such weather, as that we may receive the fruits of the earth in due season; and learn both by thy punishment to amend our lives, and for thy clemency to give thee praise and glory; through Jesus Christ our Lord. Amen. [1])

In the time of Dearth and Famine.

O God, heavenly Father, whose gift it is, that the rain doth fall, the earth is fruitful, beasts increase, and fishes do multiply; Behold, we beseech thee, the afflictions of thy people; and grant that the scarcity and dearth, (which we do now most justly suffer for our iniquity) may through thy goodness be mercifully turned into cheapness and plenty; for the love of Jesus Christ our Lord, to whom with thee and the Holy Ghost be all honour and glory, now and for ever. Amen. [2])

Or this.

O God, merciful Father, who, in the time of Elisha the

---

1) El. O Lord God, which etc. Am.: Almighty and most merciful Father, we humbly beseech thee, of thy great goodness, to restrain those immoderate rains, wherewith, for our sins, thou hast afflicted us: And we pray thee to send us such seasonable weather, that the earth may, in due time, yield her increase, for our use and benefit; and give us grace, that we may learn, by thy punishments, to amend our lives, and for thy clemency to give thee thanks and praise, through Jesus Christ our Lord. Amen.

2) Am. increase; behold — thy people; increase the fruits of the earth by thy heavenly benediction and grant — suffer for our sins — turned into plenty. Palmerus hanc Collectam ac sequentem haurit ex Goari Rituali Graeco: Κύριε ὁ Θεὸς ὁ παντοκράτωρ ὁ ἀνάγων νεφέλας ἐξ ἐσχάτου τῆς γῆς, ὁ ἀστραπὰς εἰς ὑετὸν πεποιηκὼς—σοῦ δεόμεθα καὶ σὲ ἱκετεύομεν ἐξομολογούμενοι τὰς ἁμαρτίας ἡμῶν, καὶ αἰτούμενοι τὸ παρά σου πλούσιον ἔλεος—ἐξάγαγε ἡμῖν ἄρτον εἰς βρῶσιν, καὶ χλόην τοῖς κτήνεσι. πρόσδεξαι τὰς δεήσεις παντὸς τοῦ λαοῦ σου, καὶ μὴ ἀπώσῃ τοὺς στηναγμοὺς τῶν πενήτων, μὴ τῷ θυμῷ σου ἐλέγξῃς ἡμᾶς, μηδὲ τῇ ὀργῇ σου παιδεύσῃς ἡμᾶς· μηδὲ διαφθείρῃς λιμῷ καὶ δίψει τὸν λαόν σου—καὶ σοὶ τὴν δόξαν ἀναπέμπομεν· τῷ Πατρὶ, καὶ τῷ Υἱῷ, καὶ τῷ Ἁγίῳ Πνεύματι· νῦν καὶ ἀεὶ, καὶ εἰς τοὺς αἰῶνας τῶν αἰώνων. Ἀμήν. — Δέσποτα Κύριε ὁ Θεὸς ἡμῶν, ὁ διὰ τὸν πρὸς σὲ ζῆλον ἐπακούσας Ἡλίου τοῦ Θεσβίτου, καὶ τὸν κατὰ καιρὸν τῇ γῇ πεμπόμενον ὑετὸν ἐπισχεθῆναι κελεύσας, εἶτα πάλιν διὰ τῆς αὐτοῦ ἱκεσίας ὄμβρον καρποφόρον αὐτῇ χαρισάμενος· αὐτὸς δέσποτα—τὰ πεπλημμελημένα ἡμῖν παριδῶν—εὔφρανον τὸ πρόσωπον τῆς γῆς διὰ τοὺς πτωχοὺς τοῦ λαοῦ σου, —καὶ τὰ ἄλλα πάντα. κτλ. At saepissime Vir

prophet, didst suddenly in Samaria turn great scarcity and dearth into plenty and cheapness; Have mercy upon us, that we, who are now for our sins punished with like adversity, may likewise find a seasonable relief: Increase the fruits of the earth by thy heavenly benediction; and grant that we, receiving thy bountiful liberality, may use the same to thy glory, the relief of those that are needy, and our own comfort; through Jesus Christ our Lord. Amen. [1])

In the time of War and Tumults. [2])

O Almighty God, King of all kings, and Governour of all things, whose power no creature is able to resist, to whom it belongeth justly to punish sinners, and to be merciful to them that truly repent; Save and deliver us, we humbly beseech thee, from the hands of our enemies; abate their pride, asswage their malice, and confound their devices; that we, being armed with thy defence, may be preserved evermore from all perils, to glorify thee, who art the only giver of all victory; through the merits of thy only Son, Jesus Christ our Lord. Amen. [3])

In the time of any common Plague or Sickness.

O Almighty God, who in thy wrath didst send a plague upon thine own people in the wilderness, for their obstinate rebellion against Moses and Aaron; and also, in the time of King David, didst slay with the plague of Pestilence threescore and ten thousand, and yet remembering thy mercy didst save the rest; Have pity upon us miserable sinners, who now are

---

Doctus id sumit pro certo, quod dubium est et controversum. Ut taceam, quod sane gravissimum est, medio saeculo decimo sexto Graecorum, Armenorum, Coptarum aliorumque chartas liturgicas nondum fuisse explicatas, manifestum est, ipso Evangelio omnibus populis os datum esse Christianum, similia sonans apud diversissimas gentes. Unde si qua apparet sanctarum precum eadem patrem coelestem flagitantium similitudo, cavendum est, ne iudicetur praepropere, utrasque de uno manasse fonte liturgico.

1) El. Heliseus — have pity — that now be punished for our sins with like adversity; increase — glory, our comfort, and relief of our needy neighbours. — Non legitur in Am.

2) El. in the time of war.

3) Am. O almighty God, the supreme Governour — enemies; that we being.

25*

visited with great sickness and mortality; that like as thou
didst then accept of an atonement, and didst command the de-
stroying Angel to cease from punishing, so it may now please
thee to withdraw from us this plague and grievous sickness:
through Jesus Christ our Lord.   Amen. [1])

*In the Ember Weeks, to be said every day, for those that are to
be admitted into Holy Orders.*

Almighty God, our heavenly Father, wo hast purchased
to thyself an universal Church by the precious blood of thy
dear Son; Mercifully look upon the same, and at this time so
guide and govern the minds of thy servants the Bishops and
Pastors of thy flock, that they may lay hands suddenly on no
man, but faithfully and wisely make choice of fit persons to
serve in the sacred Ministry of thy Church.   And to those
which shall be ordained to any holy function give thy grace
and heavenly benediction; that both by their life and doctrine
they may set forth thy glory, and set forward the salvation of
all men; through Jesus Christ our Lord.   Amen.

Or this.

Almighty God, the giver of all good gifts, who of thy
divine providence hast appointed divers Orders in thy Church;
Give thy grace, we humbly beseech thee, to all those who
are to be called to any office and administration in the same;
and so replenish them with the truth of thy doctrine, and en-
due them with innocency of life, that they may faithfully serve
before thee, to the glory of thy great Name, and the bene-
fit of thy holy Church; through Jesus Christ our Lord.   Amen. [2])

---

1) El. God which in thy wrath, in the time of king David — pestilence
sixty and ten tousand — command thy Angel to cease. Am.: O almighty God,
the Lord of life and death, of sickness and health: regard our supplications, we
humbly beseech thee; and, as thou hast thought fit to visit us for our sins with
great sickness and mortality, in the midst of thy judgement, O Lord, remember
mercy. Have pity upon us miserable sinners, and withdraw from us the grievous
sickness with which we are afflicted. May this thy fatherly correction have its
due influence upon us, by leading us to consider how frail and uncertain our life
is; that me may apply our hearts unto that heavenly wisdom, which in the end
will bring us to everlasting life, through Iesus Christ our Lord.

2) Desiderantur in El. Am. Palmerus p. 305: „These collects are, I appre-
hend, peculiar to the English Ritual.“

A Prayer that may be said after any of the former.

O God, whose nature and property is ever to have mercy and to forgive, receive our humble petitions; and though we be tied and bound with the chain of our sins, yet let the pitifulne ss of thy great mercy loose us; for the honour of Jesus Christ, our Mediator and Advocate. Amen. [1])

A Prayer for the High Court of Parliament, to be read during their Session.

Most gracious God, we humbly beseech thee, as for this Kingdom in general, so especially for the High Court of Parliament, under our most religious and gracious Queen at this time assembled: That thou wouldest be pleased to direct and prosper all their consultations to the advancement of thy glory, the good of thy Church, the safety, honour, and welfare of our Sovereign, and her Dominions; that all things may be so ordered and settled by their endeavours, upon the best and surest foundations, that peace and happiness, truth and justice, religion and piety, may be established among us for all generations. These and all other necessaries, for them, for us, and thy whole Church, we humbly beg in the Name and Mediation of Jesus Christ our most blessed Lord and Saviour. Amen. [2])

A Collect or Prayer for all Conditions of men, to be used at such times when the Litany is not appointed to be said.

O God, the Creator and Preserver of all mankind, we

---

1) Nata est collecta in vetusta ecclesia, nec non hodie in Romana adhibetur: Deus cui proprium est misereri semper et parcere, suscipe deprecationem nostram: et quos delictorum catena constringit, miseratio tuae pietatis absolvat. Per Dominum nostrum.

2) Deest Oratio in El. Am. continet „A Prayer for Congress, to be used during their Session." Most gracious God, we humbly beseech thee, as for the People of these United States in general, so especially for their Senate and Representantives in Congress assembled; that thou wouldest be pleased to direct and prosper all their consultations, to the advancement of thy Glory, the good of thy Church, the safety, honour, and welfare of thy people; that all things may be so ordered and settled by their endeavours, upon the best and surest foundations, that peace and happiness, truth and justice, religion and piety, may be established among us for all generations. These, and all other necessaries for them, for us, and thy whole Church, we humbly beg in the name and mediation of Iesus Christ, our most blessed Lord and Saviour. Amen.

humbly beseech thee for all sorts and conditions of men; that thou wouldest be pleased to make thy ways known unto them, thy saving health unto all nations. More especially, we pray for the good estate of the Catholick Church; that it may be so guided and governed by thy good Spirit, that all who profess and call themselves Christians may be led into the way of truth, and hold the faith in unity of spirit, in the bond of peace, and in righteousness of life. Finally, we commend to thy Fatherly goodness all those, who are any-ways afflicted, or distressed, in mind, body, or estate; (*especially those for whom our prayers are desired,* This to be said when any desire the Prayers of the Congregation.) that it may please thee to comfort and relieve them, according to their several necessities, giving them patience under their sufferings, and a happy issue out of all their afflictions. And this we beg for Jesus Christ his sake. Amen. [1])

----

1) Palmerus p. 304: „This excellent prayer is not unlike the „Orationes generales" which are found in the ancient monuments of the English church, and which, like this, comprise petitions for all estates of men." Am. nonnullas praebet supplicationes proprias.

Pro infirmo. „O Father of mercies, and God of all comfort, our only help in time of need; look down from heaven, we humbly beseech thee, behold, visit, and relieve thy sick servant, for whom our prayers are desired. Look upon him with the eyes of thy mercy; comfort him with a sense of thy goodness; preserve him from the temptations of the enemy; give him patience under his affliction: and, in thy good time, restore him to health, and enable him to lead the residue of his life in thy fear, and to thy glory: Or else give him grace so to take thy visitation, that, after this painful life ended, he may dwell with thee in life everlasting, through Jesus Christ our Lord. Amen. *Pro Parvulo Infirmo.* Almighty God, and merciful Father, to whom alone belong the issues of life and death; look down from heaven, we humbly beseech thee, with the eyes of mercy, upon the sick child for whom our prayers are desired Deliver him, O Lord, in thy good appointed time, from his bodily pain; and visit him with thy salvation; that if it should be thy good pleasure to prolong his days here on earth, he may live to thee, and be an instrument of thy glory, by serving thee faithfully, and doing good in his generation: Or else receive him into those heavenly habitations, where the souls of those who sleep in the Lord Jesus enjoy perpetual rest and felicity. Grant this, O Lord, for the love of thy Son, our Saviour, Jesus Christ. Amen. *Pro Navigantibus:* O eternal God, who alone spreadest out the heavens, and rulest the raging of the sea; we commend to thy Almighty protection, thy servant, for whose preservation on the great deep our prayers are desired. Guard him, we beseech thee, from the dangers of the sea, from sickness, from the vio-

THANKSGIVINGS.

A General Thanksgiving.

Almighty God, Father of all mercies, we thine unworthy servants do give thee most humble and hearty thanks for all thy goodness and loving-kindness to us, and to all men; (*particularly to those who desire now to offer up their praises and thanksgivings for thy late mercies vouchsafed unto them.* **This to be said when any that have been prayed for desire to return praise.**) We bless thee for our creation, preservation, and all the blessings of this life; but above all, for thine inestimable love in the redemption of the world by our Lord Jesus Christ; for the means of grace, and for the hope of glory. And, we beseech thee, give us that due sense of all thy mercies, that our hearts may be unfeignedly thankful, and that we shew forth thy praise, not only with our lips, but in our lives; by giving up ourselves to thy service, and by walking before thee in holiness and righteousness all our days; through Jesus

---

lence of enemies, and from every evil to which he may be exposed. Conduct him in safety to the haven where he would be, with a grateful sense of thy mercies, through Jesus Christ our Lord. Amen. *Pro Fratre Calamitate Afflicto:* O merciful God, and Heavenly Father, who hast taught us, in thy holy Word, that thou dost not willingly afflict or grieve the children of men; look with pity, we beseech thee, upon the sorrows of thy servant, for whom our prayers are desired. In thy wisdom thou hast seen fit to visit him with trouble, and to bring distress upon him. Remember him, O Lord, in mercy, sanctify thy fatherly correction to him: endue his soul with patience under his affliction and with resignation to thy blessed will; comfort him with a sense of thy goodness; lift up thy countenance upon him and give him peace, through Jesus Christ our Lord. Amen. *Pro Capite Damnatis.* O most gracious and merciful God, we earnestly beseech thee to have pity and compassion upon those persons recommended to our prayers, who now lie under the sentence of the law and are appointed to die. Visit them, O Lord, with thy mercy and salvation; convince them of the miserable condition they are in, by their sins and wickedness; and let thy powerful grace produce in them such a godly sorrow, and sincere repentance, as thou wilt be pleased to accept. Give them a strong and lively faith in thy Son, our blessed Saviour, and make it effectual to the salvation of their souls. O Lord, in judgment remember mercy; and whatever sufferings they are to endure in this world, yet deliver them, O God, from the bitter pains of eternal death. Pardon their sins, and save their souls, for the sake and merits of thy dear Son, our blessed Saviour and Redeemer. Amen.

Christ our Lord, to whom with thee and the Holy Ghost be all honour and glory, world without end. Amen. [1])

For Rain.

O God our heavenly Father, who by thy gracious providence dost cause the former and the latter rain to descend upon the earth, that it may bring forth fruit for the use of man; We give thee humble thanks that it hath pleased thee, in our great necessity, to send us at the last a joyful rain upon thine inheritance, and to refresh it when it was dry, to the great comfort of us thy unworthy servants, and to the glory of thy holy Name; through thy mercies in Jesus Christ our Lord. Amen.

For fair Weather.

O Lord God, who hast justly humbled us by thy late plague of immoderate rain and waters, and in thy mercy hast relieved and comforted our souls by this seasonable and blessed change of weather; We praise and glorify thy holy Name for this thy mercy, and will always declare thy loving-kindness from generation to generation; through Jesus Christ our Lord. Amen.

For Plenty.

O Most merciful Father, who of thy gracious goodness hast heard the devout prayers of thy Church, and turned our dearth and scarcity into cheapness and plenty; We give thee humble thanks for this thy special bounty; beseeching thee to continue thy loving-kindness unto us, that our land may yield

---

1) In libro El. hae gratiarum actiones non leguntur. Palmerus ita ab ingenio suo declinat, ut has collectas Rituali Anglico proprias esse concedat. Tamen prima oratio quodammodo habet faciem Coptarum (Liturg. Basilii Coptice Renaudot I. p. 2): Domine Deus omnipotens, Pater Domini Dei et Salvatoris nostri Iesu Christi, gratias agimus de omnibus et propter omnia, et in omnibus, quia protexisti nos, adjuvasti nos, conservasti nos, suscepisti nos ad te, et misertus es nostri; auxilium dedisti nobis, et ad hanc horam perduxisti. Ea propter petimus et obsecramus bonitatem tuam, o amator hominum, ut concedas nobis hunc diem sanctum, et omnes dies vitae nostrae in pace cum timore tuo transigere—per gratiam et misericordiam, amoremque erga homines Filii tui unigeniti, Domini Dei et Salvatoris nostri Iesu Christi, per quem tibi debetur honor, gloria, et imperium, cum ipso et Spiritu Sancto vivificante, tibique consubstantiali, nunc et semper et in omnia saecula saeculorum. Amen.

us her fruits of increase, to thy glory and our comfort; through Jesus Christ our Lord. Amen.

For Peace and Deliverance from our Enemies.

O Almighty God, who art a strong tower of defence unto thy servants against the face of their enemies; We yield thee praise and thanksgiving for our deliverance from those great and apparent dangers wherewith we were compassed: We acknowledge it thy goodness that we were not delivered over as a prey unto them; beseeching thee still to continue such thy mercies towards us, that all the world may know that thou art our Saviour and mighty Deliverer; through Jesus Christ our Lord. Amen.

For restoring Publick Peace at Home.

O Eternal God, our heavenly Father, who alone makest men to be of one mind in a house, and stillest the outrage of a violent and unruly people; We bless thy holy Name, that it hath pleased thee to appease the seditious tumults which have been lately raised up amongst us; most humbly beseeching thee to grant to all of us grace, that we may henceforth obediently walk in thy holy commandments; and, leading a quiet and peaceable life in all godliness and honesty, may continually offer unto thee our sacrifice of praise and thanksgiving for these thy mercies towards us; through Jesus Christ our Lord. Amen.

For Deliverance from the Plague, or other common Sickness. [2])

O Lord God, who hast wounded us for our sins, and consumed us for our transgressions, by thy late heavy and dreadful visitation; and now, in the midst of judgment remembering mercy, hast redeemed our souls from the jaws of death; We offer unto thy fatherly goodness ourselves, our souls and bodies which thou hast delivered, to be a living sacrifice unto thee, always praising and magnifying thy mercies in the midst of thy Church; through Jesus Christ our Lord. Amen.

Or this.

We humbly acknowledge before thee, O most merciful Father, that all the punishments which are threatened in thy

---

1) Am. — from great Sickness and Mortality.

law might justly have fallen upon us, by reason of our manifold transgressions and hardness of heart: Yet seeing it hath pleased thee of thy tender mercy, upon our weak and unworthy humiliation, to asswage the contagious sickness wherewith we lately have been sore afflicted, and to restore the voice of joy and health into our dwellings; We offer unto thy Divine Majesty the sacrifice of praise and thanksgiving, lauding and magnifying thy glorious Name for such thy preservation and providence over us; through Jesus Christ our Lord. Amen. [1])

---

1) Omissa ab Americanis. Contra tres iis sunt in hoc capite Collectae propriae. *The Thanksgiving of Women after Child - Birth; to be said when any Woman being present in Church shall have desired to return Thanks to Almighty God for her safe deliverance:* O Almighty God, we give thee humble thanks, for that thou hast been graciously pleased to preserve, through the great pain and peril of Child-birth this woman, thy servant, who desireth now to offer her praises and thanksgivings unto thee. Grant, we beseech thee, most merciful Father, that she, through thy help, may both faithfully live and walk according to thy will in this life present and also may be partaker of everlasting glory in the life to come, through Jesus Christ, our Lord. *For a Recovery from Sickness.* O God, who art the giver of life, of health, and of safety; we bless thy name, that thou hast been pleased to deliver from his bodily sickness this thy servant, who now desireth to return thanks unto thee, in the presence of all thy people. Gracious art thou, O Lord, and full of compassion to the children of men. May his heart be duly impressed with a sense of thy merciful goodness, and may he devote the residue of his days to an humble, holy, and obedient walking before thee, through Iesus Christ our Lord. Amen. *For a safe Return from Sea.* Most gracious Lord, whose mercy is over all thy works; we praise thy holy name that thou hast been pleased to conduct in safety, through the perils of the great deep, this thy servant, who now desireth to return his thanks unto thee, in thy holy Church: May he be duly sensible of thy merciful providence towards him, and ever express his thankfulness by a holy trust in thee, and obedience to thy laws, through Iesus Christ our Lord. Amen.

THE COLLECTS, EPISTLES, AND GOSPELS
to be used throughout the Year. [1])

Note, That the Collect appointed for every Sunday, or for any Holy-day that hath a Vigil or Eve, shall be said at the Evening Service next before. [2])

---

1) Adeas Codicis nostri Tomum Primum p. 27 et Secundum (cui Tabula Pericoparum adiecta est, libri Comitis ac Romanae, Lutheranae et Anglicanae ecclesiae praeceptis congrua) p. 18 sq. 84. 104. 107. Quod ad Collectas, multi eas doctis voluminibus et omni pietate refertis explicarunt et illustrarunt vel populi usibus accomodarunt. Nam et Pericopas et Collectas tanto amore Anglicani amplexi tenent, ut ab his unquam divelli vel distrahi nequeant. Uhden l. c. p. 111: „Die Gebete und Responsorien sind innig und kräftig; hätte das vorige Jahrhundert an ihnen ändern können, so wäre wohl schwerlich die frühere Liebe und Anhänglichkeit zu erwecken gewesen. In diesen Gebeten aber lebt das Mitglied der anglicanischen Kirche, wie ein evangelischer Deutscher zur Zeit der Reformation in den Liedern Luthers lebte." Gäblerus, p. 26: Sobald ein Kind sprechen kann, lernt es von der Mutter oder der Amme das Vaterunser, dann das apostolische Glaubensbekenntniss, endlich die heiligen zehn Gebote, die kürzesten Tischgebete (Lord, bless what we are going to receive und Lord, bless what we have received d. i. Herr, segne was wir empfangen wollen, und Herr, segne, was wir empfangen haben) und ein kleines Morgen- und Abendgebet. Im Alter von 7 oder 8 Jahren, wenn die Kinder des dritten Standes zur Schule geschickt werden, lernen sie vor allen den Katechismus (Abschnitt 18) ohne den Unterricht über die Sacramente, welchem sie im Alter von 14 und 15 Jahren hinzufügen, wo sie zur Confirmation vorbereitet werden. Vom achten Jahre an regelmässig in allen Familien und in allen Ständen lernen die Kinder Sonntags früh erst die Collecte des Tages und sagen es dem Vater oder der Mutter her, bevor sie zur Kirche gehen. Nach einem Jahre, nachdem sie also alle Collecten aller Fest-, Fast- und Sonntage des Jahres gelernt haben, fangen sie die Evangelien an, und sagen eines nach dem andern mit der dazu gehörigen, im vorigen Jahre gelernten Collecte Sonntags früh dem Vater oder der Mutter her. Ist auch dieses Jahr der Evangelien vollständig vorüber, so lassen einige Eltern die Episteln, die meisten aber die Psalmen auswendig lernen und mit Collecte und Evangelium zusammen Sonntags früh hersagen. Von nun an wird bloss repetirt, so dass sie, wenn sie zur Confirmation kommen, nicht nur ihren Katechismus, das vollständige Morgengebet und Abendgebet, die Litanei und den Anfang des Communiondienstes auswendig wissen (die letzteren lernen sie durch den Gebrauch in der Kirche, wohin sie jeden Sonntag zweimal geführt oder geschickt werden), sondern auch alle Collecten und Evangelien des ganzen Jahres nebst den Episteln oder Psalmen."

2) Desiderantur haec verba in El. et Am. Convenit praeceptum cum antiquissima ecclesiae consuetudine.

The first Sunday in Advent.

The Collect.

Almighty God, give us grace that we may cast away the works of darkness, and put upon us the armour of light, now in the time of this mortal life, in which thy Son Jesus Christ came to visit us in great humility; that in the last day, when he shall come again in his glorious Majesty to judge both the quick and dead, we may rise to the life immortal, through him who liveth and reigneth with thee and the Holy Ghost, now and ever. Amen. [1])

This Collect is to be repeated every day, with the other Collects in Advent, until Christmas - Eve.

The Epistle. Rom. xiii. 8—14.
The Gospel. St. Matth. xxi. 1—13.

The Second Sunday in Advent.

Blessed Lord, who hast caused all holy Scriptures to be written for our learning; Grant that we may in such wise hear them, read, mark, learn, and inwardly digest them, that by patience, and comfort of thy holy Word, we may embrace, and ever hold fast the blessed hope of everlasting life, which thou hast given us in our Saviour Jesus Christ. Amen.

The Epistle. Rom. xv. 4—13.
The Gospel. St. Luke xxi. 25—33.

The third Sunday in Advent.

O Lord Jesu Christ, who at thy first coming didst send thy messenger to prepare thy way before thee; Grant that the ministers and stewards of thy mysteries may likewise so prepare and make ready thy way, by turning the hearts of the disobedient to the wisdom of the just, that at thy second coming to judge the world we may be found an acceptable people in thy sight, who livest and reignest with the Father and the Holy Spirit, ever one God, world without end. Amen. [2])

The Epistle. 1 Cor. iv. 1—5.
The Gospel. St. Matth. xi. 2—10.

---

1) Aliquatenus accedit ad Collectam Sacramentarium Gelasii: Preces populi tui quaesumus Domine clementer exaudi: ut qui de adventu Unigeniti tui secundum carnem laetantur: in secundo cum venerit in majestate sua praemium aeternae vitae percipiant."

2) Haud male confert Palmerus Collectam in Missali Sarisber. (at hodie

The fourth Sunday in Advent.

O Lord, raise up (we pray thee) thy power, and come among us, and with great might succour us; that whereas, through our sins and wickedness, we are sore let and hindered in running the race that is set before us, thy bountiful grace and mercy may speedily help and deliver us; through the satisfaction of thy Son our Lord &c. Amen. [1])

The Epistle. Phil. iv. 4—7.
The Gospel. St. John i. 19—28.

THE NATIVITY OF OUR LORD, OR THE BIRTH-DAY OF CHRIST COMMONLY CALLED CHRISTMAS-DAY.

Almighty God, who hast given us thy only-begotten Son to take our nature upon him, and as at this time to be born of a pure Virgin; Grant that we being regenerate, and made thy children by adoption and grace, may daily be renewed by thy Holy Spirit; through the same our Lord Jesus Christ, who liveth and reigneth &c. [2])

---

in Romano) secundae Dominicae adsignatam; ,,Excita Domine corda nostra ad praeparandas Unigeniti tui vias, ut per eius adventum purificatis tibi mentibus servire mereamur." Item aliam ,,Conscientias nostras quaesumus, Omnipotens Deus, cotidie visitando purifica; ut veniente Domino Filio tuo, paratam sibi in nobis inveniat mansionem." obviam in Sacramentariis Gelasii et Gregorii, hodie apud Romanos non usitatam. El. aliam praebet Collectam eamque brevissimam: ,,Lord, we beseech thee, give ear to our prayers and by thy gracious visitation lighten the darkness of our heart." Romani Dom. Advent. III.: ,, Aurem tuam quaesumus Domine precibus nostris accomoda et mentis nostrae tenebras gratia tuae visitationis illustra." Am. collectam accommodat Evangelio Dominicae: O Lord Jesus Christ, who at thy first coming didst send thy messenger to prepare thy way before thee; grant that the Ministers and Stewards of thy mysteries may likewise so prepare and make ready thy way, by turning the hearts of the disobedient to the wisdom of the just, that, at thy second coming to judge the world, we may be found an acceptable people in thy sight, who livest and reignest with the Father and the Holy Spirit, ever one God, world without end. Amen.

1) El. — hindered, thy bountiful grace and mercy. Missale Roman. Dom. IV: Excita quaesumus Domine potentiam tuam et veni, et magna nobis virtute succurre; ut per auxilium gratiae tuae quod nostra peccata praepediunt, indulgentia tuae propitiationis acceleret.

2) El. — and this day. Palmerus p. 319: ,,Though the collect for this day

The Epistle. Hebrews i. 1—12.
The Gospel. St. John i. 1—14. [1])

Saint Stephen's Day. [2])

Grant, O Lord, that, in all our sufferings here upon earth for the testimony of thy truth, we may stedfastly look up to heaven, and by faith behold the glory that shall be revealed; and, being filled with the Holy Ghost, may learn to love and bless our persecutors by the example of thy first Martyr Saint Stephen, who prayed for his murderers to thee, O blessed Jesus, who standest at the right hand of God to succour all those that suffer for thee, our only Mediator and Advocate. Amen. [3])

Then shall follow the Collect of the Nativity, which shall be said continually unto New-Year's Eve.

For the Epistle. Acts vii. 55—59.
The Gospel. St. Matth. xxiii. 34—39.

Saint John the Evangelist's Day.

Merciful Lord, we beseech thee to cast thy bright beams of light upon thy Church, that it being enlightened by the

---

is not directly translated from the ancient offices of the church; yet we may trace a similarity of ideas between it and two collects in the sacramentary of Gregory and the liturgy of Sarum. Praesta quaesumus, Omnipotens Deus, ut natus hodie Salvator mundi, sicut divinae nobis generationis est auctor, ita et immortalitatis sit ipse largitor. Qui tecum vivit, et regnat Deus. Miss. Sarisb. fol. xviii. Sacramentar. Gregorii Menard. p. 7. Omnipotens sempiterne Deus, qui hunc diem per incarnationem Verbi tui, et partum beatae Mariae Virginis consecrasti, da populis tuis in hac celebritate consortium, ut qui tua gratia sunt redempti, tua sint adoptione securi. Per eundem. Sacr. Gregor. Menard. p. 7."

1) Caret ecclesia Anglicana dulcissimis Christi nati praeconiis Luc. 2, 1—20 quod vehementer dolendum. Cf. Pericoparum tabulam in Nativitate Domini.

2) Am. festivitates S. Stephani, S. Ioannis, SS. Innocentium collocat in Proprio Sanctorum. At vero communi et assidua ecclesiae consuetudine adnumerantur Proprio de Tempore, quoniam arctissime cohaerent cum Nativitate Domini Schmid Liturgik 2, p. 469: „Natürlich sind diese drei Festblumen nur eine Zierde der Wiege des Herrn: diese Blumen niederlegend opfert und huldigt die andächtige Gemeine vorzugsweise dem, der die Blumen sprossen liess."

3) El. Grant us o Lord, to learn to love our enemies by the example of thy martyr Saint Stephen, who prayed for his persecutors to thee. Habes collectam Romanam, in paucis mutatam: Da nobis quaesumus Domine imitari quod colimus, ut discamus et inimicos diligere, quia eius natalitia celebramus, qui novit etiam pro persecutoribus exorare Dominum nostrum Iesum Christum etc.

doctrine of thy blessed Apostle and Evangelist Saint John may so walk in the light of thy truth, that it may at length attain to the light of everlasting life; through Jesus Christ our Lord. Amen. [1])

The Epistle. 1 St. John i. 1.
The Gospel. St. John xxi. 19—25.

The Innocents' Day.

O Almighty God, who out of the mouths of babes and sucklings hast ordained strength, and madest infants to glorify thee by their deaths; Mortify and kill all vices in us, and so strengthen us by thy grace, that by the innocency of our lives, and constancy of our faith even unto death, we may glorify thy holy Name; through Jesus Christ our Lord. Amen. [2])

For the Epistle. Rev. xiv. 1—5.
The Gospel. St. Matth. ii. 13—18.

The Sunday after Christmas-Day.

Almighty God, who hast given &c. at in Nativitate Domini p. 385.

The Epistle. Gal. iv. 1—7.
The Gospel. St. Matth. i. 18—25. [3])

The Circumcision of Christ.

Almighty God, who madest thy blessed Son to be circumcised, and obedient to the law for man; Grant us the true Circumcision of the Spirit; that, our hearts, and all our members, being mortified from all worldly and carnal lusts, we may in all things obey thy blessed will; through the same thy Son Jesus Christ our Lord. Amen. [4])

---

1) El. — John, may attain to thy everlasting gifts, through Jesus Christ, our Lord. Am. being instructed. — attain to everlasting. Miss. Rom.: Ecclesiam tuam Domine, benignus illustra ut beati I. Ap. tui et Ev. doctrinis illuminata, ad dona perveniat sempiterna.

2) Collecta libri El. proxime accedit ad Romanam: Almighty God, whose praise this day the young Innocents, thy witnesses have confessed and shewed forth not in speaking but in dying: mortify and kill all vices in us that in our conversation our life may express thy faith, which with our tongues we do confess. Deus cuius hodierna die praeconium innocentes martyres, non loquendo sed moriendo, confessi sunt; omnia in nobis vitiorum mala mortifica, ut fidem tuam, quam lingua nostra loquitur, etiam moribus vita fateatur.

3) El. Matth. 1, 1—25.

4) Fortasse respexerunt editores ad Collectam Sacramentarii Gregoriani:

The Epistle. Rom. iv. 8—14.
The Gospel. St. Luke ii. 15—21.

The same Collect, Epistle, and Gospel shall serve for every day after unto the Epiphany. [1])

THE EPIPHNY,
or the Manifestation of Christ to the Gentiles.

O God, who by the leading of a star didst manifest thy only begotten Son to the Gentiles; Mercifully grant, that we, which know thee now by faith, may after this life have the fruition of thy glorious Godhead; through Jesus Christ our Lord. Amen. [2])

The Epistle. Ephes. iii. 1—12.
The Gospel. St. Matth. ii. 1—12.

The first Sunday after the Epiphany.

O Lord, we beseech thee mercifully to receive the prayers of thy people which call upon thee; and grant that they may both perceive and know what things they ought to do, and also may have grace and power faithfully to fulfil the same; through Jesus Christ our Lord. Amen. [3])

The Epistle. Rom. xii. 1—5.
The Gospel. St. Luke ii. 41—52.

The second Sunday after the Epiphany.

Almighty and everlasting God, who dost govern all things in heaven and earth; Mercifully hear the supplications of thy

---

Omnipotens Deus, cuius unigenitus hodierna die, ne legem solveret, quam adimplere venerat, corporalem suscepit circumcisionem; spirituali circumcisione mentes vestras ab omnibus vitiorum incentivis expurget; et suam in vos infundet benedictionem. Amen.

1) El. If there be a Sunday between the Epiphany and the Circumcision then shall be used the same Collect Epistle and Gospel at the Communion, which was used upon the day of Circumcision.

2) Miss. Angl. et Rom.: Deus qui hodierna die unigenitum tuum gentibus stella duce revelas'i: concede propitius, ut qui iam te ex fide cognovimus usque ad contemplandam speciem tuae celsitudinis perducamur.

3) Miss. Angl. et Rom.: Vota, quaesumus, Domine, supplicantis populi coelesti pietate prosequere; ut et quae agenda sunt, videant; et ad implenda quae viderint, convalescant.

people, and grant us thy peace all the days of our life; through Jesus Christ our Lord. Amen. [1])

The Epistle. Rom. xii. 6—16.
The Gospel. St. John ii. 1—11.

The third Sunday after the Epiphany.

Almighty and everlasting God, mercifully look upon our infirmities, and in all our dangers and necessities stretch forth thy right hand to help and defend us; through Jesus Christ our Lord. Amen. [2])

The Epistle. Rom. xii. 16—21.
The Gospel. St. Matth. viii. 1—13.

The fourth Sunday after the Epiphany.

O God, who knowest us to be set in the midst of so many and great dangers, that by reason of the frailty of our nature we cannot always stand upright; Grant to us such strength and protection, as may support us in all dangers, and carry us through all temptations; through Jesus Christ our Lord. Amen. [3])

The Epistle. Rom. xiii. 1—7.
The Gospel. St. Matth. viii. 23—34.

The fifth Sunday after the Epiphany.

O Lord, we beseech thee, to keep thy Church and houshold continually in thy true religion; that they who do lean only upon the hope of thy heavenly grace may evermore be defended by thy mighty power; through Jesus Christ our Lord. Amen. [4])

---

1) Miss. Angl. et Rom.: Omnipotens sempiterne Deus qui coelestia simul et terrena moderaris, supplicationes populi tui clementer exaudi et pacem tuam nostris concede temporibus.

2) Miss. Angl. et Rom.: Omnipotens sempiterne Deus, infirmitatem nostram propitius respice, atque ad protegendum nos dexteram tuae majestatis extende.

3) El. — that for man's frailness we cannot always stand uprightly: grant to us the health of body and soul, that all those things which we suffer for sin by thy help we may well pass and overcome. Miss. Angl. et Rom.: Deus qui nos in tantis periculis constitutos pro humana scis fragilitate non posse subsistere: da nobis salutem mentis et corporis, ut ea quae pro peccatis nostris patimur, te adiuvante vincamus.

4) Miss. Angl. et Rom.: Familiam tuam, quaesumus, Domine, continua pie-

III.   26

390

The Epistle. Col. iii. 12—17.
The Gospel. St. Matth. xiii. 24—30.

The sixth Sunday after the Epiphany. [1])

O God, whose blessed Son was manifested that he might destroy the works of the devil, and make us the sons of God, and heirs of eternal life; Grant us, we beseech thee, that, having this hope, we may purify ourselves, even as he is pure; that, when he shall appear again with power and great glory, we may be made like unto him in his eternal and glorious kingdom; where with thee &c. Amen.

The Epistle. 1 St. John iii. 1—8.
The Gospel. St. Matth. xxiv. 23—31.

The Sunday called Septuagesima,
or the third Sunday before Lent.

O Lord, we beseech thee favourably to hear the prayers of thy people; that we, who are justly punished for our offences, may be mercifully delivered by thy goodness, for the glory of thy Name; through Jesus Christ our Saviour &c. Amen. [2])

The Epistle. 1 Cor. ix. 24—27.
The Gospel. St. Matth. xx. 1—16.

The Sunday called Sexagesima,
or the second Sunday before Lent.

O Lord God, who seest that we put not our trust in any thing that we do; Mercifully grant that by thy power we may be defended against all adversity; through Jesus Christ our Lord. Amen. [3])

---

tate custodi; ut quae in sola spe gratiae coelestis innititur, tua semper protectione muniatur. Per Dominum.

1) El. ,,The VI. Sunday (if there be so many) shall have the same Collect Epistle and Gospel that was upon the fifth Sunday." Omnino Collects, Epistola et Evangelium, quae hodie feruntur, ab editoribus anno 1661 noviter composita sunt: eo opinor consilio, ut officium, saepissime ad finem anni ecclesiastici translatum, congrueret cum reliquis eius temporis pericopis, tubas indicii resonantibus.

2) Miss. Angl. et Rom.: Preces populi tui, quaesumus Domine, clementer exaudi, ut qui iuste pro peccatis nostris affligmur, pro tui nominis gloria misericorditer liberemur. Per Dominum.

3) Miss. Angl. et Rom.: Deus qui conspicis quia ex nulla nostra actione con-

The Epistle. 2 Cor. xi. 19—31.
The Gospel. St. Luke viii. 4—15.

The Sunday called Quinquagesima,
or the next Sunday before Lent.

O Lord, who hast taught us that all our doings without charity are nothing worth; Send thy Holy Ghost, and pour into our hearts that most excellent gift of charity, the very bond of peace and of all virtues, without which whosoever liveth is counted dead before thee: Grant this for thine only Son Jesus Christ's sake. Amen. [1])

The Epistle. 1 Cor. xiii. 1—13.
The Gospel. St. Luke xviii. 31—43.

The first Day of Lent, commonly called
ASH - WEDNESDAY. [2])

Almighty and everlasting God, who hatest nothing that thou hast made, and dost forgive the sins of all them that are penitent; Create and make in us new and contrite hearts, that we worthily lamenting our sins, and acknowledging our wretchedness, may obtain of thee, the God of all mercy, perfect remission and forgiveness; through Jesus Christ our Lord. Amen. [3])

This Collect is to be read every Day in Lent after the Collect appointed for the Day. [4])

For the Epistle. Joel ii. 12—17.
The Gospel. St. Matth. vi. 16—21.

---

fidimus; concede propitius, ut contra omnia adversa Doctoris gentium protectione muniamur. Ecclesia Romana petit S. Pauli suffragia, cuius gloriosum certamen laudatur in Epistola huius Dominicae.

1) El. O Lord which dost teach us. Collecta Rituali Anglicano propria.

2) El. the first day of lent.

3) Palmerus I. p. 327: „The collect for Ash-Wednesday is not amongst the ancient English offices, though there is a great similarity between the topics of this collect, and of those appointed for Ash-Wednesday in the missal of Sarum, fol. xxx. However, the introduction of our prayer appears to have been derived from that source. „Almighty and everlasting God, who hatest nothing that thou hast made, and dost forgive the sins of all them that are penitent:" „Omnipotens sempiterne Deus qui misereris omnium et nihil odisti eorum quae fecisti, dissimulans peccata hominum propter poenitentiam."

4) Non legitur in El. Am. adiungit. „At Morning Prayer, the Litany being ended, shall be said the following Prayers, immediately before the general Thanks-

The first Sunday in Lent.

O Lord, who for our sake didst fast forty days and forty nights; Give us grace to use such abstinence, that, our flesh being subdued to the Spirit, we may ever obey thy godly motions in righteousness, and true holiness, to thy honour and glory, who livest and reignest &c. Amen. [1]

The Epistle. 2 Cor. vi. 1—10.
The Gospel. St. Matth. iv. 1—11.

The second Sunday in Lent.

Almighty God, who seest that we have no power of ourselves to help ourselves; Keep us both outwardly in our bodies, and inwardly in our souls; that we may be defended from all adversities which may happen to the body, and from all evil thoughts which may assault and hurt the soul; through Jesus Christ our Lord. Amen. [2]

---

giving." Deinceps ante Epistolam recitantur Orationes apud Anglos Officio Comminationis insertae: O Lord, we beseech thee, mercifully hear our prayers, and spare all those who confess their sins unto thee; that they, whose consciences by sin are accused, by thy merciful pardon may be absolved, through Christ our Lord. Amen. O most mighty God, and merciful Father, who hast compassion upon all men, and hatest nothing that thou hast made; who wouldest not the death of a sinner, but rather that he should turn from his sin, and be saved; mercifully forgive us our trespasses; receive and comfort us, who are grieved and wearied with the burden of our sins. Thy property is always to have mercy; to thee only it appertaineth to forgive sins: spare us therefore, good Lord, spare thy people, whom thou hast redeemed: enter not into judgment with thy servants, who are vile earth, and miserable sinners; but so turn thine anger from us, who meekly acknowledge our vileness, and truly repent us of our faults; and so make haste to help us in this world, that we may ever live with thee in the world to come, through Jesus Christ our Lord. Amen. — Then shall the people say this that followeth, after the Minister. Turn thou us, O good Lord, and so shall we be turned. Be favourable, O Lord, be favourable to thy people, who turn to thee in weeping, fasting and praying. For thou art a merciful God, full of compassion, long suffering, and of great pity. Thou sparest when we deserve punishment, and in thy wrath thinkest upon mercy. Spare thy people, good Lord, spare them; and let not thine heritage be brought to confusion. Hear us, O Lord, for thy mercy is great; and after the multitude of thy mercies look upon us, through the merits and mediation of thy blessed Son, Jesus Christ our Lord. Amen.

1) Quamquam Collecta singula communia habet cum vetustis tamen propriam duco et saeculo decimo sexto conditam.

2) Miss. Angl. et Rom.: Deus qui conspicis omni nos virtute destitui, interius exteriusque custodi, ut ab omnibus adversitatibus muniamur in corpore et a pravis cogitationibus mundemur in mente.

The Epistle. 1 Thess. iv. 1—8.
The Gospel. St. Matth. xv. 21—28.

The third Sunday in Lent.

We beseech thee, Almighty God, look upon the hearty desires of thy humble servants, and stretch forth the right hand of thy Majesty, to be our defence against all our enemies; through Jesus Christ our Lord. Amen. [1])

The Epistle. Ephes. v. 1—14.
The Gospel. St. Luke xi. 14—28.

The fourth Sunday in Lent.

Grant, we beseech thee, Almighty God, that we, who for our evil deeds do worthily deserve to be punished, by the comfort of thy grace may mercifully be relieved; through our Lord and Saviour Jesus Christ. Amen. [2])

The Epistle. Gal. iv. 21—31.
The Gospel. St. John vi. 1—14.

The fifth Sunday in Lent.

We beseech thee, Almighty God, mercifully to look upon thy people; that by thy great goodness they may be governed and preserved evermore, both in body and soul; through Jesus Christ our Lord. Amen. [3])

The Epistle. Heb. ix. 11—15.
The Gospel. St. John viii. 46—59.

The Sunday next before Easter.

Almighty and everlasting God, who, of thy tender love towards mankind, hast sent thy Son, our Saviour Jesus Christ, to take upon him our flesh, and to suffer death upon the cross, that all mankind should follow the example of his great humility; Mercifully grant, that we may both follow the example

---

1) Miss. Angl. et Rom.. Quaesumus, omnipotens Deus, vota humilium respice; atque ad defensionem nostram dexteram tuae Majestatis extende. Per Dominum.

2) El. worthily punished. Miss. Angl. et Rom.: Concede quaesumus, omnipotens Deus, ut qui ex merito nostrae actionis affligimur, tuae gratiae consolatione respiremus. Per Dominum.

3) Miss. Angl. et Rom.: Quaesumus, omnipotens Deus, familiam tuam propitius respice; ut te largiente regatur in corpore, et te servante custodiatur in mente. Per Dominum.

of his patience, and also be made partakers of his resurrection; through the same Jesus Christ our Lord. Amen. [1])

The Epistle. Philip. ii. 5—11.
The Gospel. St. Matth. xxvii. 1—54. [2])

Monday before Easter. [3])
For the Epistle. Isaiah lxiii. [4])
The Gospel. St. Mark. xiv [5])

Tuesday before Easter.
For the Epistle. Isaiah l. 5—11. [6])
The Gospel. St. Mark xv. 1—39. [7])

Wednesday before Easter.
The Epistle. Hebr. ix. 16—28. [8])
The Gospel. St. Luke xxii. [9])

Thursday before Easter.
The Epistle. 1 Cor. xi. 17—34.
The Gospel. St. Luke xxiii. 1—49. [10])

GOOD FRIDAY.

Almighty God, we beseech thee graciously to behold this thy family, for which our Lord Jesus Christ was contented to be betrayed, and given up into the hands of wicked men, and to suffer death upon the cross, who now liveth and reigneth &c. Amen. [11])

1) El. hast sent our Saviour. Miss. Angl. et Rom.: Omnipotens sempiternae Deus, qui humano generi ad imitandum humilitatis exemplum, Salvatorem nostrum carnem sumere, et crucem subire fecisti: concede propitius, ut et patientiae ipsius habere documenta, et resurrectionis consortia mereamur.

2) El. Matth. 26, 1—27, 56. Ecclesia Romana in Benedictione Palmarum legit Matth. 21, 1—11, ad Missam Passionem secundum Matthaeum 26, 2—27, 61.

3) Palmer I. p. 331: The Collects for this and the following days are the same with that of the preceding Sunday.

4) Rom. Is. 50, 5—10.

5) Rom. Ioann. 12, 1—9.

6) Rom. Ierem. 11, 18—20.

7) Rom. Passio secundum Marcum, Mc. 14, 1—15, 41. El. Mc. 15, 1—47.

8) Rom. Is. 62, 11—63, 7.

9) Rom. Passio secundum Lucam Lc. 22, 1—23, 53.

10) El. Luc. 23, 1—56.

11) Miss. Angl. et Rom.: Respice, Domine, quaesumus, super hanc familiam tuam, pro qua Dominus noster Iesus Christus non dubitavit manibus tradi nocentium, et crucis subire tormentum.

Almighty and everlasting God, by whose Spirit the whole body of the Church is governed and sanctified; Receive our supplications and prayers, which we offer before thee for all estates of men in thy holy Church, that every member of the same, in his vocation and ministry, may truly and godly serve thee; through our Lord and Saviour Jesus Christ. Amen.

O merciful God, who hast made all men, and hatest nothing that thou hast made, nor wouldest the death of a sinner, but rather that he should be converted and live; Have mercy upon all Jews, Turks, Infidels, and Hereticks, and take from them all ignorance, hardness of heart, and contempt of thy Word; and so fetch them home, blessed Lord, to thy flock, that they may be saved among the remnant of the true Israelites, and be made one fold under one shepherd, Jesus Christ our Lord &c. Amen. [1])

The Epistle. Hebr. x. 1—25.
The Gospel. St. John xix. 1—36. [2])

EASTER EVEN.

Grant, O Lord, that as we are baptized into the death of thy blessed Son our Saviour Jesus Christ, so by continual mortifying our corrupt affections we may be buried with him; and that through the grave, and gate of death, we may pass to our joyful resurrection; for his merits, who died, and was buried, and rose again for us, thy Son Jesus Christ our Lord. Amen. [3])

The Epistle. 1 St. Peter iii. 17—22.
The Gospel. St. Matth. xxvii. 57—66.

EASTER DAY.

At Morning Prayer, instead of the Psalm, O come let us sing, &c. these Anthems shall be sung or said.

---

1) Orare consuevit ecclesia Romana in Parasceve Domini pro ecclesia, pro Papa, pro omnibus Episcopis etc., pro Imperatore, Catechumenis, cunctis hominibus tentatis et afflictis, pro haereticis et schismaticis, pro Iudaeis atque paganis Cod. Lit. I. p. 414 sq. Qui pro omnibus fudit sanguinem, pro omnibus invocatur. Vides ecclesiam Anglicanam hos ritus, medullitus Christianos, brevi proposuisse, minime vero abrogasse.

2) El. Ioh. 18. 19.

3) Deest in El.

Christ our passover is sacrificed for us: therefore let us keep the feast;

Not with the old leaven, nor with the leaven of malice and wickedness: but with the unleavened bread of sincerity and truth. 1 Cor. v. 7. [1])

Christ being raised from the dead dieth no more; death hath no more dominion over him.

For in that he died, he died unto sin once: but in that he liveth, he liveth unto God.

Likewise reckon ye also yourselves to be dead indeed unto sin: but alive unto God through Jesus Christ our Lord. Rom. vi. 9.

Christ is risen from the dead: and become the first-fruits of them that slept.

For since by man came death: by man came also the resurrection of the dead.

For as in Adam all die: even so in Christ shall all be made alive. 1 Cor. xv. 20.

Glory be to the Father, and to the Son: and to the Holy Ghost;

Answer. As it was in the beginning, is now, and ever shall be: world without end. Amen. [2])

The Collect.

Almighty God, who through thine only-begotten Son Jesus Christ hast overcome death, and opened unto us the gate of everlasting life: We humbly beseech thee, that, as by thy special grace preventing us thou dost put into our minds good desires, so by thy continual help we may bring the same to good effect; through Jesus Christ our Lord &c. Amen. [3])

The Epistle. Coloss. iii. 1—7.

The Gospel. St. John xx. 1—10.

---

1) Non receptum in libro El.

2) Gloria Patri etc. hoc loco non dicitur apud Americanos, neque in El.

3) Exordium Collectae aliqua ratione accedit ad Missalia vetusta Angliae et Romana: Deus, qui hodierna die per Unigenitum tuum aeternitatis nobis aditum, devicta morte, reserasti; vota nostra, quae praeveniendo aspiras, etiam adiuvando prosequere.

Monday in Easter Week.

Almighty God, who through thy only-begotten Son Jesus Christ etc. ut p. 396.

> For the Epistle. Acts x. 34—43.
> The Gospel. St. Luke xxiv. 13—35.

Tuesday in Easter Week.

Almighty God, who through thy only-begotten Son Jesus Christ etc. ut supra. [1])

> For the Epistle. Acts xiii. 26—41.
> The Gospel. St. Luke xxiv. 36—48.

The first Sunday after Easter.

Almighty Father, who hast given thine only Son to die for our sins, and to rise again for our justification: Grant us so to put away the leaven of malice and wickedness, that we may always serve thee in pureness of living and truth; through the merits of the same thy Son Jesus Christ our Lord. Amen. [2])

> The Epistle. 1 St. John v. 4—12.
> The Gospel. St. John xx. 19—23.

The second Sunday after Easter.

Almighty God, who hast given thine only Son to be unto us both a sacrifice for sin, and also an ensample of godly life; Give us grace that we may always most thankfully receive that his inestimable benefit, and also daily endeavour

---

1) El.: Almighty Father, which hast given thy only Son to die for our sins and to rise again for our iustification: grant us so to put away the leaven of malice and wickedness, that we may alway serve thee in pureness of living and truth.

2) El. cum preces supra scriptas iam recitarit fer. 3. Paschatis, repetit Collectam, Dominicae Resurrectionis adsignatam. Palmerus p. 336: „I have not found any original of the collect." Exstant orationes, Anglicanae admodum similes in Liturgiis Lutheranis saec. 16: Herre Gott Himmlischer Vatter, der du deinen Son vmb vnserer Sünden willen dargegeben, vnd vmb vnser Gerechtigkeit willen aufferwecket hast. Wir bitten dich, du wöllest deinen heiligen Geist vns schencken, durch jhn vns regieren vnd füren, in warem Glauben erhalten, vnd vor allen Sünden vns behüten, vnd endtlich nach disem Leben, vns zum ewigen Leben auch wider aufferwecken.

ourselves to follow the blessed steps of his most holy life; through the same Jesus Christ our Lord. Amen [1])

The Epistle. 1 St. Peter ii. 19—25.
The Gospel. St. John x. 12—16.

The third Sunday after Easter.

Almighty God, who shewest to them that be in error the light of thy truth, to the intent that they may return into the way of righteousness; Grant unto all them that are admitted into the fellowship of Christ's Religion, that they may eschew those things that are contrary to their profession, and follow all such things as are agreeable to the same; through our Lord Jesus Christ. Amen. [2])

The Epistle. 1 St. Peter ii. 11—17.
The Gospel. St. John xvi. 16—22.

The fourth Sunday after Easter.

O Almighty God, who alone canst order the unruly wills and affections of sinful men; Grant unto thy people, that they may love the thing which thou commandest, and desire that which thou dost promise; that so, among the sundry and manifold changes of the world, our hearts may surely there be fixed, where true joys are to be found; through Jesus Christ our Lord. Amen. [3])

The Epistle. St. James i. 17—21.
The Gospel. St. John xvi. 5—15.

The fifth Sunday after Easter.

O Lord, from whom all good things do come; Grant to

---

1) Palmerus p. 337: „I have not yet found any original of the collect." Neque mihi contigit ut fontem orationis investigarem: puto eam fluxisse e libris Protestantium.

2) Miss. Angl. et Rom.: Deus, qui errantibus, ut in viam possint redire institiae, veritatis tuae lumen ostendis; da cunctis qui Christiana professione censentur, et illa respuere, quae huic inimica sunt nomini, et ea quae sunt apta, sectari.

3) El. Almighty God, which dost make the minds of all faithful men to be of one will: grant &c. Miss. Angl. et Rom.: Deus, qui fidelium mentes unius efficis voluntatis, da populis tuis id amare quod praecipis, id desiderare quod promittis, ut inter mundanas varietates ibi nostra fixa sint corda ubi vera sunt gaudia.

us thy humble servants, that by thy holy inspiration we may
think those things that be good, and by thy merciful guiding
may perform the same; through our Lord Jesus Christ.
Amen. [1])

The Epistle. St. James i. 22—27.
The Gospel. St. John xvi. 23—33.

THE ASCENSION DAY.

Grant, we beseech thee, Almighty God, that like as we
do believe thy only-begotten Son our Lord Jesus Christ to
have ascended into the heavens; so we may also in heart and
mind thither ascend, and with him continually dwell, who li-
veth and reigneth etc. Amen. [2])

For the Epistle. Acts i. 1—11.
The Gospel. St. Mark xvi. 14—20.

Sunday after Ascension Day.

O God the King of glory, who hast exalted thine only
Son Jesus Christ with great triumph unto thy kingdom in hea-
ven; We beseech thee, leave us not comfortless; but send to
us thine Holy Ghost to comfort us, and exalt us unto the same
place whither our Saviour Christ is gone before, who liveth
and reigneth etc. Amen. [3])

The Epistle. 1 St. Peter iv. 7—11.
The Gospel. St. John xv. 26, and part of chapter xvi.
(usque ad v. 4.)

WHIT SUNDAY.

God, who as at this time didst teach the hearts of thy

---

1) Miss. Angl. et Rom.: Deus, a quo bona cuncta procedunt; largire suppli-
cibus tuis ut cogitemus te inspirante quae recta sunt, et te gubernante eadem
faciamus.

2) Miss. Angl. et Rom.: Concede quaesumus omnipotens Deus, ut qui ho-
dierna die unigenitum tuum Redemptorem nostrum ad coelos ascendisse credimus,
ipsi quoque mente in coelestibus habitemus.

1) Palmer p. 340: „The collect for this Sunday appears to have been made
altogether new, by the original compilers of our liturgy. The whole of the be-
ginning, however, is taken from the anthem for vespers on Ascension-day; which
anthem (antiphona) was also sung on this day. O rex gloriae, Domine virtutum,
qui triumphator hodie super omnes coelos ascendisti, ne derelinquas nos orpha-
nos sed mitte promissum Patris in nos Spiritum veritatis."

faithful people, by the sending to them the light of thy Holy Spirit; Grant us by the same Spirit to have a right judgment in all things, and evermore to rejoice in his holy comfort; through the merits of Christ Jesus our Saviour, who liveth and reigneth with thee, in the unity of the same Spirit, one God, world without end. Amen. [1])

For the Epistle. Acts ii. 1—11.
The Gospel. St. John xiv. 15—31.

Monday in Whitsun Week.

God, who as at this time didst teach the hearts etc. ut supra.

For the Epistle. Acts x. 34—48.
The Gospel. St. John iii. 16—21.

Tuesday in Whitsun Week.

God, who as at this time didst teach the hearts etc. ut supra.

For the Epistle. Acts viii. 14—17.
The Gospel. St. John x. 1—11.

TRINITY SUNDAY.

Almighty and everlasting God, who hast given unto us thy servants grace by the confession of a true faith to acknowledge the glory of the eternal Trinity, and in the power of the Divine Majesty to worship the Unity; We beseech thee, that thou wouldest keep us stedfast in this faith, and evermore defend us from all adversities, who livest and reignest, one God, world without end. Amen. [2])

For the Epistle. Rev. iv.
The Gospel. St. John. iii. 1—15.

The first Sunday after Trinity.

O God, the strength of all them that put their trust in thee,

---

1) Miss. Angl. et Rom: Deus, qui hodierna die corda fidelium Sancti Spiritus illustratione docuisti; da nobis in eodem Spiritu, recta sapere, et de eius semper consolatione gaudere.

1) Miss. Angl. et Rom.: Omnipotens sempiterne Deus, qui dedisti famulis tuis in confessione verae fidei aeternae Trinitatis gloriam agnoscere, et in potentia Maiestatis adorare Unitatem; quaesumus, ut eiusdem fidei firmitate ab omnibus semper muniamur adversis.

mercifully accept our prayers; and because through the weakness of our mortal nature we can do no good thing without thee, grant us the help of thy grace, that in keeping of thy commandments we may please thee, both in will and deed; through Jesus Christ our Lord. Amen. [1])

The Epistle. 1 St. John iv. 7—21.
The Gospel. St. Luke xvi. 19—31.

The second Sunday after Trinity.

O Lord, who never failest to help and govern them whom thou dost bring up in thy stedfast fear and love; Keep us, we beseech thee, under the protection of thy good providence, and make us to have a perpetual fear and love of thy holy Name; through Jesus Christ our Lord. Amen. [2])

The Epistle. 1 St. John iii. 13—24.
The Gospel. St. Luke xiv. 16—24.

The third Sunday after Trinity.

O Lord, we beseech thee mercifully to hear us; and grant that we, to whom thou hast given an hearty desire to pray, may by thy mighty aid be defended and comforted in all dangers and adversities; through Jesus Christ our Lord. Amen. [3])

The Epistle. 1 St. Peter v. 5—11.
The Gospel. St. Luke xv. 1—10.

The fourth Sunday after Trinity.

O God, the protector of all that trust in thee, without whom nothing is strong, nothing is holy; Increase and multiply

---

1) El.—— strength of all them that trust. Miss. Angl. et Rom.: Deus, in te sperantium fortitudo, adesto propitius invocationibus nostris; et quia sine te nihil potest mortalis infirmitas, praesta auxilium gratiae tuae; ut in exequendis mandatis tuis, et voluntate tibi et actione placeamus.

2) El.: „Lord, make us to have a perpetual fear and love of thy holy name; for thou never fa lest to help and govern them, whom thou dost bring up in thy stedfast love.“ Miss. Angl. et Rom.: „Sancti nominis tui, Domine, timorem pariter et amorem fac nos habere perpetuum; quia nunquam tua gubernatione destituis, quos in soliditate tuae dilectionis instituis.“ Collecta hodierni temporis aliquantulum differt ab vetusta.

3) El. —— defended, through Jesus Christ our Lord. Miss. Angl. et Rom.: Deprecationem nostram quaesumus Domine benignus exaudi et quibus supplicandi praestas affectum, tribue defensionis auxilium.

upon us thy mercy; that, thou being our ruler and guide, we may so pass through things temporal, that we finally lose not the things eternal: Grant this, O heavenly Father, for Jesus Christ's sake our Lord.   Amen. [1])

The Epistle. Rom. viii. 18—23.
The Gospel. St. Luke vi. 36—42.

The fifth Sunday after Trinity.

Grant, O Lord, we beseech thee, that the course of this world may be so peaceably ordered by thy governance, that thy Church may joyfully serve thee in all godly quietness; through Jesus Christ our Lord.   Amen. [2])

The Epistle. 1 St. Peter iii. 8—15.
The Gospel. St. Luke v. 1—11.

The sixth Sunday after Trinity.

O God, who hast prepared for them that love thee such good things as pass man's understanding; Pour into our hearts such love toward thee, that we, loving thee above all things, may obtain thy promises, which exceed all that we can desire; through Jesus Christ our Lord.   Amen. [3])

The Epistle. Rom. vi. 3—11.
The Gospel. St. Matth. v. 20—26.

The seventh Sunday after Trinity.

Lord of all power and might, who art the author and giver of all good things; Graft in our hearts the love of thy Name, increase in us true religion, nourish us with all goodness, and of thy great mercy keep us in the same; through Jesus Christ our Lord.   Amen. [4])

---

1) Miss. Angl. et Rom.: „Protector in te sperantium Deus, sine quo nihil est validum, nihil sanctum; multiplica super nos misericordiam tuam, ut te Rectore, te Duce, sic transeamus per bona temporalia, ut non amittamus aeterna.

2) El. that thy congregation. Miss. Angl. et Rom.: Da nobis quaesumus Domine, ut et mundi cursus pacifice nobis tuo ordine dirigatur, et Ecclesia tua tranquilla devotione laetetur.

3) Miss Angl. et Rom.: Deus qui diligentibus te bona invisibilia praeparasti; infunde cordibus nostris, tui amoris affectum; ut te in omnibus et super omnia diligentes, promissiones tuas, quae omne desiderium superant, consequamur.

4) Miss. Angl. et Rom.: Deus virtutum, cuius est totum quod est optimum;

The Epistle. Rom. vi. 19—23.
The Gospel. St. Mark. viii. 1—9.

The eighth Sunday after Trinity.

O God, whose never-failing providence ordereth all things both in heaven and earth; We humbly beseech thee to put away from us all hurtful things, and to give us those things which be profitable for us; through Jesus Christ our Lord. Amen. [1])

The Epistle. Rom. viii. 12—17.
The Gospel. St. Matth. vii. 15—21.

The ninth Sunday after Trinity.

Grant to us, Lord, we beseech thee, the spirit to think and do always such things as be rightful; that we, who cannot do any thing that is good without thee, may by thee be enabled to live according to thy will; through Jesus Christ our Lord. Amen. [2])

The Epistle. 1 Cor. x. 1—13.
The Gospel. St. Luke xvi. 1—9.

The tenth Sunday after Trinity.

Let thy merciful ears, O Lord, be open to the prayers of thy humble servants; and that they may obtain their petitions make them to ask such things as shall please thee; through Jesus Christ our Lord. Amen. [3])

The Epistle. 1 Cor. xii. 1—11.
The Gospel. St. Luke xix. 41—47.

The eleventh Sunday after Trinity.

O God, who declarest thy almighty power most chiefly

---

insere pectoribus nostris amorem tui nominis, et praesta in nobis religionis augmentum; ut quae sunt bona nutrias, ac pietatis studio quae sunt nutrita custodias.

1) El. God, whose providence is never deceived: we humbly etc. Miss. Angl. et Rom.: Deus cuius providentia in sui dispositione non fallitur: te supplices exoramus, ut noxia cuncta submoveas et omnia nobis profutura concedas.

2) Miss. Angl. et Rom.: Largire nobis Domine, quaesumus, semper spiritum cogitandi quae recta sunt, propitius, et agendi; ut qui sine te esse non possumus, secundum te vivere valeamus.

3) Miss. Angl. et Rom.: Pateant aures misericordiae tuae, Domine, precibus supplicantium; et ut petentibus desiderata concedas, fac eos quae tibi placita sunt postulare.

in shewing mercy and pity; Mercifully grant unto us such a measure of thy grace, that we, running the way of thy commandments, may obtain thy gracious promises, and be made partakers of thy heavenly treasure; through Jesus Christ our Lord. Amen. [1])

The Epistle. 1 Cor. xv. 1—11.
The Gospel. St. Luke xviii. 9—14.

The twelfth Sunday after Trinity.

Almighty and everlasting God, who art always more ready to hear than we to pray, and art wont to give more than either we desire, or deserve; Pour down upon us the abundance of thy mercy; forgiving us those things whereof our conscience is afraid, and giving us those good things which we are not worthy to ask, but through the merits and mediation of Jesus Christ, thy Son, our Lord. Amen. [2])

The Epistle. 2 Cor. iii. 4—11.
The Gospel. St. Mark. vii. 31—37.

The thirteenth Sunday after Trinity.

Almighty and merciful God, of whose only gift it cometh that thy faithful people do unto thee true and laudable service; Grant, we beseech thee, that we may so faithfully serve thee in this life, that we fail not finally to attain thy heavenly promises; through the merits of Jesus Christ our Lord. Amen. [3])

The Epistle. Gal. iii. 16—22.
The Gospel. St. Luke x. 23—37.

The fourteenth Sunday after Trinity.

Almighty and everlasting God, give unto us the increase

---

1) El. — pity, give unto us abundantly thy grace, that we running to thy promises, may be partakers of thy heavenly treasure. Miss. Angl. et Rom.: Deus, qui omnipotentiam tuam parcendo maxime et miserando manifestas; multiplica super nos gratiam tuam, ut ad tua promissa currentes, coelestium bonorum facias esse consortes.

2) El. and giving unto us that, that our prayer dare not presume to ask, through J. Ch. our Lord. Miss. Angl. et Rom.: Omnipotens sempiterne Deus, qui abundantia pietatis tuae et merita supplicum excedis et vota; effunde super nos misericordiam tuam; ut dimittas quae conscientia metuit, et adiicias quae oratio non praesumit.

3) El. that we may so run to thy heavenly promises, that we fail not finally

of faith, hope, and charity; and, that we may obtain that which thou dost promise, make us to love that which thou dost command; through Jesus Christ our Lord. Amen. [1])

The Epistle. Gal. v. 16—24.
The Gospel. St. Luke xvii. 11—19.

The fifteenth Sunday after Trinity.

Keep, we beseech thee, O Lord, thy Church with thy perpetual mercy: and, because the frailty of man without thee cannot but fall, keep us ever by thy help from all things hurtful, and lead us to all things profitable to our salvation; through Jesus Christ our Lord. Amen. [2])

The Epistle. Gal. vi. 11—18.
The Gospel. St. Matth. vi. 24—34.

The sixteenth Sunday after Trinity.

O Lord, we beseech thee, let thy continual pity cleanse and defend thy Church: and, because it cannot continue in safety without thy succour, preserve it evermore by thy help and goodness; through Jesus Christ our Lord. Amen. [3])

The Epistle. Ephes. iii. 13—21.
The Gospel. St. Luke. vii. 11—17.

The seventeenth Sunday after Trinity.

Lord, we pray thee that thy grace may always prevent and follow us, and make us continually to be given to all good works; through Jesus Christ our Lord. Amen. [4])

---

to attain the same. Miss. Angl. et Rom.. Omnipotens et misericors Deus, de cuius munere venit, ut tibi a fidelibus tuis digne et laudabiliter serviatur: tribue nobis quaesumus, ut ad promissiones tuas sine offensione curramus.

1) Miss. Angl. et Rom.: Omnipotens sempiterne Deus, da nobis fidei, spei, et charitatis augmentum; et ut mereamur adsequi quod promittis; fac nos amare quod praecipis.

2) Miss. Angl. et Rom.: Custodi, Domine, quaesumus, ecclesiam tuam propitiatione perpetua; et quia sine te labitur humana mortalitas; tuis semper auxiliis et abstrahatur a noxiis, et ad salutaria dirigatur.

3) Bl. defend thy congregation. Miss. Angl. et Rom.: Ecclesiam tuam, Domine, quaesumus, miseratio continuata mundet et muniat; et quia sine te non potest salva consistere; tuo semper munere gubernetur.

4) Miss. Angl. et Rom.: Tua nos Domine, quaesumus, gratia semper et praeveniat et sequatur; ac bonis operibus iugiter praestet esse intentos.

The Epistle. Ephes. iv. 1—5.
The Gospel. St. Luke xiv. 1—11.

The eighteenth Sunday after Trinity.

Lord, we beseech thee, grant thy people grace to withstand the tempations of the world, the flesh, and the devil, and with pure hearts and minds to follow thee the only God; through Jesus Christ our Lord. Amen. [1])

The Epistle. 1 Cor. i. 4—9.
The Gospel. St. Matth. xxii. 34—46.

The nineteenth Sunday after Trinity.

O God, forasmuch as without thee we are not able to please thee; Mercifully grant, that thy Holy Spirit may in all things direct and rule our hearts; through Jesus Christ our Lord. Amen. [2])

The Epistle. Ephes. iv. 17—32.
The Gospel. St. Matth, ix. 1—8.

The twentieth Sunday after Trinity.

O Almighty and most merciful God, of thy bountiful goodness keep us, we beseech thee, from all things that may hurt us; that we, being ready both in body and soul, may cheerfully accomplish those things that thou wouldest have ·done: through Jesus Christ our Lord. Amen. [3])

The Epistle. Ephes. v. 15—21.
The Gospel. St. Matth. xxii. 1—14.

The one and twentieth Sunday after Trinity.

Grant, we beseech thee, merciful Lord, to thy faithful

---

1) El. Lord, we beseech thee, grant thy people grace, to avoid the infections of the devil and with pure heart and mind to follow thee, the only God, through &c. Miss. Angl. et Rom.: Da, quaesumus Domine, populo tuo diabolica vitare contagia; et te solum Deum puro corde sectari.

2) El. that the working of thy mercy may in all things direct &c. Miss. Angl. et Rom.: Dirigat corda nostra, quaesumus Domine, tuae miserationis operatio; quia tibi sine te placere non possumus.

3) El. Almighty and merciful God — may with free hearts accomplish. Miss. Angl. et-Rom.: Omnipotens et misericors Deus, universa nobis adversantia

people pardon and peace, that they may be cleansed from all their sins, and serve thee with a quiet mind; through Jesus Christ our Lord. Amen. [1])

The Epistle. Ephes. vi. 10—20.
The Gospel. St. John iv. 46—54.

The two and twentieth Sunday after Trinity.

Lord, we beseech thee to keep thy houshold the Church in continual godliness; that through thy protection it may be free from all adversities, and devoutly given to serve thee in good works, to the glory of thy Name; through Jesus Christ our Lord. Amen. [2])

The Epistle. Phil. i. 3—11.
The Gospel. St. Matth. xviii. 21—35.

The three and twentieth Sunday after Trinity.

O God, our refuge and strength, who art the author of all godliness; Be ready, we beseech thee, to hear the devout prayers of thy Church; and grant that those things which we ask faithfully we may obtain effectually; through Jesus Christ our Lord. Amen. [3])

The Epistle. Phil. iii. 17—21.
The Gospel. St. Matth. xxii. 15—22.

The four and twentieth Sunday after Trinity.

O Lord, we beseech thee, absolve thy people from their offences; that through thy bountiful goodness we may all be delivered from the bands of those sins, which by our frailty

propitiatus exclude; ut mente et corpore pariter expediti, quae tua sunt liberis mentibus exequamur.

1) Miss. Angl. et Rom.: Largire, quaesumus Domine, fidelibus tuis indulgentiam placatus et pacem; ut pariter ab omnibus mundentur offensis, et secura tibi mente deserviant.

2) Miss. Angl. et Rom.: Familiam tuam, quaesumus Domine, continua pietate custodi; ut a cunctis adversitatibus te protegente sit libera, et in bonis actibus tuo nomini sit devota.

3) El. be ready to hear. Miss. Angl. et Rom.: Deus, refugium nostrum et virtus, adesto piis Ecclesiae tuae precibus, auctor ipse pietatis; et praesta, ut quod fideliter petimus efficaciter consequamur.

27 *

we have committed: Grant this, O heavenly Father, for Jesus Christ's sake, our blessed Lord and Saviour. Amen. [1])

> The Epistle. Col. i. 3—12.
> The Gospel. St. Matth. ix. 18—26.

The five and twentieth Sunday after Trinity.

Stir up, we beseech thee, O Lord, the wills of thy faithful people; that they, plenteously bringing forth the fruit of good works, may of thee be plenteously rewarded; through Jesus Christ our Lord. Amen. [2])

> For the Epistle. Jer. xxiii. 5—8.
> The Gospel. St. John vi. 5—14.

If there be any more Sundays before Advent-Sunday, the Service of some of those Sundays that were omitted after the Epiphany shall be taken in to supply so many as are here wanting. And if there be fewer, the overplus may be omitted: Provided that this last Collect, Epistle and Gospel shall always be used upon the Sunday next before Advent. [3])

Saint Andrew's Day.

Almighty God, who didst give such grace unto thy holy Apostle Saint Adrew, that he readily obeyed the calling of thy Son Jesus Christ, and followed him without delay; Grant unto us all, that we, being called by thy holy Word, may forthwith give up ourselves obediently to fulfil thy holy commandments; through the same Jesus Christ our Lord. Amen. [4])

> The Epistle. Rom. x. 9—21.
> The Gospel. St. Matth. iv. 18—22.

---

1) Miss. Angl. et Rom.: Absolve quaesumus Domine tuorum delicta populorum: ut a peccatorum nostrorum nexibus, quae pro nostra fragilitate contraximus, tua benignitate liberemur.

2) Miss. Angl. et Rom.: Excita, quaesumus Domine, tuorum fidelium voluntates; ut divini operis fructum propensius exequentes, pietatis tuae remedia maiora percipiant.

3) Missale Romanum: Si Dominicae post Pentecosten fuerint plures XXIV, tunc post XXIII resumantur (quoad Orationes, Epistolas et Evangelia) Missae Dominicarum, quae superfuerunt post Epiphaniam. — Introitus antem, Graduale, Offertorium et Communio semper dicuntur ut in Dominica XXIII. — Et ultimo loco semper ponitur Missa Dominicae XXIV post Pentecosten.

4) Palmerus I. p. 357.: „The collect for this day does not occur in the old English formularies. In the liturgy of the ancient Gallican church, a passage in

Saint Thomas the Apostle.

Almighty and everliving God, who for the more confirmation of the faith didst suffer thy holy Apostle Thomas to be doubtful in thy Son's resurrection; Grant us so perfectly, and without all doubt, to believe in thy Son Jesus Christ, that our faith in thy sight may never be reproved. Hear us, O Lord, through the same Jesus Christ, to whom, with thee and the Holy Ghost, be all honour and glory, now and for evermore. Amen.

The Epistle. Ephes. ii. 19—22.
The Gospel. St. John xx. 24—31.

The Conversion of Saint Paul.

O God, who, through the preaching of the blessed Apostle Saint Paul, hast caused the light of the Gospel to shine throughout the world; Grant, we beseech thee, that we, having his wonderful conversion in remembrance, may shew forth our thankfulness unto thee for the same, by following the holy doctrine which he taught; through Jesus Christ our Lord. Amen. [1])

For the Epistle. Acts ix. 1—22.
The Gospel. St. Matth. xix. 27—30.

The Presentation of Christ in the Temple, commonly called, The Purification of Saint Mary the Virgin.

Almighty and everliving God, we humbly beseech thy Majesty, that, as thy only-begotten Son was this day presented

the Contestatio for St. Andrew's day somewhat resembles our collect. „Almighty God, who didst give such grace unto thy holy apostle St. Andrew, that he readily obeyed the calling of thy Son Jesus Christ, and followed him without delay." „Per Christum Dominum nostrum qui beato Andreae in prima vocatione dedit fidem, et in passione dedit victoriam." Miss. Gothicum, Mabillon de Lit. Gall. p. 221." At vero quantum ad angulos vetustarum liturgiarum reconditos, decimo sexto saeculo ab editoribus Ritualis Anglicani perlustratos: iam saepius aperte confessus sum, me esse „in filiis diffidentiae." In Sanctorum festivitatibus cum in libris Romanis persaepe commemoretur intercessio Sanctorum, in sacris reformatis repudiata, necessario Sanctorum collectae paene omnes sunt propriae ac noviter compositae.

1) El. God, which hast taught all the world trough the preaching of thy blessed Apostle saint Paul: grant we beseech thee, that we which have his wonderful conversion in remembrance, may follow and fulfil thy holy doctrine that he taught. Miss. Angl. et Rom.: Deus, qui universum mundum beati Pauli Apostoli

in the temple in substance of our flesh, so we may be presented unto thee with pure and clean hearts, by the same thy Son Jesus Christ our Lord. Amen. [1])

> For the Epistle. Mal. iii. 1—5.
> The Gospel. St. Luke ii. 22—40.

Saint Matthias's Day.

O Almighty God, who into the place of the traitor Judas didst choose thy faithful servant Matthias to be of the number of the twelve Apostles; Grant that thy Church, being alway preserved from false Apostles, may be ordered and guided by faithful and true pastors; through Jesus Christ our Lord. Amen.

> For the Epistle. Acts i. 15—26.
> The Gospel. St. Matth. xi. 25—30.

The Annunciation of the blessed Virgin Mary.

We beseech thee, O Lord, pour thy grace into our hearts; that, as we have known the incarnation of thy Son Jesus Christ by the message of an angel, so by his cross and passion we may be brought unto the glory of his resurrection; through the same Jesus Christ our Lord. Amen. [2])

> For the Epistle. Isaiah vii. 10—15.
> The Gospel. St. Luke i. 26—56.

Saint Mark's Day.

O Almighty God, who hast instructed thy holy Church with the heavenly doctrine of thy Evangelist Saint Mark; Give us grace, that, being not like children carried away with every blast of vain doctrine, we may be established in the truth of thy holy Gospel; through Jesus Christ our Lord. Amen. [3])

---

tui praedicatione docuisti; da nobis, quaesumus, ut qui eius hodie conversionem colimus, per eius ad te exempla gradiamur.

1) El. clear minds. Miss. Angl. et Rom.: Omnipotens sempiterne Deus, Maiestatem tuam supplices exoramus, ut sicut unigenitus Filius tuus hodierna die cum nostrae carnis substantia in templo est praesentatus, ita nos facias purificatis tibi mentibus praesentari.

2) Miss. Angl. et Rom. (Postcommunio): Gratiam tuam, quaesumus Domine. mentibus nostris infunde; ut qui angelo nuntiante Christi Filii tui incarnationem cognovimus, per passionem eius et crucem ad resurrectionis gloriam perducamur.

3) El. — grace, so to be established by thy holy gospel that we be not like children, carried away with every blast of vain doctrine, through &c.

The Epistle. Ephes. iv. 7—16.
The Gospel. St. John xv. 1—11.

Saint Philip and Saint James's Day.

O Almighty God, whom truly to know is everlasting life; Grant us perfectly to know thy Son Jesus Christ to be the way, the truth, and the life; that, following the steps of thy holy Apostles, Saint Philip and Saint James, we may stedfastly walk in the way that leadeth to eternal life; through the same thy Son Jesus Christ our Lord. Amen. [1])

The Epistle. St. James i. 1—12.
The Gospel. St. John. xiv. 1—14.

Saint Barnabas the Apostle.

O Lord God Almighty, who didst endue thy holy Apostle Barnabas with singular gifts of the Holy Ghost; Leave us not, we beseech thee, destitute of thy manifold gifts, nor yet of grace to use them alway to thy honour and glory; through Jesus Christ our Lord. Amen.

For the Epistle. Acts xi. 22—30.
The Gospel. St. John xv. 12—16.

Saint John Baptist's Day.

Almighty God, by whose providence thy servant John Baptist was wonderfully born, and sent to prepare the way of thy Son our Saviour, by preaching of repentance; Make us so to follow his doctrine and holy life, that we may truly repent according to his preaching; and after his example constantly speak the truth, boldly rebuke vice, and patiently suffer for the truth's sake; through Jesus Christ our Lord. Amen. [2])

For the Epistle. Isaiah xl. 1—11.
The Gospel. St. Luke i. 57—80.

Saint Peter's Day.

O Almighty God, who by thy Son Jesus Christ didst give to thy Apostle Saint Peter many excellent gifts, and comman-

---

1) El. — life, as thou hast taught Saint Philip and other the Apostles, through &c.

2) El. — preaching of penance.

dedst him earnestly to feed thy flock; Make, we beseech thee, all Bishops and Pastors diligently to preach thy holy Word, and the people obediently to follow the same, that they may receive the crown of everlasting glory; through Jesus Christ our Lord. Amen.

For the Epistle. Acts xii. 1—11.
The Gospel. St. Matth. xvi. 13—19.

Saint James the Apostel.

Grant, O merciful God, that as thine holy Apostle Saint James, leaving his father and all that he had, without delay was obedient unto the calling of thy Son Jesus Christ, and followed him; so we, forsaking all worldly and carnal affections, may be evermore ready to follow thy holy commandments; through Jesus Christ our Lord. Amen.

For the Epistle. Acts xi. 27. usque ad xii. 3.
The Gospel. St. Matth. xx. 20—28.

Saint Bartholomew The Apostle.

O Almighty and everlasting God, who didst give to thine Apostle Bartholomew grace truly to believe and to preach thy Word; Grant, we beseech thee, unto thy Church, to love that Word which he believed, and both to preach and receive the same; through Jesus Christ our Lord. Amen. [1])

For the Epistle. Acts v. 12—16.
The Gospel. St. Luke xxii. 24—30.

Saint Matthew the Apostle.

O Almighty God, who by thy blessed Son didst call Matthew from the receipt of custom to be an Apostle and Evangelist; Grant us grace to forsake all covetous desires, and inordinate love of riches, and to follow the same thy Son Jesus Christ, who liveth and reigneth &c. Amen.

The Epistle. 2 Cor. iv. 1—6.
The Gospel. St Matth. ix. 9—13.

---

[1]) Palmerus adscribit margini Collectam Missalis Sarisb. et Romani: Omnipotens sempiterne Deus, qui huius diei venerandam sanctamque laetitiam in beati Bartholomaei Apostoli tui festivitate tribuisti: Da Ecclesiae tuae quaesumus, et amare quod credidit, et praedicare quod docuit. — At, excepta peroratione, parum video similitudinis.

Saint Michael and all Angels.

O Everlasting God, who hast ordained and constituted the
services of Angels and men in a wonderful order; Mercifully
grant, that as thy holy Angels alway do thee service in hea-
ven, so by thy appointment they may succour and defend us
on earth; through Jesus Christ our Lord. Amen. [1])

For the Epistle. Rev. xii. 7—12.
The Gospel. St. Matth. xviii. 1—10.

Saint Luke the Evangelist.

Almighty God, who calledst Luke the Physician, whose
praise is in the Gospel, to be an Evangelist, and Physician of
the soul; May it please thee, that, by the wholesome medi-
cines of the doctrine delivered by him, all the diseases of our
souls may be healed; through the merits of thy Son Jesus Christ
our Lord. Amen. [2])

The Epistle. 2 Tim. iv. 5—15.
The Gospel. St. Luke x. 1—7.

Saint Simon and Saint Jude, Apostles.

O Almighty God, who hast built thy Church upon the foun-
dation of the Apostles and Prophets, Jesus Christ himself being
the head corner-stone; Grant us so to be joined together in
unity of spirit by their doctrine, that we may be made an holy
temple acceptable unto thee; through Jesus Christ our Lord.
Amen. [3])

The Epistle. St. Jude 1—8.
The Gospel. St. John xv. 17—27.

All Saints' Day.

O Almighty God, who hast knit together thine elect in one
communion and fellowship, in the mystical body of thy Son
Christ our Lord; Grant us grace so to follow thy blessed Saints
in all virtuous and godly living, that we may come to those

---

1) Miss. Angl. et Rom.: Deus, qui miro ordine Angelorum ministeria ho-
minumque dispensas; concede propitius, ut quibus tibi ministrantibus in coelo
semper assistitur; ab his in terra vita nostra muniatur.

2) El. — of his doctrines to heal all the diseases of our souls, through &c.

3) El. — builded thy congregation.

unspeakable joys, which thou hast prepared for them that un-
feignedly love thee; through Jesus Christ our Lord. Amen. [1])

For the Epistle. Rev. vii. 2—12.
The Gospel. St. Matth. v. 1—12.

THE ORDER OF THE ADMINISTRATION OF THE LORD'S SUPPER, OR HOLY COMMUNION.

So many as intend to be partakers of the holy Communion shall signify
their names to the Curate, at least some time the day before. [2])

And if any of those be an open and notorious evil liver, or have
done any wrong to his neighbours by word or deed, so that the Congrega-
tion be thereby offended; the Curate, having knowledge thereof, shall
call him and advertise him, that in any wise he presume not to come to
the Lord's Table, until he hath openly declared himself to have truly re-
pented and amended his former naughty life, that the Congregation may
thereby be satisfied, which before were offended; and that he hath recom-
pensed the parties, to whom he hath done wrong; or at least declare
himself to be in full purpose so to do, as soon as he conveniently may.

The same order shall the Curate use with those betwixt whom he
perceiveth malice and hatred to reign; not suffering them to be partakers
of the Lord's Table, until he know them to be reconciled. And if one of
the parties so at variance be content to forgive from the bottom of his

---

1) El. thy holy saints.

2) Omissum in Am. El.: So many as do intend to be partakers of the holy
Communion, shall signify their names to the Curate over night or else in the
morning afore the beginning of morning prayer or immediately after. Sed haec
disciplina iam dudum obsolevit. Iam anno 1785 scripsit Wendeborn (Der Zu-
stand des Staats, der Religion etc. in Grossbritannien) 3, p. 123: „Es findet jetzt
kein Anmelden von Seiten derer Statt, die das Abendmahl in den Pfarrkirchen em-
pfangen wollen." Et sane, si res aliter cecidisset, ego quidem mirarer. Nam ecclesia
Anglicana, hoc nomine Helvetorum pedissequa, spernit Confessionem privatam et om-
nino Confessionem coenae sacrae praeviam. Kniewel l. c. p. 95.: „Dass übrigens
die Episcopalkirche eben so wenig wie die reformirte Kirche aller Orten Seelsorger
in deutsch-evangelischem Sinne hat und den Begriff eines Beichtvaters gar nicht
kennt, weil sie die kirchliche Privatbeichte in unserm Geiste verwirft und sogar
belächelt oder als papistisch bemitleidet, ist bekannt. Die anglicanische Kirche
wird dabei selbst nicht gewahr, in welchen Widerspruch sie sich durch diese
Beichtverwerfung mit ihrem kirchlichen Hauptgrundsatze: der „apostolischen
Nachfolge" setzt.

heart all that the other hath trespassed against him, and to make amends
for that he himself hath offended; and the other party will not be persua-
ded to a godly unity, but remain still in his frowardness and malice: the
Minister in that case ought to admit the penitent person to the holy Com-
munion, and not him that is obstinate. Provided that every Minister so
repelling any, as is specified in this, or the next precedent Paragraph of
this Rubrick, shall be obliged to give an account of the same to the Or-
dinary within fourteen days after at the farthest. And the Ordinary shall
proceed against the offending person according to the Canon. [1])

The Table, at the Communion-time having a fair white linen cloth
upon it, shall stand in the Body of the Church, or in the Chancel, where
Morning and Evening Prayer are appointed to be said. And the Priest
standing at the North side of the Table shall say the Lord's Prayer, with
the Collect following, the people kneeling. [2])

---

1) El. omittit: Provided that every Minister, et quae sequuntur. Canon Eccl.
Angl. 26: „Nullus Ministrorum ex grege aut Cura sua quenquam ad sacrae Coe-
nae communionem ullo pacto admittat, qui manifeste notus erit in infami peccato
impoenitenter vivere, nec qui cum proximis suis malitiose et aperte contenderit,
nisi reconciliatio intercesserit; neque etiam Ecclesiarum Oeconomos aut Assi-
stentes ullos, qui cum iuramentum susceperint, pro omnibus iisce delictis notoriis,
de quibus particulatim iussi erant infra suas respective parochias inquirere, bis
quolibet anno ad Ordinarium suum deferendis, non verentes tamen, spreta iura-
menti sui religione (cuius alioque fidelis executio potissima ratio existit, per
quam publica peccata, et scandala rescindi possint, et coërceri) etiam volentes et
scientes in periurii crimen perdite ac nefarie incurrere, dum vel negligunt, vel
recusant ex praedictis criminibus et delictis notoriis aliqua detegere, quae sciunt
infra parochias suas esse perpetrata vel congregationem saltem insigniter gra-
vare ac offendere; licet iidem vel a vicinis vel a Ministro, vel etiam ab ipso Or-
dinario, admoniti subinde fuerint, ut conscientias suas, dicta crimina praesentando,
exonererent, neque se vellent in horrendum illud periurii scelus ausu tam nefario
praecipitare." Canon 27 probibet Schismaticos atque Haereticos, Canon 28 Extra-
neos ad proprias Parochiae suae ecclesias et Ministros dimittendos.

2) Canon 82: „Cum nobis minime dubium existat, quin omnibus huius regni
Ecclesiis prospectum sit de mensis congruis et decentibus ad Coenae Dominicae
celebrationem; statuimus et ordinamus, ut eaedem Mensae convenienter et decore
conserventur, et subinde reficiantur, ac tempore divini cultus operiantur tapete
ex serico, sive ex alia materia, quae per loci Ordinarium (sicubi de eo quaestio
oriatur) congrua et decora iudicabitur, ipso autem administrationis tempore panno
lineo mundo (prout tali Mensae convenit) vestiantur, suoque certo loco consi-
stant, nisi cum Sacramentum erit administrandum, quo quidem tempore in Eccle-
sia, vel eiusdem Concello ita constituentur, ut tum Minister inter praecandum et
administrandum commodius possit a Communicantibus exaudiri, tum communican-
tes etiam convenientius et maiore numero a Ministro Sacramentum percipere. In-
super statutum et decretum sit, ut Decalogus pingatur in Orientali cuiusque Eccle-

Our Father which art in heaven, &c. [1]

The Collect.

Almighty God, unto whom all hearts be open, all desires known, and from whom no secrets are hid; Cleanse the thoughts of our hearts by the inspiration of thy Holy Spirit, that we may perfectly love the, and worthily magnify thy holy Name; through Christ our Lord. Amen. [2]

Then shall the Priest, turning to the people, rehearse distinctly all the Ten Commandments; and the people still kneeling shall, after every Commandment, ask God mercy for their transgression thereof for the time past, and grace to keep the same for the time to come, as followeth. [3]

Minister. God spake these words, and said; I am the Lord thy God: Thou shalt have none other gods but me.

People. Lord, have mercy upon us, and incline our hearts to keep this law.

Minister. Thon shalt not make to thyself any graven image, nor the likeness of any thing that is in heaven above, or in the earth beneath, or in the water under the earth. Thou shalt

---

siae et Capellae parte, unde a populo commodissime cerni et legi possit, ac aliae lectae scripturarum sententiae in earundem parietibus passim in locis opportunis describantur. Similiter etiam ut sedes congrua Ministro construatur, in qua divinas preces recitet: Atque haec omnia Parochianorum sumptibus perficientur."

1) Deest in El. Palmerus II. p. 25: „At the first revision of the English liturgy in the reign of Edward the Sixth, a form of introduction somewhat similar to the Roman was retained. After the Lord's Prayer and collect for purity, the form of „Lord have mercy upon us" &c., or Kyrie eleison, was repeated; and then followed the hymn Gloria in excelsis. At the next revision these last forms were omitted; and there is now no resemblance between the Roman introduction and our own. The custom of the church of Worcester, already alluded to, resembles that of the eastern church during the fifth or sixth century, and was anciently used in many churches of the west."

2) Occurrit Collecta „for Purity" in Missali Sarisb. aliisque libris vetustis: Deus cui omne cor patet et omnis voluntas loquitur et quem nullum latet secretum, purifica per infusionem Sancti Spiritus cogitationes cordis nostri: ut te perfecte diligere et digne laudare mereamur.

3) El. — Priest rehearse distinctly — people kneeling — transgression of the same, after this sort. — Recitatio Decalogi, primae Ritualis editioni nondum inserta, primam sedem habet in Ed. 2.: Et mihi extra dubitationis aleam positum est, hunc ritum oriundum esse a doctoribus Reformatis cf. p. 49. 52. — Itaque non sequimur Palmerum, omnes omnium ecclesiarum libros pervolitantem: nam Decalogus ante coenam sacram legendus, ut diximus, novus est, vetustis incognitus.

not bow down to them, nor worship them: for I the Lord thy God am a jealous God, and visit the sins of the fathers upon the children, unto the third and fourth generation of them that hate me, and shew mercy unto thousands in them that love me, and keep my commandments.

People. Lord, have mercy upon us, and incline our hearts to keep this law.

Minister. Thou shalt not take the Name of the Lord thy God in vain: for the Lord will not hold him guiltless, that taketh his Name in vain.

People. Lord, have mercy upon us, and incline our hearts to keep this law.

Minister. Remember that thou keep holy the Sabbath-day. Six days shalt thou labour, and do all that thou hast to do; but the seventh day is the Sabbath of the Lord thy God. In it thou shalt do no manner of work, thou, and thy son, and thy daughter, thy man-servant, and thy maid-servant, thy cattle, and the stranger that is within thy gates. For in six days the Lord made heaven and earth, the sea, and all that in them is, and rested the seventh day: wherefore the Lord blessed the seventh day, and hallowed it.

People. Lord, have mercy upon us, and incline our hearts to keep this law.

Minister. Honour thy father and thy mother; that thy days may be long in the land, which the Lord thy God giveth thee.

People. Lord, have mercy upon us, and incline our hearts to keep this law.

Minister. Thou shalt do no murder.

People. Lord, have mercy upon us, and incline our hearts to keep this law.

Minister. Thou shalt not commit adultery.

People. Lord, have mercy upon us, and incline our hearts to keep this law.

Minister. Thou shalt not steal.

People. Lord, have mercy upon us, and incline our hearts to keep this law.

Minister. Thou shalt not bear false witness against thy neighbour.

People. Lord, have mercy upon us, and incline our hearts to keep this law.

Minister. Thou shalt not covet thy neighbour's house, thou shalt not covet thy neighbour's wife, nor his servant, nor his maid, nor his ox, nor his ass, nor any thing that is his.

People. Lord, have mercy upon us, and write all these thy laws in our hearts, we beseech thee. [1])

Then shall follow one of these two Collects for the Queen, the Priest standing as before, and saying,

Let us pray.

Almighty God, whose kingdom is everlasting, and power infinite; Have mercy upon the whole Church; and so rule the heart of thy chosen Servant Victoria, our Queen and Governour, that she (knowing whose minister she is) may above all things seek thy honour and glory: and that we, and all her subjects (duly considering whose authority she hath) may faithfully serve, honour, and humbly obey her, in thee, and for thee, according to thy blessed Word and ordinance; through Jesus Christ our Lord, who with thee and the Holy Ghost liveth and reigneth, ever one God, world without end. Amen.

Or,

Almighty and everlasting God, we are taught by thy holy Word, that the hearts of Kings are in thy rule and governance. and that thou dost dispose and turn them as it seemeth best to thy godly wisdom: We humbly beseech thee so to dispose and govern the heart of Victoria thy Servant, our Queen and Governour, that, in all her thoughts, words, and works, she may ever seek thy honour and glory, and study to preserve thy people committed to her charge, in wealth, peace, and godliness: Grant this, O merciful Father, for thy dear Son's sake, Jesus Christ our Lord. Amen. [2])

---

1) Am.: Then the Minister may say: Hear also what our Lord Jesus Christ saith: Thou shalt love the Lord thy God, with all thy heart and with all thy mind: This is the first and great commandment. And the second is like unto it; Thou shalt love thy neighbour as thyself. On these two commandments hang all the law and the prophets.

2) El. — whole congregation — that we her subjects. Am. his collectis praetermissis, subiungit alium: O almighty Lord and everlasting God, vouchsafe we beseech thee, to direct, sanctify and govern, both our hearts and bodies in the ways of thy laws and in the works of thy commandments, that, through thy most mighty protection, both here and ever, we may be preserved in body and soul, through our Lord and Saviour Jesus Christ.

Then shall be said the Collect of the Day. And immediately after the Collect the Priest shall read the Epistle, saying, The Epistle [or, The portion of Scripture appointed for the Epistle] is written in the — Chapter of — beginning at the — Verse. And the Epistle ended, he shall say, Here endeth the Epistle. Then shall he read the Gospel (the people all standing up) saying, The holy Gospel is written in the — Chapter of — beginning at the — Verse. And the Gospel ended, shall be sung or said the Creed following, the people still standing, as before. [1])

I believe in one God the Father Almighty, Maker of heaven and earth, And of all things visible and invisible &c.

Then the Curate shall declare unto the people what Holy-days, or Fasting-days, are in the week following to be observed. And then also (if occasion be) shall notice be given of the Communion: and Briefs, Citations, and Excommunications read. And nothing shall be proclaimed or published in the Church, during the time of Divine Service, but by the Minister: nor by him any thing, but what is prescribed in the Rules of this Book, or enjoined by the Queen, or by the Ordinary of the place. [2])

Then shall follow the Sermon, or one of the Homilies already set forth, or hereafter to be set forth, by authority. [3])

1) El.: Immediately after the Collects (pro rege) the Priest shall read the Epistle — and the Epistle and Gospel being ended shall be said the Creed. Am.: Then shall be read the Gospel — here the people shall say: *Glory be to thee, o Lord.* Then shall be read the Apostles's or Nicene Creed, unless one of them hath been read immediately before, in the Morning Service.

2) Haec desiderantur in El. Am.. Then the Minister shall declare unto the People what Holy days, or Fasting days, are in the week following to be observed; and (if occasion be) shall Notice be given of the Communion, and of the Bans of Matrimony, and other Matters to be published.

3) Am. hoc tantum habet: then shall follow the sermon.

Saeculo decimo sexto cum tempus esset reipublicae turbulentissimum, magnum positum erat periculum in temerariis vel furiosissimis praedicatorum concionibus: accessit multorum turpis ignorantia. Hac officii divini deformitate commotus, Cranmerus 1547 duodecim composuit *Homilias* edicto regio parochis posthac commendatas, quae primo loco positae sunt in libro Homiliarum. At vero his praeceptis fervida et contentiosa adversariorum oratio paullisper reprimi potuit haud comprimi. Inde factum est ut consequente anno 1548 per regnum Angliae conciones sacrae pro tempore omnino interdictae sint: Porro inter XLII Articulos, anno 1552 promulgatos, art. 34 haec iubet „Homiliae nuper ecclesiae Anglicanae per iniunctiones Regias traditae atque commendatae, piae sunt atque salutares doctrinamque ab omnibus amplectendam continent; quare populo diligenter, expedite clareque recitandae sunt." Similiter sub regno Elizabeth et

Concionatorum Licentia edictis publicis refrenata est, et secundus confectus est liber Homiliarum, viginti complectens sermones. Adiecta est 1571 vigesima prima „de seditione." Ad hoc Homiliarum volumen pertinet Articulus ecclesiae 34: The second book of Homilies, the several titles whereof we have joined under this Article, doth contain a godly and wholesome Doctrine, and necessary for these times, as doth the former Book of Homilies, which were set forth in the time of Edward the Sixth; and therefore we judge them to be read in Churches by the Ministers, diligently and distinctly, that they may be understanded of the people.

Of the Names of the Homilies.

1. Of the right Use of the Church.
2. Against peril of Idolatry.
3. Of repairing and keeping clean of Churches.
4. Of good Works: first of Fasting.
5. Against Gluttony and Drunkenness.
6. Against Excess of Apparel.
7. Of Prayer.
8. Of the Place and Time of Prayer.
9. That Common Prayers and Sacraments ought to be ministered in a known tongue.
10. Of the reverend estimation of God's Word.
11. Of Alms-doing.
12. Of the Nativity of Christ.
13. Of the Passion of Christ.
14. Of the Resurrection of Christ.
15. Of the worthy receiving of the Sacrament of the Body and Blood of Christ.
16. Of the Gifts of the Holy Ghost.
17. For the Rogation-days.
18. Of the state of Matrimony.
19. Of Repentance.
20. Against Idleness.
21. Against Rebellion.

Ut nunc est, Homiliae non amplius in ecclesiis praeleguntur: sed remansit consuetudo inde profecta, ex qua sermones non pronuntiantur memoriter sed recitantur de scripto. Omnino inter omnes constat cultui Anglicano puppem et proram esse Liturgiam, inferiorem locum tenere concionem sacram. Uhden, p. 122 sq.: „Nachdem auf die Vorlesung der Liturgie der Gesang einer hymn durch die Gemeinde gefolgt ist, oft aber auch, ohne dass etwas dazwischen tritt, besteigt der Geistliche die Kanzel. Er beginnt mit dem Vater Unser, an welches sich ein kurzes Gebet schliesst; dann folgt die Verlesung des Textes und die Predigt, deren äussere Form vorzugsweise homilienartig ist, so dass die Eintheilung nicht hervorgehoben wird. Der Zuhörer, wenigstens der fremde, kann sich wohl schwerlich des Eindrucks erwehren, dass wie im Allgemeinen die festen Formen der Kirche der Förderung der freien Verkündigung des Wortes hemmend in den Weg getreten sind, so auch besonders bei dem Morgengottesdienste der liturgische Theil desselben der Predigt Abbruch thut; es gehört allerdings eine bedeutende Anregung dazu, um die Aufmerksamkeit wieder von Neuem zu spannen und gespannt zu erhalten, nachdem man fünf Viertelstunden dem Schriftworte

und den Gebeten gefolgt ist." **K n i e w e l** S. 155: Doch bleiben bei weitem die
Meisten zur Predigt da, wenn diese gleich den Hochkirchlichen wirklich nur als
eine übliche, wiewohl erbauliche und heilsame Zugabe erscheint. Und wahrlich,
die ganze Art und Weise der Behandlung von Seiten sehr vieler Prediger dringt
diese Ansicht auf. Wenn diese nämlich ein Dutzend Predigten, die sie selbst ver-
fertigt haben, viele Jahre lang in derselben Kirche wiederholen, sie von ihrem
Blatte ablesen, ja wenn sie sich auch bereits neuerer gedruckter, selbst allbe-
kannter Predigten bedienen, so steht ihnen das nach ihrem Kirchenrechte eben
so zu, als wenn sie eine der ganz alten, von ihrer Kirche autorisirten Homilien
ablesen. Wir Deutsche nahmen es übel auf, dass der gelehrte und geistreiche
Bischof von London, Lord Blomfield, — vor seiner Kirchenwürde berühmter
Professor der Philologie in Oxford und Herausgeber des Aeschylos — vor dem
eben so geistvollen als kenntnissreichen Könige Friedrich Wilhelm IV. drei
seiner alten, schon oft wiederholten Fastenpredigten abgelesen hatte. Er selbst
aber und die ganze englische Geistlichkeit mit ihm verwunderten sich unserer
Verwunderung."
W e n d e b o r n l. c. S. 61 sq.: „Dass die bischöflichen Prediger selten län-
ger als 25 oder 30 Minuten predigen, erhält meinen ganzen Beifall. Sehr entbehr-
liche Deklamation, die in stundenlangen Predigten unvermeidlich ist, wird da-
durch aus den meisten Vorträgen verwiesen und die Gründlichkeit gewinnet da-
bei sehr, wenn sie, in gedrängter Kürze, doch ohne Dunkelheit, von den Zuhörern
wahrgenommen wird. Ich kenne einige bischöfliche Geistliche, die ohne ins Con-
cept zu sehen, predigen, und sie haben eben darum, weil es etwas seltenes ist,
mehr Beifall und Zulauf. Die meisten hingegen lesen, wie ich schon erwehnet,
ihre Predigten, auf die kläglichste Weise, sachte und in einer unausstehlichen
Monotonie; oder wenn ja noch eine Abwechselung wäre, so ist sie nicht besser,
als vier oder sechs Glocken, die immer nach einander, in fallenden Tönen geläu-
tet werden, oder um Pope einen sich sehr schickenden Ausdruck abzuborgen:
. . . They ring round the same unvaried chimes.
Essay on Criticism. v. 348.
Action und Bewegung trifft man selten hei ihnen an, daher es so kalt und unbe-
seelt bei diesen Vorträgen hergehet, dass die Zuhörer sich oft, ohnerachtet sie so
äusserst kurz sind, dennoch des Schlafes nicht erwehren können."
Quae cum ita sint, plangunt multi, concionem sacram apud Anglos extremae esse
et abiectissimae sortis: ab hac radice pullulare pessimam sobolem, adeo ista sermo-
num sacrorum negligentia quin teterrimum ecclesiae vulnus ostensum sit atque
detectum, non dubitant. Ego vero, ne pravitatis existam patronus, acriter repre-
hendo oratorum inertiam atque segnitiem, omnino omnia quae inculte et invenuste
dicuntur: sed illam regulam et canonem, quem recte omnis cultus Anglicani prin-
cipem dixeris et architectum: concionem sacram p a r t e m esse officii divini, suis
finibus circumscribendam, aliisque minime superiorem — hunc probo, hunc unice di-
ligo. Ne recoquere videar quae a me alio loco exposita sunt, Lectores rogatos volo, ut
adeant Codicis Tomum secundum p. 76. 104. 108 etc. At quid meorum librorum fontes
commemoro, cum novus nuper exsiluerit isque largissimus? Prodiit enim disputatio
B ä h r i i numeris omnibus absoluta: Der protestantische Gottesdienst. Heidelberg,
1850. Hic liber inter multos, qui de rebus Protestantium liturgicis conscripti sunt,
ex mea sententia tulit palmam, cum multis aliis de causis, tum quia omni ingenii
acie funestam nostram cladem atque ruinam libere demonstravit atque exposuit.

Then shall the Priest return to the Lord's Table, and begin the Offertory, saying one or more of these Sentences following, as he thinketh most convenient in his discretion. [1])

Matth. 5, 16. 6, 19. 20. 7, 12. 21. Luc. 19, 8. 1 Cor. 9, 7. 11. 13. 14. 2 Cor. 9, 6. 7. Gal. 6, 6. 7. 5, 10 1 Tim. 6, 6. 7. 17—19. Hebr. 6, 10. 13, 16. 1 Joh. 3, 17. Tob. 4, 7. 8. 9. Proverb. 19, 17. Ps. 41, 1.

Whilst these Sentences are in reading, the Deacons, Church-wardens, or other fit person appointed for that purpose, shall receive the Alms for the Poor, and other Devotions of the people, in a decent bason to be provided by the Parish for that purpose; and reverently bring it to the Priest, who shall humbly present and place it upon the holy Table. [2])

And when there is a Communion, the Priest shall then place upon the Table so much Bread and Wine, as he shall think sufficient. [3])

Igitur nequeo mihi temperare, quominus producam Bährium, de singulari cultus Anglicani virtute disputantem p. 20: „Es verdient alle Beachtung, dass in denjenigen protestantischen Ländern, wo die Predigt nicht wie in Deutschland das Ein und Alles im Gottesdienst ist, z. B. in Schweden und England, das kirchliche Bewusstsein ungleich kräftiger und lebendiger ist." p. 54: „Sehr beachtenswerth ist, dass gerade diejenige Fraction der reformirten Kirche, welche die meiste Consistens hat, die anglicanische, eine Gottesdienstordnung besitzt, die, aus dem sechszehnten Jahrhundert herrührend, ganz und gar auf dem von den ältesten Zeiten überlieferten Typus beruht." p. 58. — „Dagegen blicke man nach England, wo trotz aller Dissenters und Parteiungen, die protestantische Kirche noch eine wahre Macht ist. Worin hat dies seinen Grund? Wenn auch nicht ganz allein, so doch hauptsächlich in der gemeinsamen Gottesdienstordnung, wie sie das Common Prayer Book enthält."

1) El.: After such Sermon, homily or exhortation, the Curate shall declare unto the people whether there be any holy days or fasting days the week following; and earnestly exhort them to remember the poor, saying one or more of these sentences following, as he thinketh most convenient by his discretion. Cf. p. 51. Vetustum Offertorii nomen retinet ecclesia, pia rerum antiquarum cultrix.

2) El.: Then shall the Churchwardens or some other by them appointed gather the devotion of the people, and put the same into the poor men's box: and upon the offering days appointed, every man and woman shall pay to the Curate the due and accustomed offerings: after which done, the Priest shall say: Let us pray etc. Canon 84: „Ecclesiarum Oeconomi, ac Inquisitores intra tres menses post harum Constitutionum promulgationem, sumptibus Parochianorum comparabunt, nisi forsan iam comparatum habeant, cistam validam et firmam cum fissura in suprema parte eiusdem, et tribus clavibus, quarum una a Rectore, Vicario vel Curato, reliquae duae ab Oeconomis-pro tempore existentibus separatim custodientur. Quae cista disponetur in locum maxime oportunum, ad Parochianorum Eleemosynas pro pauperibus eiusdem ecclesiae excipiendas."

3) Non legitur haec periocha in El. — Canon 20: „Parochiarum omnium Oeconomi (consulto hac in parte Ministro) curabunt idoneam, pro numero com-

After which done, the Priest shall say,

Let us pray for the whole state of Christ's Church militant here in earth.

Almighty and everliving God, who by thy holy Apostle hast taught us to make prayers, and supplications, and to give thanks, for all men; We humbly beseech thee most mercifully [(If there be no alms or oblations, then shall the words [of accepting our alms and oblations] be left out unsaid.) to accept our alms and oblations, and to receive these our prayers, which we offer unto thy Divine Majesty; beseeching thee to inspire continually the universal Church with the spirit of truth, unity, and concord: And grant, that all they that do confess thy holy Name may agree in the truth of thy holy Word, and live in unity, and godly love. We beseech thee also to save and defend all Chri-

---

municantium, panis siliginei, vinique boni ac salubris quantitatem, in tempus sacrae Coenae praestitutum sumptibus Parochianorum comparari, vinumque illud ad mensam Domini afferri in oenophoro nitido, et mundo, eoque ex stanno, si non ex metallo praestantiore." Benthem l. c. p. 196: Es wurde weggelassen (in libro El.) diejenige Rubrik, nach welcher der Minister das Brod und den Wein als ein Opfer auf den Altar zu setzen hatte. Doch ist diese Rubrik wieder eingesetzet in the office for the Church of Scotland 1637 und in die jetzige Engländische Liturgie. Ob nun wohl das Ansehen dessen gewesen, den Priester dadurch zu verbinden, dass er die Elemente als ein Opfer mit gebührender Ehrerbietung auf des Herrn Tisch niedersetzen möchte, so ist doch diese Rubrik nachmals von sehr wenigen beobachtet worden — — man hat nach wie vor Brod und Wein auf den Tisch gesetzet, ehe noch die Communion angegangen, ohne einige Solennität, und solches entweder durch einen Clerk oder Sexton, oder auch wohl durch einen Geringeren. Unterdessen wünschen heutiges Tages einige gelehrte und gottesfürchtige Männer, dass gedachte Rubrik möchte durchgehends wieder beobachtet werden." Hac nostra aetate idem vehementer cupiunt, qui ecclesia Anglica ut secundum normam antiquorum rituum in omnibus dirigatur, optant atque desiderant. Palmer II, 86: ,,If, therefore, the English liturgy were devoid of any verbal oblation of the bread and wine to God, it nevertheless would not be destitute of a valid oblation of those elements. However, the English liturgy is not without a verbal oblation, which occurs at the beginning of the prayers and commemorations. After the elements have been placed on the table, and thus devoted to the service and honour of God, the priest prays to God thus: ,,We humbly beseech thee most mercifully to accept our alms and oblations, and to receive these our prayers, which we offer unto thy divine Majesty." Here three species of sacrifice or oblation are verbally offered: first, the ,,alms," which St. Paul describes as a sacrifice well pleasing to God; secondly, the ,,oblations," namely, the creatures of bread and wine; thirdly, the ,,prayers" which, according to Saint John, are offered with incense on the heavenly altar, and, of which the holy Fathers speak as a sacrifice and oblation to God."

stian Kings, Princes, and Governors; and specially thy Servant Victoria our Queen; that under her we may be godly and quietly governed: And grant unto her whole Council, and to all that are put in authority under her, that they may truly and indifferently minister justice, to the punishment of wickedness and vice, and to the maintenance of thy true religion, and virtue. [1]) Give grace, O heavenly Father, to all Bishops and Curates, that they may both by their life and doctrine set forth thy true and lively Word, and rightly and duly administer thy holy Sacraments: And to all thy people give thy heavenly grace, and especially to this congregation here present; that, with meek heart and due reverence, they may hear, and receive thy holy Word; truly serving thee in holiness and righteousness all the days of their life. And we most humbly beseech thee of thy goodness, O Lord, to comfort and succour all them, who in this transitory life are in trouble, sorrow, need, sickness, or any other adversity. And we also bless thy holy Name for all thy servants departed this life in thy faith and fear; beseeching thee to give us grace so to follow their good examples, that with them we may be partakers of thy heavenly kingdom. [2]) Grant this, O Father, for Jesus Christ's sake, our only Mediator and Advocate. Amen. [3])

---

1) Am.: — godly love. We beseech thee also so to direct and dispose the hearts of all Christian rulers, that they may truly and impartially administer iustice to the punishment of wickedness and vice, and to the maintenance of thy true religion and virtue.

2) Abhorret El. ab Defunctorum Memoria, antiquissimae ecclesiae auctoritate commendata. Cod. Lit. l. p. 38 sq. Palmerus p. 95: „It has been indeed thought by some great and respectable characters, that prayers for the dead are not entirely omitted in the liturgy and offices of the English church, but this is not clearly or satisfactorily proved in my opinion; and it appears almost certain, that if the prayers in the liturgy, and the office for burial of the dead, may imply some petition for the departed, such a petition was not intended by the revisers of the English liturgy in the year 1551; for had they designed to retain prayers for the departed, how are we to account for their omission in the communion-service? The commemoration that closes the prayer which is the subject of the present section, was not introduced until the last review in 1661."

3) Palmerus ex more adscribit Orationi locos e liturgia Alexandrina, Constantinopolitana, Caesareensi e. a. excerptos. Ego vero agnosco Canonis Romani faciem, ad ecclesiae Anglicanae fidem conformatam „Tibi offerimus pro Ecclesia tua sancta catholica, quam pacificare, adunare et regere digneris toto orbe terrarum — una cum famulo tuo Papa nostro N. et Pontifice nostro N. et

When the Minister giveth warning for the celebration of the holy Communion, (which he shall always do upon the Sunday, or some Holyday, immediately preceding,) [1]) after the Sermon or Homily ended, he shall read this Exhortation following.

Dearly beloved, on — day next I purpose, through God's assistance, to administer to all such as shall be religiously and devoutly disposed the most comfortable Sacrament of the Body and Blood of Christ; to be by them received in remembrance of his meritorious Cross and Passion; whereby alone we obtain remission of our sins, and are made partakers of the Kingdom of heaven. Wherefore it is our duty to render most humble and hearty thanks to Almighty God our heavenly Father, for that he hath given his Son our Saviour Jesus Christ, not only to die for us, but also to be our spiritual food and sustenance in that holy Sacrament. Which being so divine and comfortable a thing to them who receive it worthily, and so dangerous to them that will presume to receive it unworthily; my duty is to exhort you in the mean season to consider the dignity of that holy mystery, and the great peril of the unworthy receiving thereof; and so to search and examine your own consciences, (and that not lightly, and after the manner of dissemblers with God; but so) that ye may come holy and clean to such a heavenly Feast, in the marriage-garment required by God in holy Scripture, and be received as worthy partakers of that holy Table.

---

rege nostro N. — Memento Domine famulorum famularumque tuarum N. et N. et omnium circum adstantium, quorum tibi fides cognita est et nota devotio. — Nobis quoque minimis et peccatoribus famulis tuis, de multitudine misericordiae tuae sperantibus, partem aliquam et societatem donare digneris cum tuis sanctis apostolis et martyribus —— et cum omnibus sanctis tuis: intra quorum nos consortium, non aestimator meriti sed veniae quaesumus largitor admitte. — Memento etiam Domine famulorum famularumque tuarum N. N. qui nos praecesserunt cum signo fidei et dormiunt in somno pacis. Ipsis Domine et omnibus in Christo quiescentibus locum refrigerii, lucis et pacis ut indulgeas deprecamur.

1) Canon 22: „Cum Laicorum quisque ad sacrae Coenae communionem ter quotannis obligetur, multique nihilominus vix semel communicent: Ministris omnibus praeceptum volumus, ut quotiescunque Sacramentum illud celebrare voluerint, parochianis suis solenniter in Ecclesia inter preces matutinas, idque praecedente die Dominico (quo melius veniant praeparati) id denunciare non omittant: quas utique monitiones parochiani vicissim suscipere, ac eisdem parere sub periculo legis tenebuntur." Am. — he shall read this Exhortation following: or so much thereof as, in his discretion, he may think convenient.

The way and means thereto is; First, to examine your
lives and conversations by the rule of God's commandments;
and whereinsoever ye shall perceive yourselves to have offen-
ded, either by will, word, or deed, there to bewail your own
sinfulness, and to confess yourselves to Almighty God, with
full purpose of amendment of life. And if ye shall perceive
your offences to be such as are not only against God, but also
against your neighbours: then ye shall reconcile yourselves unto
them; being ready to make restitution and satisfaction, according
to the uttermost of your powers, for all injuries and wrongs
done by you to any other; and being likewise ready to forgive
others that have offended you, as ye would have forgiveness
of your offences at God's hand: for otherwise the receiving of
the holy Communion doth nothing else but increase your dam-
nation. Therefore if any of you be a blasphemer of God, an
hinderer or slanderer of his Word, an adulterer, or be in ma-
lice, or envy, or in any other grievous crime, repent you of
your sins, or else come not to that holy Table; [lest, after
the taking of that holy Sacrament, the devil enter into you, as
he entered into Judas, and fill you full of all iniquities, and
bring you to destruction both of body and soul].

And because it is requisite, that no man should come to
the holy Communion, but with a full trust in God's mercy, and
with a quiet conscience; therefore if there be any of you, who
by this means cannot quiet his own conscience herein, but re-
quireth further comfort or counsel, let him come to me, or to
some other discreet and learned Minister of God's Word, and
open his grief; that by the ministry of God's holy Word he
may receive the benefit of absolution, together with ghostly
counsel and advice, to the quieting of his conscience, and
avoiding of all scruple and doubtfulness. [1])

---

1) Cf. p. 157 sq. 170 sq. El.: Dearly beloved, forasmuch as our duty is
to render to Almighty God our heavenly Father most hearty thanks, for that he
hath given his Son, our Saviour Jesus Christ, not only to die for us, but also
to be our spiritual food and sustenance, as it is declared unto us, as well by
God's Word, as by the holy Sacraments of his blessed body and blood; the which
being so comfortable &c. — In sequentibus omittit Parenthesin „and that not
lightly &c. Porro non habet verba: Therefore if any etc. — body and soul. —
by the means aforesaid can not quiet — grief, that he may receive such ghostly
counsel, advice and comfort, as his conscience may be relieved and that by the

Or, in case he shall see the people negligent to come to the holy Communion, instead of the former, he shall use this Exhortation.

Dearly beloved brethren, on — I intend, by God's grace, to celebrate the Lord's Supper: unto which, in God's behalf, I bid you all that are here present; and beseech you, for the Lord Jesus Christ's sake, that ye will not refuse to come thereto, being so lovingly called and bidden by God himself. Ye know how grievous and unkind a thing it is, when a man hath prepared a rich feast, decked his table with all kind of provision, so that there lacketh nothing but the guests to sit down; and yet they who are called (without any cause) most unthankfully refuse to come. Which of you in such a case would not be moved? Who would not think a great injury and wrong done unto him? Wherefore, most dearly beloved in Christ, take ye good heed, lest ye, withdrawing yourselves from this holy Supper, provoke God's indignation against you. It is an easy matter for a man to say, I will not communicate, because I am otherwise hindered with worldly business. But such excuses are not so easily accepted and allowed before God. If any man say, I am a grievous sinner, and therefore am afraid to come: wherefore then do ye not repent and amend? When God calleth you, are ye not ashamed to say ye will not come? When ye should return to God, will ye excuse yourselves, and say ye are not ready? Consider earnestly with yourselves how little such feigned excuses will avail before God. They that refused the feast in the Gospel, because they had bought a farm, or would try their yokes of oxen, or because they were married, were not so excused, but counted unworthy of the heavenly feast. I, for my part, shall be ready; and, according to mine Office, I bid you in the Name of God, I call you in Christ's behalf, I exhort you, as ye love your own salvation, that ye will be partakers of this holy Communion. And as the Son of God did vouchsafe to yield up his soul by death upon the Cross for your salvation; so it is your duty to receive the Communion in remembrance of the sacrifice of his death, as he himself hath commanded: which if ye shall neglect to do, consider with yourselves how great injury ye do unto God, and

---

ministry of God's Word he may receive comfort and the benefit of absolution, to the quieting &c. Verba uncis inclusa omittit Am.

how sore punishment hangeth over your heads for the same; when ye wilfully abstain from the Lord's Table, and separate from your brethren, who come to feed on the banquet of that most heavenly food. These things if ye earnestly consider, ye will by God's grace return to a better mind: for the obtaining whereof we shall not cease to make our humble petitions unto Almighty God our heavenly Father. [1])

At the time of the celebration of the Communion, the Communicants being conveniently placed for the receiving of the holy Sacrament, the Priest shall say this Exhortation.

Dearly beloved in the Lord, ye that mind to come to the holy Communion of the Body and Blood of our Saviour Christ, must consider how Saint Paul exhorteth all persons diligently to try and examine themselves, before they presume to eat of that Bread, and drink of that Cup. For as the benefit is great, if with a true penitent heart and lively faith we receive that holy Sacrament; (for then we spiritually eat the flesh of Christ, and drink his blood; then we dwell in Christ, and Christ in us; we are one with Christ, and Christ with us;) so is the danger great, if we receive the same unworthily. For then we are guilty of the Body and Blood of Christ our Saviour; we eat and drink our own damnation, not considering the Lord's Body; we kindle God's wrath against us; we provoke him to

---

1) Cf. Cod. Lit. II. p. 114. El. We be come together at this time, dearly beloved brethren, to feed at the Lord's supper — as he himself commanded. Now, if you will in no wise thus do, consider with yourselves how great injury you do unto God and how sore punishment hangeth over your heads for the same. And whereas you offend God so sore in refusing this holy banquet, I admonish, exhort and beseech you, that unto this unkindness ye will not add any more. Which thing ye shall do, if ye stand by as gazers and lookers on them that do Communicate and be no partakers of the same yourselves. For what thing can this be accounted else, than a further contempt and unkindness unto God? Truly it is a great unthankfulness to say nay when ye be called; but the fault is much greater when men stand by, and yet will neither eat nor drink this holy Communion with other. I pray you what can this be else, but even to have the Mysteries of Christ in derision? It is said unto all: Take ye and eat. Take and drink ye all of this: do this in remembrance of me. Whit what face then, or with what countenance shall ye hear these words? What will this be else but a neglecting, a despising and mocking of the Testament of Christ? Wherefore rather than you should so do, depart you hence and give place to them that be godly disposed. But when you depart, I beseech you ponder with yourselves from whom you depart: ye depart from the Lord's table, ye depart from your brethren and from the banquet —

plague us with divers diseases, and sundry kinds of death. Judge therefore yourselves, brethren, that ye be not judged of the Lord; repent you truly for your sins past; have a lively and stedfast faith in Christ our Saviour; amend your lives, and be in perfect charity with all men; so shall ye be meet partakers of those holy mysteries. And above all things ye must give most humble and hearty thanks to God, the Father, the Son, and the Holy Ghost, for the redemption of the world by the death and passion of our Saviour Christ, both God and man; who did humble himself, even to the death upon the Cross, for us, miserable sinners, who lay in darkness and the shadow of death; that he might make us the children of God, and exalt us to everlasting life. And to the end that we should alway remember the exceeding great love of our Master, and only Saviour, Jesus Christ, thus dying for us, and the innumerable benefits which by his precious blood-shedding he hath obtained to us; he hath instituted and ordained holy mysteries, as pledges of his love, and for a continual remembrance of his death, to our great and endless comfort. To him therefore, with the Father, and the Holy Ghost, let us give (as we are most bounden) continual thanks; submitting ourselves wholly to his holy will and pleasure, and studying to serve him in true holiness and righteousness all the days of our life. Amen. [1]

Then shall the Priest say to them that come to receive the holy Communion,

Ye that do truly and earnestly repent you of your sins, and are in love and charity with your neighbours, and intend to lead a new life, following the commandments of God, and

---

[1] El. what S. Paul writhet to the Corinthians, how he exhorteth — kinds of death. Therefore, if any of you be a blasphemer of God, an hinderer or slanderer of his word, an adulterer, or be in malice or envy or in any other grievous crime, bewail your sins, and come not to this holy Table, lest, after the taking of that holy Sacrament, the devil enter into you, as he entered into Judas, and fill you full of all iniquities and bring you to destruction, both of body and soul. Judge therefore.

Haec *Exhortatio* ducit originem ab Liturgiis Reformatis, cf. p. 158. 163. 176. Quodsi res est testata ac manifesta, superest nobis Burneti testimonium. Is enim narrat, Bucerum Rituale secundis curis edentem, commendasse comminationem, qua reprimi possent indigni mensae coelestis convivae. At vides, hodienum librum non amplius recensere singula flagitia, sed colligere summam totius numeri.

walking from henceforth in his holy ways; Draw near with faith, and take this holy Sacrament to your comfort; and make your humble confession to Almighty God, meekly kneeling upon your knees.

Then shall this general Confession be made, in the name of all those that are minded to receive the holy Communion, by one of the Ministers; both he and all the people kneeling humbly upon their knees, and saying. [1])

Almighty God, Father of our Lord Jesus Christ, Maker of all things, Judge of all men; We acknowledge and bewail our manifold sins and wickedness, Which we, from time to time, most grievously have committed, By thought, word, and deed, Against thy Divine Majesty, Provoking most justly thy wrath and indignation against us. We do earnestly repent, And are heartily sorry for these our misdoings; The remembrance of them is grievous unto us; The burden of them is intolerable. Have mercy upon us, Have mercy upon us, most merciful Father; For thy Son our Lord Jesus Christ's sake, Forgive us all that is past; And grant that we may ever hereafter serve and please thee In newness of life, To the honour and glory of thy Name; Through Jesus Christ our Lord. Amen.

Then shall the Priest (or the Bishop, being present,) stand up, and turning himself to the people, pronounce this Absolution. [2])

Almighty God, our heavenly Father, who of his great mercy hath promised forgiveness of sins to all them that with hearty repentance and true faith turn unto him; Have mercy upon you; pardon and deliver you from all your sins; confirm and strengthen you in all goodness; and bring you to everlasting life; through Jesus Christ our Lord. Amen. [3])

Then shall the Priest say,

Hear what comfortable words our Saviour Christ saith unto all that truly turn to him.

---

1) El. — either by one of them, or else by one of the ministers or by the Priest himself.

2) El. — people say thus. Am. — and turning to the people say.

3) Clausula Absolutionis conspirat cum formula vetusta, hodieuum in ecclesia Romana usitata: Misereatur vestri omnipotens Deus, et dimittat vobis omnia peccata vestra: liberet vos ab omni malo, conservet et confirmet in bono, et ad vitam perducat aeternam.

Come unto me all that travail and are heavy laden, and
I will refresh you. St. Matth. xi. 28.

So God loved the world, that he gave his only-begotten
Son, to the end that all that believe in him should not perish,
but have everlasting life. St. John iii. 16.

Hear also what Saint Paul saith.

This is a true saying, and worthy of all men to be re-
ceived, That Jesus Christ came into the world to save sinners.
1 Tim. i. 15.

Hear also what Saint John saith.

If any man sin, we have an Advocate with the Father,
Jesus Christ the righteous; and he is the propitiation for our
sins. 1 St. John ii. 1.

After which the Priest shall proceed, saying,

Lift up your hearts.

Answer. We lift them up unto the Lord.

Priest. Let us give thanks unto our Lord God.

Answer. It is meet and right so to do.

Then shall the Priest turn to the Lord's Table, and say,

It is very meet, right, and our bounden duty, that we
should at all times, and in all places, give thanks unto thee,
O Lord, (These words [Holy Father] must be omitted on Trinity-
Sunday.) [1]) Holy Father, Almighty, Everlasting God. [2])

Here shall follow the Proper Preface, according to the time, if there
be any specially appointed: or else immediately shall follow, [3])

Therefore with Angels and Archangels, and with all the
company of heaven, we laud and magnify thy glorious Name;
evermore praising thee, and saying, Holy, holy, holy, Lord
God of hosts, heaven and earth are full of thy glory: Glory
be to thee, O Lord most High. Amen.

Proper Prefaces.
Upon Christmas-day, and seven days after.

Because thou didst give Jesus Christ thine only Son to be
born as at this time for us; who, by the operation of the Holy

---

1) Romani hanc cautelam non adhibent. Cantant etiam festo Trinitatis: —
Domine sancte, Pater omnipotens etc.

2) Conferas quae de *Praefatione* disputata sunt Cod. Lit. I. p. 14. 29.
131—136.

3) Am. — appointed; or else immediately shall be said or sung by the
Priest and People.

Ghost, was made very man of the substance of the Virgin Mary his mother; and that without spot of sin, to make us clean from all sin. Therefore with Angels, &c. [1])

Upon Easter-day, and seven days after.

But chiefly are we bound to praise thee for the glorious Resurrection of thy Son Jesus Christ our Lord: for he is the very Paschal Lamb, which was offered for us, and hath taken away the sin of the world; who by his death hath destroyed death, and by his rising to life again hath restored to us everlasting life. Therefore with Angels, &c. [2])

Upon Ascension-day, and seven days after.

Through thy most dearly beloved Son Jesus Christ our Lord; who after his most glorious Resurrection manifestly appeared to all his Apostles, and in their sight ascended up into heaven to prepare a place for us; that where he is, thither we might also ascend, and reign with him in glory. Therefore with Angels, &c. [3])

Upon Whit-sunday, and six days after.

Through Jesus Christ our Lord; according to whose most true promise, the Holy Ghost came down as at this time from heaven with a sudden great sound, as it had been a mighty wind, in the likeness of fiery tongues, lighting upon the Apostles, to teach them, and to lead them to all truth; giving them both the gift of divers languages, and also boldness with fervent zeal constantly to preach the Gospel unto all nations; whereby we have been brought out of darkness and error into

---

1) Palmerus p. 122: „The preface formerly used in the church of England on this occasion was not the same as ours, which rather seems to resemble the ancient collect for the day before, in the sacramentary of Gelasius, patriarch of Rome, A. D. 494. I rather cite this collect to shew the conformity of doctrine than for any other object: Deus, qui per beatae Mariae sacrae Virginis partum sine humana concupiscentia procreatum, in Filii tui membra venientes paternis fecisti praeiudiciis non teneri: Praesta, quaesumus, ut huius creaturae novitate suscepta vetustatis antiquae contagiis exuamur. Per eundem Dominum." Praefationem Romanam cf. C. L. I. p. 78. Supra commemoravimus, Neoburgenses hanc libri Anglicani Praefationem adoptasse p. 165.

2) C. L. I. p. 132.

3) C. L. I. p. 132.

the clear light and true knowledge of thee, and of thy Son Jesus Christ. Therefore with Angels &c. [1])

Who art one God, one Lord; not one only Person, but three Persons in one Substance. For that which we believe of the glory of the Father, the same we believe of the Son, and of the Holy Ghost, without any difference or inequality. Therefore with Angels, &c. [2])

After each of which Prefaces shall immediately be sung or said,

Therefore with Angels and Archangels, and with all the company of heaven, we laud and magnify thy glorious Name; evermore praising thee, and saying, Holy, holy, holy, Lord God of hosts, heaven and earth are full of thy glory: Glory be to thee, O Lord most High. Amen.

Then shall the Priest, kneeling down at the Lord's Table, say in the name of all them that shall receive the Communion this Prayer following.

We do not presume to come to this thy Table, O merciful Lord, trusting in our own righteousness, but in thy manifold and great mercies. We are not worthy so much as to gather up the crumbs under thy table. But thou art the same Lord, whose property is always to have mercy: Grant us therefore, gracious Lord, so to eat the flesh of thy dear Son Jesus Christ, and to drink his blood, that our sinful bodies may be made clean by his body, and our souls washed through his most precious blood, and that we may evermore dwell in him, and he in us. Amen. [3])

---

1) Palmerus p. 124: „The preface formerly used in the church of England for Pentecost was not equal to that which we use at present, as it contained a very short and imperfect allusion to the great event which is this day commemorated. We may compare our preface with that of the ancient Gallican church on the same occasion, without feeling that there is any inferiority either in the ideas or language of our own: In hoc praecipue die, in quo sacratissimum Pascha quinquaginta dierum mysteriis tegitur; et per sua vestigia, recursantibus dierum spatiis, colleguntur: et dispersio linguarum, quae in confusione facta fuerat, per Spiritum Sanctum adunatur. Hodie enim de coelis repente sonum audientes Apostoli, unius Fidei Symbolum exceperunt: et linguis variis Evangelii tui gloriam gentibus tradiderunt, per Christum Dominum nostrum."

2) C. L. 1. 132. Am.: — Or else this may be said, the words (Holy Father) being retained in the introductory Address: „For the precious death and merits of thy Son Jesus Christ, our Lord: and for the sending to us of the Holy Ghost the Comforter; who are one with thee in thy eternal Godhead. Therefore &c.

3) Palmerus p. 131. 132 excitat Liturgiam Caesareensem: „Διὰ τοῦτο,

When the Priest, standing before the Table, hath so ordered the Bread and Wine, that he may with the more readiness and decency break the Bread before the people, and take the Cup into his hands, he shall say the Prayer of Consecration, as followeth. [1])

Almighty God, our heavenly Father, who of thy tender mercy didst give thine only Son Jesus Christ to suffer death upon the cross for our redemption; who made there (by his one oblation of himself once offered) a full, perfect, and sufficient sacrifice, oblation, and satisfaction, for the sins of the whole world; and did institute, and in his holy Gospel command us to continue, a perpetual memory of that his precious death, until his coming again; Hear us, O merciful Father, we most humbly beseech thee; and grant that we receiving these thy creatures of bread and wine, according to thy Son our Saviour Jesus Christ's holy institution, in remembrance of his death and passion, may be partakers of his most blessed Body and Blood: who, in the same night that he was betrayed, (here the Priest is to take the Paten into his hands,) took Bread; and, when he had given thanks, (and here to break the Bread,) he brake it, and gave it to his disciples, saying, Take, eat, (and here to lay his hand upon all the Bread,) this is my Body which is given for you: Do this in remembrance of me. Likewise after supper he (here he is to take the Cup into his hand) took the Cup; and, when he had given thanks, he gave it to them, saying, Drink ye all of this; for this (and here to lay his hand upon every vessel [be it Chalice or Flagon] in which there is any Wine to be consecrated) is my Blood of the New Testament, which is shed for you and

---

δέσποτα πανάγιε, καὶ ἡμεῖς οἱ ἁμαρτωλοὶ καὶ ἀνάξιοι δοῦλοί σου, οἱ καταξιω-
θέντες λειτουργεῖν τῷ ἁγίῳ σου θυσιαστηρίῳ, οὐ διὰ τὰς δικαιοσύνας ἡμῶν,
οὐ γὰρ ἐποιήσαμέν τι ἀγαθὸν ἐπὶ τῆς γῆς, ἀλλὰ διὰ τὰ ἐλέη σου, καὶ τοὺς
οἰκτιρμούς σου, οὓς ἐξέχεας πλουσίως ἐφ' ἡμᾶς, προσεγγίζομεν τῷ ἁγίῳ σου
θυσιαστηρίῳ. —— Σὺ ὁ Θεὸς ἡμῶν, ὁ προσδεξάμενος τὰ δῶρα ταῦτα, κα-
θάρισον ἡμᾶς ἀπὸ παντὸς μολυσμοῦ σαρκὸς καὶ πνεύματος, καὶ δίδαξον ἁγιω-
σύνην ἐπιτελεῖν ἐν φόβῳ σου· ἵνα ἐν καθαρῷ τῷ μαρτυρίῳ τῆς συνειδήσεως
ἡμῶν ὑποδεχόμενοι τὴν μερίδα τῶν ἁγιασμάτων σου, ἑνωθῶμεν τῷ ἁγίῳ σώ-
ματι καὶ αἵματι τοῦ Χριστοῦ σου, καὶ ὑποδεξάμενοι αὐτὰ ἀξίως, σχῶμεν τὸν
Χριστὸν κατοικοῦντα ἐν ταῖς καρδίαις ἡμῶν, καὶ γενώμεθα ναὸς τοῦ ἁγίου
πνεύματος." Sed iam sexcenties aperuimus animum. Utraque liturgia ab Chri-
stianis confecta est: ultra comprobari nequit necessitudo.

1) El.: Then the Priest standing up shall say as followeth.

for many for the remission of sins: Do this, as oft as ye shall drink it, in remembrance of me. Amen. [1])

---

1) El. non exhibet adnotátiones in margine positas. Am. „All glory be to thee, Almighty God, our heavenly Father, for that thôu of thy tender mercy." In quinta adnotatione: — vessel in which there &c.

Consecrationis formula Anglicana similis est Romanae: ita tamen ut in exordio respuatur doctrina de sacrificio Missae: „Qui pridie quam pateretur (accepit hostiam) accepit panem in sanctas ac venerabiles manus suas (elevat oculos in coelum) et elevatis oculis in coelum ad te Deum Patrem suum omnipotentem, tibi gratias agens (signat super hostiam) bene † dixit, fregit deditque discipulis suis dicens: Accipite et mandicate (Tenens ambabus manibus hostiam inter indices et pollices profert verba consecrationis secrete, distincte et attente) Hoc est enim corpus meum. (Prolatis verbis Consecrationis statim Hostiam consecratam genuflexus adorat, surgit, ostendit populo, reponit super Corporale, iterum adorat — — tum detecto calice dicit) Simili modo postquam coenatum est (ambabus manibus accipit Calicem) accipiens et hunc praeclarum Calicem in sanctas ac venerabiles manus suas: item tibi gratias agens (Sinistra tenens calicem dextera signat super eum) bene † dixit deditque discipulis suis dicens: Accipite et bibite ex eo omnes (Profert verba Consecrationis secrete super Calicem tenens illum parum elevatum) Hic est enim calix sanguinis mei, novi et aeterni testamenti, mysterium fidei qui pro vobis et pro multis effundetur in remissionem peccatorum." — In utroque libro Eduardi praeterea expressae erant aliae Canonis sententiae „— uti accepta habeas et benedicas haec dona, haec munera — — ut nobis corpus et sanguis fiant dilectissimi filii tui Domini nostri etc." Adeo ex illorum librorum norma bis efformatur crucis signum super elementa.

Valde liber Americanus ab Anglicano discrepat in iis quae proxime excipiunt Consecrationem. Praemittit enim Distributioni prolixiorem orationem, vetustissimae doctrinae de Sacrificio eucharistiae accommodatam, cui nomen inditum est *Oblationis* et *Invocationis*: Wherefore o Lord and heavenly Father, according to the institution of thy dearly beloved Son our Saviour Jesus Christ, we, thy humble servants, do celebrate and make here before thy divine Majesty, with these thy holy gifts, which we now offer unto thee, the memorial thy Son hath commanded us to make: having in remembrance his blessed passion and precious death, his migthy resurrection and glorious ascension: rendering unto thee most hearty thanks for the innumerable benefits procured unto us by the same. And we most humbly beseech thee, O merciful Father, to hear us; and of thy Almighty goodness, vouchsafe to bless and sanctify with thy Word and Holy Spirit these thy gifts and creatures of bread and wine: that we, receiving them according to thy Son our Saviour Jesus Christ's holy institution, in remembrance of his Death and Passion, may be partakers of his most blessed Body and Blood. And we earnestly desire thy fatherly goodness, mercifully to accept this our sacrifice of praise and thanksgiving; most humbly beseeching thee to grant, that by the merits and death of thy Son Jesus Christ, and through faith in his blood, we, and all thy whole Church, may obtain remission of our sins, and all other benefits of his passion. And here we offer and present unto thee, O Lord, ourselves, our souls, and bodies, to be a reasonable, holy, and living sacrifice unto thee; humbly beseeching thee, that we, and all others who shall be par-

Then shall the Minister first receive the Communion in both kinds himself, [1]) and then proceed to deliver the same to the Bishops, Priests, and Deacons, in like manner, (if any be present,) [2]) and after that to the people also in order, into their hands, all meekly kneeling. [3]) And, when he delivereth the Bread to any one, he shall say, [4])

The Body of our Lord Jesus Christ, which was given for thee, preserve thy body and soul unto everlasting life. Take and eat this in remembrance that Christ died for thee, and feed on him in thy heart by faith with thanksgiving.

And the Minister that delivereth the Cup to any one shall say,

The Blood of our Lord Jesus Christ, which was shed for thee, preserve thy body and soul unto everlasting life. Drink this in remembrance that Christ's Blood was shed for thee, and be thankful. [5])

If the consecrated Bread or Wine be all spent before all have communicated, the Priest is to consecrate more according to the Form before prescribed; beginning at [Our Saviour Christ in the same night, &c.] for the blessing of the Bread; and at [Likewise after Supper, &c.] for the blessing of the Cup. [6])

---

takers of this Holy Communion, may worthily receive the most precious Body and Blood of thy Son Jesus Christ, be filled with thy grace and heavenly benediction, and made one body with him, that he may dwell in them, and they in him. And although we are unworthy, through our manifold sins, to offer unto thee any sacrifice; yet we beseech thee to accept this our bounden duty and service, not weighing our merits, but pardoning our offences; through Jesus Christ our Lord; by whom, and with whom, in the unity of the Holy Ghost, all honour and glory be unto thee, O Father Almighty, world without end. Amen. — Here shall be sung a Hymn, or Part of a Hymn, from the Selection for the Feasts and Fasts, &c."

1) Cod. Lit. II. p. 88 sq. 122 sq.

2) El.: — and next deliver it to other ministers, if any be there present (that they may help the chief minister).

3) El.: — and after to the people in their hands kneeling. Am.: — all devoutly kneeling. Quod eucharistia manibus accipitur, notam prodit ingenii Reformati cf. p. 154. 161.

4) El. Am. bread shall say. Et infra: cup shall say.

5) Qui composuerunt Rituale Angliae, cum de formula Distributionis disceptaretur, prudenter enixi sunt prolem gemellam. Praecedit enim ecclesia Romana, hodienum hac voce usa: *Corpus Domini nostri Iesu Christi custodiat animam tuam ad vitam aeternam.* Occurrit quoque in vetustis libris: *animam et corpus tuum* Cod. Lit. I. p. 147. Quae leguntur in calce doctrinam sapiunt Calvini, ita tamen ut exordio non aperte sint contraria.

6) Non legitur in El. Am.: If the consecrated Bread and Wine be spent

When all have communicated, the Minister shall return to the Lord's Table, and reverently place upon it what remaineth of the consecrated Elements, covering the same with a fair linen cloth. [1])

Then shall the Priest say the Lord's Prayer, the people repeating after him every Petition.

Our Father, which art in heaven &c.

After shall be said as followeth.

O Lord and heavenly Father, we thy humble servants entirely desire thy fatherly goodness mercifully to accept this our sacrifice of praise and thanksgiving; most humbly beseeching thee to grant, that by the merits and death of thy Son Jesus Christ, and through faith in his blood, we and all thy whole Church may obtain remission of our sins, and all other benefits of his passion. And here we offer and present unto thee, O Lord, ourselves, our souls and bodies, to be a reasonable, holy, and lively sacrifice unto thee; humbly beseeching thee, that all we, who are partakers of this holy Communion, may be fulfilled with thy grace and heavenly benediction. And although we be unworthy, through our manifold sins, to offer unto thee any sacrifice, yet we beseech thee to accept this our bounden duty and service; not weighing our merits, but pardoning our offences, through Jesus Christ our Lord; by whom, and with whom, in the unity of the Holy Ghost, all honour and glory be unto thee, O Father Almighty, world without end. Amen. [2])

Or this.

Almighty and everliving God, we most heartily thank thee, for that thou dost vouchsafe to feed us, who have duly received

---

before all have communicated, the Priest is to consecrate more, according to the Form before prescribed; beginning at — *All glory be to thee, Almighty God* — and ending with these words — *Partakers of his most blessed Body and Blood.*

1) Praetermissum ab El.

2) Suppressit hanc orationem Am. Palmerus p. 155: „In all churches it was anciently customary to return thanks to God after receiving the sacrament, and to implore his grace for the future. The second form, which the church of England has appointed for this occasion, (*though it would be presumptuos to say that it is more appropriate than the first,*) may be fairly said to accord most with the thanksgivings which the primitive church used at this place." Prior oratio exprimit doctrinam vetustae ecclesiae de sacrificio eucharistico: singula desumpta sunt ex oratione Missalis Romani: *Placeat tibi sancta Trinitas* etc. Cod. Lit. I. p. 110.

these holy mysteries, with the spiritual food of the most precious Body and Blood of thy Son our Saviour Jesus Christ; and dost assure us thereby of thy favour and goodness towards us; and that we are very members incorporate in the mystical body of thy Son, which is the blessed company of all faithful people; and are also heirs through hope of thy everlasting kingdom, by the merits of the most precious death and passion of thy dear Son. And we most humbly beseech thee, O heavenly Father, so to assist us with thy grace, that we may continue in that holy fellowship, and do all such good works as thou hast prepared for us to walk in; through Jesus Christ our Lord, to whom, with thee and the Holy Ghost, be all honour and glory, world without end. Amen. [1])

Then shall be said or sung, [2])

Glory be to God on high, and in earth peace, good will towards men. We praise thee, we bless thee, we worship thee, we glorify thee, we give thanks to thee for thy great glory, O Lord God, heavenly King, God the Father Almighty.

O Lord, the only-begotten Son Jesu Christ; O Lord God, Lamb of God, Son of the Father, that takest away the sins of the world, have mercy upon us. Thou that takest away the sins of the world, have mercy upon us. Thou that takest away the sins of the world, receive our prayer. Thou that sittest at the right hand of God the Father, have mercy upon us.

For thou only art holy; thou only art the Lord; thou only, O Christ, with the Holy Ghost, art most high in the glory of God the Father. Amen. [3])

1) Adscribit Palmerus Liturgiam Caesareensem „Εὐχαριστοῦμέν σοι, κύριε ὁ Θεὸς ἡμῶν, ἐπὶ τῇ μεταλήψει τῶν ἁγίων, ἀχράντων, ἀθανάτων, καὶ ἐπουρανίων σου μυστηρίων, ἃ ἔδωκας ἡμῖν ἐπ' εὐεργεσίᾳ καὶ ἁγιασμῷ, καὶ ἰάσει τῶν ψυχῶν καὶ τῶν σωμάτων ἡμῶν. αὐτὸς δέσποτα τῶν ἁπάντων, δὸς γενέσθαι ἡμῖν τὴν κοινωνίαν τοῦ ἁγίου σώματος καὶ αἵματος τοῦ Χριστοῦ σου, εἰς πίστιν ἀκαταίσχυντον, εἰς ἀγάπην ἀνυπόκριτον, εἰς πλησμονὴν σοφίας, εἰς ἴασιν ψυχῆς καὶ σώματος, εἰς ἀποτροπὴν παντὸς ἐναντίου, εἰς περιποίησιν τῶν ἐντολῶν σου, εἰς ἀπολογίαν εὐπρόσδεκτον τὴν ἐπὶ τοῦ φοβεροῦ βήματος τοῦ Χριστοῦ σου." Sed propius accedit ad Liturgiam Genevensem cf. p. 58: Laudem et gratiarum actione etc.

2) Am.: Then shall be said or sung, all standing, Gloria in excelsis, or some proper Hymn from the Selection.

3) Palmerus p. 158: „In a very ancient liturgy of the western church, which is supposed to be as old as the seventh century, and which belonged to the Irish monks of Luxovium in Gaul, the hymn Gloria in excelsis is found

Then the Priest (or Bishop if he be present) shall let them depart with this Blessing.

The peace of God, which passeth all understanding, keep your hearts and minds in the knowledge and love of God, and of his Son Jesus Christ our Lord: and the blessing of God Almighty, the Father, the Son, and the Holy Ghost, be amongst you and remain with you always. Amen.

Collects to be said after the Offertory, when there is no Communion, every such day one or more; and the same may be said also, as often as occasion shall serve, after the Collects either of Morning or Evening Prayer, Communion, or Litany, by the discretion of the Minister. [1])

Assist us mercifully, O Lord, in these our supplications and prayers, and dispose the way of thy servants towards the attainment of everlasting salvation; that, among all the changes and chances of this mortal life, they may ever be defended by thy most gracious and ready help; through Jesus Christ our Lord. Amen. [2])

O Almighty Lord, and everlasting God, vouchsafe, we beseech thee, to direct, sanctify, and govern, both our hearts and bodies, in the ways of thy laws, and in the works of thy commandments; that through thy most mighty protection, both here and ever, we may be preserved in body and soul; through our Lord and Saviour Jesus Christ. Amen. [3])

Grant, we beseech thee, Almighty God, that the words, which we have heard this day with our outward ears, may through thy grace be so grafted inwardly in our hearts, that

---

exactly in the position which the English liturgy assigns to it, namely, amongst the thanksgivings after communion." At vero hoc viro docto concedendum erit, quod certo certius est, Hymnum angelicum ex communi et antiquissima ecclesiae consuetudine cantari in exordio officii eucharistici. Cod. L. I. p. 25.

1) Am.: Collects that may be said after the Collects of Morning or Evening Prayer, or Communion, at the discretion of the Minister.

2) Quodammodo similis est Collectae Romanensium votivae pro Itinerantibus: Adesto Domine supplicationibus nostris: et viam famulorum tuorum in salutis tuae prosperitate dispone: ut inter omnes viae et vitae huius varietates, tuo semper protegantur auxilio, per Dominum.

3) Tacet collectam Am. — Conferas Gregorii Sacramentarium: Dirigere et sanctificare et regere dignare Domine Deus, quaesumus, corda et corpora nostra in lege tua, et in operibus mandatorum tuorum: ut hic et in aeternum te auxiliante sani et salvi esse mereamur.

they may bring forth in us the fruit of good living, to the honour and praise of thy Name; through Jesus Christ our Lord. Amen.

Prevent us, O Lord, in all our doings with thy most gracious favour, and further us with thy continual help; that in all our works begun, continued, and ended in thee, we may glorify thy holy Name, and finally by thy mercy obtain everlasting life; through Jesus Christ our Lord. Amen. [1])

Almighty God, the fountain of all wisdom, who knowest our necessities before we ask, and our ignorance in asking; We beseech thee to have compassion upon our infirmities; and those things, which for our unworthiness we dare not, and for our blindness we cannot ask, vouchsafe to give us, for the worthiness of thy Son Jesus Christ our Lord. Amen.

Almighty God, who hast promised to hear the petitions of them that ask in thy Son's Name; We beseech thee mercifully to incline thine ears to us that have made now our prayers and supplications unto thee; and grant, that those things, which we have faithfully asked according to thy will, may effectually be obtained, to the relief of our necessity, and to the setting forth of thy glory; through Jesus Christ our Lord. Amen.

Upon the Sundays and other Holy-days (if there be no Communion) shall be said all that is appointed at the Communion, until the end of the general Prayer [For the whole state of Christ's Church militant here on earth] together with one or more of these Collects last before rehearsed, concluding with the Blessing. [2])

And there shall be no celebration of the Lord's Supper, except there be a convenient number to communicate with the Priest, according to his discretion. [3])

And if there be not above twenty persons in the Parish of discretion

---

1) Am.: Direct us o Lord &c. Sacrament. Gegorii: Actiones nostras, quaesumus Domine, et aspirando praeveni et adiuvando prosequere; ut cuncta nostra operatio et a te semper incipiat, et per te coepta finiatur.

2) El.: Upon the holy days, if there -— until the end of the Homily, concluding with the general prayer for the whole state of Christ's church militant here on earth: and one or more of these Collects before rehearsed, as occasion shall serve. Am.: — if there be no Sermon or Communion — at the Communion unto the end of the gospel, concluding with the blessing.

3) Neglexit cautelam Am.

to receive the Communion; yet, there shall be no Communion, except four (or three at the least) communicate with the Priest. [1])

And in Cathedral and Collegiate Churches; and Colleges, where there are many Priests and Deacons, they shall all receive the Communion with the Priest every Sunday at the least, except they have a reasonable cause to the contrary. [2])

And to take away all occasion of dissension, and superstition, which any person hath or might have concerning the Bread and Wine, it shall suffice that the Bread be such as is usual to be eaten: but the best and purest Wheat Bread that conveniently may be gotten. [3])

And if any of the Bread and Wine remain unconsecrated, the Curate shall have it to his own use: but if any remain of that which was consecrated, it shall not be carried out of the Church, but the Priest and such other of the Communicants as he shall then call unto him, shall immediately after the Blessing, reverently eat and drink the same. [4])

---

1) Item hanc legem abolevit Am. Et sane ecclesia Anglicana, communioni privatae admodum inimica, in hoc capite Reformato fervore modos finesque transgressa est.

2) Non reperitur in Am. — Canon XXIII: In omnibus utriusque Academiae Collegiis et Aulis Praefecti et Socii, qui praesertim pupillos habent, sedulo prospicient, ut ipsorum pupilli omnes et reliqui, qui inter eos agunt, universe recte, et pie educentur, ac in articulis religionis penitus instituantur, publicamque Liturgiam et conciones diligenter frequentent; quin etiam sacram coenam iugiter percipiant; quam primo quoque vel secundo cuiuslibet mensis Die Dominico in eisdem Collegiis et aulis administrandam decernimus: Volumusque ut singuli eorundem Praefecti, Socii, Scholares reliquique Studiosi ac officiarii et illorum quilibet famuli ac ministri unoquoque anno quater ad minimum eiusdem sint participes, idque in genua reverenter (ut par est) inclinati, iuxta ritum in Libro publicae hac in parte praestitutum. Canon XXIV: Per Cathedrales omnes et Collegiatas ecclesias sacram coenam in festis solennibus administrari volumus nonnunquam per Episcopum (siquidem praesens exstiterit) nonnunquam vero per Decanum, quandoque etiam per Canonicum et Praebendarium (Ministrum ibidem maxime eminentem) eundemque decente Capa amictum ac adiutum ab Evangelii et Epistolae Lectoribus (iuxta admonitiones in septimo Elisabethae promulgatas) idque iis horis et cum illa prorsus limitatione, quae in libro publicae Liturgiae praefiniuntur. Proviso semper, ut nulla eiusmodi limitatio admittatur, cuiuscunque tandem interpretationis praetextu, quo minus singuli Decani, Guardiani, Magistri, sive Praefecti Cathedralis cuiusque et Collegiatae ecclesiae et cuncti etiam earundem Praebendarii, Canonici, Vicarii, minores Canonici, Cantores reliquique de Ecclesiae gremio universo, si non frequentius saltem quater omni anno Sacramentum percipiant.

3) Praetermissum ab Am.

4) El. non praebet verba: but if any remain etc. Hunc ritum meritá laude insignivimus Cod. Lit. II. p. 153.

The Bread and Wine for the Communion shall be provided by the Curate and the Churchwardens at the charges of the Parish. [1])

And note, that every Parishioner shall communicate at the least three times in the year, of which Easter to be one. [2]) And yearly at Easter every Parishioner shall reckon with the Parson, Vicar, or Curate, or his or their Deputy or Deputies; and pay to them or him all Ecclesiastical Duties, accustomably due, then and at that time to be paid. [3])

After the Divine Service ended, the money given at the Offertory shall be disposed of to such pious and charitable uses, as the Minister and Church-wardens shall think fit. Wherein if they disagree, it shall be disposed of as the Ordinary shall appoint. [4])

„Whereas it is ordained in this Office for the Administration of the Lord's Supper, that the Communicants should receive the same kneeling, (which order is well meant, for a signification of our humble and grate-

---

1) El.: The bread and wine for the Communion shall be provided by the Curate and the Churchwardens, at the charges of the parish and the parish shall be discharged of such sums of money or other duties, which hitherto they have paid for the same, by order of their houses every Sunday. Am. praetermittit omnia. Canon XX: Parochiarum omnium oeconomi (consulto hac in parte ministro) curabunt idoneam pro numero communicantium, panis siliginei vinique boni ac salubris quantitatem, in tempus sacrae coenae praestitutum sumptibus Parochianorum comparari, vinumque illud ad mensam Domini afferri in oenophoro nitido et mundo eoque ex stanno, si non ex metallo praestantiore.

2) El.: — one and shall receive the Sacraments and other rites, according to the order in this book appointed. Non habet illa Am. Canon XXI: In omnibus huius regni Ecclesiis parochialibus, ac Capellis, in quibus Sacramenta sunt administranda, Coenam Dominicam a Rectore, Vicario, vel Ministro toties iisque temporibus celebrari volumus, ut parochiani singuli quotannis ter ad minimum (nominatim vero in festo Paschatis) sicut in libro publicae Liturgiae iubeantur, possint Sacramentum illud percipere. Proviso semper, ut Minister quilibet sacram illam Coenam administraturus, ipse semper primus communicet. Wendeborn l. c. p. 123: „Die Engländer von der bischöflichen Kirche, gehen, dem grössten Haufen nach, selten, ja eine Menge gar nicht, zum Abendmahle. An den dreien hohen Festen im Jahre ist das Hinzugehen zu demselben am gebräuchlichsten. Man siehet alsdenn die Gebetbücher, zur wochenlangen Zubereitung (the week's preparation) zum Abendmahle, in den Zeitungen, von den Buchhändlern ausgeboten. — — Was Benthem in seinem Buche S. 239 f. von der Haltung des Abendmahls in der englischen Kirche sagt, hat sich, die Gebete, welche er übersetzt hat, ausgenommen, sehr geändert — es stehet keine Strafe darauf, wenn jemand, wenigstens nicht an den drei hohen Festen, im Jahre, hinzuginge. Der erste Sonntag im Monate ist gemeiniglich Communion-Sonntag."

3) Omissa ab Am.

4) Non exstant in El. et Am.

ful acknowledgement of the benefits of Christ therein given to all worthy Receivers, and for the avoiding of such profanation and disorder in the holy Communion, as might otherwise ensue;) yet, lest the same kneeling should by any persons, either out of ignorance and infirmity, or out of malice and obstinacy, be misconstrued and depraved; it is hereby declared, That thereby no adoration is intended, or ought to be done, either unto the Sacramental Bread and Wine there bodily received, or unto any Corporal Presence of Christ's natural Flesh and Blood. For the Sacramental Bread and Wine remain still in their very natural substances, and therefore may not be adored; (for that were idolatry, to be abhorred of all faithful Christians;) and the natural Body and Blood of our Saviour Christ are in Heaven, and not here; it being against the truth of Christ's natural Body to be at one time in more places than one." [1])

THE MINISTRATION OF PUBLICK BAPTISM OF INFANTS,
to be used in the Church. [2])

The people are to be admonished, that it is most convenient that Baptism should not be administered but upon Sundays, and other Holydays, when the most number of people come together; as well for that the Congregation there present may testify the receiving of them that be newly baptized into the number of Christ's Church; as also because in the Baptism of Infants every Man present may be put in remembrance of his own profession made to God in his Baptism. For which cause also it is

---

1) Hanc appendicem, in El. et Am. lectori haud obviam, adiunxerunt editores anni 1662, ut coërcerent Puritanorum calumnias. Nam huius farinae homines illam genuflexionem eucharisticam duxerunt pro cultu Molochi atque Astboreth. Tilenus Paraenesis ad Scotos p. 39 sq. „— Quorsum ergo nova haec vos incessit religio, ut vereamini, ne post debellatam Pontificiae idolomaniae excetram populus, tot iam annos puriore doctrina imbutus, ob non minus laudatum, quam antiquum hunc γουνκλισίας ritum, in foedissimum illud Lernae barathrum revolvatur? Longe iustior est metus, ne perfractis superstitiosi zeli clathris, contemptui et profanae licentiae habenas laxet populus et dum sacrorum Symbolorum venerationem refugit, ne Christum quidem adoret. Qui contesserationis cum Pontificiis speciem vitandam clamitatis; longe periculosiorem cum Socinianis syncretismum non animadvertitis — — Omnino ad has incitas adigimini fratres Scoti ut vel Christum in Eucharistia adorandum negetis cum Arianis, vel geniculationem cum adoratione decentissime coniungi fateamini nobiscum."

2) El. The Ministration of Baptism.

expedient that Baptism be ministered in the vulgar tongue. **Nevertheless, (if necessity so require,) Children may be baptized upon any other day. [1])**

And note, that there shall be for every Male-child to be baptized two Godfathers and one Godmother; and for every Female, one Godfather and two Godmothers. [2])

When there are Children to be baptized, the Parents shall give knowledge thereof over night, or in the morning before the beginning of Morning Prayer,

---

1) El. It appeareth by ancient writers, that the sacrament of Baptism in the old time was not commonly ministered but at two times in the year: at Easter and Whitsuntide. At which times it was openly ministered in the presence of all the congregation: which custom (non being grown out of use) although it cannot for many considerations be well restored again, yet it is thought good to follow the same as near as conveniently may be: wherefore the people are to be admonished. Am. — Holy Days or Prayer Days. Nevertheless (if necessity so require) Baptism may be administered upon any other day. Benthem p. 257: Wenn das Kind stark und frisch ist, lassen sie solches wohl bis auf den andern Sonntag ungetauft liegen.

2) Non reperiuntur in El. Am.: — Godmothers and Parents shall be admitted as Sponsors, if it be desired. Canon XXVII: Parentes liberorum suorum Baptismati interesse non impellentur; neque eisdem etiam permittetur, pro propriis infantibus ad sacrum Fontem susceptorum loco respondere. Praeterea nulli Susceptori, aut Susceptrici licitum erit, aliis verbis in respondendo uti, quam quae in Libro publicae Liturgiae hanc in partem sunt praescripta; nec quisquam ad officium Susceptoris vel Susceptricis, pro parvulis Baptizandis vel Confirmandis admittetur, qui Coenae Dominicae particeps nondum extiterit. — Memoratu digna sunt, quae commemorat Kniewel p. 159 sq.: „Der Taufhandlung wohnte ich öfter bei; sie soll, der Kirchenordnung zufolge, nur an Sonn- und Festtagen sogleich nach der letzten Lection des Morgen- oder Abendgebetes, wenn die Gemeinde noch beisammen ist, stattfinden. Die Anmeldungen zur Kindtaufe geschehen Abends zuvor, oder vor Beginn des Morgengebetes an den Pfarrer. In der schönen St. Margarethcapelle, nahe dem Westminster, sah ich eines Sonntags Nachmittags nach beendetem Gottesdienste sieben Kinder taufen, unter ihnen einen etwa 8jährigen Knaben, von dem man die liturgischen Antworten persönlich zu vernehmen füglich erwarten konnte. Es sprachen aber für ihn, wie für die 6 Säuglinge, die Pathen, sofern diese nämlich die Antworten wussten; denn einige waren so fremd in ihrer Pathenpflicht, dass sie den Geistlichen gleich bei seiner ersten Frage: „ist das Kind bereits getauft oder nicht?" stumm anlächelten. Uebrigens standen oder knieten sie abwechselnd, nach liturgischer Vorschrift, nicht um den Taufstein, sondern Partienweise in den zu beiden Seiten des Taufsteins befindlichen Kirchenstühlen. Es waren bei einigen Kindern mehr als die kirchlich vorgeschriebenen drei Gevattern (zwei Männer und eine Frau bei Knaben, ein Mann und zwei Frauen bei Mädchen). Keiner der Pathen nahm sein Taufkind in die Arme, sondern die Amme hielt es und reichte es dem Geistlichen zur Sacramentvollziehung hin; der grosse Knabe stellte sich selbst neben ihn."

to the Curate. And then the Godfathers and Godmothers, and the people with the Children, must be ready at the Font, either immediately after the last Lesson at Morning Prayer, or else immediately after the last Lesson at Evening Prayer, as the Curate by his discretion shall appoint. And the Priest coming to the Font, (which is then to be filled with pure water, and standing there, shall say, [1])

Hath this Child been already baptized, or no? [2])

If they answer, *No:* Then shall the Priest proceed as followeth.

Dearly beloved, forasmuch as all men are conceived and born in sin; and that our Saviour Christ saith, None can enter into the kingdom of God, except he be regenerate and born anew of Water and of the holy Ghost; I beseech you to call upon God the Father, through our Lord Jesus Christ, that of his bounteous mercy he will grant to *this Child* that thing which by nature *he* cannot have; that *he* may be baptized with Water and the holy Ghost, and received into Christ's holy Church, and be made *a lively member* of the same. [3])

---

1) El.: When there are children to be baptized upon the Sunday or holy day, the Parents shall give knowledge over night or in the morning afore the beginning of Morning Prayer to the Curate. — — appoint. And then standing there the Priest shall ask whether the Children be Baptized or no &c.

Canon LXXXI. Prout cautum est prisca quadam Constitutione, hodie in quibusdam partibus neglectui habita; statuimus et ordinamus, ut in omni Ecclesia et Capella, ubi Baptismus administrari consuevit, Baptisterium ex lapide in loco antiquitus usitato statuatur. In quo duntaxat Ministris licebit infantes publice baptizare. Benthem p. 257: „Diese heilige Handlung wird bei einem eigenen dazu verordneten Taufgerüste verrichtet, welches gemeiniglich vorn in der Kirche stehet, weil man durch dieses Sacrament in die Kirche tritt. Sie nennen es *the Font*, das ist, der Brunne, weil vor diesen, theils wegen der Menge der Taufflinge, theils weil man noch keine Taufsteine gehabt, die Taufe bei den Brunnen, Bächen und Flüssen verrichtet."

2) Cf. Liturgiam Genevensem p. 115.

3) Palmerus p. 172 confert hanc intimationem cum Missali Gallicano: „Auctorem ao reparatorem nostrum omnipotentem, fratres carissimi, qui ornamenta naturae amissa per culpam, dignatus est reparare per gratiam; sub reverendo mysterii praesentia officio suppliciter exoremus: ut aquis his virtutem transfundat, et ad peragendum sacratissimae regenerationis effectum praesentia trinae maiestatis adsistat: confringat et conterat super has aquas caput draconis: et sub undis fecibus transactione secreta chirographum pristinum evacuetur, et debitoribus cum Christo per baptismum consepultis, ita hic agatur mortis imitatio, ut salvatis perditis sola se sentiat in terris perditione. Per Dominum." Atvero luce meridiana clarius est ab Rituali Anglicano in epitomen redactam esse exhortationem Libri Coloniensis „Lieben Freunde in Christo, wir hören alle Tage aus Gottes Wort" u. s. w. Cod. Lit. II. p. 208. 190.

Then shall the Priest say,

Let us pray.

Almighty and everlasting God, who of thy great mercy
didst save Noah and his family in the ark from perishing by
water; and also didst safely lead the children of Israel thy
people through the Red Sea, figuring thereby thy holy Bap-
tism; and by the Baptism of thy wellbeloved Son Jesus Christ,
in the river Jordan, didst sanctify Water to the mystical
washing away of sin; We beseech thee, for thine infinite
mercies, that thou wilt mercifully look upon *this Child;* wash
him and sanctify *him* with the holy Ghost; that *he*, being de-
livered from thy wrath, may be received into the ark of Christ's
Church; and being stedfast in faith, joyful through hope, and
rooted in charity, may so pass the waves of this troublesome
world, that finally *he* may come to the land of everlasting life,
there to reign with thee world without end; through Jesus
Christ our Lord. Amen. [1])

Almighty and immortal God, the aid of all that need, the
helper of all that flee to thee for succour, the life of them
that believe, and the resurrection of the dead; We call upon
thee for *this Infant,* that *he,* coming to thy holy Baptism, may
receive remission of *his* sins by spiritual regeneration. Receive
him, O Lord, as thou hast promised by thy wellbeloved Son,
saying, Ask, and ye shall have; seek, and ye shall find; knock,
and it shall be opened unto you: So give now unto us that
ask; let us that seek find; open the gate unto us that knock;
that *this Infant* may enjoy the everlasting benediction of thy
heavenly washing, and may come to the eternal kingdom which
thou hast promised by Christ our Lord. Amen. [2])

---

1) El. — look upon these children, sanctify them. Item Coloniensis liber
tibi ostendit orationis originem: Allmächtiger, ewiger Gott, der du hast durch
die Sündflut u. s. w. Cod. Lit. II. p. 212. Colonienses autem debent Orationem
libello Lutheri baptismali C. L. II. p. 192.

2) Am. hanc Orationem cum praecedente ad lubitum iubet Sacerdotes com-
mutare. — Caeteroquin haec libri portio delibata est ex Rituali Sarisberiensi:
„Deus, immortale praesidium omnium postulantium, liberatio supplicum, pax
rogantium, vita credentium, resurrectio mortuorum; te invoco super hunc famu-
lum tuum *N.* qui baptismi tui donum petens, aeternam consequi gratiam spirituali
regeneratione desiderat. Accipe eum Domine: et quia dignatus es dicere: Petite
et accipietis: quaerite et invenietis: pulsate et aperietur vobis, petenti proemium
porrige et ianuam pande pulsanti: ut aeternam coelestis lavacri benedictionem

Then shall the people stand up, and the Priest shall say,

Hear the words of the Gospel, written by Saint *Mark*, in the tenth Chapter, at the thirteenth Verse. [1])

St. Mark. x. 13.

They brought young children &c.

After the Gospel is read, the Minister shall make this brief Exhortation upon the words of the Gospel.

Beloved, ye hear in this Gospel the words of our Saviour Christ, that he commanded the children to be brought unto him; how he blamed those that would have kept them from him; how he exhorteth all men to follow their innocency. Ye perceive how by his outward gesture and deed he declared his good will towards them; for he embraced them in his arms, he laid his hands upon them, and blessed them. Doubt ye not therefore, but earnestly believe, that he will likewise favourably receive *this* present *Infant;* that he will embrace *him* with the arms of his mercy; that he will give unto *him* the blessing of eternal life, and make *him partaker* of his everlasting kingdom. Wherefore we being thus persuaded of the good will of our heavenly Father towards *this Infant*, declared by his Son Jesus Christ; and nothing doubting but that he favourably alloweth this charitable work of our's in bringing *this Infant* to his holy Baptism; let us faithfully and devoutly give thanks unto him, and say, [2])

---

consecutus: promissa tui muneris regna percipiat. Qui vivis et regnas cum Deo Patre, in unitate Spiritus Sancti, Deus, per omnia saecula saeculorum. Amen.“

1) El. omittit verba: Then shall the people stand up. Evangelio praemittit liber verba Romanis consueta: At a certain time: In illo tempore.

Am.: Then the minister shall say as follows: or else shall pass on to the questions addressed to the Sponsors; and from thence to the Prayer immediately before the Immersion or the pouring of Water on the Infant. But note; that in every Church the intermediate parts of the service shall be used, once at least in every month (if there be a Baptism) for the better instructing of the people in the Grounds of Infant's Baptism.

Manuale Sarisber. eandem pericopam proponit, sed ex Matthaei evangelio depromptam Cod. Lit. I. p. 185. Secuti sunt Angli Coloniensem librum Cod. Lit. II. p. 212.

2) El.: Friends you hear. — Palmer p. 175: „The address and collect which follow the gospel, and terminate the introduction of the baptismal office, do not occur in the ancient offices of the English church, as far as I can perceive. However, in annexing these forms to the office, the church only exer-

Almighty and everlasting God, heavenly Father, we give thee humble thanks, that thou hast vouchsafed to call us to the knowledge of thy grace, and faith in thee: Increase this knowledge, and confirm this faith in us evermore. Give thy holy Spirit to *this Infant*, that *he* may be born again, and be made *an heir* of everlasting salvation; through our Lord Jesus Christ, who liveth and reigneth with thee and the Holy Spirit, now and for ever. Amen. [1])

Then shall the Priest speak unto the Godfathers and Godmothers on this wise.

Dearly beloved, ye have brought *this Child* here to be baptized, ye have prayed that our Lord Jesus Christ would vouchsafe to receive *him*, to release *him* of *his* sins, to sanctify *him* with the holy Ghost, to give *him* the kingdom of heaven, and everlasting life. Ye have heard also that our Lord Jesus Christ hath promised in his Gospel to grant all these things that ye have prayed for: which promise he, for his part, will most surely keep and perform. Wherefore, after this promise made by Christ, *this Infant* must also faithfully, for *his* part, promise by you that are *his* sureties, (until *he* come of age to take it upon *himself*,) that *he* will renounce the devil and all his works, and constantly believe God's holy Word, and obediently keep his commandments. [2])

I demand therefore, [3])

cised that authority which had been delivered to her by the holy apostles; namely, the power of adding such rites and prayers to the essential matter and form of the sacraments, as she judged most suited to benefit and edify her children."

1) Prorsus convenit cum Oratione Libri Coloniensis: Allmächtiger Gott, himmlischer Vater u. s. w. Cod. Lit. II. p. 212.

2) El.: Wellbeloved friends — receive them, to lay his hands upon them, to release them of their sins, to give — forsake the devil.

Palmer p. 176: „In the position of the renunciations and professions the English ritual agrees with those of the patriarchates of Constantinople and Antioch. According to the ancient rites of those churches, the renunciations and professions preceded the benediction of the water; in the Roman and several other western rituals they followed the benediction." Ut solet, Palmerus supersedet liturgiis Protestantium, quae Benedictione aquae omissa Renuntiationes praemittunt immersioni baptismali.

3) El.: Then shall the Priest demand of the Godfathers and Godmothers these questions following. Am.: The Minister shall then demand of the Sponsors as follows; the Questions being considered as addressed to them severally and the answers to be made accordingly.

Dost thou, in the Name of this Child, renounce the devil and all his works, the vain pomp and glory of the world, with all covetous desires of the same, and the carnal desires of the flesh, so that thou wilt' not follow, nor be led by them? [1])

Answer. I renounce them all. [2])

Minister. Dost thou believe in God the Father Almighty, Maker of heaven and earth? &c. And everlasting life after death? [3])

Answer. All this I stedfastly believe.

Minister. Wilt thou be baptized in this faith?

Answer. That is my desire. [4])

Minister. Wilt thou then obediently keep God's holy will and commandments, and walk in the same all the days of thy life?

Answer. I will. [5])

Then shall the Priest say,

O merciful God, grant that the old Adam in *this Child* may be so buried, that the new man may be raised up in *him.* Amen. [6])

---

1) El.: Dost thou forsake the devil and all his works. Am.: sinful desires. Rituale Romanum: „Abrenuntias Satanae? *Resp.* Abrenuntio. Et omnibus operibus eius? *Resp.* Abrenuntio. Et omnibus pompis eius? *Resp.* Abrenuntio.“

2) El.: I forsake them all. — Optime conveniunt verba cum vetustissima Renuntiationis formula Theotisca: „Forsachistu diabole? Ec forsacho diabole. End allom diabolgeld? End ec forsacho allom diabolgelde. End allom diabole wercum? End ec forsacho allom diabole wercum end wordum, Thunar ende Woden et Saxnote end allom then unholdum, the hira genotas sind. Schmitthenner Lehrbuch der deutschen Geschichte p. 159.

Am.: I renounce them all; and by God's help, will endeavour not to follow, nor be led by them.

3) Am.: Dost thou believe all the Articles of the Christian faith, as contained in the Apostles' Creed. *Answ.* I do. Manuale Sarisberiense (sicuti hodienum ecclesia Romana): *N.* Credis in Deum Patrem omnipotentem, Creatorem coeli et terrae? *Respondeant.* Credo. *Item Sacerdos.* Credis et in Iesum Christum Filium eius unicum, Dominum nostrum natum et passum? *Respondeant.* Credo. *Item Sacerdos.* Credis et in Spiritum Sanctum, sanctam Ecclesiam Catholicam, Sanctorum communionem, Remissionem peccatorum, carnis Resurrectionem, et vitam aeternam post mortem? *Respondeant.* Credo. Cf. Cod. Lit. I. p. 186.

4) Ita Rituale Romanum.

5) Haec interrogatio in El. omissa. Am.: I will by God's help. Haud patrocinantur illi vetusta testimonia, nisi forte Liturgia Antiochena, Alexandrina, Constantinopolitana apud Palmerum.

6) Similia leguntur in Liturgia Gallicana: Domine Deus aeterne — fiat locus

Grant that all carnal affections may die in *him*, and that all things belonging to the Spirit may live and grow in *him*. Amen. [1])

Grant that *he* may have power and strength to have victory, and to triumph, against the devil, the world, and the flesh. Amen.[2])

Grant that whosoever is here dedicated to thee by our office and ministry may also be endued with heavenly virtues, and everlastingly rewarded, through thy mercy, O blessed Lord God, who dost live, and govern all things, world without end. Amen. [3])

Almighty, everliving God, whose most dearly beloved Son Jesus Christ, for the forgiveness of our sins, did shed out of his most precious side both water and blood; and gave commandment to his disciples, that they should go teach all nations, and baptize them In the Name of the Father, and of the Son, and of the Holy Ghost; Regard, we beseech thee, the supplications of thy congregation; sanctify this Water to the mystical washing away of sin; and grant that *this Child*, now to be baptized therein, may receive the fulness of thy grace, and ever remain in the number of thy faithful and elect children; through Jesus Christ our Lord. Amen. [4])

iste dignus in quem Spiritus Sanctus influat: sepeliatur hic illic Adam vetus, resurgat novus.

1) Am.: sinful affections. Lit. Gall.: Moriatur omne quod carnis est, resurgat omne quod spiritus.

2) Lit. Gallic.: Quicumque hic renunciaverint Diabolo, da eis triumphare de mundo. Qui te in hoc loco invocaverit, tu eum cognoscas in regno.

3) Lit. Gallic.: Quicumque hic se sibi negaverit, te lucrifaciat: et per ministerium nostrum, et mysterium tuum consecratus tibi populus, aeternis ad te praemiis consecretur.

4) El.: — grant that all thy servants which shall be baptized in this water. Manuale Sariaber.: Benedico te (sc. aquam) et per Iesum Christum Filium eius unicum Dominum nostrum ... qui te una cum sanguine de latere suo produxit, et discipulis suis iussit ut credentes baptizarentur in te, dicens, ite docete omnes gentes, baptizantes eos in nomine Patris, et Filii, et Spiritus Sancti. Haec nobis praecepta servantibus, tu Deus omnipotens, clemens adesto, tu benignus aspice, tu has simplices aquas tuo ore benedicito, ut praeter naturalem emundationem, quam lavandis possunt adhibere corporibus, sint etiam purificandis mentibus efficaces.

Then the Priest shall take the Child into his hands, and shall say to the Godfathers and Godmothers,

Name this Child. [1])

And then naming it after them (if they shall certify him that the Child may well endure it) he shall dip it in the Water discreetly and warily, saying, [2])

N. I baptize thee In the Name of the Father, and of the Son, and of the Holy Ghost. Amen.

But if they certify that the Child is weak, it shall suffice to pour Water upon it, saying the foresaid words,

N. I baptize thee In the Name of the Father, and of the Son, and of the Holy Ghost. Amen. [3])

Then the Priest shall say,

We receive this Child into the congregation of Christ's flock, (here the Priest shall make a Cross upon the Child's forehead,) and do sign *him* with the sign of the Cross, in token that hereafter *he* shall not be ashamed to confess the faith of Christ crucified, and manfully to fight under his banner, against sin, the world, and the devil; and to continue Christ's faithful soldier and servant unto *his* life's end. Amen. [4])

---

5) El.: Then the Priest shall take the child in his hands and ask the name and naming the child shall dip in the water, so it be discreetly and warily done, saying: N. I baptize &c. Kniewel p. 161: „Der Priester nimmt das Kind in seine Arme und fordert die Gevattern auf: „Benennet das Kind." Bei den meisten jener sieben Kinder (p. 444) wussten aber nur die Amme oder Wartefrau den oder die Taufnamen, welche sonderbar genug bei den Engländern zwar „christliche Namen" Christian names heissen, aber oft gar keine kirchliche christliche Geltung haben, sondern bürgerliche Familiennamen sind; so bildet zum Beispiel der Familienname der Mutter häufig den Vornamen, ohne dass noch ein anderer eigentlicher Taufname beigefügt wird."

6) Am.: And then, naming it after them, he shall dip it in the Water discreetly, or shall pour water upon it, saying. — Wendeborn p. 122: „Bei der Taufe pflegt der Geistliche nur blos die beiden Vorfinger in eine Schaale Wasser zu tauchen und das Kind an der Stirne dreimal damit zu benetzen." Kniewel p. 161: „Der Geistliche soll nun vorschriftsmässig den Täufling fein behutsam ins Wasser tauchen, wenn dieser, laut Versicherung der Pathen, es ertragen kann; sonst nur besprengen. Jenes geschieht jetzt nie mehr. Das Taufbecken ist aber immer mit reinem Wasser genügend versehen."

7) El.: And if the child be weak — Omissa in Am.

1) Am.: If those who present the Infant shall desire the sign of the Cross to be omitted, although the Church knows no worthy cause of scruple concerning the same, yet, in that case, the Minister may omit that part of the above

Then shall the Priest say,

Seeing now, dearly beloved bethren, that *this Child is* regenerate, and grafted into the body of Christ's Church, let us give thanks unto Almighty God for these benefits; and with one accord make our prayers unto him, that *this Child* may lead the rest of *his* life according to this beginning. [1])

Then shall be said, all kneeling; [2])

Our Father, which art in heaven, &c.

Then shall the Priest say,

We yield thee hearty thanks, most merciful Father, that it hath pleased thee to regenerate *this Infant* with thy holy Spirit, to receive *him* for thine own *Child* by adoption, and to incorporate *him* into thy holy Church. And humbly we beseech thee to grant, that *he*, being dead unto sin, and living unto righteousness, and being buried with Christ in his death, may crucify the old man, and utterly abolish the whole body of sin; and that, as *he is* made *partaker* of the death of thy Son, *he* may also be *partaker* of his resurrection; so that finally, with the residue of thy holy Church, *he* may be an *inheritor* of thine everlasting kingdom; through Christ our Lord. Amen. [3])

---

which follows the Immersion, or the pouring of Water ou the Infant. — Man. Sarisb.: Trado tibi signaculum Domini nostri Iesu Christi — ut in fide catholica permaneas, et habeas vitam aeternam, et vivas in saecula saeculorum.

1) Palmer p. 192: „The conclusion of the office of baptism resembles that described in the Apostolical Constitutions, where the newly baptized are directed to repeat the Lord's Prayer and another concluding prayer. An order also, somewhat similar to ours, is observable in the monuments of the ancient Gallican church: Laudes et gratias Domino referamus, fratres dilectissimi, quod augere dignatus est ecclesiae suae congregationem per caros nostros, qui mode baptizati sunt. Petamus ergo de Domini misericordia ut baptismum sanctum, quod acceperunt, illibatum, inviolatum, et immaculatum perferant ante tribunal Christi." — Vox illa „regenerate" infra repetita iam dudum in ecclesia Anglicana longam praebuit disputandi materiam. Alii enim (ut hodie Puseyitae) quin infanti vere condonetur Spiritus sancti gratia regenerans minime dubitant, immo Spiritu eos solummodo unctos ducunt, qui in ecclesia apostolica successione stabilita legitime baptizati sunt. Alii nolunt premere formulam liturgicam vel ut rectius dicam ambigua eam circumveniunt interpretatione. Nosti bellum Gorhamiense, quod nuper in Anglia exortum est exitiabile et legibus ecclesiasticis calamitosum.

2) El.: praetermittit verbum „kneeling".

3) Lit. Gallic.: Domine Deus omnipotens, famulos tuos, quos iussisti renasci ex aqua et Spiritu Sancto; conserva in eis baptismum sanctum quod acce-

Then, all standing up, the Priest shall say to the Godfathers and Godmothers this Exhortation following. [1]

Forasmuch as *this Child hath* promised by you *his* sureties to renounce the devil and all his works, to believe in God, and to serve him; ye must remember, that it is your parts and duties to see that *this Infant* be taught, so soon as *he* shall be able to learn, what a solemn vow, promise, and profession, *he hath* here made by you. And that *he* may know these things the better, ye shall call upon *him* to hear Sermons; and chiefly ye shall provide, that *he* may learn the Creed, the Lord's Prayer, and the Ten Commandments, in the vulgar tongue, and all other things which a Christian ought to know and believe to his soul's health; and that *this Child* may be virtuously brought up to lead a godly and a Christian life; remembering always, that Baptism doth represent unto us our profession; which is, to follow the example of our Saviour Christ, and to be made like unto him; that, as he died, and rose again for us, so should we, who are baptized, die from sin, and rise again unto righteousness; continually mortifying all our evil and corrupt affections, and daily proceeding in all virtue and godliness of living. [2]

Then shall he add and say,

Ye are to take care that *this Child* be brought to the Bishop to be confirmed by him, so soon as *he* can say the Creed, the Lord's Prayer, and the Ten Commandments, in the vulgar tongue, and be further instructed in the Church-Catechism set forth for that purpose. [3]

It is certain by God's Word, that Children which are baptized, dying before they commit actual sin, are undoubtedly saved. [4]

perunt, et in nominis tui sanctificationem perficere dignare, ut proficiat in illos gratia tua semper, et quod te ante donante susceperunt, vitae suae integritate custodiant.

1) El.: At the last end the Priest calling the Godfathers &c.

2) El.: — have promised by you to forsake — in the English tongue. Am.: — Commandments and all other things. Conferas Liturgiam Coloniensem Cod. Lit. II. p. 210: Wie Ihr denn, lieben Freund &c.

3) El.: The Minister shall command that the Children be brought to the Bishop to be confirmed of him, so soon as they can say in their vulgar tongue the Articles of the faith, the Lord's Prayer and the X Commandments: and be further instructed in the Catechism set forth for that purpose, accordingly as it is there expressed.

4) Praetermissa in El. et Am.

III.   30

To take away all scruple concerning the use of the sign of the Cross in Baptism; the true explication thereof, and the just reasons for the retaining of it, may be seen in the xxxth Canon, first published in the Year MDCIV. [1])

---

8) Non leguntur in El. et Am. Canon XXX: Dolemus, praeclarissimum Majestatis suae studium et laborem, in Colloquio ad aulam Hamptoniensem circa signum Crucis in Baptismo (inter alia plura) susceptum, non meliores effectus apud multos consecutum, quin adhuc in eo haereatur, eiusque in Baptismo usus tantopere impugnetur. Itaque quo melius constare possit legitima huius Caeremoniae ratio, simulque ut omnis scrupulus deinceps amoveatur, qui hominum vere religiosorum conscientias perturbare quoquo modo possit, nos in hac causa inclytissimi Regis nostri vestigiis insistentes, ut qui Scripturae authoritate, et primitivae Ecclesiae exemplo in eadem ducitur, regulas ac observationes hasce nostris sinceris omnibus Ecclesiae Anglicanae membris commendamus.

Primo observandum est, quod etiamsi Iudaei, ac Ethnici Apostolos reliquosque Christianos irriderent, quod eum praedicarent in eumque crederent, qui Crucis morte esset affectus; tantum tamen aberat, ut vel Apostoli vel reliqui Christiani Crucis opprobrio seipsos passi sint a professione sua deterreri, ut in eadem exultandi potius, et gloriandi animos inde sumerent. Imo Spiritus sanctus per Apostolorum ora ipsum Crucis nomen (Iudaeis utique invisum) usque adeo honoravit, ut non modo Christum ipsum Crucifixum sub eodem comprehenderit, sed et Mortis ac Passionis Christi vires, effectus, ac merita, una cum solatiis, fructibus ac promissis universis, quae nos ex eisdem aut percipimus, aut in futurum exspectamus.

Secundo, honor ac dignitas Crucis nomini acquisita, etiam et signo Crucis, vel ipsa Apostolorum aetate (neque enim contrarium ostendi potest) existimationem peperit honorificam; adeo ut Christiani haud multo post iniunctis actionibus suis eodem uti coeperint, eo ipso palam et aperte testatum facientes (etiam ad stuporem Iudaeorum) se minime sibi pudori ducere, quod illum agnoscerent pro Domino et Salvatore suo, qui Crucis mortem pro ipsis pertulisset. Atque hoc Crucis signum non modo ipsi, idque cum ostentatione quàdam solebant adhibere, quoties Iudaeis passim occurrerent, sed et liberos suos, cum Baptismatis aqua abluerentur, eodem signari faciebant, ut eos per Crucis Symbolum illius servitio dedicarent, cuius in Baptismo collata in ipsos beneficia Crucis nomine essent repraesentata: Atque adeo huius signi in Baptismo usus in Primaeva Ecclesia receptus est unanimi consensu, maximoque omnium tam Graecorum, quam Latinorum applausu. Quo quidem seculo siquis huic signo se opposuisset, declaratus procul dubio fuisset pro hoste ac inimico nominis Crucis, et proinde meritorum Christi, quorum illi tessera et signum adeo displiceret, denique huius signi usus continuum et generalem extitisse, ex multis Patrum Testimoniis perspicue declaratur.

Tertio fatendum est, Crucis signum decursu temporis in Ecclesia Romana graves abusus pertulisse, praesertim postquam eam Baptismi labes ac corruptela semel pervaserat. Coeterum rei abusus legitimum eiusdem usum nequaquam tollit. Imo tantum aberat, ut Ecclesia Anglicana ab Italiae, Galliae, Hispaniae, Germaniae, aliisve similibus Ecclesiis voluerit per omnia recedere, quicquid eas

THE MINISTRATION OF PRIVATE BAPTISM OF CHILDREN IN HOUSES.

The Curates of every Parish shall often admonish the people, that they defer not the Baptism of their Children longer than the first or second

---

sciret tenere, aut observare, ut (quod Ecclesiae Anglicanae Apologia profitetur) ceremonias illas cum reverentia susciperet, quas citra Ecclesiae imo modum ac hominum sobriorum offensionem retineri posse senserat, et in iis tantum Articulis a praedictis Ecclesiis dissentiret, in quibus eaedem ipsae tum a pristina sua integritate prius desciverant, tum etiam ab Ecclesiis Apostolicis, a quibus primum sunt proseminatae. Quo quidem respectu, inter alias magnae vetustatis caeremonias, etiam et Crucis in Baptismo signum in Ecclesia Anglicana est retentum, idque ex iudicio et praxi venerabilium illorum Patrum, magnorumque inprimis Theologorum, qui regnante Edovardo sexto in eadem claruerunt; quorum alii deinceps ob verae fidei professionem Martyrium constanter pertulerunt, alii Reginae Mariae temporibus exulantes, ac sub initium Regni Serenissimae Reginae nuper defunctae in Angliam reversi, pro hoc signo semper steterunt, eiusque usum exemplo ac praxi sua perpetuo commendarunt. Atque hoc Ecclesiae nostrae iudicium et praxis comprobata sunt tum per censuram, quae de Libro publicae Liturgiae tempore Edouardi sexti ferebatur, tum etiam per Confessionum Harmoniam recentioribus annis publicatam; quoniam nimirum huius signi in Baptismo usus in Ecclesia Anglicana congruis omnibus ac idoneis cautelis et exceptionibus contra Papisticam superstitionem atque errorem munitus semper fuit, prout in eiusmodi casibus fieri convenit.

Primo enim Ecclesia Anglicana iam inde a Baptismo abolito semper sensit ac docuit, et hodie etiam sentit ac docet, signum Crucis in Baptismo adhibitum de ipsa Sacramenti substantia haudquaquam existere. Nam ut primum Minister Infantem immergens in aquam, vel eiusdem faciei aquam inspergens haec verba recitaverit: Baptizo te in nomine Patris, et Filii, et Spiritus Sancti: Infans continuo plenum et perfectum Baptismi Sacramentum consequitur, adeo ut signum Crucis post adhibitum, ad Baptismi virtutem aut perfectionem nihil adiiciat, nec idem omissum de eius efficacia, aut substantia quicquam detrahat.

Secundo palam est in Libro publicae Liturgiae, Infantem, postquam Baptismum susceperit (Crucis utique signo nondum superveniente) in Christi gregem ac Ecclesiam, tanquam perfectum eius membrum receptum esse, ipsius adeo Baptismi virtute, non autem potestate aliqua, quae signo Crucis affigitur. Ita ut propter ipsam Crucis memoriam, quae apud omnes vere in Christum credentes plurimi semper fuit, reliquas etiam ob causas supra dictas, Ecclesia Anglicana eius signum in Baptizando usque retinendum censuerit, secuta nimirum ea in re Primitivas et Apostolicas Ecclesias, atque hunc Characterem pro licita externa caeremonia reputans et symbolo honorifico, per quod Infans illius obsequio, qui Crucis mortem subiit, in perpetuum votus esset et mancipatus; id quod ex verbis in Libro publicae Liturgiae expressis facillime potest perspici. Postremo quum usus signi huius in Baptismo in Ecclesia Anglicana purgatus sit ab omni Papistica superstitione ac errore et in primariam institutionem vindicatus; nos (freti Ortho-

Sunday next after their birth, or other Holy-day falling between, unless
upon a great and reasonable cause, to be approved by the Curate. [1])

And also they shall warn them, that without like great cause and ne-
cessity they procure not their Children to be baptized at home in their
houses. But when neet shall compel them so to do, then Baptism shall
be administered on this fashion: [2])

First, let the Minister of the Parish (or, in his absence, any other
lawful Minister that can be procured) with them that are present call upon
God, and say the Lord's Prayer, and so many of the Collects appointed to
be said before in the Form of Publick Baptism, as the time and present
exigence will suffer. And then, the Child being named by some one that
is present, the Minister shall pour Water upon it, saying these words; [3])

N. I baptize thee In the Name of the Father, and of the
Son, and of the Holy Ghost. Amen.

Then, all kneeling down, the Minister shall give thanks unto God,
and say, [4])

We yield thee hearty thanks, most merciful Father, that it
hath pleased thee to regenerate *this Infant* with thy holy Spirit,

---

doxis iis doctrinae regulis, de rebus mediis et adiaphoris, quae Divino Canoni,
ac Patrum antiquorum concordi sententiae iudicamus esse consentaneas) privati
cuiusque tum Ministri tum alterius personae cuiuscunque statuimus esse, verum
eiusdem usum, publica Authoritate praescriptum reverenter amplecti ac recipere,
praesertim cum intelligant, res alioqui medias ac indifferentes naturam suam ali-
quo modo mutare, postquam sub legitimi Magistratus edictum vel interdictum
venerint, neque pro cuiusque libitu praeter legem omittendas esse, cum praeci-
piunt, nec, cum prohibentur, observandas.

1) El.: The Pastors and Curates shall oft admonish the people that they
defer not the Baptism of infants any longer than the Sunday, or other holy day
next after the child be born, unless upon a great and reasonable cause decla-
red to the Curate and by him approved. Am. ommittunt: to be approved by the
Curate.

2) Et hic baptismus privatus maxime invisus est Puritanis. Tilenus Parae-
nesis ad Scotos p. 50 sq.: ,,Religiosiores sunt istius disciplinae Zelotae Paulo et
Sila; quibus nec nocturnum tempus intempestivum, nec sordidus carceris locus
parum honorificus ad sacri lavacri administrationem videbatur. — Ne amplissi-
mus quidem coetus illustriorem promissionem iactare potest ea, quae exstat Matth.
18, 20 ,,Ubi duo aut tres congregati fuerint etc.''

3) El.: First, let them that be present call upon God for his grace and say
the Lord's Prayer, if the time will suffer. And then one of them shall name the
child and dip him in the water or pour water upon him, saying these words.

4) Una cum precibus subsequentibus omissum in El. Am. non praescribit
genuflexionem.

to receive *him* for thine own *Child* by adoption, and to incor-
porate *him* into thy holy Church. And we humbly beseech thee
to grant, that as *he is* now made *partaker* of the death of thy
Son, so *he* may be also of his resurrection; and that finally,
with the residue of thy Saints, *he* may inherit thine everlasting
kingdom; through the same thy Son Jesus Christ our Lord.
Amen. [1])

And let them not doubt, but that the Child so baptized is lawfully
and sufficiently baptized, and ought not to be baptized again. Yet ne-
vertheless, if the Child, which is after this sort baptized, do afterward
live, it is expedient that it be brought into the Church, to the intent that,
if the Minister of the same Parish did himself baptize that Child, the Con-
gregation may be certified of the true Form of Baptism, by him privately
before used: In which case he shall say thus, [2])

I certify you, that according to the due and prescribed
Order of the Church, *at such a time*, and *at such a place*, be-
fore divers witnesses I baptized this Child. [3])

But if the Child were baptized by any other lawful Minister, then the
Minister of the Parish, where the Child was born or christened, shall
examine and try whether the Child be lawfully baptized, or no. In which
case, if those that bring any Child to the Church do answer, that the same
Child is already baptized, then shall the Minister examine them further,
saying, [4])

By whom was this Child baptized?

Who was present when this Child was baptized?

Because some things essential to this Sacrament may happen
to be omitted through fear or haste, in such times of extremity;
therefore I demand further of you.

---

1) Oratio Americana ad verbum conspirat cum ea quae publico baptismo
adsignata est p. 446.

2) El.: — again in the church — intent the priest may examine and try,
whether the child be lawfully baptized or no. And if those that bring any child
to the church do answer that he is already baptized, then shall the Priest examine
them further: By whom &c.

3) Praetermissum in El. ut adnotatio quae sequitur.

4) Am.: But if the Child were baptized by any other lawful Minister, then
the Minister of the Parish where the Child was born or christened, shall examine
whether the same hath been lawfully done. And if the Minister shall find, by
the answers of such as bring the Child, that all things were done as they ought
to be; then shall not he christen the Child again, but shall receive him as one
of the flock of true Christian People, saying thus: I certify you &c.

With what matter was this Child baptized?
With what words was this Child baptized? [1])

And if the Minister shall find by the answers of such as bring the Child, that all things were done as they ought to be; then shall not he christen the Child again, but shall receive him as one of the flock of true Christian people, saying thus,

I certify you, that in this case all is well done, and according unto due order, concerning the baptizing of this Child; who being born in original sin, and in the wrath of God, is now, by the laver of Regeneration in Baptism, received into the number of the children of God, and heirs of everlasting life: for our Lord Jesus Christ doth not deny his grace and mercy unto such Infants, but most lovingly doth call them unto him, as the holy Gospel doth witness to our comfort on this wise. [2])

St. Mark x. 13.

They brought young children to Christ, &c.

After the Gospel is read, the Minister shall make this brief Exhortation upon the words of the Gospel.

Beloved, ye hear in this Gospel &c. ut p. 447.

Our Father, which art in heaven, &c.

Almighty and everlasting God, heavenly Father, we give thee humble thanks, ut p. 448. [3])

Then shall the Priest demand the Name of the Child; which being by the Godfathers and Godmothers pronounced, the Minister shall say,

Dost thou, in the name of this Child, renounce the devil and all his works, ut p. 449.

Answer. I renounce them all.

Minister. Dost thou believe in God the Father Almighty, Maker of heaven &c.

Answer. All this I stedfastly believe.

---

1) Interrogationes ab Am. omissae. El. in prima et secunda convenit cum libro hodierno, discrepat in reliquis: Whether they called upon God for grace and succour in that necessity? With what thing, or what matter they did Baptize the child? With what Words the child was baptized? Whether they think the child to be lawfully and perfectly Baptized?

2) Am.: — wise. Then the Minister shall say as follows; or else shall pass on to the Questions addressed to the Sponsors. Hear the words of the Gospel, written by St. Mark in the tenth chapter at the thirteenth verse.

3) Desideratur oratio in El. et Am.

Minister. Wilt thou then obediently keep God's holy will and commandments, and walk in the same all the days of thy life?

Answer. I will.

Then the Priest shall say,

We receive this Child into the congregation of Christ's flock, (the Priest shall make a Cross upon the Child's forehead,) and do sign *him* with the sign of the Cross, in token that hereafter *he* shall not be ashamed to confess the faith of Christ crucified, and manfully to fight under his banner, against sin, the world, and the devil; and to continue Christ's faithful soldier and servant unto *his* life's end. Amen.

Then shall the Priest say,

Seeing now, dearly beloved brethren, &c. ut p. 452.

Then shall the Priest say,

We yield thee most hearty thanks, &c. ut p. 452. [1]

Then, all standing up, the Minister shall make this Exhortation to the Godfathers and Godmothers.

Forasmuch as *this Child hath* promised &c. p. 453.

But if they which bring the Infant to the Church do make such uncertain answers to the Priest's questions, as that it cannot appear that the Child was baptized with Water, In the Name of the Father, and of the Son, and of the Holy Ghost, (which are essential parts of Baptism,) then let the Priest baptize it in the form before appointed for Publick Baptism of Infants; saving that at the dipping of the Child in the Font, he shall use this form of words. [2]

If thou art not already baptized, *N.* I baptize thee In the Name of the Father, and of the Son, and of the Holy Ghost. Amen. [3]

---

1) In libro Elisab. Renuntiationes et Interrogationes proxime sequitur Oratio: Almighty and everlasting God, heavenly Father p. 448, deinceps Exhortatio: Forasmuch as this child &c. p. 453, denique adiicitur: And so forth as in Public Baptism. Am. addit Exhortationi: Ye are to take &c. ut p. 453.

2) El.: But if they which bring the infants to the Church, do make an uncertain answer to the Priest's questions and say that they cannot tell what they thought, did or said, in that great fear and trouble of mind (as often times it chanceth) than let the Priest Baptize him in form above written, concerning Public Baptism, saying &c.

3) Manuale Sarisber.: Si vero dubitet rationabiliter sacerdos utrum infans ad baptizandum sibi oblatus prius in forma debita fuerit baptizatus, vel non:

THE MINISTRATION OF BAPTISM TO SUCH AS ARE OF RIPER YEARS,

and able to Answer for themselves. [1])

When any such persons, as are of riper years, are to be baptized, timely notice shall be given to the Bishop, or whom he shall appoint for that purpose, a week before at the least, by the Parents, or some other discreet persons; that so due care may be taken for their Examination, whether they be sufficiently instructed in the Principles of the Christian Religion; and that they may be exhorted to prepare themselves with Prayers and Fasting for the receiving of this holy Sacrament. [2])

And if they shall be found fit, then the Godfathers and Godmothers (the people being assembled upon the Sunday or Holy-day appointed) shall be ready to present them at the Font immediately after the Second Lesson, either at Morning or Evening Prayer, as the Curate in his discretion shall think fit.

And standing there, the Priest shall ask, whether any of the persons here presented be baptized, or no: If they shall answer, *No;* then shall the Priest say thus,

Dearly beloved, forasmuch as all men are conceived and born in sin, &c. ut p. 445.

Then shall the Priest say,

Let us pray.

(And here all the Congregation shall kneel.) [3])

Almighty and everlasting God, who of thy great mercy didst save Noah and his family in the ark &c. ut p. 446.

---

debet omnia perficere cum eo sicut cum alio quem constat sibi non baptizatum, praeterquam quod verba sacramentalia essentialia proferre debeat sub conditione, hoc modo dicendo: *N.* si baptizatus es, ego non rebaptizo te: sed si nondum baptizatus es, ego baptizo te in nomine Patris et Filii et Spiritus Sancti. Amen.

Am.: „If Infant Baptism, and the receiving of Infants baptized in private, are to be at the same time, the Minister may make the Questions to the Sponsors and the succeding Prayers serve for both. And again, after the Immersion, or the pouring of Water, and the receiving into the Church, the Minister may use the Remainder of the Service for both.“

1) Caput de Adultorum Baptismo nondum receptum est in libro El.

2) Am.: When any such Persons as are of Riper Years are to be baptized, timely notice shall be given to the Minister; that so due care may be taken for their examination, whether they be sufficiently instructed in the Principles of the Christian Religion; and that they may be exhorted to prepare themselves, &c.

3) Praetermissa in Am.

Almighty and immortal God, &c. ut p. 446.

Then shall the people stand up, and the Priest shall say, [1])

Hear the words of the Gospel, written by Saint *John*, in the third Chapter, beginning at the first Verse.

St. John iii. 1.

There was a man of the Pharisees, named Nicodemus &c. — so is every one that is born of the Spirit

After which he shall say this Exhortation following.

Beloved, ye hear in this Gospel the express words of our Saviour Christ, that except a man be born of water and of the Spirit, he cannot enter into the kingdom of God. Whereby ye may perceive the great necessity of this Sacrament, where it may be had. Likewise, immediately before his ascension into heaven, (as we read in the last Chapter of Saint Mark's Gospel,) he gave command to his disciples, saying, Go ye into all the world, and preach the Gospel to every creature. He that believeth and is baptized shall be saved; but he that believeth not shall be damned. Which also sheweth unto us the great benefit we reap thereby. For which cause Saint Peter the Apostle, when upon his first preaching of the Gospel many were pricked at the heart, and said to him and the rest of the Apostles, Men and brethren, what shall we do? replied and said unto them, Repent, and be baptized every one of you for the remission of sins, and ye shall receive the gift of the Holy Ghost. For the promise is to you and your children, and to all that are afar off, even as many as the Lord our God shall call. And with many other words exhorted he them, saying, Save yourselves from this untoward generation. For (as the same Apostle testifieth in another place) even Baptism doth also now save us, (not the putting away of the filth of the flesh, but the answer of a good conscience towards God,) by the resurrection of Jesus Christ. Doubt ye not therefore, but earnestly believe, that he will favourably receive *these* present *persons*, truly repenting and coming unto him by faith; that he will grant *them* remission of *their* sins, and bestow upon *them* the holy Ghost; that he will give *them* the blessing of eternal life, and make *them partakers* of his everlasting kingdom.

---

1) Am.: Then the Minister shall say.

Wherefore we being thus persuaded of the good will of our heavenly Father towards *these persons*, declared by his Son Jesus Christ; let us faithfully and devoutly give thanks to him, and say,

Almighty and everlasting God, heavenly Father, &c. ut p. 448.

Then the Priest shall speak to the persons to be baptized on this wise:

Well-beloved, who are come hither desiring to receive holy Baptism, *ye* have heard how the congregation hath prayed, that our Lord Jesus Christ would vouchsafe to receive you and bless you, to release you of your sins, to give you the kingdom of heaven, and everlasting life. *Ye* have heard also, that our Lord Jesus Christ hath promised in his holy Word to grant all those things that we have prayed for; which promise he, for his part, will most surely keep and perform.

Wherefore, after this promise made by Christ, *ye* must also faithfully, for your part, promise in the presence of these your Witnesses, and this whole congregation, that *ye* will renounce the devil and all his works, and constantly believe God's holy Word, and obediently keep his commandments.

Then shall the Priest demand of each of the persons to be baptized, severally, these Questions following: [1]

Question. Dost thou renounce the devil and all his works, the vain pomp and glory of the world, with all covetous desires of the same, and the carnal desires of the flesh, so that thou wilt not follow, nor be led by them?

Answer. I renounce them all.

Question. Dost thou believe in God the Father Almighty, Maker of heaven and earth &c.

Answer. All this I stedfastly believe.

Question. Wilt thou be baptized in this faith?

Answer. That is my desire.

Question. Wilt thou then obediently keep God's holy will and commandments, and walk in the same all the days of thy life?

Answer. I will endeavour so to do, God being my helper. [2]

---

1) Am.: The Minister shall then demand of the Persons to be baptized as follows; the Questions being considered as addressed to them severally, and the Answers to be made accordingly.

2) Discrepantias libri Americani quaeras p. 449.

Then shall the Priest say,

O merciful God, grant that the old Adam &c. ut p. 449.

Almighty, everliving God, whose most dearly beloved Son Jesus Christ, for the forgiveness of our sins, &c. ut p. 450.

Then shall the Priest take each person to be baptized by the right hand, and placing him conveniently by the Font, according to his discretion, shall ask the Godfathers and Godmothers the Name; and then shall dip him in the water, or pour water upon him, saying,

N. I baptize thee In the Name of the Father, and of the Son, and of the holy Ghost. Amen.

Then shall the Priest say,

We receive this person into the congregation of Christ's flock; (here the Priest shall make a Cross upon the person's forehead,) and do sign *him* with the sign of the Cross, in token that hereafter *he* shall not be ashamed to confess the faith of Christ crucified, and manfully to fight under his banner, against sin, the world, and the devil; and to continue Christ's faithful soldier and servant unto *his* life's end. Amen.

Then shall the Priest say,

Seeing now, dearly beloved brethren, that *these persons are* regenerate, &c. ut p. 452.

Then shall be said the Lord's Prayer, all kneeling.

Our Father, which art in heaven, &c.

We yield thee humble thanks, O heavenly Father, that thou hast vouchsafed to call us to the knowledge of thy grace, and faith in thee; Increase this knowledge, and confirm this faith in us evermore. Give thy holy Spirit to *these persons;* that, being now born again, and made *heirs* of everlasting salvation, through our Lord Jesus Christ, *they* may continue thy *servants*, and attain thy promises; through the same Lord Jesus Christ thy Son, who liveth and reigneth with thee, in the unity of the same Holy Spirit, everlastingly. Amen.

Then, all standing up, the Priest shall use this Exhortation following; speaking to the Godfathers and Godmothers first.

Forasmuch as *these persons have* promised in your presence to renounce the devil and all his works, to believe in God, and to serve him; ye must remember, that it is your part and duty to put *them* in mind, what a solemn vow, promise, and profession *they have* now made before this congregation, and especially before you *their* chosen witnesses. And ye are also to call upon *them* to use all diligence to be rightly instructed in God's holy Word; that so *they* may grow in grace, and in the knowledge of our Lord Jesus Christ, and live godly, righteously, and soberly in this present world.

(And then, speaking to the new baptized persons, he shall proceed, and say,)

And as for you, who have now by Baptism put on Christ, it is your part and duty also, being made the *children* of God and of the light, by faith in Jesus Christ, to walk answerably to your Christian calling, and as becometh the children of light; remembering always that Baptism representeth unto us our profession; which is, to follow the example of our Saviour Christ, and to be made like unto him; that as he died, and rose again for us; so should we, who are baptized, die from sin, and rise again unto righteousness; continually mortifying all our evil and corrupt affections, and daily proceeding in all virtue and godliness of living.

It is expedient that every person, thus baptized, should be confirmed by the Bishop so soon after his Baptism as conveniently may be; that so he may be admitted to the holy Communion.

If any persons not baptized in their infancy shall be brought to be baptized before they come to years of discretion to answer for themselves; it may suffice to use the Office for Publick Baptism of Infants, or (in case of extreme danger) the Office for Private Baptism: only changing the word [*Infant*] for [*Child* or *Person*] as occasion requireth. [1]

---

1) Addit Am. haec: Whereas necessity may require the baptizing of Adults in private houses, in consideration of extreme sickness; the same is hereby allowed in that case. And a convenient number of persons shall be assembled in the house where the Sacrament is to be performed. And in the exhortation, *Well-beloved,* &c. instead of these words, *come hither desiring,* shall be inserted this word, *desirous.* — If there be occasion for the Office of Infant Baptism and that of Adults at the same time, the Minister shall use the exhortation and one of the prayers next following in the Office for Adults; only, in the exhortation and prayer, after the words, *these Persons,* and *these thy Servants,* adding, *and these Infants.* Then the Minister shall proceed to the questions to be demanded in the cases respectively. After the immersion, or the pouring of water, the prayer shall be as in this service; only, after the words, *these Persons,* shall be added, *and these Infants.* After which the remaining part of each service shall be used; first that for Adults, and lastly that for Infants.

A CATECHISM,

that is to say, an instruction to be learned of every person, before he be brought to be confirmed by the Bishop. [1])

Question. What is your Name?

Answer. N. or M.

Question. Who gave you this Name?

Answer. My Godfathers and Godmothers in my Baptism; wherein I was made a member of Christ, the child of God, and an inheritor of the kingdom of heaven.

Question. What did your Godfathers and Godmothers then for you?

---

1) El. Catechismo praemittit generalia quaedam praemonita atque praecepta.

To the end that Confirmation may be ministered to the more edifying of such as shall receive it (according unto St. Paul's doctrine, who teacheth, that all things should be done in the Church to the edification of the same) it is thought good that none hereafter shall be confirmed, but such as can say in their mother tongue the articles of the faith, the Lord's Prayer, and the ten Commandments: and can also answer to such questions of this short Catechism, as the Bishop (or such as he shall appoint) shall by his discretion appose them in: and this order is most convenient to be observed for divers considerations.

First, because that when children come to the years of discretion, and have learned what their godfathers and godmothers promised for them in Baptism, they may then themselves with their own mouth, and with their own consent, openly before the church, ratify and confirm the same: and also promise that, by the grace of God, they will evermore endeavour themselves faithfully to observe and keep such things, as they by their own mouth and confession have assented unto.

Secondly, forasmuch as Confirmation is ministered to them that be Baptized, that by imposition of hands and prayer they may receive strength, and defence against all temptations to sin, and the assaults of the world, and the Devil: it is most meet to be ministered when children come to that age, that partly by the frailty of their own flesh, partly by the assaults of the world and the Devil, they begin to be in danger to fall into sundry kinds of sin.

Thirdly, for that it is agreeable with the usage of the Church in times past, whereby it was ordained that Confirmation should be ministered to them that were of perfect age, that they, being instructed in Christ's religion, should openly profess their own faith, and promise to be obedient unto the will of God.

And that no man shall think that any detriment shall come to children by deferring of their Confirmation, he shall know for truth that it is certain by God's word, that children, being baptized, have all things necessary for their salvation, and be undoubtedly saved.

Answer. They did promise and vow three things in my name. First, that I should renounce the devil and all his works, the pomps and vanity of this wicked world, and all the sinful lusts of the flesh. Secondly, that I should believe all the Articles of the Christian Faith. And thirdly, that I should keep God's holy will and commandments, and walk in the same all the days of my life.

Question. Dost thou not think that thou art bound to believe, and to do, as they have promised for thee?

Answer. Yes verily; and by God's help so I will. And I heartily thank our heavenly Father, that he hath called me to this state of salvation, through Jesus Christ our Saviour. And I pray unto God to give me his grace, that I may continue in the same unto my life's end.

Catechist. Rehearse the Articles of thy Belief.

Answer. I believe in God the Father Almighty, Maker of heaven and earth:

And in Jesus Christ his only Son our Lord, Who was conceived by the Holy Ghost, Born of the Virgin Mary, Suffered under Pontius Pilate, Was crucified, dead, and buried, He descended into hell; The third day he rose again from the dead, He ascended into heaven, And sitteth at the right hand of God the Father Almighty; From thence he shall come to judge the quick and the dead.

I believe in the Holy Ghost; The holy Catholick Church; The Communion of Saints; The Forgiveness of sins; The Resurrection of the body; And the Life everlasting. Amen.

Question. What dost thou chiefly learn in these Articles of thy Belief?

Answer. First, I learn to believe in God the Father, who hath made me, and all the world.

Secondly, in God the Son, who hath redeemed me, and all mankind.

Thirdly, in God the Holy Ghost, who sanctifieth me, and all the elect people of God.

Question. You said, that your Godfathers and Godmothers did promise for you, that you should keep God's Commandments. Tell me how many there be?

Answer. Ten.

Question. Which be they?

Answer. The same which God spake in the twentieth Chapter of Exodus, saying, I am the Lord thy God, who brought thee out of the land of Egypt, out of the house of bondage.

I.   Thou shalt have none other gods but me.

II.   Thou shalt not make to thyself any graven image, nor the likeness of any thing that is in heaven above, or in the earth beneath, or in the water under the earth.   Thou shalt not bow down to them, nor worship them: for I the Lord thy God am a jealous God, and visit the sins of the fathers upon the children, unto the third and fourth generation of them that hate me, and shew mercy unto thousands in them that love me, and keep my commandments.

III.   Thou shalt not take the Name of the Lord thy God in vain: for the Lord will not hold him guiltless that taketh his Name in vain.

IV.   Remember that thou keep holy the Sabbath-day.   Six days shalt thou labour, and do all that thou hast to do; but the seventh day is the Sabbath of the Lord thy God.   In it thou shalt do no manner of work, thou, and thy son, and thy daughter, thy man-servant, and thy maid-servant, thy cattle, and the stranger that is within thy gates.   For in six days the Lord made heaven and earth, the sea, and all that in them is, and rested the seventh day; wherefore the Lord blessed the seventh day, and hallowed it.

V.   Honour thy father and thy mother, that thy days may be long in the land which the Lord thy God giveth thee.

VI.   Thou shalt do no murder.

VII.   Thou shalt not commit adultery.

VIII.   Thou shalt not steal.

IX. Thou shalt not bear false witness against thy neighbour.

X.   Thou shalt not covet thy neighbour's house, thou shalt not covet thy neighbour's wife, nor his servant, nor his maid, nor his ox, nor his ass, nor any thing that is his.

Question.   What dost thou chiefly learn by these commandments?

Answer.   I learn two things: my duty towards God, and my duty towards my Neighbour.

Question.   What is thy duty towards God?

Answer.   My duty towards God, is to believe in him, to

fear him, and to love him with all my heart, with all my mind, with all my soul, and with all my strength; to worship him, to give him thanks, to put my whole trust in him, to call upon him, to honour his holy Name and his Word, and to serve him truly all the days of my life.

Question. What is thy duty towards thy Neighbour?

Answer. My duty towards my Neighbour, is to love him as myself, and to do to all men, as I would they should do unto me: To love, honour, and succour my father and mother: To honour and obey the Queen and all that are put in authority under her: To submit myself to all my governours, teachers, spiritual pastors and masters: To order myself lowly and reverently to all my betters: To hurt no body by word or deed: To be true and just in all my dealing: To bear no malice nor hatred in my heart: To keep my hands from picking and stealing, and my tongue from evil-speaking, lying, and slandering: To keep my body in temperance, soberness, and chastity: Not to covet nor desire other men's goods; but to learn and labour truly to get mine own living, and to do my duty in that state of life, unto which it shall please God to call me. [1])

Catechist. My good child, know this; 'that thou art not able to to these things of thyself, nor to walk in the Commandments of God, and to serve him, without his special grace; which thou must learn at all times to call for by diligent prayer. Let me hear therefore, if thou canst say the Lord's Prayer.

Answer. Our Father, which art in heaven, Hallowed be thy Name. Thy kingdom come. Thy will be done in earth. At is in heaven. Give us this day our daily bread. And forgive us our trespasses, As we forgive them that trespass against us. And lead us not into temptation; But deliver us from evil. Amen.

Question. What desirest thou of God in this Prayer?

Answer. I desire my Lord God our heavenly Father, who is the giver of all goodness, to send his grace unto me, and to all people; that we may worship him, serve him, and obey him, as we ought to do. And I pray unto God, that he will

---

1) El. — king and his ministers. Am.: — to honour and obey the civil Authority.

send us all things that be needful both for our souls and bodies;
and that he will be merciful unto us, and forgive us our sins;
and that it will please him to save and defend us in all dangers
ghostly and bodily; and that he will keep us from all sin and
wickedness, and from our ghostly enemy, and from everlasting
death. And this I trust he will do of his mercy and goodness,
through our Lord Jesus Christ. And therefore I say, Amen,
So be it. [1])

Question. How many Sacraments hath Christ ordained in
his Church?

Answer. Two only, as generally necessary to salvation,
that is to say, Baptism, and the Supper of the Lord.

Question. What meanest thou by this word S a c r a m e n t?

Answer. I mean 'an outward and visible sign of an inward
and spiritual grace given unto us, ordained by Christ himself,
as a means whereby we receive the same, and a pledge to
assure us thereof.

Question. How many parts are there in a Sacrament?

Answer. Two; the outward visible sign, and the inward
spiritual grace.

Question. What is the outward visible sign or form in
Baptism?

Answer. Water; wherein the person is baptized In the
Name of the Father, and of the Son, and of the Holy Ghost.

Question. What is the inward and spiritual grace?

Answer. A death unto sin, and a new birth unto right-
eousness: for being by nature born in sin, and the children of
wrath, we are hereby made the children of grace.

Question. What is required of persons to be baptized?

Answer. Repentance, whereby they forsake sin; and Faith,
whereby they stedfastly believe the promises of God made to
them in that Sacrament.

Question. Why then are Infants baptized, when by reason
of their tender age they cannot perform them?

Answer. Because they promise them both by their sure-
ties; which promise, when they come to age, themselves are
bound to perform.

---

1) Omnia quae sequuntur, non leguntur in El.

III.   31

Question. Why was the Sacrament of the Lord's Supper ordained?

Answer. For the continual remembrance of the sacrifice of the death of Christ, and of the benefits which we receive thereby.

Question. What is the outward part or sign of the Lord's Supper?

Answer. Bread and Wine, which the Lord hath commanded to be received.

Question. What is the inward part, or thing signified?

Answer. The Body and Blood of Christ, which are verily and indeed taken and received by the faithful in the Lord's Supper.

Question. What are the benefits whereof we are partakers thereby?

Answer. The strengthening and refreshing of our souls by the Body and Blood of Christ, as our bodies are by the Bread and Wine.

Question. What is required of them who come to the Lord's Supper?

Answer. To examine themselves, whether they repent them truly of their former sins, stedfastly purposing to lead a new life; have a lively faith in God's mercy through Christ, with a thankful remembrance of his death; and be in charity with all men.

The Curate of every Parish shall diligently upon Sundays and Holydays, after the second Lesson at Evening Prayer, openly in the Church instruct and examine so many Children of his Parish sent unto him, as he shall think convenient, in some part of this Catechism. [1]

---

1) El.: — parish or some other at his appointment, shall diligently upon Sundays and Holy-Days, half an hour before Evensong — as the time will serve and as he shall think convenient. Am.: — Holy Days or on some other convenient occasions openly. Canon LIX: Quilibet Rector, Vicarius et Curatus singulis diebus dominicis et festivis ante preces vespertinas (ad semihorae spatium vel amplius) iuventutem et plebem rudiorem suae Parochiae examinabit et instituet in Decalogo, Symbolo Apostolico et Oratione Dominica eosque diligenter audiet in Catechismo, qui exstat in libro precum publicarum: omnesque Patres et Matres-familias iubebunt liberos ac famulos suos, qui dictum Catechismum nondum tenent, tempore constituto ecclesiam adire, ut Ministro diligenter et humiliter auscultent et obtemperent, donec eundem perdidicerint. Quod si quis Minister in hoc officio negligens fuerit et remissus, re ad Episcopum vel Loci

And all Fathers, Mothers, Masters, and Dames, shall cause their Children, Servants, and Apprentices, (which have not learned their Catechism,) to come to the Church at the time appointed, and obediently to hear, and be ordered by the Curate, until such time as they have learned all that is here appointed for them to learn.

So soon as Children are come to a competent age, and can say, in their Mother Tongue, the Creed, the Lord's Prayer, and the Ten Commandments; and also can answer to the other Questions of this short Catechism; they shall be brought to the Bishop. And every one shall have a God-father, or a Godmother, as a Witness of their Confirmation. [1])

Ordinarium delata et debite intimata, primum acriter corripiatur: si hic se sub-mittens, deinceps tamen in eadem re volens deliquerit, suspensionis sententiam incurrat. Si tertio offenderit (quandoquidem exigua spes restat, illum hac in parte reformandi) excommunicationis censura, donec se correxerit, obstrictus usque teneatur. Simili modo si qui Parentes, Patres aut Matres-familiarum vel eorum liberi, apprenticii, famulive officio hac in re defuerint, illi quidem non com-pellendi suos, ut veniant, hi vero, ne discant, recusando, per Ordinarium suum (modo adulti sint) suspensione plectantur, et si per mensem sic perstiterint, ex-communicentur. Wendeborn p. 63: „In den bischöflichen Kirchen solte, nach den ins Gebetbuch eingerückten Verordnungen, von dem Pfarrer des Son-tags nachmittage, Kinderlehre gehalten werden. So nützlich aber auch derglei-chen Catechisationen seyn würden, so wenig werden sie doch gehalten. Der Catechismus der bischöflichen Kirche, den man im Common prayer Book antrift, bestehet, wie ich schon anderwärts gesagt, aus drei bis vier Seiten. Desto nöthi-ger wäre es, den Kindern, die ihn ohne Verstand lernen, denselben zu erleutern. Verschiedene bischöfliche Geistlichen haben über diesen kurzen Kirchencatechis-mus umständliche Erklärungen geschrieben. Die vom Erzbischofe Wake, (The principles of the christian religion explained in a brief commentary upon the church-catechism, by William Wake, D. D. Absh. of Cant. 1769. 12mo.) welche sehr oft ist aufgelegt worden, ist ohnzweifel die vorzüglichste. Er schrieb sie, wie er noch Bischof von Lincoln war and dedicirte sie der Geistlichkeit seines Kirchsprengels. In dieser Dedication ist eine kurze Geschichte der englischen Catechisation und des Kirchencatechismus enthalten. Der Bischof beklagt sich darin, unter andern, sehr über das Unterlassen des sontägigen Catechisirens, und dass man statt dessen, Geistliche, unter dem Namen afternoon lecturers oder Nachmittagsprediger miethe, um nach den Einfällen einiger Eingepfarreten zu predigen." Ceterum multi theologi Germaniae, proh dolor admodum verbosi et fatigantes auditores per ambages, vituperant Catechismum Anglicanum, utpote minus angustis finibus comprehensum. At vero, ut taceam, omnia in his paginis contineri quae antiquissima et sincera ecclesia Catechumenos callere duxerit ne-cessarium, quantum in hoc libro inest roboris ac nervorum, tanta est consolatio. Itaque ex mea sententia Angliae libellus Catechismo Lutheri minori haud paullo inferior est existimandus.

1) El.: So soon as the children can say in their mother tongue the articles of the faith, the Lord's prayer, and the x. Commandments: and also can answer

And whensoever the Bishop shall give knowledge for Children to be brought unto him for their Confirmation, the Curate of every Parish shall either bring, or send in writing, with his hand subscribed thereunto, the names of all such persons within his Parish, as he shall think fit to be presented to the Bishop to be confirmed. And, if the Bishop approve of them, he shall confirm them in manner following. [1])

---

to such questions of this short Catechism, as the Bishop (or such as he shall appoint) shall by his discretion appose them in: then shall they be brought to the Bishop by one that shall be his Godfather or Godmother, that every child may have a witness of his confirmation. Am.: So soon as Children are come to a competent age, and can say the Creed, the Lord's Prayer and the ten Commandments, and can answer to the other questions of this short Catechism, they shall be brought to the Bishop. Cf. Cod. Lit. I. p. 203. Benthem p. 276: „Es ist solcher Pathe wohl zu Zeiten eben derselbige, welcher bei des Confirmandi Taufe zu Gevatter gestanden; doch wird an den meisten Orten ein Anderer dazu genommen."

1) Canon LX: Cum solennis, antiqua et laudabilis in Ecclesia Dei consuetudo fuerit, ab ipsis usque Apostolorum temporibus observata, ut Episcopi quique parvulis baptizatis, et in Catechismo Christianae Religionis instructis manus imponentes, super illis orarent ac benedicerent (quod vulgo Confirmatio nominatur) cumque in triennali Episcoporum visitatione mos sanctissimi istius operis peragendi in Ecclesia per multas aetates obtinuerit; volumus et ordinamus, ut quilibet Episcopus vel Suffraganeus in consueta visitatione sua morem et ritum illum in propria persona diligenter observet; quod si tertio demum anno aliqua infirmitate impeditus visitationem suam personaliter obire nequeat, at saltem illud Confirmationis munus proximo anno (prout commode poterit) nequaquam omittet. Canon LXI: Unusquisque Minister curam habens animarum (quo melius instituta et ritus ad confirmationem spectantes, qui in libro publicae Liturgiae praescripti habentur, debite possint conservari) diligenter providebit, ne ulli ad manuum impositionem Episcopo sistantur, nisi qui fidei suae rationem norint reddere, iuxta Catechismum in libro praedicto contentum. Cumque Episcopus huic officio celebrando tempus aliquod certum praefixerit, Minister sedulam dabit operam, ut quam queat plurimos ad hoc instruat, ac inducat, coram Episcopo confirmandos comparere.

Uhden p. 20: „Die Confirmation, als nur dem Bischof zustehend, vermittelt nicht so sehr das Verhältniss des Einzelnen zu dem Lehrer und Seelsorger, als sie die Form ist für die Verbindung mit der ganzen Kirche durch die Organe, welche die Träger der Continuität sind."

THE ORDER OF CONFIRMATION,

or laying on of hands upon those that are baptized and come to years of discretion. [1])

Upon the day appointed, all that are to be then confirmed, being placed, and standing in order, before the Bishop: he (or some other Minister appointed by him) shall read this Preface following.

To the end that Confirmation may be ministered to the more edifying of such as shall receive it, the Church hath thought good to order, That none hereafter shall be Confirmed, but such as can say the Creed, the Lord's Prayer, and the Ten Commandments; and can also answer to such other Questions, as in the short Catechism are contained: which order is very convenient to be observed; to the end, that children, being now come to the years of discretion, and having learned what their Godfathers and Godmothers promised for them in Baptism, they may themselves, with their own mouth and consent, openly before the Church, ratify and confirm the same; and also promise, that by the grace of God they will evermore

------

1) B e n t h e m p. 270: „Es sind unterschiedliche Ursachen, um deren willen dieser Gebrauch beobachtet wird. Denn sie halten es sehr nützlich zu sein, dass die jungen Leute, wenn sie zu Verstande gekommen, und gelernet haben zu erkennen dasjenige, was ihre Gevattern in der Taufe für sie angelobt haben, mit ihrem eignen Munde und Genehmhaltung dasselbe vor der ganzen Versammlung bestätigen und versprechen, wie sie durch erbetne Gnade Gottes selbst danach trachten wollen, dass sie das Versprochne beobachten. Ferner, da sie nunmehr zu solchen Jahren kommen, da sie theils durch die Schwachheit ihres eignen Fleisches und Regung der bösen Lüste, theils durch die Anläufe der Welt und des Teufels in Gefahr gerathen, in Sünde zu fallen, so wollen sie den jungen Leuten durch Auflegung der Hände und das Gebet Stärke dawider schaffen. Und endlich, weil es ein alter Gebrauch ist, dessen sich die Gläubigen von der Apostel Zeit her in der Christlichen Kirche allemal nützlich bedient haben. Doch ist der Engeländischen Kirche Lehre und Meinung nicht, dass die Confirmation den Kindern zur Seligkeit höchst nothwendig sei; sondern sie glaubt und lehret, dass die getauften Kinder Alles, was ihnen zur Seligkeit nöthig, besitzen und sie ohne Confirmation selig sterben können." U h d e n p. 103. „Es ist übrigens die Confirmation in dem bestimmten Alter durchaus nicht allgemein geworden; man sieht bei derselben in den Städten zur Hälfte Erwachsene, ja auch ganz alte Leute. An dem Tage der Handlung nun nehmen die Katechumenen den untern Raum der Kirche ein, die Eltern und Verwandten befinden sich auf den Emporkirchen."

endeavour themselves faithfully to observe such things, as they, by their own confession, have assented unto.

Then shall the Bishop say,

Do ye here, in the presence of God, and of this congregation, renew the solemn promise and vow that was made in your name at your Baptism; ratifying and confirming the same in your own persons, and acknowledging yourselves bound to believe, and to do, all those things, which your Godfathers and Godmothers then undertook for you?

And every one shall audibly answer, I do. [1]

The Bishop. Our help is in the Name of the Lord;

Answer. Who hath made heaven and earth.

Bishop. Blessed be the Name of the Lord;

Answer. Henceforth, world without end.

Bishop. Lord, hear our prayers.

Answer. And let our cry come unto thee. [2]

Bishop. Let us pray.

Almighty and everliving God, who hast vouchsafed to regenerate these thy servants by Water and the holy Ghost, and hast given unto them forgiveness of all their sins; Strengthen them, we beseech thee, O Lord, with the Holy Ghost the Comforter, and daily increase in them thy manifold gifts of grace; the spirit of wisdom and understanding; the spirit of counsel and ghostly strength; the spirit of knowledge and true godliness; and fill them, O Lord, with the spirit of thy holy fear, now and for ever. Amen. [3]

---

1) Haec omnia non leguntur in El. Palmer. 202: „The office of confirmation begins with a preface or address, in which the bishop, or some person appointed by him, reminds the candidates for confirmation of the promises made by their sureties, which they must now themselves renew. This preface, and the following question of the bishop, in which he inquires whether the candidates for confirmation renew the solemn promises and vows made for them at baptism, are probably peculiar to the English office of confirmation; but it would be difficult to find any fault in them; and as we know that the office of baptism in the primitive Gallican church commenced with a preface or address, and there were always questions and vows made in that office, it seems very consistent with ancient customs to place an address and question in the cognate office of confirmation."

2) Cf. Cod. Lit. l. p. 204.

3) Rituale Romanum: „Omnipotens sempiterne Deus, qui regenerare dignatus es hos famulos tuos ex aqua et Spiritu Sancto, quique dedisti eis remissionem

475

Then all of them in order kneeling before the Bishop, he shall lay his hand upon the head of every one severally, saying, [1])

Defend, O Lord, this thy Child [or *this thy Servant*] with thy heavenly grace, that *he* may continue thine for ever; and daily increase in thy holy Spirit more and more, until *he* come unto thy everlasting kingdom.   Amen. [2])

Then shall the Bishop say,

The Lord be with you.

Answer.   And with thy spirit. [3])

And (all kneeling down) the Bishop shall add, [4])

Let us pray.

Our Father, which art in heaven &c. [5])

And this Collect.

Almighty and everliving God, who makest us both to will and to do those things that be good and acceptable unto thy divine Majesty; We make our humble supplications unto thee for these thy servants, upon whom (after the example of thy holy Apostles) we have now laid our hands, to certify them (by this sign) of thy favour and gracious goodness towards them. Let thy fatherly hand, we beseech thee, ever be over them; let thy Holy Spirit ever be with them; and so lead them in the knowledge and obedience of thy Word, that in the end they may obtain everlasting life; through our Lord Jesus Christ, who

---

omnium peccatorum: immitte in eos septiformem Spiritum Sanctum Paraclitum de coelis: spiritum sapientiae et intellectus; spiritum scientiae et pietatis; spiritum consilii et fortitudinis; et imple eos spiritu timoris Domini.“

1) El.: Then the Bishop shall lay his hand upon every child severally saying. Uhden p. 104: „Hier bestieg der Bischof von London bei einer Confirmation, welcher der Verfasser beiwohnte, die Kanzel und hielt eine Anrede an die Katechumenen; dies ist im Formulare nicht erwähnt und auch nicht gebräuchlich. Es waren der Katechumenen etwa 800, von denen immer je zwölf an den Altar hinantraten; nachdem der Bischof an den Einzelnen die Handauflegung stumm vollzogen hatte, sprach er über die Zwölf: Bewahre u. s. w.“

2) Conferae formulam, acceptam vetustae Lutheri ecclesiae: Nehmet hin den heil. Geist, Schutz und Schirm vor allem Bösen, Stärke und Hilfe zu allem Guten, von der gnädigen Hand Gottes des Vaters, des Sohnes und des heil. Geistes.

3) Non reperis in El.

4) El.: Then shall the Bishop say.

5) Iterum desideratur in El.

with thee and the Holy Ghost liveth and reigneth, ever one
God, world without end.   Amen. [1])

O Almighty Lord, and everlasting God, vouchsafe, we
beseech thee, to direct, sanctify, and govern, both our hearts
and bodies, in the ways of thy laws, and in the works of thy
commandments; that, through thy most mighty protection both
here and ever, we may be preserved in body and soul; through
our Lord and Saviour Jesus Christ.   Amen. [2])

Then the Bishop shall bless them, saying thus,

The Blessing of God Almighty, the Father, the Son, and
the Holy Ghost, be upon you, and remain with you for ever.
Amen.

And there shall none be admitted to the holy Communion, until such
time as he be confirmed, or be ready and desirous to be confirmed. [3])

THE FORM OF SOLEMNIZATION OF MATRIMONY:

First the Banns of all that are to be married together must be published
in the Church three several Sundays, during the time of Morning Service,
or of Evening Service (if there be no Morning Service,) immediately after
the second Lesson; the Curate saying after the accustomed manner, [4])

---

1) Palmer. p. 206: „The collect which succeeds is a most excellent form,
but I am not aware that it is very ancient, or that it can be traced in the primi-
tive formularies of the English church, or of any other."

2) Nondum praebet Collectam El. — Wendebornius, iniquus ritus An-
glicani iudex, Anglis imprimit dedecus quod vel optimis liturgiis ex segnitie ac
frigiditate clericorum suscipitur: „Bei den Kinderconfirmationen gehet es sehr
geschwinde her; etwa so wie bei der Firmelung in der römischen Kirche: der
Bischof lieset die im Gebetbuche, bei solchen Gelegenheiten, vorgeschriebenen
Gebete, entweder selbst oder lässet sie durch andere Geistliche vorlesen; legt
darauf den zu confirmirenden die Hand auf und confirmirt wol mehrere Tausende
an einem Tage, weil mehrere Kirchspiele, in einer bestimmten Kirche, sich ver-
sammeln müssen.   Ob die Kinder Kenntnisse der Religion besitzen, darum be-
kümmert man sich sehr wenig.   In London und an andern volkreichen Orten
gehen auch viele ohne Confirmation, zum Abendmahle."

3) Manuale Sarisber.: „Item nullus debet admitti ad sacramentum corporis
et sanguinis Christi Iesu, extra mortis articulum, nisi fuerit confirmatus, vel a
receptione sacramenti confirmationis fuerit rationabiliter impeditus."

4) El.: „First the banns must be asked three several sundays or holydays
in the time of service, the people being present after the accustomed manner."

I publish the Banns of Marriage between *M.* of — and *N.* of —. If any of you know cause, or just impediment, why

---

Formula Denuntiationis non adiecta est. Am.: The laws respecting Matrimony whether by publishing the Banns in Churches or by Licence, being different in the several states; every Minister is left to the direction of these Laws, in every thing that regards the civil contract between the Parties. And when the Banns are published, it shall be in the following form: I publish &c.

Canon XCIX: Nemo Matrimonium contrahat intra gradus divino iure prohibitos, ac expressos, in tabula quadam ex authoritate publica, Anno Domini 1563 edita; omniaque Matrimonia taliter contracta, incesta et illegitima iudicabuntur, et proinde (ut ab initio vacua, sive nulla) dissolventur, partesque ita coniunctae per iuris processum separabuntur. Tabulam autem praedictam in singulis Ecclesiis Parochianorum sumptibus publice proponi, atque affigi volumus. Canon C: Nullis liberis (qui vicesimum primum aetatis suae annum nondum compleverint) absque consensu parentum, aut (defunctis parentibus) tutorum sive gubernatorum suorum, coniugia sive sponsalia licebit contrahere. Canon CI: Nulla in posterum Facultas sive indulgentia, pro Matrimonio absque trina Bannorum denunciatione (iuxta librum Liturgiae) inter quoslibet celebrando, per quamvis iurisdictionem Ecclesiasticam exercentem, vel privilegia ulla Ecclesiae suae nomine sibi vendicantem, nisi tantum per eos, qui Episcopalem authoritatem obtinent, vel per Commissarium ad Facultates, vel sede plena per Archiepiscopi et Episcoporum Vicarios Generales, aut sede vacante per Custodes spiritualitatis, vel Ordinarios Episcopalem iurisdictionem de iure exercentes; et non per alios concedetur; idque duntaxat illustris, ac clarae conditionis hominibus, suae respective iurisdictioni subditis, interposita etiam idonea et sufficienti cautione. Canon CII: Dicta cautio conditiones hasce complectetur. Primo quod tempore eiusdem dispensationis concedendae nullum existit impedimentum ratione praecontractus, consanguinitatis, affinitatis, vel alterius causae cuiuscunque de iure prohibitae, quod dicto matrimonio occurrere, aut obstare possit. Secundo quod nulla controversia, lis, seu querela mota sit, vel pendeat in aliqua Curia coram ullo Iudice Ecclesiastico super aliqdo contractu, vel matrimonio alterutrius dictarum partium cum alia quavis persona. Tertio quod parentum (modo sit in vivis) vel alias tutorum sive gubernatorum suorum expressum consensum hac in parte obtinuerunt. Postremo quod dictum Matrimonium in Ecclesia Parochiali, vel Capella, ubi contrahentium alter commoratur, et non alias, idque publice in facie Ecclesiae inter horas octavam et duodecimam curabunt solennizari. Canon CIII: Ut omnis deinceps fraus et dolus in obtinendis eiusmodi facultatibus evitetur; statuimus insuper et ordinamus, quod ante obtentam facultatem pro matrimonio absque Bannis celebrando, Iudici constabit de expresso consensu parentum, vel parentis (eorum altero defuncto) aut tutorum vel tutoris, per iuramentum duorum fide dignorum testium, quorum unus vel Iudici ipsi, vel alii culpiam bonae existimationis tum praesenti ac eidem etiam Iudici cognito, pro tali innocescet. Et alterius ut alter contrahentium iuramentum subeat, se credere, nullum legitimum impedimentum ratione praecontractus, consanguinitatis, affinitatis, vel alterius causae cuiuscumque de iure prohibitae obstare, nullamque litem aut controversiam in foro aliquo Ecclesiastico, motam esse, quo minus dictum matrimonium iuxta tenorem eiusdem facultatis, ad effectum procedat.

these two persons should not be joined together in holy Matrimony, ye are to declare it. This is the first [*second*, or *third*] time of asking.

And if the persons that are to be married dwell in divers Parishes, the Banns must be asked in both Parishes; and the Curate of the one Parish shall not solemnize Matrimony betwixt them, without a Certificate of the Banns being thrice asked, from the Curate of the other Parish. [1]

At the day and time appointed for solemnization of Matrimony, the persons to be married shall come into the body of the Church with their friends and neighbours: and there standing together, the Man on the right hand, and the Woman on the left, the Priest shall say, [2]

Dearly beloved, we are gathered together here in the sight of God, and in the face of this congregation, to join together this Man and this Woman in holy Matrimony; which is an honourable estate, instituted of God in the time of man's innocency, signifying unto us the mystical union that is betwixt Christ and his Church; which holy estate Christ adorned and beautified with his presence, and first miracle that he wrought, in Cana of Galilee; and is commended of Saint Paul to be honourable among all men: and therefore is not by any to be enterprised, nor taken in hand, unadvisedly, lightly, or wantonly, to satisfy men's carnal lusts and appetites, like brute beasts that have no understanding; but reverently, discreetly, advisedly, soberly, and in the fear of God; duly considering the causes for which Matrimony was ordained.

First, It was ordained for the procreation of children, to be brought up in the fear and nurture of the Lord, and to the praise of his holy Name.

Secondly, It was ordained for a remedy against sin, and to avoid fornication; that such persons as have not the gift

---

1) Omissum in Am. Benthem p. 284: „Damit den unzuverlässigen und heimlichen Trauungen, welche öfter einreissen wollen, desto besser gesteuret würde, so sind scharfe Verordnungen öfter dawider gemachet. Wie dann unter der Regierung Wilhelm III. ernstlich verordnet, dass derjenige Pfarrer, welcher dawider handeln würde, mit 100 Pfund soll gestrafet und so er zum andern Mal das Gebot übertreten sollte, auf 3 Jahre ab officio et beneficio soll suspendiret werden."

2) EL.: At the day appointed — and neighbours. And there the Priest shall thus say. Am.: church, or shall be ready in some proper house. Manuale Sarisber.: Statuantur vir et mulier ante ostium ecclesiae coram Deo et sacerdote et populo, vir a dextris mulieris, et mulier a sinistris viri.

of continency might marry, and keep themselves undefiled members of Christ's body.

Thirdly, It was ordained for the mutual society, help, and comfort, that the one ought to have of the other, both in prosperity and adversity.

Into which holy estate these two persons present come now to be joined. Therefore if any man can shew any just cause, why they may not lawfully be joined together, let him now speak, or else hereafter for ever hold his peace. [1])

And also, speaking unto the persons that shall be married, he shall say,

I require and charge you both, (as ye will answer at the dreadful day of judgment when the secrets of all hearts shall be disclosed,) that if either of you know any impediment, why ye may not be lawfully joined together in Matrimony, ye do now confess it. For be ye well assured, that so many as are coupled together otherwise than God's Word doth allow are not joined together by God; neither is their Matrimony lawful. [2])

At which day of Marriage, if any man do alledge and declare any impediment, why they may not be coupled together in Matrimony, by God's Law, or the Laws of this Realm; and will be bound, and sufficient sureties with him, to the parties; or else put in a Caution (to the full value of such charges as the persons to be married do thereby sustain) to prove

---

1) El.: beloved friends — instituted of God in paradise in the time — One was, the procreation of children — thirdly, for the mutual. Am.: — face of this company — Matrimony, which is commended of Saint Paul — is not by any to be entered into unadvisedly or lightly; but reverently — fear of God. Into this holy estate &c. Manuale Sarisber.: Ecce convenimus huc fratres coram Deo, angelis, et omnibus sanctis eius, in facie ecclesiae, ad coniungendum duo corpora scilicet huius viri, et huius mulieris, (hic respiciet sacerdos personas.) Ut amodo sint una caro, et duae animae, in fide et in lege Dei, ad promerendam simul vitam aeternam, quicquid ante hoc fecerint. Admoneo igitur vos omnes, ut si quis ex vobis aliquid dicere sciat, quare isti adolescentes legitime contrahere non possunt, modo confiteatur.

2) Man. Sarisber.: Idem in lingua materna ad virum et ad mulierem hoc modo: Also I charge you both and eyther be yourselfe, as ye wyll answer before God at the day of dome, that yf there be any thynge done pryvely or openly, betwene yourselfe: or that ye knowe any lawful lettyng why that ye may not be wedded togyder at thys tyme. Say it nowe, or we do any more to this matter.

his allegation: then the solemnization must be deferred, until such time as the truth be tried. [1])

If no impediment be alledged, then shall the Curate say unto the Man,

M. Wilt thou have this Woman to thy wedded wife, to live together after God's ordinance in the holy estate of Matrimony? Wilt thou love her, comfort her, honour, and keep her in sickness and in health; and, forsaking all other, keep thee only unto her, so long as ye both shall live? [2])

The Man shall answer, I will.

Then shall the Priest say unto the Woman,

N. Wilt thou have this Man to thy wedded husband, to live together after God's ordinance in the holy estate of Matrimony? Wilt thou obey him, and serve him, love, honour and keep him in sickness and in health; and, forsaking all other, keep thee only unto him, so long as ye both shall live?

The Woman shall answer, I will. [3])

Then shall the Minister say,

Who giveth this Woman to be married to this Man? [4])

---

1) Am.: The Minister, if he shall have reason to doubt of the lawfulness of the proposed Marriage, may demand sufficient surety for his indemnification; but if no impediment shall be alleged, or suspected, the Minister shall say to the Man. Man. Sarisb.: Si vero aliquis impedimentum aliquod proponere voluerit, et ad hoc probandum cautionem praestiterit, differantur sponsalia quousque rei veritas cognoscatur. Postea dicat sacerdos ad virum cunctis audientibus in lingua materna sic:

2) Man. Sarisb.: *M.* Vis habere hanc mulierem in sponsam, et eam diligere, honorare, tenere, et custodire, sanam, et infirmam, sicut sponsus debet sponsam, et omnes alias propter eam dimittere, et illi soli adhaerere quamdiu vita utriusque vestrum duraverit? *Respondeat vir*, Volo. Cf. Cod. Lit. II. p. 319.

3) Man. Sarisb.: Item dicat sacerdos ad mulierem hoc modo: *N.* Vis habere hunc virum in sponsum et ei obedire et servire, et eum diligere, honorare, ac custodire sanum et infirmum, sicut sponsa debet sponsum, et omnes alios propter eum dimittere, et illi soli adhaerere quamdiu vita utriusque vestrum duraverit? *Respondeat mulier*, Volo.

4) Man. Sarisb.: „Deinde detur femina a patre suo vel ab amicis eius." Benthem p. 286 sq. Diesen sonderlichen Ritum wollen die Engeländische Doctores aus einer alten Gewohnheit der Römer und Christen herführen, und zwar dieser Ursachen willen; weil man allezeit davor hält, dass das schwächere Geschlecht unter dem Titul eines Vatters oder Vormünders sey, deren consens erfordert wird actiones gültig zu machen. Nun aber gebe ihre dieses zu verstehen, dass die Eltern und Verwandten in diese Heyrath gewilliget, und dass der Vatter

Then shall they give their troth to each other in this manner. [1]

The Minister, receiving the Woman at her father's or friend's hands, shall cause the Man with his right hand to take the Woman by her right hand, and to say after him as followeth [2]

I M. take thee N. to my wedded wife, to have and to hold from this day forward, for better for worse, for richer for poorer, in sickness and in health, to love and to cherish, till death us do part, according to God's holy ordinance; and thereto I plight thee my troth. [3]

Then shall they loose their hands; and the Woman, with her right hand taking the Man by his right hand, shall likewise say after the Minister, [4]

I N. take thee M. to my wedded husband, to have and to hold from this day forward, for better for worse, for richer for poorer, in sickness and in health, to love, cherish, and to obey, till death us do part; according to God's holy ordinance; and thereto I give thee my troth. [5]

----

seine Tochter emancipire, und sie in die Freyheit setze, in ihren eigenen Nahmen sich zu engagiren. Dann so soll dieses auch zeigen, dass die Frauens-Personn nicht selbst einen Ehe-Mann suche, sondern durch ihre Freunde jemanden zugeführet sey, da sie hierin vielmehr ihrem Befehl habe folgen wollen, als ihren eigenen Willen und Begierden, welches denn sehr wohl mit der Schamhafftigkeit dieses Geschlechtes überein komme. Dahero dieser Gebrauch bei den Alten gewöhnlich gewesen, worauf zu gehen scheinen die Worte des XLV. Psalms im 13. Vers und des heiligen Pauli in 2 Cor. XI, 2.“

1) Praetermissum in El.

2) El.: — hand, and so either to give their troth to other. The man first saying. Man. Sarisber.: „Vir eam recipiat in Dei fide et sua servandam, sicut vovit coram sacerdote, 'et teneat eam per manum suam dexteram in manu sua dextera, et sic det fidem mulieri per verba de praesenti, ita dicens, docente sacerdote.“

3) Man. Sarisb.: I N. take the N. to my wedded wyf, to have and to holde, fro this day forwarde, for bettere for wors, for richere for porere: in sykenesse and in hele: tyll dethe us departe: if holy chyrche it wol ordeyne: and therto Y plight the my trouthe.

4) El.: — and the woman, taking again the man by the right hand shall say.

5) Man. Sarisber.: Manum retrahendo. Deinde dicat mulier docente sacerdote. I N. take the N. to my wedded husbonde, to have and to holde, fro this day forwarde, for better for wors: for richer for porere: in sykenesse and in hele: to be bonere and buxum, in bedde and at borde, tell dethe us departhe: if holy chyrche it woll ordeyne: and therto I plight the my trouthe.

Then shall they again loose their hands, and the Man shall give unto the Woman a Ring, laying the same upon the book with the accustomed duty to the Priest and Clerk. And the Priest, taking the Ring, shall deliver it unto the Man, to put it upon the fourth finger of the Woman's left hand. And the Man holding the Ring there, and taught by the Priest, shall say, [1])

With this Ring I thee wed, with my body I thee worship, and with all my worldly goods I thee endow: In the Name of the Father, and of the Son, and of the Holy Ghost. Amen. [2])

Then the Man leaving the Ring upon the fourth finger of the Woman's left hand, they shall both kneel down; and the Minister shall say, [3])

Let us pray.

O eternal God, Creator and Preserver of all mankind, Giver of all spiritual grace, the Author of everlasting life; Send thy blessing upon these thy servants, this man and this woman, whom we bless in thy Name; that, as Isaac and Rebecca lived faithfully together, so these persons may surely perform and keep the vow and covenant betwixt them made,

---

1) El.: And the man taught by the priest shall say. Am.: — Ring. And the Minister, taking &c. Man. Sarisb.: Manum retrahendo. Deinde ponat vir aurum, argentum, et annulum super scutum vel librum .... accipiens sacerdos annulum tradet ipsum viro: quem vir accipiat manu sua dextera cum tribus principalibus digitis, a manu sua sinistra; et tenens dexteram sponsae docente sacerdote dicat.

Wendeborn p. 125: „Bei der Trauung werden keine Ringe verwechselt, sondern der Bräutigam legt einen dünnen goldenen Ring, der nicht viel über zehn Schillinge kostet, auf das Buch des Predigers, der ihm denselben zurückgiebt, um ihn an den vierten Finger der linken Hand der Braut zu stecken, welche ihn von der Zeit an beständig trägt, so dass man daran eine verheirathete Frauensperson von einer unverheiratheten unterscheiden kann." Hunc annulum Puritanis esse βδέλυγμα, iam commemoravimus.

2) Man. Sarisber.: With this rynge I the wed, and this gold and silver I the give, and with my body I the worshipe, and with al my worldeley cathel I the endowe: Et tunc inserat sponsus annulum pollici sponsae dicens; In nomine Patris; Deinde secundo digito dicens, Et Filii; Deinde tertio digito dicens, Et Spiritus Sancti; Deinde quarto digito dicens, Amen.

Benthem p. 288: „Mit der Redens Arth: Mit meinem Leibe ehre ich dich; will er zu verstehen geben, dass er sie nicht, wie alters wohl gebräuchlich, zu seiner Concubine nehme, sondern zu seinem ehelichen Weibe, an aller seiner Ehre und Würde solle Theil anhaben; wie solches Hooker in seiner Ecclesiastical Policey l. 5. sect. 73 mit mehrerem zeiget." Am. omittit verba „with my body I thee worshipe."

3) El. Am.: — left hand, the Minister shall say.

(whereof this Ring given and received is a token and pledge,) and may ever remain in perfect love and peace together, and live according to thy laws; through Jesus Christ our Lord. Amen. [1])

Then shall the Priest join their right hands together, and say :

Those whom God hath joined together let no man put asunder.

Then shall the Minister speak unto the people, [2])

Forasmuch as *M.* and *N.* have consented together in holy wedlock, and have witnessed the same before God and this company, and thereto have given and pledged their troth either to other, and have declared the same by giving and receiving of a Ring, and by joining of hands; I pronounce that they be Man and Wife together, In the Name of the Father, and of the Son, and of the Holy Ghost. Amen.

And the Minister shall add this Blessing.

God the Father, God the Son, God the Holy Ghost, bless, preserve, and keep you; the Lord mercifully with his favour look upon you; and so fill you with all spiritual benediction and grace, that ye may so live together in this life, that in the world to come ye may have life everlasting. Amen. [3])

Then the Minister or Clerks, going to the Lord's Table, shall say or sing this Psalm following.

Beati omnes. Psalm cxxviii.

Blessed are all they that fear the Lord: and walk in his ways &c.

---

1) Am. praemittit bis precibus Orationem Dominicam. Compares Benedictionem Annuli in Rituali Sarisberiensi: Creator et conservator humani generis; dator gratiae spiritualis; largitor aeternae salutis; tu Domine mitte benedictionem tuam super hunc annulum ... quem nos in tuo sancto nomine benedicimus: ut quaecunque eum portaverit in tua pace consistat, et in tua voluntate permaneat, et in tuo amore vivat et crescat et senescat, et multiplicetur in longitudinem dierum. Per Dominum.

2) Am.: unto the Company.

3) Man. Sarisber.: Benedicat vos Deus Pater, custodiat vos Jesus Christus, illuminet vos Spiritus Sanctus. Ostendat Dominus faciem suam ad vos, et det vobis pacem, impleatque vos omni benedictione spirituali in remissionem omnium peccatorum vestrorum, ut habeatis vitam aeternam, et vivatis in saecula saeculorum. Amen. Omnia quae sequuntur hanc Benedictionem, praetermisit Liber Americanus.

Or this Psalm.

Deus misereatur. Psalm LXVII.

God be merciful unto us, and bless us: and shew us the light of his countenance, and be merciful unto us &c.

The Psalm ended, and the Man and the Woman kneeling before the Lord's Table, the Priest standing at the Table, and turning his face towards them, shall say,

Lord, have mercy upon us.

Ans. Christ, have mercy upon us.

Min. Lord, have mercy upon us.

Our Father, which art in heaven, &c.

Min. O Lord, save thy servant, and thy handmaid;

Ans. Who put their trust in thee.

Min. O Lord, send them help from thy holy place;

Ans. And evermore defend them.

Min. Be unto them a tower of strength.

Ans. From the face of their enemy.

Min. O Lord, hear our prayer.

Ans. And let our cry come unto thee. [1])

Minister. O God of Abraham, God of Isaac, God of Jacob, bless these thy servants, and sow the seed of eternal life in their hearts; that whatsoever in thy holy Word they shall profitably learn, they may in deed fulfil the same. Look, O Lord, mercifully upon them from heaven, and bless them. And as thou didst send thy blessing upon Abraham and Sarah, to their great comfort, so vouchsafe to send thy blessing upon these thy servants; that they obeying thy will, and alway being in safety under thy protection, may abide in thy love unto their lives' end; through Jesus Christ our Lord. Amen.

This Prayer next following shall be omitted, where the Woman is past child-bearing.

---

1) Man. Sarisb.: Hic intrent ecclesiam usque ad gradum altaris, et sacerdos in eundo cum suis ministris dicat hunc psalmum sequentem. Beati omnes qui timent Dominum: qui ambulant in viis eius etc. Kyrie eleison. Christe eleison. Kyrie eleison. Tunc prostratis sponso et sponsa ante gradum altaris roget sacerdos circumstantes orare pro eis dicendo. Pater noster qui es in coelis, sanctificetur nomen tuum etc. *Vers.* Salvum fac servum tuum et ancillam tuam. *Resp.* Deus meus sperantes in te. *Vers.* Mitte eis Domine auxilium de sancto. *Resp.* Et de Syon tuere eos. *Vers.* Esto eis Domine turris fortitudinis. *Resp.* A facie inimici. *Vers.* Domine, exaudi orationem meam. *Resp.* Et clamor meus ad te veniat.

O Merciful Lord, and heavenly Father, by whose gracious gift mankind is increased; We beseech thee, assist with thy blessing these two persons, that they may both be fruitful in procreation of children, and also live together so long in godly love and honesty, that they may see their children christianly and virtuously brought up, to thy praise and honour; through Jesus Christ our Lord. Amen. [1])

O God, who by thy mighty power hast made all things of nothing; who also (after other things set in order) didst appoint, that out of man (created after thine own image and similitude) woman should take her beginning; and, knitting them together, didst teach that it should never be lawful to put asunder those whom thou by Matrimony hadst made one: O God, who hast consecrated the state of Matrimony to such an excellent mystery, that in it is signified and represented the spiritual marriage and unity betwixt Christ and his Church; Look mercifully upon these thy servants, that both this man may love his wife, according to thy Word, (as Christ did love his spouse the Church, who gave himself for it, loving and cherishing it even as his own flesh,) and also that this woman may be loving and amiable, faithful and obedient to her husband; and in all quietness, sobriety, and peace, be a follower of holy and godly matrons. O Lord, bless them both, and grant them to inherit thy everlasting kingdom; through Jesus Christ our Lord. Amen. [2])

---

1) El.: — life in their minds. — Nonnulla desumpta sunt ex Rituali Saris-beriensi: Deus Abraham, Deus Isaac, Deus Iacob, benedic adolescentes istos et semina semen vitae aeternae in mentibus eorum, ut quicquid pro utilitate sua didicerint, hoc facere cupiant, per etc. Oremus. Respice Domine de coelis, et benedic conventionem istam. Et sicut misisti sanctum angelum tuum Raphaelem ad Tobiam et Saram filiam Raguelis: ita digneris Domine mittere benedictionem tuam super istos adolescentes, ut in tua voluntate permaneant, et in tua securitate persistant, et in amore tuo vivant et senescant. Ut digni atque pacifici fiant, et multiplicentur in longitudinem dierum, per Christum Dominum nostrum. Amen.

Respice Domine propitius super hunc famulum tuum, et super hanc famulam tuam, ut in nomine tuo benedictionem coelestem accipiant, et filios filiorum suorum et filiarum suarum, usque ad tertiam et quartam progeniem incolumes videant, et in tua voluntate perseverent, et in futuro ad coelestia regna perveniant. Per Christum Dominum nostrum. Amen.

2) El.: And also that this woman may be loving and amiable to her husband as Rachel, wise as Rebecca, faithful and obedient as Sara, and in all quietness, sobriety, and peace be a follower of holy and goodly matrons: O Lord, bless

III.   **32**

Then shall the Priest say,

Almighty God, who at the beginning did create our first parents, Adam and Eve, and did sanctify and join them together in marriage; Pour upon you the riches of his grace, sanctify and bless you; that ye may please him both in body and soul, and live together in holy love unto your lives' end. Amen. [1]

After which, if there be no Sermon declaring the duties of Man and Wife, the Minister shall read as followeth. [2]

All ye that are married, or that intend to take the holy estate of Matrimony upon you, hear what the holy Scripture doth say as touching the duty of husbands towards their wives, and wives towards their husbands.

---

them etc. Vetustus liber in his quae exscripsimus, propius accedit ad ritum Sarisberiensem (et Romanum) sponsos in Missa pro Sponsis ita benedicentem: Deus, qui potestate virtutis tuae de nihilo cuncta fecisti, quique dispositis universitatis exordiis, homini ad imaginem Dei facto, ideo inseparabile mulieris adiutorium condidisti: ut foemineo corpori de virili dares carne principium: docens quod ex uno placuisset institui, nunquam liceret disiungi. Deus, qui tam excellenti mysterio coniugalem copulam consecrasti; ut Christi et ecclesiae sacramentum praesignares in foedere nuptiarum. Deus, per quem mulier iungitur viro . . . . . respice propitius super hanc famulam tuam quae maritali iungenda consortio, quae se tua expetit protectione muniri. Sit in ea iugum dilectionis et pacis: fidelis et casta nubat in Christo, imitatrixque sanctarum permaneat foeminarum: sit amabilis viro suo ut Rachel, sapiens ut Rebecca, longaeva et fidelis ut Sara . . . . et ad beatorum requiem, atque ad coelestia regna perveniat. Per Dominum etc. per omnia saecula saeculorum. Amen.

1) Man. Sarisb.: Omnipotens sempiterne Deus, qui primos parentes nostros Adam et Evam sua virtute creavit, et in sua sanctificatione copulavit, ipse corda et corpora vestra sanctificet et benedicat, atque in societate et amore verae dilectionis coniungat.

2) El.: Then shall begin the Communion, and after the Gospel shall be said a sermon, wherein ordinarily (so oft as there is any marriage) the office of a man and wife shall be declared, according to holy scripture: or if there be no sermon, the Minister shall read this that followeth. Benthem p. 291: ,,Es hat zwar die Engeländische Kirche verordnet, dass die angehenden Eheleute am Tage ihrer Trauung oder kurz darauf das Sacrament des Leibes und Blutes Christi nehmen sollen; allein es wird solche heilige Handlung von ihnen insgemein erst nach 14 Tagen vorgenommen.'' Kniewel p. 169: ,,Am Schlusse der nach kirchlichem Ritus vollzogenen Trauung steht es ihm frei, eine eigene Rede über die Pflichten des Ehestandes zu halten, wenn er nicht das gedruckte Formular gebrauchen will. Kirchlich fromme Brautleute nehmen an ihrem Hochzeittage oder bald nachher gemeinsam das heilige Abendmahl. Bei unkirchlichen aber — namentlich in höhern Ständen bei Reichen — ist das Ueberlandfahren oder Verreisen unmittelbar nach der Trauung fast allgemein Mode geworden.''

Saint Paul, in his Epistle to the Ephesians, the fifth Chapter, doth give this commandment to all married men; Husbands, love your wives, — but I speak concerning Christ and the Church. Nevertheless, let every one of you in particular so love his wife, even as himself.

Likewise the same Saint Paul, writing to the Colossians, speaketh thus to all men that are married; Husbands, love your wives, and be not bitter against them.

Hear also what Saint Peter, the Apostle of Christ, who was himself a married man, saith unto them that are married; Ye husbands, dwell with your wives according to knowledge; giving honour unto the wife, as unto the weaker vessel, and as being heirs together of the grace of life, that your prayers be not hindered.

Hitherto ye have heard the duty of the husband toward the wife. Now likewise, ye wives, hear and learn your duties toward your husbands, even as it is plainly set forth in holy Scripture.

Saint Paul, in the aforenamed Epistle to the Ephesians, teacheth you thus; Wives, submit yourselves unto your own husbands, as unto the Lord. For the husband is the head of the wife, even as Christ is the head of the Church: and he is the Saviour of the body. Therefore as the Church is subject unto Christ, so let the wives be to their own husbands in every thing. And again he saith, Let the wife see that she reverence her husband.

And in his Epistle to the Colossians, Saint Paul giveth you this short lesson; Wives, submit yourselves unto your own husbands, as it is fit in the Lord.

Saint Peter also doth instruct you very well, thus saying; Ye wives, be in subjection to your own husbands; — even as Sarah obeyed Abraham, calling him lord; whose daughters ye are as long as ye do well, and are not afraid with any amazement. [1])

---

1) Palmer p. 219: „The office of matrimony is followed by an exhortation or address from the presbyter to the persons newly married, instructing them in their relative duties. It does not seem that such an exhortation was used in the English churches before the reform of our offices, in the time of Edward the Sixth; but the rituals of the churches of Liege and Milan contain directions for a similar exhortation in this place." At vero missis Mediolanensibus et Leodien-

It is convenient that the new-married persons should receive the holy Communion at the time of their Marriage, or at the first opportunity after their Marriage. [1])

THE ORDER FOR THE VISITATION OF THE SICK. [2])

When any person is sick, notice shall be given thereof to the Minister of the Parish; who, coming into the sick person's house, shall say, [3])

Peace be to this house, and to all that dwell in it. [4])

When he cometh into the sick man's presence he shall say, kneeling down,

Remember not, Lord, our iniquities, nor the iniquities of our forefathers: Spare us, good Lord, spare thy people, whom thou hast redeemed with thy most precious blood, and be not angry with us for ever. [5])

Answer. Spare us, good Lord. [6])

---

sibus, certo certius est, has paraeneses e sacro codice haustas, profectas esse ex magna adversus scripturam reverentia, sacris reformatis in hominum animos impressa.

1) El.: The new married persons the same day of their marriage, must receive the holy Communion.

2) Can. LXVII: ,,In omni Parochia, cum aliquis ex morbo decumbens, in periculo mortis videtur constitutus, Minister ea de re certior factus, eundem visitabit, (nisi exploratum sit, aut probabiliter suspectum, morbum esse contagiosum) ut animam eius in hoc adverso ipsius statu salutari doctrina et consolatione erigat, idque sub forma in Libro publicae Liturgiae concepta, si non sit concionator, alias, prout ipsi maxime videbitur expedire. Morte vero iam ingruente, aliqua Campana pulsabitur, neque Minister supremo officio suo hac in parte deerit. Cum autem expiraverit (si utique expirare eum contingat) Campana per breve tantummodo spatium utrinque pulsabitur, quod idem tam ante, quam post sepulturam observandum decernimus."

3) El.: The Priest entering into the sick person's house, shall say.

4) Rit. Sarisb. et Rom.: Et cum intraverit domum dicat. Pax huic domui, et omnibus habitantibus in ea, pax ingredientibus, et egredientibus.

5) Rit. Sar. et Rom.: Ne reminiscaris, Domine, delicta nostra vel parentum nostrorum, neque vindictam sumas de peccatis nostris. Parce Domine, parce famulo tuo, quem redemisti precioso sanguine tuo et ne in aeternum irascaris ei.

6) Hoc Responsorium in El. non obvium est, neque Intimatio: Let us pray. Orationis dominicae petitionem ultimam, ex more Romano, saltem in hoc officio tribuit respondentibus.

Then the Minister shall say,

Let us pray.

Lord, have mercy upon us.

Christ, have mercy upon us,

Lord, have mercy upon us.

Our Father, which art in heaven, Hallowed be thy Name. Thy kingdom come. Thy will be done in earth, As it is in heaven. Give us this day our daily bread. And forgive us our trespasses, As we forgive them that trespass against us. And lead us not into temptation; But deliver us from evil. Amen.

Minister. O Lord, save thy servant;

Answer. Which putteth *his* trust in thee.

Minister. Send *him* help from thy holy place;

Answer. And evermore mightily defend *him.*

Minister. Let the enemy have no advantage of him;

Answer. Nor the wicked approach to hurt *him.*

Minister. Be unto *him,* O Lord, a strong tower,

Answer. From the face of *his* enemy.

Minister. O Lord, hear our prayers.

Answer. And let our cry come unto thee. [1]

Minister. O Lord, look down from heaven, behold, visit, and relieve this thy servant. Look upon *him* with the eyes of thy mercy, give *him* comfort and sure confidence in thee, defend *him* from the danger of the enemy, and keep *him* in perpetual peace and safety; through Jesus Christ our Lord. Amen. [2]

Hear us, Almighty and most merciful God and Saviour; extend thy accustomed goodness to this thy servant who is

---

[1] Rit. Sarisb. et Rom.: Kyrie eleison. Christe eleison. Kyrie eleison. Pater noster qui es in coelis, sanctificetur nomen tuum, etc. *Vers.* Salvum fac servum tuum, *Resp.* Deus meus, sperantem in te. *Vers.* Mitte ei, Domine, auxilium de sancto, *Resp.* Et de Sion tuere eum. *Vers.* Nihil proficiat inimicus in eo, *Resp.* Et filius iniquitatis non opponat nocere ei. *Vers.* Esto ei, Domine, turris fortitudinis, *Resp.* A facie inimici. *Vers.* Domine, exaudi orationem meam; *Resp.* Et clamor meus ad te veniat!

[2] Rit. Sar.: Respice, Domine, de coelo, et vide et visita hunc famulum tuum *N.* Et benedic eum sicut benedicere dignatus es Abraham, Isaac, et Iacob. Respice super eum, Domine, oculis misericordiae tuae, et reple eum omni gaudio et laetitia et timore tuo. Expelle ex eo omnes inimici insidias, et mitte Angelum pacis qui eum custodiat et domum istam in pace perpetua.

grieved with sickness. Sanctify, we beseech thee, this thy
fatherly correction to *him;* that the sense of *his* weakness may
add strength to *his* faith, and seriousness to *his* repentance:
That, if it shall be thy good pleasure to restore *him* to *his*
former health, *he* may lead the residue of *his* life in thy fear,
and to thy glory; or else, give *him* grace so to take thy visi-
tation, that, after this painful life ended, *he* may dwell with
thee in life everlasting; through Jesus Christ our Lord. Amen.[1])

Then shall the Minister exhort the sick person after this form, or
other like.

Dearly beloved, know this, that Almighty God is the Lord
of life and death, and of all things to them pertaining, as youth,
strength, health, age, weakness, and sickness. Wherefore,
whatsoever your sickness is, know you certainly, that it is
God's visitation. And for what cause soever this sickness is
sent unto you; whether it be to try your patience for the
example of others, and that your faith may be found in the
day of the Lord laudable, glorious, and honourable, to the
increase of glory and endless felicity; or else it be sent unto
you to correct and amend in you whatsoever doth offend the
eyes of your heavenly Father; know you certainly, that if you
truly repent you of your sins, and bear your sickness patiently,
trusting in God's mercy, for his dear Son Jesus Christ's sake,
and render unto him humble thanks for his fatherly visitation,
submitting yourself wholly unto his will, it shall turn to your
profit, and help you forward in the right way that leadeth
unto everlasting life.[2])

If the person visited be very sick, then the Curate may end his ex-
hortation in this place, or else proceed.

---

1) El.: — sickness: Visit him, O Lord, as thou didst visit Peter's wife's
mother, and the captain's servant. So visit and restore unto this sick person his
former health (if it be thy will) or else give him grace so to take thy visitation.
Rit. Sarisb. Exaudi nos, omnipotens et misericors Deus, et visitationem conferre
digneris super hunc famulum tuum *N.* quem diversa vexat infirmitas; visita eum
Domine sicut visitare dignatus es socrum Petri puerumque centurionis, et Tobiam
et Saram per sanctum angelum tuum Raphaelem. Restitue in eo, Domine, pristi-
nam sanitatem, ut mereatur in atrio domus tuae dicere, castigans castigavit me
Dominus, et morti non tradidit me: Salvator mundi. Qui cum Deo etc.

2) Adscribit Palmerus libri Sarisberiensis locos: sed illa Exhortatio Rituali
Anglicano est propria ut ea quae sequitur.

Take therefore in good part the chastisement of the Lord: For (as Saint Paul saith in the twelfth Chapter to the Hebrews) whom the Lord loveth he chasteneth, and scourgeth every son whom he receiveth. If ye endure chastening, God dealeth with you as with sons; for what son is he whom the father chasteneth not? But if ye be without chastisement, whereof all are partakers, then are ye bastards, and not sons. Furthermore, we have had fathers of our flesh, which corrected us, and we gave them reverence: shall we not much rather be in subjection unto the Father of spirits, and live? For they verily for a few days chastened us after their own pleasure; but he for our profit, that we might be partakers of his holiness. These words, good *brother*, are written in holy Scripture for our comfort and instruction; that we should patiently, and with thanksgiving, bear our heavenly Father's correction, whensoever by any manner of adversity it shall please his gracious goodness to visit us. And there should be no greater comfort to Christian persons, than to be made like unto Christ, by suffering patiently adversities, troubles, and sicknesses. For he himself went not up to joy, but first he suffered pain; he entered not into his glory before he was crucified. So truly our way to eternal joy is to suffer here with Christ; and our door to enter into eternal life is gladly to die with Christ; that we may rise again from death, and dwell with him in everlasting life. Now therefore, taking your sickness, which is thus profitable for you, patiently, I exhort you, in the Name of God, to remember the profession which you made unto God in your Baptism. And forasmuch as after this life there is an account to be given unto the righteous Judge, by whom all must be judged, without respect of persons, I require you to examine yourself and your estate, both toward God and man; so that, accusing and condemning yourself for your own faults, you may find mercy at our heavenly Father's hand for Christ's sake, and not be accused and condemned in that fearful judgement. Therefore I shall rehearse to you the Articles of our Faith, that you may know whether you do believe as a Christian man should, or no. [1])

---

[1]) El. — endure chastisement, he offereth himself unto you as unto his own children.

Here the Minister shall rehearse the Articles of the Faith, saying thus, [1])

Dost thou believe in God the Father Almighty, Maker of heaven and earth &c.

The sick person shall answer,

All this I stedfastly believe.

Then shall the Minister examine whether he repent him truly of his sins, and be in charity with all the world; exhorting him to forgive, from the bottom of his heart, all persons that have offended him; and if he hath offended any other, to ask them forgiveness; and where he hath done injury or wrong to any man, that he make amends to the uttermost of his power. And if he hath not before disposed of his goods, let him then be admonished to make his Will, and to declare his Debts, what he oweth, and what is owing unto him; for the better discharging of his conscience, and the quietness of his Executors. But men should often be put in remembrance to take order for the settling of their temporal estates, whilst they are in health. [2])

These words before rehearsed may be said before the Minister begin his Prayer, as he shall see cause.

The Minister should not omit earnestly to move such sick persons as are of ability to be liberal to the poor. [3])

Here shall the sick person be moved to make a special Confession of his sins, if he feel his conscience troubled with any weighty matter. After which Confession, the Priest shall absolve him (if he humbly and heartily desire it) after this sort. [4])

Our Lord Jesus Christ, who hath left power to his Church to absolve all sinners who truly repent and believe in him,

---

1) Rit. Sarisb.: Et si infirmus laicus vel simpliciter literatus fuerit, tunc potest sacerdos articulos fidei in generali ab eo inquirere sub hac forma, — Cod. Liturgic. II. p. 433.

2) El.: — examine whether he be in charity with all the world, exhorting him — forgiveness. And where he hath done injury or wrong — let him then make his will. But men must be oft admonished that they set an order for their temporal goods and lands, when they be in health. And also declare his debts, what he oweth, and what is owing unto him, for discharging of his conscience, and quietness of his executors.

3) El.: The Minister may not forget, nor omit to move the sick person, (and that most earnestly) to liberality toward the poor.

4) El.: Here shall the sick person make a special confession, if he feel his conscience troubled with any weighty matter. After which confession, the Priest shall absolve him after this sort. — Confessionem et Absolutionem praeterit Am.

of his great mercy forgive thee thine offences: And by his authority committed to me, I absolve thee from all thy sins, In the Name of the Father, and of the Son, and of the Holy Ghost. Amen.

And then the Priest shall say the Collect following.

Let us pray.

O Most merciful God, who, according to the multitude of thy mercies, dost so put away the sins of those who truly repent, that thou rememberest them no more; Open thine eye of mercy upon this thy servant, who most earnestly desireth pardon and forgiveness. Renew in *him*, most loving Father, whatsoever hath been decayed by the fraud and malice of the devil, or by *his* own carnal will and frailness; preserve and continue this sick member in the unity of the Church; consider *his* contrition, accept *his* tears, asswage *his* pain, as shall seem to thee most expedient for *him*. And forasmuch as *he* putteth *his* full trust only in thy mercy, impute not unto *him his* former sins, but strengthen *him* with thy blessed Spirit; and, when thou art pleased to take *him* hence, take *him* unto thy favour, through the merits of thy most dearly beloved Son Jesus Christ our Lord. Amen. [1]

---

1) El.: — impute not unto him his former sins, but take him unto thy favour: through the merits of thy most dearly beloved Son Jesus Christ. Amen. — Uti totum Officium de visitando infirmo ita haec capita religiosa quadam imbuta sunt necessitudine Manualis Sarisberiensis: Deinde dicat sacerdos, Charissime frater, quia sine charitate nihil tibi proderit fides, testante apostolo, qui dicit: Si habuero omnem fidem ita ut montes transferam, charitatem autem non habuero, nihil sum; ideo oportet te diligere Dominum Deum tuum super omnia ex toto corde tuo, et ex tota anima tua, et proximum tuum propter Deum sicut teipsum. Nam sine huiusmodi charitate nulla fides valet. Exerce igitur charitatis opera dum vales: et si multum tibi affuerit, abundanter tribue, si autem exiguum illud impartire stude. Et ante omnia si quem injuste laeseris, satisfacias si valeas, si autem non valeas, expedit ut ab eo veniam humiliter postules. Dimitte debitoribus tuis et illis qui in te peccaverunt: ut Deus tibi dimittat .... Charissime frater, si velis ad visionem Dei pervenire, oportet omnino quod sis mundus in mente et purus in conscientia. Ait enim Christus in evangelio, Beati mundo corde, quoniam ipsi Deum videbunt. Si ergo vis mundum cor et conscientiam sanam habere, peccata tua universa confitere .... Deinde absolvat sacerdos infirmum ab omnibus peccatis suis hoc modo dicens: Dominus noster Iesus Christus pro sua magna pietate te absolvat. Et ego auctoritate eiusdem Dei Domini nostri Iesu Christi, et beatorum apostolorum Petri et Pauli: et auctoritate mihi tradita, absolvo te ab omnibus peccatis his de quibus corde contritus et ore mihi confessus es: et ab omnibus aliis peccatis tuis de quibus si tuae occurrerent memoriae li-

Then shall the Minister say this Psalm.

In te, Domine, speravi.   Psal. LXXI.

In thee, O Lord, have I put my trust; let me never be put to confusion: but rid me, and deliver me in thy righteousness; incline thine ear unto me and save me &c. [1])

Adding this.

O Saviour of the world, who by thy Cross and precious Blood hast redeemed us, Save us, and help us, we humbly beseech thee, O Lord. [2])

Then shall the Minister say,

The Almighty Lord, who is a most strong tower to all them that put their trust in him, to whom all things in heaven, in earth, and under the earth, do bow and obey, be now and evermore thy defence; and make thee know and feel, that there is none other Name under heaven given to man, in whom, and through whom, thou mayest receive health and salvation, but only the Name of our Lord Jesus Christ. Amen.

And after that shall say,

Unto God's gracious mercy and protection we commit thee. The Lord bless thee, and keep thee. The Lord make his face to shine upon thee, and be gracious unto thee. The Lord lift up his countenance upon thee, and give thee peace, both now and evermore. Amen. [3])

---

beater confiteri velles: et sacramentis ecclesiae te restituo. In nomine Patris et Filii et Spiritus Sancti. Amen. Oremus. Deus misericors, Deus clemens, qui secundum multitudinem miserationum tuarum, peccata poenitentium deles, et praeteritorum criminum culpas venia remissionis evacuas: respice super hunc famulum tuum N. sibi remissionem omnium peccatorum suorum tota cordis contritione poscentem. Renova in eo piissime Pater quicquid diabolica fraude violatum est: et unitati corporis ecclesiae tuae membrum infirmum, peccatorum percepta remissione, restitue. Miserere Domine gemituum eius; miserere lachrymarum; miserere tribulationum atque dolorum: et non habentem fiduciam nisi in tua misericordia, ad sacramentum reconciliationis admitte. Per Christum Dominum nostrum.

1) Am.: Then shall the Minister say this Psalm: Psalm 130. De profundis. Out of the deep etc. Man. Sarisb.: Deinde dicatur psalmus. In te, Domine, speravi, etc.

2) Man. Sarisb.: Finito psalmo dicatur Antiphona. Salvator mundi, salva nos, qui per crucem et sanguinem tuum redemisti nos: auxiliare nobis te deprecamur, Deus noster.

3) Haec benedictio una cum precibus subsequentibus non exstat in libro El.

A Prayer for a sick Child.

O Almighty God, and merciful Father, to whom alone belong the issues of life and death; Look down from heaven, we humbly beseech thee, with the eyes of mercy upon this child now lying upon the bed of sickness: Visit *him*, O Lord, with thy salvation; deliver *him* in thy good appointed time from *his* bodily pain, and save *his* soul for thy mercies' sake: That, if it shall be thy pleasure to prolong *his* days here on earth, *he* may live to thee, and be an instrument of thy glory, by serving thee faithfully, and doing good in *his* generation; or else receive *him* into those heavenly habitations, where the souls of them that sleep in the Lord Jesus enjoy perpetual rest and felicity. Grant this, O Lord, for thy mercies' sake, in the same thy Son our Lord Jesus Christ, who liveth and reigneth with thee and the Holy Ghost, ever one God, world without end. Amen.

A Prayer for a sick person, when there appeareth small hope of recovery.

O Father of mercies, and God of all comfort, our only help in time of need; We fly unto thee for succour in behalf of this thy servant, here lying under thy hand in great weakness of body. Look graciously upon *him*, O Lord; and the more the outward man decayeth, strengthen *him*, we beseech thee, so much the more continually with thy grace and holy Spirit in the inner man. Give *him* unfeigned repentance for all the errors of *his* life past, and stedfast faith in thy Son Jesus; that *his* sins may be done away by thy mercy, and *his* pardon sealed in heaven, before *he* go hence, and be no more seen. We know, O Lord, that there is no word impossible with thee; and that, if thou wilt, thou canst even yet raise *him* up, and grant *him* a longer continuance amongst us: Yet, forasmuch as in all appearance the time of *his* dissolution draweth near, so fit and prepare *him*, we beseech thee, against the hour of death, that after *his* departure hence in peace, and in thy favour, *his* soul may be received into thine everlasting kingdom, through the merits and mediation of Jesus Christ, thine only Son, our Lord and Saviour. Amen.

A commendatory Prayer for a sick person at the point of departure.

O Almighty God, with whom do live the spirits of just men made perfect, after they are delivered from their earthly prisons; We humbly commend the soul of this thy servant, our dear *brother*, into thy hands, as into the hands of a faithful Creator, and most merciful Saviour; most humbly beseeching thee, that it may be precious in thy sight. Wash it, we pray thee, in the blood of that immaculate Lamb, that was slain to take away the sins of the world; that whatsoever defilements it may have contracted in the midst of this miserable and naughty world, through the lusts of the flesh, or the wiles of Satan. being purged and done away, it may be presented pure and without spot before thee. And teach us who survive, in this and other like daily spectacles of mortality, to see how frail and uncertain our own condition is; and so to number our days, that we may seriously apply our hearts to that holy and heavenly wisdom, whilst we live here, which may in the end bring us to life everlasting, through the merits of Jesus Christ thine only Son our Lord. Amen.

A Prayer for persons troubled in mind or in conscience.

O Blessed Lord, the Father of mercies, and the God of all comforts; We beseech thee, look down in pity and compassion upon this thy afflicted servant. Thou writest bitter things against *him*, and makest *him* to possess *his* former iniquities; thy wrath lieth hard upon *him*, and *his* soul is full of trouble: But, O merciful God, who hast written thy holy Word for our learning, that we, through patience and comfort of thy holy Scriptures, might have hope; give *him* a right understanding of *himself*, and of thy threats and promises; that *he* may neither cast away *his* confidence in thee, nor place it any where but in thee. Give *him* strength against all *his* temptations, and heal all *his* distempers. Break not the bruised reed, nor quench the smoking flax. Shut not up thy tender mercies in displeasure; but make *him* to hear of joy and gladness, that the bones which thou hast broken may rejoice. Deliver *him* from fear of the enemy, and lift up the light of thy countenance upon *him*, and give *him* peace, through the merits and mediation of Jesus Christ our Lord. Amen. [1])

---

1) Liber Americanus ad orationes supra scriptas, insuper adnectit tres alias collectas pro Infirmis:

A Prayer which may be said by the Minister, in behalf of all present at the Visitation: O God, whose days are without end, and whose mercies cannot be

THE COMMUNION OF THE SICK.

Forasmuch as all mortal men be subject to many sudden perils, diseases, and sicknesses, and ever uncertain what time they shall depart out of this life; therefore, to the intent they may be always in a readiness to die, whensoever it shall please Almighty God to call them, the Curates shall diligently from time to time (but especially in the time of pestilence, or other infectious sickness) exhort their Parishioners to the often receiving of the holy Communion of the Body and Blood of our Saviour Christ, when it shall be publickly administered in the Church; that so doing, they may, in case of sudden visitation, have the less cause to be disquieted for lack

numbered; make us, we beseech thee, deeply sensible of the shortness and uncertainty of human life; and let thy Holy Spirit lead us through this vale of misery, in holiness and righteousness, all the days of our lives: That, when we shall have served thee in our generation, we may be gathered unto our fathers, having the testimony of a good conscience; in the communion of the Catholic Church; in the confidence of a certain faith; in the comfort of a reasonable, religious, and holy hope; in favour with thee our God, and in perfect charity with the world: All which we ask through Jesus Christ our Lord. Amen.

A Prayer which may be said in case of sudden surprise and immediate danger: O most gracious Father, we fly unto thee for mercy in behalf of this thy servant, here lying under the sudden visitation of thine hand. If it be thy will, preserve *his* life, that there may be place for repentance: But, if thou hast otherwise appointed, let thy mercy supply to *him* the want of the usual opportunity for the trimming of *his* lamp. Stir up in *him* such sorrow for sin, and such fervent love to thee, as may in a short time do the work of many days: That among the praises which thy Saints and holy Angels shall sing to the honour of thy mercy through eternal ages, it may be to thy unspeakable glory, that thou hast redeemed the soul of this thy servant from eternal death, and made *him* partaker of the everlasting life, which is through Jesus Christ our Lord. Amen.

A Thanksgiving for the beginning of a recovery: Great and mighty God, who bringest down to the grave, and bringest up again; we bless thy wonderful goodness, for having turned our heaviness into joy and our mourning into gladness, by restoring this our *brother* to some degree of *his* former health. Blessed be thy name, that thou didst not forsake *him* in *his* sickness; but didst visit *him* with comforts from above; didst support *him* in patience and submission to thy will; and, at last, didst send *him* seasonable relief. Perfect, we beseech thee, this thy mercy towards *him*; and prosper the means which shall be made use of for *his* cure: That being restored to health of body, vigour of mind, and cheerfulness of spirit, *he* may be able to go to thine house, to offer thee an oblation with great gladness; and to bless thy holy name for all thy goodness towards *him*, through Jesus Christ our Saviour: To whom with thee and the Holy Spirit, be all honour and glory world without end. Amen.

of the same. But if the sick person be not able to come to the Church, and yet is desirous to receive the Communion in his house; then he must give timely notice to the Curate, signifying also how many there are to communicate with him, (which shall be three, or two at the least.) and having a convenient place in the sick man's house, with all things necessary so prepared, that the Curate may reverently minister, he shall there celebrate the holy Communion, beginning with the Collect, Epistle, and Gospel, here following. [1])

The Collect.

Almighty, everliving God, Maker of mankind, who dost correct those whom thou dost love, and chastise every one whom thou dost receive; We beseech thee to have mercy upon this thy servant visited with thine hand, and to grant that *he* may take *his* sickness patiently, and recover *his* bodily health, (if it be thy gracious will;) and whensoever *his* soul shall de-

---

[1]) EL: — specially in the plague time — parishioners to the oft receiving in the church of the holy c. of the body and blood of our Saviour Christ. Which if they do, they shall have no cause in their sudden visitation to be unquieted for lack of the same: but — then he must give knowledge over night or else early in the morning to the Curate, signifying also how many be appointed to communicate with him. And having a convenient place in the sick man's house, where the Curate may reverently minister, and a good number to receive the communion with the sick person, with all things necessary for the same, he shall there minister the holy communion. Am. — which shall be two at the least.

Palmer. p. 227: „The English ritual, in conformity with the universal practice of the catholic church, has directed the holy communion to be administered to the sick. It is of course unnecessary to defend or justify this practice to those who have a right faith with regard to that sacrament; but it may be objected to the English ritual, that the custom of the Christian church has been to reserve the sacraments of Christ's body and blood from the public liturgy, and not to consecrate them in private. It is true, that this reservation has been the most usual, and, perhaps, the most ancient, practice of the church; but there are many instances in antiquity of the celebration of the eucharist in private for the sick. Thus Paulinus, bishop of Nola, caused the eucharist to be celebrated in his own chamber not many hours before his death. Gregory Nazianzen informs us, that his father communicated in his own chamber, and that his sister had an altar at home; and Ambrose is said to have administered the sacrament in a private house at Rome. The English church is therefore justified in directing the eucharist to be consecrated in private houses, for the benefit of the sick."
Tilenus at Scotos p. 49: „Qui mos iam Nicaeni concilii tempore vetus erat, cuiusque praxis summe necessaria videbatur lectissimo illi Episcoporum choro ac flori delibato; is neque Pontificius neque novitius videri potest cordatis: nuperum potius videbitur Genevense interdictum."

part from the body, it may be without spot presented unto thee; through Jesus Christ our Lord. Amen.

The Epistle. Hebr. xii. 5.

My son, despise not thou the chastening of the Lord, nor faint when thou art rebuked of him. For whom the Lord loveth he chasteneth; and scourgeth every son whom he receiveth.

The Gospel. St. John v. 24.

Verily, verily I say unto you, He that heareth my word, and believeth on him that sent me, hath everlasting life, and shall not come into condemnation; but is passed from death unto life.

After which the Priest shall proceed according to the form before prescribed for the holy Communion, beginning at these words [Ye that do truly &c.] [1])

At the time of the distribution of the holy Sacrament, the Priest shall first receive the Communion himself, and after minister unto them that are appointed to communicate with the sick [and last of all to the sick person]. [2])

But if a man, either by reason of extremity of sickness, or for want of warning in due time to the Curate, or for lack of company to receive with him, or by any other just impediment, do not receive the Sacrament of Christ's Body and Blood, the Curate shall instruct him, that if he do truly repent him of his sins, and stedfastly believe that Jesus Christ hath suffered death upon the Cross for him, and shed his Blood for his redemption, earnestly remembering the benefits he hath thereby, and giving him hearty thanks therefore, he doth eat and drink the Body and Blood of our Saviour Christ profitably to his Soul's health, although he do not receive the Sacrament with his mouth.

When the sick person is visited, and receiveth the holy Communion all at one time, then the Priest, for more expedition, shall cut off the form of the Visitation at the Psalm [In thee, O Lord, have I put my trust, &c.] and go straight to the Communion.

In the time of the Plague, Sweat, or such other like contagious times of sickness or diseases, when none of the Parish or neighbours can be gotten to communicate with the Sick in their houses, for fear of the infection, upon special request of the diseased, the Minister may only communicate with him.

---

1) Non receptum in libro El.
2) El. tacet verba, uncis inclusa.

THE ORDER FOR THE BURIAL OF THE DEAD.

Here is to be noted, that the Office ensuing is not to be used for any that die unbaptized, or excommunicate, or have laid violent hands upon themselves. [1]

The Priest and Clerks meeting the Corpse at the entrance of the Church-yard, and going before it, either into the Church, or towards the Grave, shall say, or sing, [2]

I am the resurrection and the life, saith the Lord: he that believeth in me, though he were dead, yet shall he live: and

---

[1] Deest in El. Am. — unbaptized *Adults*. Canon LXVIII: „Nullus Minister aut renuet, aut detrectabit infantem ullum, qui die quovis Dominico aut Festivo, ad ipsum in Ecclesiam baptizandus adducetur, iuxta ritum in Libro precum publicarum editum baptizare, vel defunctum aliquem, qui in Ecclesiam vel coemeterium inhumandi causa deferetur (data prius eius rei notitia competente) sub modo et forma in dicto Libro praefinitis sepelire. Quod si hunc vel illum baptizare, aut sepulturae tradere recusaverit (nisi forte defunctus denunciatus fuerit, maioris Excommunicationis vinculo, propter grave aliquod et insigne crimen obstrictus, neque de eius poenitentia testari quisquam potuerit) a Ministerio suo per Episcopum Dioecesanum trimestri spatio secludetur." Tamen haec lex interdum negligitur cf. K n i e w e l p. 168: „Ich sah zwei Kindlein, schnell hintereinander gestorben, zusammen beerdigen. Die weiss lackirten, mit schwarzen Borten und weissen Metallplatten zierlich geschmückten Särge wurden nach dem nahen Kirchhofe der St. Johanniskirche (White chapel road) getragen, die vor kurzem erst verwittwete Mutter folgte mit einigen Freundinnen still weinend. Es war für London noch früher Morgen, 7½ Uhr Sonntags, wo gewöhnlich, der Ruhe wegen, die Beerdigungen stattfinden. Kein Geistlicher erschien. Die arme, einsame Mutter kniete an der Gruft nieder und betete still. Die wenigen Begleiterinnen thaten es mit ihr. Nachdem die Weinende aufgestanden, trat ich zu ihr und sprach die Worte Jesu: „Ich bin die Auferstehung und das Leben u. s. w. Glaubest Du das?" Sie sah mich getröstet an und rief, gen Himmel blickend, ruhig und fest: „Ja, Herr, ich glaube!" — „Nun denn, wir werden uns mit den Kindern und ihrem vorangegangenen Vater unter Freudenthränen wiedersehen!" — Sie reichte mir tief bewegt die Hand und ging still heim. Diese geräuschlose, kurze Feier ergriff mich tiefer als eine andere, wo die Leiche eines Wohlhabenden mit Viergespann zu einem andern Kirchhofe geführt, unter zahlreichem Geleite, nach obiger Kirchenvorschrift bestattet wurde, wiewohl ich nicht läugne, dass auch dieser vorgeschriebene Brauch an Würde und erbaulicher Einfachheit nach meiner Ueberzeugung unendlich hoch steht über unserm Begräbnisstreiben."

[2] El.: The priest meeting the corpse at the church stile, shall say: Or else the priests and clerks shall sing, and so go either unto the church, or towards the grave.

whosoever liveth and believeth in me shall never die. St. John xi. 25. 26. [1])

I Know that my Redeemer liveth, and that he shall stand at the latter day upon the earth. And though after my skin worms destroy this body, yet in my flesh shall I see God: whom I shall see for myself, and mine eyes shall behold, and not another. Job xix. 25. 26. 27. [2])

We brought nothing into this world, and it is certain we can carry nothing out. The Lord gave, and the Lord hath taken away; blessed be the Name of the Lord. 1 Tim. vi. 7. Job i. 21.

After they are come into the Church, shall be read one or both of these Psalms following. [3])

Dixi, custodiam. Ps. xxxix.

I Said, I will take heed to my ways: that I offend not in my tongue &c.

Glory be to the Father, and to the Son: and to the Holy Ghost;

As it was in the beginning, is now, and ever shall be: world without end. Amen.

Domine, refugium. Ps. xc.

Lord, thou hast been our refuge: from one generation to another &c.

Glory be to the Father, and to the Son: and to the Holy Ghost;

As it was in the beginning, is now, and ever shall be: world without end. Amen. [4])

---

1) Antiphona ad Benedictus in Laudibus Defunctorum Romanis: Ego sum resurrectio et vita: qui credit in me, etiam si mortuus fuerit, vivit: et omnis qui vivit et credit in me, non morietur in aeternum.

2) Responsorium post Lectionem primam in Matutino Defunctorum Romano: Credo quia Redemptor meus vivit: et in novissimo die de terra surrecturus sum: et in carne mea videbo Deum Salvatorem meum. Quem visurus sum ego ipse et non alius: et oculi mei conspecturi sunt.

3) El.: When they come at the grave &c. Sequitur: Man that is born &c. Forasmuch as it hath &c. I heard a voice &c. Lectio: Christ is risen &c. Our Father &c. Almighty God &c. O Merciful God &c.

4) Am.. After they are come into the Church, shall be said or sung the following Anthem, taken from the 39th. and 90th. Psalms: Lord, let me know my end, and the number of my days; that I may be certified how long I have to

Then shall follow the Lesson taken out of the fifteenth Chapter of the former Epistle of Saint Paul to the Corinthians.

1 Cor. xv. 20—58.

When they come to the Grave, while the Corpse is made ready to be laid into the earth, the Priest shall say, or the Priest and Clerks shall sing: [1]

Man that is born of a woman hath but a short time to live, and is full of misery. He cometh up, and is cut down, like a flower; he fleeth as it were a shadow, and never continueth in one stay. [2]

In the midst of life we are in death: of whom may we seek for succour, but of thee, O Lord, who for our sins art justly displeased?

---

live. — Behold, thou hast made my days as it were a span long; and mine age is even as nothing in respect of thee; and verily every man living is altogether vanity. — For man walketh in a vain shadow, and disquieteth himself in vain: he heapeth up riches, and cannot tell who shall gather them. — And now, Lord, what is my hope? Truly my hope is even in thee. — Deliver me from all mine offences; and make me not a rebuke unto the foolish. — When thou with rebukes dost chasten man for sin, thou makest his beauty to consume away, like as it were a moth fretting a garment: Every man therefore is but vanity. — Hear my prayer, O Lord; and with thine ears consider my calling: Hold not thy peace at my tears. — For I am a stranger with thee, and a sojourner; as all my fathers were. — O spare me a little, that I may recover my strength; before I go hence, and be no more seen. — Lord, thou hast been our refuge, from one generation to another. — Before the mountains were brought forth, or ever the earth and the world were made, thou art God from everlasting, and world without end. — Thou turnest man to destruction; again thou sayest, Come again, ye children of men. — For a thousand years in thy sight are but as yesterday; seeing that is past as a watch in the night. — As soon as thou scatterest them, they are even as a sleep; and fade away suddenly like the grass. — In the morning it is green, and groweth up; but in the evening it is cut down, dried up, and withered. — For we consume away in thy displeasure; and are afraid at thy wrathful indignation. — Thou hast set our misdeeds before thee; and our secret sins in the light of thy countenance. — For when thou art angry, all our days are gone: We bring our years to an end, as it were a tale that is told. — The days of our age are threescore years and ten; and though men be so strong that they come to fourscore years, yet is their strength then but labour and sorrow; so soon passeth it away, and we are gone. — So teach us to number our days, that we may apply our hearts unto wisdom. — Glory be to the Father &c.

1) Am. — earth, shall be sung or said.

2) Lectio V in Matutino Defunctorum Romano: Homo natus de muliere, brevi vivens tempore: repletus multis miseriis: qui quasi flos egreditur et conteritur, et fugit velut umbra: et nunquam in eodem statu permanet etc.

Yet, O Lord God most holy, O Lord most mighty, O holy and most merciful Saviour, deliver us not into the bitter pains of eternal death. [1])

Thou knowest, Lord, the secrets of our hearts; shut not thy merciful ears to our prayer; but spare us, Lord most holy, O God most mighty, O holy and merciful Saviour, thou most worthy Judge eternal, suffer us not, at our last hour, for any pains of death, to fall from thee. [2])

Then, while the earth shall be cast upon the Body by some standing by, the Priest shall say,

Forasmuch as it hath pleased Almighty God of his great mercy to take unto himself the soul of our dear *brother* here departed, we therefore commit *his* body to the ground; earth to earth, ashes to ashes, dust to dust; in sure and certain hope of the Resurrection to eternal life, through our Lord Jesus Christ; who shall change our vile body, that it may be like unto his glorious body, according to the mighty working, whereby he is able to subdue all things to himself. [3])

Then shall be said or sung,

I heard a voice from heaven, saying unto me, Write, From henceforth blessed are the dead which die in the Lord: even so saith the Spirit; for they rest from their labours. [4])

---

1) Nosti antiquissimam ecclesiae Antiphonam, in Sarisberiensi quoque libro obviam: Media vita in morte sumus, quem quaerimus adiutorem nisi te, Domine! qui pro peccatis nostris iuste irascaris. Sancte Deus, Sancte fortis, Sancte et misericors Salvator; amarae morti ne tradas nos. — Adeas Tomum Tertium Thesauri Hymnologici, meis curis editi.

2) Manuale Sarisb.: Noli claudere aures tuas ad preces nostras, Sante fortis. Qui cognoscis occulta cordis, parce peccatis nostris. Sancte et misericors Salvator amarae morti ne tradas nos.

3) Am.: — looking for the general resurrection in the last day and the life of the World to come through our Lord Jesus Christ; at whose second coming in glorious Majesty to judge the world, the Earth and the Sea shall give up their Dead; and the corruptible Bodies of those who sleep in him shall be changed, and made like unto his own glorious body, according. — Manual. Sarisber.: Commendo animam tuam Deo Patri omnipotenti; terram terrae, cinerem cineri, pulverem pulveri: in nomine Patris et Filii et Spiritus Sancti. Cod. Lit. I. p. 345. II. p. 493.

4) Antiphona in Vigiliis Mortuorum Sarisberiensibus: Audivi vocem de coelo, dicentem mihi, Scribe, Beati mortui qui in Domino moriuntur, amodo enim iam dicit Spiritus, ut requiescant a laboribus suis, opera enim illorum sequuntur illos.

Then the Priest shall say,

Lord, have mercy upon us.

Christ, have mercy upon us.

Lord, have mercy upon us.

Our Father, which art in heaven [1]) secundum Lucam.

Priest. Almighty God, with whom do live the spirits of them that depart hence in the Lord, and with whom the souls of the faithful, after they are delivered from the burden of the flesh, are in joy and felicity; We give thee hearty thanks, for that it hath pleased thee to deliver this our *brother* out of the miseries of this sinful world; beseeching thee, that it may please thee, of thy gracious goodness, shortly to accomplish the number of thine elect, and to hasten thy kingdom; that we, with all those that are departed in the true faith of thy holy Name, may have our perfect consummation and bliss, both in body and soul, in thy eternal and everlasting glory; through Jesus Christ our Lord. Amen. [2])

The Collect.

O Merciful God, the Father of our Lord Jesus Christ, who is the resurrection and the life; in whom whosoever believeth shall live, though he die; and whosoever liveth, and believeth in him, shall not die eternally; who also hath taught us, (by his holy Apostle Saint Paul,) not to be sorry, as men without hope, for them that sleep in him; We meekly beseech thee, O Father, to raise us from the death of sin unto the life of righteousness; that, when we shall depart this life, we may rest in him, as our hope is this our *brother* doth; and that, at

---

1) Am. praetermisit Kyrie, una cum Oratione Dominica vetustissimis Exequiarum Liturgiis acceptum. Cod. Lit. 1. p. 344.

2) El.: — and in whom the souls of them that be elected — kingdom, that we with this our brother and all other departed. Am.: Then the Minister shall say one or both of the following Prayers at his discretion. — felicity; we give thee hearty thanks for the good examples of all those thy servants, who, having finished their course in faith, do now rest from their labours. And we beseech thee, that we, with all those who are departed in the true faith of thy holy name, may have. — Significavit Palmerus Orationem παράλληλον Manualis Sarisberiensis: Deus, apud quem spiritus mortuorum vivunt, et in quo electorum animae deposito carnis onere plena felicitate laetantur, praesta supplicantibus nobis ut anima famuli tui, etc. — Sed, quod miror, haud exscripsit preces integras. In Rituali Romano haec Collecta non occurrit.

the general Resurrection in the last day, we may be found acceptable in thy sight; and receive that blessing, which thy well-beloved Son shall then pronounce to all that love and fear thee, saying, Come, ye blessed children of my Father, receive the kingdom prepared for you from the beginning of the world: Grant this, we beseech thee, O merciful Father, through Jesus Christ, our Mediator and Redeemer. Amen.

The grace of our Lord Jesus Christ, and the love of God, and the fellowship of the Holy Ghost, be with us all evermore. Amen.

THE THANKSGIVING OF WOMEN AFTER CHILD-BIRTH, COMMONLY CALLED, THE CHURCHING OF WOMEN.

The Woman, at the usual time after her Delivery, shall come into the Church decently apparelled, and there shall kneel down in some convenient place, as hath been accustomed, or as the Ordinary shall direct: And then the Priest shall say unto her, [1]

Forasmuch as it hath pleased Almighty God of his goodness to give you safe deliverance, and hath preserved you in the great danger of Child-birth; you shall therefore give hearty thanks unto God, and say, [2]

(Then shall the Priest say the cxvith Psalm.)

Dilexi quoniam.

I am well pleased: that the Lord hath heard the voice of my prayer &c.

Glory be to the Father, and to the Son: and to the Holy Ghost;

At it was in the beginning, is now, and ever shall be: world without end. Amen. [3]

---

1) El.: The woman shall come into the church and there shall kneel down in some convenient place, nigh unto the place where the table standeth and the priest standing by her shall say these words or such like as the case shall require. Am.: This Service, or the concluding Prayer alone, as it stands among the Occasional Prayers and Thanksgivings, may be used at the discretion of the Minister.

2) El.: — and pray.

3) Am.: Then shall the Minister say the following Hymn, taken from the 116th Psalm. *Dilexi, quoniam.* I am well pleased that the Lord hath heard the

Or, Psalm cxxvii. *Nisi Dominus.*

Except the Lord build the house: their labour is but lost that build it &c.

Glory be to the Father, and to the Son: and to the Holy Ghost;

At it was in the beginning, is now, and ever shall be: world without end. Amen. [1])

Then the Priest shall say,

Let us pray.

Lord, have mercy upon us.
Christ, have mercy upon us.
Lord, have mercy upon us.
Our Father, which art in heaven &c., secundum Matthaeum. [2])

Minister. O Lord, save this woman thy servant;
Answer. Who putteth her trust in thee.
Minister. Be thou to her a strong tower;
Answer. From the face of her enemy.
Minister: Lord, hear our prayer.
Answer. And let our cry come unto thee.

Minister. Let us pray.

O Almighty God, we give thee humble thanks for that thou hast vouchsafed to deliver this woman thy servant from the great pain and peril of Child-birth; Grant, we beseech thee, most merciful Father, that she, through thy help, may both faithfully live, and walk according to thy will, in this life present; and also may be partaker of everlasting glory in the life to come; through Jesus Christ our Lord. Amen. [3])

voice of my prayer; That he hath inclined his ear unto me: Therefore will I call upon him as long as I live. — I found trouble and heaviness, and I called upon the name of the Lord; O Lord, I beseech thee, deliver my soul. — Gracious is the Lord, and righteous; yea, our God is merciful. — What reward shall I give unto the Lord, for all the benefits that he hath done unto me? — I will receive the cup of salvation; and call upon the name of the Lord. — I will pay my vows now in the presence of all his people; in the courts of the Lord's house, even in the midst of thee, O Jerusalem. Praise the Lord. — Glory be to the Father, and to the Son, and to the Holy Ghost; — As it was in the beginning, is now, and ever shall be, world without end. Amen.

1) Secundum Psalmum non commemorant El. et Am.

2) Omisso Kyrie haec iubet Am.: Then shall the Minister say the Lord's Prayer with what follows: But the Lord's Prayer be omitted, if this be used with the Morning or Evening Prayer.

3) El.: O Almighty God, which hast delivered this woman thy servant from the great pain and peril of child birth: Grant we beseech thee (most merciful

The Woman that cometh to give her Thanks, must offer accustomed Offerings; and, if there be a Communion, it is convenient that she receive the holy Communion. [1])

A COMMINATION,

Or Denouncing of God's Anger and Judgements against Sinners, with certain Prayers, to be used on the first Day of Lent, and at other times, as the Ordinary shall appoint. [2])

After Morning Prayer, the Litany ended according to the accustomed manner, the Priest shall, in the Reading-Pew or Pulpit, say, [3])

Father) that she, through thy help, may both faithfully live and walk in her vocation, according to thy will, in this life present; and also may be partaker of everlasting glory in the life to come. Am. cf. p. 505. — Man. Sarisber.: Kyrie eleison. Christe eleison. Kyrie eleison. Pater noster qui es in coelis, sanctificetur, etc. Domine salvam fac ancillam tuam; Deus meus, sperantem in te. Esto ei, Domine, turris fortitudinis, A facie inimici. Domine exaudi orationem meam. Et clamor meus ad te veniat. Oremus. Deus, qui hanc famulam tuam de pariendi periculo liberasti, et eam in servitio tuo devotam esse fecisti: concede ut temporali cursu fideliter peracto, sub alis misericordiae tuae vitam perpetuam et quietem consequatur. Per Christum Dominum nostrum. Amen.

1) Am.: — offerings, which shall be applied by the Minister and the Churchwardens to the relief of distressed Women in Child-bed: and if there. — Cod. Lit. I. p. 199. n.

2) El.: A Commination against sinners with certain prayers to be used divers times in the year. Intelligis, tempore Elisabeth illi „Comminationi" nondum sedem fixam fuisse in Feria IV Cinerum. Ne desit exemplum, Grindal archiepiscopus 1576 parochos iubet, trina repetitione illud officium populo preponere, instante Paschalis, vel Pentecostes, denique Nativitatis festivitate. Posthac Cinerum Dies primarium locum obtinuit, utpote antiquitus poenitentiae querimoniis dicata. Palmerus p. 241: „The peculiar office which the church of England has appointed for the first day of Lent, commences after the morning prayer and litany are concluded. In the ancient offices of Salisbury also we find that this office began after the prayers which were said at the sixth hour, or twelve o'clock in the day; and many of the western offices appointed the litany at the beginning of this service. The English office then proceeds with an address or sermon full of exhortations to penitence and conversion from sins, which is called a *commination*; and in the course of it the priest recites the curses of God against sin, to each of which the people, according to the custom of the old law, are invited to testify their assent. It has long been customary in the western churches for the bishop or presbyter to make a discourse or sermon on the subject of penitence at this part of the office, as we may see in the missals of Salisbury, and in several western rituals mentioned by Martene." — Am. nullam facit mentionem de Comminatione: at nonnulla ex illo Officio depromit, itidem Feria IV Cinerum recitanda cf. p. 392.

3) El.: After Morning prayer, the people being called together by the

Brethren, in the Primitive Church there was a godly discipline, that, at the beginning of Lent, such persons as stood convicted of notorious sin were put to open penance, and punished in this world, that their souls might be saved in the day of the Lord; and that others, admonished by their example, might be the more afraid to offend. [1])

Instead whereof, (until the said discipline may be restored again, which is much to be wished,) it is thought good, that at this time (in the presence of you all) should be read the general sentences of God's cursing against impenitent sinners, gathered out of the seven and twentieth Chapter of Deuteronomy, and other places of Scripture; and that ye should answer to every Sentence, *Amen:* To the intent that, being admonished of the great indignation of God against sinners, ye may the rather be moved to earnest and true repentance; and may walk more warily in these dangerous days; fleeing from such vices, for wich ye affirm with your own mouths the curse of God to be due. [2])

Cursed is the man that maketh any carved or molten image, to worship it. [3])

And the people shall answer and say, *Amen.*

Minister. Cursed is he that curseth his father and mother.
Answer. Amen.
Min. Cursed is he that removeth his neigbour's land-mark.
Ans. Amen.
Min. Cursed is he that maketh the blind to go out of his way.
Ans. Amen.
Min. Cursed is he that perverteth the judgement of the stranger, the fatherless, and widow.
Ans. Amen.
Min. Cursed is he that smiteth his neighbour secretly.
Ans. Amen.

---

ringing of a bell, and assembled in the Church, the English Litany shall be said, after the accustomed manner: which ended, the Priest shall go into the pulpit and say thus.

1) El. — persons as were notorious sinners, were.

2) El. — in your presence.

3) El. — image, an ʀbomination to the Lord, the work of the hands of the craftsman, and putteth it in a secret place to whorship it.

Min. Cursed is he that lieth with his neighbour's wife.

Ans. Amen.

Min. Cursed is he that taketh reward to slay the innocent.

Ans. Amen.

Min. Cursed is he that putteth his trust in man, and taketh man for his defence, and in his heart goeth from the Lord.

Ans. Amen.

Min. Cursed are the unmerciful, fornicators, and adulterers, covetous persons, idolaters, slanderers, drunkards, and extortioners. [1])

Ans. Amen.

Minister. Now seeing that all they are accursed (as the prophet David beareth witness) who do err and go astray from the commandments of God; let us (remembering the dreadful judgement hanging over our heads, and always ready to fall upon us) return unto our Lord God, with all contrition and meekness of heart; bewailing and lamenting our sinful life, acknowledging and confessing our offences, and seeking to bring forth worthy fruits of penance. For now is the ax put unto the root of the trees, so that every tree that bringeth not forth good fruit is hewn down, and cast into the fire. It is a fearful thing to fall into the hands of the living God: he shall pour down rain upon the sinners, snares, fire and brimstone, storm and tempest; this shall be their portion to drink. For lo, the Lord is come out of his place to visit the wickedness of such as dwell upon the earth. But who may abide the day of his coming? Who shall be able to endure when he appeareth? His fan is in his hand, and he will purge his floor and gather his wheat into the barn; but he will burn the chaff with unquenchable fire. The day of the Lord cometh as a thief in the night: and when men shall say, Peace, and all things are safe, then shall sudden destruction come upon them, as sorrow cometh upon a woman travailing with child, and they shall not escape. Then shall appear the wrath of God in the day of vengeance, which obstinate sinners, through the stubbornness of their heart, have heaped unto themselves; which despised the goodness, patience, and long-sufferance of God, when he calleth them continually to repentance. Then shall they call

---

1) El. — covetous persons, the worshippers of images, slanderers.

upon me, (saith the Lord,) but I will not hear; they shall seek
me early, but they shall not find me; and that, because they
hated knowledge, and received not the fear of the Lord, but
abhorred my counsel, and despised my correction. Then shall
it be too late to knock when the door shall be shut; and too
late to cry for mercy when it is the time of justice. O terrible
voice of most just judgement, which shall be pronounced upon
them, when it shall be said unto them, Go, ye cursed, into
the fire everlasting, which is prepared for the devil and his
angels. Therefore, brethren, take we heed betime, while the
day of salvation lasteth; for the night cometh, when none can
work. But let us, while we have the light, believe in the
light, and walk as children of the light; that we be not cast
into utter darkness, where is weeping and gnashing of teeth.
Let us not abuse the goodness of God, who calleth us merci-
fully to amendment, and of his endless pity promiseth us for-
giveness of that which is past, if with a perfect and true heart
we return unto him. For though our sins be as red as scarlet,
they shall be made white as snow; and though they be like
purple, yet they shall be made white as wool. Turn ye (saith
the Lord) from all your wickedness, and your sin shall not be
your destruction: Cast away from you all your ungodliness
that ye have done: Make you new hearts, and a new spirit:
Wherefore will ye die, O ye house of Israel, seeing that I
have no pleasure in the death of him that dieth, saith the Lord
God? Turn ye then, and ye shall live. Although we have
sinned, yet have we an Advocate with the Father, Jesus Christ
the righteous; and he is the propitiation for our sins. For he
was wounded for our offences, and smitten for our wickedness.
Let us therefore return unto him, who is the merciful receiver
of all true penitent sinners; assuring ourselves that he is ready
to receive us, and most willing to pardon us, if we come
unto him with faithful repentance; if we will submit ourselves
unto him, and from henceforth walk in his ways; if we will
take his easy yoke, and light burden upon us, to follow him
in lowliness, patience, and charity, and be odered by the go-
vernance of his Holy Spirit; seeking always his glory, and
serving him duly in our vocation with thanksgiving: This if
we do, Christ will deliver us from the curse of the law, and
from the extreme malediction which shall light upon them that

shall be set on the left hand; and he will set us on his right
hand, and give us the gracious benediction of his Father, com-
manding us to take possession of his glorious kingdom: Unto
which he vouchsafe to bring us all, for his infinite mercy.
Amen.

Then shall they all kneel upon their knees, and the Priest and Clerks
kneeling (in the place where they are accustomed to say the Litany) shall
say this Psalm.

Miserere mei, Deus. Psalm li.

Have mercy upon me, O God, after thy great goodness:
according to the multitude of thy mercies do away mine offen-
ces &c.

Glory be to the Father, &c.
As it was in the beginning, &c.
Lord, have mercy upon us.
Christ, have mercy upon us.
Lord, have mercy upon us.
Our Father, which art in heaven, &c. secundum Lucam.

Minister. O Lord, save thy servants,
Answer. That put their trust in thee.
Minister. Send unto them help from above.
Answer. And evermore mightily defend them.
Minister. Help us, O God our Saviour.
Answer. And for the glory of thy Name deliver us; be
merciful to us sinners, for thy Name's sake.
Minister. O Lord, hear our prayer.
Answer. And let our cry come unto thee. [1])

Minister. Let us pray.

O Lord, we beseech thee, mercifully hear our prayers,
and spare all those who confess their sins unto thee; that they,
whose consciences by sin are accused, by thy merciful pardon
may be absolved; through Christ our Lord. Amen. [2])

----

1) Missale Sarisb. in Capite Ieiunii: Domine salvos fac servos et ancillas
tuas, Deus meus, sperantes in te. Mitte eis, Domine, auxilium de sancto. Et
de Sion tuere eos. Adiuva nos Deus salutaris noster. Et propter gloriam nomi-
nis tui, Domine, libera nos et propitius esto peccatis nostris propter nomen
tuum. Domine, exaudi orationem meam. Et clamor meus ad te veniat.

2) Non occurrit Collecta in Benedictione Cinerum Romana, sed in Miss.
Sarisberiensi, Narbonensi, Arelatensi et multis aliis. Martene de antiq. eccl. disc.

O most mighty God, and merciful Father, who hast com-
passion upon all men, and hatest nothing that thou hast made;
who wouldest not the death of a sinner, but that he should
rather turn from his sin, and be saved; Mercifully forgive us
our trespasses; receive and comfort us, who are grieved and
wearied with the burden of our sins. Thy property is always
to have mercy; to thee only it appertaineth to forgive sins.
Spare us therefore, good Lord, spare thy people, whom thou
hast redeemed; enter not into judgement with thy servants,
who are vile earth, and miserable sinners; but so turn thine
anger from us, who meekly acknowledge our vileness, and
truly repent us of our faults, and so make haste to help us in
this world, that we may ever live with thee in the world to
come; through Jesus Christ our Lord. Amen. [1])

Then shall the people say this that followeth, after the Minister.

Turn thou us, O good Lord, and so shall we be turned.
Be favourable, O Lord, Be favourable to thy people, Who
turn to thee in weeping, fasting, and praying. For thou art
a merciful God, Full of compassion, Long-suffering, and of
great pity. Thou sparest when we deserve punishment, And
in thy wrath thinkest upon mercy. Spare thy people, good
Lord, spare them, And let not thine heritage be brought to
confusion. Hear us, O Lord, for thy mercy is great, And
after the multitude of thy mercies look upon us; Through the
merits and mediation of thy blessed Son, Jesus Christ our Lord.
Amen. [2])

---

p. 130 sq. Exaudi, Domine, preces nostras, et confitentium tibi parce peccatis:
ut quos conscientiae reatus accusat, indulgentiae tuae miseratio absolvat.

3) Composita est oratio e duabus Collectis in Missalibus Angliae et Galliae
obviis, quae in Missali Romano hodierno desiderantur: Omnipotens sempiterne
Deus, qui misereris omnium, et nihil odisti eorum quae fecisti .... Domine Deus
noster, qui offensione nostra non vinceris sed satisfactione placaris, respice
quaesumus super famulos tuos: qui se tibi graviter peccasse confitentur: tuum
est enim absolutionem criminum dare, et veniam praestare poenitentibus, qui
dixisti poenitentiam te malle peccatorum quam mortem. Concede ergo, Domine,
his famulis tuis ut tibi poenitentiae excubias celebrent, ut correctis actibus suis,
conferri sibi a te sempiterna gaudia gratulentur.

4) El. Turn thou us, O good Lord, and so shall we be turned: be favour-
able O Lord, be favourable to thy people, which turn to thee in weeping, fasting,
and praying; for thou art a merciful God, full of compassion, longsuffering, and
of a great pity. Thou sparest when we deserve punishment, and in thy wrath

Then the Minister alone shall say,

The Lord bless us, and keep us; the Lord lift up the light of his countenance upon us, and give us peace, now and for evermore. Amen. [1])

FORMS OF PRAYER TO BE USED AT SEA. [2])

The Morning and Evening Service to be used daily at Sea shall be the same which is appointed in the Book of Common Prayer.

These two following Prayers are to be also used in her Majesty's Navy every day. [3])

O Eternal Lord God, who alone spreadest out the heavens, and rulest the raging of the sea; who hast compassed the waters with bounds until day and night come to an end; Be pleased to receive into thy Almighty and most gracious protection the persons of us thy servants, and the Fleet in which we serve. Preserve us from the dangers of the sea, and from the violence of the enemy; that we may be a safeguard unto our most gracious Sovereign Lady Queen Victoria, and her Dominions, and a security for such as pass on the seas upon their lawful occasions; that the inhabitants of our Island may in peace and quietness serve thee our God; and that we may return in safety to enjoy the blessings of the land, with the fruits of our labours, and with a thankful remembrance of thy mercies to

---

thinkest upon mercy. Spare thy people, good Lord, spare them, and let not thy heritage be brought to confusion: hear us O Lord, for thy mercy is great, and after the multitude of thy mercies look upon us. — Contexta est imploratio ex Antiphonis hodienum in Benedictione Cinerum usitatis: Convertimini ad me in toto corde vestro, in ieiunio, et fletu, et planctu, dicit Dominus. Iuxta vestibulum et altare plorabunt sacerdotes et Levitae ministri Domini dicentes: Parce, Domine, parce populo tuo: et ne dissipes ora clamantium ad te, Domine. Exaudi nos, Domine, quia benigna est misericordia tua, secundum multitudinem miserationum tuarum respice nos Domine.

1) Abest a libro El. Benedictio.

2) Novissimae editionis anni 1661 additamentum, idque praeclarissimum, quod maximi ponderis est apud maritimum populum, terras omnes, omnia maria moventem.

3) Am. — may be used in Ships of War.

praise and glorify thy holy Name; through Jesus Christ our Lord. Amen. [1])

The Collect.

Prevent us, O Lord, in all our doings, with thy most gracious favour, and further us with thy continual help; that in all our works begun, continued, and ended in thee, we may glorify thy holy Name, and finally by thy mercy obtain everlasting life; through Jesus Christ our Lord. Amen. [2])

Prayers to be used in Storms at Sea.

O Most powerful and glorious Lord God, at whose command the winds blow, and lift up the waves of the sea, and who stillest the rage thereof; We thy creatures, but miserable sinners, do in this our great distress cry unto thee for help: Save, Lord, or else we perish. We confess, when we have been safe, and seen all things quiet about us, we have forgot thee our God, and refused to hearken to the still voice of thy word, and to obey thy commandments: But now we see, how terrible thou art in all thy works of wonder; the great God to be feared above all: And therefore we adore thy Divine Majesty, acknowledging thy power, and imploring thy goodness. Help, Lord, and save us for thy mercy's sake in Jesus Christ thy Son, our Lord. Amen.

Or this.

O Most glorious and gracious Lord God, who dwellest in heaven, but beholdest all things below; Look down, we beseech thee, and hear us, calling out of the depth of misery, and out of the jaws of this death, which is ready now to swallow us up: Save, Lord, or else we perish. The living, the living, shall praise thee. O send thy word of command to rebuke the raging winds, and the roaring sea; that we, being delivered from this distress, may live to serve thee, and to glorify thy Name all the days of our life. Hear, Lord, and save us, for the infinite merits of our blessed Saviour, thy Son our Lord Jesus Christ. Amen.

The Prayer to be said before a Fight at Sea against any Enemy.

O Most powerful and glorious Lord God, the Lord of hosts, that rulest and commandest all things; Thou sittest in the

---

1) Am. — fleet or ship. — unto the United States of America and a security — of our Land.

2) Am.: Direct us.

throne judging right, and therefore we make our address to thy Divine Majesty in this our necessity, that thou wouldest take the cause into thine own hand, and judge between us and our enemies. Stir up thy strength, O Lord, and come and help us; for thou givest not alway the battle to the strong, but canst save by many or by few. O let not our sins now cry against us for vengeance; but hear us thy poor servants begging mercy, and imploring thy help, and that thou wouldest be a defence unto us against the face of the enemy. Make it appear that thou art our Saviour and mighty Deliverer, through Jesus Christ our Lord. Amen.

Short Prayers for single persons, that cannot meet to join in Prayer with others by reason of the Fight, or Storm.

General Prayers.

Lord, be merciful to us sinners, and save us for thy mercy's sake.

Thou art the great God, that hast made and rulest all things: O deliver us for thy Name's sake.

Thou art the great God to be feared above all: O save us, that we may praise thee.

Special Prayers with respect to the Enemy.

Thou, O Lord, art just and powerful: O defend our cause against the face of the enemy.

O God, thou art a strong tower of defence to all that flee unto thee: O save us from the violence of the enemy.

O Lord of hosts, fight for us, that we may glorify thee.

O suffer us not to sink under the weight of our sins, or the violence of the enemy.

O Lord, arise, help us, and deliver us for thy Name's sake.

Short Prayers in respect of a Storm.

Thou, O Lord, that stillest the raging of the sea, hear, hear us, and save us, that we perish not.

O blessed Saviour, that didst save thy disciples ready to perish in a storm, hear us, and save us, we beseech thee.

Lord, have mercy upon us.

Christ, have mercy upon us.

Lord, have mercy upon us.

O Lord, hear us.

O Christ, hear us.

God the Father, God the Son, God the Holy Ghost, have mercy upon us, save us now and evermore. Amen.

Our Father, which art in heaven, Hallowed be thy Name. Thy kingdom come. Thy will be done in earth, As it is in heaven. Give us this day our daily bread. And forgive us our trespasses, As we forgive them that trespass against us. And lead us not into temptation; But deliver us from evil: For thine is the kingdom, The power, and the glory, For ever and ever. Amen.

When there shall be imminent danger, as many as can be spared from necessary service in the Ship shall be called together, and make an humble Confession of their sins to God: In which every one ought seriously to reflect upon those particular sins of which his conscience shall accuse him; saying as followeth.

The Confession.

Almighty God, Father of our Lord Jesus Christ, Maker of all things, Judge of all men; We acknowledge and bewail our manifold sins and wickedness, Which we, from time to time, most grievously have committed, By thought, word, and deed, Against thy Divine Majesty, Provoking most justly thy wrath and indignation against us. We do earnestly repent, And are heartily sorry for these our misdoings; The remembrance of them is grievous unto us; The burden of them is intolerable. Have mercy upon us, Have mercy upon us, most merciful Father; For thy Son our Lord Jesus Christ's sake, Forgive us all that is past; And grant that we may ever hereafter Serve and please thee In newness of life, To the honour and glory of thy Name; Through Jesus Christ our Lord. Amen.

Then shall the Priest, if there be any in the Ship, pronounce this Absolution. [1])

Almighty God, our heavenly Father, who of his great mercy hath promised forgiveness of sins to all them which with hearty repentance and true faith turn unto him; Have mercy upon you; pardon and deliver you from all your sins; confirm and strengthen you in all goodness, and bring you to everlasting life, through Jesus Christ our Lord. Amen.

---

1) Am. — in ship the say.

Thanksgiving after a Storm.

Jubilate Deo. Psalm LXvi.

O be joyful in God, all ye lands: sing praises unto the honour of his Name, make his praise to be glorious &c.

Glory be to the Father, and to the Son: and to the Holy Ghost;

As it was in the beginning, is now, and ever shall be: world without end. Amen.

Confitemini Domino. Psalm cvii.

O give thanks unto the Lord, for he is gracious: and his mercy endureth for ever &c.

Glory be to the Father, and to the Son: and to the Holy Ghost;

As it was in the beginning, is now, and ever shall be: world without end. Amen. [1])

Collects of Thanksgiving.

O Most blessed and glorious Lord God, who art of infinite goodness and mercy; We thy poor creatures, whom thou hast made and preserved, holding our souls in life, and now rescuing us out of the jaws of death, humbly present ourselves again before thy Divine Majesty, to offer a sacrifice of praise and thanksgiving, for that thou heardest us when we called in our trouble, and didst not cast out our prayer, which we made before thee in our great distress: Even when we gave all for lost, our ship, our goods, our lives, then didst thou mercifully look upon us, and wonderfully command a deliverance: for which we, now being in safety, do give all praise and glory to thy holy Name; through Jesus Christ our Lord. Amen.

Or this.

O Most mighty and gracious good God, thy mercy is over all thy works, but in special manner hath been extended toward us, whom thou hast so powerfully and wonderfully defended. Thou hast shewed us terrible things, and wonders in the deep, that we might see how powerful and gracious a God thou art; how able and ready to help them that trust in thee. Thou hast shewed us how both winds and seas obey thy command; that we may learn, even from them, hereafter to obey thy voice,

---

1) Am. utrumque Psalmum, nonnullis versiculis omissis brevi complexus est.

III. 34

and to do thy will. We therefore bless and glorify thy Name, for this thy mercy in saving us, when we were ready to perish. And, we beseech thee, make us as truly sensible now of thy mercy, as we were then of the danger: and give us hearts always ready to express our thankfulness, not only by words, but also by our lives, in being more obedient to thy holy commandments. Continue, we beseech thee, this thy goodness to us; that we, whom thou hast saved, may serve thee in holiness and righteousness all the days of our life; through Jesus Christ our Lord and Saviour. Amen.

An Hymn of Praise and Thanksgiving after a dangerous Tempest.

O come, let us give thanks unto the Lord, for he is gracious: and his mercy endureth for ever.

Great is the Lord, and greatly to be praised; let the redeemed of the Lord say so: whom he hath delivered from the merciless rage of the sea.

The Lord is gracious and full of compassion: slow to anger, and of great mercy.

He hath not dealt with us according to our sins: neither rewarded us according to our iniquities.

But as the heaven is high above the earth: so great hath been his mercy towards us.

We found trouble and heaviness: we were even at death's door.

The waters of the sea had well-nigh covered us: the proud waters had well-nigh gone over our soul.

The sea roared: and the stormy wind lifted up the waves thereof.

We were carried up as it were to heaven, and then down again into thee deep: our soul melted within us, because of trouble;

Then cried we unto thee, O Lord: and thou didst deliver us out of our distress.

Blessed be thy Name, who didst not despise the prayer of thy servants: but didst hear our cry, and hast saved us.

Thou didst send forth thy commandment: and the windy storm ceased, and was turned into a calm.

O let us therefore praise the Lord for his goodness: and declare the wonders that he hath done, and still doeth for the children of men.

Praised be the Lord daily: even the Lord that helpeth us, and poureth his benefits upon us.

He is our God, even the God of whom cometh salvation: God is the Lord by whom we have escaped death.

Thou, Lord, hast made us glad through the operation of thy hands: and we will triumph in thy praise.

Blessed be the Lord God: even the Lord God, who only doeth wondrous things;

And blessed be the Name of his Majesty for ever: and let every one of us say, Amen, Amen.

Glory be to the Father, and to the Son: and to the Holy Ghost;

As it was in the beginning, is now, and ever shall be: world without end.   Amen.

2 Cor. xiii.

The grace of our Lord Jesus Christ, and the love of God, and the fellowship of the Holy Ghost, be with us all evermore. Amen. [1])

After Victory or Deliverance from an Enemy.

A Psalm or Hymn of Praise and Thanksgiving after Victory.

If the Lord had not been on our side, now may we say: if the Lord himself had not been on our side, when men rose up against us;

They had swallowed us up quick: when they were so wrathfully displeased at us.

Yea, the waters had drowned us, and the stream had gone over our soul: the deep waters of the proud had gone over our soul.

But praised be the Lord: who hath not given us over as a prey unto them.

The Lord hath wrought: a mighty salvation for us.

We gat not this by our own sword, neither was it our own arm that saved us: but thy right hand, and thine arm, and the light of thy countenance, because thou hadst a favour unto us.

The Lord hath appeared for us: the Lord hath covered our heads, and made us to stand in the day of battle.

---

1) Desideratur Benedictio in Am.

The Lord hath appeared for us: the Lord hath overthrown our enemies, and dashed in pieces those that rose up against us.

Therefore not unto us, O Lord, not unto us: but unto thy Name be given the glory.

The Lord hath done great things for us: the Lord hath done great things for us, for which we rejoice.

Our help standeth in the Name of the Lord: who hath made heaven and earth.

Blessed be the Name of the Lord: from this time forth for evermore.

Glory be to the Father, and to the Son: and to the Holy Ghost;

As it was in the beginning, is now, and ever shall be: world without end.   Amen.

After this Hymn may be sung the

Te Deum.

Then this Collect.

O Almighty God, the Sovereign Commander of all the world, in whose hand is power and might which none is able to withstand; We bless and magnify thy great and glorious Name for this happy Victory, the whole glory whereof we do ascribe to thee, who art the only giver of Victory. And, we beseech thee, give us grace to improve this great mercy to thy glory, the advancement of thy Gospel, the honour of our Sovereign, and, as much as in us lieth, to the good of all mankind. And, we beseech thee, give us such a sense of this great mercy, as may engage us to a true thankfulness, such as may appear in our lives by an humble, holy and obedient walking before thee all our days, through Jesus Christ our Lord; to whom with thee and the Holy Spirit, as for all thy mercies, so in particular for this Victory and Deliverance, be all glory and honour, world without end.   Amen. [1])

2 Cor. xiii.

The grace of our Lord Jesus Christ, and the love of God, and the fellowship of the Holy Ghost, be with us all evermore.   Amen.

---

1) Am. — the honour of our country.

At the Burial of their Dead at Sea.

The Office in the Common Prayer-book may be used; only instead of these words [We therefore commit his body to the ground, earth to earth, &c.] say,

We therefore commit his body to the deep, to be turned into corruption, looking for the resurrection of the body, (when the Sea shall give up her dead,) and the life of the world to come, through our Lord Jesus Christ; who at his coming shall change our vile body, that it may be like his glorious body, according to the mighty working, whereby he is able to subdue all things to himself.

THE FORM AND MANNER OF MAKING, ORDAINING, AND CONSECRATING OF BISHOPS, PRIESTS, AND DEACONS,

according to the order of the United Church of England and Ireland.[1]

The Preface.

It is evident unto all men diligently reading holy Scripture and ancient Authors, that from the Apostles' time there have been these Orders of Ministers in Christ's Church; Bishops, Priests, and Deacons. Which Offices were evermore had in such reverend Estimation, that no man might presume to execute any of them, except he were first called, tried, examined, and known to have such qualities as are requisite for the same; and also by public Prayer, with Imposition of Hands, were approved and admitted thereunto by lawful Authority. And therefore, to the intent that these Orders may be continued, and reverently used and esteemed, in the United Church of *England* and *Ireland;* no man shall be accounted or taken to be a lawful Bishop, Priest, or Deacon in the United Church of *England* and *Ireland*, or suffered to execute any of the said Functions, except he be called, tried, examined, and admitted thereunto, according to the Form hereafter following, or hath had formerly Episcopal Consecration, or Ordination. [2]

1) Am.: According to the Order of the Protestant Episcopal Church in the United States of America, as established by the Bishops, the Clergy and Laity of said Church in General-Convention in the month of September A. D. 1792.

2) El.: — no man, by his own private authority, might presume — thereunto. And therefore — esteemed in this Church of England, it is requisite,

And none shall be admitted a Deacon, except he be Twenty-three years of age, unless he have a Faculty. And every man which is to be admitted a Priest shall be full Four-and-twenty years old. And every man which is to be ordained or consecrated Bishop shall be full Thirty years of age. [1])

And the Bishop, knowing either by himself, or by sufficient testimony, any Person to be a man of virtuous conversation, and without crime; and, after examination and trial, finding him learned in the Latin Tongue, and sufficiently instructed in holy Scripture, [2]) may at the times appointed

---

that no man (not being at this present Bishop, Priest nor Deacon) shall execute any of them except — admitted, according to the form hereafter following. Am. — esteemed in this Church. — Deacon in this Church — or hath had Episcopal Consecration. Tilenus Par. ad Scotos p. 6: „Iam vero non minus clarum notumque, Christum in novo foedere alios dedisse Apostolos, alios Evangelistas, alios Pastores et Doctores. Agnoscitis mecum, opinor, fratres Scoti, graduum non minus, quam donorum disparitatem. Verum excipitis, extraordinarias functiones ac temporarias cum ordinariis ac perpetuis perperam e me misceri ac confundi." Deinceps studet evincere: illa munera ordinaria esse atque perpetua, iure ab ecclesia Anglicana retenta. Canon VIII: Quicunque imposterum affirmabit, aut docebit, formam et ritum Episcopos, Presbyteros, et Diaconos ordinandi, et inaugurandi quicquam in se continere, quod pugnet cum verbo divino, illosque omnes, quotquot ad eum modum Episcopi, Presbyteri et Diaconi ordinantur, non esse rite ordinatos, neque vel a se ipsis vel ab aliis pro Episcopis, Presbyteris aut Diaconis habendos, priusquam ad sacra illa officia aliam ordinationem fuerint adepti: excommunicetur ipso facto, nullatenus absolvendus, priusquam resipuerit, ac impios hos errores publice revocarit.

1) El.: — Deacon, excepted he be XXI years of age at the least. Am.: And none shall be admitted a Deacon, Priest or Bishop, except he be of the age which the Canon in that case provided may require.
Canon XXXIV: Nullus Episcopus in sacros Ordines quenquam de coetero cooptabit, qui non ex sua ipsius Dioecesi fuerit, nisi vel ex altera nostratium Academiarum prodierit, vel nisi literas (quas vocant) Dimissorias attulerit ab Episcopo, de cuius Iurisdictione exstitit: Et si Diaconus fieri expetit, vicesimum tertium, sin Presbyter, vicesimum quartum aetatis suae annum iam compleverit, ac etiam in altera dictarum Academiarum gradum aliquem scholasticum susceperit; vel saltem nisi rationem fidei suae, iuxta Articulos religionis in Synodo Episcoporum et Cleri, Anno 1562 approbatos, Latino Sermone reddere possit, et eandem Scripturae testimoniis corroborare; ac ulterius de vita sua laudabili, et morum integritate Literas Testimoniales exhibuerit, sub sigillo alicuius Collegii Cantabrigiensis, aut Oxoniensis, ubi antea moram fecerit, vel certe trium aut quatuor gravium Ministrorum, una cum Subscriptione, et Testimonium aliorum probabilium et fide dignorum nominum, quibus eiusdem vita et mores per proximum triennium fuerint explorati.

2) Canon XXXV: Episcopus priusquam cuilibet Ordinando manus imponat, diligenti eum Examine excutiet ac explorabit, praesentibus eisdem Ministris, quos

in the Canon, or else, on urgent occasion, upon some other Sunday or
Holy-day, in the face of the Church, admit him a Deacon, in such manner
and form as hereafter followeth. [1])

THE FORM AND MANNER OF MAKING OF DEACONS.

When the day appointed by the Bishop is come, after Morning Prayer
is ended, there shall be a Sermon or Exhortation, declaring the Duty and
Office of such as come to be admitted Deacons, how necessary that Order
is in the Church of Christ, and also, how the people ought to esteem
them in their Office. [2])

First the Archdeacon, or his Deputy, shall present unto the Bishop
(sitting in his chair near to the holy Table) such as desire to be ordained
Deacons, (each of them being decently habited,) saying these words, [3])

---

velit in impositione manuum sibi assistere. Quod si Episcopus legitime impedi-
tus praedicto examini vacare nequeat, illud tamen a praefatia Ministris solicite
fieri procurabit. Proviso semper, ut qui Episcopo in dicta examinatione et ma-
nuum impositione adesse debeant, de ipsius Cathedrali Ecclesia existant (siqui-
dem eorum facultas dabitur) alioqui tres ad minus idonei Concionatores ex eadem
dioecesi adsciscantur. Quod si quis Episcopus vel suffraganeus in sacros Ordines
quempiam sine praedictis qualitatibus, aut iusto (ut supra) examine cooptarit;
per Provinciae suae Archiepiscopum ea de re certiorem factum (assidente uno
alio Episcopo) ab omni Ordines conferendi potestate in integrum triennium se-
cludetur.

1) El.: Scripture may upon Sunday or holy day in the face. Am.: Scripture
and otherwise learned as the Canons require, may at the times appointed or
else, on urgent occasion, upon some other day. Canon XXXI: Cum prisca Sanc-
torum Patrum Auctoritas, Apostolorum exemplo freta, in solemni Ministrorum
Ordinatione preces ac ieiunia celebranda praeceperit; iisdemque adeo precum et
ieiuniorum officiis stata quaedam tempora ex professo decreverit, in quibus dun-
taxat sacri ordines essent conferendi: Nos sanctum et pium institutum illorum
colentes, volumus et statuimus, ut nulli in posterum Presbyteri aut Diaconi ordi-
nentur, nisi in diebus Dominicis immediate sequentibus ieiunia quatuor temporum,
vulgo septimanas cinerum ad preces et ieiunia (idque hunc ipsum in usum) anti-
quitus institutas atque in Ecclesia Anglicana hodie continuatas. Quod utique fieri
volumus in Ecclesia Cathedrali vel Parochiali ubi Episcopus commoratur ac tem-
pore divinorum, assistente non solum Archidiacono sed et Decano et duobus ad
minus Praebendariis aut (illis legitime detentis) quatuor illis gravioribus personis,
quae Magistri artium ad minimum exstiterint et pro publicis concionatoribus legi-
time approbati.

2) El.: First, when the day appointed by the Bishop is come, there shall
be an exhortation, declaring the duty and office of such as come to be admitted
Ministers, how necessary such orders are in the church of Christ, and also how
the people ought to esteem them in their vocation.

3) El.: After the exhortation ended, the archdeacon, or his deputy, shall

Reverend Father in God, I present unto you these persons present, to be admitted Deacons. [1])

The Bishop. Take heed that the persons, whom ye present unto us, be apt and meet, for their learning and godly conversation, to exercise their Ministry duly, to the honour of God, and the edifying of his Church. [2])

The Archdeacon shall Answer.

I have enquired of them, and also examined them, and think them so to be. [3])

Then the Bishop shall say unto the People:

Brethren, if there be any of you who knoweth any Impediment, or notable Crime, in any of these persons presented to be ordered Deacons, for the which he ought not to be admitted to that Office, let him come forth in the Name of God, and shew what the Crime or Impediment is. [4])

And if any great Crime or Impediment be objected, the Bishop shall surcease from Ordering that person, until such time as the party accused shall be found clear of that Crime.

Then the Bishop (commending such as shall be found meet to be Ordered to the Prayers of the Congregation) shall, with the Clergy and people present, sing or say the Litany, with the Prayers as followeth. [5])

The Litany and Suffrages, ut p. 364 sqq.

O God the Father, of heaven: have mercy upon us miserable sinners.

O, God the Father of heaven: have mercy upon us miserable sinners &c.

---

present such as come to the Bishop to bo admitted, saying these words. Am.: A Priest shall present.

1) Pontif. Rom.: Archidiaconus offerens illos Pontifici dicat: Reverendissime Pater, postulat sancta mater ecclesia, ut hos praesentes Subdiaconos ad onus Diaconi sublevetis.

2) Pont. Rom.: Scis illos dignos esse?

3) Pont. Rom.: Quantum humana fragilitas nosse sinit et scio et testificor ipsos dignos esse ad huius onus officii.

4) El.: — admitted to the same. Pont. Rom.: Auxiliante Domino Deo Salvatore nostro Jesu Christo, eligimus in ordinem diaconii sive presbyterii, *Ill.* subdiaconum, sive diaconum de titulo *Illo.* presbyterum de titulo *Illo.* Si quis autem habet al'quid contra hos viros, pro Deo et propter Dominum, cum fiducia exeat et dicat, verumtamen memor sit conditionis suae.

5) Pont. Rom.: Omnibus ante altare per Archidiaconum ordinatis, Pontifex procumbit in faldistorium et omnes Ordinandi in locis super tapetia prosternunt se: ministri vero et alii adstantes genuflectunt et recitatur Litania.

That it may please thee to illuminate all Bishops, Priests, and Deacons, with true knowledge and understanding of thy Word; and that both by their preaching and living they may set it forth, and shew it accordingly p. 368.

We beseech thee to hear us, good Lord.

That it may please thee to bless these thy servants, now to be admitted to the Order of Deacons, [or *Priests*,] and to pour thy grace upon them; that they may duly execute their Office, to the edifying of thy Church, and the glory of thy holy Name. [1])

Then shall be sung or said the Service for the Communion, with the Collect, Epistle, and Gospel, as followeth.

The Collect.

Almighty God, who by thy Divine Providence hast appointed divers Orders of Ministers in thy Church, and didst inspire thine apostles to choose into the Order of Deacons the first Martyr Saint Stephen, with others; Mercifully behold these thy servants now called to the like Office and Administration; replenish them so with the truth of thy Doctrine, and adorn them with innocency of life, that, both by word and good example, they may faithfully serve thee in this Office, to the glory of thy Name, and the edification of thy Church; through the merits of our Saviour Jesus Christ, who liveth and reigneth with thee and the Holy Ghost, now and for ever.   Amen. [2])

The Epistle.   1 Tim. iii. 8—13.

Or else this, out of the Sixth of the Acts of the Apostles.

Acts vi. 2—7. [3])

And before the Gospel, the Bishop sitting in his chair, shall cause the Oath of the Queen's Supremacy, and against the power and authority

---

1) Pont. Rom.: Postquam autem dictum fuerit in Litania: Ut omnibus fidelibus defunctis requiem aeternam donare digneris — surgit Pontifex ab accubitu et baculum pastoralem in sinistra manu tenens, ordinandis prostratis manentibus dicit: Ut hos electos bene†dicere digneris. Resp. Te rogamus audi nos. Secundo dicit: Ut hos electos bene†dicere et sancti†ficare digneris. Resp. Te rogamus audi nos. Tertio dicit: Ut hos electos bene†dicere, sancti†ficare et con-† secrare digneris. Resp. Te rogamus audi nos.

2) El. — doctrine and innocency of life, — name, and profit of the congregation.

3) El. 1 Tim. 3, 8—16.

of all foreign Potentates, to be ministered unto every one of them that
are to be Ordered. [1])

The Oath of the Queen's Sovereignty.

I *A. B.* do swear, that I do from my heart abhor, detest,
and abjure, as impious and heretical, that damnable Doctrine
and Position, That Princes excommunicated or deprived by the
Pope, or any Authority of the See of Rome, may be deposed
or murdered by their Subjects, or any other whatsoever. And
I do declare, that no foreign Prince, Person, Prelate, State,
or Potentate, hath, or ought to have, any Jurisdiction, Power,
Superiority, Pre-eminence, or Authority, Ecclesiastical or Spi-
ritual, within this Realm. *So help me God.* [2])

Then shall the Bishop examine every one of them that are to be
ordered, in the presence of the People, after this manner following.

Do you trust that you are inwardly moved by the Holy
Ghost to take upon you this Office and Ministration, to serve
God for the promoting of his glory, and the edifying of his
people?

Answer. I trust so.

The Bishop. Do you think that you are truly called, ac-
cording to the will of our Lord Jesus Christ, and the due
order of this Realm, to the Ministry of the Church? [3])

Answer. I think so.

---

1) Ex Libri Americani indole colligis, hoc iusiurandum silentio praetermis-
sum esse.

2) El.: I *A. B.* do utterly testify and declare in my conscience that the
Queen's highness is the only supreme governour of this realm, and of all other
her highness' dominions and countries, as well in all spiritual or ecclesiastical
things or causes, as temporal; and that no foreign prince, person, prelate, state,
or potentate, hath or ought to have any jurisdiction, power, superiority, pre-
eminence or authority, ecclesiastical or spiritual, within this realm: and there-
fore I do utterly renounce and forsake all foreign jurisdictions, powers, superi-
orities and authorities, and do promise that from henceforth I shall bear faith
and true allegiance to the Queen's highness, her heirs and lawful successors, and
to my power shall assist and defend all jurisdictions, privileges, pre-eminences,
and authorities granted or belonging to the Queen's highness, her heirs and suc-
cessors, or united and annexed to the imperial crown of this realm, so help me
God, and the contents of this book.

3) Am.: Do you think that you are truly called, according to the will of
our Lord Jesus Christ, and according to the Canons of this Church, to the Mi-
nistry of the same?

The Bishop. Do you unfeignedly believe all the Canonical Scriptures of the Old and New Testament?

Answer. I do believe them.

The Bishop. Will you diligently read the same unto the people assembled in the Church where you shall be appointed to serve?

Answer. I will.

The Bishop. It appertaineth to the Office of a Deacon, in the Church where he shall be appointed to serve, to assist the Priest in Divine Service, and specially when he ministereth the holy Communion, and to help him in the distribution thereof, and to read holy Scriptures and Homilies in the Church; and to instruct the youth in the Catechism; in the absence of the Priest to baptize infants, and to preach, if he be admitted thereto by the Bishop. And furthermore, it is his Office, where provision is so made, to search for the sick, poor, and impotent people of the Parish, to intimate their estates, names, and place where they dwell, unto the Curate, that by his exhortation they may be relieved with the alms of the Parishioners, or others. Will you do this gladly and willingly?

Answer. I will so do, by the help of God.

The Bishop. Will you apply all your diligence to frame and fashion your own lives, and the lives of your families, according to the Doctrine of Christ; and to make both yourselves and them, as much as in you lieth, wholesome examples of the flock of Christ?

Answer. I will so do, the Lord being my helper.

The Bishop. Will you reverently obey your Ordinary, and other chief Ministers of the Church, and them to whom the charge and government over you is committed, following with a glad mind and will their godly admonitions? [1])

Answer. I will endeavour myself, the Lord being my helper.

Then the Bishop laying his Hands severally upon the Head of every one of them, humbly kneeling before him, shall say, [2])

---

1) Am.: — Ministers, according to the Canons of the Church may have the charge and government over you, following. Vetusta Pontificalia Romanae ecclesiae: Vis Episcopo tuo, ad cuius parochiam ordinandus es, obediens esse secundum iustitiam et ministerium tuum?

2) El. omittit verba: humbly kneeling before him.

Take thou Authority to execute the Office of a Deacon in the Church of God committed unto thee; In the Name of the Father, and of the Son, and of the Holy Ghost. Amen.

Then shall the Bishop deliver to every one of them the New Testament, saying,

Take thou Authority to read the Gospel in the Church of God, and to preach the same, if thou be thereto licensed by the Bishop himself. [1])

Then one of them, appointed by the Bishop, shall read

The Gospel. St. Luke xii. 35—38. [2])

Then shall the Bishop proceed in the Communion, and all that are Ordered shall tarry, and receive the holy Communion the same day with the Bishop.

The Communion ended, after the last Collect, and immediately before the Benediction, shall be said these Collects following.

Almighty God, giver of all good things, who of thy great goodness hast vouchsafed to accept and take these thy servants unto the Office of Deacons in thy Church; Make them, we beseech thee, O Lord, to be modest, humble, and constant in their Ministration, to have a ready will to observe all spiritual Discipline; that they having always the testimony of a good conscience, and continuing ever stable and strong in thy Son Christ, may so well behave themselves in this inferior Office, that they may be found worthy to be called unto the higher Ministries in thy Church; through the same thy Son our Saviour Jesus Christ, to whom be glory and honour world without end. Amen.

Prevent us, O Lord, in all our doings with thy most gracious favour, and further us with thy continual help; that in all our works begun, continued, and ended in thee, we may glorify thy holy Name, and finally by thy mercy obtain everlasting life; through Jesus Christ our Lord. Amen.

The peace of God, which passeth all understanding, keep your hearts and minds in the knowledge and love of God, and

---

1) El. — same, if thou be thereunto ordinarily commanded. Pontif. Rom.: Postremo Pontifex accipit et tradit omnibus librum Evangeliorum quem manu dextera tangit, dicens: Accipe potestatem legendi Evangelium in ecclesia Dei, tam pro vivis quam pro defunctis.

2) El. — the gospel of that day. Pontif. Rom. — His peractis prosequitur Pontifex Missam, in qua unus ex Diaconis noviter ordinatis recitat Evangelium.

529

of his Son Jesus Christ our Lord: And the Blessing of God Almighty, the Father, the Son, and the Holy Ghost, be amongst you, and remain with you always. Amen. [1])

And here it must be declared unto the Deacon, that he must continue in that Office of a Deacon the space of a whole year (except for reasonable causes it shall otherwise seem good unto the Bishop) to the intent he may be perfect, and well expert in the things appertaining to the Ecclesiastical Administration. In executing whereof if he be found faithful and diligent, he may be admitted by his Diocesan to the Order of Priesthood, at the times appointed in the Canon; or else, on urgent occasion, upon some other Sunday, or Holy-day, in the face of the Church, in such manner and form as hereafter followeth. [2])

THE FORM AND MANNER OF ORDERING OF PRIESTS.

When the day appointed by the Bishop is come, after Morning Prayer is ended, there shall be a Sermon or Exhortation, declaring the Duty and Office of such as come to be admitted Priests; how necessary that Order is in the Church of Christ, and also how the people ought to esteem them in their Office. [3])

First, the Archdeacon, or, in his abscence, one appointed in his stead, shall present unto the Bishop (sitting in his chair near to the holy

---

1) El. nec continet Collectam: Prevent us etc. neque Benedictionem. Am. acquiescit in collecta prima, adiungit tamen Benedictionem.

2) El. — be shewed unto the Deacon. — seen to his Ordinary. Tenet liber: — at the appointed &c.   Canon XXXII: Cum ex Patrum antiquorum sententia et primitivae ecclesiae praxi Diaconi officium ad Ministerii dignitatem gradus quidam sit constitutus; statuimus et ordinamus, ut nullus deinceps Episcopus aliquam cuiusvis conditionis personam (quibuscunque tandem animi dotibus commendatam) uno et eodem die Diaconum et Presbyterum constituat; quin ut ritus ea in parte praescriptus in Libro de Episcopis, Presbyteris, et Diaconis ordinandis, et inaugurandis, stricte observetur; non quo Diaconos omnes Presbyterii aditu per annum integrum prohibeamus (cum tamen Episcopus iustam eius admittendi causam alioqui invenerit) verum ut, cum quatuor tempora Diaconorum et Presbyterorum ordinationi in singulos annos sint decreta, aliquid saltem spatii detur, ad periculum de singulis faciendum, quales in officio Diaconi se exhibuerint, priusquam in Ordinem Presbyterorum suscipiantur.

3) In libro El. alius conspicitur rerum ordo et dispositio: Exhortatio. Communio (Epist. Act. XX, 17—35. s. 1 Tim. III, 1—16. Evang. Matth. XXVIII, 18—20. s. Joh. X, 1—16. s. Joh. XX, 19—23.) Hymnus Veni Creator. Deinceps interrogationes Pontificis et Responsiones Archidiaconi, ut in officio Diaconatus. Litania. Collecta: Almighty God, giver &c. Sermo Episcopi: You have heard &c.

Table) all them that shall receive the Order of Priesthood that day (each of them being decently habited) and say, [1])

Reverend Father in God, I present unto you these persons present, to be admitted to the Order of Priesthood.

The Bishop. Take heed that the persons, whom ye present unto us, be apt and meet, for their learning and godly conversation, to exercise their Ministry duly, to the honour of God, and the edifying of his Church.

The Archdeacon shall answer,

I have enquired of them, and also examined them, and think them so to be.

Then the Bishop shall say unto the people;

Good people, these are they whom we purpose, God willing, to receive this day unto the holy Office of Priesthood: For after due examination we find not to the contrary, but that they be lawfully called to their Function and Ministry, and that they be persons meet for the same. But yet if there be any of you, who knoweth any Impediment, or notable Crime, in any of them, for the which he ought not to be received into this holy Ministry, let him come forth in the Name of God, and shew what the Crime or Impediment is. [2])

And if any great Crime or Impediment be objected, the Bishop shall surcease from Ordering that person, until such time as the party accused shall be found clear of that Crime.

Then the Bishop (commending such as shall be found meet to be Ordered to the Prayers of the Congregation) shall, with the Clergy, and People present, sing or say the Litany, with the Prayers, as is before appointed in the Form of Ordering Deacons; save only, that, in the proper Suffrage there added, the word [*Deacons*] shall be omitted, and the word [*Priests*] inserted instead of it.

Then shall be sung or said the Service for the Communion, with the Collect, Epistle, and Gospel, as followeth.

The Collect.

Almighty God, giver of all good things, who by thy Holy Spirit hast appointed divers Orders of Ministers in the Church; Mercifully behold these thy servants now called to the Office of Priesthood; and replenish them so with the truth of thy

---

1) Am.: A Priest shall present unto the Bishop &c.
2) El.: — ministry; now in the name of God declare the same.

doctrine, and adorn them with innocency of life, that, both by word and good example, they may faithfully serve thee in this Office, to the glory of thy Name, and the edification of thy Church; through the merits of our Saviour Jesus Christ, who liveth and reigneth with thee and the Holy Ghost, world without end. Amen. [1]

The Epistle. Ephes. iv. 7—13.

After this shall be read for the Gospel part of the ninth Chapter of Saint Matthew, as followeth.

St. Matth. ix. 36—38.

Or else this that followeth, out of the tenth Chapter of Saint John.

St. John x. 1—16.

Then the Bishop, sitting in his chair, shall minister unto every one of them the Oath concerning the Queen's Supremacy, as it is before set forth, in the Form for the Ordering of Deacons.

And that done, he shall say unto them as hereafter followeth. [2]

You have heard, Brethren, as well in your private examination, as in the exhortation which was now made to you, and in the holy Lessons taken out of the Gospel, and the writings of the Apostles, of what dignity, and of how great importance this Office is, whereunto ye are called. And now again we exhort you, in the Name of our Lord Jesus Christ, that you have in remembrance, into how high a Dignity, and to how weighty an Office and Charge ye are called: that is to say, to be Messengers, Watchmen, and Stewards of the Lord; to teach, and to premonish, to feed and provide for the Lord's family; to seek for Christ's sheep that are dispersed abroad, and for his children who are in the midst of this naughty world, that they may be saved through Christ for ever. [3]

Have always therefore printed in your remembrance, how great a treasure is committed to your charge. For they are the sheep of Christ, which he bought with his death, and for whom he shed his blood. The Church and Congregation whom you must serve, is his Spouse, and his Body. And if it shall

1) El.. — doctrine and innocency of life, — and profit of thy congregation, cf. p. 525.

2) Am.: Then the Bishop shall say unto them as followeth.

3) El.: — exhortation and in the holy lessons — And now we exhort — dignity, and to how chargeable an office ye be called — watchmen, pastors and stewards.

happen the same Church, or any Member thereof, to take any hurt or hindrance by reason of your negligence, ye know the greatness of the fault, and also the horrible punishment that will ensue. Wherefore consider with yourselves the end of your Ministry towards the children of God, towards the Spouse and Body of Christ; and see that you never cease your labour, your care and diligence, until you have done all that lieth in you, according to your bounden duty, to bring all such as are or shall be committed to your charge, unto that agreement in the faith and knowledge of God, and to that ripeness and perfectness of age in Christ, that there be no place left among you, either for error in religion, or for viciousness in life. [1])

Forasmuch then as your Office is both of so great excellency, and of so great difficulty, ye see with how great care and study ye ought to apply yourselves, as well that ye may shew yourselves dutiful and thankful unto that Lord, who hath placed you in so high a Dignity; as also to beware, that neither you yourselves offend, nor be occasion that others offend. Howbeit. ye cannot have a mind and will thereto of yourselves; for that will and ability is given of God alone: therefore ye ought, and have need, to pray earnestly for his holy Spirit. And seeing that you cannot by any other means compass the doing of so weighty a work, pertaining to the salvation of man, but with doctrine and exhortation taken out of the holy Scriptures, and in framing the manners both of yourselves, and of them that specially pertain unto you, according to the rule of the same Scriptures: and for this selfsame cause, how ye ought to forsake and set aside (as much as you may) all worldly cares and studies. [2])

We have good hope that you have well weighed and pondered these things with yourselves long before this time; and that you have clearly determined, by God's grace, to give yourselves wholly to this Office, whereunto it hath pleased God to call you: so that, as much as lieth in you, you will apply yourselves wholly to this one thing, and draw all your

---

1) El.: — shall chance the same.

2) El.: — your selves kind to that Lord, who hath placed you — for that power and ability.

cares and studies this way; and that you will continually pray to God the Father, by the Mediation of our only Saviour Jesus Christ, for the heavenly assistance of the Holy Ghost; that, by daily reading and weighing of the Scriptures, ye may wax riper and stronger in your Ministry; and that ye may so endeavour yourselves, from time to time, to sanctify the lives of you and yours, and to fashion them after the Rule and Doctrine of Christ, that ye may be wholesome and godly examples and patterns for the people to follow. [1])

And now, that this present Congregation of Christ here assembled may also understand your minds and wills in these things, and that this your promise may the more move you to do your duties, ye shall answer plainly to these things, which we, in the Name of God, and of his Church, shall demand of you touching the same. [2])

Do you think in your heart, that you be truly called, according to the will of our Lord Jesus Christ, and the order of this United Church of *England* and *Ireland*, to the Order and Ministry of Priesthood?

Answer. I think it.

The Bishop. Are you persuaded that the holy Scriptures contain sufficiently all Doctrine required of necessity for eternal salvation through faith in Jesus Christ? and are you determined, out of the said Scriptures to instruct the people committed to your charge, and to teach nothing, (as required of necessity to eternal salvation,) but that wich you shall be persuaded may be concluded and proved by the Scripture?

Answer. I am so persuaded, and have so determined by God's grace.

The Bishop. Will you then give your faithful diligence always so to minister the Doctrine and Sacraments, and the Discipline of Christ, as the Lord hath commanded, and as this Church and Realm hath received the same, according to the Commandments of God; so that you may teach the people

---

1) El.: — wholly to this vocation — this way and to this end. — patterns for the rest of the congregation to follow.

2) El.: And that this present congregation of Christ.

III.   35

committed to your Cure and Charge with all diligence to keep and observe the same? [1])

Answer. I will so do, by the help of the Lord.

The Bishop. Will you be ready, with all faithful diligence, to banish and drive away all erroneous and strange doctrines contrary to God's Word; and to use both publick and private monitions and exhortations, as well to the sick as to the whole, within your Cures, as need shall require, and occasion shall be given?

Answer. I will, the Lord being my helper.

The Bishop. Will you be diligent in Prayers, and in reading of the holy Scriptures, and in such studies as help to the knowledge of the same, laying aside the study of the world and the flesh?

Answer. I will endeavour myself so to do, the Lord being my helper.

The Bishop. Will you be diligent to frame and fashion your own selves, and your families, according to the Doctrine of Christ; and to make both yourselves and them, as much as in you lieth, wholesome examples and patterns to the flock of Christ?

Answer. I will apply myself thereto, the Lord being my helper.

The Bishop. Will you maintain and set forwards, as much as lieth in you, quietness, peace, and love, among all Christian people, and especially among them that are or shall be committed to your charge?

Answer. I will so do, the Lord being my helper.

The Bishop. Will you reverently obey your Ordinary, and other chief Ministers, unto whom is committed the charge and government over you; following with a glad mind and will their godly admonitions, and submitting yourselves to their godly judgements? [2])

Answer. I will so do, the Lord being my helper.

---

1) El.: — and as this realm hath received. Am.: — and as this Church hath received.

2) Am.: — Ministers, who, according to the Canons of the Church may have the charge.

Then shall the Bishop, standing up, say,

Almighty God, who hath given you this will to do all these things; Grant also unto you strength and power to perform the same; that he may accomplish his work which he hath begun in you; through Jesus Christ our Lord. Amen. [1])

After this the Congregation shall be desired, secretly in their Prayers to make their humble supplications to God for all these things: for the which Prayers there shall be silence kept for a space.

After which shall be sung or said by the Bishop (the persons to be Ordained Priests all kneeling) Veni, Creator Spiritus; the Bishop beginning, and the Priests, and others that are present, answering by verses, as followeth.

Come, Holy Ghost, our souls inspire,
And lighten with celestial fire.

Thou the anointing Spirit art,
Who dost thy seven-fold gifts impart.

Thy blessed Unction from above,
Is comfort, life, and fire of love.

Enable with perpetual light
The dulness of our blinded sight.

Anoint and cheer our soiled face
With the abundance of thy grace.

Keep far our foes, give peace at home:
Where thou art guide, no ill can come.

Teach us to know the Father, Son,
And thee, of both, to be but One.

That, through the ages all along,
This may be our endless song;

Praise to thy eternal merit,
Father, Son, and Holy Spirit.

Or this.

Come, Holy Ghost, eternal God,
Proceeding from above,
Both from the Father and the Son,
The God of peace and love.

---

4) El.: — begun in you, until the time he shall come at the latter day, to Judge the quick and the dead.

Visit our minds, into our hearts
 Thy heavenly grace inspire;
That truth and godliness we may
 Pursue with full desire.

Thou art the very Comforter
 In grief and all distress;
The heavenly gift of God most high,
 No tongue can it express;

The fountain and the living spring
 Of joy celestial;
The fire so bright, the love so sweet,
 The Unction spiritual.

Thou in thy gifts art manifold,
 By them Christ's Church doth stand:
In faithful hearts thou writ'st thy law,
 The finger of God's hand.

According to thy promise, Lord,
 Thou givest speech with grace;
That through thy help God's praises may
 Resound in every place.

O Holy Ghost, into our minds
 Send down thy heav'nly light;
Kindle our hearts with fervent zeal,
 To serve God day and night.

Our weakness strengthen and confirm,
 (For Lord, thou know'st us frail;)
That neither devil, world, nor flesh,
 Against us may prevail.

Put back our enemy far from us,
 And help us to obtain
Peace in our hearts with God and man,
 (The best, the truest gain;)

And grant that thou being, O Lord,
 Our leader and our guide,
We may escape the snares of sin,
 And never from thee slide.

Such measures of thy powerful grace
    Grant, Lord, to us, we pray;
That thou may'st be our Comforter
    At the last dreadful day.

Of strife and of dissension
    Dissolve, O Lord, the bands,
And knit the knots of peace and love
    Throughout all Christian lands.

Grant us the grace that we may know
    The Father of all might,
That we of his beloved Son
    May gain the blissful sight;

And that we may with perfect faith
    Ever acknowledge thee,
The Spirit of Father, and of Son,
    One God in Persons Three.

To God the Father laud and praise,
    And to his blessed Son,
And to the Holy Spirit of grace,
    Co-equal Three in One.

And pray we, that our only Lord
    Would please his Spirit to send
On all that shall profess his Name,
    From hence to the world's end.   Amen. [1])

That done, the Bishop shall pray in this wise, and say,
Let us pray.

Almighty God, and heavenly Father, who, of thine infinite love and goodness towards us, hast given to us thy only and most dearly beloved Son Jesus Christ, to be our Redeemer, and the Author of everlasting life: who, after he had made perfect our redemption by his death, and was ascended into

---

1) Palmer 'p. 304: „The hymn *Veni Creator*, which immediately follows, has been already noticed in the ordination of bishops. We find it to have been used at the ordination of priests in some churches of France seven hundred years ago, as manuscripts of that date, which contain it, are still in existence." Hodienum cantatur in Ordinatione Presbyterorum apud Romanos cf. Cod. Lit. I. p. 240. De insigni illo vetustae ecclesiae cantico adeas Thesaurum meum Hymnologicum I. p. 213 sq.

heaven, sent abroad into the world his Apostles, Prophets, Evangelists, Doctors, and Pastors; by whose labour and ministry he gathered together a great flock in all the parts of the world, to set forth the eternal praise of thy holy Name: For these so great benefits of thy eternal goodness, and for that thou hast vouchsafed to call these thy servants here present to the same Office and Ministry appointed for the salvation of mankind, we render unto thee most hearty thanks, we praise and worship thee; and we humbly beseech thee, by the same thy blessed Son, to grant unto all, which either here or elsewhere call upon thy holy Name, that we may continue to shew ourselves thankful unto thee for these and all other thy benefits; and that we may daily increase and go forwards in the knowledge and faith of thee and thy Son, by the Holy Spirit. So that as well by these thy Ministers, as by them over whom they shall be appointed thy Ministers, thy holy Name may be for ever glorified, and thy blessed kingdom enlarged; through the same thy Son Jesus Christ our Lord, who liveth and reigneth with thee in the unity of the same Holy Spirit, world without end. Amen. [1])

When this Prayer is done, the Bishop with the Priests present shall lay their hands severally upon the head of every one that receiveth the Order of Priesthood; the Receivers humbly kneeling upon their knees, and the Bishop saying,

Receive the holy Ghost for the Office and Work of a Priest in the Church of God, now committed unto thee by the imposition of our hands. Whose sins thou dost forgive, they are forgiven; and whose sins thou dost retain, they are retained. And be thou a faithful Dispenser of the Word of God, and of his holy Sacraments; In the Name of the Father, and of the Son, and of the Holy Ghost. Amen. [2])

---

1) El.: — and ministry of the salvation of mankind — same thy Son, to grant unto all us, which either here or else where call upon thy name, that we may shew ourselves thankful to thee for these.

2) El.: Receive the Holy Ghost: whose sins thou dost forgive, they are forgiven; and whose sins thou dost retain, they are retained: and be thou a faithful dispenser of the word of God, and of his holy Sacraments: In the name of the Father, and of the Son, and of the Holy Ghost. Amen. Alm. secundam subiungit formulam: Take thou Authority to execute the office of a Priest in the Church of God now committed to thee by the imposition of our hands; and be

Then the Bishop shall deliver to every one of them kneeling, the Bible into his hand, saying,

Take thou Authority to preach the Word of God, and to minister the holy Sacraments in the Congregation, where thou shalt be lawfully appointed thereunto. [1])

When this is done, the Nicene Creed shall be sung or said; and the Bishop shall after that go on in the Service of the Communion, which all they that receive Orders shall take together, and remain in the same place where Hands were laid upon them, until such time as they have received the Communion. [2])

The Communion being done, after the last Collect, and immediately before the Benediction, shall be said these Collects.

Most merciful Father, we beseech thee to send upon these thy servants thy heavenly blessing; that they may be clothed with righteousness, and that thy Word spoken by their mouths may have such success, that it may never be spoken in vain. Grant also, that we may have grace to hear and receive what they shall deliver out of thy most holy Word, or agreeable to the same, as the means of our salvation; that in all our words and deeds we may seek thy glory, and the increase of thy kingdom; through Jesus Christ our Lord. Amen. [3])

Prevent us, O Lord, in all our doings &c. ut p. 528. [4])

The peace of God, which passeth all understanding, keep your hearts and minds in the knowledge and love of God, and of his Son Jesus Christ our Lord: And the blessing of God Almighty, the Father, the Son, and the Holy Ghost be amongst you, and remain with you always. Amen. [5])

---

thou a faithful Dispenser of the word of God, and of his holy Sacraments: In the name of the Father, and of the Son, and of the Holy Ghost. Amen. Adscribit Palmerus ex Concilii Carthaginensis decretis ac Pontificalibus vetustis haec: Presbyter cum ordinatur, episcopo eum benedicente, et manum super caput eius tenente: etiam omnes presbyteri qui praesentes sunt, manus suas iuxta manum episcopi super caput illius teneant: Accipe Spiritum Sanctum, quorum remiseritis peccata, remittuntur eis; et quorum retinueritis, retenta sunt.

1) El.: — where thou shalt be so appointed.

2) El.: — the congregation shall sing the Creed, and also they shall go to the Communion which all they that receive orders.

3) El.: — that they may be clad about with all iustice — receive the same as thy most holy word and the mean of our salvation.

4) Desideratur in El. et Am.

5) Non expressa est Benedictio in El.

And if on the same day the Order of Deacons be given to some, and the Order of Priesthood to others; the Deacons shall be first presented, and then the Priests; and it shall suffice that the Litany be once said for both. The Collects shall both be used; first, that for Deacons, then that for Priests. The Epistle shall be Ephes. iv. 7—13, as before in this Office. Immediately after which, they that are to be made Deacons shall take the Oath of Supremacy, be examined, and Ordained, as is above prescribed. Then one of them having read the Gospel (which shall be either out of St. Matth. ix. 36—38, as before in this Office; or else St. Luke xii. 35—38, as before in the Form for the Ordering of Deacons,) they that are to be made Priests shall likewise take the Oath of Supremacy, be examined, and Ordained, as is in this Office before appointed. [1])

---

1) El.: And if the Orders of a Deacon and Priesthood be given both upon one day: then shall all things at the holy Communion be used as they are appointed at the ordering of Priests. Saving that for the Epistle, the whole third Chapter of the first to Timothe shall be read as it is set out before in the order of Priests. And immediately after the Epistle, the Deacons shall be ordered. And it shall suffice the Litany to be said once.

Am.: — Priests, shall likewise be examined and ordained, as in this office before appointed. Uhden p. 42: „Der eigentliche Unterschied zwischen den Befugnissen eines Presbyter und Diakon besteht jetzt der That nach darin, dass jenem allein vorbehalten ist, den Segen zu sprechen und die Elemente beim Abendmahle zu consecriren, während diesem schon alle übrigen geistlichen Functionen zustehen. Offenbar hat aber die Kirche ursprünglich durch Festhaltung an dieser zwiefachen Ordination bei weitem mehr andeuten wollen, worauf auch noch die verschiedenen Formulare hinweisen. Der Diakon sollte die Unterstützung der Hülfsbedürftigen in der Gemeinde leiten, allein die äussere Sorge für die Armen ist in England schon seit sehr langer Zeit nicht mehr etwas Freiwilliges gewesen; die Verwaltung der Armensteuer ist aber nicht in den Händen der Kirche. Sie stand zwar nicht immer, wie jetzt, unter einer Centralverwaltung, sondern war früher bei der Gemeinde, aber bei dieser als einem politischen Ganzen. Man hat nun in neueren Zeiten daran gedacht, eine bestimmtere Unterscheidung beider ordines herzustellen, so dass die Diakonen einen Mittelstand zwischen Laien und Geistlichen bildeten; sie sollten mit den nicht so unmittelbar kirchlichen Angelegenheiten beauftragt werden, und etwa den Aeltesten der presbyterianischen Gemeinden entsprechen. Doch kann man behaupten, dass diese Unterscheidung ganz aus dem Bewusstsein der Kirche entschwunden ist; gelänge es jetzt, sie einzuführen, so würde damit etwas durchaus Neues gegeben."

THE FORM OF ORDAINING OR CONSECRATING OF AN ARCHBISHOP OR BISHOP;

[which is always to be performed upon some Sunday or Holy-Day.] [1])

When all things are duly prepared in the Church, and set in order, after Morning Prayer is ended, the Archbishop (or some other Bishop appointed) shall begin the Communion Service; in which this shall be [2])

The Collect.

Almighty God, who by thy Son Jesus Christ didst give to thy holy Apostles many excellent gifts, and didst charge them to feed thy flock; Give grace, we beseech thee, to all Bishops, the Pastors of thy Church, that they may diligently preach thy Word, and duly administer the godly Discipline thereof; and grant to the people, that they may obediently follow the same; that all may receive the crown of everlasting glory; through Jesus Christ our Lord. Amen. [3])

And another Bishop shall read

The Epistle. 1 Tim. iii. 1—7.
Or this.
For the Epistle. Acts xx. 17—35. [4])

Then another Bishop shall read

The Gospel. St. John xxi. 15—17.
Or else this. St. John xx. 19—23.
Or this. St. Matth. xxviii. 18—20.

After the Gospel, and the Nicene Creed, and the Sermon are ended, the Elected Bishop (vested with his Rochet) shall be presented by two Bishops unto the Archbishop of that province (or to some other Bishop appointed by lawful commission) the Archbishop sitting in his chair near the holy Table, and the Bishops that present him saying, [5])

---

1) Quae uncis inclusa sunt, omissa sunt iu El. et Am. Et ut semel hoc moneam, Americana liturgia ignorat archiepiscopalem in muneribus ecclesiasticis eminentiam. Sufficit in locum eius *the Presiding Bishop.*

2) Desideratur in El. Am.: — the presiding Bishop or some other Bishop appointed by the Bishops presents.

3) Non legitur in El.

4) El. acquiescit in lectione S. Pauli, uti infra in evangeliis e S. Ioannis codice depromtis.

5) El.: After the Gospel and Creed ended, first the elected Bishop shall be presented by two Bishops unto the Archbishop of that province, or to some other Bishop appointed by his commission: The Bishops that present him saying.

Most Reverend Father in God, we present unto you this godly and well-learned man to be Ordained and Consecrated Bishop. [1])

Then shall the Archbishop demand the King's Mandate for the Consecration, and cause it to be read. And the Oath touching the acknowledgement of the King's Supremacy, shall be ministered to the persons elected, as it is set down before in the Form for the Ordering of Deacons. And then shall also be ministered unto them the Oath of due Obedience to the Archbishop, as followeth. [2])

The Oath of due Obedience to the Archbishop.

In the Name of God. Amen. I N. chosen Bishop of the Church and See of N. do profess and promise all due reverence and obedience to the Archbishop and to the Metropolitical Church of N. and to their Successors: So help me God, through Jesus Christ. [3])

Am.: After the Gospel and the Sermon are ended, the elected Bishop, vested with his Rochet, shall be presented by two Bishops of this Church unto the Presiding Bishop, or to the Bishop appointed, sitting in his Chair near the holy Table; the Bishops who present him saying. Benthem p. 359: „Nach geendeter Predigt wird der neue Bischof in seinem Rochet oder weissem, leinenen Oberkleide von zweien Bischöfen präsentirt."

1) El.: man, to be consecrated Bishop. Am. Reverend Father. Pontif. Rom.: Electus ducitur medius inter assistentes sibi Episcopos — — antiquior Episcopus assistens versus ad Consecratorem dicit: Reverendissime Pater, postulat sancta mater ecclesia ut hunc praesentem Presbyterum ad onus Episcopatus sublevetis.

2) Am.: Then shall the Presiding Bishop demand testimonials of the Person presented for Consecration, and shall cause them to be read. He shall then require of him the following Promise of Conformity to the Doctrine, Discipline, and Worship of the Protestant Episcopal Church. In the name of God, Amen. I N. chosen Bishop of the Protestant Episcopal Church in N. do promise conformity and obedience to the doctrine, discipline, and worship of the Protestant Episcopal Church in the United States of America: So help me God, through Jesus Christ. Pontif. Rom.: Consecrator dicit: Habetis mandatum apostolicum? Respondetur: Habemus. Consecrator dicit: Legatur.

3) Palmer. p. 291: „The promise of obedience to the metropolitan was not customary in the earliest ages. It seems to have commenced in Spain, where the eleventh council of Toledo, A. D. 675, directed that every ecclesiastical person should promise obedience to his superior at ordination. In the ninth century the bishops of Gaul made written promises to obey their metropolitans, which were deposited among the archives; and it may be worth while to compare with our formulary, that which occurs in a pontifical of the church of Tours in France, written 700 years ago: Ego ille N. sanctae N. ecclesiae nunc ordinandus episco-

This Oath shall not be made at the Consecration of an Archbishop.

Then the Archbishop shall move the Congregation present to pray, saying thus to them:

Brethren, it is written in the Gospel of Saint Luke, That our Saviour Christ continued the whole night in prayer, before he did choose and send forth his twelve Apostles. It is written also in the Acts of the Apostles, That the Disciples who were at Antioch did fast and pray, before they laid hands on Paul and Barnabas, and sent them forth. Let us therefore, following the example of our Saviour Christ, and his Apostles, first fall to prayer, before we admit, and send forth this person presented unto us, to the work whereunto we trust the Holy Ghost hath called him. [1])

And then shall be said the Litany, as before in the Form of Ordering Deacons, save only, that after this place, That it may please thee to illuminate all Bishops, &c. the proper Suffrage there following shall be omitted, and this inserted instead of it. [2])

That it may please thee to bless this our Brother elected, and to send thy grace upon him, that he may duly execute the Office whereunto he is called, to the edifying of thy Church, and to the honour, praise and glory of thy Name;

Answer. We beseech thee to hear us, good Lord. [3])

---

pus, subiectionem et reverentiam a sanctis patribus constitutam, secundum praecepta canonum, sanctae sedis *N.* ecclesiae, rectoribusque eius, in praesentia domini archiepiscopi perpetuo me exhibiturum promitto, et super sanctum altare propria manu firmo.

1) Am.: — twelve Apostles. It is written also, that the holy Apostles prayed, before they ordained Matthias to be of the member of the twelve. Let us therefore &c.

2) El.: And then shall be said the Litany, as afore in the order of Deacons. And after this place: That it may please thee to illuminate all Bishops, &c. he shall say. Am.: — that after this place: „that it may please &c. — the proper Suffrage shall be.

3) Pontif. Rom.: Post versiculum, Ut omnibus fidelibus defunctis etc. Consecrator ab accubitu surgens, ad electum conversus, baculum pastoralem cum sinistra tenens, dicit sub versu Litaniarum primo: Ut hunc Electum bene†dicere digneris. R. Te rogamus audi nos. Secundo dicit: Ut hunc Electum bene†dicere et sancti†ficare digneris. R. Te rogamus, audi nos. Tertio dicit: Ut hunc praesentem Electum bene†dicere, sancti†ficare et conse†crare digneris. R. Te rogamus audi nos. Producendo semper signum crucis super illum idemque faciunt et dicunt Episcopi Assistentes, genuflexi tamen permanentes. Palmerus excitat Graecorum Rituale: Ὑπὲρ τοῦ δούλου τοῦ Θεοῦ, τοῦ δεῖνος, τοῦ νυνὶ προχειριζο-

Then shall be said this Prayer following.

Almighty God, giver of all good things, who by thy Holy
Spirit hast appointed divers Orders of Ministers in thy Church;
Mercifully behold this thy servant now called to the Work and
Ministry of a Bishop; and replenish him so with the truth of
thy doctrine, and adorn him with innocency of life, that, both
by word and deed, he may faithfully serve thee in this Office,
to the glory of thy Name, and the edifying and well-govern-
ing of thy Church; through the merits of our Saviour Jesus
Christ, who liveth and reigneth with thee and the Holy Ghost,
world without end.   Amen. [1])

Then the Archbishop, sitting in his chair, shall say to him that is to
be Consecrated,

Brother, forasmuch as the holy Scripture and the ancient
Canons command, that we should not be hasty in laying on
hands, and admitting any person to Government in the Church
of Christ, which he hath purchased with no less price than the
effusion of his own blood; before I admit you to this Ad-
ministration, I will examine you in certain Articles, to the end
that the Congregation present may have a trial, and bear
witness, how you be minded to behave yourself in the Church
of God. [2])

Are you persuaded that you be truly called to this Mini-
stration, according to the will of our Lord Jesus Christ, and
the order of this Realm? [3])

Answer. I am so persuaded.

The Archbishop. Are you persuaded that the holy Scriptu-
res contain sufficiently all Doctrine required of necessity to

---

μένου ἐπισκόπου, καὶ τῆς σωτηρίας αὐτοῦ, τοῦ Κυρίου δεηθῶμεν. Ὅπως ὁ
φιλανθρώπος Θεὸς ἄσπιλον καὶ ἀμώμητον αὐτοῦ τὴν ἀρχιερωσύνην χαρίσηται,
τοῦ Κυρίου δεηθῶμεν. Κύριε ἐλέησον.

1) El.: —— doctrine and innocency of life — name and profit of thy con-
gregation; through the merits &c.

2) El.: — old Canons — of the congregation of Christ — administration
whereunto ye are called. Pontific. Rom.: Antiqua sanctorum patrum institutio
docet et praecipit, ut is qui ad ordinem episcopatus eligitur — antea diligen-
tissime examinetur — et interrogetur de diversis causis vel moribus, quae huic
regimini congruunt, et necessaria sunt retineri; secundum Apostoli dictum: Ma-
nus nemini cito imposueris: et ut etiam is qui est ordinandus, antea erudiatur,
qualiter sub hoc regimine constitutum oporteat conversari in ecclesia Dei.

3) Am.: —— order of this church.

eternal salvation through faith in Jesus Christ? And are you
determined out of the same holy Scriptures to instruct the people
committed to your charge; and to teach or maintain nothing as
required of necessity to eternal salvation, but that which you
shall be persuaded may be concluded and proved by the same?

Answer. I am so persuaded, and determined, by God's
grace. [1])

The Archbishop. Will you then faithfully exercise your-
self in the same holy Scriptures, and call upon God by prayer,
for the true understanding of the same; so as ye may be able
by them to teach and exhort with wholesome Doctrine, and to
withstand and convince the gainsayers?

Answer. I will so do, by the help of God.

The Archbishop. Be you ready, with all faithful diligence,
to banish and drive away all erroneous and strange doctrine
contrary to God's Word; and both privately and openly to call
upon and encourage others to the same? [2])

Answer. I am ready, the Lord being my helper.

The Archbishop. Will you deny all ungodliness and worldly
lusts, and live soberly, righteously, and godly, in this present
world; that you may shew yourself in all things an example
of good works unto others, that the adversary may be ashamed,
having nothing to say against you? [3])

Answer. I will so do, the Lord being my helper.

The Archbishop. Will you maintain and set forward, as
much as shall lie in you, quietness, love, and peace among
all men; and such as be unquiet, disobedient, and criminous,
within your Diocese, correct and punish, according to such

---

1) Pontif. Rom.: Eadem auctoritate et praecepto, interrogamus te, di-
lectissime frater, caritate sincera, si omnem prudentiam tuam, quantum tua
capax est natura, divinae scripturae sensibus accommodare volueris? *Resp.* Ita
ex to o corde volo in omnibus obedire et consentire. Qu. Vis ea, qua ex divinis
scripturis intelligis, plebem, cui ordinandus es, et verbis docere et exemplis?
Resp. Volo.

2) Pontif. Rom.: Anathematizas etiam omnem haeresin extollentem se ad-
versus hanc sanctam ecclesiam catholicam?

3) El.: — in this world. Pontif. Rom.: Vis mores tuos ab omni malo tem-
perare, et quantum poteris, Domino adiuvante, ad omne bonum commutare?
Resp. Volo. Vis castitatem et sobrietatem cum Dei auxilio custodire et docere?
Resp. Volo.

authority as you have by God's Word, and as to you shall be committed by the Ordinance of this Realm? [1])

Answer. I will so do, by the help of God.

The Archbishop. Will you be faithful in Ordaining, sending, or laying hands upon others?

Answer. I will so be, by the help of God. [2])

The Archbishop. Will you shew yourself gentle, and be merciful for Christ's sake to poor and needy people, and to all strangers destitute of help?

Answer. I will so shew myself, by God's help. [3])

Then the Archbishop standing up shall say,

Almighty God, our heavenly Father, who hath given you a good will to do all these things, Grant also unto you strength and power to perform the same; that, he accomplishing in you the good work which he hath begun, you may be found perfect and irreprehensible at the latter day; through Jesus Christ our Lord. Amen.

Then shall the Bishop elect put on the rest of the Episcopal habit; and kneeling down, Veni, Creator Spiritus, shall be sung or said over him, the Archbishop beginning, and the Bishops, with others that are present, answering by verses, as followeth. [4])

Come, Holy Ghost, our souls inspire,
And lighten with celestical fire &c. ut p. 535.

Or this.

Come, Holy Ghost, eternal God, &c.

As before in the Form for Ordering Priests. That ended, the Archbishop shall say,

Lord, hear our prayer.

Answer. And let our cry come unto thee.

Let us pray.

Almighty God, and most merciful Father, who of thine in-

---

1) Am.: Will you maintain and set forward, as much as shall lie in you, quietness, love, and peace among all men; and diligently exercise such discipline, as by the authority of God's word, and by the order of this Church, is committed to you?

2) Non recepta est haec interrogatio in libro El.

3) Pontif. Rom.: Pauperibus et peregrinis omnibus indigentibus, vis esse propter nomen Domini affabilis et misericors? *Resp.* Volo.

4) Praetermissa sunt in El.

finite goodness hast given thy only and dearly beloved Son
Jesus Christ, to be our Redeemer, and the Author of ever-
lasting life; who, after that he had made perfect our Redemption
by his death, and was ascended into heaven, poured down
abundantly his gifts upon men, making some Apostles, some
Prophets, some Evangelists, some Pastors and Doctors, to the
edifying and making perfect his Church; Grant, we beseech
thee, to this thy servant such grace, that he may evermore
be ready to spread abroad thy Gospel, the glad tidings of re-
conciliation with thee; and use the authority given him, not to
destruction, but to salvation; not to hurt, but to help: so that
as a wise and faithful servant, giving to thy family their por-
tion in due season, he may at last be received into everlast-
ing joy; through Jesus Christ our Lord, who, with thee and
the Holy Ghost liveth and reigneth, one God, world without
end.   Amen. [1])

Then the Archbishop and Bishops present shall lay their hands upon
the head of the elected Bishop kneeling before them upon his knees, the
Archbishop saying, [2])

Receive the holy Ghost, for the Office and Work of a
Bishop in the Church of God, now committed unto thee by the
Imposition of our hands; In the Name of the Father, and of
the Son, and of the Holy Ghost. Amen.   And remember that
thou stir up the grace of God which is given thee by this Im-
position of our hands: for God hath not given us the spirit of
fear, but of power, and love, and soberness. [3])

---

1) El.: — perfect his congregation — and glad tidings of reconcilement
to God and to use — not to destroy but to save — giving to thy family meat
in due season he may. In vetustis Episcorum Ordinationibus (Martene H. p. 330)
leguntur haec: Sint speciosi munere tuo pedes eius ad evangelizandam pacem,
ad evangelizandum bona tua. Da ei, Domine, ministerium reconciliationis, —
Utatur, nec glorietur potestate quam tribuis, in aedificationem, et non in de-
structionem — sit fidelis servus et prudens, quem constituas, Domine, super fa-
miliam tuam, ut det illis cibum in tempore necessario.

2) El.: — of the elected Bishop, the Archbishop saying.

3) El.: Take the Holy Ghost, and remember that thou stir up the grace of
God, which is in thee by imposition of hands: for God hath not given us the
spirit of fear, but of power, and love, and soberness.

Pontific. Rom.: Tum Consecrator accepto libro Evangeliorum illum apertum,
adiuvantibus Episcopis assistentibus nihil dicens imponit super cervicem et scapu-
las Electi. Deinde Consecrator et Assistentes Episcopi ambabus manibus caput
consecrandi tangunt, dicentes: Accipe Spiritum Sanctum.

Then the Archbishop shall deliver him the Bible, saying,

Give heed unto reading, exhortation, and doctrine. Think upon the things contained in this Book. Be diligent in them, that the increase coming thereby may be manifest unto all men. Take heed unto thyself, and to doctrine, and be diligent in doing them: for by so doing thou shalt both save thyself and them that hear thee. Be to the flock of Christ a shepherd, not a wolf; feed them, devour them not. Hold up the weak, heal the sick, bind up the broken, bring again the out-casts, seek the lost. Be so merciful, that you be not too remiss; so minister discipline, that you forget not mercy: that when the chief Shepherd shall appear you may receive the never fading crown of glory; through Jesus Christ our Lord. Amen. [1])

Then the Archbishop shall proceed in the Communion-Service; with whom the new Consecrated Bishop (with others) shall also communicate.

And for the last Collect, immediately before the Benediction, shall be said these Prayers.

Most merciful Father, we beseech thee to send down upon this thy servant thy heavenly blessing; and so endue him with thy holy Spirit, that he, preaching thy Word, may not only be earnest to reprove, beseech, and rebuke with all patience and doctrine; but also may be to such as believe a wholesome example, in word, in conversation, in love, in faith, in chastity, and in purity; that, faithfully fulfilling his course, at the latter day he may receive the crown of righteousness laid up by the Lord the righteous Judge, who liveth and reigneth one God with the Father and the Holy Ghost, world without end. Amen.

Prevent us, O Lord, in all our doings, with thy most gracious favour, and further us with thy continual help; that in all our works begun, continued, and ended in thee, we may glorify thy holy Name, and finally by thy mercy obtain everlasting life; through Jesus Christ our Lord. Amen. [2])

The peace of God, which passeth all understanding, keep your hearts and minds in the knowledge and love of God, and

1) El.: — take heed unto thy self and unto teaching and be diligent — bind together the broken — the immarcessible crown.

2) Deest in El. et Am.

of his Son Jesus Christ our Lord: And the blessing of God
Almighty, the Father, the Son, and the Holy Ghost, be amongst
you, and remain with you always.   Amen. [1])

---

1) Benthem p. 365 sq.: „Wenn dieses nun also in der Kirche vollendet,
gehen sie insgesammt zur Mahlzeit, welche auf Unkosten des neuen Bischoffs an-
gerichtet ist, und wiewol die vornehmsten von Adel, Räthen, Geistlichen Stande,
Richtern u. s. w. darzu kommen, belaufft sich solches wol mit denen Unkosten
der Consecration auf 4 oder 500 Pfd. Sterling. Nach diesem lässt der Ertz-Bischoff
ein Mandat an den Archidiaconum seiner Province gehen, dass er den Bishop
installire.   Welches also zugehet.   Des Vormittags zwischen 9 und 11 wird der
erwehlte Bischoff oder sein Gevollmächtigter (Proxy) in die Cathedral-Kirche ge-
führet von den Archdeacon of Canterbury; da er denn seinen Beyfall wegen des
Königs Supremacy declarirt, und darauf schwöret, dass er will die Residence
halten, es sey denn, dass mit ihm anders durinn dispensirt werde; dass er auch
will die Gebräuche derselben Kirchen halten, und dahin sehen, dass auch andere
sie in acht nehmen   Hierauf führet der Archidiaconus den Bischoff in Begleitung
der Canonicorum und Bedienten der Kirche zu dem Chor S. Quire, zu einem Ge-
sess vor die Bischöffe verordnet, zwischen dem Altar und rechter Seite der
Quire, da dann der Archidiaconus diese Wort sagt: Ego authoritate mihi com-
missa induco et inthronizo Reverendum in Christo Patrem Dominum N. N. Episco-
pum, et Dominus custodiat suum introitum et exitum ex hoc nunc et in seculum.
Darauf singt der Subdean und die Canonici das Te Deum laudamus. Mittlerweile
wird der Bischoff von seiner Stelle zu des Deans Sitz geführt, und bleibt da-
selbst bestehen zum Zeichen, dass er die Possession nimmt, bis das gedachter
Hymnus und andere Gebeten geendet seyen, denn der Archdeacon betet: O Herr
erhalte diesen deinen Diener N. unsern Bischoff. Und das Volk antwortet: Und
sende ihm Heyl von Deinem Heiligthum. So wird auch eine Collect für den Bi-
schoff mit Namen gebetet. Hierauf wird der Bischoff in das Capitel Haus ge-
führt und auf einen hohen Sitz gesetzet; da denn der Archdeacon alle Canonici
und Bediente der Kirchen vor den Bischoff tretten, und erkennen gegen densel-
ben ihren canonischen Gehorsam, über welche gantze Handlung ein Notarius
Publicus ein Instrument aufrichtet. Nach diesem muss der Bischoff vor dem König
erscheinen, und wegen seiner Barony das Homagium abstatten, kniend, und
seine Hände zwischen dess Königs, der auf dem Thron sitzet, Hände legen; und
daselbst einen solennen Eyd schwören, Seiner Majestät treu zu seyn.‘‘

III.

A FORM OF PRAYER WITH THANKSGIVING,

To be used yearly upon the Fifth Day of November, [1])

For the happy Deliverance of King James I. and the Three Estates of *England*, from the most traiterous and bloody-intended Massacre by Gunpowder: And also for the happy Arrival of his Majesty King William on this Day, for the Deliverance of our Church and Nation.

The Minister of every Parish shall give warning to his Parishioners publickly in the Church at Morning Prayer, the Sunday before, for the due Observation of the said Day. And after Morning Prayer, or Preaching, upon the said *Fifth Day* of *November*, shall read publickly, distinctly, and plainly, the *Act of Parliament*, made in the Third Year of King *James* the First, for the Observation of it.

The Service shall be the same with the usual Office for Holy-days in all things; except where it is hereafter otherwise appointed.

If this Day shall happen to be Sunday, only the Collect proper for that Sunday shall be added to this Office in its place.

Morning Prayer shall begin with these Sentences.

The Lord is full of compassion, and mercy: long-suffering, and of great goodness. Psal. ciii. 8.

He will not alway be chiding: neither keepeth he his anger for ever. Ver. 9.

He hath not dealt with us after our sins: nor rewarded us according to our wickedness. Ver. 10.

Instead of Venite exultemus shall this Hymn following be used; one Verse by the Priest, and another by the Clerk and people.

O Give thanks unto the Lord, for he is gracious: and his mercy endureth for ever. Psal. cvii. 1.

---

1) Non opus est commemorare, haec quae sequuntur, officia votiva a regibus Angliae, simulac principatum obtinuerunt, confirmanda et approbanda non recepta esse in Codice Americanorum Liturgico. Quantum ad coniurationis pulverariae memoriam, omnino satius erat, nefandum facinus inobscurare oblivione, quam renovare et revocare animos ad atrox et capitale odium. Accedit aliud ecclesiasticae disciplinae flagitium et dedecus. Indulsit ecclesia Anglicana illi festivitati, invitis inimicitiis dedicatae, utique ad Christiani orbis particulam tantum pertinenti, quod denegavit summis sollennitatibus Epiphaniae, Annuntiationis aliisque. Etenim si Insidiae Pulverariae, memoria sempiterna repetendae ac recolendae incident in Dominicam, ex lege ecclesiae cedit Officium Dominicae maiori et commemoratur tantum in Liturgia Eucharistiae.

Let them give thanks, whom the Lord hath redeemed: and delivered from the hand of the enemy. Ver. 2.

Many a time have they fought against me from my youth up: may Israel now say. Psal. cxxix. 1.

Yea, many a time have they vexed me from my youth up: but they have not prevailed against me. Ver. 2.

They have privily laid their net to destroy me without a cause: yea, even without a cause have they made a pit for my soul. Ps. xxxv. 7.

They have laid a net for my feet, and pressed down my soul: they have digged a pit before me, and are fallen into the midst of it themselves. Psal. lvii. 7.

Great is our Lord, and great is his power: yea, and his wisdom is infinite. Psal. cxlvii. 5.

The Lord setteth up the meek: and bringeth the ungodly down to the ground. Ver. 6.

Let thy hand be upon the man of thy right hand: and upon the son of man whom thou madest so strong for thine own self. Psal. lxxx. 17.

And so will not we go back from thee: O let us live, and we shall call upon thy Name. Ver. 18.

Glory be to the Father, and to the Son: and to the Holy Ghost;

As it was in the beginning, is now, and ever shall be: world without end. Amen.

Proper Psalms. lxiv, cxxiv, cxxv.
Proper Lessons.
The First, 2 Sam. xxii.
Te Deum.
The Second, Acts xxiii.
Jubilate.

In the Suffrages after the Creed these shall be inserted and used for the Queen.

Priest. O Lord, save the Queen;
People. Who putteth her trust in thee.
Priest. Send her help from thy holy place.
People. And evermore mightily defend her.
Priest. Let her enemies have no advantage against her.
People. Let not the wicked approach to hurt her.

36*

Instead of the first Collect at Morning Prayer shall these two be used.

Almighty God, who hast in all ages shewed thy Power and Mercy in the miraculous and gracious deliverances of thy Church, and in the protection of righteous and religious Kings and States professing thy holy and eternal truth, from the wicked conspiracies, and malicious practices of all the enemies thereof: We yield thee our unfeigned thanks and praise, for the wonderful and mighty Deliverance of our gracious Sovereign King *James* the First, the Queen, the Prince, and all the Royal Branches, with the Nobility, Clergy, and Commons of *England*, then assembled in Parliament, by Popish treachery appointed as sheep to the slaughter, in a most barbarous and savage manner, beyond the examples of former ages. From this unnatural Conspiracy, not our merit, but thy mercy; not our foresight, but thy providence delivered us: And therefore not unto us, O Lord, not unto us, but unto thy Name be ascribed all honour and glory, in all Churches of the saints, from generation to generation; through Jesus Christ our Lord. Amen.

Accept also, most gracious God, of our unfeigned thanks for filling our hearts again with joy and gladness, after the time that thou hadst afflicted us, and putting a new song into our mouths, by bringing His Majesty King *William*, upon this day, for the Deliverance of our Church and Nation from Popish Tyranny and arbitrary power. We adore the wisdom and justice of thy Providence, which so timely interposed in our extreme danger, and disappointed all the designs of our enemies. We beseech thee, give us such a lively and lasting sense of what thou didst then, and hast since that time done for us, that we may not grow secure and careless in our obedience, by presuming upon thy great and undeserved good ness; but that it may lead us to repentance, and move us to be the more diligent and zealous in all the duties of our Religion, which thou hast in a marvellous manner preserved to us. Let truth and justice, brotherly kindness and charity, devotion and piety, concord and unity, with all other virtues, so flourish among us, that they may be the stability of our times, and make this Church a praise in the earth. All which we humbly beg for the sake of our blessed Lord and Saviour. Amen.

In the end of the Litany (which shall always this Day be used) after the Collect [We humbly beseech thee, O Father, &c.] shall this be said which followeth.

Almighty God and heavenly Father, who of thy gracious Providence, and tender mercy towards us, didst prevent the malice and imaginations of our enemies, by discovering and confounding their horrible and wicked Enterprize, plotted and intended this day to have been executed against the King, and the whole State of *England*, for the subversion of the Government and Religion established among us; and didst likewise upon this day wonderfully conduct thy Servant King *William*, and bring him safely into *England*, to preserve us from the attempts of our enemies to bereave us of our Religion and Laws: We most humbly praise and magnify thy most glorious Name for thy unspeakable goodness towards us, expressed in both these acts of thy mercy. We confess it has been of thy mercy alone, that we are not consumed: For our sins have cried to heaven against us; and our iniquities justly called for vengeance upon us. But thou hast not dealt with us after our sins, nor rewarded us after our iniquities; nor given us over, as we deserved, to be a prey to our enemies; but hast in mercy delivered us from their malice, and preserved us from death and destruction. Let the consideration of this thy repeated goodness, O Lord, work in us true repentance, that iniquity may not be our ruin. And increase in us more and more a lively faith and love, fruitful in all holy obedience; that thou mayest still continue thy favour, with the light of thy Gospel, to us and our posterity for evermore; and that for thy dear Son's sake, Jesus Christ our only Mediator and Advocate. Amen.

Instead of the Prayer [In time of War and Tumults] shall be used this Prayer following.

O Lord, who didst this day discover the snares of death that were laid for us, and didst wonderfully deliver us from the same; Be thou still our mighty Protector, and scatter our enemies that delight in blood: Infatuate and defeat their counsels, abate their pride, asswage their malice, and confound their devices. Strengthen the hands of our gracious Sovereign Queen Victoria, and all that are put in authority under her, with judgement and justice to cut off all such workers of iniquity, as turn Religion into Rebellion, and Faith into Faction; that they may never prevail against us, or triumph in the ruin of thy Church among us: but that our gracious Sovereign, and her Realms, being preserved in thy true Religion, and by thy merciful goodness protected in the same, we may all duly serve thee, and give thee thanks in thy holy congregation; through Jesus Christ our Lord. Amen.

In the Communion Service, instead of the Collect for the Day, shall this which followeth be used.

Eternal Gód, and our most mighty Protector, we thy unworthy servants do humbly present ourselves before thy Majesty, acknowledging thy power, wisdom, and goodness, in preserving the King, and the Three Estates of the Realm of *England* assembled in Parliament, from the destruction this day intended against them. Make us, we beseech thee, truly thankful for this, and for all other thy great mercies towards us; particularly for making this day again memorable, by a fresh instance of thy loving-kindness towards us. We bless thee for giving his late Majesty King *William* a safe arrival here, and for making all opposition fall before him, till he became our King and Governour. We beseech thee to protect and defend our Sovereign Queen Victoria, and all the Royal Family, from all treasons and conspiracies; Preserve her in thy faith, fear, and love; Prosper her Reign with long happiness here on earth; and crown her with everlasting glory hereafter; through Jesus Christ our only Saviour and Redeemer. Amen.

The Epistle. Rom. xiii. 1.

Let every soul be subject unto the higher powers; for there is no power, but of God: the powers that be are ordained of God. Whosoever therefore resisteth the power resisteth the ordinance of God; and they that resist shall receive to themselves damnation. For rulers are not a terror to good works, but to the evil. Wilt thou then not be afraid of the power? do that which is good, and thou shalt have praise of the same: for he is the minister of God to thee for good. But if thou do that which is evil, be afraid; for he beareth not the sword in vain: for he is the minister of God, a revenger to execute wrath upon him that doeth evil. Wherefore ye must needs be subject, not only for wrath, but also for conscience sake. For for this cause pay ye tribute also; for they are

God's Ministers, attending continually upon this very thing. Render therefore to all their dues; tribute to whom tribute is due, custom to whom custom, fear to whom fear, honour to whom honour.

The Gospel. St. Luke ix. 51.

And it came to pass, when the time was come that he should be received up, he stedfastly set his face to go to Jerusalem, and sent messengers before his face; and they went and entered into a village of the Samaritans, to make ready for him: And they did not receive him, because his face was as though he would go to Jerusalem. And when his disciples James and John saw this, they said, Lord, wilt thou that we command fire to come down from heaven, and consume them, even as Elias did? But he turned and rebuked them, and said, Ye know not what manner of spirit ye are of: For the Son of man is not come to destroy men's lives, but to save them. And they went to another village.

After the Creed, if there be no Sermon, shall be read one of the six Homilies against Rebellion.

This Sentence is to be read at the Offertory.

Whatsoever ye would that men should do to you, do ye even so to them; for this is the Law and the Prophets. St. Matth. vii. 12.

After the Prayer for the Church militant this following Prayer is to be used.

O God, whose Name is excellent in all the earth, and thy glory above the heavens; who on this day didst miraculously preserve our Church and State from the secret contrivance and hellish malice of Popish conspirators; and on this day also didst begin to give us a mighty deliverance from the open tyranny and oppression of the same cruel and blood-thirsty enemies: We bless and adore thy glorious Majesty, as for the former, so for this thy late marvellous loving-kindness to our Church and Nation, in the preservation of our Religion and Liberties. And we humbly pray, that the devout sense of this thy repeated mercy may renew and increase in us a spirit of love and thankfulness to thee its only Author; a spirit of peaceable submission and obedience to our gracious Sovereign Lady, Queen Victoria; and a spirit of fervent zeal for our holy

Religion which thou hast so wonderfully rescued, and established, a blessing to us and our posterity. And this we beg for Jesus Christ his sake. Amen.

A FORM OF PRAYER WITH FASTING,
To be used yearly on the Thirtieth of January,

Being the Day of the Martyrdom of the Blessed King Charles the First; to implore the mercy of God, that neither the Guilt of 'that sacred and innocent Blood, nor those other sins, by which God was provoked to deliver up both us and our King into the hands of cruel and unreasonable men, may at any time hereafter be visited upon us or our posterity.

If this Day shall happen to be Sunday, this Form of Prayer shall be used and the Fast kept the next Day following. And upon the Lord's Day next before the Day to be kept, at Morning Prayer, immediately after the Nicene Creed, notice shall be given for the due observation of the said Day.

The Service of the Day shall be the same with the usual Office for Holy-days in all things; except where it is in this Office otherwise appointed.

The order for Morning Prayer.

He that ministereth, shall begin with one or more of these Sentences.

To the Lord our God belong mercies and forgivenesses, though we have rebelled against him: neither have we obeyed the voice of the Lord our God, to walk in his laws which he set before us. Dan. ix. 9, 10.

Correct us, O Lord, but with judgement: not in thine anger, lest thou bring us to nothing. Jer. x. 24.

Enter not into judgement with thy servants, O Lord: for in thy sight shall no man living be justified. Psal. cxliii. 2.

Instead of Venite exultemus the Hymn following shall be said or sung; one Verse by the Priest, another by the Clerk and people.

Righteous art thou, O Lord: and just are thy judgements! Psal. cxix. 137.

Thou art just, O Lord, in all that is brought upon us: for thou hast done right, but we have done wickedly. Neh. ix. 33.

Nevertheless, our feet were almost gone: our treadings had well-nigh slipped. Psal. lxxiii. 2.

`For why? we were grieved at the wicked: we did also see the ungodly in such prosperity. Ver. 3.

The people stood up, and the rulers took counsel together: against the Lord, and against his Anointed. Psal. ii. 2.

They cast their heads together with one consent: and were confederate against him. Psal. lxxxiii. 5.

He heard the blasphemy of the multitude, and fear was on every side: while they conspired together against him, to take away his life. Psal. xxxi. 15.

They spoke against him with false tongues, and compassed him about with words of hatred: and fought against him without a cause. Psal. cix. 2.

Yea, his own familiar friends, whom he trusted: they that eat of his bread laid great wait for him. Psal. xli. 9.

They rewarded him evil for good: to the great discomfort of his soul. Psal. xxxv. 12.

They took their counsel together, saying, God hath forsaken him: persecute him, and take him, for there is none to deliver him. Psal. lxxi. 9.

The breath of our nostrils, the Anointed of the Lord was taken in their pits: of whom we said, Under his shadow we shall be safe. Lam. iv. 20.

The adversary and the enemy entered into the gates of Jerusalem: saying, When shall he die, and his name perish? Ver. 12. Psal. xli. 5.

Let the sentence of guiltiness proceed against him: and now that he lieth, let him rise up no more. Ver. 8.

False witnesses also did rise up against him: they laid to his charge things that he knew not. Psal. xxxv. 11.

For the sins of the people, and the iniquities of the priests: they shed the blood of the just in the midst of Jerusalem. Lam. iv. 13.

O my soul, come not thou into their secret; unto their assembly, mine honour, be not thou united: for in their anger they slew a man; Gen. xlix. 6.

Even the man of thy right hand: the Son of man, whom thou hadst made so strong for thine own self. Psal. lxxx. 17.

In the sight of the unwise he seemed to die: and his departure was taken for misery. Wisd. iii. 2.

They fools counted his life madness, and his end to be without honour: but he is in peace. Wisd. v. 4. et iii. 3.

For though he was punished in the sight of men: yet was his hope full of immortality. Wisd. iii. 4.

How is he numbered with the children of God: and his lot is among the saints! Wisd. v. 5.

But, O Lord God, to whom vengeance belongeth, thou God, to whom vengeance belongeth: be favourable and gracious unto Sion. Psal. xciv. 1. & li. 18.

Be merciful, O Lord, unto thy people, whom thou hast redeemed: and lay not innocent blood to our charge. Deut. xxi. 8.

O shut not up our souls with sinners: nor our lives with the blood-thirsty. Psal. xxvi. 9.

Deliver us from blood-guiltiness, O God, thou that art the God of our salvation: and our tongues shall sing of thy righteousness. Psal. li. 14.

For thou art the God that hast no pleasure in wickedness: neither shall any evil dwell with thee. Psal. v. 4.

Thou wilt destroy them that speak leasing: the Lord abhors both the blood-thirsty and deceitful man. Ver. 6.

O how suddenly do they consume: perish, and come to a fearful end! Psal. lxxiii. 18.

Yea, even like as a dream, when one awaketh: so didst thou make their image to vanish out of the city. Ver. 19.

Great and marvellous are thy works, O Lord God Almighty: just and true are thy ways, O King of saints. Rev. xv. 3.

Righteous art thou, O Lord: and just are thy judgements. Psal. cxix. 187.

Glory be to the Father, and to the Son: and to the Holy Ghost;

As it was in the beginning, is now, and ever shall be: world without end. Amen.

Proper Psalms. ix, x, xi.
Proper Lessons.
The First, 2 Sam. i.
The Second, St. Matt. xxvii.

Instead of the first Collect at Morning Prayer shall these two which next follow be used.

O Most mighty God, terrible in thy judgements, and wonderful in thy doings toward the children of men; who in thy heavy displeasure didst suffer the life of our gracious Sovereign King *Charles* the First, to be (as this day) taken away

by the hands of cruel and bloody men: We thy sinful crea-
tures here assembled before thee, do, in the behalf of all the
people of this land, humbly confess, that they were the crying
sins of this Nation, which brought down this heavy judgement
upon us. But, O gracious God, when thou makest inquisition
for blood, lay not the guilt of this innocent blood, (the shedd-
ing whereof nothing but the blood of thy Son can expiate,)
lay it not to the charge of the people of this land; nor let it
ever be required of us, or our posterity. Be merciful, O Lord,
be merciful unto thy people, whom thou hast redeemed; and
be not angry with us for ever: But pardon us for thy mercy's
sake, through the merits of thy Son Jesus Christ our Lord.
Amen.

Blessed Lord, in whose sight the death of thy saints is
precious; We magnify thy Name for thine abundant grace
bestowed upon our martyred Sovereign; by which he was
enabled so cheerfully to follow the steps of his blessed Master
and Saviour, in a constant meek suffering of all barbarous
indignities, and at last resisting unto blood; and even then,
according to the same pattern, praying for his murderers. Let
his memory, O Lord, be ever blessed among us; that we may
follow the example of his courage and constancy, his meekness
and patience, and great charity. And grant, that this our land
may be freed from the vengeance of his righteous blood, and
thy mercy glorified in the forgiveness of our sins: and all for
Jesus Christ his sake, our only Mediator and Advocate. Amen.

In the end of the Litany (which shall always on this Day be used)
immediately after the Collect [We humbly beseech thee, O Father,
&c.] the three Collects next following are to be read.

O Lord, we beseech thee mercifully hear our prayers,
and spare all those who confess their sins unto thee; that they
whose consciences by sin are accused, by thy merciful pardon
may be absolved; through Christ our Lord. Amen.

O Most mighty God, and merciful Father, who hast com-
passion upon all men, and hatest nothing that thou hast made;
who wouldest not the death of a sinner, but that he should
rather turn from his sin, and be saved: Mercifully forgive us
our trespasses; receive and comfort us, who are grieved and
wearied with the burden of our sins. Thy property is always
to have mercy; to thee only it appertaineth to forgive sins.

Spare us therefore, good Lord, spare thy people, whom thou hast redeemed; enter not into judgement with thy servants, who are vile earth and miserable sinners: but so turn thine anger from us, who meekly acknowledge our vileness, and truly repent us of our faults; and so make haste to help us in this world, that we may ever live with thee in the world to come; through Jesus Christ our Lord. Amen.

Turn thou us, O good Lord, and so shall we be turned. Be favourable, O Lord, be favourable to thy people, Who turn to thee in weeping, fasting, and praying. For thou art a merciful God, Full of compassion, Long-suffering, and of great pity. Thou sparest when we deserve punishment, And in thy wrath thinkest upon mercy. Spare thy people, good Lord, spare them, And let not thine heritage be brought to confusion. Hear us, O Lord, for thy mercy is great, And after the multitude of thy mercies look upon us, Through the merits and mediation of thy blessed Son Jesus Christ our Lord. Amen.

In the Communion Service, after the Prayer for the Queen [Almighty God, whose kingdom is everlasting, &c.] instead of the Collect for the Day shall these two be used.

O most mighty God, &c.

Blessed Lord, in whose sight, &c. [As in the Morning Prayers.]
> The Epistle. 1 St. Pet. ii. 13—21.
> The Gospel. St. Matt. xxi. 33—41. [1])

After the Nicene Creed, shall be read, instead of the Sermon for that Day, the first and second parts of the Homily against Disobedience and wilful Rebellion, set forth by Authority; or the Minister who officiates shall preach a Sermon of his own composing upon the same argument.

In the Offertory shall this Sentence be read.

Whatsoever ye would that men should do unto you, even so do unto them; for this is the Law and the Prophets. St. Matt. vii. 12.

After the Prayer [For the whole state of Christ's Church &c.] these two Collects following shall be used.

---

1) Hoc Evangelium, Filii unigeniti passionem significans, nimia regiae dignitatis observantia, hinc festivitati accommodatum est.

O Lord, our heavenly Father, who didst not punish us as our sins have deserved, but hast in the midst of judgement remembered mercy; We acknowledge it thine especial favour, that, though for our many and great provocations, thou didst suffer thine anointed blessed King *Charles* the First, (as on this day) to fall into the hands of violent and blood-thirsty men, and barbarously to be murdered by them, yet thou didst not leave us for ever, as sheep without a shepherd; but by thy gracious providence didst miraculously preserve the undoubted Heir of his Crowns, our then gracious Sovereign King *Charles* the Second, from his bloody enemies, hiding him under the shadow of thy wings, until their tyranny was overpast; and didst bring him back, in thy good appointed time, to sit upon the throne of his Father; and together with the Royal Family didst restore to us our ancient Government in Church and State. For these thy great and unspeakable mercies we render to thee our most humble and unfeigned thanks; beseeching thee, still to continue thy gracious protection over the whole Royal Family, and to grant to our gracious Sovereign Queen Victoria, a long and a happy Reign over us: So we that are thy people will give thee thanks for ever, and will alway be shewing forth thy praise from generation to generation; through Jesus Christ our Lord and Saviour. Amen.

And grant, O Lord, we beseech thee, that the course of this world may be so peaceably ordered by thy governance, that thy Church may joyfully serve thee in all godly quietness; through Jesus Christ our Lord. Amen.

The order for Evening Prayer.

The Hymn appointed to be used at Morning Prayer instead of Venite exultemus shall here also be used before the Proper Psalms.

Righteous art thou, O Lord, &c.

Proper Psalms. lxxix, xciv, lxxxv.

Proper Lessons.

The First, Jer. xii. or Dan. ix. to ver. 22.

The Second, Heb. xi. ver. 32. and xii. to ver. 7.

Instead of the first Collect at Evening Prayer shall these two which next follow be used.

O Almighty Lord God, who by thy wisdom not only guidest and orderest all things most suitably to thine own justice; but also performest thy pleasure in such a manner, that we cannot but acknowledge thee to be righteous in all thy ways, and holy in all thy works: We thy sinful people do here fall down before thee, confessing that thy judgements were right, in permitting cruel men, sons of Belial, (as on this day) to imbrue their hands in the blood of thine Anointed; we having drawn down the same upon ourselves, by the great and long provocations of our sins against thee. For which we do therefore here humble ourselves before thee; beseeching thee to deliver this Nation from blood-guiltiness, (that of this day especially,) and to turn from us and our posterity all those judgements, which we by our sins have worthily deserved: Grant this, for the all-sufficient merits of thy Son our Saviour Jesus Christ. Amen.

Blessed God, just and powerful, who didst permit thy dear Servant, our dread Sovereign King *Charles* the First, to be (as upon this day) given up to the violent outrages of wicked men, to be despitefully used, and at the last murdered by them: Though we cannot reflect upon so foul an act, but with horror and astonishment; yet do we most gratefully commemorate the glories of thy grace, which then shined forth in thine Anointed; whom thou wast pleased, even at the hour of death, to endue with an eminent measure of exemplary patience, meekness and charity, before the face of his cruel enemies. And albeit thou didst suffer them to proceed to such an height of violence, as to kill him, and to take possession of his Throne; yet didst thou in great mercy preserve his Son, whose right it was, and at length by a wonderful providence bring him back, and set him thereon, to restore thy true Religion, and to settle peace amongst us: For these thy great mercies we glorify thy Name, through Jesus Christ our blessed Saviour. Amen.

Immediately after the Collect [Lighten our darkness, &c.] shall these three next following be used.

O Lord, we beseech &c.

O most mighty God, &c.

Turn thou us, &c. [As before at Morning Prayer.]

Immediately before the Prayer of Saint Chrysostom shall this Collect which next followeth be used.

Almighty and everlasting God, whose righteousness is like the strong mountains, and thy judgements like the great deep;

and who, by that barbarous murder (as on this day) committed
upon the sacred Person of thine Anointed, hast taught us, that
neither the greatest of Kings, nor the best of men, are more
secure from violence than from natural death: Teach us also
hereby so to number our days, that we may apply our hearts
unto wisdom. And grant, that neither the splendor of any
thing that is great, nor the conceit of any thing that is good
in us, may withdraw our eyes from looking upon ourselves as
sinful dust and ashes; but that, according to the example of
this thy blessed Martyr, we may press forward to the prize
of the high calling that is before us, in faith and patience,
humility and meekness, mortification and self-denial, charity
and constant perseverance unto the end: And all this for thy
Son our Lord Jesus Christ his sake; to whom with thee and
the Holy Ghost be all honour and glory, world without end.
Amen.

A FORM OF PRAYER

with thanksgiving to Almighty God,

For having put an end to the Great Rebellion, by the Restitution of the
King and Royal Family, and the Restoration of the Government after many
years interruption; which unspeakable Mercies were wonderfully completed
upon the Twenty-ninth of *May*, in the Year 1660. And in Memory thereof
that Day in every Year is by Act of Parliament appointed to be for
ever kept holy.

The Act of Parliament made in the Twelfth, and confirmed in the
Thirteenth Year of King Charles the Second, for the Observation of the
Twenty-ninth Day of May yearly, as a Day of Publick Thanksgiving, is to
be read publickly in all Churches at Morning Prayer, immediately after
the Nicene Creed, on the Lord's Day next before every such Twenty-
ninth of May, and notice to be given for the due Observation of the
said Day.

The Service shall be the same with the usual Office for Holy-days;
except where it is in this Office otherwise appointed.

If this Day shall happen to be Ascension-day, or Whitsunday, the
Collects of this Office are to be added to the Offices of those Festivals
in their proper places: If it be Monday or Tuesday in Whitsun-week, or
Trinity-Sunday, the Proper Psalms appointed for this Day, instead of those

of ordinary Course, shall be also used, and the Collects added as before; and in all these cases the rest of this Office shall be omitted: But if it shall happen to be any other Sunday, this whole Office shall be used, as it followeth, entirely. And what Festival soever shall happen to fall upon this solemn Day of Thanksgiving, the following Hymn, appointed instead of Venite exultemus, shall be constantly used.

Morning Prayer shall begin with these Sentences.

To the Lord our God belong mercies and forgivenesses, though we have rebelled against him: neither have we obeyed the voice of the Lord our God, to walk in his laws which he set before us. Dan. ix. 9, 10.

It is of the Lord's mercies that we were not consumed: because his compassions fail not. Lam. iii. 22.

Instead of Venite exultemus shall be sung or said this Hymn following: one Verse by the Priest, and another by the Clerk and people.

My song shall be alway of the loving-kindness of the Lord: with my mouth will I ever be shewing forth his truth from one generation to another. Psal. lxxxix. 1.

The merciful and gracious Lord hath so done his marvellous works: that they ought to be had in remembrance. Psal. cxi. 4.

Who can express the noble acts of the Lord: or shew forth all his praise? Psal. cvi. 2.

The works of the Lord are great: sought out of all them that have pleasure therein. Psal. cxi. 2.

The Lord setteth up the meek: and bringeth the ungodly down to the ground. Psal. cxlvii. 6.

The Lord executeth righteousness and judgement: for all them that are oppressed with wrong. Psal. ciii. 6.

For he will not alway be chiding: neither keepeth he his anger for ever. Ver. 9.

He hath not dealt with us after our sins: nor rewarded us according to our wickedness. Ver. 10.

For look how high the heaven is in comparison of the earth: so great is his mercy toward them that fear him. Ver. 11.

Yea, like as a father pitieth his own children: even so is the Lord merciful unto them that fear him. Ver. 13.

Thou, O God, hast proved us: thou also hast tried us, even as silver is tried. Psal. lxvi. 9.

Thou sufferedst men to ride over our heads, we went through fire and water: but thou hast brought us out into a wealthy place. Ver. 11.

O how great troubles and adversities hast thou shewed us! and yet didst thou turn and refresh us: yea, and broughtest us from the deep of the earth again. Psal. LXXI. 18.

Thou didst remember us in our low estate, and redeem us from our enemies: for thy mercy endureth for ever. Psal. cxxxvi. 23, 24.

Lord, thou art become gracious unto thy land: thou hast turned away the captivity of Jacob. Psal. LXXXV. 1.

God hath shewed us his goodness plenteously: and God hath let us see our desire upon our enemies. Psal. LIX. 10.

They are brought down and fallen: but we are risen and stand upright. Psal. xx. 8.

There are they fallen, all that work wickedness: they are cast down, and shall not be able to stand. Psal. xxxvi. 12.

The Lord hath been mindful of us, and he shall bless us: even he shall bless the house of Israel, he shall bless the house of Aaron. Psal. cxv. 12.

He shall bless them that fear the Lord: both small and great. Ver. 13.

O that men would therefore praise the Lord for his goodness: and declare the wonders that he doeth for the children of men! Psal. cvii. 21.

That they would offer unto him the sacrifice of thanksgiving: and tell out his works with gladness! Ver. 22.

And not hide them from the children of the generations to come: but shew the honour of the Lord, his mighty and wonderful works that he hath done! Psal. LXXVIII. 4.

That our posterity may also know them, and the children that are yet unborn: and not be as their forefathers a faithless and stubborn generation. Ver. 6, 9.

Give thanks, O Israel, unto God the Lord in the congregations: from the ground of the heart. Psal. LXVIII. 26.

Praised be the Lord daily: even the God who helpeth us, and poureth his benefits upon us. Ver. 19.

O let the wickedness of the wicked come to an end: but establish thou the righteous. Psal. vii. 9.

Let all those that seek thee be joyful and glad in thee: and let all such as love thy salvation say alway, The Lord be praised. Psal. xl. 19.

Glory be to the Father, and to the Son: and to the Holy Ghost;

As it was in the beginning, is now, and ever shall be: world without end. Amen.

III.

Proper Psalms. cxxiv, cxxvi, cxxix, cxviii.
Proper Lessons.
The First, 2 Sam. xix. ver. 9. or Numb. xvi. *Te Deum.*
The Second. The Epistle of St. Jude. *Jubilate Deo.*

The Suffrages next after the Creed shall stand thus.

Priest. O Lord, shew thy mercy upon us.
Answer. And grant us thy salvation.

Priest. O Lord, save the Queen;
Answer. Who putteth her trust in thee.

Priest. Send her help from thy holy place.
Answer. And evermore mightily defend her.

Priest. Let her enemies have no advantage against her.
Answer. Let not the wicked approach to hurt her.

Priest. Endue thy Ministers with righteousness.
Answer. And make thy chosen people joyful.

Priest. Give peace in our time, O Lord.
Answer. Because there is none other that fighteth for us, but only thou, O God.

Priest. Be unto us, O Lord, a strong tower,
Answer. From the face of our enemies.

Priest. O Lord, hear our prayer.
Answer. And let our cry come unto thee.

Instead of the first Collect at Morning Prayer shall these two which follow be used.

O Almighty God, who art a strong tower of defence unto thy servants against the face of their enemies; We yield thee praise and thanksgiving for the wonderful deliverance of these Kingdoms from the great Rebellion, and all the Miseries and Oppressions consequent thereupon, under which they had so long groaned. We acknowledge it thy goodness, that we were not utterly delivered over as a prey unto them; beseeching thee still to continue such thy mercies towards us, that all the world may know that thou art our Saviour and mighty Deliverer; through Jesus Christ our Lord. Amen.

O Lord God of our salvation, who hast been exceedingly gracious unto this land, and by thy miraculous providence didst deliver us out of our miserable confusions; by restoring to us, and to his own just and undoubted Rights, our then most gracious Sovereign Lord, King *Charles* the Second, notwithstanding all the power and malice of his enemies; and, by placing him on the Throne of these Kingdoms, didst restore also unto us the publick and free profession of thy true Religion and Worship, together with our former Peace and Prosperity, to the great comfort and joy of our hearts: We are here now before thee, with all due thankfulness, to acknowledge thine unspeakable goodness herein, as upon this Day shewed unto us, and to offer unto thee our sacrifice of praise for the same; humbly beseeching thee to accept this our unfeigned, though unworthy oblation of ourselves; vowing all holy obedience in thought, word and work, unto thy Divine Majesty; and promising all loyal and dutiful Allegiance to thine Anointed Servant now set over us, and to her Heirs after her; whom we beseech thee to bless with all increase of grace, honour and happiness, in this world, and to crown her with immortality and glory in the world to come, for Jesus Christ his sake our only Lord and Saviour. Amen.

In the end of the Litany (which shall always this Day be used) after the Collect [We humbly beseech thee, O Father, &c.] shall this be said wich next followeth.

Almighty God, who hast in all ages shewed forth thy power and mercy in the miraculous and gracious deliverances of thy Church, and in the protection of righteous and religious Kings and States, professing thy holy and eternal truth, from the malicious Conspiracies and wicked Practices of all their enemies; We yield unto thee our unfeigned thanks and praise, as for thy many other great and publick mercies, so especially for that signal and wonderful Deliverance, by thy wise and good Providence as upon this Day completed, and vouchsafed to our then most gracious Sovereign King *Charles* the Second, and all the Royal Family, and in them, to this whole Church and State, and all orders and degrees of men in both, from the unnatural Rebellion, Usurpation, and Tyranny of ungodly and cruel men, and from the sad confusions and ruin thereupon ensuing. From all these, O gracious and merciful Lord God, not our merit, but thy mercy, not our foresight, but thy Providence; not our own arm, but thy right hand, and thine arm, did rescue and deliver us. And therefore, not unto us, O Lord, not unto us, but unto thy Name be ascribed all Honour, and Glory, and Praise, with most humble and hearty thanks, in all Churches of the Saints: Even so blessed

87*

be the Lord our God, who alone doeth wondrous things, and blessed be the Name of his Majesty for ever; through Jesus Christ our Lord and only Saviour. Amen.

In the Communion Service, immediately before the reading of the Epistle, shall these two Collects be used, instead of the Collect for the Queen and the Collect of the Day.

O Almighty God, &c.

O Lord God of our salvation, &c. [As before at Morning Prayer.]

The Epistle. 1 St. Pet. ii. 11—17.
The Gospel. St. Matt. xxii. 16—22.

In the Offertory shall this Sentence be read.

Not every one that saith unto me, Lord, Lord, shall enter into the kingdom of heaven: but he that doeth the will of my Father which is in heaven. St. Matth. vii. 21.

After the Prayer [For the whole State of Christ's Church &c.] this Collect following shall be used.

Almighty God and heavenly Father, who, of thine infinite and unspeakable goodness towards us, didst in a most extra-ordinary and wonderful manner disappoint and overthrow the wicked designs of those traiterous, heady, and highminded men, who, under the pretence of Religion and thy most holy Name, had contrived, and well-nigh effected the utter destruction of this Church and Kingdom: As we do this day most heartily and devoutly adore and magnify thy glorious Name for this thine infinite goodness already vouchsafed to us; so do we most humbly beseech thee to continue thy grace and favour towards us, that no such dismal calamity may ever again fall upon us. Infatuate and defeat all the secret counsels of deceit-ful and wicked men against us: Abate their pride, asswage their malice, and confound their devices. Strengthen the hands of our gracious Sovereign Queen Victoria, and all that are put in authority under her, with judgement and justice to cut off all such workers of iniquity, as turn Religion into Rebellion, and Faith into Faction; that they may never again prevail against us, nor triumph in the ruin of the Monarchy and thy Church among us. Protect and defend our Sovereign Lady the Queen, with the whole Royal Family, from all Treasons and Conspiracies. Be unto her an helmet of salvation, and a strong tower of defence against the face of all her enemies; clothe them with shame and confusion, but upon Herself and her Posterity let the Crown for ever flourish. So we thy people, and the sheep of thy pasture, will give thee thanks for ever, and will always be shewing forth thy praise from generation to generation; through Jesus Christ our only Saviour and Redeemer, to whom, with thee, O Father, and the Holy Ghost, be glory in the Church throughout all ages, world without end. Amen.

A FORM OF PRAYER
with thanksgiving to Almighty God;

To be used in all Churches and Chapels within this Realm, every Year, upon the Twentieth Day of *June;* being the Day on which Her Majesty began her happy Reign.

The Service shall be the same with the usual Office for Holy-days in all things; except where it is in this Office otherwise appointed.

If this Day shall happen to be Sunday, this whole Office shall be used, as it followeth, entirely.

Morning Prayer shall begin with these Sentences.

I exhort that first of all, Supplications, Prayers, Intercessions, and giving of Thanks, be made for all men; for Kings, and for all that are in Authority; that we may lead a quiet and peaceable life, in all godliness and honesty: For this is good and acceptable unto God our Saviour. 1 Tim. ii. 1, 2, 3.

If we say that we have no sin, we deceive ourselves, and the truth is not in us; but, if we confess our sins, he is faithful and just to forgive us our sins, and to cleanse us from all unrighteousness. 1 St. John i. 8, 9.

Instead of Venite exultemus the Hymn following shall be said or sung; one Verse by the Priest, and another by the Clerk and people.

O Lord our Governour: how excellent is thy Name in all the world! Psal. viii. 1.

Lord, what is man, that thou hast such respect unto him: or the son of man, that thou so regardest him? Psal. cxliv. 3.

The merciful and gracious Lord hath so done his marvellous works, that they ought to be had in remembrance. Psal. cxi. 4.

O that men would therefore praise the Lord for his goodness: and declare the wonders that he doeth for the children of men! Psal. cvii. 21.

Behold, O God our defender: and look upon the face of thine Anointed. Psal. LXXXiv. 9.

O hold thou up her goings in thy paths: that her footsteps slip not. Psal. xvii. 5.

Grant the Queen a long life: and make her glad with the joy of thy countenance. Psal. LXi. 6. & xxi. 6.

Let her dwell before thee for ever: O prepare thy loving mercy and faithfulness, that they may preserve her. Psal. LXi. 7.

In her time let the righteous flourish: and let peace be in all our borders. Psal. LXXii. 7. & cxlvii. 14.

As for her enemies, clothe them with shame: but upon herself let her crown flourish. Psal. cxxxii. 19.

Blessed be the Lord God, even the God of Israel: which only doeth wondrous things. Psal. LXXii. 18.

And blessed be the Name of his Majesty for ever: and all the earth shall be filled with his Majesty. Amen, Amen. Ver. 19.

Glory be to the Father, and to the Son: and to the Holy Ghost;

As it was in the beginning, is now, and ever shall be: world without end. Amen.

Proper Psalms. xx, xxi, ci.

Proper Lessons.

The First, Joshua i. to the end of the ninth Verse.

Te Deum.

The Second, Rom. xiii.

Jubilate Deo.

The Suffrages next after the Creed shall stand thus.

Priest. O Lord, shew thy mercy upon us.

Answer. And grant us thy salvation.

Priest. O Lord, save the Queen;

Answer. Who putteth her trust in thee.

Priest. Send her help from thy holy place.

Answer. And evermore mightily defend her.

Priest. Let her enemies have no advantage against her.

Answer. Let not the wicked approach to hurt her.

Priest. Endue thy Ministers with righteousness.
Answer. And make thy chosen people joyful.
Priest. O Lord, save thy people.
Answer. And bless thine inheritance.
Priest. Give peace in our time, O Lord.
Answer. Because there is none other that fighteth for us, but only thou, O God.
Priest. Be unto us, O Lord, a strong tower;
Answer. From the face of our enemies.
Priest. O Lord, hear our prayer;
Answer. And let our cry come unto thee.

Instead of the first Collect at Morning Prayer shall be used this following Collect of Thanksgiving for Her Majesty's Accession to the Throne.

Almighty God, who rulest over all the kingdoms of the World, and disposest of them according to thy good pleasure; We yield thee unfeigned thanks, for that thou wast pleased, as on this day, to place thy Servant our Sovereign Lady, Queen Victoria upon the throne of this Realm. Let thy wisdom be her guide, and let thine arm strengthen her; let justice, truth, and holiness, let peace and love, and all those virtues that adorn the Christian Profession, flourish in her days; direct all her counsels and endeavours to thy glory, and the welfare of her people; and give us grace to obey her cheerfully and willingly for conscience sake; that neither our sinful passions, nor our private interests, may disappoint her cares for the publick good; let her always possess the hearts of her people, that they may never be wanting in honour to her Person, and dutiful submission to her Authority; let her Reign be long and prosperous, and crown her with immortality in the life to come; through Jesus Christ our Lord. Amen.

In the end of the Litany (which shall always be used upon this Day) after the Collect [We humbly beseech thee, O Father, &c.] shall the following Prayer, for the Queen and Royal Family, be used.

O Lord our God, who upholdest and governest all things in heaven and earth, receive our humble prayers, with our hearty thanksgivings, for our Sovereign Lady Victoria, as on this day, set over us by thy grace and providence to be our Queen; and so together with her bless *Adelaide* the Queen Dowager, the Prince *Albert*, *Albert* Prince of *Wales*, and all the Royal Family; that they all, ever trusting in thy goodness, protected by thy power, and crowned with thy gracious and endless favour, may continue before thee in health, peace, joy, and honour, and may live long and happy lives upon earth, and after death obtain everlasting life and glory in the kingdom of heaven, by the Merits and Mediation of Christ Jesus our Saviour, who with the Father and the Holy Spirit, liveth and reigneth ever one God, world without end. Amen.

Then shall follow this Collect, for God's protection of the Queen against all her enemies.

Most gracious God, who hast set thy servant Victoria our Queen upon the Throne of her Ancestors, we most humbly beseech thee to protect her on the same from all the dangers to which she may be exposed; Hide her from the gathering together of the froward, and from the insurrection of wicked doers; Do thou weaken the hands, blast the designs, and defeat the enterprizes of all her enemies, that no secret conspiracies, nor open violences, may disquiet her Reign; but that, being safely kept under the shadow of thy wing, and supported by thy power, she may triumph over all opposition; that so the world may acknowledge thee to be her defender and mighty deliverer in all difficulties and adversities; through Jesus Christ our Lord. Amen.

Then the Prayer for the high Court of Parliament (if sitting).

In the Communion Service, immediately before the reading of the Epistle, instead of the Collect for the Queen, and that of the Day, shall be used this Prayer for the Queen, as supreme Governour of this Church.

Blessed Lord, who hast called Christian Princes to the defence of thy Faith, and hast made it their duty to promote the spiritual welfare, together with the temporal interest of their people; We acknowledge with humble and thankful hearts thy great goodness to us, in setting thy servant our most gracious Queen over this Church and Nation; Give her, we beseech thee, all those heavenly graces that are requisite for so high a trust; Let the work of thee her God prosper in her hands; Let her eyes behold the success of her designs for the service of thy true Religion established amongst us: And make her a blessed instrument of protecting and advancing thy Truth, wherever it is persecuted and oppressed; Let Hypocrisy and Profaneness, Superstition and Idolatry, fly before her face;

Let not Heresies and false Doctrines disturb the peace of the Church, nor Schisms and causeless Divisions weaken it; But grant us to be of one heart and one mind in serving thee our God, and obeying her according to thy will: And that these blessings may be continued to after-ages, let there never be one wanting in her house to succeed her in the government of this United Kingdom, that our posterity may see her children's children, and peace upon Israel. So we that are thy people, and sheep of thy pasture, shall give thee thanks for ever, and will always be shewing forth thy praise from generation to generation. Amen.

The Epistle. 1 St. Pet. ii. 11—17.
The Gospel. St. Matth. xxii. 16—22.

After the Nicene Creed shall follow the Sermon.

In the Offertory shall this Sentence be read:

Let your light so shine before men, that they may see your good works, and glorify your Father which is in heaven. St. Matth. v. 16.

After the Prayer [For the whole State of Christ's Church &c.] these Collects following shall be used.

A Prayer for Unity.

O God the Father of our Lord Jesus Christ, our only Saviour, the Prince of Peace; Give us grace seriously to lay to heart the great dangers we are in by our unhappy divisions. Take away all hatred and prejudice, and whatsoever else may hinder us from godly Union and Concord: that, as there is but one Body, and one Spirit, and one Hope of our Calling, one Lord, one Faith, one Baptism, one God and Father of us all, so we may henceforth be all of one heart, and of one soul, united in one holy bond of Truth and Peace, of Faith and Charity, and may with one mind and one mouth glorify thee; through Jesus Christ our Lord. Amen.

Grant, O Lord, we beseech thee, that the course of this world may be so peaceably ordered by thy governance, that thy Church may joyfully serve thee in all godly quietness, through Jesus Christ our Lord. Amen.

Grant, we beseech thee, Almighty God, that the words, which we have heard this day with our outward ears, may through thy grace be so grafted inwardly in our hearts, that they may bring forth in us the fruit of good living, to the honour and praise of thy Name; through Jesus Christ our Lord. Amen.

Almighty God, the fountain of all wisdom, who knowest our necessities before we ask, and our ignorance in asking; We beseech thee to have compassion upon our infirmities; and those things, which for our unworthiness we dare not, and for our blindness we cannot ask, vouchsafe to give us for the worthiness of thy Son Jesus Christ our Lord. Amen.

The peace of God which passeth all understanding, keep your hearts and minds in the knowledge and love of God, and of his Son Jesus Christ our Lord: And the blessing of God Almighty, the Father, the Son, and the Holy Ghost, be amongst you, and remain with you always. Amen.

„Victoria R.

Our will and Pleasure is, That these four Forms of Prayer and Service, made for the Fifth of November, the Thirtieth of January, the Twenty-ninth of May, and the Twentieth of June, be forthwith printed and published, and annexed to the Book of Common Prayer and Liturgy of the United Church of England and Ireland, to be used yearly on the said Days, in all Cathedral and Collegiate Churches and Chapels; in all Chapels of Colleges and Halls within Our Universities of Oxford, Cambridge, and Dublin, and of Our Colleges of Eton and Winchester, and in all Parish Churches and Chapels within those parts of Our United Kingdom called England and Ireland.

Given at Our Court at Kensington the Twenty-first day of June, 1837, in the First Year of Our Reign.

By Her Majesty's Command,

J. Russell."

Sequuntur Articuli fidei et „A Table of Kindred And Affinity".

COROLLARIUM.

FORMULAE LITURGICAE PROPRIAE LIBRO AMERICANO.

A FORM OF PRAYER FOR THE VISITATION OF PRISONERS.

When Morning or Evening Prayer shall be read in any Prison, instead of the Psalm, *O come let us sing*, &c. shall be read the 130th Psalm; and the Minister shall insert, after the Collect for the Day, the Collect in the following service, *O God, who sparest*, &c. and at such times as the Litany is not read, he shall add the Prayer, *O God, merciful Father, who despisest not*, &c.

And when Notice is given to the Minister, that a Prisoner is confined for some great or capital crime, he shall visit him; and when he cometh into the place where the Prisoner is, he shall say, kneeling down,

Remember not, Lord, our iniquities, nor the iniquities of our forefathers; neither take thou vengeance of our sins: Spare us, good Lord, spare thy people, whom thou hast redeemed with thy most precious blood, and be not angry with us for ever.

Answer. Spare us, good Lord.

Let us pray.

Lord, have mercy upon us.

Christ, have mercy upon us.

Lord, have mercy upon us.

Our Father, who art in Heaven, &c.

Minister. O Lord, show thy mercy upon us;

Answer. And grant us thy salvation.

Minister. Turn thy face from our sins;

Answer. And blot out all our iniquities.

Minister. Send us help from thy holy place;
Answer. For thine indignation lieth hard upon us.
Minister. O Lord, hear our prayer;
Answer. And let the sighing of the Prisoners come before thee.

The Collect.

Grant, we beseech thee, Almighty God, that we, who for our evil deeds do worthily deserve to be punished, by the comfort of thy grace may mercifully be relieved; through our Lord and Saviour Jesus Christ. Amen.

O God, who sparest when we deserve punishment, and in thy wrath rememberest mercy; we humbly beseech thee, of thy goodness to comfort and succour all those who are under reproach and misery in the house of bondage; correct them not in thine anger, neither chasten them in thy sore displeasure. Give them a right understanding of themselves, and of thy threats and promises; that they may neither cast away their confidence in thee, nor place it any where but in thee. Relieve the distressed, protect the innocent, and awaken the guilty; and forasmuch as thou alone bringest light out of darkness, and good out of evil, grant that the pains and punishments which these thy servants endure, through their bodily confinement, may tend to setting free their souls from the chains of sin; through Jesus Christ our Lord. Amen.

Here the Minister, as he shall see convenient, may read the Prayer for *All conditions of Men*, the Collect for *Ash-Wednesday*, and the Collect beginning *Almighty God, the fountain of all wisdom*, &c. or any other Prayer of the Liturgy, which he shall judge proper.

Then shall the Minister exhort the Prisoner or Prisoners after this Form, or other like:

Dearly beloved, know this, that Almighty God, whose never-failing providence governeth all things both in heaven and earth, hath so wisely and mercifully ordered the course of this world, that his judgments are often sent as fatherly corrections to us; and if with due submission and resignation to his holy will we receive the same, they will work together for our good.

It is your part and duty, therefore, to humble *yourself* under the mighty hand of God, to acknowledge the righteousness of his judgments, and to endeavour, that, by his grace, this present visitation may lead you to a sincere and hearty repentance.

The way and means thereto is, to examine your life and conversation by the rule of God's commandments; and where-insoever *you* shall perceive *yourself* to have offended either by will, word, or deed, there to bewail your own sinfulness, and to confess *yourself* to Almighty God, with full purpose of amendment of life. And if *you* shall perceive your offences to be such as are not only against God, but also against your neighbours; then to reconcile *yourself* to them, being ready to make restitution and satisfaction, according to the uttermost of your power, for all injuries and wrongs done by *you* to any other: and being likewise ready to forgive others who have offended *you*, as *you* would have forgiveness of your offences at God's hand. And to this true repentance and change of mind *you* must add a lively and steadfast faith, and dependence upon the merits of the death of Christ, with an entire resignation of *yourself* to the will of God. Except *you* repent, and believe, we can give *you* no hope of salvation. But if *you* do sincerely repent and believe, God hath declared, though your sins be as red as scarlet, they shall be made white as snow; though your wickednesses have gone over your head, yet shall they not be your destruction.

We exhort *you* therefore in the name of God, and of his dear Son Jesus Christ our Saviour, and as *you* tender your own Salvation, to take good heed of these things in time, while the day of salvation lasteth; for the night cometh, when no man can work. While *you* have the light, believe in the light, and walk as children of the light, that *you* be not cast into outer darkness; that *you* may not knock, when the door shall be shut; and cry for mercy, when it is the time of justice. Now *you* are the object of God's mercy, if by repentance and true faith *you* turn unto him: but if *you* neglect these things, *you* will be the object of his justice and vengeance: Now *you* may claim the merits of Christ; but if *you* die in your sins, his sufferings will tend to your greater condemnation. O beloved, consider in this your day, how fearful a thing it will be to fall into the hands of the living God, when *you* can neither fly to his mercy to protect *you*, nor to the merits of Christ to cover *you* in that terrible day.

Here the Minister shall examine him concerning his Faith, and rehearse the Articles of the Creed, *Dost thou believe in God*, &c. And the prisoner shall answer,

All this I steadfastly believe.

Then shall the Minister examine whether he repent him truly of his sins, and be in charity with all the world, and further admonish him particularly concerning the crimes wherewith he is charged; and exhort him, if he have any scruples, that he would declare the same, and prepare himself for the Holy Communion, against the time that it may be proper to administer it to him.

Then, all kneeling, the Minister shall say as follows, from the 51st Psalm:

Have mercy upon me, O God, after thy great goodness; according to the multitude of thy mercies, do away mine offences.

Wash me thoroughly from my wickedness; and cleanse me from my sin.

For I acknowledge my faults; and my sin is ever before me.

Against thee only have I sinned, and done this evil in thy sight; that thou mightest be justified in thy saying, and clear when thou art judged.

Behold, I was shapen in wickedness; and in sin hath my mother conceived me.

But lo, thou requirest truth in the inward parts, and shalt make me to understand wisdom secretly.

Thou shalt purge me with hyssop, and I shall be clean; thou shalt wash me, and I shall be whiter than snow.

Thou shalt make me hear of joy and gladness; that the bones which thou hast broken may rejoice.

Turn thy face from my sins; and put out all my misdeeds.

Make me a clean heart, O God; and renew a right spirit within me.

Cast me not away from thy presence; and take not thy Holy Spirit from me.

O give me the comfort of thy help again; and stablish me with thy free Spirit.

Then shall I teach thy ways unto the wicked; and sinners shall be converted unto thee.

Deliver me from blood-guiltiness, O God, thou that art the God of my health; and my tongue shall sing of thy righteousness.

Thou shalt open my lips, O Lord; and my mouth shall show thy praise.

For thou desirest no sacrifice, else would I give it thee; but thou delightest not in burnt-offerings.

The sacrifice of God is a troubled Spirit; a broken and contrite heart, O God, shalt thou not despise.

Then the Minister shall say,

Let us pray.

O Lord, we beseech thee, mercifully hear our prayers, and spare all those who confess their sins unto thee; that they, whose consciences by sin are accused, by thy merciful pardon may be absolved, through Christ our Lord. Amen.

O God, whose mercy is everlasting, and power infinite; look down with pity and compassion upon the sufferings of *this* thy *servant;* and whether thou visitest for trial of *his* patience, or punishment of *his* offences, enable *him* by thy grace cheerfully to submit *himself* to thy holy will and pleasure. Go not far from those, O Lord, whom thou hast laid in a place of darkness, and in the deep; and forasmuch as thou hast not cut *him* off suddenly, but chastenest *him* as a father; grant that *he,* duly considering thy great mercies, may be unfeignedly thankful, and turn unto thee with true repentance and sincerity of heart, through Jesus Christ our Lord. Amen.

Prayers for Persons under Sentence of Death.

When a Criminal is under Sentence of Death, the Minister shall proceed, immediately after the Collect, *O God, who sparest,* &c. to exhort him after this Form, or other like:

Dearly beloved, it hath pleased Almighty God, in his justice, to bring you under the sentence and condemnation of the law: You are shortly to suffer death in such a manner, that others, warned by your example, may be the more afraid to offend; and we pray God, that you may make such use of your punishments in this world, that your soul may be saved in the world to come.

Wherefore we come to you in the bowels of compassion; and, being desirous that you should avoid presumption on the one hand, and despair on the other, shall plainly lay before you the wretchedness of your condition, and declare how far you ought to depend on the mercies of God, and the merits of our Saviour. Consider then seriously with yourself, in all appearance the time of your dissolution draweth near; your sins have laid fast hold upon you; you are soon to be removed from among men by a violent death; and you shall fade away suddenly like the grass, which in the morning is green and groweth up, but in the evening is cut down, dried up, and withered. After you have thus finished the course of a sinful and miserable life, you shall appear before the Judge of all flesh; who, as he pronounces blessings on the righteous, shall likewise say, with a terrible voice of most just judgment, to the wicked, Go, ye accursed, into the fire everlasting, prepared for the devil and his angels.

Your sins have brought you too near this dreadful sentence: it is therefore your part and duty, my brother, humbly to confess and bewail your great and manifold offences, and to repent you truly of your sins, as you tender the eternal salvation of your soul.

Be not deceived with a vain and presumptuous expectation of God's favour, nor say within yourself, Peace, Peace, where there is no peace; for there is no peace, saith my God, to the wicked. God is not mocked; he is of purer eyes than to behold iniquity; and without holiness no man shall see the Lord. On the other hand, despair not of God's mercy, though trouble is on every side; for God shutteth not up his mercies for ever in displeasure: But if we confess our sins, he is faithful and just to forgive us our sins, and to cleanse us from all unrighteousness. Do not either way abuse the goodness of God, who calleth us mercifully to amendment, and of his endless pity promiseth us forgiveness of that which is past, if with a perfect and true heart we return unto him.

Since therefore you are soon to pass into an endless and unchangeable state, and your future happiness or misery depends upon the few moments which are left you; I require you strictly to examine yourself, and your estate both towards God and towards man; and let no worldly consideration hinder you from making a true and full confession of your sins, and giving all the satisfaction which is in your power to every one whom you have wronged or injured; that you may find mercy at your heavenly Father's hand, for Christ's sake, and not be condemned in the dreadful day of judgment.

Lastly, beloved, submit yourself with Christian resignation to the just judgment of God, which your own crimes have brought upon you, and be in charity with all men; being ready sincerely to forgive all such as have offended you, not excepting those who have prosecuted you even unto death: And, though this may seem a hard saying, yet know assuredly, that without it your charity is not yet perfect. And fail not earnestly to endeavour and pray for this blessed temper and composure of mind. So may you cast yourself with an entire dependence upon the mercies of God, through the merits of our Saviour and Redeemer Jesus Christ.

Here the Minister shall examine him concerning his Faith, and rehearse the Articles of the Creed, *Dost thou believe in God*, &c. And the Criminal shall answer,

All this I steadfastly believe.

Then shall the Minister examine whether he repent him truly of his sins, exhorting him to a particular Confession of the sin for which he is condemned; and upon Confession, he shall instruct him what satisfaction ought to be made to those whom he has offended thereby; and if he knoweth any combinations in wickedness, or any evil practices designed against others, let him be admonished to the utmost of his power to discover and prevent them.

After his Confession, the Minister shall declare to him the pardoning mercy of God, in the Form which is used in the Communion Service.

After which shall be said the Collect following.

O Holy Jesus, who of thine infinite goodness, didst accept the conversion of a sinner on the cross; open thine eye of mercy upon this thy servant, who desireth pardon and forgiveness, though in his latest hour he turneth unto thee. Renew in him whatsoever hath been decayed by the fraud and malice of the devil, or by his own carnal will and frailness. Consider his contrition; accept his repentance; and forasmuch as he putteth his full trust only in thy mercy, impute not unto him his former sins, but strengthen him with thy blessed Spirit; and when thou art pleased to take him hence, take him unto thy favour: This we beg through thy merits, O Lord, our Saviour and our Redeemer. Amen.

III.   38

Then the Minister shall say,

O Father of mercies and God of all comfort; we fly unto thee for succour in behalf of this thy servant, who is now under the sentence of condemnation. The day of his calamity is at hand, and he is accounted as one of those who go down into the pit. Blessed Lord, remember thy mercies; look upon his infirmities; hear the voice of his complaint; give him, we beseech thee, patience in this his time of adversity, and support under the terrors which encompass him; set before his eyes the things he hath done in the body, which have justly provoked thee to anger; and forasmuch as his continuance appeareth to be short amongst us, quicken him so much the more by thy grace and Holy Spirit; that he, being converted and reconciled unto thee, before thy judgments have cut him off from the earth, may at the hour of his death depart in peace, and be received into thine everlasting kingdom, through Jesus Christ our Lord. Amen.

Adding this.

O Saviour of the world, who by thy cross and precious blood hast redeemed us, save us and help us, we humbly beseech thee, O Lord.

Then the Minister, standing, shall say,

In the midst of life we are in death: Of whom may we seek for succour, but of thee, O Lord, who for our sins art justly displeased?

Yet, O Lord God most holy, O Lord most mighty, O holy and most merciful Saviour, deliver us not into the bitter pains of eternal death.

Thou knowest, Lord, the secrets of our hearts: Shut not thy merciful ears to our prayers; but spare us, Lord most holy, O God most mighty, O holy and merciful Saviour, thou most worthy Judge eternal, suffer us not, at our last hour, for any pains of death to fall from thee.

Then the Minister shall say,

The Almighty God, who is a most strong tower to all those who put their trust in him; to whom all things in heaven, in earth, and under the earth, do bow and obey; be now and evermore thy defence; and make thee know and feel that there is none other name under heaven given to man, in whom and through whom thou mayest receive salvation, but only the name of our Lord Jesus Christ. Amen.

And after that shall say,

Unto God's gracious mercy and protection we commit thee: The Lord bless thee and keep thee: The Lord make his face to shine upon thee, and be gracious unto thee, and give thee peace both now and evermore.

At the time of Execution, besides all, or such parts of the foregoing office as the Minister shall judge proper, shall be said the *Commendatory Prayer for a person at the point of departure*, as it is in the Visitation of the Sick.

The Collect for the Communion Service.

O God, who declarest thy Almighty power chiefly in showing mercy and pity; we beseech thee to have mercy upon this thy servant, who for his transgressions is appointed to die. Grant that he may take thy judgments patiently, and repent him truly of his sins; that he recovering thy favour, the fearful reward of his actions may end with this life; and whensoever his soul shall depart from the body, it may be without spot presented unto thee, through Jesus Christ our Lord. Amen.

The Epistle. Heb. xii. 11.

No chastening for the present seemeth to be joyous, but grievous; nevertheless, afterwards it yieldeth the peaceable fruit of righteousness, unto them which are exercised thereby.

The Gospel. St. John v. 24.

Verily, verily, I say unto you, He that heareth my word, and believeth on him that sent me, hath everlasting life, and shall not come into condemnation; but is passed from death unto life.

A Prayer for imprisoned Debtors.

Most gracious God, look down in pity and compassion upon these thine afflicted servants, who are fallen under the misery of a close restraint. Give them always a deep sense of their sins, and of thy fatherly love and correction; and the more their confinement presseth hard upon them, the more let the comforts of thy grace and mercy abound towards them. Give to their creditors tenderness and compassion, and to them a meek and forgiving spirit towards all those who have confined them, and a full purpose to repair all the injuries and

38*

losses which others have sustained by them. Raise them up friends to pity and relieve them; give them the continued comfort of thy countenance here; and so sanctify their afflictions, that they may work for them an eternal weight of glory, through the merits and mediation of Jesus Christ thy Son our Lord. Amen.

A FORM OF PRAYER AND THANKSGIVING TO ALMIGHTY GOD,

For the Fruits of the Earth, and all the other Blessings of his merciful Providence; to be used yearly on the *first Thursday in November*, or on such other Day as shall be appointed by the Civil Authority.

The Service shall be as usual, except where it is hereby otherwise appointed.

Among the Sentences at the beginning of Morning Prayer shall be the following:

Honour the Lord with thy substance, and with the first fruits of all thine increase: So shall thy barns be filled with plenty, and thy presses shall burst out with new wine. Prov. iii. 9, 10.

The Lord by wisdom hath founded the earth; by understanding hath he established the heavens: By his knowledge the depths are broken up, and the clouds drop down the dew. Prov. iii. 19, 20.

The eternal God is thy refuge, and underneath are the everlasting arms. Deut. xxxiii. 27.

Israel then shall dwell in safety alone; the fountain of Jacob shall be upon the land of corn and of wine, also his heaven shall drop down dew. Deut. xxxiii. 28.

Happy art thou, O Israel; who is like unto thee, O people saved by the Lord, the shield of thy help, and who is the sword of thy excellency! Deut. xxxiii. 29.

Instead of, *O come let us sing*, &c. the following shall be said or sung:

Praise ye the Lord; for it is good to sing praises unto our God; for it is pleasant, and praise is comely.

The Lord doth build up Jerusalem; he gathereth together the outcasts of Israel.

He healeth those that are broken in heart, and bindeth up their wounds.

He covereth the heaven with clouds, and prepareth rain for the earth; he maketh the grass to grow upon the mountains.

He giveth to the beast his food; and to the young ravens which cry.

Praise the Lord, O Jerusalem: Praise thy God, O Sion.

For he hath strengthened the bars of thy gates; he hath blessed thy children within thee.

He maketh peace in thy borders, and filleth thee with the finest of the wheat.

Then shall be said or sung one of the Selections, or some other portion of the Psalms, at the discretion of the Minister.

The First Lesson shall be Deut. viii. and the Second Lesson shall be 1 Thess. v. 12 to 24.

After the General Thanksgiving, shall be said this which followeth:

Most gracious God, by whose knowledge the depths are broken up, and the clouds drop down the dew; we yield thee unfeigned thanks and praise, as for all thy mercies, so especially for the returns of Seed-time and Harvest, and for crowning the year with thy goodness, in the increase of the ground, and the gathering in of the fruits thereof. And, we beseech thee, give us a just sense of this great mercy; such as may appear in our lives, by an humble, holy, and obedient walking before thee all our days, through Jesus Christ our Lord; to whom, with thee and the Holy Ghost, be all glory and honour, world without end. Amen.

The Collect to be used instead of that for the day.

O Most merciful Father, who hast blessed the labours of the husbandman in the returns of the fruits of the earth; we give thee humble and hearty thanks for this thy bounty; beseeching thee to continue thy loving kindness to us; that our land may still yield her increase, to thy glory and our comfort, through Jesus Christ our Lord. Amen.

The Epistle. St. James i. 16 — 27.
The Gospel. St. Matt. v. 43 — 48.

FORMS OF PRAYER TO BE USED IN FAMILIES.

MORNING PRAYER.

The Master or Mistress having called together as many of the Family as can conveniently be present, let one of them, or any other whom they shall think proper, say as follows, all kneeling:

Our Father, who art in Heaven, Hallowed be thy Name; Thy Kingdom come; Thy Will be done on Earth, as it is in Heaven; Give us this day our daily bread; And forgive us our trespasses, as we forgive those who trespass against us; And lead us not into temptation; But deliver us from evil: For thine is the Kingdom, and the Power, and the Glory, for ever and ever. Amen.

Acknowledgment of God's mercy and preservation, especially through the night past.

Almighty and everlasting God, in whom we live and move and have our being; we, thy needy creatures, render thee our humble praises, for thy preservation of us from the beginning of our lives to this day, and especially for having delivered us from the dangers of the past night. To thy watchful providence we owe it, * (that no disturbance hath come nigh us or our dwelling; but, that we are brought in safety to the beginning of this day.) For these thy mercies, we bless and magnify thy glorious Name; humbly beseeching thee to accept this our morning sacrifice of praise and thanksgiving; for his sake who lay down in the grave, and rose again for us; thy Son our Saviour Jesus Christ. Amen.

* *When disturbances of any kind befall a Family, instead of this, say*, that notwithstanding our dangers, we are brought in safety to the beginning of this day.

Dedication of soul and body to God's service, with a resolution to be growing daily in goodness.

And, since it is of thy mercy, O gracious Father, that another day is added to our lives; we here dedicate both our souls and our bodies to thee and thy service, in a sober, righteous, and godly life: In which resolution, do thou, O merciful God, confirm and strengthen us; that, as we grow in age, we may grow in grace, and in the knowledge of our Lord and Saviour Jesus Christ. Amen.

Prayer for grace to enable us to perform that resolution.

But, O God, who knowest the weakness and corruption of our nature, and the manifold temptations which we daily meet with; we humbly beseech thee to have compassion on our infirmities, and to give us the constant assistance of thy Holy Spirit; that we may be effectually restrained from sin, and excited to our duty. Imprint upon our hearts such a dread of thy judgments, and such a grateful sense of thy goodness to us, as may make us both afraid and ashamed to offend thee. And, above all, keep in our minds a lively remembrance of that great Day, in which we must give a strict account of our thoughts, words, and actions; and, according to the works done in the body, be eternally rewarded or punished, by him whom thou hast appointed the Judge of quick and dead, thy Son Jesus Christ our Lord. Amen.

For grace to guide and keep us the following day, and for God's blessing on the business of the same.

In particular, we implore thy grace and protection for the ensuing day. Keep us temperate in our meats and drinks, and diligent in our several callings. Grant us patience under any afflictions thou shalt see fit to lay on us, and minds always contented with our present condition. Give us grace to be just and upright in all our dealings; quiet and peaceable; full of compassion; and ready to do good to all men, according to our abilities and opportunities. Direct us in all our ways * (and prosper the works of our hands in the business of our several stations.) Defend us from all dangers and adversities; and be graciously pleased to take us, and all things belonging to us, under thy Fatherly care and protection. These things, and whatever else thou shalt see necessary and convenient to us, we humbly beg, through the merits and mediation of thy Son Jesus Christ our Lord and Saviour. Amen.

* *On Sunday Morning, instead of this, say,* and let thy Holy Spirit accompany us to the place of thy public worship, making us serious and attentive, and raising our minds from the thoughts of this world to the consideration of the next, that we may fervently join in the prayers and praises of thy Church, and listen to our duty with honest hearts, in order to practise it.

The grace of our Lord Jesus Christ, and the love of God, and the fellowship of the Holy Ghost, be with us all evermore. Amen.

EVENING PRAYER.

The Family being together, a little before Bed Time, let the Master or Mistress, or any other whom they shall think proper, say as follows, all kneeling:

Our Father, who art in Heaven, Hallowed be thy Name; Thy Kingdom come; Thy Will be done on Earth, as it is in Heaven; Give us this day our daily bread; And forgive us our trespasses, as we forgive those who trespass against us; And lead us not into temptation; But deliver us from evil: For thine is the Kingdom, and the Power, and the Glory, for ever and ever. Amen.

Confession of sins, with a prayer for contrition and pardon.

Most merciful God, who art of purer eyes than to behold iniquity, and hast promised forgiveness to all those who confess and forsake their sins; we come before thee in an humble sense of our own unworthiness, acknowledging our manifold transgressions of thy righteous laws. * But, O gracious Father, who desirest not the death of a sinner, look upon us, we beseech thee, in mercy, and forgive us all our transgressions. Make us deeply sensible of the great evil of them; and work in us an hearty contrition; that we may obtain forgiveness at thy hands, who art ever ready to receive humble and penitent sinners; for the sake of thy Son Jesus Christ, our only Saviour and Redeemer. Amen.

* Here, let him who reads, make a short pause, that every one may secretly confess the sins and failings of that day.

Prayer for grace to reform and grow better.

And lest, through our own frailty, or the temptations which encompass us, we be drawn again into sin, vouchsafe us, we beseech thee, the direction and assistance of thy Holy Spirit. Reform whatever is amiss in the temper and disposition of our souls; that no unclean thoughts, unlawful designs, or inordinate desires, may rest there. Purge our hearts from envy, hatred, and malice; that we may never suffer the sun to go down upon our wrath; but may always go to our rest in peace, charity, and good-will, with a conscience void of offence towards thee and towards men: That so, we may. be preserved pure and blameless, unto the coming of our Lord and Saviour Jesus Christ. Amen.

The Intercession.

And accept, O Lord, our intercessions for all mankind. Let the light of thy Gospel shine upon all nations; and may as many as have received it, live as becomes it. Be gracious unto thy Church; and grant that every member of the same, in his vocation and ministry, may serve thee faithfully. Bless all in authority over us; and so rule their hearts and strengthen their hands, that they may punish wickedness and vice, and maintain thy true religion and virtue. Send down thy blessings, temporal and spiritual, upon all our relations, friends, and neighbours. Reward all who have done us good, and pardon all those who have done or wish us evil, and give them repentance and better minds. Be merciful to all who are in any trouble; and do thou, the God of pity, administer to them according to their several necessities, for his sake who went about doing good, thy Son our Saviour Jesus Christ. Amen.

The Thanksgiving.

To our prayers, O Lord, we join our unfeigned thanks for all thy mercies; for our being, our reason, and all other endowments and faculties of soul and body; for our health, friends, food, and raiment, and all the other comforts and conveniences of life. Above all, we adore thy mercy in sending thy only Son into the world, to redeem us from sin and eternal death, and in giving us the knowledge and sense of our duty towards thee. We bless thee for thy patience with us, notwithstanding our many and great provocations; for all the directions, assistances, and comforts of thy Holy Spirit; for thy continual care and watchful providence over us through the whole course of our lives; and particularly for the mercies and benefits of the past day: Beseeching thee to continue these thy blessings to us; and to give us grace to show our thankfulness in a sincere obedience to his laws, through whose merits and intercession we received them all, thy Son our Saviour Jesus Christ. Amen.

Prayer for God's protection through the night following.

In particular, we beseech thee to continue thy gracious protection to us this night. Defend us from all dangers and mischiefs, and from the fear of them; that we may enjoy such refreshing sleep, as may fit us for the duties of the following day. Make us ever mindful of the time when we shall lie down in the dust; and grant us grace always to live in such a state, that we may never be afraid to die: So that living and dying we may be thine, through the merits and satisfaction of thy Son Christ Jesus, in whose name we offer up these our imperfect prayers. Amen.

The grace of our Lord Jesus Christ, and the love of God, and the fellowship of the Holy Ghost, be with us all evermore. Amen.

On Sundays and on other days, when it may be convenient, it will be proper to begin with a Chapter, or part of a Chapter, from the New Testament.

THE FORM OF CONSECRATION OF A CHURCH OR CHAPEL, [1]

According to the Order of the Protestant Episcopal Church in the United States of America, as established by the Bishops, the Clergy, and Laity of said Church, in General Convention, in the month of September, A. D. 1799.

The Bishop is to be received at the entrance of the Church or Chapel by the Church-wardens and Vestrymen, or some other Persons appointed for that purpose. The Bishop and the Clergy who are present, shall go up the aisle of the Church or Chapel, to the Communion Table, repeating the 24th Psalm alternately, the Bishop one verse, and the Clergy another.

---

1) Uhden p. 110: „In verschiedenen Diöcesen Englands giebt es auch hiefür Formulare, aber natürlich ohne allgemeine Gültigkeit.‟ Quum mihi non praesto sint exemplaria Anglica, ne haec cerimonia prorsus desideretur, subiunximus Americanis paginis Benthemium (prima vice editum), capite XXI de Benedictione ecclesiae et coemeterii disserentem.

Psalm xxiv.

The earth is the Lord's and all that therein is: the compass of the world, and they that dwell therein.

2. For he hath founded it upon the seas, and prepared it upon the floods.

3. Who shall ascend into the hill of the Lord, or who shall rise up in his holy place?

4. Even he that hath clean hands and a pure heart; and that hath not lift up his mind unto vanity, nor sworn to deceive his neighbour.

5. He shall receive the blessing from the Lord, and righteousness from the God of his salvation.

6. This is the generation of them that seek him; even of them that seek thy face, O Jacob.

7. Lift up your heads, O ye gates; and be ye lift up, ye everlasting doors: and the King of Glory shall come in.

8. Who is the King of Glory? it is the Lord strong and mighty, even the Lord mighty in battle.

9. Lift up your heads, O ye gates; and be ye lift up, ye everlasting doors: and the King of Glory shall come in.

10. Who is the King of Glory? even the Lord of hosts, he is the King of Glory.

The Bishop shall go within the rails, with such of the Clergy as can be there accommodated. The Bishop, sitting in his chair, shall have the instruments of donation and endowment, if there be any presented to him, and then standing up, and turning to the Congregation, shall say,

Dearly beloved in the Lord; forasmuch as devout and holy men, as well under the law as under the gospel, moved either by the express command of God, or by the secret inspiration of the blessed Spirit, and acting agreeably to their own reason and sense of the natural decency of things, have erected houses for the public worship of God, and separated them from all unhallowed, worldly, and common uses, in order to fill men's minds with greater reverence for his glorious Majesty, and affect their hearts with more devotion and humility in his service; which pious works have been approved of and graciously accepted by our heavenly Father: Let us not doubt but that he will also favourably approve our godly purpose of setting apart this place in solemn manner, for the performance of the several offices of religious worship, and let us faithfully and devoutly beg his blessing on this our undertaking.

Then the Bishop kneeling, shall say the following Prayer.

O Eternal God, mighty in power and of majesty incomprehensible, whom the heaven of heavens cannot contain, much less the walls of temples made with hands; and who yet hast been graciously pleased to promise thy especial presence, wherever two or three of thy faithful servants shall assemble in thy name to offer up their praises and supplications unto thee; vouchsafe, O Lord, to be present with us, who are here gathered together, with all humility and readiness of heart, to consecrate this place to the honour of thy great name; separating it henceforth from all unhallowed, ordinary and common uses, and dedicating it to thy service, for reading thy holy word, for celebrating thy holy sacraments, for offering to thy glorious Majesty the sacrifices of prayer and thanksgiving, for blessing thy people in thy name, and for the performance of all other holy offices: accept, O Lord, this service at our hands, and bless it with such success as may tend most to thy glory, and the furtherance of our happiness both temporal and spiritual, through Jesus Christ our blessed Lord and Saviour. Amen.

After this the Bishop shall stand up, and turning his face towards the Congregation, shall say,

Regard, O Lord, the supplications of thy servants, and grant that whosoever shall be dedicated to thee in this house by Baptism, may be sanctified by the Holy Ghost, delivered from thy wrath and eternal death, and received as a living member of Christ's Church, and may ever remain in the number of thy faithful children. Amen.

Grant, O Lord, that they who at this place shall in their own persons renew the promises and vows which they made, or which were made for them by their sureties at their Baptism, and thereupon shall be confirmed by the Bishop, may receive such a measure of thy Holy Spirit, that they may be enabled faithfully to fulfil the same, and grow in grace unto their lives' end. Amen.

Grant, O Lord, that whosoever shall receive in this place the blessed sacrament of the body and blood of Christ, may come to that holy ordinance with faith, charity, and true repentance; and being filled with thy grace and heavenly benediction, may, to their great and endless comfort, obtain remission of their sins, and all other benefits of his passion. Amen.

Grant, O Lord, that by thy holy word which shall be read and preached in this place, and by thy Holy Spirit grafting it inwardly in the heart, the hearers thereof may both perceive and know what things they ought to do, and may have power and strength to fulfil the same. Amen.

Grant, O Lord, that whosoever shall be joined together in this place in the holy estate of matrimony, may faithfully perform and keep the vow and covenant between them made, and may remain in perfect love together unto their lives' end. Amen.

Grant, we beseech thee, blessed Lord, that whosoever shall draw near to thee in this place, to give thee thanks for the benefits which they have received at thy hands, to set forth thy most worthy praise, to confess their sins unto thee, and to ask such things as are requisite and necessary as well for the body as for the soul, may do it with such steadiness of faith, and with such seriousness, affection, and devotion of mind, that thou mayest accept their bounden duty and service, and vouchsafe to give whatever in thy infinite wisdom thou shalt see to be most expedient for them: all which we beg for Jesus Christ's sake our most blessed Lord and Saviour. Amen.

Then the Bishop sitting in his chair, the sentence of Consecration is to be read by some person appointed by him, and then laid by him upon the Communion Table, — after which the Bishop shall say,

Blessed be thy name, O Lord, that it hath pleased thee to put it into the hearts of thy servants, to appropriate and devote this house to thy honour and worship; and grant that all who shall enjoy the benefit of this pious work, may show forth their thankfulness, by making a right use of it, to the glory of thy blessed name, through Jesus Christ our Lord. Amen.

After this the Minister appointed is to read the service for the day.

PROPER PSALMS, 84 — 122 — 132.

FIRST LESSON. 1 Kings 8th, verse 22 — 63.

SECOND LESSON. Heb. 10th, verse 19 — 27.

Morning Prayer being ended, there shall be sung from the Book of Psalms in metre, *Psal.* xxvi. verse 6, 7, 8, with the *Gloria Patri.*

The Bishop shall then proceed to the Communion Service. The following shall be the Collect, Epistle, and Gospel, for the occasion.

The Collect.

O Most glorious Lord, we acknowledge that we are not worthy to offer unto thee any thing belonging unto us; yet we beseech thee in thy great goodness, graciously to accept the dedication of this place to thy service, and to prosper this our undertaking; receive the prayers and intercessions of all those thy servants, who shall call upon thee in this house; and give them grace to prepare their hearts to serve thee with reverence and godly fear; affect them with an awful apprehension of thy Divine Majesty, and a deep sense of their own unworthiness; that so approaching thy sanctuary with lowliness and devotion, and coming before thee with clean thoughts and pure hearts, with bodies undefiled, and minds sanctified, they may always perform a service acceptable to thee, through Jesus Christ our Lord. Amen.

The Epistle. 2 Cor. vi. 14—16.
The Gospel. St. John ii. 13—17.

Then shall be said or sung the 100th *Psalm*.

* * * * * * * *

Here shall follow the Sermon.

* * * * * * * *

The Sermon being ended, the Bishop shall proceed in the service for the Communion, if it is to be administered at that time.

After the Communion, or if it is not administered at that time, after the Sermon, and immediately before the final blessing, the Bishop shall say the following Prayer.

Blessed be thy name, O Lord God, for that it hath pleased thee to have thy habitation among the sons of men, and to dwell in the midst of the assembly of the saints upon the earth; bless, we beseech thee, the religious performance of this day, and grant that in this place now set apart to thy service, thy holy name may be worshipped in truth and purity through all generation, through Jesus Christ our Lord. Amen.

The peace of God, which passeth all understanding, keep your hearts and minds in the knowledge and love of God, and of his Son Jesus Christ our Lord; and the blessing of God

Almighty, the Father, the Son, and the Holy Ghost, be amongst you, and remain with you always. Amen.

A PRAYER

To be used at the Meetings of Convention.

Almighty and everlasting God, who, by thy Holy Spirit didst preside in the councils of the blessed Apostles, and hast promised, through thy Son Jesus Christ, to be with thy Church to the end of the world; we beseech thee to be present with the council of thy Church here assembled in thy name and presence. Save them from all error, ignorance, pride, and prejudice; and of thy great mercy vouchsafe, we beseech thee, so to direct, sanctify, and govern us in our present work, by the mighty power of the Holy Ghost, that the comfortable Gospel of Christ may be truly preached, truly received, and truly followed, in all places, to the breaking down the kingdom of sin, satan, and death; till at length the whole of thy dispersed sheep, being gathered into one fold, shall become partakers of everlasting life, through the merits and death of Jesus Christ our Saviour. Amen.

AN OFFICE OF INSTITUTION OF MINISTERS INTO PARISHES OR CHURCHES,

Prescribed by the Protestant Episcopal Church in the United States of America; established in General Convention of the Bishops, the Clergy, and Laity, 1804; and set forth, with Alterations, in General Convention, 1808.

The Bishop having received due Notice of the Election of a Minister into a Parish or Church, as prescribed by the Canon ,,concerning the Election and Institution of Ministers,'' and being satisfied that ,,the Person chosen is a qualified Minister of this Church,'' may transmit the following Letter of Institution, for the proposed Rector, Associated Rector, or Assistant Minister, to one of his Presbyters, whom he may appoint as the Institutor.

In any State or Diocese the concluding Paragraph in the Letter of

Institution may be omitted, where it interferes with the Usages, Laws, or Charters of the Church in the same.

To our well-beloved in Christ, A. B. Presbyter, *Greeting.*

Sigillum.
Signat.
, We do by these Presents give and grant unto you, in whose Learning, Diligence, sound Doctrine, and Prudence, we do fully confide, our License and Authority, to perform the Office of a Priest in the Parish [*or* Church] of E. And also hereby do institute you into said Parish [*or* Church,] possessed of full power to perform every Act of sacerdotal Function among the People of the same; you continuing in communion with us, and complying with the rubrics and canons of the Church, and with such lawful directions as you shall at any time receive from us.

And as a canonically instituted Priest into the Office of Rector [Associated Rector *or* Assistant Minister, *as the case may be*] of Parish [*or* Church,] you are faithfully to feed that portion of the flock of Christ which is now entrusted to you; not as a man-pleaser, but as continually bearing in mind, that you are accountable to us here, and to the Chief Bishop and Sovereign Judge of all hereafter.

And as the Lord hath ordained, that they who serve at the altar should live of the things belonging to the altar; so we authorise you to claim and enjoy all the accustomed temporalities appertaining to your cure, until some urgent reason or reasons occasion a wish in you, or in the congregation committed to your charge, to bring about a separation, and dissolution of all sacerdotal relation between you and them; of all which you will give us due notice: and in case of any difference between you and your congregation, as to a separation, and dissolution of all sacerdotal connection between you and them, we, your Bishop, with the advice of our Presbyters, are to be the ultimate arbiter and judge.

In witness whereof we have hereunto affixed our Episcopal seal and signature, at this day of A. D. and in the year of our consecration.

In the case of a Minister to be instituted in a State or Diocese in which there is no Bishop, the Clerical Members of the Standing Committee shall send the following Letter of Institution, for the proposed Minister, to the Presbyter whom they may appoint as Institutor.

To our well-beloved in Christ, A. B. Presbyter, *Greeting.*

Sigillum.
We do by these Presents authorise and empower you to exercise the office of a Priest in the Parish [*or* Church] of E. And by virtue of the power vested in us, do institute you into

said Parish [*or* Church,] possessed of full power to perform every Act of sacerdotal Function among the people of the same; you complying with the rubrics and canons of the Church.

And as a canonically instituted Priest into the office of Rector [Associated Rector, *or* Assistant Minister, *as the case may be*] of   Parish [*or* Church,] you are to feed that portion of the flock of Christ which is now entrusted to you; not as a man-pleaser, but as continually bearing in mind that you are accountable to the ecclesiastical authority of the Church here, and to the Chief Bishop and Sovereign Judge of all hereafter.

And as the Lord hath ordained that they who serve at the altar should live of the things belonging to the altar; so you have our authority to claim and enjoy all the accustomed temporalities appertaining to your cure, until some urgent reason or reasons occasion a wish in you, or in the congregation committed to your charge, to bring about a separation, and dissolution of all sacerdotal connection between you and them; of all which you will give us due notice: and in case of any difference between you and your congregation, as to a separation and dissolution of all sacerdotal connection between you and them, the ecclesiastical authority of the Church in this diocese (taking the advice and aid of a Bishop) shall be the ultimate arbiter and judge.

In witness whereof we have hereunto set our hands and seals, this   day of   in the year

The day being appointed for the new Incumbent's Institution, at the usual hour of Morning Prayer, the Institutor, attended by the new Incumbent, and one or more Presbyters appointed by the Bishop, (or, where there is no Bishop, by the Clerical Members of the Standing Committee) for that purpose, shall enter the Church: Then, all the Clergy present standing without the rails of the Altar, except the officiating Priest, who shall go into the desk; the Wardens, (or, in case of their necessary absence, two Members of the Vestry) standing on the right and left of the Altar, without the rails; the senior Warden, (or the Member of the Vestry supplying his place) holding the keys of the Church in his hand, in open view, the officiating Priest shall read Morning Prayer.

Proper Psalms are,

Psalm cxxii. Psalm cxxxii. Psalm cxxxiii.

Proper Lessons.

First.   Ezek. Chap. xxxiii. verse 1 to verse 10.

Second.   St. John, Chap. x. verse 1 to verse 19.

Morning Prayer ended, the Priest who acts as the Institutor, standing within the rails of the Altar, shall say,

III.   39

Dearly beloved in the Lord, we have assembled for the purpose of instituting the Rev.   *A. B.* into this Parish, [*or* Church] as Priest and Rector [*or* Associated Rector, *or* Assistant Minister] of the same; and we are possessed of your vote that he has been so elected; as also of the prescribed Letter of Institution.   But if any of you can show just cause why he may not be instituted, we proceed no further, because we would not that an unworthy person should minister among you.

If any objection be offered, the Priest who acts as the Institutor shall judge whether it afford just cause to suspend the service.   No objection being offered, or the Priest who acts as the Institutor choosing to go on with the service, he shall next read the Letter of Institution; and then shall the senior Warden, (or the Member of the Vestry supplying his place) present the keys of the Church to the new Incumbent, saying,

In name and behalf of   Parish [*or* Church], I do receive and acknowledge you, the Rev. *A. B.* as Priest and Rector [*or* Associated Rector, *or* Assistant Minister] of the same, and in token thereof, give into your hands the keys of this Church.

Then the new Incumbent shall say,

I, *A. B.* receive these keys of the house of God at your hands, as the pledges of my Institution, and of your parochial recognition, and promise to be a faithful Shepherd over you, in the name of the Father, and of the Son, and of the Holy Ghost.

Here the Instituting Minister shall begin the Office.

Minister.   The Lord be with you.

Answer.   And with thy spirit.

Let us pray.

Direct us, O Lord, in all our doings, with thy most gracious favour, and further us with thy continual help, that in all our works begun, continued, and ended in thee, we may glorify thy holy name, and finally by thy mercy obtain everlasting life, through Jesus Christ our Lord; who hath taught us to pray unto thee, O Almighty Father, in his prevailing name and words.

Our Father, who art in Heaven, Hallowed be thy Name; Thy Kingdom come; Thy Will be done on Earth, as it is in

Heaven; Give us this day our daily bread; And forgive us our trespasses, as we forgive those who trespass against us; And lead us not into temptation; But deliver us from evil: For thine is the Kingdom, and the Power, and the Glory for ever and ever. Amen.

Then shall the Priest who acts as the Institutor receive the Incumbent within the rails of the Altar, and present him the Bible, Book of Common Prayer, and Books of Canons of the General and State Convention, saying as follows:

Receive these books; and let them be the rule of thy conduct in dispensing the divine word, in leading the devotions of the people, and in exercising the discipline of the Church; and be thou in all things a pattern to the flock committed to thy care.

Then shall be said or sung the following Anthem.

Laudate Nomen.

O praise the Lord, laud ye the name of the Lord: praise it, O ye servants of the Lord. Psalm cxxxv. verse 1.

2. Ye that stand in the house of the Lord; in the courts of the house of our God. Verse 2.

3. O praise the Lord, for the Lord is gracious: O sing praises unto his name, for it is lovely. Verse 3.

4. The Lord is gracious and merciful, long suffering and of great goodness. Psalm cxlv. verse 8.

5. The Lord is loving unto every man; and his mercy is over all his works. Verse 9.

6. All thy works praise thee, O Lord; and thy Saints give thanks unto thee. Verse 10.

7. The Lord doth build up Jerusalem; and gather together the outcasts of Israel. Psalm cxlvii. verse 2.

8. He healeth those that are broken in heart; and giveth medicine to heal their sickness. Verse 3.

9. The Lord's delight is in them that fear him, and put their trust in his mercy. Verse 11.

10. Praise the Lord, O Jerusalem; praise thy God, O Zion. Verse 12.

11. For he hath made fast the bars of thy gates; and hath blessed thy children within thee. Verse 13.

12. He maketh peace in thy borders; and filleth thee with the flour of wheat. Verse 14.

39*

13. He is our God, even the God of whom cometh salvation; God is the Lord by whom we escape death. Psalm lxviii. verse 20.

14. O God, wonderful art thou in thy holy places, even the God of Israel; he will give strength and power unto his people. Blessed be God. Verse 35.

Glory be to the Father, and to the Son, and to the Holy Ghost;

As it was in the beginning, is now, and ever shall be, world without end.

Minister. The law was given by Moses.

People. But grace and truth came by Jesus Christ.

Minister & People. Who is God over all, blessed for evermore. Amen.

Let us pray.

Most gracious God, the giver of all good and perfect gifts, who, of thy wise providence hast appointed divers orders in thy Church; give thy grace, we beseech thee, to thy servant, to whom the charge of this congregation is now committed; and so replenish him with the truth of thy doctrine, and endue him with innocency of life, that he may faithfully serve before thee, to the glory of thy great name, and the benefit of thy holy Church, through Jesus Christ, our only Mediator and Redeemer. Amen.

O Holy Jesus, who hast purchased to thyself an universal Church, and hast promised to be with the ministers of Apostolic Succession to the end of the world; be graciously pleased to bless the ministry and service of him, who is now appointed to offer the sacrifices of prayer and praise to thee in this house, which is called by thy name. May the words of his mouth, and the meditation of his heart be always acceptable in thy sight, O Lord, our strength and our Redeemer. Amen.

O God, Holy Ghost, Sanctifier of the Faithful, visit, we pray thee, this congregation with thy love and favour; enlighten their minds more and more with the light of the everlasting Gospel; graft in their hearts a love of the truth; increase in them true religion; nourish them with all goodness; and of thy great mercy keep them in the same, O blessed Spirit, whom with the Father and the Son together we worship and glorify as one God, world without end. Amen.

Benediction.

The God of peace, who brought again from the dead our Lord Jesus Christ, the great Shepherd of the sheep, through the blood of the everlasting Covenant, make you perfect in every good work to do his will, working in you that which is well pleasing in his sight, through Jesus Christ; to whom be glory for ever and ever. Amen.

Then shall the instituted Minister kneel at the Altar to present his supplication for himself — in this form:

O Lord my God! I am not worthy that thou shouldest come under my roof; yet thou hast honoured thy servant with appointing him to stand in thy House, and to serve at thy Holy Altar. To thee and to thy service I devote myself, soul, body, and spirit — with all their powers and faculties. Fill my memory with the words of thy law; enlighten my understanding with the illumination of the Holy Ghost; and may all the wishes and desires of my will centre in what thou hast commanded. And, to make me instrumental in promoting the salvation of the people now committed to my charge, grant that I may faithfully administer thy holy Sacraments, and by my life and doctrine set forth thy true and lively word. Be ever with me in the performance of all the duties of my ministry; in prayer, to quicken my devotion; in praises, to heighten my love and gratitude; and in preaching, to give a readiness of thought and expression suitable to the clearness and excellency of thy Holy Word. Grant this for the sake of Jesus Christ thy Son our Saviour.

The instituted Minister, standing up, shall say,
The Lord be with you.
Answer. And with thy spirit.

Let us pray.

O Almighty God, who hast built thy Church upon the foundation of the Apostles and Prophets, Jesus Christ himself being the Chief Corner Stone; grant that, by the operation of the Holy Ghost, all Christians may be so joined together in unity of spirit, and in the bond of peace, that they may be an Holy Temple acceptable unto thee. And especially, to this congregation present, give the abundance of thy grace; that with one heart, they may desire the prosperity of thy holy

Apostolic Church, and with one mouth, may profess the faith once delivered to the Saints. Defend them from the sins of heresy and schism; „let not the foot of pride come nigh to hurt them, nor the hand of the ungodly to cast them down.‟ And grant that the course of this world may be so peaceably ordered by thy Governance, that thy Church may joyfully serve thee in all godly quietness; that so they may walk in the ways of truth and peace, and at last be numbered with thy Saints in glory everlasting, through thy merits, O blessed Jesus, thou gracious Bishop and Shepherd of our souls, who art, with the Father and the Holy Ghost, one God, world without end. Amen.

Then shall follow the Sermon: and after that the instituted Minister shall proceed to the Communion Service, and to administer the holy Eucharist to his Congregation: and after the Benediction, (which he shall always pronounce) the Wardens, Vestry, and others shall salute and welcome him, bidding him *God speed*.

When the Bishop of the Diocese is present at the institution of a Minister, he shall make to him the address prescribed in this Office in the form of a letter; and may perform such other duties herein assigned the Instituting Minister as he may choose.

VON EINWEYHUNG DER KIRCHEN, CAPELLEN UND BEGRAEBNUSS-STELLEN.

(Benthem Cap. XXI.)

Es hat zwar die Engeländische Kirche keine gesetzete Form in ihrer liturgia oder Canonibus Ecclesiasticis, wie solche heilige Oerter einzuweyhen sind; weil man aber insgemein mutatis mutandis der Form zu folgen pfleget, welche der Bischoff zu Winchester, Lancelot Andrews aufgesetzet und gebrauchet hat bey der Consecration Capellae Jesu et Caemeterii bey Southampton, will ich dieselbe zum Exempel hieher setzen.

Gedachter Bischoff ist des Sonntags Morgens in die Capelle gegangen, und hat die pontificalia angezogen. Er hat bey sich gehabt seine Hauss-Capellane Matthäum und Christophorum Wren, S. S. Theol. Bacc. in ihren Sacerdotalibus gekleidet; mit diesen, unter Begleitung einer grossen Menge Volcks ist er wieder heraus gegangen und hat den Fundatorem also angeredet.

Capitain Smith, ihr habt mich offt ernstlich ersuchet, dass ich hieher möchte zu Euch kommen. Nachdem ich nun hieher gekommen, so verlange ich zu wissen, was Ihr uns zu sagen habt.

Hierauf hat derselbe, nachdem er seine Ehrerbietung bezeiget, einen Zettel überreichet und gebeten, dass solchen William Cole, des Bischoffs Registrator, in seinem Namen verlesen möchte, welches denn auch auf Einwilligung des Bischoffs mit lauter Stimme also geschehen ist.

„Im Namen Richards Smith von Peertree in der Landschafft Southampton ein Esquire, Hochwürdiger Vatter in Gott, stelle ich euch vor den Zustand des Dorffs Weston, wie auch Itchin, Wolston, Ridgewag, und ein Theil von Bittern Mannos (welche alle ins Kirchspiel St. Marien, bey Southampton im Wintonischen Diaecess gehören) so wohl in seinem als der Einwohner gedachten Oerter Nahmen; darinn sind viele Haushaltungen, und ein gross Volck von allerhand Art, welche nit alleine weit von der Kirche wohnen, sondern auch davon geschieden

sind durch den grossen Fluss bey Itchin, woselbst die Ueber-
fahrt sehr breit und gefehrlich ist, und zum öfftern an denen
Tagen, welche zu den Betstunden und offentlichen Gottes-Dienst
gewiedmet, so ungestümm, dass man nicht darüber kommen
kan; und also gehet das Volck allenthalben nicht hinüber, oder
so es einige thun, so gehen sie hin und wieder herüber mit
grosser Gefahr, und zu Zeiten nicht auf demselben Tag; zudem
wenn es gut Wetter ist, wenn sie aus der Kirchen kommen,
so werffen sie sich so häuffig in den Boot, aus Eilung nacher
Hause, dass offt daraus ein grosser Schade entstehet, und alle-
zeit gefährlich ist, sonderlich den schwangern Weibern, Alten,
Unvermögenden, Krancken, und kleinen Kindern; Sie werden
auch gar offt gezwungen ihre Kinder in Privat-Häusern zu
tauffen, und wenn sie kranck darnieder liegen, sind sie ohne
Trost ihrer Seelen, und sterben ohne geistlichen Unterricht;
weil ihr eigen Seelsorger wegen des ungestümmen Wassers
nicht kan zu ihnen kommen, und andere Prediger einige Mei-
len von ihnen entfernet sind. Nachdem nun dieses ausführ-
licher eurem Antecessori ist vorgestellet worden, vergennete
er gutig dem gedachten Richard Smith eine Capelle an der
Ost-Seite des gesagten Flusses zu bauen, auf dessen eigne
Kosten, welche Capelle nach dem sie nu verfertiget, mit dem
Vorsatz dass sie den Gottesdienst möge gewidmet werden, und
dass sein heiliger Name daselbst möchte gepreist und ange-
ruffen werden, von des genannten R. Smith Familie und vor-
gemeldeten Einwohnern, welche ohne grosse Gefahr nicht kön-
nen hinüber kommen zu der Kirche, da sie eingepfarret sind;
So thue ich, im Namen mehrgemeldeten Richard Smith, und
ihrer aller, verheissen, dass ich mich begebe diese Capelle
oder ein Theil derselben, zu einem Weltlich- oder gemeinen
Gebrauch, es sey auch welcherley er wolle; und begehre, dass
sie möge auch einig und allein zum heiligen Gebrauch, zur
Ehre Gottes und Seeligkeit unsrer Seel gewiedmet und einge-
weyhet werden. In welchem Ansehen er demütigst Gott bittet,
dass er dieses sein gutes Vorhaben ihm wolle gefällig seyn
lassen; Er und Sie bitten eure Lordship, als Gottes Diener den
Bischoff und Ordinarium dieses Diaeces an Gottes statt, dieses
freywillige Opffer anzunehmen, und zu decretiren, dass diese
Capelle von allem weltlichen und gemeinen Gebrauch abzuson-
dern sey, und also sie abzusondern; wie auch durch das Wort

Gottes und das Gebet, und andere geistliche und weltliche
Pflichte dieselbe eintzig und allein dem heiligen Namen Gottes
und zu seinen Dienst einzuweyhen; Mit der Verheissung, dass
wir sie allezeit, als einen heiligen Ort, wie ein Gottes-Haus
halten wollen, und gebührlich gebrauchen; und dass wir von
Zeit zu Zeit, und künfftig immer, so offt es nöthig seyn wird,
dahin sehen wollen, dass sie gebührlich renoviret und ge-
schicklich unterhalten werde, wie einer Capelle gebühret; und
dass wir uns wollen einen tüchtigen Clericum anschaffen, der
in dem heiligen Priester-Orden von eurem Lordship als ordi-
nario an diesem Ort, und von eurem Successore licentiret sey;
welchen wir zulangglichen Unterhalt verschaffen wollen, damit
er auf sich nehme die Sorge der gesagten Capelle, und gehöri-
ger Weise darinn den Gottesdienst zu gewiesser Zeit verwalte;
auch alle andere officia verrichten, welche einjeglicher Geist-
licher nach der Canon der Kirchen und den Gesetzen des Kö-
nigreichs zu thun verbunden."

Hierauf hat der Bischoff gefraget: Capitain Smith ist dieses euer
und eurer Nachbahren Begehren?

Und also er solches bejahet, sprach der Bischoff:

Lasset uns in Namen Gottes den Anfang machen; Fieng dero-
wegen den 24. Psalm an: Die Erd ist des Herrn! und was darin-
nen ist u. s. w. welchen Psalm biss zum Ende der Bischoff und die
beyden Capellani alternatim beteten. So bald aber die Δοξολογία ge-
sprochen, begab sich der Bischoff zu der Capelle Thür und recitirte aus
dem 122. Psalm dieser Wort: Ich freue mich des, dass mir geredt
ist, dass wir werden ins Haus des Herrn gehen, und dass un-
sere Füsse werden stehen in deinen Thoren Jerusalem. Hierauf
gehet der Bischoff mit dem Fundatore und den Capellanis hinein, legen
sich auf die Knie, und der Bischoff spricht folgende Worte: Lasset uns
diesen Ort, Gott zueignen und aufopffern in demselben Gebet,
welches der König David darzu gebrauchte 1. Chr. 30, 10.
Gelobet seyst du Herr Gott Israel unsers Vatters ewiglich u. s. w.
biss zum Ende des 18. Vers. Wiewohl an einig Oertern der Sache nach
Gelegenheit verändert. Hierauf betete er also:

Herrlicher Gott, der Himmel ist dein Thron und die Erde
dein Fussschemel; was können wir denn vor ein Haus dir
bauen? oder an welchen Orte kanst du ruhen? dennoch sind
wir aus deinem heiligen Worte gelehret, dass dein Wille nicht
ist, in der finstern Wolcken zu wohnen, sondern dass deine

Lust allezeit gewesen sey bey den Menschen-Kindern; So dass an einem jeden Ort, woselbst zwey oder drey versammlet sind in deinem Namen, du mitten unter ihnen bist; sonderlich aber an solchen Orten, welche dazu gewiedmet, und deinen Nahmen und dessen Gedächtnuss geheiliget sind, hast du gesagt, dass du wollest mittheilen dein gnädige Gegenwart auf eine sonderliche Art, und zu uns kommen und uns seegnen. Dahero haben auch zu allen Zeiten in der Welt deine Diener gewiesse Oerter von allen Personen und gemeinem Gebrauch abgesondert, und deine Ehre und Göttlichen Dienst geheiliget, angetrieben, entweder durch Eingebung deines Heiligen Geistes oder durch expressen Befel aus deinem Munde. Durch Einblasung deines Heiligen Geistes gabest du deinen heiligen Patriarchen Jacob ins Hertz einen Stein in Bethel zu deinen Haus aufzurichten; Nach deinem ausdrücklich mündlichen Befehl machte dir Moses die Stiffts-Hütten in der Wüsten, welche du beehretest, indem du solche mit einer Wolcke bedecktest und mit deiner Herrlichkeit anfülletest. Hernach, wenn es den David in den Sinn kam zugedencken, dass es sich nit schicke dass er solte wohnen in einem Cedern-Pallast, und die Bunds-Lade Gottes nur in der Hütten bleiben, bezeugetest du ihme dass der Vorsatz dir ein Haus zu bauen gut sey, wiewohl er solche nicht hinaus führete; denn obwohl der Vatter die Materie und Zubehör zu diesem Hausse in grosser Menge anschaffete, so bauete es dennoch sein Sohn Salomon, und bracht es zur Vollkommenheit. Zu welchem Haus dir gefiel, sichtbarer Weise Feuer von Himmel zu senden, und es anzufüllen mit der Herrlichkeit deiner Gegenwart vor allen Volck. Nachmals, als wegen der Sünden deines Volcks dieser Tempel verwüstet wurde, liesest du durch deinen Propheten Haggai und Zachary (mit Vorstellung, wie unanständig es wäre dass sie in Häusern wohnen und dein Haus wüste liegen lassen) den Geist des Zorobabels aufmuntern dir den andern Tempel von neuen zu bauen, und dass dir gleichfals solches Haus gefallen, zeigetest du durch die Fülle deiner herrlichen Gegenwart. Du liesest dir aber nicht nur allein diese gefallen, welche dir diesen Tempel baueten, sondern diejenige unter dem Volck, welche hernach aus heiligem Eyffer dem Tempel, ihrer Vätter Kirchen, hinzu fügten, kleiner Ort zum Gebet, mit dem Namen der Synagoge, in jeglicher Stadt, durchs gantze Land, damit die Stämme hinauf giengen dich anzubeten, deinen heiligen willen zu lernen und zu verrichten. Weil du denn solches an dem Hauptmann, der deinen Volck eine Synagoge gebauet, gebilliget und in dem Evangelio gerühmet hast. Der du auch durch deine leibliche Gegenwart deines Sohns unsers Heylands auf der Kirchweyhe, wie St. Joh. bezeuget, deinen Wohlgefallen bezeugetest, und ehretest solchen heiligen Dienst, mit welchem wir auch jetzund beschäfftiget sind. Der du auch in deinem heiligen Wort uns gelehret, dass deine Apostel selbst und die Christen zu ihrer Zeit, wie sie Häuser hatten darinn zu essen und zu trincken, sie auch gehabt, woselbst die gantze Gemeine der Glaubigen sich versammlet, welche sie ausdrücklich nenneten Gottes-Hause, und wolten sie nicht verachtet wissen, auch nicht dass man sie missbrauche, darinn essen oder trincken solten, sondern sie in grossen Ehren hielten als Oerter ihrer heiligen Versammlung. Nach welchem heiligen Exempel die Christen in allen folgenden Zeiten eigne Gottes-Häuser zu Haltung des öffentlichen Gottes-Dienstes als Monumentlichen Frömmigkeit und Andacht, aufgerichtet und geheiliget haben, wie wir noch heutiges Tages sehen. Wir derowegen, als Mitbürger mit den Heiligen und Gottes Hausgenossen auf den Grund der Propheten und Apostel gebauet, da Jesus Christus der Eckstein ist, trettende in die Fussstapffen ihres allerheiligsten Glaubens, und nachfolgende denen Exempeln dieser Patriarchen, Propheten und Apostel, haben mit ihnen dasselbe Werck durch Einweyhung dieses Hauses vorgenommen, als eine Wohnung für dich, und ein Ort unserer Versammlung dir deinen Dienst zu leisten, deinen heiligen Namen anzuruffen, zu lesen, Predigen und zu hören dein heiliges Wort, auszutheilen deine allerheiligste Sacramenten; und für allen in dem allerheiligsten Ort, der recht thut zum Himmel auf Erden, als Jacob sie nennte, himmlische Wercke zu verrichten, dein Lob zu verkündigen und deine glorwürdigste Majestät, wegen aller deiner Güte gegen alle Menschen und sonderlich uns, den Hausgenossen des Glaubens, zu rühmen. So nimm denn an, allergütigster Vatter, wir bitten dich, durch unsere schuldige Pflicht und Dienst; nimm dieses an zu deinem Haus; und weil deine Heiligkeit dein Haus würdig machet, so heilige dieses Haus mit deiner gnädigen Gegenwart, welche erschienen zu Ehren deines allerheiligsten Namens. Mach dich derowegen auf, O Herr; und komm in diesen Ort deiner Ruhe, du und die Lade deiner Krafft. Lass dein Auge über dieses Haus Tage und Nacht offen stehen. Neige deine Ohren zu dem Gebet deiner Kinder, welches sie an diesem Ort zu stehen werden hinauf senden, und lass dein Hertz gefallen hierin dir, beständig zu wohnen. Und so offt deine Diener in diesem Hause dich anruffen werden entweder deine Gnad und Seegen ihnen zu verleihen, oder dein Gericht und Straffe von ihnen zu nehmen, so erhöre sie vom Himmel deiner Wohnung und wenn du hörest, so erbarme dich. Gib auch, O Herr! wir bitten dich, dass allhie und an allem Ort deine Priester mögen mit Gerechtigkeit gekleidet seyn, und deine Heiligen sich freuen in deinem Heil. Gleichwie du auch so wol im alten als neuen Testament die Ebräer der jüdischen Kirch zu solchen herrlichen Geheimnis geheiliget hast, dass dadurch vorgebildet ist die Freude deines Himmelreichs, so bitten wir dich, dass wir in dieser Tempel mit Händen gemachet, also dir dienen und in heiliger Uebung der Gottseeligkeit und Christlichen Glauben gefallen mögen, dass wir zuletzt mögen gelangen zu den Tempel dort oben, der nicht mit Händen gemachet, welchen Gott erbauet hat; dass wenn wir also aufhören dich auf Erden anzuruffen, wir mögen mit allen deinen, welche gleicher Weise solche Gebäue deinem Namen aufgerichtet haben, und mit allen Heiligen dich ewig preisen, in den Häusern des Himmels, vor alle deine Güte uns hier in der Zeit erzeigt, und vor uns aufgehaben dort in deinem Reiche in alle Ewigkeit, und solches um deines lieben Sohns, unsers Heylandes Jesu Christi willen, welchen u. s. w.

Heilger Vatter, der du in den Gesetz verheissen hast, dass wo deines Namens Gedächtnus wird gestifftet seyn, du zu uns kommen und uns seegnen wollest; nach deiner Zusage komm zu uns und seegne uns, die wir an diesen Ort deines Namens Gedächtnis stifften, in dem wir denselben gäntzlich und eintzig zu deinen Dienst widmen. H. Heyland, der du im Evangelio mit deiner leiblichen Gegenwart, das Fest der Kirchweyh beehret hast; sey auch gegenwärtig bey der Zueignung dieses Tempels zu dir, nimm auf, gütigster Herr! und seegne das Werck unsrer Hände. Heiliger Geist, ohn dem nichts heilig, noch Person oder Ort recht geheiliget ist, sende herab über diesen Ort dein Heiligmachungs-Krafft und Gnade, heilige ihn

und mache denselben zu deiner beständigen Wohnung. Heilige
und Hochgelobte Dreyeinigkeit, durch deren Krafft, Weisheit
und Liebe alle Dinge gereiniget, erleuchtet, und vollkommen
werden; rüste uns aus mit deiner Krafft, erleuchte uns mit
deiner Warheit, mache uns vollkommen mit deiner Gnad; dass
wir beydes hier und an allen Orten in Erkänntniss der Herr-
lichkeit deiner ewigen Dreyeinigkeit, und zu Krafft deiner
Göttlichen Majestät die Einigkeit ehrende, kommen mögen zum
Genuss der glorwürdigen Gottheit, Dreyheit in Einigkeit und
Einigkeit in Dreyheit ewig angebetet. Gott Vatter, Gott Sohn und
Gott Heiliger Geist, nimm an, heilige, und seegne diesen Ort,
darzu wir ihn, nach deiner Ordnung, gewidmet haben, dass
er ein Heiligthum des Allerhöchsten sey und ein Tempel des
lebendigen Gottes: Der Herr wolle mit seiner Gnade ihn alle-
zeit anschauen und seinen geistlichen Seegen und Gnade über
ihn also herab senden, dass er sey ihm ein Haus Gottes, und
uns die Pforten des Himmels. Amen!

Als der Bischoff auf solche Art Gott angeruffen, ist er zum Tauff-
stein gegangen, seine Hand darauf gelegt und gesagt:

Sihe an, O Herr, die Bitte deiner Diener, und gib, dass
diese Kinder, welche werden in diesem Bade der Widergeburt
getauffet werden, mögen geheiliget und gewaschen werden mit
dem Heiligen Geist, befreyet von dem Zorn, genommen in die
Arche der Christlichen Kirche, darin empfangen die Fülle der
Gnad und in der Zahl deiner Gläubigen und Ausserwählten
Kinder allezeit bleiben mögen. Amen.

Hierauf ist er zum Predigstuhl getretten, hat diese Worte gebetet:

Gib, dass dein heiliges Wort, welches von diesem Ort
wird geprediget werden, möge seyn dein Geschenck des Le-
bens zum Leben, und gleich dem guten Saamen, Wurtzel
fasse, und Früchte bringe in dem Hertzen aller, die es hören
werden.

Hierauf legte er auch seine Hand auf das ἀναλογεῖον und spricht:

Gib, dass auch dein heiliges Wort, welches von diesem
Ort wird gelesen werden die hören mögen, beydes verstehen
und wissen was sie thun sollen, und auch Gnade und Krafft
erlangen, solches zu erfüllen.

Darnach gehet er zum heiligen Tisch und spricht:

Gib, dass alle die Jenige, welche dermaleins an dieser
Tafel des allergrösten Seegens, deiner Gemeinschafft werden

theilhafftig werden, mögen angefüllet werden mit deiner Gnade
und himmlischen Seegen und zu ihren grossen und beständi-
gen Trost, die Vergebung ihrer Sünden, und aller anderer
Wohlthaten deines Leidens erlangen mögen.

Hiernechst stellet er sich an den Ort, wo die Trauung zugeschehen
pfleget und betet:

Gib, dass die Jenige Personen, welche in dem heiligen
Ehestand allhie werden verknüpffet werden, durch den Bund
Gottes, mögen in Liebe zusammen leben biss zum Ende ihres
Lebens.

Darauf spricht er über den gantzen Boden diese Worte aus:

Gib, dass die Leichnam, welche hie werden begraben
werden, mit uns, und wir mit ihnen ihre vollkommene Herr-
lichkeit, beydes an Leib und Seele, in dem ewigen Reich
erlangen mögen.

Er setzet sich hierauf wieder auf die Knie vor den Tisch des Herrn,
und betet also:

Gib, dass dieser Ort, welcher durch unser Amt und Dienst
dir dediciret ist, also möge durch die Heiligmachungs-Krafft
deines Heil. Geistes geheiliget werden, und durch deine Gnade
ins künfftige also bleiben; der du, O Heiliger Herr Gott, lebest,
und regierest alle Dinge in Ewigkeit. Gib, dass gleichwie
diese Capelle von allen gemeinen und weltlichen Gebrauch ab-
gesondert ist, und nur dem, was heilig, gewidmet ist, also
auch diejenige seyn mögen, welche sie betretten. Gib, dass
alle unsere umherschweiffende Gedanken, alle fleischliche und
weltliche Einbildungen fern von ihnen seyen, und alle gött-
liche und geistliche Gedancken an deren Stelle kommen, und
täglich in ihnen zunehmen. Gib, dass diese von den deinen,
welche in diesen deinen heiligen Tempel gehen werden, mö-
gen selbst zum Tempel des H. Geistes gemacht werden, alle
Dinge, die ihrem Beruff zuwider sind, meiden, und was mit
demselben übereinkommt, sich befleissigen. Wenn sie beten,
dass ihr Gebet möge gen Himmel steigen, und vor dir kommen
als der Weyhrauch; und dass die Aufhebung ihrer Hertzen
sey als ein Morgenopfer. Reinige ihre Hertzen, und gib ihnen,
was ihr Herz wünschet; heilige ihren Geist, erfülle ihr Ver-
langen, dass sie solches, worum sie gläubig bitten, würcklich
erlangen mögen. Wenn sie opfern, dass ihr Allmosen möge
als ein Gedächtniss vor dich kommen, und sie spüren mögen,

dass solch Opfer dir wolgefalle. Wenn sie singen, dass ihre
Seelen als mit Marck und Fett erfreuet werden, wenn ihr
Mund dich preiset mit frölichen Lippen. Wenn sie zuhören,
dass sie hören nicht als eines Menschen Wort, sondern, wie
es denn auch wahrhafftig ist, als Gottes Wort, und nicht nur
Hörer, sondern auch Thäter des Wortes seyn.

Nachdem dieses so verrichtet, fänget der eine von den Capellanen
die gewöhnliche Litaney an, lieset die Aufmunterung zur Erkenntniss der
Sünden, die Confession, Absolution, das Vatter Unser, u. s. w. Es wer-
den auch geschickte Psalmen gesungen, als der 84. 122. und 132. die erste
Lection genommen aus Gen. XXIIX. gantz. Der Hymnus: Te Deum etc.
Die andere Lection aus Joh. II. a v. 13. ad finem. Hymn. Ps. 100. Der
Glaube; die gewöhnliche Collecte, welchen der Bischoff diese sonderbare
noch hinzugethan:

„O Herr Gott! mächtig und herrlich, und von unbegreiff-
licher Majestät, du erfüllest Himmel und Erde mit der Herr-
lichkeit deiner Gegenwart, du kanst nicht umfasset werden
auch in dem weitesten Raum, vielweniger zwischen den engen
Wänden dieses Orts; aber indem dir gefallen hat, in deinem
heiligen Gesetz zu befehlen, dass wir sollen dein Gedächtniss
stifften an gewissen Orten, und dass du an allen solchen Orten
wollest zu uns kommen, und uns seegnen. Wir sind allhier
nun versammlet, deines Namens Gedächtniss an dieser Stelle
zu stifften, sie zu deinem Hause zu machen, gäntzlich von
allem weltlichen Gebrauch abzusondern, und gantz und gar die
Anruffung deines heiligen Namens zu widmen, dass darin Ge-
bete und Dancksagung vor alle Menschen geschehen mögen,
dein heiliges Wort gelesen, gelehret und angehöret; deine hei-
lige Sacramenten (das Bad der Wiedergeburth, und die Ver-
kündigung des theuerbaren Todes deines geliebten Sohns) mö-
gen verwaltet werden, dein Lob verkündiget, und dein Volck
geseegnet, wenn dein Name auf dieselbige gelegt wird. Wir
arme und elende Geschöpffe sind insgesamt untüchtig, und
gantz und gar unwürdig, ein irrdisches Ding einem solchen
grossen Gott zuzueignen; und ich, der geringste von allen dei-
nen Dienern, bin keines Dings geschickt, vor dir in solchem
ehrwürdigen Dienst zu erscheinen; allein indem es dir zum
öfftern vor diesem gefallen hat, solche Opfer von den sünd-
lichen Menschen anzunehmen; so bitten wir dich demüthiglich,
du wollest uns unsere mannigfaltige Sünden vergeben, und

uns würdig machen, dass du allhier unter uns gegenwärtig seyest in dieser heiligen Handlung, und was wir aufrichtig darbieten, von unsern Händen gnädig annehmen wollest, erhöre unser Gebet, und aller derer, welche jetzund oder ins künfftige an diesem durch uns geheiligten Ort dich anruffen werden: Und gib uns allen Gnade, wann wir in das Haus des Herrn gehen, dass wir auf unsere Füsse sehen, und bedencken, dass der Ort, worauf wir stehen, heilig sey, desswegen hereinbringen reine Gedancken und unbefleckte Leiber, dass wir beydes unsere Hertzen und Hände waschen in Unschuld, und also deinen Altar erreichen mögen."

Der andere Capellan fänget hierauf die Litaney an, nach deren Endigung der Bischoff also gebetten:

„O Herr Gott! der du nicht wohnest in Tempeln mit Händen gemacht, wie der Prophet sagt, dennoch aber allezeit gnädig angenommen hast das andächtige Beginnen deiner armen Diener, die da sonderbare Oerter zu deinem Gottesdienst verordnet, und hast verheissen, selbst ihr Begehren anzuhören und zu geben, ich bete dich demüthig an, du wollest das Werck dieses Tages, da wir diese Capelle deinem grossen und glorieusen Namen gewidmet haben, annehmen. Erfülle, O Herr! ich bitte dich, deine gütige Verheissung, dass alle Gebeter in diesem Ort nach deinem Willen gebetten, nach deiner Gnade mögen aufgenommen werden, und mit einer erwünschten Folge wieder zuruckkommen, zu deinen Ehren und unsern Trost, Amen.

Nachdem hierauf dem Volck der Seegen gegeben worden, ist der CXXXII. Psalm gesungen, aus Gen. XXIIX. 16. 17 eine Predigt gelesen von Gottes Gegenwart an allen Orten, sonderlich in den Kirchen, und von der daselbst ihm gebührenden Ehrerbietung und Anbetung.

Hierauf folgen die Actus sacri, als Copuliren, Tauffen, Einsegnung der Sechswöchnerinnen, die Communion, u. s. w. Die Epistolische Lection aus 1. Cor. III. a v. 16. ad finem, und die Evangelische aus Joh. X. a v. 22. ad finem genommen. Hiernächst ist der Bischoff vor dem heiligen Tisch auf die Knie gefallen, und hat gesagt: Lasset uns beten das Gebet des Königs Salomonis, welches er betete am Tage, als er seinen Tempel einweyhete, 2. Chr. VI. a v. 18. ad 40. Hierauf sagte er: Also betete Salomon, und Gott erschien ihm, antwortete und sagte zu ihm; Ich habe u. s. w. 2 Chr. VII. 12.

Also antwortete Gott. **Wir haben mit Salomon gebetet, so antworte auch uns, O Herr! und unserm Gebet, als du ihn und das seinige beantwortet hast. Sihe an das Angesicht deines gesalbten Christi unsers Heylandes, und gib uns seinentwegen, was wir bitten.**

Hierauf hat der Bischoff sich auf den Boden gesetzet, zu seiner Rechten Thomas Ridley, sein Kantzler, zur Lincken Docktor Barlo, Archidiaconus Wintoniensis; und also mit bedecktem Haupt den Actum Consecrationis auf folgende Weise promulgiret:

In nomine Domini, Amen. Cum Strenuus Vir Richardus Smith de Peer-tree in Comitatu Southampt. Armiger, pia et religiosa Devotione ductus, Capellam hanc in quodam solo vasto vocato Ridgway-heath, iuxta aedes suas communiter nuncupatas Peer-tree, infra Parochiam Ecclesiae Paroch. Beatae Mariae iuxta villam Southampt. Dioeceseos et Iurisdictionis nostrae, continentem intra muros eiusdem, in longitudine ab Oriente ad Occidentem 50. pedes et dimid. aut circiter, in latitudine vero, ab Aquilone ad Austrum 20. pedes et dimid. aut circiter, propriis suis sumptibus aedificaverit, erexerit, et construxerit, eandemque Capellam Cancellis ligneis distinxerit; sacra Mensa decenter instructa, Baptisterio, Pulpito, sedibus convenientibus, tam infra super solum, quam supra in modum Galeriae, Campana etiam aliisque necessariis ad divinum cultum sufficienter et decenter ornaverit; nobisque supplicaverit, tam suo nomine quam aliorum inhabitantium in villa de Weston, ac Hamlettis de Itchin, Ridgway, ac quorundam etiam inhabitantium in Manerio nostro de Bitternae, de Parochia praedictae, quatenus nos authoritate nostra ordinaria et Episcopali pro nobis et successoribus nostris dictam Capellam ab usibus pristinis communibus et profanis quibuscunque separare, et in usus sacros et divinos consecrare, et dedicare dignaremur.

Nos Lancelotus permissione divina, Winton Episcopus, pio et religioso tam ipsius quam aliorum in villa et Hamlettis praedictis habitantium desiderio, in hac parte favorabiliter annuentes, ad Consecrationem Capellae huius de novo propriis sumptibus dicti Strenui Viri Richardi Smith, sic ut profertur, erectae et ornatae, authoritate nostra ordinaria et Episcopali procedentes, eandem Capellam ab omni communi et profano usu in perpetuo separamus, et soli divino cultui ac divinorum celebrationi in perpetuum addicimus, dicamus, dedica-

III.   40

mus: Ac insuper eadem authoritate nostra ordinaria et Episco-
pali, pro nobis et Successoribus nostris licentiam pariter et
facultatem in Domino concedimus, ad rem divinam ibidem
faciendam, nempe Preces publicas, et sacram Ecclesiae Litur-
giam recitandam ad verbum Dei sincere proponendum et prae-
dicandum, Sacramenta sacrae Eucharistiae et Baptisma coetera-
que in eadem ministranda, Matrimonia solemnizanda, Mulieres
post puerperium ad gratiarum actionem publicam recipiendas et
adiuvandas, Mortuos sepeliendos, quaecunque peragenda, quae
in aliis Capellis licite fieri possunt et solent.. Ac tam Presby-
tero in Capella praedicta deservituro preces divinas dicendi,
coeteraque praemissa faciendi, quam Domino Rich. Smith et
familiae eius, reliquísque in dictis locis habitantibus, preces
divinas audiendi, coeteraque praemissa percipiendi, plenam in
Domino potestatem concedimus. Eandemque Capellam ad le-
vamen (Anglice, chappel of Ease) sub dicta Ecclesia Paro-
chiali B. Mariae iuxta villam Southampt. tanquam Matrice Ec-
clesia sua, quantum in nobis est, et de iure divino Canonibus
Ecclesiae et Statutis huius Regni Angliae possumus, in hono-
rem Dei et sacros inhabitantium usus, nunc et in futurum con-
secramus, per nomen Capellae Iesu in Parochia Sanctae Mariae
iuxta villam Southampt. et sic consecratum fuisse, et esse, et in
futuris perpetuis temporibus remanere debere, palam et publice
pronunciamus, decernimus et declaramus; et per nomen Ca-
pellae Iesu nominamus, et appellamus; et sic perpetuis futuris
temporibus nominandam et appellandam fore decernimus: Pri-
vilegiis insuper omnibus et singulis in capite usitatis, et Ca-
pellis ab antiquo fundatis competentibus, Capellam hanc Iesu
praedictam, ad omnem Iuris effectum munitam et stabilitam esse
volumus; et quantum in nobis est, et de Iure divino possu-
mus, sic munimus et stabilimus per praesentes; Absque prae-
iudicio tamen ullo, et salvo semper Iure et interesse Ecclesiae
parochialis Sanctae Sanctae Mariae iuxta villam Southampt. tan-
quam Mátricis Ecclesiae; et Rectoris Gvardianorum, aliorum-
que Ministrorum eiusdem pro tempore existentium (in cuius
Parochia dicta Capella Iesu notorie sita, et situata est) in omni-
bus et singulis decimis, oblationibus, obventionibus, vadiis, feu-
dis, provicuis, privilegiis, iuribus et emolumentis quibuscunque
ordinariis et extraordinariis eisdem respective debitis vel con-
svetis, ac infra praecinctum seu limites Capellae Iesu praedictae

orientibus· et provenientibus, et ad dictam Ecclesiam Matricem sanctae Mariae, Rectori, Guardianis vel aliis Ministris eiusdem de iure vel consvetudine quoquo modo spectantibus, vel pertinentibus; in tam amplis modo et forma, prout eisdem debebantur, aut solvi solebant, ante hanc nostram consecrationem huius Capellae praedictae.

Proviso, quod praedictus strenuus vir Richar. Smith, ac eius Haeredes et Assignati, aliique in dicta Villa et Hamlettis, etc. habitantes, non solum dictam Capellam quoties opus fuerit, impensis suis propriis reficere et reparare, sed etiam ad reparationis praedictae Matricis Ecclesiae sanctae Mariae iuxta villam Southampton, et Coemeterii eiusdem Ecclesiae, ac ad omnia alia onera, ad quae coeteri Parochjani dictae Matricis Ecclesiae teneantur. Proviso etiam, quod tam dictus strenuus vir Rich. Smith, haeredes et Assignati eius, quam reliqui omnes in dictis Villis et Hamlettis, etc. habitantes, in signum subiectionis Capellae huius sub Ecclesia Matrice Beatae Mariae iuxta Southampt., ac senioritatis eiusdem Ecclesiae supra dictam Capellam, singulis annis de tempore ad tempus ad Festum Paschatis vel ad Festum Pentecostes, ad dictam Ecclesiam Matricem venire, et in dicta Matrice Ecclesia tantum, non in dicta Capella (si tuto ad Ecclesiam Parochialem venire possint) Preces audire, et Sacramentum Eucharistiae ibidem percipere; vel si tempestate aut alio impedimento detineantur, quo minus tunc venire possint, tum die Dominico, quo tuto venire possunt, subsequente, venire et Eucharistiam accipere omnino teneantur, absque speciali Licentia nostra, seu Vicarii nostri generalis in hac parte obtenta.

Proviso etiam, quod in dicta Capella Sacramentum Baptismatis non ministretur, nec Matrimonia solemnizentur, neque Verbum Dei praedicetur, neque Sacramenta vel Sacramentalia aliquibus profanis conferantur, praeterquam solis inhabitantibus seu degentibus in Villa, Hamlettis, etc. praedict. nec etiam reliquis dictae Matricis Ecclesiae Parochialis in occidentali parte ripae inhabitantibus, inscio vel invito Rectore Ecclesiae Matricis sanctae Mariae iuxta villam Southampt. praedict. seu absque assensu, consensu et licentia eiusdem prius habita et obtenta.

Et ulterius dicto strenuo Richardo Smith, Haeredibus et Assignatis suis, liberam et plenam potestatem in Domino con-

40 *

cedimus per praesentes, idoneum Presbyterum de tempore in tempus nominandi ad deserviendum, et divina officia in dicta Capella exequenda, a nobis et Successoribus nostris de tempore in tempus approbandum, et licentiandum: Ad quod dictus strenuus vir Rich. Smith, Haeredes et Assignati sui, et reliqui in dictis Villa et Hamlettis, etc. inhabitantes de tempore in tempus in futurum propriis suis sumptibus dictum Presbyterum sive curatum in eadem Capella deservientem, et authoritate nostra, vel successorum nostrorum, ut praefertur, approbatum et licentiatum, alent et sustinebunt, ac annuale stipendium viginti marcarum ad minimum eidem Presbytero vel curato praestabunt, et solvent ad quatuor Festa; Nativitatis Christi, Annunciationis; Nativitatis Sancti Iohannis Baptistae; et Sancti Michaelis, per aequales portiones, sine ulla tamen diminutione, vel defalsatione iuris Ecclesiastici, decimarum, oblationum, vel obventionum quarumcunque ad dictam Ecclesiam Parochialem sanctae Mariae, seu ad Rectorem eius pro tempore existentem, pro modo de iure vel consvetudine spectantium seu pertinentium.

Et ulterius quod pro sepultura in Capella praedicta, et in Choro seu mari eiusdem, omnibusque aliis in dicta Capella vel extra gerendis, vadia, quoad defunctos tam in domo dicti strenui viri Rich. Smith, Haeredum et Assignatorum suorum, quam in dicta Villa, Hamlettis, etc. Rectori dictae Ecclesiae Matris pro tempore existenti, et successoribus suis et gvardianis respective, et clerico, caeterisque Ministris dictae Ecclesiae Parochialis debitae solvantur, in tam amplis modo et forma, prout pro sepulturis in Choro seu intra Cancellos, seu etiam in navi dicta Ecclesiae Matricis, solvi consvetum fuit, et prout solvi solet et deberet si personae praedictae intra Cancellos seu navim dictae Matricis Ecclesiae sepultae fuissent.

Quod si autem aliquando defuerit in dicta Capella Presbyter, Curatus legitime per nos aut successores nostros licentiatus et approbatus, tunc praedictus strenuus Vir Rich. Smith, Haeredes et Assignati sui ac reliqui in dicta villa, et Hamlettis etc. Inhabitantes, ad Matricem Ecclesiam convenire, aut ibidem precibus interesse teneantur, prout ante solebant, donec dicta Capella de legitimo curato, ad ibidem divina celebranda idonee provideatur et idem admittatur. Quod si autem aliquo tempore in posterum, quod Deus avertat, per continuos sex menses per culpam aut negligentiam Parochianorum defuerit idoneus Curatus in dicta Capella, qui ibidem Divina celebret, tunc nobis et Successoribus nostris potestatem reservamus pro ea vice tantum idoneum Curatum ad dictam Capellam nominandi, ad supplendam negligentiam dictorum Rich. Smith. Haeredum et Assignatorum suorum. Quod si autem dicta Capella decenter non fuerit reparata vel instructa Libris aliisque ad cultum divinum necessariis per tempus praedictum (nisi ex legitima in ea parte causa per Episcopum approbanda hoc contigerit) tunc in perpetuum post dictos sex menses continuos sic elapsos, teneantur omnes infra praecinctum, seu limites dictae Capellae inhabitantes, ad Matricem Ecclesiam convenire, pro divinis audiendis, prout ante hanc nostram consecrationem tenebantur; aliqua in hac concessione seu consecratione nostra incontrarium non obstante, ac perinde ac si concessio seu consecratio facta nunquam fuisset.

Postremo reservamus nobis et successoribus nostris, Episcopis winton. Potestatem visitandi dictam Capellam, prout alias Capellas infra nostram dioecesin situatas, communiter nuncupatas peculiares ut nobis eisque constet, an decenter in reparationibus aliisque conservetur, et an omnia ibidem decenter et secundum ordinem fiant. Quae omnia et singula sic reservamus; quoad coetera vero praemissa, quatenus in nobis est, et de iure possumus, pro nobis et successoribus nostris decernimus et stabilimus per praesentes.

Nachdem dieser Actus verrichtet, betet der Bischoff folgender Massen:

Gelobet sey dein Nahme, Herr Gott, dass es dir gefället unter den Menschen Kindern zu wohnen, und zu bleiben in der Versammlung deiner Heiligen auf Erden. Lass die Handlung dieses Tages deinem Volck geseegnet seyn; befördere das Werck unser Hände, ja, das Werck unser Hände wollest du befödern.

Hierauf ist das Volck, so nicht communiciren wollen, erlassen, und die Thür verschlossen. Man bereitet sich zu Haltung dess Abendmahls dess Herrn. Die auf gethane Vermahnung dargelegte Allmosen, werden zum Kelch gewidmet. Der Bischoff, nachdem er die Hände gewaschen, das Brod gebrochen, und Wein in den Kelch gegossen, consecriret die Elemente. Empfänget das Sacrament zu erst: giebt es darauf dem Fundatori, hiernächst den beyden Sacellanis; denen übrigen aber theilet der Bischoff das geseegnete Brod aus, und der eine Capellan den Wein; Endlich wird die Communion mit dem gewöhnlichen Gebet geschlossen. Der gantze Actus wird mit folgendem Gebet geendet.

Gelobet sey dein Name, O Herr, dass dir gefallen hat, deinem Diener es ins Hertz zu geben, ein Haus zu deinem Dienst aufzurichten, durch dessen Mühe, Sorge und Unkosten dieses Werck angefangen und vollführet ist. Seegne, O Herr, und nimm an das Werck seiner Hände. Gedencke desshalben seiner, O Gott! lass diese seine Neigung gegen das Haus seines Gottes und dessen Dienst nicht erlöschen. Mache diejenige danckbar, welche solcher Bequemlichkeit und Nutzens geniessen werden. Was von ihn wol gemeinet, das lass sie auch recht gebrauchen, welches der beste Nutz, und dir am gefälligsten seyn wird.

Endlich hat der Bischoff das Volck mit diesem Seegen erlassen.

Der Friede Gottes, welcher höher ist, denn aller Vernunfft, bewahre eure Hertzen und Sinne in der Erkäntnis und Liebe Gottes und seines Sohnes Jesu Christi unsers Herrn. Und der Seegen dess Allmächtigen Gottes dess Vatters, dess Sohns, und dess H. Geistes, sey unter euch, und bleibe bey euch allezeit. Amen.

Was aber die Einweyhung der Kirchhöffe oder Begräbnis-Stellen betrifft, wird es damit wie folget, gehalten. In der Kirche betet man das Vatter Unser, die responsoria, und den XC. Psalm. Nach Endigung dessen, gehet der Bischoff aus der Kirche, und tritt nach dem Ostlichen Theil dess Kirchhofes. Hie giebt der Fundator, nachdem er desswegen angeredet ist, seinen Willen billig zu erkennen. Worauf folget die 1. Lection aus Gen. XXIII. und die 2. aus 1. Cor. XV. a v. 15. ad finem. Es wird folgendes Gebet gethan:

Du hast uns, O Herr Gott, in deinem heiligen Worte gelehrt, dass man muss einen Unterscheid machen zwischen der Seele eines unvernünfftigen Thiers und eines Menschen: Denn die Seele dess Viehes gehet hinunter zur Erden, woher sie gekommen, und der Geist dess Menschen kehret wieder zu Gott, der ihn gegeben hat. Gleicherweise hast du uns auch gelehret einen Unterscheid zu machen zwischen den Leibern der Menschen und anderer lebendigen Geschöpfe: Indem du den Leib Adams zu bilden dir vorgenommen, auch nachmals ein Werck deiner eignen Hände geworden, und mit einer Seele von deinem Odem angefüllet. Vielmehr nachdem der ander

Adam, dein geliebter Sohn, bei Annehmung unser Natur dieses
unser Fleisch erhöhet, und zu seinem Fleisch gemachet, des-
sen Fleisch du keine Verwesung hast sehen lassen. So dass
der Leib wieder zur Erden werden soll, und die Seele zu dem
wieder kehren, der sie gegeben. Er soll von dannen wieder
kommen, es ist nur eine Ruhe, und eine Ruhe auf Hoffnung,
als der Psalmist saget: Denn es ist bey Gott recht, dass der
Leib, welcher Theil gehabt an dem, was die Seel gethan und
gelitten hat, wieder aus der Erden auferwecket werde, auch
also mit der Seele die gnädige Belohnung oder Straffe zu ge-
niessen, was Gott in Gnade oder Gerechtigkeit vergelten wird,
nicht nur einem derselben, sondern allen beyden insgesamt.
Indem nun ein so grosser Unterscheid ist, so ist es, O Herr!
nicht dein Wille, dass unsere Leiber sollten hingeworffen wer-
den, als die Leichnam der Thiere zur Düngung dess Erdreichs;
oder dass unsere Gebeine zerstreuet herum liegen, dass die
Sonne darauf scheinet. Sondern wenn deine Diener sind ver-
sammlet zu ihren Vättern, sollen ihre Leiber ordentlich und
fein in den Schoss der Erde beygesetzet werden, woher sie
genommen sind. So ist es auch nicht dein Wille, O Herr!
dass sie, als die Esel, in offentlichem Felde begraben wer-
den sollen, sondern an einem desswegen erwehlten besondern
Orte. Denn wir finden es vom Anfang her also, dass der
heilige Patriach Abraham, der Vatter aller Glaubigen, seine
Todten auf dem gemeinen Felde nicht habe begraben wollen;
auch nicht zwischen den Leichen der Hethiter, welche Heyden
waren; sondern dass er sich in Mamre einen Begräbnis-Ort
erkauffet habe, welches gleichsam der Kirchhoff der Patriarchen
geworden; als worinn sie geleget haben die Leichnam der
Sara seines Weibes, seinen eigenen, seines Sohns Isaacs, und
dessen Weibes Rebecca. Auch wurden Jacob und Leah her-
nach daselbst begraben. Auf solche Art haben vor Zeiten die
Patriarchen, welche Gott vertrauet, gewisse Oerter zu ihren
Grabstellen abgesondert, deren Kinder wir sind, so lange wir
ihre Wercke thun, und in den Fussstapfen ihres allerheiligsten
Glaubens wandeln. Weil wir denn nun unserm Vatter Abra-
hum im Glauben nachfolgen, so haben wir zu dem Ende eben
diesen Ort auserwehlet, auf welchen wir nun versammlet sind,
dass solcher als die Höhle Mamre, Gottes Zeughaus seyn möge,
worein die Leiber unserer Brüder und Schwestern gelegt wer-

den, daselbst im Schlaffe des Friedens zu ruhen, biss die letzte
Posaune sie aufwecken wird; denn die da schlaffen in dem
Staube, werden gewisslich erwachen und auferstehen. Gütig-
ster Gott, wir bitten, dass du dieses unser Werck gnädig an-
nehmen wollest. Verleyhe auch gnädiglich, dass die jenige,
deren Leichnam hier werden beygesetzet werden, und wir alle
miteinander, dess Tages der Ablegung der Hütten dieses Flei-
sches niemals vergessen mögen; sondern dass wir in unserm
Leben mögen an den Tod gedencken, und im Sterben das
Leben ergreiffen; und wir also, indem wir auferstehen von
dem Tode der Sünde zu dem Leben der Gerechtigkeit, welches
die erste Auferstehung zur Gnade ist, Theil haben mögen an
der andern, welches die Auferstehung der Herrlichkeit ist,
durch deine Barmhertzigkeit, O allergütigster Herre Gott! der
du lebest, und alle Dinge regierest, in Ewigkeit. Amen!

    **Hierauf hat der Bischoff den Actum consecrationis auf dem Cathedex
folgender Massen promulgiret:**

    In Dei Nomine, Amen. Nos Lancelotus permissione di-
vina Wintoniensis Episcopus hunc locum iacentem in vasto solo
vulgo nuncupatum Ridgway-heath, infra Parochiam Ecclesiae
parochialis sanctae Mariae, etc. et iam propriis sumptibus stre-
nui viri Rich. Smith, de Peer-tree Armigeri in circuitu Ca-
pellae noviter ab eo quoque propriis sumptibus suis constitu-
tae, palis inclusum, et arboribus consitum; continentem in
longitudine 148. pedes aut circiter, in latitudine 124. pe-
des, aut circiter, in toto vero circuitu 435 pedes, aut cir-
citer, a pristinis, aliisque quibuscunque communibus usibus
et profanis in usus sacros separandum fore decernimus et sic
separamus, ac eundem inhabitantibus vel degentibus in familia
Rich. Smith, in villa de Weston, Hamlettis de Itchin, Wolston,
Ridgway, et in parte Manerii de Bitterne, quae est de Pa-
rochia sanctae Mariae juxta Southampt. In Coemeterium sive
locum sepulturae pro corporibus ibi decedentium Christiano
ritu humandis, quantum in nobis est, ac de iure et canonibus
Ecclesiasticis, ac de statutis huius regni Angliae possumus au-
thoritate nostra ordinaria et Episcopali assignamus: Ac per
nomen Coemeterii Capellae Iesu designatum dedicamus, et in
usum praedictum consecramus; ac sic assignatum, dedicatum,
et consecratum fuisse et esse et in futurum, perpetuis tempo-
ribus remanere debere palam ac publice declaramus: Ac Coe-

meterium Capellae Iesu deinceps in perpetuum nuncupandum decernimus: Privilegiis insuper omnibus et singulis Coemeteriis et locis sepulturae ab antiquo consecratis competent. Coemeterium praedictum sive locum sepulturae ad omnem iuris effectum munitum esse volumus et quantum in nobis est et de iure possumus, sic munimus et stabilimus per praesentes.

Proviso tamen, quod praedict. Richardus, Heredes et Assignati sui, ac reliqui in dicta villa, Hamlettis, etc. inhabitantes propriis suis sumptibus dictum Coemeterium de tempore in tempus, in decenti statu conservabunt, et clausuras eius, quoties opus fuerit sufficienter et convenienter reparabunt. Salvis etiam et omnino reservatis Rectori Ecclesiae Parochialis sanctae Mariae praedictae, ac Guardianis aliisque Ministris dictae Ecclesiae pro tempore existentibus in perpetuum, omnibus et singulis oblationibus, mortuariis, Feudis et vadiis, pro omnibus et singulis sepulturis Mortuorum in hoc Coemeterio, aut ratione eorundem de iure sive consvetudine debitis, et in tam amplis modo et forma, ac si personae praedictae sepultae fuissent in Coemeterio Matricis Ecclesiae praedictae. Quas quidem oblationes et mortuaria, feuda et vadia omnia et singula sic de iure ac consvetudine debita Rectori, Guardianis, et Ministris dictae Matricis Ecclesiae pro tempore existentibus in perpetuum solvendi, quantum in nobis est, et iura patiantur, reservamus per praesentes: Salva item nobis et successoribus nostris, tanquam loci Ordinariis, potestate visitandi dictum Coemeterium de tempore in tempus, et inquirendi an sufficienter reparatum fuerit in clausuris; et an omnia ibi decenter et secundum ordinem fiant; Et, si minus fiant, per censuras Ecclesiasticas corrigendi.

Nach Endigung dessen hat der Bischoff auf folgende Art abermal gebetten:

O Herr, Gott Abrahams, Isaacs und Jacobs, weil du ein Gott, nicht der Todten, sondern der Lebendigen bist, dadurch zeigest, dass dieselbe leben, und nicht todt sind, und dass bey dir leben, die Geister aller derer die in dem Herrn sterben, und bey welchem die Seelen der Auserwehlten, nachdem sie von der Bürde dess Fleisches befreyet, in Fried und Glückseeligkeit leben: Du hast versprochen, dass du die Menschen wollest zu Staub werden lassen, und hernach sagen: Kommet wieder ihr Menschenkinder! Du bist der Gott der Warheit, und hast es gesagt. Du bist der Gott der Krafft und Macht, und wirst es

auch thun nach der Krafft, womit du kanst alle Dinge dir un-
terthänig machen, und verschaffen, was für dir gefällig ist, im
Himmel und auf Erden.

Herr Jesu Christ, der du bist die Auferstehung und das
Leben, in welchem, so wir nur glauben, leben sollen, ob wir
schon sterben. Der du durch deinen Tod, den Tod überwunden,
und durch deine Auferstehung die Pforte zum ewigen Leben
wieder eröffnet hast. Der du senden wirst deine Engel, und
versammlen die Leiber deiner Auserwehlten von allen Enden
der Erden, und sonderlich diejenige, welche durch ein geist-
liche Vereinigung Fleisch von deinem Fleisch geworden sind,
und in deren Hertzen du durch den Glauben gewohnet hast.
Wir bitten dich demühtiglich, für die jenige, deren Leichnam
an diesem Ort zu ihren Vättern, werden versammlet werden,
dass sie in dieser Hoffnung der Auferstehung zum ewigen Le-
ben ruhen mögen; durch dich, O heiliger Herr Gott, der du
ihre nichtige Leiber verklären wirst, dass sie ähnlich werden
deinem verklärten Leibe nach der Krafft, womit du kanst alle
Dinge, ja den Tod selbst, dir unterthänig machen. Gott hei-
liger Geist, Herr und Geber dess Lebens, dessen Tempel die
Leiber der Glaubigen sind, und der du durch die Gnad der
Heiligmachung in ihnen wohnest; wir glauben festiglich, dass
deren Leiber, welche dein Tempel gewesen, und diese Hertzen,
in welchen Christus gewohnet hat, durch den Glauben, in der
Verwesung nicht ewiglich bleiben werden; sondern, dass
gleichwie wir durch Aufblasung deines Odems Anfangs unser
Wesen, Bewegen, und Leben bey der Erschaffung empfangen;
also auch durch Aufblasung desselben Odems am Ende der
Welt Leben, Wesen und Bewegen, uns werde wieder gegeben
werden: So dass nach unser Auflösung, wie du deinem heili-
gen Propheten gezeiget hast, die druckene Gebeine wieder sol-
len zusammen und Fleisch und Sennen auf dieselben kommen;
und wir wieder leben werden; da dieses Vergängliche anziehen
wird das Unvergängliche, und dieses Sterbliche das Unsterb-
liche. Gott Vatter, Gott Sohn, Gott H. Geist, nimm an, hei-
lige und seegne diesen Ort zu dem Ende, wozu wir ihn ge-
widmet haben, darinn die Leichnam deiner Diener zu legen,
biss die Zahl deiner Auserwehlten erfüllet, sie mit uns, und
wir mit ihnen, und mit allen andern, die im Glauben an dei-
nen H. Nahmen abgeschieden, unsere Vollkommenheit an Leib

und Seel in deiner ewigen Herrlichkeit erlangen mögen. Heiliger Heiland, der du zu dem Ende gestorben, und wieder auferstanden, dass du über Todte und Lebendige ein Herr seyest, wir leben oder sterben, so bist du unser Herr, und wir sind dein. Wir anbefehlen uns dir, im Leben und auch im Sterben, sey uns gnädig, und erhalte uns ewiglich.

Hierauf sind sie wieder in die Capelle gegangen, und haben den ersten Theil dess XVI. Psalms gesungen: Nach dessen Endigung ist eine Predigt gehalten aus dem XI. Cap. des Evang. Johannis. Worauf der ander Theil des gedachten Psalms abgesungen, und der übrige Gottesdienst nach der Engeländischen Liturgie mit dem Gebet beschlossen worden.

I n d e x.

E r r a t a.

Pag. 333 in saeculo nocturno — lege: in secundo nocturno.
— 334 Canturiae — lege: Cantuariae.
— 337 Mephanum — lege: Stephanum.
— 338 Turgrensis — lege: Tungrensis.
— 339 Stridrnensis — lege: Stridonensis.
     imbruit — lege: imbuit.
— 340 Lemavicensis — lege: Lemovicensis.
— 346 non sine — lege: nonnisi.
— 349 not de death — lege: not the death.
— 350 at is — lege: as it.
— 358 thruth — lege: truth.
— 384 dsy — lege: day.
— 396 in — lege: is.
— 408 Adrew — lege: Andrew.
— 416 the — lege: thee.
     thon — lege: thou.
— 456 neet — lege: need.
— 468 to to — lege: to do.
     at it — lege: as it.
— 485 annotationem 1 refer ad paginae antecedentis precationem postremam.
— 498 from the publ. lit. — lege: for the p. l.
— 550 invitis — lege: invisis.
     incident — lege: incidant.
— 560 hinc — lege: huic.
— 506 at it — lege: as it.
— 516 in ship the say — lege: the ship, say.
— 518 into thee — lege: into the.

LIPSIAE, TYPIS B. G. TEUBNERI.

CPSIA information can be obtained
at www.ICGtesting.com
Printed in the USA
BVHW041252160819
556068BV00019B/1774/P

9 781406 974348